“十一五”国家重点图书出版规划项目

教育史学研究新视野丛书

周洪宇　主编

反思与探索

教育史学元研究

郭娅／著

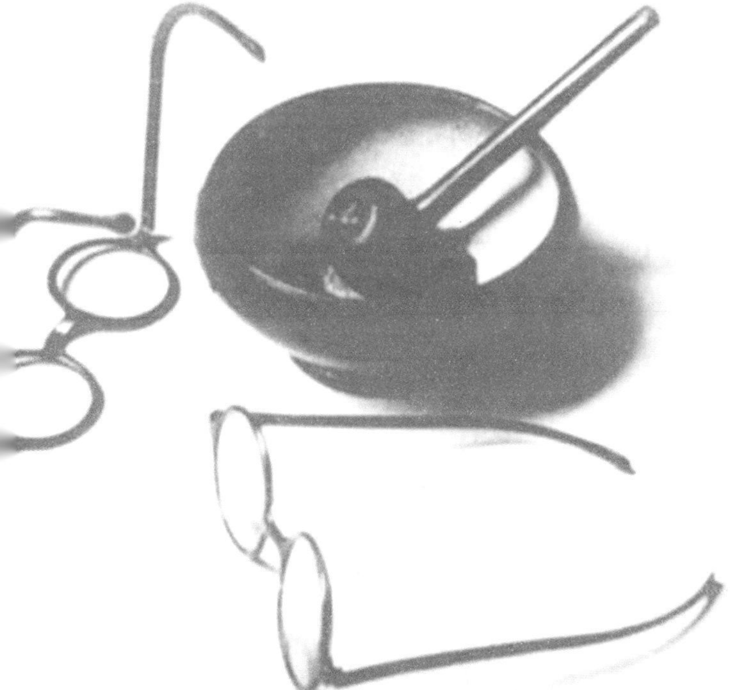

山东教育出版社

图书在版编目（CIP）数据

反思与探索:教育史学元研究 / 郭娅著. —济南:
山东教育出版社,2011
ISBN 978 - 7 - 5328 - 6003 - 6

Ⅰ.①反… Ⅱ.①郭… Ⅲ.①教育史—研究—
中国 Ⅳ.①G529

中国版本图书馆 CIP 数据核字(2011)第 013946 号

溪涧岂能留得住　终归大海作波涛

——“教育史学研究新视野丛书”总序

周洪宇

唐代大诗人孟浩然有诗云：“人事有代谢，往来成古今；江山留胜迹，我辈复登临；水落鱼梁浅，天寒梦泽深；羊公碑尚在，读罢泪沾襟。”时间流逝，人事无常。历史尽管过去千万年，但是过去、现在与未来，总是前后连续、割舍不断。

面对已逝的“人事代谢”和“往来古今”，今天的历史学家，包括教育史学研究者应当如何去记载和叙述？这是留给研究者永久的课题。教育史学要真实生动地记述成为过去的教育往事，探究历史真相，进而增强学科魅力，就必须不断地进行学科反思，不断地开拓新的研究领域，适时地转换研究范式，通过借鉴新的理论和方法，开阔新的视野，使教育史学真正走出研究困境，步入新的天地，从而推动学科的整体发展。

一

教育史学是历史学与教育学的交叉学科，与历史学和教育学有着密切的关系。但从其发生的源头来看，教育史学是从历史学的大本营中分化出来，之后又在各国教师教育的发展过程中不断成长壮大的。因此，教育史学理论与方法直接受到历史学理论和方法的影响，尤其是西方现当代史学理论的发展趋势，明显左右着世界教育史学研究发展的基本走向。教育史学作为历史学的子学科之一，在漫长的发展历程中总是像母子一样与历史学相随相伴，史学理论的每一次革命都牵动和影响着教育史学的发展与进步。因此，欲理清教育史学的发展脉络，必然要关注与追溯历史学的发展轨迹。

教育史研究最早始于西欧，萌生于文艺复兴时期的意大利，滥觞于 16 世纪上半叶的法国。最初有代表性的成果是 1517 年出版的由戈莱（R.

Goulet)撰写的探讨巴黎大学起源与发展的专著,这是法国教育史研究的最早尝试,也是世界教育史学研究的开山作品之一。到了 17 世纪后半叶法国神父兼宫廷教师费洛尔在专门研究教会史之余,也研究法国的大学发展史,特别是他于 1686 年完成的《论学习的选择和方法》,从教育原理、教育方法论和课程论等方面,对古代全球范围内的文化教育发展情况作了概要性的介绍,不仅介绍欧洲古希腊、罗马的教育,而且介绍了阿拉伯、法兰克教育,以及早期基督教教育和中世纪大学的发展情况,被当代美国教育史专家布里克曼(W. W. Brickman)称作是“最早的一部教育史”①。尽管这些研究成果还只是对教育事件与现象的一般性描述,但毕竟在世界教育史研究方面迈出了第一步,为后来系统、深入、全面地研究世界范围的教育史奠定了基础。

19 世纪被誉为“历史学的世纪”,历史学研究人员不仅注重具体史学研究,而且开始史学理论的建构,真正使史学成为一门独立自主的学科,并跃居人文科学之首位。众所周知,德国是一个非常重视教育的国家,而且还是一个具有悠久史学传统的国家。德国教育史研究的一个显著特点是受历史学研究的影响比较明显。到 18 世纪末和 19 世纪前半叶,德国成为欧洲历史研究的中心,以著名史学家利奥波德·冯·兰克(Leopold von Ranke,1795—1886)为代表的客观主义、实证主义史学方法成为世界各国所公认与效仿的史学研究方法。兰克认为真正的研究必须要有可靠的史料,历史研究不能仅依靠引用几个权威人物的话语来得出相应的结论。他主张历史要说明事情的真实情况,这就要凭借原始档案和文献资料来研究。他倡导的史学研究方法是采用“外证”与“内证”相结合的方法,“外证”法就是通过史料表现的形式,如语法、体例等是否合乎史料生成年代的规范来确定史料的真伪,通过不同著作、不同版本的互相校勘,使史料真伪得以明确展示;“内证”法通过对那些不同人所著内容相同的史料进行参照分析,结合对撰述人的身世、性格、心理等各方面的考察,确定史料的可信度。同时兰克在柏林大学创办了历史研究班,先后培养了上百名知名历史学家,如魏茨、施密特、布克哈特等,所以汤普森说:“德国大部分伟大的史学家除少数例外,都是由他这位导师办的柏林大学研究班培养出来的。把兰克的弟子列一张表读起来就像一部史学界名人

---

① W. W. Brickman, Early development of research and writing of educational history in the United States, in (edu.), Educational Historiography: Tradition, Theory and Technique, 1982, p. 300.

录。"①因此之故,兰克被誉为近代史学之父。此后,特奥多尔·蒙森(Theodor Mommsen,1817—1903)再次将兰克学派的客观主义史学推向新的高潮,这样,兰克学派的史学观不仅独霸德国史坛,而且统治了整个欧洲的史学界。

在19世纪,德国的教育史研究也不例外,直接受兰克学派的影响,采用的研究方法是通过鉴别史料的真伪和考察史料记录者的动机来确认历史事实。这一时期教育史研究的代表性成果有劳默尔(K. von Raumer,1783—1865)从1842至1854年间陆续完成的《教育学史》四卷本,对从蒙田到裴斯泰洛齐等教育家的教育思想、教育学科发展历程、技术教育、女子教育、中等教育、高等教育以及德国大学的发展状况等一系列的内容均作了较为深入的研究与挖掘。作者在占有充分史料的前提下,对欧洲乃至世界的教育学发展史和教育学家的思想进行了深入细致的研究与梳理。这部著作以史料翔实、内容丰富而展示了德国该时期的史学研究风格与特征,当时在欧洲产生了较大影响,1863年英国的菲奇(L. W. Fitch)和帕金斯(F. B. Perkins)将其译为英文出版。在19世纪教育史研究领域,另一部影响较大的教育史巨著是《教育通史》(四卷本),这套教育通史是由德国教育史专家施密特(K. A. Schmidt)组织编写的一部大部头著作。他站在全球的高度去思考与审视教育的发展与演变历程,以教育制度、教育思想以及影响教育发展的社会因素为线索,纵论世界教育的发展脉络,既体现了该时期德国实证史学研究的风格,以丰富的史料展示教育史的本来面目,又显示出19世纪末20世纪初教育史研究的新趋向,由注重史料批判向分析解释史学过渡。还有1885年鲍尔生(F. Paulson)撰写的《德国学校和大学的学术课程史》,运用翔实的史料叙述了德国中等学校与高等学校的研究性课程发展与演变情况,一方面从教育学角度凸显了德国传统学术课程的重要价值,以此与巴西多的新教育运动与泛爱教育思潮相颉颃,另一方面从历史研究方法角度体现了德国客观主义与实证主义史学的研究特色。

以兰克学派为代表的"科学的历史学"风行一时,成为19世纪西方史学发展的主流。由德国大学开始的历史学专业化趋势在西方各国得到普遍发展。19世纪美国教育史学在借鉴与学习德国史学的基础上逐渐兴起,在此过程中,H.巴纳德起了非常重要的作用,因而被誉为美国教育史学先驱。他对美国教育史学发展的重要贡献是编辑出版《美国教育杂

① [德]汤普森著,谢德风译:《历史著作史》下,商务印书馆1998年版,第255页。

志》，提出向欧洲学习并创造独立于欧洲的美国文化的主张。《美国教育杂志》定位为研究世界各国及美国的教育制度和教学方法的历史与现状，因而巴纳德被誉为美国教育史的开山鼻祖。到19世纪末，美国史学出现了两个重要的发展趋势。一是非专业史学家让位于专业史学家，历史学成为独立的学术研究领域；二是欧洲一些新的学术思想影响着这一时期的历史学家。浪漫主义和实证主义思潮的蔓延，英国赫伯特·斯宾塞的学说在美国得到广泛的传播，社会达尔文主义颇受美国学者的重视。尤其是德国兰克学派的治史理论与方法对美国史学产生了重大影响。这些历史学家不再把历史学作为文学的分支来看待，而是将其视为一门"科学"，提出要用科学的方法分析历史，而不是单纯描述历史的设想。至19世纪70年代，随着高等教育的变革，尤其是从德国引入的研究生院制度在美国建立，第一批由大学培养的专业史家开始在史坛崭露头角，其中包括一大批从德国取得博士学位的年轻学者。他们主要供职于各个新兴的高等研究院和大学，以研究历史和培养专业史学人才为专职。1884年，"美国历史学会"从"美国社会科学学会"中独立出来。1895年，《美国历史评论》创刊。1907年，专业的实证主义史家杰姆森当选为历史学会主席，标志着专业史家在美国历史学会中取得了优势地位，历史学终于由非专业史家让位于专业史家。

美国历史学的专业化对教育史学的专业化发展有着重要影响。随着在历史、教育和社会科学方面有组织的学问的增长，不可避免地影响了那些撰写教育史的人的思想以及他们的史作的性质。1899年，哥伦比亚大学教育学院出现了最早的教育史博士论文。19世纪末至20世纪前30年教育史教科书及相关读本的陆续出版，正是与上述师范教育发展需要相联系的。第一本美国教育史教科书是布恩撰写的《美国教育》，旨在使美国教师了解美国教育史。第二本教科书是德克斯特(Edwin Grant Dexter)撰写的《美国教育史》。后来，孟禄(P. Monroe，1869—1947)又于1905年撰写了《教育史教科书》，这些成为美国传统教育史学的典范。

当以兰克学派为代表的实证主义史学垄断德国史坛之际，到19世纪末出现了以卡尔·兰普勒特(K. Lamprecht, 1856—1915)为首的新史学派与兰克学派的抗争，这场争论使德国传统史学在德国的统治板块开始松动。1891年卡尔·兰普勒特以灵活的思维和善辩的口才与兰克学派的后继者展开了激烈的争论。卡尔·兰普勒特极力批判兰克史学只专注于政治史研究、精英人物研究，而忽视了对社会、文化的综合研究；只注重用史料来叙述历史，而忽略了对历史的分析与阐释。所以有人将这场论争确认为“揭开了现代德国史发展的序幕，更是西方新史学与传统史学之间全面抗衡的前奏”①。从此，德国教育史学像历史学一样进入了由叙述式研究向解释性研究和由只注重教育内部研究向跨学科研究的过渡时期。

最早在这方面尝试的是1906出版的《德国教育的历史发展》，该书由鲍尔生撰写，他努力对一定时期内的社会思潮与文化精神对教育发展的影响进行深入分析与研究，有意突破过去单一就教育而论教育的研究模式，力求拓宽教育史研究的视野，追求新的研究方法。1919年，现代德国文化教育学派的创始人斯普朗格(F. E. E. Spranger)撰写的《文化与教育》(Kultur und Erziehung)出版，书中通过对历史上重要人物思想的研究，深刻提示了文化与教育之间的血肉联系。斯普朗格力图打破德国传统的实证史学的研究方法，运用新史学的宽阔视野去审视历史上文化与教育的关系，并且运用分析与解释的研究方法去阐释教育史。如果说斯普朗格是从文化视角去研究教育史的话，那么赖希魏因(A. Reichwein)则是从社会学角度去探讨教育史的发展动因。赖希魏因具有广泛的研究视野，他一生对前苏联与东亚的历史与教育史具有浓厚的兴趣，1921年他以全新的视角对前苏联的教育进行了深入研究，出版了《苏联教育制度》一书，运用新史学方法对国外教育制度史作了比较全面的研究与探讨，并作了理论分析与阐释。同年，福利特纳(W. Flitner)出版了《世俗教育》，两年后又出版了《成人教育问题》，他另辟蹊径运用哲学的研究方法来研究教育史问题，使教育史研究克服了以往只注重简单叙述的缺陷，使之走上了理论解释的新轨道。1924年他又出版了《人民夜大学》，1941年出版了《大众学校思想的四个来源》，1947年出版了《西方教育的楷模与目标》，他在研究这些问题的过程中也论述了他对于教育史研究方法的思考。他认为德国过去流行的实证主义研究方法会造成理论与实践脱节，人们只是为研究而研究，只是鼓励一种无益的博学，在故纸堆中玩弄文字游戏，却忘了自己的研究使命。他强调研究教育史的目的就是为了指导我们当今的教育实践，使过去与现在成为一个连续的有机体。②

在欧洲新史学派的影响和带动下，英国的布郎宁于1914年出版了《教育理论史入门》，为这一时期的世界教育史研究又添了亮点。在这一史学思潮的影响下，美国教育史学已基本形成了具有本土特色的美国公

① [德]伊格尔斯：《欧洲史学新方向》，华夏出版社1989年版，第30页。

② 吴式颖、任钟印主编：《外国教育思想通史》第9卷，湖南教育出版社2002年版，第565页。

立教育史诗模式。克伯雷(E. P. Cubberley, 1868—1941)的《教育史》(1920)是当时世界上享有盛誉的著作。它阐明教育史发展与人类文明发展史其他方面的紧密联系,着重论述教育发展的总趋势,重视并阐明教育史上理论与实践的密切关系,成为20世纪早期世界教育史的代表性著作。他的《美国公立教育》的出版,更是美国教育史学体系形成的标志。

从20世纪50年代开始,德国史学研究方法开始发生转向,标志性的事件是"菲舍尔大辩论"。第二次世界大战后,德国史学界开始反思与检讨传统史学研究的缺失,出现了激进的史学流派,如汉堡学派和马尔堡学派,代表人物是菲舍尔(F. Fischer)。他向德国传统的保守主义史学发起进攻,提出要同过去的史学全面决裂,倡导运用分析的方式去研究历史。此外,同时期在德国又兴起了一种新的史学研究思潮,那就是斯宾格勒(O. Spengler)所首倡的文化形态史观,主张打破"欧洲中心"论,从多种视角去研究世界历史,学会用文化的眼光去审视整个历史,实现史学研究从一元向多元的转化。这样就引发了20世纪六七十年代欧美史学研究方法的变革与转向,众多史学家开始探索新的研究方法与研究视角。这些史学新思潮对教育史研究产生了深刻影响,教育史研究也开始寻求新的研究思路与方法,并且走出了仅凭史料来论证史实的传统史学研究窠臼,逐步迈向采用分析、批判、阐释与跨学科研究方法为主的新领域。

在这种教育史研究方法的指导下,1953年出版了西奥多·李特(Theodor Litt)撰写的《德国古典陶冶思想与现代劳动市场》。通过分析与研究德国陶冶思想的历史变迁,从中汲取可以为现实服务的精华,特别是能够将陶冶思想与现代劳动市场联系起来去研究,体现了教育史研究走向跨学科、为现实服务的发展趋势。这就为教育史的发展走向标示了新的方向,也为教育史研究提供了新的视角,从而使该学科从聚焦欧洲转向放眼世界、从理论圣坛回到服务现实。自20世纪50年代中期以来,与国际历史学研究的转向相一致,美国教育史学发生了根本性的转变。随着史学观念和教育观念的更新,美国教育史研究领域不断拓宽,研究视角从一元到多元,研究方法借鉴了社会科学的各种方法,打破了与历史学以及其他学科之间的樊篱。美国教育史作为一个研究领域已经历了实质性的转变。

20世纪六七十年代,英国史学界受德国斯宾格勒倡导的西方文化形态史观的影响,以汤因比(Arnold Toynbee)为代表的历史学家提出从文化角度去研究历史,他完成了12卷的《历史研究》(1934—1961),鼓励重新评价英国以外的文化,如西欧文化和北美文化等。主张从宏观方面去整体把握历史，试图从人类学、社会学、政治学、经济学、教育学、哲学等角度去理解与阐释世界历史。受这一史学潮流的影响，一方面，出现了历史学家研究教育史的现象，历史学研究人员开始从教育史入手去解读历史；另一方面，教育史界也主动引入历史学的研究方法，试图从整体角度去研究教育史，突破以往仅就专题或国别去研究教育史的思维禁锢。这个期间最有代表性的教育史学家就是布莱恩·西蒙(Brian Simon)。他将研究视野转向教育与社会的关系、教育与政治的关系等方面，首次从其他领域去探究教育问题。开始探讨教育发展的外部环境，即"我们所要了解的问题是影响教育形势发展的环境"①。他于 1974 年出版了《教育史研究：教育改革的政治策略(1920—1940)》，1991 年又完成了专著《教育史研究：教育与社会秩序(1940—1990)》，还发表了一系列教育史研究论文，如 1973 年的《教育史研究》，1977 年的《过去与现在的教育史》，1982 年的《20 世纪 80 年代教育史》等，并运用马克思主义的观点去研究教育史，西蒙开拓了英国教育史的新领域。由于西蒙在该时期不仅教育史研究成果颇丰，而且观点新颖、思路开阔，所以他的研究成果被誉为"改变并重塑了英国教育史"②。

20 世纪 20 年代末，以法国历史学家马克·布洛克(Mare Bloch)和吕西安·费弗尔(Lucien Febvre)为代表，在批判以往实证史学视野不宽、只注重史料等不足的基础上，创立了年鉴学派，力求研究范型转换，主动打破历史学与经济学、社会学、政治学、人类学、心理学、哲学、地理学、人口学等之间的学科壁垒，主张从整体入手、在理解的基础上去研究历史，倡导从史料整理的误区中走出来，在理解的基础上去解读历史事实，并且将历史看做是人的历史③，重点应研究影响人行为的心理、心态、社会因素等内容，强调历史研究应突破以往就精英人物思想进行研究的狭隘思维，而应将研究的视线转向群体、转向民众，并应善于从世界文化史的角度去体认历史发展的规律。年鉴学派的治史思想直接影响着这一时期法国教育史的研究方法，教育史研究领域也出现了关注整体、注重基层、重视阐释等研究倾向。在这种史学方法论的影响下，出现了从宏观角度去研究法

① [俄]卡特林娅·萨里莫娃、[美]欧文·V. 约翰宁迈耶主编，方晓东等译：《当代教育史研究与教学的主要趋势》，教育科学出版社 2001 年版，第 3 页。

② R. Aldrich, The Real Simon Pure: Brian Simon's Four－Volume History of Education in England, History of Education Quarterly, Spring, 1994.

③ 何兆武、陈啟能主编：《当代西方史学理论》，上海社会科学院出版社 2003 年版，第 393 页。

国教育史的著作,1922 年出版了《中世纪法国和近代法国》一书,将教育史置于整个法国历史发展的大背景下去研究,试图将教育史与历史研究融为一体。1948 年,马洛(H. I. Marrou)按照这种思路,又对古代教育作了追溯性的研究,出版了《古代教育史》。

在这种教育思潮的影响下,教育史研究人员将研究的视线向下转移到了中等教育的研究,因为欧美一些国家普遍认为培养科技杰出人才的关键是中等教育,要打好基础,所以在 20 世纪 30 年代出现了一批研究中等教育史的研究成果,如 1936 年出版了韦伊(G. Weill)的《法国中等教育史》,重点研究了法国中等教育的发展历程,以期从中总结出一些可资借鉴的经验与教训。同年,又出版了维亚尔(F. Vial)的《中等教育百年史》,通过运用比较方法研究了欧洲各国的中等教育发展概况,从宏观角度审视了中等教育百年发展史上的利弊得失。

到 20 世纪 60 年代,法国的年鉴学派正处于繁荣与流行时期,费弗尔提出了历史研究中政治史研究不容忽视,而且重心要下移,将研究精英人物转向民众与基层。受这一史学研究方法的影响,教育史研究领域也出现了研究工人教育、普及教育与技术教育的热潮,相继出现了不少研究成果。曼德罗(R. Mandrou)、马奇布莱德(R. Muchemdled)、梅特龙(J. Maitron)等人对法国的工人文化与教育、民众的普及教育、通俗文化教育等作了深入的研究,将研究的视线下移到向来都不被人们重视的社会最下层。曼德罗强调要重视人民创作的作品和工人所接受的教育,多了解贫困徒工的学习与文化状况;①梅特龙强调应重视成人讲习班、学徒班的教学、组织,要注重阅览室、图书馆的管理,以期人们对下层民众的生活与学习有更多的了解。② 勒古(Y. Legoux)在《狄德罗职业培训学校》一书中指出,像狄德罗学校这样的培训场所,尽管不是培养专家的学校,然而它对体力劳动工人的子女寻找职业具有重要的现实意义。③ 英国布莱恩·西蒙(Brian Simon)于 1960 年出版了《教育史研究:1780—1870》,倡导运用阶级分析的方法去研究与思考教育史问题,将研究的重心放在了中下层民众,而且运用一定的理论来指导教育史研究,从而增强了教育史

---

① R. Mandrou, De la culture populaire aux XVIII e et XVIII e siécles. Paris, Stock, 1965, p. 224.

② J. Maitron, Dictionaire biographique du moucemenl ourier francais, Paris, les Editions orvreéres, 1964.

③ Y. Legoux, Du compagnon au technicien: l'Ecole Diderol et l'évolution des qualifications. Paris, Technique et Vulgarisation, 1972.

研究的主体意识。此外，这一时期尽管法国教育史在教师培训中的地位不像英国那样突出，只是一般的教学课程，而且以往总是没有教材，只是借助翻译德国编写的教育史作为教学用书，到 1968 年，安托万·普罗斯特(Antoine Prost)完成了亲自编写的《法国教育史》(1800—1967)教材。这部教材由于构思精到，叙述得体，论述严密，所以至今一直重印，仍作为教师培训的教材。① 这个时期的研究成果，尽管不太多，但是展示了教育史研究取向的转变，打破过去单一的就教育而论教育的思维模式，出现了与历史学对话与沟通，并从史学界吸取有益的研究方法的良好势头。教育史研究出现了向外延伸与向下扩展的态势，出现了一些从研究上层下降到民众的研究成果，从研究精英扩展到群体的教育史著作。这是教育史研究受当时流行的年鉴学派史学观影响的结果，同时也为下个时期出现更丰硕的研究成果奠定了基础。

从 20 世纪 70 年代开始，法国"年鉴学派"这一名称已逐渐无法概括和涵盖所有的史学新潮流，人们逐渐使用"新史学"一词来作更大的综合。② 以第二代年鉴学派核心布罗代尔(F. Braudel)为转折，到第三代的核心勒高夫(J. Le Goff)、孚雷(F. Furet)，年鉴学派已演变成了新史学流派。"新史学"是一个十分宽泛的概念，包含了许多新的史学研究方法，力图拓宽过去狭隘的研究视野，不断创造新的研究方法、开辟新的研究领域。这一研究思路也影响到了教育史研究。正像当时法国有的教育史学家所说："毋庸置疑，这些趋势必然会影响到教育史学者的工作。"③按照夏蒂埃(R. Chartier)的说法，法国教育"新历史学"的出现表明，学术性、思想性或专题性的史学正在向寻求史学家和社会学家共同努力的新途径方面过渡。④ 在新教育史学理念的指导下，20 世纪 70 年代之后的教育史研究进入了辉煌时期，成果纷呈，论著颇丰，法国教育史研究进入了繁荣时期。

受历史学研究风格的影响，法国教育史研究也倡导在完全理解史料

---

① [法]玛丽·玛德琳·康比尔：《当前欧洲采用的教育史教科书》，载[俄]卡特林娅·萨里莫娃、[美]欧文·V. 约翰宁迈耶主编，方晓东等译《当代教育史研究与教学的主要趋势》，教育科学出版社 2001 年版，第 208 页。

② 何兆武、陈啟能：《当代西方史学理论》，上海社会科学院出版社 2003 年版，第 106 页。

③ A. Léon, Introduction *à* l'historire des faits éducatifs. Paris, Presses universitaires de France. 1980. p. 248.

④ R. Chartier, Education, In: Le Goff, J., ed, La nouvelle histoire, Paris, Retz. 1978, p. 156－158.

的基础上进行阐释历史，充分体现教育史编撰者的主体意识，在这方面表现比较突出的是1975年由雷莫·福尔纳卡(Remo Fonaca)撰写的《教育史研究》，还有1980年出版的由安托尼·莱昂(Antonine Leon)所撰写的《教育史导论》，这两部书均由来自同一职业团体的作者所撰写，通过认真的分析、流畅的阐述，以使更多的学生从中受益，目的是按新史学的写史方法去编写适合于教育专业的最理想的教材。"他们的目的是通过从他们自己的研究领域所选用的例子，论证历史与历史认识论的一致性和对未来教师的实用性，从而证明历史在其他教育学科中的地位是正确的。"①这两部教材是该时期法国最有代表性的教育史教材，在法国教师培训中起到了较大的作用。此外，还有1979年出版的《教育的社会历史》，是由安东尼奥·圣托尼·鲁古伊(Antinio Santini Rugui)撰写，该书将教育置于社会发展的大背景中来理解与阐释，在理论和实践上他们一直强调所有教育的社会影响和阶级性，运用马克思主义历史观来分析自古代奴隶社会以来的各种被压迫阶级的教育发展情况。佩里奥特(J. Perriault)于1981年撰写了关于教具研究方面的专著，追溯了幻灯机、留声机在教学中的发展历程及其所起的作用。1982年出版了诺埃尔·泰罗(N. Terrot)编写的《法国成人教育史》，作为成人教育与培训的教材。1984年又出版了拉波雷沃特(G. Laprévote)写的《1879—1979年法国的师范学校》作为教师培训的教材。

同时，新教育史学研究在研究方式上也有新的发展，即一改以往仅靠个人单打独斗的研究格局，要求研究者联合起来形成群体，方能适应新形势下对教育史研究的需求。为此，自从对传统史学研究提出质疑，力求探寻教育史学研究的新理论与新方法之后，世界各国相继成立了用来组织团体研究力量的教育史学术团体。如：1967年英国教育史学会在利物浦成立，学会的成立更有利于组织和团结一批有志研究教育史的力量，便于在该领域整体作战，多出成果。1973年德国教育史研究协会成立，从此德国教育史研究人员在协会的协调与统领下，通过经常性的学术交流可以朝着协会导引的方向去努力，避免了研究课题的重复劳动，可以有效地集中人力搞大部头的史学著作，同时，在研究方法方面也便于集中大家的智慧去尝试新的研究方法，这就有利于德国教育史研究走上高效的研究快

① [法]玛丽·玛德琳·康比尔：《当前欧洲采用的教育史教科书》，载[俄]卡特林娅·萨里莫娃、[美]欧文·V.约翰宁迈耶主编，方晓东等译《当代教育史研究与教学的主要趋势》，教育科学出版社2001年版，第210页。

车道。协会成立之后，教育史研究领域不断出现探索新的研究方法与理念，代表性的著作有1978年出版的由布雷岑卡撰写的《元教育理论：教育科学、教育哲学和实践教育学基础导论》，将教育史学理论纳入元教育理论之中去思考与探究，显示了作者欲将教育史学科中的教育特色体现出来的研究本旨，倡导运用多种学科的研究方法来反补教育史研究的缺失。

教育史界以新的研究方法，从新的视角做了不少新的尝试与探索，如1982年赫威西·布伦克茨(Herwig Blankertz)主编了《从启蒙时期到现代的教学法》，试图从了解教学法、学校、文化和社会结构之间关系的目的出发，去追溯德国教学发展的演变历程，分四个时期对德国教学史进行了研究，包括启蒙运动时期、德国古典时期、工业化时期和从魏玛至波恩时期，运用分析与阐释的研究方法对德国的教学发展史进行了研究。同期出版的《教育史最新发展的基本特征》，作者海因·艾尔玛·特诺思(Heinz · Elmar Tenorth)则本着体现教育史的学科特色、力求教育史与历史学相区别的宗旨，突显教育史作为一门独立学科的研究风格与特色，同时也展示了教育史未来发展的趋势与走向，是一部研究教育史学理论方面的重要著作。

值得强调的是，由米亚拉雷和维亚尔(J. Bial)主编的四卷本《世界教育史》于1981年出版。这套书是该时期最具魅力的一部教育史巨著，共有40多名教育史研究人员参加了编撰，而且得到了联合国教科文组织的支持。它横跨世界各地、纵贯数千年，尽管研究的重心在近现代教育的回顾与剖析，但也不乏对古代教育传统的追溯与钩沉，可以说是当时最完整的一套教育史著作。该书打破了以往研究教育史以欧洲为中心的固有模式，不仅研究欧洲的教育发展情况，而且探讨东亚、中亚、西亚、南美等地区的教育演变历程，真正从全球的范围内对教育史进行研究。这是受到了法国新史学思潮中的整体史学观和西方文化形态史观中多中心史观的影响，力图从多角度、多层面、多中心去研究世界教育史，以形成宏观、立体、多维的世界教育史格局。为了实现这样的治史目的，作者改变了过去教育史只重研究教育思想史、机构史、教育理论发展史的传统模式，将研究的视线移向了教学内容、教学手段、教学管理、教学实践等领域，使教育史研究实现宏观与微观的统一。还在研究学校教育史的同时，关注了社会教育史与家庭教育史。这就不仅使教育史的研究视野大大开阔，而且实现了教育史研究与历史研究的有效沟通。

从20世纪80年代中后期开始，教育史研究领域进入了学科反思阶段，一方面思考教育史学科的性质、学科的研究范围，另一方面反思教育史研究的方法、与历史学科的关系，因而出现了几部有影响的著作。1985年作为国际教育局编著的“教育科学丛书”之一、由法国教育史学家安多旺·莱昂编著的《当代教育史》英文版出版，就是这方面研究的代表作。首先，对当代教育史学科的研究范式、研究范围、研究方向、学科整合等进行了深入思考；其次，对教育变革中教育观念的变革、大众教育、技术教育等作了认真分析；再次，对教育史研究的功能、意义与价值作了新的思考。莱昂引用了大量的文献资料，同时吸收了法国史学界关于年鉴学派与新史学运动的一些新观点，将之精华部分巧妙地运用到了教育史研究之中，体现了教育史学与历史学的沟通与合作。1981年，由普罗斯特(A. Prost)主编的《法国教育通史》出版，这是一部大部头的教育史学著作，为法国教育史作出了巨大贡献。1983年出版了由雷翁(A. Léon)撰写的《法国民众教育史》，将教育史研究的重心由精英下移到民众。他于1986年又出版了《法国教育史》，运用新教育史学的研究方法重新编写了法国教育史，使之有一种全新的感觉。还有1988年阿历伽德罗·提阿那·费列尔(Alejandri Tiana Ferrer)撰写的《当代历史教育的调查：焦点与方法》，重点论述了教育史在教育学科体系中的重要地位，突出教育史在丰富学生知识、开拓视野方面的重要作用；还对教育史的研究方法进行了深刻反思；运用比较的方法将欧洲的教育史与美国作了对比研究，以期从中感悟教育史研究的得失，旨在为以后的教育史研究提供有益的借鉴。另外，在探索德国教育史教材建设方面也作出不少成绩，1987年伊格尔·比茨(Egle Bechi)撰写的《教育史》，就是一部有别于其他教材的专著，他首次将编撰教材的重点放在让学生了解教育实践的演变历程上，力求实现教育史教材由教育思想向教育实践的转变，同时也介绍了教育体制的演变情况，这部教育史教材就是在新史学背景下所撰写的教育史著作，明显突破了以往研究的传统模式。在高等教育研究方面，1997年出版了由米茨尔(G. Mitchell)撰写的《德国大学：过去与未来》，对德国研究型大学作了深入细致的研究与分析，为现代世界各国高等教育改革提供了有益的经验与借鉴。

20世纪八九十年代以后，美国教育史学家克雷明全神贯注，构建了自己的教育史学理论体系，并根据自己的理论体系开始了重新阐释美国教育经验的尝试，这种努力主要反映在他的专著《公共教育》和《美国教育传统》之中。在去世前的25年里，他把主要精力放在《美国教育：殖民时期的经验(1607—1783)》、《美国教育：建国时期的经验(1783—1876)》和《美国教育：都市时期的经验(1876—1980)》三部著作上。在克雷明看来，应该将“教育”视为通过周密的、系统的和持久的努力来传播或激发知识、态度、价值、技术和情感的过程。这个定义强调重视个性与教育机构的多样性。从个人受教育的多样化来看,除学校教育以外,还包括来自父母、同辈、兄弟姐妹、朋友的影响;而从教育机构的多样化来看,除学校教育以外,还包括家庭、教堂、图书馆、博物馆、夏令营、慈善团体、农村集市、住宅区、工厂、电台以及电视网络等。克雷明从教育生态学视角来看教育,重视对于教育的多元综合分析,尤其重视教育的社会环境,看到了家庭环境、学校环境、校外教育机构和渠道的教育作用。克雷明倡导的大教育观首先使美国教育史研究领域得到大大的拓展。以往的美国教育史将重点放在学校教育尤其是公立学校教育的历史研究上,而现在学校教育不再处于教育史研究的中心,家庭、教会、学校、学院、大学、图书馆、博物馆、工作场所(如工厂)、军队、童子军、报刊、讲读社、展览会、济贫院、大众识字教育等等,都一起被纳入了美国教育史的研究领域。

美国的另一位教育史学家乔尔·斯普林(Joel Spring)的主要研究兴趣是多元文化教育、土著美国文化、全球教育、人权教育和教育政策,其教育史方面的代表作是《美国学校:1642—2000》。斯普林强调他写作《美国学校》的目的是在广泛观察的基础上阐述教育史,以便为教育史教学提供一种新的综合的途径。他从政治学、经济学、社会学和多元文化等多种视角来阐释美国学校史,并主张把各种阐释都摆在学生面前,使他们得以根据自己的价值判断来评判教育史。他明确指出:“在历史阐释中无所谓正确与公正”。“在历史阐释中没有公正的答案,而只有对于哪些历史阐释是正确的这个问题的不同观点。你必须根据你自己的社会的和政治的价值观作出决定。”①虽然这种说法有着浓厚的历史相对主义色彩,却是当代美国历史学发展趋势的一种真实写照。

20世纪90年代以来,英国的理查德·奥尔德里奇也将研究的重心下移到了民众教育、扫盲教育、初等教育、教师教育、教学活动和课程设置等具体的教育活动史,1990年发表了《19世纪中叶的初等教育、识字和童工》,论述了在国际捐助初等学校的教学与课程中的识字、教育和童工问题。② 为了向缺乏教育史知识的人普及历史知识,他还编写了浅显易懂的

① Joel Spring, American School:1642—2000, Fifth Edition, Boston: McGraw-Hill, 2000, p. 2.

② Richard Aldrich, Elementary Education, Literacy and Child Employment in Mid Nineteenth Century: A Statistical Study, in: G. Genovesietal, History of Elementary School Teaching and Curriculum, Hanover, 1990.

教育史读物《教育史入门》,以英国的英格兰和威尔士教育为主线,介绍了英国的初等教育、中等教育和高等教育的发展情况。后来又着手研究英国的教师教育发展史,1990 年发表了《教师教育的演进》和《英格兰和威尔士的教师教育史》;接着他又对课程史进行了专门研究,撰写了《国家课程的历史展望》,使英国教育史研究向纵深方向发展。

面对近年来世界教育史学界所面临的危机和挑战,各国教育史研究人员都在积极地寻找应对策略,不断地进行研究思路调整和学科反思。为此于 1992 年英国教育史学会又回到最早创建学会的城市利物浦,召开教育史学会成立 25 周年大会,英国教育史学界的同人共话教育史学科的发展历程、教育史的学科地位、教育史的学科特色以及所面临的危机,同时大家共同谋求教育史学科的发展出路,从此真正进入了英国教育史研究的学科反思阶段。由伦敦大学教育学院教授戴维·克鲁克和理查德·奥尔德里奇合著的《面向 21 世纪的教育史》于 2000 年由伦敦大学出版,在反思的基础上展望了英国教育史学科的美好未来。

以上简要回顾了世界教育史学研究的发展过程及其趋势,从中可以清楚地看出,教育史学研究是在历史学的影响下成长、发展起来的。它经历了早期的历史学一统天下、社会科学多学科理论和方法的借鉴以及学科自身的反思与建构三个阶段,逐步形成其理论和方法,开拓其领域,不断取得进步。研究教育史学的发展过程与趋势,不能不密切注意历史学的发展与趋势。

二

“溪涧岂能留得住,终归大海作波涛。”作为中国学术的一部分,中国教育史学经过近百年的发展演进,终于走过其学科的萌芽和幼稚阶段,步入一个成长壮大的阶段,汇入当代世界学术发展的大海,并努力在世界学术的海洋中寻觅自己前行的方向。

我认为,从未来历史学和教育学的发展趋势来看,今后一个时期中国教育史学的发展将逐步实现“三个转向”,即逐步转向加强自身学科理论建设,转向研究教育历史的日常问题,转向发掘本土的学术传统。

(一)转向加强学科自身理论建设

以往教育史学研究总是将注意力放在具体的教育思想与制度的研究,而且研究方法与思路往往依赖于历史学和教育学,缺乏体现自身学科特色的自觉性,教育史学界很少对自身学科进行理论和方法的反思与建构,这就制约了研究者的思维水平和理论提升,因而在理论方面显得有点先天不足。学术研究包括历史研究的重要目的之一是为了帮助人们提高理论思维水平，如果所有的教育史学研究成果只是简单的史料累加和肤浅的史实介绍，那么，教育史学科将永远不会走向成熟。尽管目前教育史学研究成果不少，队伍也日益壮大，但在我看来，这基本上还只是量的增长而不是质的提高，只是“学科增长”而不是“学术增长”。学科研究成果较多，但学术发展不够，理论水平不高，或许可以说是“繁荣中的贫困”。当新世纪其他众多人文学科面对新的挑战纷纷进行学科反思与重构之际，教育史学科尤其应该注重加强学科理论建设，因为长期以来教育史学科一直缺乏属于本学科的理论体系。

面对教育史学所存在的危机，教育史学界有必要清醒地认识学科自身存在理论贫乏、体系不整的弊端，着力构建本学科的理论体系。具体来说，就是要全面系统地研究教育史学科的基本理论问题，加强探讨教育史学科的概念范畴、研究方法和学科体系，特别是要探讨和反思教育史学科的性质、对象、范围、功能及其与相关学科的关系，并通过总结教育史研究本身的历史，为教育史学科进行科学的定位，建立和完善教育史学科的理论范式、研究方法及学科体系，以求加强教育史学科的自身理论建设，提高教育史研究者的理论水平。

教育史学建构自身的理论体系，当然不是凭空而来，不能忽视借鉴与吸收历史学与教育学的相关理论。由于教育史学是由历史学与教育学交叉形成而来的，与历史学和教育学有着天然的血缘关系，具有历史学和教育学的双重特征，教育史研究者更应该首先积极并且善于从历史学和教育学中吸取营养，吸收历史学和教育学的最新理论成果。除了向历史学和教育学借鉴和学习以外，还需要向其他社会科学取经索宝，将理论借鉴的目光投向政治学、经济学、社会学、人类学、哲学、伦理学、心理学等学科，力求最大限度地吸收和融合众多社会科学的理论，以加强教育史学的理论建构和学科建设。

加强教育史学科自身建设，还体现在应当提升具体教育史研究过程中的理论品位，增加具体研究成果中的理论含量，提高未来教育史学的研究层次和水平。这不仅是由教育史学的教育性质所决定的，而且是由教育史学的史学性质所决定的。就像意大利著名史学家克罗齐(B. Croce)所说：“史实只有通过史学家本人心灵或思想的冶炼才能成为史学。”而这个由史学家用心灵进行冶炼的过程就是一个运用理论思考史实的过程，也是一个理论提升的过程。因为任何历史不仅是人的历史，而且是人写的历史，因此，教育史学家的理论素养、主观经验、认识水准等因素不可避免地会渗透到教育史学研究过程与成果之中。研究者在研究教育史过程中,更多面对的是史料——前人意识化的产物,而不是历史事实本身,况且史料不等于史学,搜集史料、运用史料的工作完全是由教育史学研究者来完成的。在处理史料的过程中,需要研究者的理论思维;在创作教育史成果时,更需要通过理论去架构研究框架,有序排列和组合史料,并通过研究者的理论思辨能力从中提炼出新的思想观点。教育史学研究者要努力克服过去片面重视和简单拼凑史料的做法,进一步加大教育史学研究的理论力度,这是教育史学科的一个重要发展趋势。这不仅是教育史学的发展趋势,也是其他社会科学学科所追寻的一个目标。教育史学研究者的研究应关注研究者在研究过程中主体意识和理论素养的参与,并通过研究范式的转换,使教育史学研究视野更加开阔,品位得以提升,为学界展示更多的研究精品,将教育史学科推向一个更高的学术层次。

(二)转向研究教育历史的日常问题

以往教育史研究的重点主要集中于人物思想与制度变迁的研究,人物思想研究也仅只是就教育史上著名的精英人物进行研究,很少涉及基层人物的生活、学习与活动的具体问题与情境;教育制度研究也只是重视国家教育机构的形成及其演变,将重心放在了描述制度的内容及因袭过程,而缺乏对决策的生成过程、在基层的实施情况及其对学校教育的影响等问题的深入研究。未来教育史学研究应当将研究的视线逐步向下移动和对外扩散,实现教育史学研究视野从精英向民众、从高层向基层、从中心向边缘、从经典向世俗的过渡。通过转向研究历史当中的具体教育问题,来真正展示出生动鲜活的教育史学科特色。具体而言,需要加强如下工作:

一是研究历史的教育问题要具体化。教育史学研究会遇到各种问题,有宏观问题与微观问题,有大问题与小问题,有冷问题与热问题,有具体问题与抽象问题等等,由于以往教育史学研究的关注焦点集中在上层人物研究和宏观制度研究,因而导致微观的细节的日常的问题很少有人问津,成为研究的空白。因此,今后应当将研究的重心转向教育、教学的具体问题、微观问题和日常问题。

二是研究历史的教育问题要民间化。20 世纪中叶,法国年鉴学派就将研究的重心从少数精英人物转向了广大民众。法国年鉴学派的创始人之一布洛克曾这样说:“一个杰出的历史学家就像童话中的巨人,他知道哪里有人肉的气味,哪里就是他的猎物所在。”这里所指的人,已不再是上层精英,而是人民大众。之后,法国年鉴学派第二代核心布罗代尔在对 15

至 18 世纪的资本主义发迹史进行总结之前，先对前工业化时期的社会图景从最基层开始作了深入探究。20 世纪 70 年以来的美国新史学就对传统史学只注重精英文化的研究取向进行了深入的批判，极力倡导以社会大众和大众文化为主体的研究取向，极大开拓了新史学的研究视野。新史学的这一研究导向，直接影响到教育史学的未来走向。法国当代教育史学家安多旺·莱昂指出："对于某一教育问题的历史研究看起来印证了布罗代尔的断言：'历史……是人类科学中最富有文学色彩的和有趣易读的学科，总之它最为大众化。'"教育史学走向民间，已成为全世界各国教育史学家的共同心声。研究重心移向民众，是未来教育史学科发展的基本方向和趋势之一。

同时，还要注意研究成果要适合于民众的阅读口味，以此来满足大众的读史需求。如果所撰写的教育史论著，尽管研究的内容和所使用的材料均是民众的教育历史，然而写史的方法仍然使用深奥、晦涩的表达方式，社会大众看不懂，这样的教育史仍然不能成为真正意义上的民众化的教育史，违背了教育史学研究的初衷和本意。英国当代著名教育史专家理查德·奥尔德里奇(Richard Aldrich)曾将教育史学研究和教学的宗旨定位在要适合大众的需要、成为普及的内容。他说："教育史是更普及的、大众教育领域的课程。"教育史学研究视线的下移是多方面的，不仅要求研究对象由精英转向民众，研究史料从官方转向民间，而且应当做到研究成果符合大众的欣赏水平和阅读能力，使之避免成为贵族的教育史。当然，教育史学研究成果的大众化，并非要将教育史研究庸俗化，只是在表达方式上要力求形式生动活泼，成为民众喜闻乐见的一种新史学。

三是研究历史的教育问题要多元化。教育问题史研究也要不断扩大研究的视野和领域，实现研究问题对象的多元化。譬如：中国教育史研究，不仅要注重汉族教育历史问题的研究，而且要关注各少数民族教育历史问题的研究；不仅要研究中央政府办理教育的历史，而且要研究地方官僚或民众的办学实践；不仅要重视主流文化影响下的教育发展问题的研究，而且要注意对道教、佛教、基督教教育史问题的研究。

(三) 转向发掘本土的学术传统

作为世界教育史学的一部分，中国教育史学研究当然必须借鉴与学习其他国家教育史学的研究理论与方法，但更重要的是，要善于挖掘本国传统史学的理论、方法与范畴，将研究视线转向本土的学术传统，力求从根深蒂固、博大精深的中国优秀教育传统与史学研究方法中汲取所需要的养分，从而为教育史学科的机体源源不断地注入新的营养。纵观中国本土的学术传统，我认为，至少以下几方面可供教育史学研究吸纳与借鉴：

一是中国学术传统的价值取向。学术传统是历史上形成并得以传承的稳定的具有独特风格的治学方式和叙事习惯，是一个民族优秀文化传统的重要组成部分。具有悠久历史和灿烂文化的中华民族，在自身文化记载与传承中形成了自成体系、独具特色的学术传统。然而，自从西学东渐特别是近代以来，由于先进的西方科技文化以强大的优势征服了中国思想文化界，在西方强势文化的冲击下，中国学术界开始对本民族的学术传统产生了怀疑，中国的学术规范与治学方式受到了重创。这样中国的学术传统一次次地受到破坏，致使当今史学界包括教育史学界出现学术传统的严重缺位，进而制约着教育史学科的发展。中国教育史学研究者当然要以开放的心态去接纳外来学术文化，然而，中国教育史学毕竟是研究者在中国、针对中国教育历史问题所从事研究的教育史学，我们不能将数千年来积淀和传承下来的中华优秀学术传统轻易地全盘丢弃，这样不仅不利于传统文化的传承，而且不利于教育史学科发展。从文以载道、格物致知、经世致用，到近现代的学以致用、实事求是、求真务实，我们可以明显看出中国学术传统的演变与发展轨迹。今天的教育史学研究者应该弘扬与继承这种学术传统，在研究教育史过程中，学会联系现实，结合实际，力求古今贯通，学以致用。

二是中国传统史学的思维方式。中国传统历史学一贯注重从宏观角度去思考与把握历史发展的脉络，注重整体思考与综合分析，善于从历史的全程来总结与概括发展走向与趋势，不太注重微观研究。采用宏观思维方式去研究历史，是中国古代史学家一贯采用的方法，西汉著名史学家司马迁写《史记》就以“究天人之际，通古今之变”的宏观治史思维模式完成了当时的第一部通史。当代被誉为“中国的布罗代尔”的美籍华人黄仁宇提出“大历史观”，即“将宏观及放宽视野这一概念引入到中国历史研究中去”，从而理清中国历史发展的基本脉络，使人了解中国历史发展之所以如此的因果关系。新世纪的教育史学研究，也应该批判继承中国史学研究传统，学会从整体上去思考中国教育发展的整个历程，善于从宏观视角去体认和把握教育思想、教育制度与教育活动之间的内在的必然的联系，并且学会运用归纳的思维方法，对各种细微的、日常的教育史料作概括与总结，将研究的视线从上层和精英下移到基层和民众，以期从教育活动的真正主体——社会大众去体认教育历史的实况。教育史学研究的对象应该实现群体化，要加大对群体的研究力度，以使教育史学走下圣坛步入民间。只有通过继承与借鉴“大历史观”，进而在教育史研究中创立“大教育史观”，才能实现教育史学与历史学的相互辉映。

三是中国传统史学的理论范畴。近年来，史学界和教育史学界广泛引入与借鉴西方史学理论与方法，这本来无可非议，是学术发展的必由之路，也是学术开放的具体表现。然而，在学习与借鉴西方史学理论的过程中，却出现盲目照搬、舍本求末的弊端，即为了一味追求新潮，将中国几千年来保留和积累下来的传统史学理论范畴人为地丢弃了，这是一种不理智的行为。回溯中国传统史学理论发展历程，其中不乏值得教育史学继承的东西，譬如：唐代大史学家刘知己提出的史学“三长”，即“史才”“史学”“史识”，清代大学者章学诚后来又加了“史德”，这样“史学三才”就变成了“史学四才”。到了近代，大学者梁启超对此作了次序排列：“先史德，次史学，又次史识，最后才说到史才。”这些传统史学理论范畴，很值得教育史学研究者借鉴。教育史学科在未来的学科建构中，应当借鉴中国传统教育的理论范畴，努力发掘中国传统教育中具有生命力的理论范畴，切不可将本国教育史的精华丢弃，而去追寻那些看起来貌似新鲜、但并不一定对教育史研究有多少益处的理论范畴。

四是中国传统史学的研究方法。中国历代史学家在治史的过程中，对史料的处理积累了丰富的经验，总结出了不少至今仍然很有使用价值的研究方法，诸如版本、目录、训诂、校勘、辨伪与考证、辑佚与注释等。这些传统方法对于教育史研究永远具有使用价值，因为不管在什么时候研究教育史学，都离不开史料，而且需要的是可靠的史料；而要搜集和整理史料，就必须学习与了解版本学与目录学；在史料传承过程中，同一部书因编辑、传抄、刻版、排版或装订形式的不同而产生了不同的古籍本子，都需要通过版本学的知识去鉴别与区分。

五是中国传统史学的编撰方法。中国传统史学研究的编撰体裁有编年体、纪传体、纪事本末体、学案体等多种，这些编撰方法至今对教育史学研究具有重要参考价值。编年体是按照历史事件发生的年代顺序来编写史书的一种编撰体裁；纪传体是以人物传记为中心叙述史实的编撰方法，汉代著名史学家、文学家司马迁的《史记》最早开创了此种编史方法；纪事本末体是由南宋史家袁枢创立的一种编史方法，是就历史上的某个重要事件，自始至终有系统地将其叙述完整，这样便于人们系统地了解这个历史事件的原委，在研究教育制度时最好采用这一方法，有利于系统完整地了解一种制度的缘起、内容、演变、实施及影响；学案体是为了适应编写学术史的需要而创立的一种史书体裁，对教育史学来讲，适合于研究某个著名教育家的成长环境、治学历程、师承关系、著述内容、教育活动及其影响、他人评论等。总之,中国传统史学在编撰方面形成了不少优良传统和很好的编写体例,这些都是今后中国教育史学研究者可资借鉴的宝贵财富。

三

基于以上认识,我从 20 世纪 80 年代中期起,就开始对中国教育史学进行学科反思,先后就教育史学研究的指导思想、教育史学的理论与方法、教育史学的改革创新等问题撰写并发表了数篇文章,在多次全国教育史学年会上呼吁加强学科反思,注重理论建构,转换研究范式,促进学科发展,并在华中师范大学教育学院为研究生开设"教育史学概论"课程,探讨教育史学的基本理论和方法问题。进入新世纪后,我承担了教育部全国教育科学规划"十五"重点课题"教育史学理论与方法研究",比较系统地探讨教育史学学科的一些基本问题,主持编写了《教育史学通论》,初步形成了自己对教育史学科的若干主要观点,如教育史学的"学科性质史学论、研究对象三分论、研究重心下移论、理论方法现代论、表述形式本土论、历史分期三段论、学者素养要素论、未来发展多元论"等思想,以及以问题意识为导向、本土原创为特色、范式转换为宗旨、学术增长为目标的学术理念和追求。这套"教育史学研究新视野丛书"就是以这些认识、理念和追求为指导编写的一套新的教育史学研究丛书。

摆在读者面前的这十本论著,就是上述教育史学认识、理念、追求的反映和体现。其中,湖北大学历史文化学院副院长郭娅副教授的《反思与探索——教育史学元研究》,将教育史学本身作为反思和研究的对象,从教育史学的学科性质、学科特征、研究对象、研究内容、研究范畴、学术功能、基本理论、研究方法、史料收集、编撰形式、学者素养、发展趋势等方面,探讨了教育史学学科的基本问题,形成了一套自己的独到见解,较好地反映和体现了我和她近年来对教育史学学科的基本观点,为教育史学研究提供了一套比较新颖的理论依据,从某种程度上也可视为这套丛书的一个理论总纲,是我这篇总序的一个理论与方法上的扩展和加强。华中师范大学教育学院但昭彬副教授的《话语与权力——中国近现代教育宗旨的话语分析》,首次尝试运用话语权理论,从话语权与教育宗旨的关系、官方话语权的独占、官民话语权的互动、民间话语权的拓展、官方话语权的重掌、官民话语权的衡称等方面,研究了 20 世纪上半叶中国教育宗旨的发展与流变,总结提出了官民话语权演变规律,从教育宗旨流变这一个点来窥视近代中国社会变迁的规律。与但昭彬侧重于国家与民间的关系研究不同,曲阜师范大学教育学院广少奎副教授的《重振与衰变——南京国民政府教育部研究》,侧重于国家教育体系和制度研究,运用制度主义理论,分析了现代中国中央教育机构的形成、演变历程,以及中央重大教育政策的复杂生成过程及其对全国教育的影响,提出了南京国民政府时期中央教育机构和教育制度如何由有效转为失灵的假说,是制度主义理论运用于中国近现代教育史研究的初步尝试。湖北大学教育学院赵厚勰讲师的《雅礼与中国——雅礼会在华教育事业研究(1906—1951)》,对以往人们甚少关注、但在中国近现代教育史上发挥过相当作用的基督教重要教育机构——美国雅礼协会在华教育活动及其影响,作了认真挖掘与深入研究,从一所美国知名大学——耶鲁大学及其派生组织看美国特别是美国基督教教育组织是如何进入中国并对近现代中国社会和教育产生影响的。与之相类似的基督教教育组织个案研究,还有华中科技大学社科部肖会平讲师的《合作与共进——基督教高等教育合作组织对华活动研究(1922—1951)》,该书在费时五年搜集和整理大量第一手原始档案资料的基础上,首次探讨了中国共和大学中心办公室、中国基督教大学委员会、中国基督教大学联合董事会等基督教高等教育合作组织诞生的历史背景、组织职能、结构演变、服务活动及其主要社会关系,并对该组织在近现代中国高等教育特别是基督教高等教育发展进程中所扮演的特殊角色及其历史作用,作了较为客观的评价。赵厚勰和肖会平的基督教教育组织研究,拓展了中国近现代教育史的新领域——教会教育组织研究,比过去的基督教学校教育研究又深入了一步,为后人开展相关研究,在题材、资料、方法和观点等方面,提供了一个重要视野和参照物。而且,这两项研究都回应了国际上的同类研究及其看法,在一定程度上融入并参与了国际学术界的对话。华中师范大学教育学院申国昌副教授的《守本与开新——阎锡山与山西教育》,从"地方军阀办教育"这一民国时期特殊现象入手,对阎锡山这个盘踞山西三十多年的地方实力派代表人物的非主流教育理念和办学实践作了深入的挖掘,对过去人们忽视、但又确实发生重大影响的阎锡山在山西开展的培育根基的国民教育、铸就精英的人才教育、谋求生计的职业教育以及感化民众的社会教育,作了细致的分析,既概括了民国时期最为典型的"军阀办教育"现象和规律,又拓展了区域教育史与基层教育史研究,为后人研究地方军阀办教育现象提供了重要参考。我本人的《开拓与创建——陶行知与中国现代文化》,一改过去只从教育角度去研究近现代大教育家陶行知的传统做法,另辟蹊径,从文化视角研究陶行知，除了探究其在教育领域的开拓性成就外，还从语言文字、大众艺术、科学普及、新闻出版、对外影响等方面，深入探究了陶行知对中国现代文化的开拓与创建，开辟了教育家研究的新视角，并在人物研究方法论上作了新探索，形成了一套带有普适性的研究框架。蔡幸福博士的《融通与创新——陶行知与牧口常三郎教育思想比较研究》，对近现代东方教育史上两位代表性人物——中国的陶行知和日本的牧口常三郎的教育思想作了比较研究，从哲学、宗教与政治三方面分析了两人教育思想的理论基石，从教育目的观、功能观、内容观、方法观、学校观、教师观以及教育思想的性质、特点和影响等方面，对两位教育家作了比较研究，形成了中国近现代教育家与同期国外教育家比较研究的新领域。河南师范大学文学院耿红卫副教授的《革故与鼎新——科学主义视野下的中国近现代语文教育改革研究》，从科学主义视角审视了近现代语文教育科学化历程，对语文教育目标科学化、内容科学化、方法科学化、考试科学化、研究方式科学化等问题，作了深入分析，提出了自己的看法，将中国近现代教育史研究领域向更为具体的学科教育史研究分支伸展。汪楚雄博士的《启新与拓域——中国新教育运动研究(1912—1927)》，运用组织社会学等理论，从运动型态角度，对民国初期的新教育运动作了全新阐释，提出了新教育运动与新文化运动是“同源同质异构不同步”的新见解，有助于近现代教育史与文化史研究的深入开展。

总之，这套丛书力求开拓教育史学研究的新视野，体现教育史学研究的“三个转向”，以新的思路和观点，运用新的理论和方法，拓展新的研究领域，力图实现教育史学研究从上层向下层转移、从中心向边缘扩展、从中央向地方延伸、从主流向非主流开拓、从本土向域外眺望、从整体深入到个案以及从具体微观研究向宏观理论建构等研究目的，全面反映和体现我们以问题意识为导向、本土原创为特色、范式转换为宗旨、学术增长为目标的学术理念和追求。

这套丛书中的十部专著均是在每位作者的博士学位论文的基础上修改扩充而成的，大致都经历了三年至五年的艰苦笔耕才最终完稿。十位作者中，除我本人外，其余九位同志——但昭彬、广少奎、郭娅、赵厚勰、申国昌、肖会平、蔡幸福、耿红卫、汪楚雄多为我近年来指导并已毕业的博士研究生。几年来，他(她)们与我共同学习，相互切磋，教学相长，均取得了较大的进步。他(她)们潜心治学的精神、多思善问的习惯、乐于吃苦的意志和闪烁智慧的思维，也使我获益良多。

在丛书写作与出版过程中，得到了著名教育史学家、中国教育学会教育史分会顾问、北京师范大学教育学院博士生导师王炳照教授，著名教育史学家、中国教育学会教育史分会理事长、浙江大学教育学院博士生导师田正平教授等专家的关心与支持；与我同在华中师范大学教育学院教育史与比较教育研究所工作的董宝良教授、任钟印教授、余子侠教授、杨汉麟教授、喻本伐教授、方彤教授、王建梁副教授等人，以及曾在华中师范大学教育学院任教或学习、现为深圳大学师范学院教授的熊贤君先生，武汉大学教育学院院长程斯辉教授、聊城大学教育学院副教授胡志坚博士、深圳大学师范学院副教授陆克俭博士、武汉体育学院副教授陈晴博士，我现在指导的博士生张明武、陈功江、樊艳艳、朱红梅、陈竞蓉、陈光春、赵永利、刘来兵、喻永庆等人，均从不同角度为每部著作的构思与写作提出了宝贵的意见与建议，为提高丛书的学术质量作出了贡献；山东教育出版社教育理论室主任、编审蒋伟女士和编辑王慧小姐，为丛书出版倾注了大量的心血。值此丛书出版之际，谨对以上各位同志致以最诚挚的谢意！

当然，我们十分清楚，这套冠名“教育史学研究新视野丛书”的十部专著，只是我们华中师范大学教育史这个研究群体近年来运用新的理论和方法，从新的研究视角，对中国近现代教育史学有关问题所做的初步尝试，尚有许多不成熟与不完善之处，尚祈学界同人予以雅正。

最后，借用我国宋代大思想家、教育家朱熹的一首诗与学界同人共勉：“半亩方塘一鉴开，天光云影共徘徊，问渠哪得清如许，为有源头活水来。”我深信，只要教育史学界同人携手并进，共同努力，加强学科反思与建构，更新理论和方法，转换研究范式，调整研究视角，拓展研究领域，就一定能找到教育史学发展的“源头活水”！

2008 年 7 月 17 日于武昌桂子山

华中师范大学教育史与比较教育研究所

目录

引 论

一、问题的提出及研究的意义

(一) 问题的提出

教育史作为一门学科，在中国已经有一百多年的历史了。回顾教育史学的发展历史，我们不难发现，在教育史学研究取得丰硕成果的表象背后，教育史学的发展也存在一些不容忽视的问题。它不仅表现在教育史学研究人员结构失调和研究工作失范[①]，“教育史研究者普遍注重‘述而不作’，注经疏义，长于铺陈，拙于分析，陈陈相因，人云亦云，缺乏创新，缺少个性”[②]等方面，也表现出教育史学“远离当代学科发展、远离教育理论发展、远离教育改革实践发展，‘为教育史而教育史’的封闭保守的研究倾向”[③]。究其原因，主要有以下几个方面：

第一，经济体制的转型，是造成教育史学危机的根本原因。20 世纪

① 张斌贤：《全面危机的外国教育史研究》，载《高等师范教育研究》2000 年第 4 期。

② 周洪宇：《教育史研究改革管抒》，载《教育评论》1991 年第 2 期。

③ 张传燧：《〈教育史学〉的反思与重构》，载《华东师范大学学报》（教育科学版）2001 年第 3 期。

80年代，中国开始了计划经济向市场经济的转型，在商品经济大潮的冲击下，社会环境、人们的价值观念发生了深刻的变化，一定程度上造成了社会上对应用、实用、功利、利益的普遍追求。在这样的社会环境和价值取向影响下，学术界的研究重心开始转移，一时间与市场经济关系密切的实用性、应用性学科受到普遍重视，而与市场经济关系不够密切的基础学科，尤其是历史学科的地位不断下降，曾经一度到了几乎无人问津的地步。受史学危机的影响，与历史学关系密切的教育史学科的命运也每况愈下，教育史的学科地位日渐式微，严重地影响到学科的正常发展。时至今日，这种状况尚未从根本上得到改善。

第二，中国师范教育向教师教育体制转型，是造成教育史学危机的直接原因。教育史学作为一门学科在中国产生之日起，就与师范教育联系密切。直至20世纪90年代，国内师范教育体制的相对稳定，以师范教育培训为主业的教育史学科在整个教育科学体系中的地位也相对比较稳固。然而，随着20世纪90年代中国师范教育向教师教育体制的转型，国内专门性的师范教育格局受到极大的冲击，原来专门的高等师范学校开始向综合性的大学转轨，数量众多的中等师范学校大幅萎缩或调整，在这种背景下，原本以师范教育为立身之所的教育史学科逐渐走向衰落。

第三，教育史学的边缘化处境及自身理论与方法的老化，是造成教育史学危机的主要原因。教育史学自产生之日起，主要任务就是为师范教育培养教师服务，因此，教育史学科自产生之日起就被纳入了教育学的学科体系之中，而逐渐远离了其母学科——历史学，为此，在历史学的学科领域内很难找到教育史学科的立身之处。与此同时，作为教育科学的基础学科的教育史学，由于其研究成果的非实用性特点，长期以来一直被教育学理论研究者所忽视。在教育学学科中，教育史学长期处于边缘化的处境之中，这使得教育史学常常处在既与教育学相关理论相脱节，又与历史学的相关研究不搭界的尴尬境地之中。造成这种局面的原因，除了教育学领域中对教育史学重视不够，历史学研究对教育史学问题的关注不多外，更主要的在于教育史学研究缺乏自身学科的研究特色，教育史学研究者相对缺乏对学科进行反思和总结的自觉性，由此造成了教育史学长期缺乏属于自己学科的理论体系。尽管从数量上看，教育史研究成果很多，队伍也不断壮大，“但这只是量的增长而不是质的提高，只是学科增长而不是学术增长”[①]。这不仅制约了研究者的思维和理论水平，而且也使教育史学研究显示出理论研究上的先天不足，从而限制了教育史学的成熟与发展。

鉴于上述原因，笔者利用在华中师范大学教育学院学习的时间，在导师和各位老师的指导下，对教育史学相关理论研究成果进行了爬梳和分析，笔者发现在有关教育史学反思的研究中，虽然有对教育史学研究历史的回顾和反思，有对教育史学的学科地位与学科危机的反思，有对教育史学的学科性质和功能的反思，也有对教育史学研究方法的反思，还有对教育史学教学和教材建设的反思，但总体看来，这些研究普遍存在着成果数量不多、观点分歧较大、研究深度不够和系统性不强等问题，由此引发了笔者对教育史学元研究的重视和旨趣。虽然自已在这方面的学养和功力还十分有限，对教育史学元研究的深度尚达不到十分理想的程度，但是笔者希望能通过此研究，对教育史学的相关理论与方法问题进行系统的梳理，并在此基础上提出一些关于教育史学元研究体系的构想，以达到抛砖引玉之目的。

（二）研究的意义

第一，教育史学元研究是促进人类认识不断深化的前提条件。人类认识的历史表明，自我认识不仅是认识发展到较高阶段的产物，同时也是认识继续发展的前提条件。“任何一门科学，随着它的日益发展成熟，都必然要在两个方面取得成绩：一是对它的研究对象的研究的深入，二是对本学科自身的研究的深入，并且正是后者的发展水平，标志着该学科成熟的程度。”[②]任何学科的发展，只有不断对学科自身进行反省和认识，并把这种反省和认识逐步发展成为一门系统的知识体系，才能为该学科的进一步发展提供自觉的理论指导。教育史学的发展也是如此。在对教育史学具体问题研究成果相对丰富的今天，对教育史学自身进行一定程度上的反思研究，不仅能使教育史学研究者对以往研究的得失成败有个清醒

① 周洪宇、申国昌：《新世纪中国教育史学发展趋势》，《华东师范大学学报》（教育科学版）2007年第3期。

② 李振宏：《历史学的理论与方法》，河南大学出版社1999年版，第1页。

的认识，而且能使教育史学研究者从宏观上把握教育史学的发展历程并对其进行理论概括，从而为教育史学认识的进一步深化奠定基础。

第二，教育史学元研究是促进教育史学科自身不断成熟、发展的基础。如果说过去我们之所以缺乏对教育史学科的自我反思，是由于学科发展水平的局限和学科研究在中国的历史短暂，那么，在经过二十多年的发展、学科研究水平已有明显提高的情况下，大力加强学科的自我反思和自身的理论建设，不仅可能，而且极其必要。事实上，是否进行这种反思，在什么程度和广度上进行反思，已经成为关系教育史学科成熟程度和未来发展命运的大问题。为此，教育史学工作者必须加强对教育史学科自身的反省，并在此基础上形成一门系统的理论知识体系——教育史学或元教育史学理论，才能为教育史学科的发展提供理论指导。

第三，教育史学元研究能为中国教育史学的发展提供新的增长点。辩证唯物主义的观点告诉我们，任何事物的发展都有正反两个方面，而这两个方面在一定条件下是可以相互转化的。教育史学科在中国遭遇困境的事实，从很大程度上暴露出中国的教育史学科研究自身存在的问题，同时也唤醒了中国教育史学界对教育史学科进行反思。通过分析、批判教育史学研究的不足，不仅能达到构建有中国特色教育史学理论体系的目的，而且能在此基础上寻找到中国教育史学研究新的增长点。

二、教育史学元研究的基本内涵

(一)“元”的内涵及“元研究”与“元科学”

“元”源自于对英文“meta”的翻译。公元1世纪，哲学家安德罗尼柯(Andronicus Rhodius)在校勘、整理亚里士多德的著作时，发现了一本“研究事物本质及其他抽象道理”[①]的文集，并以拉丁文命名为 ta meta ta physica，略去冠词后即为“metaphysica”。此后，人们就用“metaphysica”来表示亚里士多德著作中列在物理学(自然科学)著作后面的那些著作，并将其称为“物理学后诸篇”或“物理学之后”。自安德罗尼柯之后，以“meta”为前缀的单词大量出现，其词义也开始多元化。除了有“在……之

① 郑金洲：《“元教育学”考辨》，载《华东师范大学学报》(教育科学版)1995年第3期。

后”“次级的”“总的”“超越”“纯理”和“初始的”含义外,还有“变形”“转移”(如 metathesis:换位、音位转移,metabasis:题材转移)等含义。[①] 中世纪时,拉丁世界的哲学家,尤其是基督教神学家赋予了“meta”新的含义——“先验”“超验”。一直到 16 世纪,“metaphysica”才有了明确的“超越自然科学的科学”的含义。[②]

“metaphysica”一词传入中国后,严复根据《易经·系辞》中的“形而上者谓之道”的说法,将其翻译成“形而上学”[③],这里的“形而上学”具有本体论的含义,它主要回答“宇宙的起源、世界的本原、人的本质、生命的绝对价值和终极意义等问题”[④]。此后虽然“meta”一词的运用范围越来越广,含义也渐趋多样化,但随着 20 世纪 20 年代“元科学”的产生,学术界在讨论“元”的有关问题时,常常在“在……之后”“原初”“超越”“总体”的意义上使用“meta”一词。[⑤]

元科学研究一般可以分为两个方面:一是“元研究”(Metaresearch or Metar-study),主要指“以科学的研究活动和研究结果为对象而进行的再研究”[⑥],即研究活动本身的再研究。但这里的“再研究”仅仅是指对研究活动过程和结果的研究,而不是对先前所研究的同一现象的重新研究。这种研究存在于“非元研究之后,旨在探讨和分析隐于这些研究之中或背后的种种问题,有究其本原的意味”[⑦]。二是“元科学”(Metascience),“是把科学当做一种社会现象全面地进行研究”[⑧]。它通过对科学自身演变与

---

① 参见郑金洲《“元教育学”考辨》,载《华东师范大学学报》(教育科学版)1995 年第 3 期。

② 聂凤峻等编:《论形而上学》,广西人民出版社 1989 年版,第 2 页。

③ 参见聂凤峻等编《论形而上学》,广西人民出版社 1989 年版,第 2 页。

④ 唐莹、瞿葆奎:《元理论与元教育学引论》,载《华东师范大学学报》(教育科学版)1995 年第 1 期。

⑤ 郑金洲:《“元教育学”考辨》,载华东师范大学学报(教育科学版)1995 年第 3 期。

⑥ 张道民:《元研究与反思方法及其在软科学研究中的地位和作用》,《软科学研究》1991 年第 3 期。

⑦ 郑金洲:《“元教育学”考辨》,载《华东师范大学学报》(教育科学版)1995 年第 3 期。

⑧ [英]约翰·齐曼著,刘珺珺等译:《元科学导论·中文译本序言》,湖南人民出版社 1988 年版,第 2 页。

进化过程的研究，探讨科学自身发展的内外规律和总的发展趋势，从而回答“科学如何成为科学的问题”，从这个意义上而言，“元科学”是关于“科学的科学”。

就“元研究”与“元科学”的关系而言，“元研究”更多地是以“基本研究活动”和“研究方法”来体现的，相对“元科学”而言，它是元科学的基本研究活动和研究方法，是基于元科学研究与发展的需要而产生和形成的。而“元科学”则是在“元研究”基础上形成的关于“科学的科学”的知识体系，是对“元研究”的抽象概括。如果将反思学科自身的科学均称为“元科学”的话，那么“元研究”就是“元科学”的初级研究阶段，即对学科及其研究过程和成果进行的再研究，而在再研究基础上抽象出的学科形成和发展规律及原理即是“元科学”。英国物理学家约翰·齐曼(John Ziman)在其《元科学导论》前言中阐述他的著述目的时明确指出，这本书“是写给那些想在当代与历史的细节表层之下，发现更一般的原则框架的学生及其他勤奋读者的”[①]。由此可见，“元科学”是透过对科学具体研究对象的研究，而对科学研究本身进行的概括与抽象。元科学是以元研究为前提的，如果没有元研究对具体科学研究成果和过程的再研究，就不可能有元科学的抽象和概括，也就不可能形成一门关于科学的科学。因此笔者认为，元研究与元科学应该是广义元科学研究的两个不同的研究层面。本文主要涉及元研究层面的内容，旨在为元教育史学的建立做一些铺垫性工作。

(二) 从“元理论”“元教育学研究”到“教育史学元研究”

“元理论”最早出现在数学和逻辑学领域中。德国著名数学家大卫·希尔伯特(Hilbert, David)在“希尔伯特方案”中提出了“元数学”的理论。他“把整个数学理论完全形式化为无内容的符号体系……然后把这种符号体系作为研究对象，用另一套理论来研究它的协调性”[②]，于是便产生了“用以研究数学理论的理论”的元数学。在元数学概念和形式化思想的启发下，出现了“元逻辑学”。狭义的元逻辑学“是指对逻辑理论的整体性质

① [英]约翰·齐曼著，刘珺珺等译:《元科学导论》前言，湖南人民出版社 1988 年版，第 1 页。

② 唐莹:《元教育学》，人民教育出版社 2002 年版，第 14 页。

的研究……这种研究的关键在于逻辑的形式化”[①]；广义的元逻辑学研究“是指对于一般形式系统的研究”，即通过对构成形式系统的单位——形式语言的分析，通过形式化、符号化的思想，“把我们带入了语言分析的维度中”。[②]

元数学和元逻辑学的语言分析，引起了20世纪欧洲哲学对语言的关注，这种关注是建立在对传统哲学的反思和批判基础上的。分析哲学的诞生，促进许多学科开始了元理论研究的进程。其中与教育史学关系密切的是分析的历史哲学的产生。分析的历史哲学“不是去发现历史是什么，人是怎样创造历史，而是追问历史学家怎样写历史，以及这一过程有着怎样的性质，从而理清人们对于历史学研究的性质、对象、方法与功能等的看法”[③]，从这个意义上而言历史哲学即“元史学”正是“史学的自我建设”[④]。

20世纪以来，分析的思想已逐步渗透到许多学科中，它已不是一种哲学流派，而是一种奔涌而来的思潮。这一思潮影响到了包括元伦理学、元历史学，元美学（分析美学）、分析教育学在内的各个学科，成为20世纪后半期影响学科发展的重要理论。这一理论不仅“体现了整个学术领域‘自我意识’的萌动”，使学科在反思、思索中寻找学科今后的发展道路，而且这种反思是以“一种超越的视界”和“一种独特的方法”[⑤]对学科进行系统的反思，并在此基础上从该学科中分化出来，形成的一个独树一帜的学科体系。

在元理论影响下，从20世纪70年代教育学界开始了以反思为主体的元研究。其代表人物是德国学者布雷岑卡（W. Brezinka）。他以在德国《教育学杂志》上发表的一篇题为《科学教育学的危机在最近出版的教科书的体现》的论文，向德国传统教育学流派发起进攻，首次提出了“元教育理论”。经过十几年的论战，形成了他自己的元教育理论。1978年，布

---

① 唐莹：《元教育学》，人民教育出版社2002年版，第14页。

② 同上。

③ 同上，第15页。

④ 张文杰等编译：《现代西方历史哲学译文集》，上海译文出版社1984年版，第313页。

⑤ 唐莹：《元教育学》，人民教育出版社2002年版，第20页。

雷岑卡出版了《元教育理论:教育科学、教育哲学、实践教育学基础导论》,系统而全面地总结了其元教育理论。他认为:“所有的教育理论教育学本身都可以成为描述、批判和规范讨论的对象。也就是说存在着教育理论的认识论,或者简而言之教育的元理论。它是‘教育学’知识的一种分析、批判的(或者说认识论的)哲学。”[①]这种教育知识的哲学主要包括两个方面的具体内容:一是关于教育学基本概念的“语言分析、逻辑分析、经验分析和意识形态分析”;二是关于教育学学科性质及教育理论的基本分类或者说教育知识的基本成分的分析。[②] 同时,他在学科性质及理论的分类上,强调教育理论构建的多种可能性,而不同教育理论可以互补共存。为此,他以知识的陈述形式为分类标准,区分了教育理论的三个类别:“运用描述性陈述的教育科学、运用规范性陈述的教育哲学和运用描述性—规范性陈述的实践教育学(或教育行为学)。”[③]第一次以体系状态呈现了“元教育学”。他所构建的“元教育学”体系,对我国教育学界的“元教育学”研究产生了深远的影响。

20 世纪 80 年代中期,叶澜的《关于加强教育学科“自我意识”的思考》开启了中国元教育学研究的先河。此后一系列关于教育学科元研究的专著和文章不断公开出版和发表,主要涉及教育学的研究对象、教育学的逻辑起点、教育学的性质和体系等问题,[④]虽然在这些研究中,尚未明确提出“元教育学研究”的概念,但是从其所涉及的问题来看,它已超越了传统教育学的研究范围,开始向元教育学领域延伸。

到 20 世纪 90 年代初,在教育学领域中,关于“元教育学”的研究出现了一个小的高潮,期间对于“元教育学”的理解也出现了以下几种观点:

第一,90 年代初,姚文忠在其所著的《元教育学科学导论——教育科

---

① [德]布雷岑卡:《教育学知识的哲学——分析、批判、建议》,载《华东师范大学学报》(教育科学版)1995 年第 4 期。

② 参见崔相录主编《中外教育名著评介》(第 3 卷),山东教育出版社 1992 年版,第 1867—1874 页。

③ 赵顶兴、李勇忠:《元教育学研究对象及领域述评》,载《江西师范大学学报》(哲学社会科学版)2000 年第 4 期。

④ 参见张乐天:《教育学元科学研究的回顾与前瞻》,《教育研究与实验》1993 年第 1 期。

学研究的理论和方法》中提出，“元教育科学的研究对象是关于教育科学研究的科学方法及其哲学反思，属于方法学和方法论科学领域”[①]。在这种认识基础上，作者对教育科学研究的方法学、教育科学研究的方法论、教育科学研究的发展法则、教育科学理论的构建方法、教育科学研究的管理和学科队伍的建设以及教育情报等问题进行了论述。在这部著作中，作者将元教育科学的研究对象定位在教育科学研究方法论领域中，从而肯定了元教育学的方法论指导意义，但是他却忽视了对教育学研究及其理论本身的反思和研究，因此这种对元教育科学研究对象的定位难免带有片面性。

第二，陈桂生在其《“元教育学”问对》一文中指出，元教育学是以已有的教育学陈述体系为分析对象，实际上是按照分析的—认识论的标准与规则，撇开教育陈述的历史内容，而只关注教育学陈述的形式化分析，即逻辑分析和语义分析。[②] 这种对“元教育学”概念的界定，更多地关注的是从逻辑和语义层面对教育学陈述的形式化分析。在笔者看来，这实际上是教育学元研究的更高层次的研究。这一层次的研究如果不以对教育科学本身及其研究的反思为基础，那么，所谓对教育学陈述的形式化分析也就失去了意义。

第三，唐莹、瞿葆奎在《元理论与元教育学引论》中将对元研究的理解分成两个不同的层次：一层含义是指对某一学科进行的“更高逻辑形式”的研究，同时“这种逻辑形式具有超验、思辨的性质”，“另一层次是，这种新的更高一级的逻辑形式，将以一种批判的态度来审视原来学科的性质、结构以及其他种种表现”。在此基础上，提出“元教育学”是“以理论形态的教育知识为对象的研究”[③]。它不同于以教育现象领域为对象的教育学研究，它注重的是“对教育理论中知识层面的研究，没有申明分析知识的

---

① 参见姚文忠《元教育科学导论——教育科学研究的理论和方法》，成都科技大学出版社1992年版，第5页。

② 陈桂生《“元教育学”问对》，《教育学辨——元教育学的探索》，福建教育出版社1998年版，第10—11页。

③ 唐莹、瞿葆奎《元理论与元教育学引论》，载《华东师范大学学报》（教育科学版）1995年第1期。

方法”[1]，同时强调元教育学作为一个相对独立的研究领域，它的研究“不能停留在零散的思考层次上”，而应该是“对学科进行系统的反思”[2]。这是迄今为止对教育学元研究较为全面的一种解释。

第四，张诗亚、王伟廉在《教育科学学初探——教育科学的反思》一书中提出，元教育学是以已有的教育学陈述体系为分析对象，实际上是按照分析的一认识论的标准与规则，对教育学陈述体系的逻辑分析与语言分析。[3] 这种对于元教育学的概括，一方面将理论形态的教育知识具体化为“教育学的理论陈述或者说陈述体系”，另一方面更多地强调的是对教育理论陈述的逻辑和语言分析，将元教育学看做单纯的教育学陈述的形式分析。这显然是受元哲学和元伦理学研究范式影响的结果。

第五，周浩波在《元教育理论研究纲略》中指出，元教育理论研究“以教育理论为研究对象，力图为教育理论的思维与研究提供存在的合理性的证明与规范”。其任务主要为了“说明教育理论是什么”，“提出教育理论自身的发展与进步的标志与条件”，“以此为依据对当前的教育理论研究进行思维层次的批判”。[4] 这一概括与前两种概括一样，都将元教育学定位在对教育理论的研究上。不同的是，它不仅明确提出要对教育理论研究进行“思维层次”上分析，还提出要研究教育理论“发展进步的标准与条件”，探究教育理论“是什么”的问题。由此可见，论者似乎并不是要阐明一个定义，而是试图从“意义”层面上及“从研究者的思维原型中去洞察各自所说的”教育“是什么”的问题。从这个意义上来说，这种对元教育理论研究的理解，已经突破了将元教育理论仅限于逻辑和语言的分析的层面，而开始用解释学和现象学的理论和方法来把握教育理论了。这实际上是对单纯的元哲学和元伦理学研究范式的突破。

---

① 郑金洲：《“元教育学”考辨》，载《华东师范大学学报》(教育科学版)1995 年第 3 期。

② 参见唐莹、瞿葆奎《元理论与元教育学引论》，载《华东师范大学学报》(教育科学版)1995 年第 1 期。

③ 参见张诗亚、王伟廉《教育科学学初探——教育科学的反思》，四川教育出版社 1990 年版，第 13 页。

④ 周浩波：《元教育理论研究纲略》，载《华东师范大学学报》(教育科学版)1995 年第 1 期。

第六,郭元祥在《元教育学概论》中指出:“元教育学是一种对教育学进行元研究的学科。它是一种元理论,是教育学的元观念学,或教育学的元理论。它不同于对教育学研究的‘反思’与‘回顾’,它是把教育学及其研究状态作为研究对象和研究框架的教育学元理论,但又超越于教育学理论。”[①]这种元教育学具备以下五个基本特征:一、以教育学自身以及教育学的研究状态为对象,而不是以教育学的传统问题或经典问题(如教育中的主体与客体、知识与能力、认知与情感问题等)为对象。二、以元理论和对象理论的区别为前提,即元教育学是关于教育学理论的理论;三、元教育学注重对教育学的历史与逻辑的形式化研究,而不是对教育学问题作实质性探讨。四、元教育学通过诉诸语言来分析、检验和判断教育学(尤其是存在着的各种教育学)的合理性、正当性和有效性。五、元教育学研究教育学理论的目的不是直接为了重建教育学体系,尽管元教育学研究有助于改进教育学体系,引导教育学理论的科学轨迹,但它的宗旨主要在于为教育研究者提供一种元教育学观。而“从元教育学观的意义上看,元教育学是一个桥梁,通过它,教育学家们才能走进自己的教育学体系和领域”[②]。

第七,郑金洲在《“元教育学”考辨》一文中指出,元研究“可以理解为对先前研究的结果和过程进行的研究,即研究活动本身的再研究。……旨在探讨和分析隐于这些研究之中或背后的种种问题,有究其本原的意味”。在此基础上,郑文认为,元研究可以分为两种研究范式,一种是元伦理学、元哲学的研究范式,这种范式引借“元数学”的分析模式,“注重对自身理论的逻辑论证和语言分析”[③]。另一种是元社会学的研究范式。这种范式“并不侧重对社会理论术语的分析和命题的逻辑论证,它更注重研究社会学理论的产生、途径和过程,研究社会学理论与社会、社会学家与社

---

① 郭元祥:《元教育学概论——元教育学的性质、对象、方法及意义》,载《华东师范大学学报》(教育科学版),1994年第2期。

② 同上。

③ 郑金洲:《“元教育学”考辨》,载《华东师范大学学报》(教育科学版)1995年第3期。

会文化之间的相互关系，研究社会学理论的发展和变化规律”①。在分析两种研究范式的优劣后，郑文得出这样的结论：“元教育学”的内涵应包括“教育学理论形态和教育学研究的研究”两个方面内容，具体涉及以下七个方面的问题：教育学理论陈述（术语、概念、命题等）的合规则性、合理性和有效性的分析；教育学的研究对象、功能性质、理论结构、逻辑范畴、进步标准等的探讨；教育学历史发展过程的考察；探索教育学的理论形成道路及不同的研究范式，揭示隐匿于教育学理论内部的深层结构；分析在一定历史背景中社会文化条件对教育学理论的产生和发展所起的影响；对教育学研究共同体进行研究，辨识各种学术团体，分析这些团体及相互间的联系对教育学理论的影响，其中包括分析同一理论团体内部的师承关系和不同理论团体之间的学术联系，以理论家个人为单位，研究其特征对学术倾向的影响；运用基本的元理论范畴去辨识和归纳教育学理论的现状，去揭示和探讨一定时期内教育学研究中面临的重大理论问题。②

第八，赵顶兴、李勇忠的《元教育学研究对象及领域述评》一文，在列举了种种关于元教育学研究对象的内涵后指出，造成以上分歧的主要原因是“随着人们对元教育学认识的不断深入，其研究对象及领域呈现出扩大的趋势：研究对象从教育理论扩展到教育研究，研究领域从教育学陈述的形式化分析延伸到探讨理论的性质、体系、发展机制、构建方法、进步标准及研究的方法、研究的社会学问题等等”，由此认为“元教育学是教育学的元研究，而教育学作为一门独立的学科，有其独立性，因而，在元教育学研究上，我们没有必要一定要去遵循元数学或元社会学的研究范式，画地为牢，而要考虑自己的实际情况，体现自己的特点”③。在此基础上，作者提出了建立“元教育学元学科群”的设想。

笔者认为，不论是将“元教育学”看做一种对教育学自身理论的逻辑论证和语言分析的观点，还是强调在理解元教育学时要综合元伦理学、元

---

① 郑金洲：《“元教育学”考辨》，载《华东师范大学学报》（教育科学版）1995 年第 3 期。

② 参见郑金洲《“元教育学”考辨》，载《华东师范大学学报》（教育科学版）1995 年第 3 期。

③ 赵顶兴、李勇忠：《元教育学研究对象及领域述评》，载《江西师范大学学报》（哲学社会科学版）2000 年第 4 期。

哲学的研究范式和元社会学研究范式，将元教育学看做对教育理论形态和教育学研究的研究之观点，或者是将“元教育学”看做“教育学理论形态和教育学研究的研究”或教育学科方法论体系研究的观点，虽然对元教育学或元理论的理解有内涵和外延上的区别，也有研究范式上的差别，但是各家在元教育学研究是以教育学（或教育理论）为研究对象，而不是以教育现象或教育的实际问题为对象这一点上取得了共识。这本身就使元教育学研究有了一个共同的研究起点和切入点。同时这些观点在以下几个方面也存在着一些相同之处：

首先，这些观点都认为元教育学的研究对象不是教育学的传统问题和经典问题，强调元教育学的研究应是对教育学传统问题和经典问题的超越，是对教育学学科或教育理论本身的反思与探索。

其次，尽管这些观点对元教育学研究范式的理解不同，有的强调元教育学是对教育学学科及其自身理论进行的逻辑论证和语言分析，有的则认为元教育学应在注重对教育学理论自身进行研究的同时，适当注意运用元社会学的研究范式来扩大元研究的视野，将元理论、元方法与元资料分析有机地结合起来，但是它们都坚持用元研究的理论与方法来进行元教育学的研究，因此，这种元研究不是对具体问题的研究，而应该是一种对教育学研究过程或教育学理论进行的再认识、再研究。因此它具有元科学的特征。

最后，从上述观点所阐述的元教育学研究内容来看，各种观点都认同元教育学是教育学理论的研究，是借用其他学科理论来研究教育学理论及其研究的，并在此基础上通过多维视角对教育学的各个方面进行的理论透视。因此，“元教育学无疑具有较强的理论性，在一定意义上是一个理论性学科”[①]。

在元教育学研究的影响下，20 世纪 80 年代后期，中国教育史学界提出并开始使用“教育史学”这一概念，虽然在中国教育史学研究中，研究者没有明确使用“教育史学元研究”的概念，但我们可以从他们对“教育史学”概念的理解中体会到“教育史学元研究”的存在。

---

① 郑金洲：《“元教育学”考辨》，载《华东师范大学学报》（教育科学版）1995 年第 3 期。

较早提出“教育史学”概念的张斌贤在《关于〈教育史学〉的构想》中明确指出：“‘教育史学’不同于教育史研究，它的研究对象既不是具体的教育历史问题，也不是宏观的教育史现象，而是教育史学科的基础理论，包括教育史研究的社会功能、教育历史发展的内在逻辑、教育史研究的基本方法、教育历史人物的评价原则以及教育史研究工作者所应具备的基本学术素养，等等。它的目的也不同于教育史研究，后者的目的在于通过对历史上所产生的教育思想、教育制度的深入研究，解答当前的教育问题；而前者则是为了从总体上提高教育史研究的水平，深化人们对教育的历史认识。二者的研究方法和思想方式也有区别：教育史所运用的是发生学和‘历史运动学’——通常所说的历史方法，而‘教育史学’所采用的主要是哲学的方法，前者遵循的是以个别到一般的思想方法，而后者则是从抽象到具体。”①从这一论述中，我们可以清楚地看到，教育史与教育史学研究的内容和范畴存在着明显的区别：教育史研究是对人类教育发展过程中的具体历史史实和过程的探索和认识，而教育史学理论则是对这种探索和认识本身的再探索和再认识。

在张斌贤之后，蔡振生在《中国教育史研究的历史回顾与反思》一文中通过对教育史学历史发展的纵向分析，提出了教育史学发展大体上经历了三个递进的阶段。最早的教育史学相当于“根元历史”，其主要特征是史实的叙述，即在考证文献史料的基础上讲述历史。近代的教育史学相当于“回想历史”。其主要特征是对具体教育历史事件、人物等相互间因果、异同、得失关系的评述，即在归纳、分析、比较史实基础上做出概括。当代教育史学则相当于“哲学历史”，其主要特征是对整个教育历史发展过程的反思，即在系统综合史实和具体史论的基础上，通过抽象、假设而建立起阐述教育历史发展一般法则的理论模式。在此基础上，蔡振生又对教育史学的知识结构和教育史家思维结构进行了横向分析，提出“当代教育史学研究应当包含三个不同的层面。教育史料的微观研究属于经验知识的层次(或称低层教育史研究)。教育史具体问题的中观研究和理论问题的宏观研究，犹如自然科学中经验定律和理论原理一样，分属于理论

① 张斌贤：《关于〈教育史学〉的构想》，载《教育研究与实践》1987年第3期。

知识的高低不同的两个层次（或称中层和高层教育史研究）。”[①]蔡振生的这一研究，实际上已经明确了教育史学元研究的基本内核，只是没有明确提出教育史学元研究这一概念而已。

1995年，陈桂生在《“教育史学”辨》一文中指出：“通常提到的‘教育史’，实有两重含义：一是指历史的教育现象；二是指关于历史的教育现象的陈述，即称为‘教育史’的学科。关于后者，间或称其为‘教育史学’。”[②]这里的“历史的教育现象”，指的是教育发展的客观历史过程及其现象。而关于“历史的教育现象的陈述”，作者认为可根据陈述的性质，将教育史学科分为两大类，“即描述的教育史（作为历史科学的亚学科）与规范的教育史（作为规范史学的亚学科）；除此以外，便是分析的教育史，也就是形成中的‘教育史学’”[③]。从这里我们不难看出，陈桂生提出的“教育史学”是建立在描述的教育史与规范的教育史的基础之上的，它主要涉及关于教育历史陈述的性质、关于教育历史事实的陈述、关于解释教育历史事实的陈述、教育历史陈述中的价值取向以及教育历史陈述体系的划分等方面的问题，笔者认为，这实际上已经将教育史学放在了“元研究”的视角下进行审视了。

时隔一年，杜成宪在《对中国教育史几层含义及其相互关系的辨析》一文中，将教育史这一范畴区分为既相联系又存在区别的四层含义，即“客观的教育史（教育史Ⅰ），记录的教育史（教育史Ⅱ），教育史学科（教育史Ⅲ）和教育史学理论（教育史Ⅳ）”[④]，他认为“教育史Ⅰ是指历史上曾经发生过的教育事实；教育史Ⅱ是对客观的教育史的记录，成为后人研究教育历史的依据即史料；教育史Ⅲ是指历史上的教育成为专门的研究领域，形成相对的研究观念、方法、范畴和体系，也即教育史学科；教育史Ⅳ是指

① 蔡振生：《中国教育史研究的历史回顾与反思》，载《北京师范大学学报》（哲社版）1988年第3期。

② 陈桂生：《“教育史学”辨》，载《教育史研究》1995年第4期。

③ 同上。

④ 杜成宪：《对中国教育史几层含义及其相互关系的辨析》，载《教育史研究》1996年第2期。

形成有关教育史研究的专门理论，即对教育史研究自身的研究"[①]。这种对教育史学进行的层次划分，一方面反映出了教育史学的整体框架结构的特点；另一方面也从一个侧面反映出了教育史学基本内涵的不断扩充。

1999年和2001年，李和平、张传燧分别发表了《教育史学功能及其内在三层次结构论》和《〈教育史学〉的反思与重构》两篇文章。在《〈教育史学〉的反思与重构》一文中，张传燧将教育史学看做"研究教育发展历史的现象及其问题、揭示教育发展的本质及其规律的科学"[②]。李和平则认为"教育史学就是依照某些哲学思想和哲学方法，依靠某些历史研究方法或历史研究手段而对教育历史资料进行研究的一门独立的学科"[③]。

上述中国学者对"教育史学"概念的理解虽有所差别，但是他们都是从历史哲学的层面来把握教育史学的基本内涵的。尽管他们没有明确地使用教育史学元研究这一概念，但是他们都认同，"教育史学"是作为一个相对独立的研究领域而存在的，它是在对教育史学科本身及其研究成果进行反思的基础上所建立起来的学科理论体系。这一学科体系已不是传统教育史学科的概念了，它的理论与方法论体系以及价值观取向也与传统教育史学科有了根本意义上的不同。中国学者所理解的"教育史学"概念与"元教育理论"的首创者德国著名教育学家布雷岑卡所定义的"教育史学"概念有着相同的内涵。布雷岑卡认为，"教育史学探讨的是教育史家所进行的教育历史研究，包括这种研究成果的陈述体系"[④]，"这里所说的教育史家的研究及其成果，即教育史家的编史活动及其成果"[⑤]。也就是说，教育史学不只是研究和认识人类客观的教育历史，还必须在此基础对教育史学科自身进行反思。依据上述学者的论述，笔者将"教育史学元

① 杜成宪：《对中国教育史几层含义及其相互关系的辨析》，载《教育史研究》1996年第2期。

② 张传燧：《〈教育史学〉的反思与重构》，载《华东师范大学学报》（教育科学版）2001年第1期。

③ 李和平：《教育史学功能及其内在三层次结构论》，载《教育史研究》1999年第4期。

④ Brezinka, W., Philosophy of Educational Knowledge: An Introduction to the Foundations of Science of Education, Philosophy of Education and Practical, trans. by Brice, J. S. et al., 1992, p. 150.

⑤ 杜成宪、邓明言：《教育史学》，人民教育出版社2004年版，第301页。

研究”理解为以教育史学科及教育史研究成果为对象进行的再研究，其研究重点放在对教育史学理论与方法的研究层面。具体包括教育史学史的研究、教育史学理论与方法研究和教育历史哲学研究三个层面(具体内容将在关于教育史学的学科体系设想一节中加以论述)。

这里需要说明的是教育史学元研究的三个不同层次并不是毫无联系的，相反，其三个层面内容存在着不同程度的交叉，如果没有对教育史学史的回顾和对教育史学研究成果的反思，就不可能有教育史学理论与教育历史哲学的抽象。但三者之间也存在明显的区别。如果说教育史学及其研究成果的反思研究侧重于“史”的论述的话，教育史学的理论与方法则更多侧重于“论”，而对教育历史哲学的研究更多侧重于对教育史学理论与方法进行哲学意义上的抽象和概括。

本研究中涉及的教育史学元研究，只能属于元研究的中观层面，只能算作教育史学元研究的中级阶段，即对教育史学及其理论的相关问题进行的一定程度和意义上的“元”研究和探讨。这种探讨具有以下几个明显的特征：

首先，教育史学元研究是对教育史学科进行“元研究”的新领域。即通过对先前研究的结果和过程及研究活动本身进行再研究，“旨在探讨和分析隐于这些研究之中或背后的种种问题，有究其本原的意味”[①]。具体而言，这种再研究重点涉及教育史学科陈述的合规性、合理性，有效分析教育史学科的研究对象、功能、性质、理论结构、逻辑范畴、进步标准。通过对教育史学科历史发展过程的考察，探索教育史的理论形成路径及不同的研究范式，揭示隐匿在教育史理论内部的深层结构，分析一定历史背景中社会文化条件对教育史理论的产生、发展的影响，同时运用基本的元理论范畴去辨识和归纳教育史理论的现状，揭示和探讨一定时期内教育史学科研究中的重大理论问题，从“我们在哪里，准备到哪里去”的角度考察包含在先前研究中的过程。

其次，它的具体任务是对既存的教育史学理论及其研究状况进行分析、论证，并在此基础上形成教育史的历史哲学，即教育历史本体论、教育

① 郑金洲：《“元教育学”考辨》，载《华东师范大学学报》(教育科学版)1995年第3期。

历史认识论和教育历史方法论，由此确立教育史学元研究的理论性特征。因为：(1) 教育史学元研究，在一定程度上是对教育史或教育史学科的超越。这种超越，只能是一种教育史理论"超越"自身原有的限制，扩大其研究的范围，将视野投向整个教育史学科及其研究成果。这时的教育史学就由一种具体的教育史变成了统领整个教育史的最高理论，由此形成的教育史"元研究"就具有了理论的指导意义。(2) 教育史学元研究，以教育史学科本身及其成果为研究对象，表面上看这一研究的新领域与传统教育史对教育历史现象的研究应该属于不同的学科范畴，事实上，任何一门学科在其构建的过程中都"既研究其对象理论，也不排斥元理论"[①]，因此，对教育历史现象的研究与教育史学元研究应该是对象理论体系与元理论体系的统一体。(3) 教育史学元研究是教育史研究发展到一定阶段的产物，教育史研究工作者自觉地对教育史学科进行反思的结果，也是教育史学研究发展的必然逻辑趋势。离开了对教育历史现象的研究，就不可能有教育史学元研究。从这个意义上说，教育史学元研究是教育史学科研究发展到一定阶段的产物，它是"附着"在对教育历史现象研究的基础之上并作为对教育史学科的一种反省和激励机制而存在的理论指导体系，对教育史学科自身的发展和运动起着监察和协调作用。教育史学元研究的这种监察和协调作用是教育史学科本身或其他研究领域所无法代替的。

最后，教育史学元研究是站在一定的理论高度上以一种客观的和总体的观点对教育史学科进行的重新审视，它的结论是对整个教育史学科的鸟瞰，而不是一管之见。因此，教育史学"元研究"更多地是在历史哲学层面上对教育史学科的研究，这种研究属于"对过去的行为、事件、情景的一级研究"[②]之上的二级研究。这种研究是"把历史学家的结论当做基础"[③]，试图构建新的理智的大厦。从这个意义上而言，教育史学"元研究"应该属于分析的历史哲学范畴，因此它具有明显的理论属性。

---

① 郑金洲：《"元教育学"考辨》，载《华东师范大学学报》(教育科学版)1995 年第 3 期。

② 安希孟：《历史和历史哲学》，载《史学理论研究》2004 年第 2 期。

③ 同上。

然而，教育史学元研究并不是独立于教育史学科以外的另一个学科，它不在教育史学科之外，而是在教育史学科之中，它既超越了教育史学科对具体教育史的研究，又是一种教育史对另一种教育史的研究。

从教育史学的产生、发展来看，教育史学元研究是教育史学科发展到一定阶段的产物。如果没有对教育历史现象的相关研究作为基础，教育史学元研究就成了无水之源。正如丁伟志所言，“一切以忠于历史事实为原则的历史研究工作……都需要去研究历史上存在的具体的个别的人、事、地、物，或者说，都必须从小的角度去考察与考察历史的局部、细部。对于历史的局部、细部考察得愈加细致、周全、准确，自然对于从整体上正确认识由这些局部、细部构成的历史大厦，就愈有保证”[①]。教育史研究如果没有对具体的、客观的教育历史过程的记录、描述、分析和总结，就不可能有教育史学科的产生，也就不可能有教育史学元研究的对象。而教育史学的元研究相对于具体的客观教育历史过程的记录、描述、分析和总结而言，它是具体教育史学研究发展到一定程度的反映。

从教育史学的相容程度来看，教育史学元研究作为对象理论的阐释，它须与对象理论在理论意义和方法上是相容的、同一的，否则就是无意义的或无效的。如果教育史学元研究对教育史理论有着一种总的或超验的解释，如果它在理论意义和方法上都与对具体教育历史研究相去甚远，甚至相悖，那么它不仅无助于解释具体教育历史的普遍问题，而且会脱离教育史研究的轨道，而使教育史学的理论与方法失去任何意义。因此，有效的教育史学元研究应该建立在对教育史学科自身有效的分析和研究的基础上，这样才有助于教育史研究的进一步深入，才能在研究的最终目的上与对具体教育历史的研究相统一。对具体教育历史的研究是通过对历史上客观存在的、具体的教育制度、教育思想、教育活动等的研究，发现和总结客观教育历史发展的规律，为后人提供可以借鉴的教育经验和教训；而教育史学元研究则是通过对教育史学科自身的宏观把握，来为具体教育史学研究提供理论指导的。从这个意义上说，教育史学元研究与教育史学科研究应该具有相容性。

---

① 丁伟志：《对历史的宏观思考》，河北教育出版社2001年版，第2页。

三、中、西方教育史学元研究概述

(一) 中国教育史学元研究概述

中国教育史学元研究的萌芽，可以追溯至20世纪二三十年代的毛邦伟和王炽昌，他们分别在《中国教育史》和《新师范教育史》的绪言中，将教育史的性质分为“根元历史、回想历史和哲学历史三大类”①。根元的教育史是“划定一时代，依当时人见闻而叙述之者也”；回想的教育史是“不划定时代，以后代之目光，观察当时而论述之者也”；哲学的教育史是“非仅记录史事，更推阐其意义，发明教育上之原理及趋势，就客观以研究之者也”②。这种从纵向将教育史区分为递进的三个阶段的划分方式本身就表明，教育史研究不应只是对教育历史简单的再现，更应关注对其学科本身的分析和思考。虽然这还算不上是真正意义上的“元研究”，但是这种对教育史学科进行分层的做法本身，已经反映出20世纪二三十年代的教育史学研究者开始重视对教育史学及其理论进行哲学层面研究的思想意识。从一定意义上说，这种思想意识已经超越了对传统教育史问题的研究范围，显露出了元研究的端倪。与此同时一些教育史研究工作者也就中国教育史的研究对象、历史分期、发展主线等相关理论问题进行探索，其中最具代表性的成果有：杨贤江的《教育史ABC》、方与严的《新教育史》、陈青之的《中国教育史》、黄炎培的《中国教育史要》和王凤喈的《中国教育史大纲》等。这些成果虽然不是专门的教育史学理论论著，但是这些成果中对教育史学的相关理论问题均有涉及。

20世纪三四十年代，随着西方实证主义教育史观、分析和批判教育史观、实用的教育史观以及历史唯物主义教育史观的相继传入，中国教育史学研究者开始利用西方的教育史观研究中国教育史的相关问题，虽然这一时期还不能说已经构建起了中国教育史自身的理论体系，“但丰富多彩的教育史学理论，已表现出中国教育史学科的自觉意识”③。

---

① 见毛邦伟《中国教育史》、王炽昌《新师范教育史》的绪言，转引自蔡振生《中国教育史研究的历史回顾与反思》，《北京师范大学学报》(哲社版)1988年第3期。

② 王炽昌：《教育史》，中华书局1923年版，第3页。

③ 杜成宪、邓明言：《教育史学》，人民教育出版社2004年版，第39页。

20世纪50年代至70年代末，随着马克思主义在中国理论主导地位的确立，以马克思主义理论为指导的中国教育史学理论体系逐步建立起来。1962年初，首都历史学界和教育界部分著名学者召开了教育史学理论问题专题研讨会，专门就中国教育史研究中的教育继承性问题、教育历史人物的评价标准问题以及中国教育史的研究对象与范围等问题进行了讨论，形成了新中国成立后的第一次教育史理论问题讨论热潮。但是，这一讨论并没有持续很久，随着"文化大革命"的开始，教育史学研究中是非颠倒，教条主义横行学术领域，中国教育史的学科发展进入了低潮。

20世纪80年代，随着改革开放和学术界的思想解放，中国教育史学界也开始了思想上的拨乱反正，这期间中国教育史学界不仅开展了对古代教育思想与遗产继承问题的研讨，而且还举行了专题研讨会，讨论"中国教育史学学科体系"问题，从研讨会以及会后发表的一系列论文来看，不仅涉及如何评价前人的教育思想的问题，而且也关涉到如何评价此前的教育史学研究，以及应持什么样的历史观和如何运用马克思主义的历史理论去构建教育史学科体系等问题，这些研究动向表明中国教育史学基本理论问题已开始得到教育史学工作者的充分注意，也标志着中国教育史学界学科自觉意识的萌动。1986年、1987年，周洪宇、张斌贤分别发表了《中国教育史的教学和"三个面向"》和《关于〈教育史学〉的构想》的论文，作者分别就教育史学的相关理论问题进行了论述，并明确提出了"教育史学"的概念，由此揭开了中国教育史学元研究的序幕。

20世纪80年代中后期开始，中国的教育史研究工作者，在深入研究教育史相关问题的基础上，在主观上开始反思教育史研究本身的历史，有学者认为"教育史学科在许多具体历史问题的研究方面取得了丰富成果，却缺乏一种'自我反思'，即对学科基础理论作宏观、哲学的思考，致使未能建立起系统的学科体系。为了从总体上提高教育史研究水平，就必须对教育史研究，这一对人类教育历史的探索和认识本身作再探索再认识"①。在这股教育史学科反思思潮的推动下，许多教育史研究工作者开始对教育史学科进行相对全面的反思，并公开发表了一些相应的成果。

① 孙培青:《中国教育史学科体系问题》,《社会科学争鸣大系·教育学卷》,上海人民出版社1992年版,第405页。

其中富有代表性的论述包括：张惠芬：《教育史中的批判与继承》（《教育研究》1980 年第 1 期）；韩达：《关于中国教育史学学科体系问题的讨论》（《教育研究》1981 年第 4 期）；吴聊高：《外国教育史学科体系讨论会综述》（《教育研究》1984 年第 1 期）；张斌贤、刘传德：《浅谈外国教育史研究中的几个问题》（《教育研究》1986 年第 4 期）；张斌贤：《再谈外国教育史研究中的一些问题》（《教育研究》1987 年第 8 期）；蔡振生：《中国教育史研究的历史回顾与反思》（《北京师范大学学报》社科版，1988 年第 3 期）；毛礼锐、郭齐家：《中国教育史研究十年的回顾与展望》（《教育研究》1988 年第 12 期）；张斌贤：《历史唯物主义与教育史学科的建设》（《教育研究》1988 年第 9 期）；周德昌的《中国教育史研究四十年》（《华东师范大学学报》教育科学版，1989 年第 4 期）；李文奎：《也谈外国教育史学科建设》（《教育研究》1989 年第 5 期）；田正平：《关于中国近代教育史学科体系的几点思考》（《华东师范大学学报》教育科学版，1989 年第 2 期）等。

20 世纪 90 年代以后，中国教育史学界对教育史学的相关研究进一步深入，尤其是 1996 年、1999 年和 2000 年，中国教育学会教育史专业委员会分别在桂林、沈阳和广州召开年会，与会代表回顾了近年来教育史学科发展的状况，指出了教育史学科存在的严重危机，分析了出现危机的原因在于：教育史学研究范式过于陈旧，教育史学研究过于封闭。并在此基础上，开展了关于教育史学科整体建设的讨论。至此，中国教育史学界对教育史学的反思性研究进入了一个新的时期，即从对教育史学科的单纯历史回顾进入了对教育史学相关理论与方法的探讨阶段。其代表性成果包括：赵卫：《再谈外国教育史研究的两个问题》（《教育研究》1990 年第 1 期）；张斌贤：《教育理论研究中的历史感》（《教育研究》1990 年第 8 期）；周洪宇：《教育史研究改革管抒》（《教育评论》1991 年第 2 期）；曾天山：《教育史研究的新思维》（《教育史研究》，1991 年第 1 期）；杜成宪：《对中国教育史几层含义及其相互关系的辨析》（《教育史研究》1996 年第 2 期）；杜成宪：《中国教育史学科体系试构》（《华东师范大学学报》1997 年第 1 期）；许国春：《对近年中国教育史研究之研究》（《教育史研究》1997 年第 4 期）；李和平：《教育史学功能及其内在三层次结构论》（《教育史研究》1999 年第 4 期）；张传燧：《〈教育史学〉的反思与重构》（《华东师范大学学报》教育科学版，2001 年第 1 期）；贺国庆：《外国教育史学科发展的世纪回顾与断想》（《河北师范大学学报》教科版，2001 年第 3 期）；周采：《关于外国教育史学史研究的思考》（《教育研究与实验》2002 年第 2 期）；李涛：《中国教育史研究高潮的回顾与反思》（《东北师范大学学报》哲社版，2003 年第 2 期）；傅林：《20 世纪西方新史学范式对外国教育史研究的启示》（《教育研究》2003 年第 11 期）；田正平、肖朗：《教育史学科建设的回顾与前瞻》（《教育研究》2003 年第 1 期）；杜成宪、章小谦：《关于教育史学评论的理论思考》（《华东师范大学学报》教育科学版，2003 年第 1 期）；许瑞芳：《教育史研究的方法论透析》（《教育史研究》2004 年第 4 期）；贺国庆、张薇：《"教育史"学科面向未来的思考》（《教育科学》2005 年第 1 期）；杨孔炽：《关于教育史研究的价值问题》（《光明日报》，2005 年 1 月 12 日）；肖会平：《教育史学的学术功能与社会功能》（《教育学报》2006 年第 3 期）等。这些成果都以中国教育史学界现有的研究成果为对象，对中国的教育史学研究进行了系统的历史回顾，并在此基础上，提出了应该加强教育史学科理论建设的呼吁。1998 年，《教育史研究》恢复了"教育史学"专栏，从而使教育史学科反思有了一个正式的理论阵地，由此推动了教育史学元研究的深入发展。

在众多的研究者和研究成果中，最值得一提的是华中师范大学的周洪宇及其他所初步构建起的教育史学理论体系和华东师范大学的杜成宪、邓明言所著的《教育史学》的出版。

早在 20 世纪八九十年代，周洪宇就先后发表了《中国教育史的教学和"三个面向"》（《教育研究与实验》1986 年第 4 期）、《教育史研究改革管抒》（《教育评论》1991 年第 2 期）等论文，提出了教育史学理论建设的必要性及其构建教育史学理论体系的初步设想。与此同时，他还组织专人撰写了《教育史学》一文（约 2 万字）收入由其主编的《迈向 21 世纪的中国教育科学》（华中师范大学出版社 1998 年版）一书中。此后，周洪宇的许多研究都与教育史学理论有关。1997 年、2000 年、2003 年，周洪宇在全国教育史年会上分别提交了《教育史学的创新》《范式转换与新世纪教育史学的发展》和《论教育史学的两个基本问题》（后收入《中国教育学会教育史分会第九届学术年会论文选》，鹭江出版社 2005 年版）等论文，对教育史学的相关理论问题作了较为系统的论述。不仅如此，他从 1997 起，就着手编写《教育史学概论》讲义，将并将其作为华中师范大学教育史专业硕士、博士研究生的必修课程。他所承担的教育部“十五”重点课题，运用“元理论”的视角探讨了教育史学的学科性质与学科体系，教育史学的跨学科研究，教育史学的功能，中、西方教育史学史，教育史学研究方法，教育史料学，教育史编纂学，教育史学评论，教育史学研究者的素养以及教育史学的未来发展等相关内容，在此基础上构建起了一个相对系统而完整的教育史学理论体系，具体内容反映在由周洪宇主编并即将出版的《教育史学通论》之中，这为教育史学的理论探讨奠定了坚实的基础。

2007 年至 2009 年，周洪宇先后发表了《新世纪中国教育史学发展趋势》、[①]《对教育史学若干基本问题的看法》[②]、《全球化视野下的教育史学新走向》[③]等文章，并组织编写了《教育史学通论》。在这些研究成果中，作者就教育史学的学科性质、研究对象，研究重心、理论与方法、及未来发展趋势进行了集中论述。作者首次明确将提出“教育史学的学科性质主要姓‘史’而不是姓‘教’”的观点，与以往承认教育史学与历史学有着密切的关系，但它更多的属于教育学科的观点相比，这一观点态度更加明确，也更加科学。作者第一次大胆提出了教育史学研究对象三分论，即教育史学研究不仅要注重教育思想史和教育制度史的研究，还应该重视对贯穿于教育史学整个过程之中的人的活动的研究。这一观点突破了长期以来教育史学研究二分的传统，从而弥补了教育史学研究“见人不见行”、“见物不见事”的缺陷。作者尝试提出了一个包括研究方法的理论基础、一般研究方法、具体研究方法所构成的“三维系统方法论”体系，从而使教育史学研究方法的“宏观层、中观层和微观层，各自有其对应的范围和领域，分别处理不同层次的问题”。[④] 总之，周洪宇所构建起的教育史学理论与方法论体系，较之传统的教育史学理论与方法论体系更加系统，逻辑更加严密，研究对象更加具体，学科发展方面更加明确。

---

① 此文发表在《华东师范大学学报》(教育科学版)2007 年第 3 期上。

② 此文发表在《河北师范大学学报》(教育科学版)2009 年第 1 期上。

③ 此文发表在《教育研究》2009 年第 3 期上。

④ 周洪宇:《对教育史学若干基本问题的看法》,《河北师范大学学报》(教育科学版)2009 年第 1 期。

杜成宪、邓明言著的《教育史学》于2004年由人民教育出版社出版。这部专著是迄今为止对中、外教育史学科及其相关理论进行系统的反思性探索的代表性成果。它主要分上、下两编，上编主要就中国教育史、中国教育史学科与中国教育史学，中国教育史学科史，中国教育史学科体系，中国教育史学科的基本理论问题，中国教育史料和史料学，中国教育史编纂学，中国教育史学科与相关学科，中国教育史评论等教育史学理论问题进行了较为系统的论述。下编主要论述了西方教育史研究与教育史学科，教育史的学科内容，传统教育史与新教育史，教育史家与教育史评，教育史方法论，教育史的发展与未来等相关问题。这本专著与以往的教育史论著不同，它不再是一种对具体教育史问题进行研究的论著，而是对教育史学科进行理论反思和总结的论著，其立意不再限于对教育史具体问题的研究，而更多关注中、西方教育史学科的发展历程、教育史学科的研究对象、学科地位、学科体系、学科功能、研究方法以及教育史学的相关理论问题，是从历史哲学的角度对教育史学科及其研究成果进行的反思性研究。这一研究成果对中国教育史学的发展具有重要的意义：

首先，通过对中、外教育史，教育史学史，教育史学的分析，明确了教育史学的研究对象及学科性质，为教育史学理论研究奠定了学科概念的基础。

其次，通过对教育史学学科体系架构的尝试，从一个视角明确了教育史学科的边界、内涵及其结构，为从整体上把握教育史学研究内容提供了直观的框架体系。

再次，通过对教育史学与相关学科的关系的论述，使我们了解到教育史学的学科地位以及相关学科对教育史学影响，为教育史学的进一步深入提供了理论依据。

最后，通过对西方教育史学理论、教育史观、研究方法以及教育史学未来发展方向的介绍，为中国教育史学研究工作者提供了新的研究视角和理论与研究方法方面的借鉴。

综观20世纪80年代以来的中国教育史学元研究的发展历程，我们可以清楚地发现这一时期的中国的教育史学反思性研究的重点主要包括以下几个方面：

第一，对中国教育史学史的研究。这方面的代表性成果有蔡振生的《中国教育史研究的历史回顾与反思》，毛礼锐、郭齐家的《中国教育史研究十年的回顾与展望》，周德昌的《中国教育史研究四十年》，贺国庆的《外国教育史学科发展的世纪回顾与断想》以及杜成宪等著的《中国教育史学九十年》等。尤其是1998年《中国教育史学九十年》的出版，首次系统地对中国教育史研究及学科的发展历史进行了梳理，概括了一百年来中国教育史研究的发展阶段，明确了中国教育史研究及其学科发展的基本特点，预测了中国教育史研究及学科未来的发展趋势，为其后进行教育史学理论研究奠定了基础。这本专著可以称得上是中国教育史学元研究的开山之作。

第二，对教育史学的内涵及学科性质的研究。这方面的代表性成果有张斌贤的《关于〈教育史学〉的构想》，蔡振生的《中国教育史研究的历史回顾与反思》，张传燧的《〈教育史学〉的反思与重构》，李和平的《教育史学功能及其内在三层次结构论》，陈桂生的《"教育史学"辨》，杜成宪的《对中国教育史儿层含义及其相互关系的辨析》以及杜成宪、邓明言著的《教育史学》。这些文章或专著分别从不同的视角对教育史学的内涵进行研究，尤其是陈桂生的《"教育史学"辨》、杜成宪的《对中国教育史儿层含义及其相互关系的辨析》以及杜成宪、邓明言著的《教育史学》，通过对"教育史学"概念的分层研究，明确地提出"教育史学"不再将自己的研究视角局限在对具体教育历史事实的描述上，而更多地将研究视角转向了对学科自身及其研究成果的反思上。因此，"教育史学与教育史相比，其研究的重点在方法论，即在特征上注重于认识论胜过注重于实体"[①]。在此基础上形成的关于学科自身的系统理论即是"教育史学"。这些研究实际上表明了作者对教育史学进行元研究的意识的出现。

此外，许多学者还对教育史学的学科性质问题进行了重点研究，其中张传燧、李和平分别在《〈教育史学〉的反思与重构》和《教育史学功能及其内在三层次结构论》中，强调应从历史哲学的层面来把握教育史学的基本内涵和性质。杜成宪、邓明言著的《教育史学》则明确提出了教育史学姓

① 杜成宪，邓明言：《教育史学》，人民教育出版社2004年版，第300页。

“教”还是姓“史”的问题。作者认为，“如果说科学也有地缘关系的话，中国教育史学科首先是处于教育科学‘自然地理’区域的学科。虽然中国教育史学科有着历史学的形式，即追述过往的事实为形式来表现自己的研究对象；而其内容则是教育的，这是决定其学科性质的根本所在。……因此，又可以说中国教育史学科有着历史学的外表，然而其血缘是教育的”[①]。为此作者认为，中国教育史学科不仅是隶属于教育学科的，而且是教育科学的基础学科，相对于历史学而言，由于中国教育史学科的研究对象与历史学的对象一样，具有历史学的特点，因此，“它也同时是历史学的一个分支学科”[②]。

第三，对教育史学与其他学科的关系及教育史学学科地位和功能的探索。晓杜的《谈教育史学与教育学的内在关系》、曾天山的《教育史研究的新思维》、张传燧的《〈教育史学〉的反思与重构》、李和平的《教育史学功能及其内在三层次结构论》和廖其发的《21 世纪我国教育史学科发展的方向与任务》等都从某一个侧面，探讨了教育史学与其他学科的关系及教育史的学科地位和学科功能等问题。尤其是杜成宪、邓明言著的《教育史学》，不仅论述了教育史学科与教育学、历史学的关系，明确了中国教育史学科在教育学科中的基础学科地位以及在历史学中的分支学科地位，而且论述了教育史学科与哲学、文学、民俗学、社会学、考古学及自然科学的关系。对于教育史学的功能定位，邓明言在《教育史学》中着重从职业取向和学术取向两个方面介绍了西方教育史学界对教育史学功能和价值的认识。

第四，对教育史学科体系的研究。其代表性成果包括高时良提出的中国教育史学科体系的“三层次说”和杜成宪在《教育史学》中构建的中国教育史学科体系。高时良将教育史学科分成了低、中、高三个层次，其中教育史内部结构中的高等教育史，职业教育史，秦、汉教育史等属于低层次；教育史与其他学科的交叉，如教育训诂学、计量教育史学等属于中层

① 杜成宪，邓明言：《教育史学》，人民教育出版社 2004 年版，第 225 页。
② 同上，第 233 页。

次；而从哲学思辨的高度对教育史学进行的理论探讨属于高层次。[①] 杜成宪则构建起了包括“实质研究”和“形式研究”在内的中国教育史学科体系。其中“实质研究”主要是对具体教育史问题的研究，“形式研究”则主要是以中国教育史学科本身和中国教育史料为研究对象。[②] 与以往教育史学科体系不同的是，这两大教育史学科体系不仅重视对教育史具体问题研究，而且在教育史学研究中引入了教育史学理论与方法论等范畴，从而使中国教育史学科体系逐渐摆脱了过去只重视具体教育史问题研究、忽视教育史学理论与方法研究的弊端，为教育史学科体系的进一步完善奠定了坚实的基础。

第五，对教育史学研究方法的反思。这方面的代表性成果有曾天山的《教育史研究的新思维》、董宝良的《迈向 21 世纪，要重视运用现代的思维方法——对中国教育史研究在方法论方面的思考》、于述胜的《中国教育史研究中的一个方法论问题》、方晓东的《国外教育史研究的理论与方法》和邓言明的《西方教育史方法论五题》等。曾天山在《教育史研究的新思维》中明确提出，教育史研究应更新研究方法，强调“要将系统论、信息论和控制论及计量分析方法引入教育史学领域，把人类学、社会学、人口学的理论逐步应用到研究中”[③]。董宝良的《迈向 21 世纪，要重视运用现代的思维方法——对中国教育史研究在方法论方面的思考》、于述胜的《中国教育史研究中的一个方法论问题》、方晓东的《国外教育史研究的理论与方法》和邓言明的《西方教育史方法论五题》等文章，都从不同的侧面涉及对教育史学方法的反思。因为“方法论在中国教育史研究工作中居于首要的位置。……许多学者从方法论的层面反思教育史学，提出教育史研究的新思维”[④]，其目的在于通过对教育史研究方法的反思，进而突破传统教育史研究的旧范式，以更加科学的方法及方法论体系取得更新、更科学的教育史学研究成果。此外，对教育史学科教学和教材建设的反思

① 参见孙培青《中国教育史学科体系问题》，《社会科学争鸣大系·教育学卷》，上海人民出版社 1992 年版，第 405 页。

② 参见杜成宪、邓明言《教育史学》，人民教育出版社 2004 年版，第 84—89 页。

③ 曾天山：《教育史研究的新视野》，载《教育史研究》1991 年第 1 期。

④ 徐中仁：《困境中的探索：中国教育史学元研究管窥》，载《西南师范大学学报》（人文社会科学版）2004 年第 5 期。

也绵延不断，这些研究都为今天教育史元研究的系统化和理论化奠定了良好的基础。

(二) 西方教育史学元研究概述

西方教育领域中的“元研究”或“元理论”概念的出现，虽然只是近二三十年的事，但从西方教育史研究的历程来看，对教育史学科及其研究成果的的反思与探讨几乎从来没有停止过。尤其是18世纪末具有近代意义的教育史研究在西方确立以来，教育史学研究者的研究重点不仅放在了对教育历史的研究层面，而且也开始将教育史的研究对象、方法等相关问题纳入自己的研究视野之中。德国教育学家鲁克夫(Ruhkopf, F. E.)于1794年出版的《德国学校教育史》不仅叙述了德国教育的起源和发展，而且收录了不少教育史料和早期的教育论述。继鲁克夫之后，1813年，德国海德堡大学神学教授施瓦茨(Schwarz, F. H. C.)在他1802年出版的《教育原理》一书中专门增补了“教育史”专章，并明确指出：“倘若没有历史知识，要真正了解当代教育问题是不可能的。历史学家既不能美化历史，也不能鄙薄历史。教育史作为人类文明发展史的一部分具有现实意义。”在这种思想指导下，施瓦茨“从古代多民族的教育史一直写到德国泛爱主义和新教育运动，故也有学者将其视为教育史学[①]的奠基人”[②]。

19世纪下半叶到20世纪中叶，西方教育史学研究进入了快速发展的历史时期。尤其是德国的兰克(Leopld Ranke)将历史提升为一门科学后，对教育著作家们的影响极大，大多数的教育论著都重视从历史研究中寻找支持，并开始对教育史研究本身进行审视。德国著名的地质矿物学和教育学教授劳默尔(Raumer, K. von)在编撰多卷本的《教育学史》时曾明确指出，“教育史研究须含有反映时代的文化理想，并揭示这种理想在教育活动中的反映。……历史研究不能仅以纯客观纪实为目的，如果历史编年有任何价值的话，这种研究必须先从研究者自身及其所信奉的道

① 笔者注：这里的教育史学已经不是我们通常理解的对教育历史现象的研究了，它包含了对教育史研究意义的探讨及对教育史研究本身进行审视的性质，因此，具有一定程度的元研究性质，但这还不是现代意义上的“教育史学元研究”。

② 杜成宪、邓明言：《教育史学》，人民教育出版社2004年版，第315页。

德信条开始"[①]。与劳默尔同时代的施密特(Schmidt,K. A.)及其后的弗·鲍尔生(Paulson,F.)分别在编撰4卷本《教育通史》和《德国教育的历史发展》时,表达了与劳默尔相似的观点,即在进行教育史研究时,必须关注教育历史与社会文化、思潮的互动,不能将教育历史的发展演变当做孤立的运动来研究。上述观点实际上已超越了对教育历史的简单叙述和研究,而开始关注对教育史研究意义和价值的探讨。

同时期的美国教育史研究也进入了迅速发展时期。除了巴纳德(Barnard,H.)、史密斯(Smith,H. I.)、布罗克特(Brockett,L. P.)、亚当斯(Adams,H. B.)、布恩(Boone,R. G.)、埃格尔斯顿(Egglestonn,E.)、戴维森(Davison,T.)等人编撰的《日耳曼教育家》《古代和现代教育史》《教育的历史和进步》《美国教育史文库》《美国教育:早期殖民地时期以来的历史》《文化的变迁》《教育史》等教育史论著相继出版外,这一时期的教育史研究一定程度上突破了以往为教育家树碑立传的传统,扩大了教育史研究的视野。尤其是孟禄的《教育史教科书》和卡伯莱(Cubberley,E. P.)的《美国公共教育》对教育史研究的影响最大。孟禄不仅对教育思想和教育思潮进行了评述,而且还对历史研究方法和教育史方法论进行了探讨。"在一般历史研究方法上,孟禄强调了对原始资料的占有和研究。历史研究要尽量提供历史事实,先有史料的分类和解释,后有一般性的概括。在教育史方法论方面,孟禄提出理论与实践并重,注意剖析它们之间的关系,强调历史对现实的影响,特别是教育发展与人类文明史之间的联系。"卡伯莱则在其教育史研究中"将美国公立学校的发展与美国社会的基本价值观联系起来。"[②]不论是孟禄对教育史研究方法论的探讨,还是卡伯莱对美国公立学校的研究,都体现出美国教育史研究者对学科研究对象和方法的新认识,也正因如此,在相当长的时期,美国成了继德国之后世界教育史研究的重镇。

1868年,奎克(Quick,R. H.)《教育改革家》一书的出版,标志着英国进入近代教育史研究时期。在奎克的影响下,爱丁堡大学和阿伯丁大学的劳里(Laurie,S. S.)和米克尔约翰(Meiklejohn,J. M. D.)在撰写了大量

---

① 杜成宪、邓明言:《教育史学》,人民教育出版社2004年版,第317页。

② 同上,第321—322页。

教育史著作的同时，专门对德国古典哲学进行了研究。劳里在其撰写的《教育的原则》一书中，专门介绍了康德、费希特、黑格尔等人的哲学思想。米克尔约翰则翻译出版了康德的名著《纯粹理性批判》，试图将哲学思想引入教育史研究之中。

继奎克之后，布朗宁(Browning，O.)在为《大英百科全书》撰写的教育史条目中专门介绍了欧洲大陆出版的教育史著作，这可以说是最早的教育史学史研究的雏形。而布朗宁撰写的《教育理论史概论》不仅介绍了古希腊以来的教育思想史，而且还对现代教育运动和中学师资培训活动多有涉及，这一研究取向对布朗宁以后的教育史研究影响甚大。不论是亚当森(Adamson，J. W.)编著的《17 世纪近代教育的先驱》和《简明教育史》或利奇(Leach，A. F.)撰写的《宗教改革时期的英国学校》，还是沃森(Watson，F.)、亚当斯(Adams，J.)编著的《维韦斯和文艺复兴时期的女子教育》以及《教育理论的演化》，都在一定程度上冲破了英国教育史研究只重教育思想研究的窠臼，教育史研究的重点开始转向近代教育史上的社会和机构研究，从而使教育史研究对象的范围不断扩展。

教育史学元研究在法国起步较早，主要表现在两个方面，一是在教育史研究中引入了比较研究方法，如帕罗兹(Paroz，J.)在其编写的《普通教育史》中，在对德、法、瑞士等国的教育进行比较研究时，改变了以往那种平铺直叙的叙事风格；二是教育史研究中出现了教育理论史研究，奠定了法国教育史学元研究的基础。在这一方面最值得推崇的是法国著名政治家、教育活动家孔佩雷(Compayré，G.)和他所著的《对 16 世纪以来法国教育学说的历史评论》(后更名为《教育学史》)。这部著作不仅对近代以来有重要影响的思想家和教育学家进行了专章介绍，还以较大的篇幅介绍了法国和英国一批有建树的女教育学家的学术思想。不仅如此，作者还为教育史研究确定了一个包括正规教育和自然教育在内的新教育史研究对象的范围，同时作者提醒研究者要更多地关注教育过程中许多"幕后合作者(occult coadjutors of education)"，如气候、种族、习俗、社会条件、政治制度和宗教信仰等。[①] 孔佩雷的教育史研究对美国，尤其是对孟禄的

① Compayré，G.，trans. Payne，W. H.，The History of Pedagogy，1887，Introduction，Ix—x.

《教育史教科书》研究产生了深刻的影响。

第二次世界大战前后，“受经济、政治、民族和历史文化传统等因素影响，处在历史大转折时期的西方各国，教育、科学、文化方面人员来往来和信息交流渠道日益扩大，联系日趋紧密；教育革新和教育改革方兴未艾；战后非殖民化运动对发展中国家教育产生了深刻的影响；现代科学技术和社会科学所取得的进展，所有这一切为教育史研究带来了新的发展机遇和挑战”①。整个西方教育史研究不仅突破了“欧洲中心”的传统模式，将教育史研究的触角延伸到了东方，乃至于南美洲等许多地区；教育史研究的重心也从学校教育扩展到家庭、社会教育的各个层面；教育史研究关注的焦点从教育理论发展史、教育机构史和著名教育家的思想史逐渐转向了对教育方法、技术、课程以及教育改革等教育实践活动的演变、发展过程的探讨。

19 世纪下半叶到 20 世纪中叶的西方教育史研究，虽然还谈不上是真正意义上的“元”研究，但这时的教育史研究已经突破了过去那种对教育历史进行单纯描述的研究取向，开始涉及教育史研究对象的范围、意义、价值以及教育史研究方法等相关内容，并开始从哲学层面对教育史研究进行反思。尽管这些研究和反思现在看来只是零星的、附带的，但是这种研究取向的转变初步奠定了西方教育史学元研究的基础。

20 世纪五六十年代，西方教育理论界在分析哲学思潮的影响下，开始了“对教育理论中的概念、命题、教育实践中的语言进行逻辑和语言的分析、检验”②，这些分析和检验中的很大一部分已经属于元理论的范畴。在教育理论元研究带动和影响下，德国以菲舍尔(F. Fischer)为代表的激进的史学流派，首先向德国传统的保守主义史学发起了进攻，并倡导运用分析的方式去研究历史。与此同时，由斯宾格勒(O. Spengler)所首倡的文化形态史观，主张打破“欧洲中心”论，提倡从多种视角去研究世界历史，强调用文化的眼光去审视整个历史。这种新史学观对德国教育史学界产生了深刻的影响，由此引发了 20 世纪六七十年代德国教育史学界对教育

① 杜成宪、邓明言:《教育史学》，人民教育出版社 2004 年版，第 328 页。

② 洪明:《西方元教育理论发展历程探略》，《福建师范大学学报》(哲学社会科学版)1999 年第 4 期。

史学科的反思性研究和探讨。其中德国教育家奥尔夫冈·布雷岑卡(W. Brezinka)的《从教育学到教育科学:元教育理论导论》(1978 年)出版,标志着"迄今为止唯一的呈体系状态的'元教育学'或'元教育理论'"[①]的产生。这部专著虽然重点论述的是元教育理论的相关问题,但是其中涉及对教育史学理论相关问题的探讨,作者试图将教育史学理论纳入元教育理论中去思考和探究,旨在体现教育史学科的教育特色,并倡导运用多种学科的研究方法来弥补教育史研究的缺失。布雷岑卡的《从教育学到教育科学:元教育理论导论》开启了西方教育学界元教育理论研究的大门,同时也揭开了教育史学元研究的序幕。

在布雷岑卡的元教育理论研究的影响下,20 世纪八九十年代,德国教育史学界先后出现了赫威西·布伦克茨(Herwig Blankertz)主编的《从启蒙时期到现代的教学法》、海因·艾尔玛·特诺思(Heinz-Elmar Tenorth)撰写的《教育史最新发展的基本特征》等著作。尤其是海因·艾尔玛·特诺思对"教育史最新发展的基本特征"的研究,是一部研究教育史学理论方面的重要著作。作者重点论述了教育史的学科特色及其与历史学的区别所在,旨在突出教育史的学科特色,展示了教育史未来发展的趋势与走向。这一研究本身就具有了元研究性质,并为德国教育史学的发展指明了方向。

继德国之后,20 世纪 70 年代,法国教育史研究在"年鉴学派"的影响下,开始进入教育史学研究方法创新和学科的反思阶段。在"新史学"的引领下,法国教育史研究倡导在完全理解史料的基础上进行教育历史的阐释,主张在教育史学研究中充分体现教育史编撰者的主体意识。这一时期,法国教育史学界不仅出现了由雷莫·福尔纳卡(Remo Fonaca)和安托尼·莱昂(Antonine Leon)运用"新史学"方法撰写的《教育史研究》和《教育史导论》,而且其教育史学的研究范围由欧洲扩大到了全球范围以及教育的各个层面。米亚拉雷和维亚尔(J. Bial)主编的四卷本《世界教育史》就是新史学影响下的代表性成果。

进入 20 世纪 80 年代中后期以后,法国教育史学界一方面对教育史

---

① 洪明:《西方元教育理论发展历程探略》,《福建师范大学学报》(哲学社会科学版)1999 年第 4 期。

学科的性质、研究范围进行了认真的思考，另一方面对教育史学的研究方法及其与历史学科的关系进行了全面的反思，其中由国际教育局编著的“教育科学丛书”之一、法国教育史学家安多旺·莱昂编著的《当代教育史》作为这一时期教育史学元研究的代表性成果，对当代教育史学科的研究范式、范围、方向、学科整合、教育观念的变革、大众教育、技术教育及其教育史研究的功能、意义和价值等问题进行了反思和理论概括，试图在此基础上构建当代法国教育史学研究新的理论体系。1988 年阿历伽德罗·提阿那·费列尔(Alejandri Tiana Ferrer)在其撰写的《当代历史教育的调查:焦点与方法》中，“重点论述了教育史在教育学科体系中的重要地位，突出教育史在丰富学生知识、开拓视野方面的重要作用;还对教育史的研究方法进行了深刻反思;运用比较的方法将欧洲的教育史与美国作了对比研究，以期从中感悟教育史研究的得失，旨在为以后的教育史研究提供有益的借鉴”。20 世纪 90 年代以后，法国教育史学研究对学科自身反思的基础上，“在与其他学科对话的过程中，既学到了新的研究方法与范式，又开辟了不少新的研究领域，为世界教育史研究注入了新的生机与活力”。①

英国的教育史学元研究始于 20 世纪六七十年代，以布莱恩·西蒙(Brian Simon)为代表的修正主义激进派，将教育史的研究视野转向教育与社会、教育与政治、教育与社会生活等关系方面的研究。布莱恩·西蒙在《教育史研究:1780—1870》《教育史研究:教育改革的政治策略，1920—1940》《教育史研究:教育与社会秩序，1940—1990》等系列成果中，试图探讨“影响教育形势发展的环境”②。与此同时，他还发表了《教育史研究》《过去与现在的教育史》《20 世纪 80 年代教育史》《教育史的重要性》等一系列教育史研究论文，对英国教育史研究进行了回顾和反思。西蒙认为，从 20 世纪 60 年代开始，英国教育经历了具有重大意义的变革，这种变革为教育史研究提供了新的研究素材。教育史研究应当强调易变性与灵活

---

① 申国昌、周洪宇:《法国教育史学发展历程的回顾与梳理》，载《教育研究与实践》2008 年第 2 期。

② [俄]卡特林娅·萨里莫娃、[美]欧文·V. 约翰宁迈耶主编，方晓东等译:《当代教育史研究与教学的主要趋势》，教育科学出版社 2001 年版，第 3 页。

性，不断改变研究的方法，调整研究视角，他倡导要善于从社会大环境去思考教育史问题，善于研究教育与社会变革的关系。[①] 因为"这种研究和理解能使教师们认清他们工作的性质与发展方向，帮助他们观察自身直接参与的系统；可以使学生理解教育原则"[②]。为此，他要求教育史研究要具有批判意识，具有联系实际的精神，还要善于更新研究的方法，以便更好地为教育的现实发展服务。

在英国修正主义激进派的推动下，20 世纪六七十年代以后，英国教育史研究进入了快速发展期，教育史学界开始重新确定自己的研究范围，并积极探讨和借鉴历史学的研究方法，寻求与历史学的合作与对话，并在此基础上发表了一批有影响力的研究成果，如理查德·奥尔德里奇(Richard Aldrich)的《教育与政党，1830—1870》《约翰·帕金顿爵士与国家教育》等。但是在教育史学研究繁荣表象的背后，英国教育史学伴随着教育系和教育学院被缩减而逐渐显示出危机和衰退的迹象。为了解决危机，1992 年在利物浦召开的英国教育史学会成立 25 周年大会上，与会代表对以往的教育史学研究以及教育史学科的发展历程、学科地位、学科特色以及所面临的危机等问题进行了深入的反思和讨论。调整了英国教育史学研究的思路。但这并没有从根本上改变教育史学科地位下滑的倾向，到 1996 年，据英国政府研究评估处的调查显示，在 69 个学科的排行榜中教育学科居第 58 位。美国普林斯顿大学著名的英籍历史学家劳伦斯·斯通(Lawrence Stone)批评教育领域的教育史研究就史料与理论而言均处于原始阶段，所以"对许多问题的阐释都是试验性的、暂时性的"[③]。

就在英国教育史研究走入低谷的同时，英国历史学界对教育史问题的研究热情却不断高涨，历史学家运用新史学的研究方法对教育史学科

① 西蒙：《教育史的重要性》，[俄]卡特林娅·萨里莫娃、[美]欧文·V. 约翰宁迈耶主编，方晓东等译：《当代教育史研究与教学的主要趋势》，教育科学出版社 2001 年版，第 4—18 页。

② Brian Simon, The History of Education, in: J. W. Tibble, ed., The Study of Education, London, 1973.

③ W. Richardson, Historians and Educationists: the History of Education as a Field of Study in post — war England. part Ⅰ: 1972—1996. History of Education, 1999. 20

领域中的许多问题进行了深入的研究，成了英国教育史学研究领域中的主角，这给教育史专业研究人员带来了巨大的压力。面对这些危机、挑战和压力，教育史研究人员必须积极地去正视与面对这种现实，努力去寻求学科发展的新出路。1999年，理查森（W. Richardson）在《教育史》刊物上发表了题为《历史学者与教育学者：战后英国教育史研究领域的发展》的文章。在回顾和反思英国教育史学发展历程的基础上，提出了教育史与历史进行对话的主张，并强调教育史学应该借鉴历史学的新研究方法。伦敦大学教育史专家理查德·奥尔德里奇（Richard Aldrich）认为，教育史是历史学科的一个组成部分，历史被描述为一个时代对另一个时代感兴趣的事物，而教育史上极其普通的事件和教师的事迹却未被历史研究所关注，因此，他倡导历史研究应扩展令人感兴趣的范围，[①]实现教育与历史的巧妙结合，使教育史研究焕发新的生机与活力。为此，伦敦大学教育学院正式接纳了教育史研究中心，形成了以理查德·奥尔德里奇和戴维·克鲁克（Oavid Crook）为核心的研究群体，并强化了教育史在硕士和博士培养过程中的地位。该中心还经常得到诸如经济和社会研究理事会（Economic and Social Research council）、利弗休姆基金会（the Leverhulme Trust）以及纳菲尔德基金会（the Nuffield Foundation）的经济资助，这为教育史研究成果的出版提供了诸多方便，也为教育史研究大批成果的出现奠定了良好基础。90年代以来英国教育史界迎来的这一新的、有意义的社会支持，使一些教育史学家也看到了希望，著名的教育史教授理查德·奥尔德里奇和他的同事坚信，教育史在英国必将再一次成为师范教育和师资培训的综合科目。他认为，历史有助于帮助人去理解现在和预测将来，不懂教育史的教师将会处于愚昧无知的状态之中，只有学习教育史才能使人们摆脱愚昧无知的境地。鉴于此，他承认教育史研究正处于困境，面临挑战，但是他对教育史走向衰落的说法持反对态度，认为教育史一定会有更加光辉的前景。目前，英国教育史研究队伍稳定，教育史学会经常展开各种活动，教育史学会的重要学术刊物《教育史》以

① 参见[英]理查德·奥尔德里奇《教育史之我见》，[俄]卡特林娅·萨里莫娃、[美]欧文·V. 约翰宁迈耶主编，方晓东等译《当代教育史研究与教学的主要趋势》，教育科学出版社2001年版，第130页。

双月刊的形式出版，比以前的刊载量大为增加。理查德·奥尔德里奇和戴维·克鲁克合著的《面向21世纪的教育史》于2000年由伦敦大学出版，在这部著作中，作者在反思英国教育史研究历史的基础上，展望了英国教育史学科的美好未来。他们认为，英国教育史研究正以强劲的势头迈向21世纪。[①]

美国作为第二次世界大战以后教育史研究的重镇之一，其教育史元研究伴随着教育史研究的始终。尤其是20世纪50年代以后，随着新教育史学的兴起以及后来激进派教育史学的出现，美国教育史学界对教育史学自身发展的历史给予了越来越多的关注。20世纪50年代末至60年代末伯纳德·贝林(Bailyn, B.)率先以新史学的观点评价了《斯坦福的卡伯莱及其对教育的贡献》，指出"卡伯莱的教育史教科书在那个时代是具有启发意义的，但同时也把美国教育的历史研究引入一种僵局"[②]。为表明他的新史学观念，贝林发表了堪称新教育史奠基之作的《美国社会形成中的教育》，提出"教育和社会的其他部分有着复杂的互动关系，不应将教育作狭隘的理解；教育史研究中心必须有所调整，研究方法需要更新；历史学家应以一种更加精确的态度研究过去的教育现象，加强历史研究的批判性，不应隐恶扬善，回避矛盾与冲突"[③]。贝林的著作揭开了20世纪后半期美国教育史学变革的序幕，他的研究对欧洲及其他国家的教育史学研究产生了重要的影响。

在贝林的影响下，美国的教育史学元研究不断深入，先后出现了W.史密斯(W. Smith)的《美国新教育史学家》、劳伦斯·阿瑟·克雷明(Lawrence Arthur Cremin)的《埃尔伍德·帕滕森·卡伯莱的奇妙世界》(又翻译为《卡伯莱的理想世界》)等研究成果。前者揭示了美国"新"教育史学家的特点是"利用了比以往教育史家更为广泛的资料，并有着更宽广、更人文化和更专业的承诺"[④]，预示了美国教育史学研究的发展方向。

---

① D. Crook, R. Aldrich. History of Education for the Twenty-first Century. London: Institute of Education, University of London, x, 2000.

② 周采：《战后美国教育史学流派的发展》，《比较教育研究》2005年第5期。

③ 杜成宪、邓明言：《教育史学》，人民教育出版社2004年版，第376页。

④ 周采：《战后美国教育史学流派的发展》，《比较教育研究》2005年第5期。

后者则重点回顾了美国传统教育史学的发展历程，重点评价了卡伯莱的《美国公共教育》。在充分肯定了该书是一部“有鼓舞力的”“强调制度的”和“体现效能的”的著作的基础上，克雷明明确指出了卡伯莱史学传统存在着“眼界狭隘”“自固倾向”等问题，在克雷明看来，卡伯莱的历史观点无法解释战后美国教育出现的种种危机，强调教育史学研究应“以一种更加开阔的视野，研究不同时代教育的性质和效能，以及正规教育和非正规教育机构与社会之间的关系”[①]。

20 世纪 70 年代以后，美国的元教育史学研究主要围绕激进派教育史学家的研究成果而展开，学术界的人士站在不同的立场上，依据不同的理论进行了激烈的争论。其中 M. 拉泽逊在《哈弗教育评论》上发表了《修正主义和美国教育》的书评，对迈克尔·凯茨(M. Katz)的《阶级、官僚政治与学校》、格里尔的《伟大学校的传说：美国公里教育的修正主义解释》、斯普林的《教育与公司国家的兴起》等研究成果进行了述评，并得出了“修正主义教育史学是修正主义历史学和学校批判思潮共同影响的产物”[②]的结论。

与 M. 拉泽逊同时期的 S. 科恩(S·Cohen)发表了《美国教育史的新视角，1960—1970》和《美国教育史的历史，1900—1976：历史的种种用法》两篇文章，回顾了美国教育史学的发展历史，尤其在《美国教育史的历史，1900—1976：历史的种种用法》一文中，S. 科恩在回顾美国教育史学发展的同时，对不同历史时期美国有影响的教育史学研究者及其论著，如贝林的《美国社会形成中的教育》、史密斯(W. Smith)的《美国新教育史学家》以及克雷明的《埃尔伍德·帕滕森·卡伯莱的奇妙世界》等给予了客观的评述。这篇论文后被收入罗伯特·舍曼(R. B. Sherman)主编的《理解教育史》中，成为美国教育史学元研究的标志性成果。

进入 20 世纪 80 年代以来，尽管伴随着对教育史不实用的批评，美国教育史研究全面走入低谷，但是美国教育史学界对教育史学进行的反思研究并没有因此中断，相反还有向纵深发展的趋势。1988 年，美国新马克思主义者 M. 阿普尔(M. Apple)发表了题为《站在鲍尔斯和金蒂斯的肩

---

① 杜成宪、邓明言：《教育史学》，人民教育出版社 2004 年版，第 388—389 页。

② 周采：《战后美国教育史学流派的发展》，《比较教育研究》2005 年第 5 期。

上:阶级的形成与资本主义学校》的文章,以 S. 鲍尔斯(S. Bowles)和赫伯特·金蒂斯(H. Ginitis)合著的《资本主义美国的学校教育》为评论对象,介绍和评价了美国新马克思主义教育史学内部不同流派的观点。

1989 年,美国《教育史季刊》围绕克雷明《美国教育:都市时期的经验》一书组织了一次笔谈,在讨论克雷明著作的同时,对美国教育史学研究进行了反思,[①]指出美国教育史学的未来发展趋势是“一些人会一如既往地关注学校教育,而另一些人则研究其他教育形式。在研究方法和范式方面也会呈现这种多元化趋势”[②]。

1990 年,前美国教育史学会主席海纳(N. Ray, Hiner)在《教育史季刊》上发表了题为《九十年代以来的教育史:学术的扩展》,对 20 世纪 40 年代以来的美国教育史学的发展历史进行了认真的回顾,对克雷明在 20 世纪 60 年代所开创的教育史研究的开放局面予以肯定。1991 年,海纳的继任者玛克辛·施瓦兹·塞勒(Maxine Schwartz Seller)发表了《分界线、桥与教育史》一文,明确指出,“克雷明开创的新研究领域为教育史与其他学科架设了一个桥梁”[③]。

1997 年,以重视理论著称的 C. 凯斯特(C. F. Kaestle)在其撰写的《教育研究的历史方法》一文中,总结了 20 世纪中期以来美国教育史学的嬗变及其特点,概括了美国教育史研究的总趋势是“把教育视为比学校教育更为广泛的概念,并在社会和经济发展背景中来研究学校教育制度;不仅研究精英教育,也研究普通人的态度和行为。历史学家已涉及家庭史、儿童史、教育体制改革史;他们也关注社会学、人类学、心理学和统计学的新方法,将其作为自己的新理念和新技术”[④]。

美国教育史学界在深入反思本土教育史学研究的基础上,还对美国以外的其他国家和地区的教育史学研究成果进行了介绍和研究,其代表

① Forum: The Metropolitan in American Education, by Robert L. Church, Michael Katz, Harold Silver, and Lawrence A. Cremin. History of Education Quarterly, Fall (1989), pp. 419—446.

② 周釆:《战后美国教育史学流派的发展》,《比较教育研究》2005 年第 5 期。

③ 王春鹏、高向杰:《当代美国教育史学发展的特征及其思考》,《教育史研究》2006 年第 4 期。

④ 周采:《战后美国教育史学流派的发展》,《比较教育研究》2005 年第 5 期。

性的成果有:J. 威尔逊(J. Wilson)和 D. 琼斯(D. Jones)合撰的《"新"加拿大教育史》[①]、P. 哈里根(P. Harrigan)的《比较视角中的加拿大教育史学的最近趋势》[②]、R. 沃尔夫(R. Wolff)的《教育史的欧洲视角:四份杂志的评论》[③]、K. 贾劳斯奇(K. Jarausch)的《老的"新"教育史:一个德国人的再思考》[④]、J. 赫布斯特(J. Herbst)的《欧洲新教育史学》[⑤]和 P. 坎宁安(P. Cunningham)的《教育史和教育变化:过去十年英国教育史学》[⑥]等。总之,战后美国教育史学研究已逐渐摆脱了孤立和封闭的状态,开始融入范围更开阔的社会科学研究之中,与此同时,美国教育史学研究"在史学队伍、史学视野、史学方法和史学观点等方面获得全新的改观"[⑦]。

在欧美各国教育史学元研究的影响下,尤其是在"新史学"的影响下,波兰、俄罗斯等国也相继开始了教育史学元研究。其研究的重点主要放在对学科的反思与理论重建两个方面。通过对以往教育史学研究中存在的将马克思主义教条化的倾向,两国的教育史学工作者一方面主张在运用马克思主义理论研究教育史的过程中应该注意灵活性,不能生搬硬套、断章取义,另一方面强调应将西方的史学理论引入教育史学的研究中去。1985 年 8 月,第十九届国际教育史学会议在波兰克拉柯夫大学召开,来自亚洲、欧洲、美洲的几十名代表参加了会议。会议主要讨论了全球范围内

---

① Donald Wilson and David Charles Jones, The "New" History of Canadian Education, History of Education Quarterly, Fall(1976), pp. 87—94.

② Patrick J. Harrigan, A Comparative Perspective on Recent Trends in the History of Education in Canada, History of Education Quarterly, Spring(1986), pp. 367—376.

③ Richard J. Wolff, European Perspectives on the History of Education: A Review of Four Journals, History of Education Quarterly, Spring(1986), pp. 87—94.

④ Konraad H. Jarausch, The New History of Education in Europe, History of Education Quarterly, Summer(1986), pp. 225—242.

⑤ Urgen Herbst, The New History of Education in Europe, History of Education Quarterly, Spring(1987), pp. 55—61.

⑥ Peter Cunningham, Educational History and Educational Chang: The Past Decade of English Historiography, History of Education Quarterly, Spring(1989), pp. 77—94.

⑦ 史静寰、延建林:《20 世纪英美教育史学研究取向变化的回顾与启示》,《河北大学学报》(哲学社会科学版)2008 年第 3 期。

的教育史研究的意义与价值、教育史研究的方法、教育史教学中存在的问题及其对策等。这次大会之后，波兰教育史学界开始了与西方教育史学研究人员的广泛交流和合作，并积极借鉴西方教育史学界的研究理论与方法。1991 年，波兰当代著名教育史专家切斯拉夫·马约列克（Czeslaw Majorek）在莫斯科召开的国际教育史专题研讨会上提交了题为《教育史教学中的课程导论部分的重要性》的论文，在这篇论文中切斯拉夫·马约列克主要探究了教育、历史和教育史的界定、教育史中的关键性概念、教育史课程的目的以及如何掌握了解历史和掌握历史进程等问题。他认为应该将"教育史"概念放在"教育"与"历史"之中加以区别和理解，由此可以将教育史分成社会的、政治的和智力的三个部分，在教育史研究与教学中要必须注意这三方面内容的相互关联。同时在教育史教学中，应"使学生们了解当今的事物来自历史"[①]，历史的进步是有连续性的。他在回顾了波兰教育史研究与教学概况的基础上，重点强调教育史教学的七个方面的目的："期望学生们能掌握从古代到当代的欧洲和波兰的发展的主要概况，这是现实的目的"；使学生了解"学校教育在过去与当今社会中仅仅是许多媒体中的一种有影响的力量，因此，为了使学校能令人满意地发挥作用，在校外必须创造什么条件就是一个很根本的问题。而学生们就应当能解释，在对教育领域进行批判性探索时，为什么需要对教育下一个非常广义的定义"；使学生了解不同历史时期中教育的相关概念，如正规教育、非正规教育、教育学、义务教育等的内涵的变迁；"必须培养学生们鉴别'史料'的所谓真实性和从中进行推理的能力"；"为了使学生们理解教育对现实社会与理想社会之间的相互作用，必须重视对以往教育经验进行多学科的探讨"；要使学生"懂得教育史的主要目的是发现教育在以往的社会中起了什么样的作用，以及为什么哲学家和教育家如他们做的那样想和行动。……学生们应能够区分教育史文献中的论述和解释。同时他们也必须认识到每位教育史学家的主要工作之一是解释历史上人类在教育领域的所作所为"；使学生学会"理解以往教育现象与当前的教育政策之间的关系以及与当今的教育思想与研究之间的关系，特别是他们必

---

① [波]切斯拉夫·马约列克：《教育史教学中的课程导论部分的重要性》，见方晓东等译《当代教育史研究与教学的主要趋势》，教育科学出版社 2001 年版，第 35 页。

须承认教育在建立灵活独立的判断力和人类价值观上的历史作用还是非常重要的”。[①] 在此基础上，他重点论述了如何运用各种调查、解释和重构的技巧来了解历史或掌握历史进程的方法论层面的相关问题。至此，波兰的教育史研究跨入了与世界教育史研究交流与合作的行列，并走上了国际化的道路。

早在20世纪五六十年代，苏联的史学家就开始认识到其教育史学研究中存在着对斯大林的个人崇拜的错误以及尊重历史事实与尊重领导旨意之间的矛盾与冲突，同时意识到在坚持马克思主义的前提下开拓新的研究领域与探索新的研究方法的必要性。1955年，重新出现在第十届国际历史科学大会上的苏联史学家，通过与西方学者的交流，开始对过去史学研究重复使用的格言式模式和过分夸大政治的趋势进行反思，并提出了研究视角转变的问题。进入60年代以来，在苏联科学院进行史学方法论大讨论的影响下，其教育科学也进入了新的发展阶段，教育史学研究突破了以往就教育论教育、就史论史的狭隘视野，开始注重学科间的交叉研究和整体化研究，重视自然科学、技术科学、社会科学与教育科学的相互联系并提倡学习和借鉴其他学科与其他国家的新方法和新理念来充实教育史学研究；重视教育史研究为现实服务的宗旨。这一研究取向不仅扩展了教育史学的研究视野，而且改变了过去教育史学单一、古板的研究思路，促进了教育史学研究的繁荣。1986年Н. П. 库津和М. Н. 科尔马科娃合写的《苏维埃教育科学史概要(1917—1980)》和1987年Э. И. 莫诺斯宗撰写的《苏维埃教育学的形成与发展(1919—1987)》的出版是这一时期教育史学元研究的代表性成果。这两部著作在回顾了苏联建国以来教育科学的发展与演变历程的基础上，对苏联的教育科学发展成就与失误进行了反思，并强调应将西方教育科学理论作为参照系来衡量苏联的教育理论的得失。

1989年10月，莫斯科召开了由苏联科学院主办的纪念法国年鉴学派成立60周年国际学术讨论会，除了苏联学者和五位法国年鉴学派代表

① [波]切斯拉夫·马约列克：《教育史教学中的课程导论部分的重要性》，见方晓东等译《当代教育史研究与教学的主要趋势》，教育科学出版社2001年版，第29—30页。

外，还有来自欧、亚、美洲的学者参加了本次大会。在这次会议上，苏联历史学者一改过去全盘否定西方史学理论的做法，摒弃了过去对年鉴学派“揭露性的否定态度”[①]，开始公开接受法国年鉴学派为代表的西方史学理论流派的观点和理论。因此，这次大会被看成是苏联史学实践中的一次“坚定的转折”[②]。

1991年，国际教育史专题组成员在莫斯科等地召开了“关于目前东西方大学教育史研究与教学中的问题”研讨会，来自美、英、法、日、俄、加、印、比等13个国家的代表提交了20多篇论文，主要针对当前全球范围内教育史在师资培训中的地位与作用日渐衰落的趋势进行了认真的反思，并提出未来教育史研究应当注重理论与方法的更新，不断提高教育史师资的教学水平，在总结过去教育史教学经验的基础上改进教学艺术，使之更有吸引力。这次大会后出版了由俄罗斯著名教育史专家卡特林娅·萨里莫娃(Kadriya Salimova)和美国教育史学家欧文·V. 约翰宁迈耶(Erwin V. Johanningmeier)共同主编的论文集——《为什么要教授教育史》(我国学者在翻译时根据该书的主题将书名改为《当代教育史研究与教学的主要趋势》)。这是继法国《当代教育史》之后又一部教育史学元研究的代表性成果。卡特林娅·萨里莫娃在《昔日教育智慧对未来的启示》一文中明确指出：教育史的任务就是“教育未来的教师形成友好的态度，相互理解并尊重全世界各个民族和国家。当未来教师开始学习教育史的时候，各个时期、各个国家人民的新的教育面貌就展现在这些教师面前”[③]。萨里莫娃认为教育史是关于教育理论与实践发展规律的科学，教育史的作用是提示教育发展过程中的内在规律。因此，教育史界的同人应当加强国际交流与合作，善于运用比较研究方法去理解与把握各国教育的发展历程，尤其要重视与西方教育史界的交流与合作，只有这样才能深入了解各国的教育发展情况，了解各种文化的内在精髓，进而有利于本

① 何兆武、陈啟能：《当代西方史学理论》，上海社会科学院出版社2003年版，第568页。

② 别斯梅尔特内：《“年鉴派”今昔国际学术讨论会主要争论问题》，《近现代史》1990年第6期。

③ [俄]卡特林娅·萨里莫娃、[美]欧文·V. 约翰宁迈耶主编，方晓东等译：《当代教育史研究与教学的主要趋势》，教育科学出版社，2001年版，第75页。

国教育事业的发展。①

卡特林娅·萨里莫娃的观点至少发出了两个方面的信号:一是以法国年鉴学派为代表的西方教育史学理论与方法正在取代马克思列宁主义在教育史与历史研究中的主导地位,成为俄罗斯教育史学界研究的主要理论依据。尤其是苏联的解体后,甚至出现了对马克思主义的公开怀疑和否定。二是俄罗斯教育史研究的重心开始从精英人物下移到普通民众,研究的重点由过去注重政治因素的研究转向关注人的心态研究,同时改变了过去以阶级观点分析一切教育史问题的做法,主张以客观的研究态度去重新审视教育发展的历程与内在规律。这不仅标志着俄罗斯的教育史学研究进入了理论反思、范式转型和学科重构的新时期,而且也意味着俄罗斯教育史学研究从将马克思主义教条化的一个极端走向了完全放弃马克思主义的另一个极端。

综观西方教育史学研究的发展历程,我们可以清楚地看到,西方的教育史学元研究是在对学科及其研究成果进行反思以及学科重建中逐渐发展起来的。尽管西方教育史学界并没有明确使用教育史学元研究的概念,但是西方教育史学的反思性研究与理论重建工作是在元教育理论的影响下展开的,其研究重点已由对具体教育历史或教育历史中的经典问题的研究转向了对教育史学科自身及其成果的反思性研究,这种研究已经不是对教育历史的简单再现,而更多关注学科自身的特点、性质及其研究方法论层面的理论和哲学探讨,因此,这些探讨本身具有"元"研究的性质。

(三) 中、西方教育史学元研究评述

中、西方教育史学元研究的发展历程表明,教育史学元研究是教育史学科及其研究发展到一定阶段的产物,尽管中、西方教育史学元研究兴起的时间有先后之分,但是中、西方教育史学元研究在兴起的原因、研究的侧重点等方面存在诸多相似之处。

首先,中、西方教育史学元研究兴起都源于教育史学研究者试图摆脱

① 参见《昔日教育智慧对未来的启示》,[俄]卡特林娅·萨里莫娃、[美]欧文·V.约翰宁迈耶主编,方晓东等译《当代教育史研究与教学的主要趋势》,教育科学出版社2001年版,第78—87页。

教育史学危机的需要和教育史学研究者主体意识的觉醒。从中、西方的教育史学元研究产生的历史过程中,我们可以明显地感到,中、西方教育史学工作者之所以要强调对于学科自身及其成果进行反思性研究,主要基于以下两方面的原因:一、从客观原因来分析,中、西方教育史学元研究的兴起主要基于各国教育史学工作者力图摆脱教育史学科日渐衰落的困境的需要。作为以师资培训为宗旨的中、西方教育史学科在世界范围内师范教育改革浪潮的冲击下,其学科作用和地位日渐衰落,"作为教育理论和教育实践的一种要素的'教育史'已经失去了其学术能力。……教育史作为一门教育学科来说已经不能引起未来的教师、父母、行政官员的兴趣"①,在有些国家,教育史学科甚至已经从教学科目中消失,教育史学科所面临的这种危机,引起了欧洲、美洲和亚洲各国著名专家和大学教授的深切关注,各国教育史学家为了找出教育史学科不断陷入发展困境的原因,开始了对教育史学科及其研究成果的反思性研究。二、从主观原因来分析,中、西方教育史学元研究的兴起是教育史学研究者主体意识觉醒的结果。自 19 世纪后半叶以来,教育史已经成为世界上许多国家师资培训的必修课程,为了不断提高师资培训的水平,使教师们在了解过去教育发展历史的基础上更好地理解现实教育,世界各国对教育史学科给予了一定的重视,教育史研究成果不断涌现。然而,20 世纪中叶以来,随着各国学校教育改革的不断深入,师范教育系统内部也在不断发生根本的变化,由此导致了教育史学科的教学和要求与以往有了根本的不同。在这种背景下,各国教育史学工作者都清楚地意识到"我们面临的重要而迫切的任务就是要抓住当前变革的实质,掌握驾驭它的方式,以便通向理想的目标"②,即通过对教育史学科及其研究成果的反思性研究,使我们系统地了解教育史学科发展的历史与现状,清楚地意识到教育史学科及其研究遇到的新问题,进而"吸引教师、研究专家和教育政策制定者关注各门教育科学发展过程中教育史领域的进展状况",促使相关研究者对于教育科学有关的共同问题的进行探讨,从而为"赋予教育以哲理性思考和未来学方

---

① [俄]卡特林娅·萨里莫娃、[美]欧文·V. 约翰宁迈耶主编,方晓东等译:《当代教育史研究与教学的主要趋势》前言,教育科学出版社 2001 年版。

② 同上。

法而奠定更好的基础”。[①] 由此看来，教育史学元研究追求的是彰显教育史学科的自我意识，是学科自我认识的一种觉醒。

其次，教育史学元研究作为教育史学科及其研究发展到一定阶段的产物，中、西方教育史学工作者出于客观和主观两方面的原因，均将研究的重点由对具体反映人类教育历史发展客观过程描述性研究转向了对教育史学科在其自身形成中的认识特点和研究方法的关注。其中教育史学科自身历史发展演变的过程、教育史学科性质、研究对象及其功能与价值、教育史学科研究方法、教育史学的跨学科研究以及对教育史已有研究成果的评述成为中、西方教育史学研究者共同关注的问题。尽管中、西方教育史学家对这些问题的探讨所得出的结论并不完全相同，但是这至少从一个方面表明这些共同问题得到了证实，并且成为世界各国教育史学研究者共同关注的话题。通过对这些共同问题的研究，一方面为我们了解教育史学科及其研究成果在世界范围内的纵横关系提供了一个端口，另一方面提示教育史学研究者应以一种崭新的态度来理解和认识遍及世界、遍及各个时期的教育史学科及其研究，进而为各国教育史学研究理论水平的提高奠定坚实的基础。

尽管在中、西教育史学家的共同努力下，教育史学元研究成果不断涌现，但整体观之，笔者认为还存在以下几方面的不足：

首先，在中、西方众多的教育史研究成果中，有关教育史学元研究的成果相对偏少，而系统性的研究成果则更少。西方各国的教育史学元研究由于起步较早，成果相对比较丰富，但是与对教育历史叙述性的研究成果比较，其绝对数量相对不足。在 20 世纪 50 年代以前的美国，鲜有教育历史研究方法以及教育史学史方面的著做出版，即使有史学理论方面的著述也很少与教育问题沾边。[②] 20 世纪六七十年代以后，随着以史学方法论为突破口的新教育史学的崛起，有关教育史学元研究的成果不断出现，但从绝对数量上来看，专门性的教育史学元研究的论述较少。与西方史学理论研究成果相比，西方各国的教育史学理论论述真是小巫见大巫

① [法] 安多旺·莱昂著，樊慧英、张斌贤译：《当代教育史》序言，光明日报出版社 1989 年版。

② 参见杜成宪、邓明言《教育史学》，人民教育出版社 2004 年版，第 339 页。

了。

而中国的教育史学元研究由于起步较晚，其成果数量就更加有限。据不完全统计，从1989年至今，在中国教育史的专门性刊物《教育史研究》上发表的涉及教育史学整体反思的论文仅44篇，平均每期不足1篇；而在教育学科的权威期刊《教育研究》上，自1985年至2001年的17年间，共发表教育史类的论文154篇，其中有关教育史学的论文只有8篇。这期间，尽管有杜成宪、邓明言的《教育史学》出版，书中构架起的中、西教育史学体系有助于读者理解中、西方教育史学发展、演变的不同过程，但是，容易造成读者对"教育史学"概念理解上的困难，似乎中国教育史学与西方教育史学是两个完全不同的概念；书中对教育史学认识论尚未涉及，对教育史学方法论的研究也仅限于西方，对中国教育史学方法论的研究没有涉及。这说明，教育史学的研究还有待于进一步深入。造成教育史学元研究成果相对偏少的原因：除了有对"元研究"概念本身理解不同造成的"教育史学元研究"内涵上的不确定性，更主要的是因为"这一领域从一开始就令人'望而生畏'：一是其理论阐述上比较深奥，颇费理解。其中常常涉及的许多哲学、科学学、语言学、语义学这样一些一般教育研究者不太熟悉或涉猎不多的领域"。不用说去进行"教育史学元研究"，"就是先具备这些预备知识就得花不少功夫。二是这类研究本身就有形而上学研究的特点，与实际的教育问题之间存在'距离感'"[①]，因此许多人，有些甚至是已经踏入"元研究"门槛的人，也会由于以上原因不敢涉足或浅尝辄止。这也在一定程度上影响了中国教育史学元研究的进程和中国教育史学理论体系的建立。

其次，中、西方教育史学元研究的系统性和理论性研究还有待进一步提高。如20世纪七八十年代以后西方各国出版的教育史学元研究的代表性成果有：布雷岑卡的《元教育理论：教育科学、教育哲学和实践教育学基础导论》、安多旺・莱昂的《当代教育史》、戈登(Gordon. P)和斯莱特(Szreter，R)主编的《教育史：一门学科的形成》以及卡特林娅・萨里莫娃、欧文・V. 约翰宁迈耶主编的《当代教育史研究与教学的主要趋势》等。

① 王伟廉：《对当前元教育学研究的认识》，载《上海高教研究》1997年第7期。

这中间除了布雷岑卡所著的《元教育理论：教育科学、教育哲学和实践教育学基础导论》和安多旺·莱昂著的《当代教育史》是系统的研究教育史学理论与方法的专门性论著，戈登和斯莱特主编的《教育史：一门学科的形成》和卡特林娅·萨里莫娃、欧文·V. 约翰宁迈耶主编的《当代教育史研究与教学的主要趋势》主要是论文集。尽管这两部论文集在国际教育史学界的影响和意义重大，但是与西方各国在史学理论研究方面的成果相比较，教育史学元研究的成果在理论性和系统性方面还有巨大的发展空间。

而中国教育史学界虽然重视对教育史学的元研究，但是这些研究大多还停留在对研究成果的罗列和描述上，“对问题剖析得不全面，不彻底，对教育史学理论的构建缺乏有深度理论性的探讨”①，同时也缺乏抽象概括和理论升华，因此教育史学元研究的知识和理论体系一时很难形成。由此也造成了教育史学元研究的零散性和系统性缺乏的缺陷。

再次，由于“meta”本身的多义性，造成人们对“元研究”理解的不同。尤其在中国因在中文中很难找到与“meta”相对应的词，造成了对“教育史学元研究”内涵理解的不同，由此造成了教育史学元研究中的分歧，这种分歧有些甚至是根本性的。比如对教育史学学科性质的认识，就有多种不同的解释，如蔡振生的“教育哲学历史”说、杜成宪的教育史学分层说和张斌贤的“教育史学理论”说等，都反映出学术界对教育史学元研究理解上的分歧。在这种情况下，想构建起一个相对科学或有一定理论基础的教育史学元研究的知识体系，总体来说是比较困难的。更何况到目前为止，教育史学界对教育史、教育史学史、教育史学科、教育史学等概念还没有完全梳理清楚，就更谈不上建立教育史学的理论体系了。

最后，教育史学元研究的视野还不够开阔。中、西方教育史学科及其研究的历史经验表明，中、西方在对教育史学进行反思性研究时，虽然注意到了对相关学科理论的借鉴和吸收，但是总体看来，这种借鉴和吸收仍然是局部的、被动的。“某些教育史家出于偏见，认为历史学过于学术化、精英化”，因而他们与历史学家关系逐渐疏离，他们的研究工作也长期与

① 徐中仁：《困境中的探索：中国教育史学元研究管窥》，载《西南师范大学学报》(人文社会科学版)2004 年第 5 期。

历史研究脱节，由此导致了教育史研究人员在认知结构方面存在严重缺陷；还有一些教育史家“受利益驱动走向自我封闭”，他们“不能适应现代课程改革的需要，对诸如问题导向、跨学科课程改革趋势反应迟钝”[①]，而又缺乏自知之明，这不仅极大地限制了教育史家的研究视野，而且也制约了教育史研究成果的学术影响。因此，从中、西方教育史学元研究的总体趋势来看，教育史学研究的封闭保守状况尚未得到根本改变，教育史学的反思性研究及其成果还存在着一定的局限性。

四、教育史学元研究的主要问题及其理论与方法

(一) 研究的主要问题

笔者通过近一年对教育史学及其元研究成果的爬梳，确立了以中国的教育史学科及其研究成果为对象，以教育史学本体论、教育史学认识论、教育史学方法论以及教育史学跨学科研究等相关问题为基本内容的研究框架。

具体包括以下主要内容：一、教育史学本体论研究：主要涵盖教育史学的学科性质、研究对象、学科地位、学科体系及教育史学功能与价值等问题的研究。二、教育史学认识论研究：其研究重点在于明确教育史学认识过程中的主体与客体的内涵及其特点，弄清教育史学认识的形成过程以及认识成果的特点，并在此基础上确定教育史学认识成果的检验及其标准；三、教育史学方法论研究：重点探讨教育史学研究总体方法论和具体的研究方法，指出各种具体研究方法的长处、适用范围及其局限性，并在此基础上初步构建教育史学方法论体系。四、教育史学的跨学科研究：着重研究运用多学科的理论与方法对教育史学进行跨学科研究的必要性与可行性，以及实现教育史学跨学科研究的途径与方法，并在此基础上明确教育史学跨学科研究与范式转换之间的关系。通过对以上问题的探究，对教育史学元研究进行初步的理论探索，并在此基础上为教育史学的自身建设和学科理论的进一步完善以及教育史学的未来发展做一点基础性的铺垫工作。

---

① 参见杜成宪、邓明言《教育史学》，人民教育出版社 2004 年版，第 339—340 页。

（二）研究理论和研究方法

本研究以“元理论”研究为切入点，主要借鉴元理论和元科学以及元史学的理论和方法，并结合文献资料分析的方法。在文献资料的选择上，主要以中国境内已有的教育史研究成果和教育史学元研究成果为主，并辅之以与元研究或元理论相关的文献材料，通过比较研究达到构建教育史学元研究理论体系框架的基本目的。因此，本研究从性质上属于理论性研究，同时兼顾教育史学史的研究。

本研究除了涉及元理论、教育学、历史学的相关理论和方法外，还要涉及史学理论、哲学、科学学、叙述与解释学以及历史哲学的相关理论和成果，因此从一定程度上又属于跨学科性的综合理论研究。

然而由于本人的学力所限以及在理论学养上的欠缺，对教育史学理论体系的研究还不可能达到全面、细致而周延的程度。本研究所涉及的仅仅是教育史学元研究的基本理论和范畴问题，其他更深层次的理论研究有待于今后进一步深入研究。

（三）本研究的创新点

本研究的创新点主要表现在以下几个方面：

第一，选题与视角新颖。笔者目力所及的相关研究，虽然有一些对教育史学学科反思的研究，但大多是零散的、不够系统的，而明确提出从元理论的角度对教育史学进行反思性研究的成果目前还未见到。因此本选题在一定程度上突破了传统研究仅仅从教育史学史的角度对教育史学科进行回顾性研究的局限，立足于在关照教育史学史研究的基础上，对教育史学科进行理论层面的分析和研究，进而构建起教育史学元研究的基本理论框架。这之前尽管已有由瞿葆奎主编、杜成宪和邓明言所著的《教育史学》一书出版，分别对中国教育史学和西方教育史学的相关理论问题进行了较为系统的研究，但本研究与《教育史学》的研究视角和体系还是存在较大差别的。本研究在吸收了《教育史学》一书研究成果的基础上，力图从元理论研究的视角出发，运用历史唯物主义和现代社会科学的观点、理论和方法，全面、系统地对教育史学科的基本理论问题进行探索，以期达到为教育史学理论与方法建设铺垫一块基石的目的。因此，本研究不论是在选题上还是在研究视角上都对以往的研究有所突破和创新。

第二，观点具有一定的独到性。本研究重点对教育史学学科性质与学科体系、教育史学的功能与价值、教育史学认识论、教育史学方法论以及教育史学跨学科研究等相关问题进行了系统的探讨。在教育史学学科性质与学科体系的研究中，笔者主要从教育史学产生的途径、教育学与教育史学的内在关系和教育史学与其他学科的关系上，分析了教育史学的学科性质。"教育史学"作为一个相对独立的研究领域，"它的专门概念、命题以至陈述体系应从多量的教育历史陈述体系和教育史研究现象中加以概括"①。它是在与历史学的互动中产生的具有历史学根本属性的学科；就其与相关学科的关系而言，教育史学是教育学的基础学科，同时也是历史学的分支学科；就教育史学的基本属性而言，它是历史学理论方法在教育学中应用的理论性学科。尽管教育史学是以教育历史现象为研究对象的学科，必然受到教育科学研究内容和理论的制约，不可能脱离教育科学群，但是，就教育史学学科的根本性质而言，它又是一个从研究对象的特点及其学理类型来看更多地与历史学保持天然血缘关系的学科体系。但这一学科体系已不是传统教育史学科的概念了，它的理论与方法论体系以及价值观取向，也与传统教育史学科有了根本意义上的不同。它应该是一个既与传统教育史学有着千丝万缕的联系，又与传统教育史学存在质的差别的新的逻辑和理论系统。在此基础上，笔者构架起了一个包括具体的教育史学研究、抽象的教育史学研究（教育历史哲学、教育史学理论与方法、教育史学史）在内的教育史学学科体系。尤其是在对具体教育史学研究中，笔者将其研究对象扩展为教育活动史、教育思想史和教育制度史三个方面，从而使教育思想史与教育制度史研究"两张皮"的缺陷在一定程度上得以弥补。

在教育史学功能与价值的研究上，笔者将教育史学功能与价值的内涵进行了区分，强调了教育史学功能的客观性和教育史学价值的主观性特点。这一观点对以往将教育史学功能与价值等同对待的做法是一个突破。这种区分主要为了改变过去仅仅以"用"作为标准来衡量教育史学有无价值的做法，从而为今后更好地认识教育史学的功能与价值做了一些

① 陈桂生：《"教育史学"辨》，载《教育史研究》1995 年第 4 期。

铺垫性的工作。

教育史学认识论在教育史学理论与方法的研究中，到目前为止还是一块尚未开垦的处女地。笔者在吸收了史学认识论相关研究成果的基础上，分析了教育史学认识主体和教育史学认识客体的内涵和特点、教育史学认识的可能性、教育史学认识的形成过程、教育史学认识的性质及其效验等问题，特别是构建了包括生理结构、心理结构和价值观念在内的教育史学认识主体的认识结构系统，分析了教育史学认识客体的特点及其对认识活动的影响。在此基础上，探讨了教育史学认识形成的可能性及其形成过程（教育史学认识起源于认识主体解决现实"问题"和"鉴往知来"的需要；教育史学认识是借助于教育史料作为中介来还原教育历史事实的；教育史学认识最终在理解与解释中形成）。在对教育历史的理解和解释中以及教育史学认识的检验标准问题上，笔者关照到了主体间性在教育历史理解和解释以及教育史学认识检验中的作用。这些观点都是以往教育史学研究中没有涉及过的内容。

在教育史学方法论的研究中，笔者不仅初步建构了教育史学方法论体系，而且在哲学方法层面引入了现当代西方史学研究方法的相关理论，从而丰富和发展了以往教育史学研究方法的理论。

对教育史学的跨学科研究，笔者吸收了当代跨学科研究的相关理论，界定了教育史学跨学科研究的内涵，分析了教育史学跨学科研究的现状、必要性及可能性，在此基础上探讨了教育史学跨学科研究的本质、基本范畴、基本规范等问题。明确提出了教育史学跨学科研究不仅是一种研究方法，更主要的是通过教育史学的跨学科研究可以促使教育史学的研究范式转换，从而推动教育史学研究不断深入。

第三，史料和资料上的丰富性。虽然本研究属于理论研究，但是笔者在研究中注意尽可能地搜集以往的研究成果，对其进行综合、归纳，为自己观点的提出奠定了充分的史料基础。与此同时，笔者阅读了大量中、外史学理论与方法方面的著作，尽可能地吸收最新的史学理论研究成果，以便使本研究能建立在丰富的史料和理论的基础上。

第四，研究理论与方法的创新。本研究以"元理论"为基础，通过借鉴教育学、历史学、哲学、科学学、叙述学和解释学相关理论和成果，对教育史学的相关理论问题进行了研究。在研究方法上使用了文献法、比较法和跨学科研究方法,从而使本研究与当代人文社会科学的整体性研究的发展趋势更加吻合。

第五,叙述方式上的分析性和严密性。本研究与对教育历史现象及问题的研究不同,不是通过对具体教育历史史实的描述来还原教育历史事实,而是通过对教育史学学科本身进行反思,进行理论架构和抽象概括,进而构建教育史学元研究的理论体系。因此,本研究在语言表述上更多地使用的是分析性的语言,而在思维上更强调逻辑性和严密性。

第六,研究体系的独创性。本研究以元理论为指导,通过对教育史学本体论、认识论、方法论以及跨学科研究等方面问题的研究,以期构建一个结构相对合理、内容较为丰富的教育史学科体系,这将在一定程度上推动教育史学科的理论建设,提高教育史研究者的理论水平,使教育史学科更好地迎接未来的挑战。

第一章
教育史学的学科性质及学科体系研究

教育史学的学科性质、研究对象及其学科体系等问题，是教育史学研究的基本问题，对于这些问题的认识，直接关系到学科的存在和发展。任何与教育史学有关问题的讨论，必须建立在对教育史学的学科性质的明确认识、对教育史学的研究对象的确立及其学科体系构建的基础之上。因此教育史学的学科的性质、研究对象、学科体系以及学科地位是教育史学研究的基本问题。

第一节　教育史学的学科性质

教育史学的学科性质主要讨论的是教育史学所具有的特质问题，回答教育史学"是什么"的问题，可以说怎样认识教育史学的学科的性质，怎样认识形成教育史学的路径，"就会怎样去建设该学科；怎样去形成该学科的知识，就会设定怎样的追求目标”[①]。可见，教育史学的学科性质问题是教育史学元研究中的重大问题，不弄清教育史学的学科的性质，教育史学研究就成为一句空话，教育史学的发展也就成了无源之水。

一、学术界关于教育史学的学科性质与研究对象的讨论

关于教育史学的学科的性质，目前学术界尚无相对一致的认识。由于研究者对教育史学认识的角度不同，对教育史学的学科性质的认识也不同。有些学者从教育史学的功能的角度，分析教育史学的学科性质，认为“学科功能就是指学科性质”，并将学科性质分为三层意思，“即目的或结果，意义，关系。问学科性质是什么，等于问学科目的或结果是什么……等于问学科的意义和关系是什么”。他们认为“教育史学的学科目的或结果是‘再现’教育历史，‘再现’就是作为教育史学的学科性质，同时也就是教育史学的学科功能”。而教育史学研究的意义在于“‘发现’教育产生发展的规律，教育史学也能为教育学理论提供理论来源和依据。这里，‘发现’规律，以及对另一学科有其重要性等就是学科意义，也就是学科性质和学科功能”。“问学科性质是什么，等于问此学科与别的学科的关系怎样”。这中间强调的是两层意义，一是教育史学与其他学科的“重要关系”，如教育史学与教育学的关系，就属于此等重要关系，因为“教育史学对教育学有相当重要关系。某学科对另一学科的关系愈重要，则某学科对另一学科就愈有意义。所以这‘重要关系’，‘重要性’就是学科性质，同时也就是学科功能”。二是教育史学与其他学科的“重要区别”，即强调的是教育史学与其他学科关系“既有相联系一面，更有相区别之处”[②]，如教育史学与教育志学，由于“教育史学重论述，教育志学重资料，这就带来两者性质上的区别，重论述的性质，就有发现规律，预见未来的功能；重资料的性质，就有‘存史’的功能”[③]。这种观点虽然从教育史学功能及其内在结构方面分析了教育史学的学科性质，但是由于其混淆了学

① 叶澜：《中国教育学发展世纪问题的审视》，载《教育研究》2004年第7期。

② 李和平：《教育史学功能及其内在三层次结构论》，载《教育史研究》1999年第4期。

③ 同上。

科性质与学科功能区别，因此，不能从根本上解释教育史学的学科性质和本质。

“性质，指事物所具有的特质。”[①]教育史学的学科性质既要关注这门学科具有独特的、不可替代的研究对象，具有的特殊规律以及在此基础上形成的特有的由概念、原理、命题、规律所构成的严密的逻辑系统，同时也要关注由相对确定的研究对象或研究领域、严密的理论体系和完善的研究方法构成的体系，它体现的是教育史学本质。而功能，主要指“功效，作用”[②]，教育史学的功能主要指教育史学的功效和作用，即教育史学研究及其成果作用与社会的功效，它体现了教育史学的价值所在。因此教育史学的学科性质与功能虽有一定的联系，但并不完全等同。

有些学者从教育史学与历史学的关系上来认识教育史学的学科性质。认为“教育史学科本身是一门介于教育科学与历史科学之间的边缘性质的学科。它既是教育科学的历史延伸，又是历史总学科中的一个重要分支，就其地位而论，它与经济史、哲学史、文化思想史等专门史相并列，有其单独、专项的研究内容”[③]。台湾学者周愚文和大陆学者黄明喜也持这种观点。在他们看来，从学科内容上看，教育史从属于教育科学，但从研究方法和认识结构来看，教育史更多与历史科学有关。因此，教育史学科“是一门现代教育科学与其他社会科学，特别是历史科学相结合的基础性教育理论学科”[④]。为此，他们建议“应把教育史置于整个社会历史发展的大背景中研究，又要细致分析教育的微观问题，通俗地说，是既用望远镜又要用显微镜来研究教育史问题”[⑤]。使教育史学既可以从当前教育各学科研究中得到补充、发展和完善，又能从历史科学体系中汲取养分。

也有学者从教育史学科与相关学科的关系层面来论证教育史的学科性质，并得出了以下结论：一、从教育史学科的学科地缘关系、研究对象的范畴以及方法论等层面来看，教育史学科是姓“教”的教育科学的基础学

① 《辞海》(缩印本)，上海辞书出版社 1979 年版，第 866 页。

② 同上，第 508 页。

③ 曾天山：《教育史研究的新思维》，载《教育史研究》1991 年第 1 期。

④ 黄明喜：《试论中国教育史研究的学科性质与基本原则》，载《河北师范大学学报》(教育科学版)2005 年第 2 期。

⑤ 曾天山：《教育史研究的新思维》，载《教育史研究》1991 年第 1 期。

科。因为，教育史科学科“虽有着历史学的形式，即追述过往的事实为形式来表现自己的研究对象”，但是“它所展现的历史过程，不是任何一个其他的人类社会实践活动，而是教育活动。这就决定了中国教育史学科从教育科学的知识部门中分化出来时，先决地保留着教育科学知识部门中的一些共同因素，这些共同因素使它属于教育科学，并与同属其中的诸多兄弟姊妹学科保持着亲近的血缘关系”[①]。这是决定教育史学科性质的根本所在。同时，“任何对现实的教育认识活动都是以过去的教育作为起点的”[②]，由此决定了教育史学不仅从根本属性上属于教育学科，而且还是作为教育科学的基础学科而存在的。二、从教育史学科自身产生和发展的历史过程来看，教育史学科“本身就是跨学科综合的结果”。因为“从最初中国史学与教育学联姻产生中国教育史学科，到与教育学科内外诸多学科的联姻而不断产生新的分支，不断丰富着学科的内涵。由于每一门学科都有着历史研究的方面，因此，还没有哪一门学科像教育史学科这样表现出综合性的”[③]。三、从教育史学科与历史学及其他人文社会科学的关系看，教育史学科处于历史学与教育学的交叉地带，同时与哲学、文学、社会学、民俗学和考古学等诸多人文社会科学和自然科学保持着密切的联系。[④] 这一观点，是迄今为止对教育史学的学科性质论证最全面、最系统的观点，也是目前教育史学界的主流观点。它不仅从历史的纵向论证了教育史学科的基本性质，而且从学科的横向联系层面，说明了教育史学科的基础学科和交叉、综合性质。这是对其前有关教育史学科性质论述的概括和总结，对于我们深刻认识教育史学科性质提供了新的视野和思维方式。

上述观点虽论述的视角和依据有所不同，但从总体上看，多数学者在承认教育史学与历史学科有着密切关系的前提下，更多地认同教育史学的基本属性是教育学科而非历史学科。造成这种认识的主要原因是，长期以来，教育史学在我国的学科分类中一直被作为教育学的分支学科，加

① 杜成宪、邓明言:《教育史学》，人民教育出版社 2004 年版，第 225 页。
② 同上，第 228 页。
③ 同上，第 230 页。
④ 参见杜成宪、邓明言《教育史学》，人民教育出版社 2004 年版，第 232—267 页。

之教育史学以教育的历史演变和发展为其研究对象，因此，教育学界和历史学界都自然而然地将教育史学划归为教育学科。然而，笔者认为，判断一门学科的性质，不能仅仅依据学科分类或研究对象的属地，而应该关照其学科的产生途径、研究对象的特点及其所需要的学理类型、研究规范，以及它与相关学科的关系，才能对一门学科的性质有全面的了解。

二、教育史学的学科性质

教育史学是历史学科与教育学科交叉而成的一门具有双重属性的学科，从学科分类及研究对象的范围看，教育史学与教育学科关系甚为密切，但从教育史学产生的途径、研究对象的特征、研究对象所需的学理类型、研究规范以及与它相关的学科关系等方面加以考察，我们就可以清楚地发现，教育史学就其基本或根本属性而言，它应该属于历史学科而不是教育学科。换而言之，教育史学的基本学科性质主要应该姓“史”而不是姓“教”。

（一）从中、西方教育史学产生、发展的途径看教育史学的学科性质

从中、西方教育史学产生、发展的途径来看，教育史学是在历史学母体中孕育出的“子学科”，尽管它被“寄养”在教育学科体系之中，但这也不可能改变教育史学与历史学原本存在着的“母子关系”。

任何一门学科的产生途径，不仅反映出了这门学科产生的客观过程，同时也反映出了该学科在产生过程的学科背景，即在其产生过程中与哪些学科产生过关系，产生过何种关系，这些关系对该学科的发展起到了怎样的影响。从这个意义上而言，对学科产生途径的关照是判断任何一门学科性质的前提。

以欧美各国教育史学的产生发展为例，我们可以清楚地看到教育史学与历史学存在怎样的血缘关系，教育史学又是如何脱离历史学的母体而变成了历史学的“子学科”的。

美国教育史学在产生之初是作为历史学的一个部分而存在，19 世纪七八十年代以前，美国的教育史学是混杂在由当时的教会传教士、文人学士、社会名流、教师等进行的业余历史学的研究之中的。直到 1884 年，一些在德国接受过史学教育的年轻学者，在美国建立了“美国历史联合会”

(AHA),标志着美国历史研究从业余研究向专业研究的转变,并形成了专门的、独立的学科。由于"教育史学与通史一样强调事实,是对过去的教育的描述"[①],教育史学被作为历史学的组成部分而存在。在这期间,赫伯特·亚当斯(Herbert B. Adams)主要通过研讨班的形式将历史学中兰克学派的史学研究方式介绍到了美国,同时还主编了《美国教育史丛书》(1888—1903)。亨利·亚当斯(Henry Adams)在他的历史学专著《杰斐逊和麦迪逊总统时期的美国史》(1889—1891)中,也对该时期的教育史给予了关注。

19世纪后期,作为历史专业重要内容的教育史,随着学校教育和师范教育的发展,逐渐从历史学中独立出来,成为一门相对独立的学科。但这种状况没有维持多久,就随着20世纪中期历史学日益社会化的新时代的到来而发生了巨大的变化。首先,美国历史学家对历史学家不研究美国教育史,而美国教育史研究又脱离历史学主流的状况极为不满,他们认为"一方面,历史学家应把教育史纳入自己的研究课题。因为缺少教育史研究的历史学只能是不完全的历史学。另一方面,教育史学应与历史学新潮流接轨,从公立学校教育赞歌的偏狭模式中解脱出来,于是,想要从困境中复兴的教育史学家和想要把教育史学重新纳入历史学领域的历史学家一拍即合"[②],携手走上美国教育史学变革的道路。

此外,美国历史学家对美国教育史学的产生所作的贡献是不可忽视的。当时活跃在教育史研究领域中的主要学者如保罗·汉纳斯(Paul Hanus)、布恩(Richard G. Boone)、道格斯特(Edwin G. Dexter)、赫伯特·亚当斯(H. Adams)和亨利·亚当斯(Henry Adams),他们要么本身就是历史学家或接受过历史学训练,要么就是运用历史学编年方式编著了教育史著作。如汉纳斯就是一位接受过史学训练的教育史学研究者,而布恩的《美国教育》(1889)和道格斯特的《美国教育史》(1904年)实际上是

① 朱旭东:《论20世纪美国教育史研究的嬗变》,载《清华大学教育研究》2002年第3期。

② 周采:《20世纪美国教育史学的思考》,载《南京师范大学学报》(社会科学版)2003年第6期。

"关于教育组织、法律和管理模型等事实的"①编年史。其中最值得一提的是历史学家赫伯特·亚当斯和亨利·亚当斯。作为历史学家的赫伯特·亚当斯,对美国19世纪70年代的教育史学的专业化做出的巨大贡献,主要表现在他通过研讨会形式,将兰克学派的治史方法移入了美国教育史学研究中,而由他主持的研讨会也"被誉为美国教育史学的第一所'专业托儿所'。其成员撰写了先驱性的美国教育史"②。而"愤世嫉俗"的历史学家亨利·亚当斯也由于他在其九卷本的《杰斐逊和麦迪逊总统时期的美国史》中,对该时期教育史的关注,以及"他把教育理解为对形成美国特性和精神有影响的广泛领域"③,而被称为美国教育文化史的先驱之一。

在随后的美国教育史学发展过程中,埃尔伍德·P.卡伯莱(Ellwood P. Cubberley)、保罗·孟禄(Paul Monroe)、贝林(Bailyn,B)和劳伦斯·阿瑟·克雷明(Lawrence Arthur Cremin)等著名的历史学家,都对美国教育史学的发展和进步做出了不可磨灭的贡献。尤其是由芝加哥和海德堡大学培养的历史学家孟禄,在受邀到哥伦比亚大学教育学院工作期间,"为了推进教育史的研究,他要创建一门教育学科,使其在教育的每个领域树立一种受青睐的标准。他在1912年主编了《教育大百科全书》,成为美国教育史学科的学术带头人"④。他的《教育史教科书》(1918年),成了欧洲教育史领域的范本,而他培养的学生,如奈特(Edgar Knighr)、诺巴尔(Stuart Noble)、爱德华·雷斯纳(Edward Reisner)、伍蒂(Thomas Woody)、古德塞尔(Willysine Goodsell)、乌德格拉芙(Harlan Updegraff)等在美国一流大学接受了历史学训练后,都成了20世纪20年代美国教育史学领域中最活跃和最训练有素的教育史学研究学者。

英国教育史学的发展过程显示,"教育史学科的发展与高等教育体制的变迁、国家教育政策的调整、海外新史学的影响密不可分,尤其受与历

---

① 朱旭东:《论20世纪美国教育史研究的嬗变》,载《清华大学教育研究》2002年第3期。

② 周采:《美国教育史学的创立与变革》,载《教育史研究》2003年第2期。

③ 周采:《20世纪美国教育史学的思考》,载《南京师范大学学报》(社会科学版)2003年第6期。

④ 朱旭东:《论20世纪美国教育史研究的嬗变》,载《清华大学教育研究》2002年第3期。

史学科的互动关系的制约”[1]。教育史学作为与历史学的交叉性学科，在英国教育史学发展过程中显示出的最大特点就是在“教育和历史两个学科之间来回摆动”[2]。第二次世界大战前，英国的教育史研究只存在于教育领域，历史学对教育史及其相关问题基本没有涉及，在史学家看来，教育史根本不能成为一门独立的学科和一个专门的领域。第二次世界大战后，大约在1955—1970年间，英国专业历史学者开始重新考虑自己的研究重点，随着汤因比(Amold Toynbee)《历史研究》中“世界历史”概念的提出，信奉新历史学的史学工作者在“新史学”思潮的影响下，开始将目光转向了教育领域，而教育系中致力于教育史研究的学者也重新确定自己的研究范围，并寻求与历史学者在一定程度上达成合作的协议。在这样的背景下，英国教育史学界开始出现将“新史学”的研究内容和方法引入到教育史研究中的趋向，研究重点也从单纯的描述、考证转向了分析和解释，以及揭示教育演变过程的因果关系等方面，同时强调历史与其他学科的结合，从而改变了教育史研究局限于教育领域的状况，扩大了教育史学的研究视野，提高了研究成果的质量。这一时期，应是英国教育史学发展历程中的相对繁荣时期。

20世纪70年代以后，英国的教育史学与历史学研究都开始面临新的变化和生存危机。与历史学相比，教育史学的危机更加严重。主要表现在，教育系和教育学院成为缩减的主要目标，教育学学士学位的智力水平遭到怀疑，学生入学率严重下降，从1972—1982年，教育系和教育学院的学生入学率下降了75%；加之政府重新确定教师培训内容的影响，英国教育史学研究进入了前所未有的低谷。与此同时，由于历史学范式的转换及其研究前景的广阔和研究方法的多样化，历史学很快扭转了其危机的局面。到20世纪90年代，随着历史学研究者对教育史学这一主题兴趣的不断增强，英国教育史学研究领域的领导权逐渐被历史学研究者所掌握。历史学研究者所进行的教育史学研究不断增加，据不完全统计，从1977—1996年，在英国历史学所编辑的所有杂志中，有关教育的文章翻了

① 周谷平、吴静:《二战后英国教育史学科的发展及其启示》，载《全球教育展望》2002年第9期。

② 同上。

一番。在历史学中，有关教育的新课程也不断开设，而且历史系中研究教育史的学生人数也不断增加。[①]

此外，不同时期法国所流行的史学理论与研究方法，直接影响着法国教育史学的发展方向，明显地体现出教育史学与历史学之间的频繁互动。如在20世纪20年代以前，在法国占支配地位的历史学研究方法是实证史学方法，在其影响下教育史的研究方法也以实证为主。无论是维里维尔(A. V. Virille)编撰的法国历史上具有近代意义的《欧洲公共教育史》，加布里埃尔·康帕亚(Gabriel Compayré)撰写的《教育史》，还是鲁斯洛(P. Rousselo)所进行的《法国妇女教育史》研究，阿尔(L. Liard)的《法国高等教育：1789—1889》，都以翔实的史料向我们展现了法国各类教育的发展历程。这些研究充分体现出当时在法国占主流地位的实证史学研究模式的影响。

20世纪20年代至60年代末，法国占主导地位的史学理论是年鉴学派的理论，年鉴学派所倡导的重视从整体、宏观、群体和问题等角度去研究与探讨历史问题的研究取向对法国教育史学产生了深刻的影响。1922年出版的《中世纪法国和近代法国》一书，将教育史置于整个法国历史的大背景下，试图将教育史与历史研究熔为一体。时隔二十多年之后，马洛(H. I. Marrou)在撰写《古代教育史》时仍然延用了上述研究思路。此后的法国教育史学研究逐渐打破了过去单一就教育论教育的思维模式，走上了与历史学对话与沟通的研究道路。特别是20世纪60年代，在年鉴学派的代表人物吕西安·费弗尔(Lucien Febvre)将历史研究的重心由精英人物转向民众与基层主张的影响下，法国教育史学领域出现了研究工人教育、普及教育与技术教育的热潮。

20世纪70年代以后，由年鉴学派演化出来的“新史学”流派“力图克服过去狭隘的研究视野，不断创造新的研究方法、开辟新的研究领域”[②]，

① 以上相关内容参见贺国庆、张薇《英国教育史研究的历史和现状》，载《河北大学学报》2004年第2期。

② 申国昌、周洪宇：《法国教育史学发展历程的回顾与梳理》，载《教育研究与实践》2008年第2期。

这“无容置疑……必然会影响到教育史学者的工作”①，导致了法国“新教育史学”的产生。“新教育史学”倡导在完全理解史料的基础上进行阐释历史，充分体现了教育史研究者的主体意识，同时也表明“学术性、思想性或专题性的史学正在向寻求史学家和社会学家共同努力的新途径方面过渡”②。特别是由米亚拉雷(Mialaret G.)和维亚尔(J. Bial)主编的四卷本《世界教育史》打破了以往教育史学研究以欧洲为中心的固有模式，力求从多角度、多层次、多中心展示全球范围内不同地区与国家的教育发展历史，进而形成了宏观、立体和多维的教育史学研究范式。不仅如此，作者还冲破了过去教育史只重视教育思想、教育机构、教育理论史的传统研究模式，将教育史的研究视角转向了对教学内容、手段、管理、实践等相关问题的探讨，教育史学的研究重心也从原来的学校教育史研究转向了社会与家庭教育史研究，从而实现了教育史研究与历史研究的有效沟通。

20世纪80年代以后，法国教育史学研究进入了对学科本身进行反思的阶段，其中安多旺·莱昂(Leone)编著的《当代教育史》最具代表性。莱昂通过对当代教育史学发展历程的回顾，论述了教育史学的研究范围及其研究方向，深入探讨了教育史学与相关的学科整合及其研究趋势，重点论述了“新史学”对教育史学研究的影响。与此同时，莱昂重申了布里克曼关于教育史学研究者所“必备的合乎需要的资格”：除了具备“在文学、美学、哲学、教育心理学、数学等方面的普通教养”和教育历史的广博知识外，更应该具备“从古到今的丰富的世界历史知识”和“编史工作的历史知识”，并且“精通历史的研究方法”，只有这样才能使教育史学得到不断的进步和发展。在莱昂的著作中，不仅体现出法国“新史学”对教育史学的影响，而且在一定程度上，莱昂是将教育史学放在历史学的范围之内进行研究，由此反映出法国教育史学与历史学保持的密切联系，这也是法国教育史学发展的一个显著的特点。

同样的情况在德国教育史学的发展过程中也有反映。众所周知，德

---

① Λ. I. éon, Introduction à l'histoire des faits éducatifs. Paris, Presses universitaires de France. 1980. p. 248.

② Chartier, R. Education. In: Le Goff, J., ed. La nouvell histoire. Paris, Retz. pp. 156—158.

国既是一个非常重视教育的国家，也是一个有着悠久史学传统的国家，因此，德国教育史学科的形成和发展历程也显示出了教育史学与历史学的互动。在德国教育史学的形成和发展过程中，不论是 18 世纪末到 19 世纪的兰克学派，还是 19 世纪末出现的新史学派，以至于 20 世纪 50 年代以后出现的激进的史学流派，都以不同的方式对德国教育史学研究产生了深刻的影响。这期间出现的劳默尔（K. von Raumer）的四卷本《教育学史》、施密特（Schmidt K. A.）的四卷本《教育通史》以及布雷岑卡撰写的《元教育理论：教育科学、教育哲学和实践教育学基础导论》，均显示出不同历史时期历史学的相关流派对教育史学的深刻影响。

与美、英、法、德各国相比，中国教育史学的产生和发展虽然在时间上比较晚，但是，同样是在历史学和教育学的双重知识背景下产生和演变的。从教育史学的纵向发展过程来看，如果以 1904 年作为中国教育史学科诞生的起点的话，那么在此以前，中国教育史就已经开始了其漫长的孕育时期。自有文字记载开始，我们的先民就以各种文字形式记载了在中华大地上活动的人们的教育历史。从甲骨文到二十四史，没有哪一部历史著作不涉及对中华民族的教育实践活动的记录、认识和思考。在中国最早的文字甲骨文中，就已经有对教育活动的记录。春秋战国以后，随着教育实践活动的不断深入，出现了《论语》《孟子》《学记》等与教育相关的论述，甚至出现了专门的教育论著，如《管子》中的《弟子职》，《荀子》中的《劝学》和《礼记》中的《大学》《学记》等，这些内容大多夹杂在史学的经典著作之中。春秋以后，史书中关于教育的记载更是日益凸显，如在史志中，有记载图书教材的《艺文志》《经籍志》，有记载学校教育和选士制度的《学校考》和《选举志》，同时还有记载知识分子文化教育活动的《儒林传》。这些对教育实践、教育制度和教育思想的大量记载和论述，不仅反映出中国人重视教育的自觉意识，同时也说明了教育与历史在成为专门学科之前就有着密切的关系。

1904 年，随着中国教育史课程在经学科大学堂和师范学堂中的设置，对教育史学的研究也相继开始。在教育史学研究的队伍中，具有历史学训练背景的历史学者或教育史学者成为研究队伍中的主力军，其中著名历史学家罗振玉、王国维、柳诒徵、陈青之、陈东原、周予同等都对中国教育史学的产生做出过巨大贡献。如著名历史学家罗振玉、王国维等，在教育史学科产生之初，就在《教育世界》等杂志上发表过有关中国教育史的论文。而第一部由中国学者独立撰写的教育史论著《中国教育史》，是由黄绍箕创意、著名历史学家和文化史学家柳诒徵编写完成的。

柳诒徵(1880—1956)，现代史学家、古典文学家、书法家和图书馆学家。字翼谋，号龙蟠迂叟，劬堂。江苏镇江丹徒人。早年入南京编译局工作。1902年随缪荃孙至日本考察教育。归国后创办学堂。先后在南京高等师范学校、东南大学、江苏省国学图书馆、浙江大学、贵州大学、中央大学以及中央研究院任职。作为一名谙熟经、史，精通目录学、版本学，又通晓词章、诗歌和楷法的通才，柳诒徵“可与梁任公联镖并驾”[①]。他的史学研究成就充实而有光辉，故国学大师钱穆认为柳诒徵是他最尊敬的中国史学教授之一。

柳诒徵一生致力于中国历史研究。他的研究成果除了有《东亚各国史》《国学图书馆小史》《中国版本概论》等专著和先后发表在《学衡》《史地学报》《史学杂志》《国风半月刊》等刊物上的130余篇论文外，还有对中国史学的发展产生了深远影响的《中国文化史》和《中国历史要义》等，正是这位在南京高等师范讲坛上深受学生爱戴的历史学家，在研究和教授历史学的同时，积极参与教育史的研究，最终在黄绍箕草创的基础上辑补完成了《中国教育史》一书，成了中国教育史学专著的开山之作。

《中国教育史》[②]起自上古，终于孔子，共五卷，是中国教育史研究中将中西方史学理论结合在一起研究教育史问题的最早典范，其贡献主要在于：(1) 初步确定了中国教育史研究的对象和范畴，即“以学校教育为主，辅之以社会教育，兼及选士制度，全书重点在西周官学制度和春秋孔子的

---

① 吴宓：《吴宓诗集·空轩诗话》，中华书局1935年版。

② 长期以来，学术界认为第一部《中国教育史》的作者是黄绍箕。20世纪80年代后，柳诒徵之后人数度著文声明其作者为柳诒徵。杜成宪在《华东师范大学学报(教育科学版)》1996年第1期的《关于中国第一部〈中国教育史〉著作的几个问题》中提到，柳诒徵先生在其自留底本上曾亲笔题字：“此书应署瑞安黄绍箕草创、镇江柳诒徵辑补。”

私学”[①]。(2)划分了先秦教育的发展阶段，将孔子时代以前的教育划分为周以前的教育、西周的教育和春秋的教育三个阶段，并概括和总结了西周“官守世学”的基本特点。(3)在充分运用中国传统史学方法的基础上，引进了西方近代教育和社会科学方法。柳诒徵在《中国教育史》中，广征先秦经子史集及清人戴震、阎若璩、阮元、章学诚、段玉裁、孙诒让等人的考据成果，对中国古代的明堂、辟雍、成均、上庠、东序、瞽宗、教育概念等一一考订，同时对西方伊曼努尔·康德(Immanuel Kant)、格奥尔格·威廉·弗里德里希·黑格尔(Georg Wilhelm Friedrich Hegel)、赫伯特·斯宾塞(Herbert Spencer)等人的论著加以征引，内容涉及哲学、历史学、社会学、人类学、民俗学、民族学、教育学、教育心理学和教育病理学等学科。这部《中国教育史》改变了此前日本教育史学者著作中中国教育史始终处于从属部分的状况，同时它作为初创阶段的中国教育史研究专著，显示出了较高的理论起点和水平，同时也宣告了中国教育史学科在中国的正式建立。

在柳诒徵的《中国教育史》之后，中国教育史学研究中出现了一批有较高理论造诣的学者，如陈青之、王凤喈、周予同、陈东原和舒新城等，他们不仅受当时教育理论的影响，而且都有着厚实的中国传统文化和史学理论的功底，对中国教育史的兴盛和发展起了积极的推动作用。

如陈青之(1891—1943)，本身就有着北京高等师范学校(今北京师范大学)历史地理科的学历背景。1921 年，高师毕业后的陈青之，取道朝鲜赴日本考察教育时，面对当时日本人以“中国教育史将由日本人撰写”的讥讽，立下了“中国有自己之教育史，吾回国后，当寄汝”的志向。1925 年前后，在母校教育研究科进修两年后的陈青之一边工作，一边开始了撰写《中国教育史》的工作。在此之前，虽然有一些有关教育史的书籍出版，但多为日译本或史料类编，真正形成理论体系的教育史著作很少。陈青之决心在吸收前人成果的基础上，理顺中国教育史的发展脉络，推动中国教育史研究向专门化方向发展。经过近十年的努力，1934 年 7 月，洋洋 54 万言的《中国教育史》终于完成，经王世杰、王云五、李四光、竺可桢、胡适、

① 杜成宪、崔运武、王伦信：《中国教育史学九十年》，华东师范大学出版社 1998 年版，第 7 页。

马寅初、翁文灏、张伯苓、梅贻琦、冯友兰、傅斯年、郑振铎、蔡元培、蒋梦麟、顾颉刚等大学者审定，作为《大学丛书》之一，由商务印书馆于 1936 年 4 月正式出版。

陈青之的《中国教育史》是一部体系宏大、理论性很强的著作。陈青之以唯物史观为指导，根据中国社会形态的发展，将中国教育史划分为六个时期：即商代以前为原始氏族社会时代的教育（前 3500—前 1123）；西周、东周为封建时代的教育（公元前 1122—公元前 222）；秦汉至五代为半封建时代前期的教育（公元前 221—959）；宋至明为半封建时代中期的教育（960—1643）；清顺治元年至清咸丰十一年为半封建时代后期的教育（1644—1861）；清同治元年我国第一所新式学堂——京师同文馆创立至作者著此书为止，为初期资本主义时代的教育（1862—1934）。在此基础上，他注意经济发展形式变迁与人类社会意识的关系，他认为，“教育属于意识形态之一种”，某一种教育思潮之风起，教育制度之制定，必与当时的社会背景和经济组织为基础。“离开了社会及社会里面的经济组织，则无所谓教育，即无所谓教育史”。①

再如陈东原（1902—1978），作为著名的教育史学家和历史学家，他不仅对中国教育史的研究做出了重大贡献，而且他的《中国妇女生活史》对中国妇女史的研究产生的影响也是十分深远的。直到今天，《中国妇女生活史》仍然是历史专业学生的必读书目之一。陈东原早年在北京大学教育系读书期间，出于对当时已经出版的十数种教育史著的不满，开始了对中国教育史的研究。20 世纪 30 年代，他在任安徽省省立图书馆馆长期间开始着手撰写，1935 年交付出版。他的《中国教育史》最大特点在于，采取实证方法，对于选士制度、中国古代社会最基层的教育活动如私学等中国教育实际给予了详尽的论述。作者凭借自身扎实的史学功底，在史料引用的范围上进行了较大程度的开拓。除了“一般学者们习惯引用的正史、政书、典志、类书、经书及其注疏和子书外，通常为著史者所忽视的诗书文集、笔记小说、稗书野史、简牍文书、札记自传、蒙养杂书等，均得大量引

① 陈青之：《中国教育史》，上海商务印书馆 1936 年版，第 3 页。

用，并作为主要材料来源”[①]。这一方面反映出作者研究和叙述方式受到西方19世纪后半期至20世纪30年代流行的实证主义史学方法的影响，另一方面也反映出了作者深厚的史学和史料学功底。

周予同(1898—1981)，原名周毓懋，浙江瑞安人，历史学家、教育家。少年时期曾就读于晚清朴学大师孙诒让所办的蒙学堂，小学毕业后考入瑞安中学，在史学家陈介石的一位门人的教育下，养成对文史的爱好。1916年考取北京高等师范学校国文部。大学毕业后，1922年进入上海商务印书馆任编辑。1946年，由周谷城介绍，兼任复旦大学史地系教授。建国后，历任复旦大学教授(1956年评为二级教授)、系主任、副教务长，上海历史研究所副所长，上海历史学会理事、副会长，华东军政委员会文教委员会委员，上海市文教委员会副主任，第三届全国人民代表大会代表，上海市政协委员，民盟上海市副主任委员，《辞海》副主编、编辑委员兼经史部主编，《中国历史文选》主编。

作为现代史上具有突出贡献的历史学家，周予同的学术贡献主要在于对我国经学史的研究。从1925年起到1937年止，他在从事教育史学研究和编写历史教科书的同时，编写和出版了六种有关经学史的著作，主要有《经今古文学》(万有文库1929年版)、《经学历史》注释本(万有文库1928年版，清末皮锡瑞原著)、《朱熹》(万有文库1929年版)、《群经概论》(商务印书馆1933年版)、《孔子》(开明书局1934年版)、《汉学师承记选注》(1934年版，清代江藩原著)，并发表了《经学史和经学的派别》《纬书和经今古文学》等相关论文。建国之初，周予同除了担任复旦大学教授的职务外，还同时兼任系主任、副教务长，华东军政委员会文教委员会委员，上海文教委员会副主任，民盟上海市委副主任委员，上海社会科学院历史所副所长等职务。在此期间，繁重的社会工作迫使他暂停了学术研究。1956年周予同的经学研究才得以重新恢复。此后，周予同除了承担了全国唯一的“中国经学史”课程的讲授和《辞海》的经学哲学分科的主编外，还编写了《中国历史文选》(二册)、《中国经学史》讲义，尤其是他编写的《中国历史文选》，是一部颇具影响的大学教科书，直至今天仍然是许多大

① 杜成宪、崔运武、王伦信：《中国教育史学九十年》，华东师范大学出版社1998年版，第27页。

学本科生必读书目和研究生考试的主要参考书目。

周予同不仅是一位在史学研究上有着深厚造诣的历史学家，同时也是一位具有历史唯物主义思想倾向的教育家。他在研究历史学的过程中，也非常关注对中国教育史的教学和研究。1933年，他在安徽大学执教时，就主讲过中国教育史课程，并出版了《中国学校制度》和《中国现代教育史》。通过研究他认为，当时中国学者研究教育理论多不能从社会、历史认识入手，“见地不免太狭窄”，因此他主张，以社会的历史观点编写教育史已是“刻不容缓”之事。他在进行中国教育史的研究中，除了承认教育与社会之间的密切关系之外，还进一步运用上层建筑与经济基础的关系原理来分析教育变迁。他认为“教育是社会的上层建筑，不能明瞭这个社会的经济、政治变迁，决不能彻底明瞭这个社会的教育之所以变迁”[①]。为此他将教育置于社会经济基础和上层建筑之中，从教育的众多方面分析了中国近代教育失败的原因。他在教育史研究中对历史唯物主义的运用，对中国教育史学理论的产生和发展起了积极的推动作用。

从中、西方教育史学的产生的途径中，我们可以清楚地看到，教育史学是教育学与历史学的互动中逐渐产生和发展起来的一门交叉学科。但从学科的发生源头上看，教育史学是从历史学分立出来的“子学科”，尽管由于学科分类的影响，教育史学被归类到了教育学科体系中，但是教育史学与历史学客观存在的“母子情结”是无法剪断的。

(二) 从教育史学的语言结构特点、研究对象的特征、研究的学理类型及其研究规范看教育史学的学科性质

确定一门学科的性质，除了需要关照其产生途径外，还应“确定它的研究对象的明显特征，以及把握这个对象所需要的学理类型”[②]及研究规范。据此，笔者认为，不论是从“教育史学”概念的语言结构特征来分析，还是从教育史学研究对象所具有的一般特征及其所需要的学理类型和研究规范来分析，我们都不难发现教育史学与历史学所具有的直系“血缘关系”。

首先，从“教育史学”概念的语言结构特征来看，“教育史学”这一偏正

① 周予同：《中国现代教育史》“凡例”，上海良友图书印刷公司1934年版。
② 张雄：《经济哲学研究的图式》，载《复旦学报》(社会科学版)2001年第5期。

词语的中心词是“历史”而不是“教育”。因为“教育史学”是“教育的历史学”的简称。从语言结构上来看,“教育史学”或“教育的历史学”是属于偏正结构的词语,其中心词语应该是“历史”或“历史学”,“教育”只是用来修饰“历史”或“历史学”的,是对“历史”“历史学”范围的限定。因此,这一偏正结构的词语的中心词应该是“历史”或“历史学”,而不是“教育”或“教育学”。从语言结构的分析中,我们可以清楚地看到,教育史学的研究重点应该是教育的历史。这也就是说,“历史”是教育史学研究的落脚点,“教育”只是限定其研究对象的范围的。因此笔者认为,教育史学应该与历史学的关系更为直接和密切,教育史学的基本属性应该姓“史”,而不是姓“教”。

其次,从教育史学的研究对象的特征来看,教育史学的研究对象仍属于历史学的研究范畴。“教育史学”作为一个相对独立的研究领域,“它的专门概念、命题以至陈述体系应从多量的教育历史陈述体系和教育史研究现象中加以概括”[①]。尤其是随着新史学对教育史研究的不断渗透,教育史学的研究对象逐渐从对教育历史及其现象的探索转向了对学科本身的反思及其研究成果的再探索、再认识。在此基础上建立起的学科研究体系,主要包括两个层面的研究内容:一是对教育历史问题的研究;二是对教育史学科及其成果的反思与研究。前者是通过对历史上人类的教育活动、教育思想和教育制度等“历史过程”的描述与“历史真相”的分析,旨在还原人类教育历史的“本来面目”,揭示隐藏在教育历史表象后面的真实原因和动机,对其做出合理的说明和解释。在此基础上总结和概括教育历史发展的一般规律和特点,并从中获得有益的历史启示和借鉴,它主要解决“教育历史是什么”和“教育历史怎么样”等问题。这是教育史学研究的“基础层次、初级形态”。[②] 它与教育学诸多分支学科,如教育学原理、教育哲学、教育伦理学、教育心理学、教育政治学、教育经济学、教育社会学、教育文化学、教育法学、教育技术学等学科在研究对象上的最大区别是,教育史学研究重点关注的是“历时性”的教育现象,而上述教育学科更多地关注的是“共时性”的教育现象。后者主要以教育史学科自身及其研

① 陈桂生:《“教育史学”辨》,载《教育史研究》1995 年第 4 期。
② 赵兴彬:《史学学研究》导论,中国科学技术出版社 2004 年版。

究成果为研究对象，探讨教育史学科产生、发展、演变的历史，总结和概括教育史学科发展的客观规律及特点，并在此基础上形成有关教育史研究的专门理论知识体系。虽然对教育史学科的反思，探讨的“既不是具体的教育历史问题，也不是宏观的教育史现象，而是教育史学科的基础理论，包括教育史研究的社会功能，教育历史发展的内在逻辑、教育史研究的基本方法、教育历史人物的评价原则以及教育史研究工作者所应具备的基本学术素养，等等”[①]。其目的在于通过对教育史学科发生、发展历史的描述，抽象概括出有关教育史学的理论与方法。从这个意义上说，教育史学的研究对象，不论是对教育历史现象的探讨，还是对教育史学科本身的反思，从广义的角度而言都具有历史学研究对象的一般特征，因此，教育史学的研究对象与任务仍然是属于历史学研究范畴的。

再次，从教育史学研究对象所需要的学理类型来看，不论是对教育历史现象的研究，还是对教育史学科本身的探讨，都无法回避历史学理论与方法对其的指导，可以说，历史学科的理论与方法是教育史学的基本理论和方法，也是教育史学工作者所依据的主要工具和手段。历史学常用的理论包括马克思和恩格斯的唯物主义史观，兰克的客观主义、实证主义史学理论，斯宾格勒和汤因比的文化形态史观，布洛赫、费弗尔和布罗代尔的“长时段”理论，勒高夫(Jacques Le Goff)和勒韦尔(Jacques Revel)的“新史学”理论等，都是中西方教育史学研究工作者所依凭的基本理论。历史学常用的研究方法包括历史分析法、历史考证法、文献分析法、比较史学、计量史学、口述史学、心理史学等，也是中外教育史学研究者进行教育史学研究时所依据的基本方法。如兴起于19世纪的德国兰克学派所倡导的客观主义、实证主义史学理论与方法，在相当长的时期内对欧洲的教育史学研究产生了深刻的影响，由劳默尔(K. Von Raumer)编撰的四卷本《教育学史》，就是在占有充分史料的前提下，将“外证”与“内证”结合起来对欧洲乃至世界的教育学发展史和教育学家的思想进行了深入细致的梳理与研究。20世纪中叶以后，由法国年鉴学派所创立的“新史学”理论与方法，在欧美被广泛引入到教育史学研究领域，为教育史研究提供了新

① 张斌贤:《关于〈教育史学〉的构想》，载《教育研究与实践》1987年第3期。

的视野和认识工具，导致了教育历史陈述体系的变化，如英国威廉·博伊德(William Boyd)、埃德蒙·金(Edmund King)的《西方教育史》(第7版，1960)，法国加斯东·米亚拉雷、让·维亚尔的《世界教育史》(1981)，澳大利亚康内尔的《20世纪世界教育史》(中译本1990)均是这方面的代表。他们的著作已经在一定程度上反映了教育史学研究的新变化[①]，即教育史学研究越来越多地吸收历史学的观念、理论与方法，从而使教育史学研究与历史学的理论、方法的结合越来越密切。这一点从英国和美国的教育史学科发展的历史过程可以看得更加清楚。

第二次世界大战以后，在"新史学"潮流冲击下的英国教育史研究，不仅"改变了以往教育史研究局限于教育领域的状况。同时，'新史学'也影响了教育史研究的内容和方法，从注重编史、传记转向教育与社会、经济等各方面的联系，从单纯的描述、考证转向分析和解释，揭示教育演变的因果关系。由此扩大了教育史研究的视野，提高了研究成果的质量"[②]。

20世纪80年代后期开始，美国的一些教育史学家也开始试图对"新教育史学的特征进行概括。P.哈里根(Patrick J. Harrigan)认为，20世纪70年代，加拿大、美国和欧洲的教育史学已经在四个主要方面达成共识：(1) 教育史是整个历史的一个重要组成部分；(2) 以往教育史处于与世隔绝的状况，而现在则不得不考虑对学校制度发生影响的社会、政治和经济的背景；(3) 教育史需要运用社会科学方法论和范式；(4) 教育史不能再讲述那种通过学校教育不断取得社会进步的史诗似的故事"[③]。

与此同时，美国教育史学界出现了从卡伯莱(Ellwood P. Cubberley)到克雷明(Lawrence A. Cremin)为代表的新老教育史学范式的转变。这种范式转变主要表现在以下几个方面：第一，教育史的研究对象从有关民族国家和社会精英的教育制度史和精英人物的教育思想史，扩展到普通民众的代际文化传递的教育过程，同时关注多元文化下的美国土著、非裔

---

① 见陈桂生《"教育史学"辨》，载《教育史研究》1995年第4期。

② 周谷平、吴静：《二战后英国教育史学科的发展及其启示》，载《全球教育展望》2002年第9期。

③ 周采：《20世纪美国教育史学的思考》，载《南京师范大学学报》(社会科学版)2003年第6期。

美国人等弱势群体的教育问题;第二,从注重史料考证,辨别真伪,并主要局限于与学校教育相关的史料,转到新的教育定义视野下的教育文献观,强调与教育史研究相关的文献的广泛性;第三,强调打破教育史与其他学科之间的界限,努力尝试跨学科的研究方法;第四,教育史著作的编纂由叙述史转向主题历史或问题历史。[①] 从欧美各国对新教育史学特征的概括中可以看出,西方教育史学研究者提出的"新教育史学"不仅揭示了传统教育史学不能揭示的复杂的教育结构及其与社会的互动,提高了教育历史研究的准确性,更重要的是这种"新教育史学"与"传统教育史学"在研究对象、方法以及史料运用原则和教育史著的编撰方面均有不同。而"新教育史学"形成过程本身,就反映出历史学的相关理论与方法在教育史学领域中的应用。

至于中国的教育史学研究,从创立之日起,就在历史学家的倡导下,将中国传统历史学的考证、辨伪、校勘、辑佚等理论与方法引入了教育史学的研究中。同时老一辈教育史学家如柳诒徵、周予同、舒新城、孟宪承、毛礼锐、陈景磐、沈灌群、陈学恂、曹孚、滕大春等人在他们各自的研究中也都注重对历史学理论与方法的运用、吸收与借鉴。可以毫不夸张地说,中国教育史学的发展若离开了历史学理论和方法的指导,教育史学研究就不可能取得今天这样的研究成果,教育史学科就不可能有今天这样的学术地位(尽管教育史学在历史学中的学术地位并不高)。

最后,从教育史学研究规范来看,教育史学是以史料和史实为研究对象的学科,尽管教育史学与其他教育科学一样具有思辨性的特点,但是教育史学的研究规范更多地保留了历史学偏重实证的学术研究规范。历史认识的本质特征是通过认识主体对历史实际所提供的各种信息,依据特定的目的,通过特定的认识结构和特定的方法进行处理和解释。因而历史实际所提供的各种信息——史料就成为了历史研究的直接对象。正如英国历史学家约翰·托什(John Tosh)在其所著的《史学导论》一书中所说的那样:"历史学包括了人类经验的方方面面。有关过去的任何方面都不能被贬斥为落在了历史知识固有范围之外。但它在多大程度上能成为

① 参见周采《20世纪美国教育史学的思考》,载《南京师范大学学报》(社会科学版)2003年第6期。

以事实为根据的研究主题，则取决于能否获得历史证据。不管历史学家主要关注于重构还是解释，关注于有其自身合理性的过去还是着眼过去能有助于说明现实，他或她实际能做的首先取决于残缺资料的范围和特征。相应地，历史学家对各类研究的表述也必须从那些资料开始。”[①]由此决定了历史研究的学术规范必然是以史料为基础，如实地研究历史。即强调历史研究必须坚持搜集史料的原生态性、还原史实的真实性，解释历史的相对客观性和研究结论的科学性。

教育史学作为历史学的分支学科和历史学与教育学交叉产生的交叉性学科，其研究规范具有双重性质，既需要对教育史料进行实证研究，又需要从理论层面对教育史进行思辨研究，但是，从教育史学的学科特点及其研究对象的特点来看，教育史学更多地偏于实证性的研究规范，即教育史研究要讲究史料的原生态性，尽可能地使用第一手资料或经过辨识和考证过的史料，同时在进行教育历史还原、分析和解释时，要“有一份证据说一份话”，“小心求证”，“不苟求”，“不虚言”，“不溢美”。这里强调学科研究规范的偏向性，只是为了表明学科性质不同，其学术研究规范也不尽相同，丝毫不涉及学术规范的高下和好坏的问题。如果在教育史学研究中不依据以实证为主的学术规范，而只是依据以思辨为主的学术规范来研究教育史问题，那么我们今天所看到的教育史学研究及其成果将会失去其历史真实性和客观性，教育史学研究也就毫无价值所言了。

(三) 从教育史学与其相关学科的关系看教育史学的学科性质

尽管教育史学是教育学的基础学科，但教育史学与历史学的关系更为密切，教育史学是对历史学与传统人文学科的扩展。

任何学科的存在都不是孤立的，在其产生和发展的过程中，它必然要于其他学科发生这样或那样的关系，将某一学科放在与之相关的学科群，考察它与其相关学科群的关系，不仅影响着对这一学科性质的判断，同时对于此学科地位的认识也具有重要意义。

从教育史学与历史学科的关系来看，教育史学既是历史学的分支学科，也是历史学科在教育学科领域中的扩展。从广义历史科学的角度来

① 约翰·托什著，吴英译：《史学导论》，北京大学出版社 2007 年版，第 50 页。

看，按照马克思、恩格斯的说法，“我们仅仅知道一门唯一的科学，即历史科学”①。根据马克思、恩格斯的观点推论，凡是与人类社会生活有关的人文社会科学的各个方面都属于广义的历史科学，教育史作为人类史的重要组成部分，自然属于历史科学的重要组成部分。

从狭义的历史科学角度，教育史学与经济史、哲学史、文学史、政治史、法律史、美术史和文化史等学科一样，属于历史科学的分支学科。社会历史的多样性和复杂性特点，决定了历史科学研究所需关照的领域和范围的多样性，社会历史发展过程中的任何方面都有可能成为历史研究的对象或领域，这就给历史研究带来了很大的困难，为了研究的方便起见，学术界按照社会历史的不同领域进行了学科分类，而教育史作为人类历史的重要组成部分，它成为历史学的分支学科也就不足为奇了。

然而，我们也发现，在过去相当一段时间内，人们“常常忽视，教育性事件的历史是包含在一种文化史之中，包含在智力和集体态度的形成和再生之中的。人们过多地认为教育史仅仅是教育家和教师的问题。从这种看法稍稍再向前一点就成了把教育史缩小到仅与学校有关的狭义历史的看法”②。正是由于教育史研究视野上的局限，研究方法上的落后以及教育史研究与历史学主流相脱离，导致了教育史学危机的出现。鉴于此，自 20 世纪中期开始，美国历史学家曾对美国教育史学研究脱离历史学主流，尤其是脱离社会史和心智史研究的状况提出过尖锐的批评，他们认为，历史学家应该将教育史学纳入到自己的研究课题之中，“因为缺少教育史研究的历史学只能是不完全的历史学”，同时他们也强调教育史学应当主动与历史学的新潮流接轨，否则“如果教育史领域不完成变革，新史学的变革业就不能完成”。③ 从这个意义上而言，教育史学不仅是历史学的重要组成部分和分支学科，同时也是历史学科在内容上的扩展。

中、外教育史学发展、演变的历史进一步证明，教育史学始终是自觉

---

①《马克思恩格斯选集》第 1 卷，人民出版社 1972 年版，第 21 页注。

②［西］佩尔·索拉：《教育史是历史学科和传统人文学科的扩展》，引自［俄］卡特林娅·萨里莫娃、［美］欧文·V. 约翰宁迈耶主编，方晓东等译《当代教育史研究与教学的主要趋势》，教育科学出版社 2001 年版，第 54 页。

③ 周采：《20 世纪美国教育史学的思考》，载《南京师范大学学报》（社会科学版）2003 年第 6 期。

或不自觉地在与历史学互动中发展前行的，并在此基础上进一步扩充了历史学。就西方教育史学的发展而言，这种互动和扩充主要表现在以下两个方面：

一是教育史学研究视野的转变。第二次世界大战以后，在“新史学”潮流的冲击下，不仅英、美等国的教育史学研究者，“改变了以往教育史研究局限于教育领域的状况”，“开始从注重编史、传记转向教育与社会、经济等各方面的联系，从单纯的描述、考证转向分析和解释，揭示教育演变的因果关系”[①]的研究，而且随着“新史学”的兴起和盛行，史学家也开始将目光投向教育问题。与此同时，“在教育领域，历史研究作为支撑教育学士学位一个支点的地位逐步确立”[②]。

二是“新史学”也影响着教育史研究方法的变化。传统的教育史学强调自主性，而忽视教育史学与其他学科的结合。现代教育史学的发展要求打破教育史学科与其他学科之间的界限，努力尝试跨学科的研究方法。在这方面，中、外历史学和教育史学界的许多研究者都作过尝试。尤其是第二次世界大战后，由于教育史学的交叉性质，教育史研究在自我发展的同时，也不可避免地受到史学研究新理论和新方法的影响。如在美国教育史学界，克雷明运用教育生态学方法对教育进行重新定义，并试图在他的《美国教育》中贯穿这种方法，他还运用了文化史学和微观史学的理论和方法，从以往简单的因果解释转向文化阐释；美国激进派教育史学家迈克尔·凯茨(Michael Katz)等人将政治学和社会学的理论和研究方法引入教育史学研究；塞缪尔·鲍尔斯(S. Bowles)和赫伯特·金蒂斯(H. Gintis)则将经济学的理论和方法运用于美国教育史的研究；而教育史学评论则更关注教育史学研究者是否运用了与社会科学学科相关的理论进行教育史研究。教育史学研究领域和研究方法的变化，不仅扩大了教育史研究的视野，同时也提高了研究成果的质量，凸显了历史研究为现实服务的功能。

中国教育史学研究不仅从其产生之初，就与历史学形成了千丝万缕

① 周谷平、吴静：《二战后英国教育史学科的发展及其启示》，载《全球教育展望》2002年第9期。

② 同上。

的联系，而且在其发展演变过程中，也始终自觉或不自觉地与历史学保持着这样或那样的“血缘关系”。这种血缘关系随着教育史学的不断发展而变得越来越密切。早在20世纪二三十年代，梁启超构建的新史学结构就将教育史作为普通史（或一般文化史）的组成部分，这表明在梁启超的新史学体系中，教育史学是占有一席之地的。不久，李大钊在《史学要论》中，也将教育史作为其历史学结构体系中的特殊历史学中的记述之部的重要组成部分。事实说明，在中国历史学家的心目中，教育史学始终是作为历史学的分支或专史而存在着。20世纪80年代中期以后，中国史学家在构建历史学结构体系时，也没有忘记在专史中给教育史留下一席之地。如在贾东海、郭卿友主编的《史学概论》中，编者在史学整体结构图式中也是将教育史作为专史来对待。这本身就说明，教育史学作为人类社会发展、演变中的重要社会现象与历史学的天然血缘关系是无法被割断的。进入20世纪80年代后期，中国教育史学研究与历史学双向互动与交叉研究的趋势进一步加强，一方面，历史学研究工作者开始将研究视角转向教育史学研究领域，其中比较有代表性的研究有历史学者桑兵的《晚清学堂学生与社会变迁》（上海学林出版社1995年版）、关晓红的《晚清学部研究》（广东教育出版社2000年版）、王日根的《民营教育的历史关照》（湖北教育出版社2000年版）以及著名历史学家章开沅主持的教会学校研究等，都从一定程度上表明了历史学界对教育史学研究领域的关照。另一方面，教育史学界的学者也试图突破传统的教育史学研究视域和就教育论教育的偏狭，尝试性地运用历史学、社会史或文化史的视角或方法研究教育史学的相关问题。

综上所述，笔者认为“教育史学”作为一个相对独立的研究领域，它是在与历史学的互动中产生的具有历史学根本属性的学科；就其与相关学科的关系而言，教育史学是教育学的基础学科，同时也是历史学的分支学科；就教育史学的基本属性而言，它是历史学理论方法在教育学中应用的理论性学科。尽管教育史学是以教育历史现象为研究对象的学科，必然受到教育科学研究内容和理论的制约，但是，就教育史学的根本性质而言，它是一个不可能脱离教育科学群，但从研究对象的特点及其对研究对象所采用的学理类型来看又更多地与历史学保持了天然血缘关系的学科体系。

第二节 教育史学的研究对象及其学科地位

一、教育史学的研究对象

科学研究对象的确定，是任何一门科学得以建立的前提。对一门学科对象的理解，在一定程度上决定着该学科内容的确定和体系的组织。因此，教育史学研究对象也是教育史学研究的基本问题之一。

依据上述对学科性质的论述，笔者认为，从对教育史学的知识结构和教育史家思维结构的横向分析来看，教育史学的研究对象应该包括两个层面：

第一个层面，是对人类历史上教育实践活动、教育制度和教育思想发生、发展和演变过程及其规律的研究，同时也包括对教育与社会政治、经济和文化发展关系的研究。即具体教育史的研究，主要内容包括：(1) 与教育发展有关的社会历史概况；(2) 教育制度发展的历史，包括文教政策、教育行政、各级各类学校教育系统等；(3) 教育思想发展的历史，包括教育家的生平及其教育实践活动、教育思想理论等；(4) 教育活动发展的历史，包括教育历史发展过程中没有被教育制度包括在内的教育实践活动和教育行为方式；(5) 少数民族教育史；(6) 科技教育史；(7) 中外文化交流和留学生史；(8) 社会教育史；(9) 家庭教育史等。

第二个层面，是以人类认识教育历史的主体活动，特别是教育史研究工作者认识教育历史的活动为研究对象，对教育史学科自身发生、发展过程及其经验、教训和规律以及研究成果进行研究，即教育史学元研究（又称抽象教育史研究）。具体包括以下几方面的内容：

第一，对教育史学科自身进行本体论研究。即通过对教育史学科性质、研究对象、理论范畴及学科体系、学科功能与价值的研究，回答“什么是教育史学”或“教育史学是什么”的问题，并在此基础上进一步明确回答诸如教育史学的学科性质、教育史学的研究对象、教育史学的理论范畴、教育史学的学科体系、教育史学的功能与作用等方面的相关理论问题。探讨教育史学的内部系统和外部联系，从不同的角度以理论的形式回答“什么是教育史学”的问题，解决人们对教育史学本体的理论性认识。

第二，对教育史学科进行认识论研究。即在对教育史学科自身进行反省和反思的基础上，从思考的最深层次提出教育史知识的性质问题。在哲学认识论的发展历程中，康德最先明确提出了科学抽象的前提问题，他在《纯粹理性批判》中提出的关于“先天综合判断如何可能”，即“具有普遍必然性的科学真理是如何可能的”命题，实现了哲学研究的目的和方向的转换。他的批判哲学就是研究科学抽象、科学认识何以可能的一切先决的条件、根源、形式，而不是像以往哲学家那样沉迷于各种先天综合判断的具体知识之中，因此可以说康德把人们对自身认识能力的研究作为重大课题提了出来，从而把认识规律的研究推向了一个更高的层次。① 在康德哲学的影响下，近代历史哲学中心课题发生了转变，即由思辨历史哲学注重“历史演变的规律或趋势是什么”的问题逐步转变到分析的或批判的历史哲学以“历史知识或历史解释的性质是什么”的问题。这种转变说明，历史思想家越来越多地把注意力从对历史本身的思考转移到对历史知识性质的分析上，诸如“历史是怎样被认识的”“历史科学怎样成为可能”“历史认识主体的能力及其范围、局限”等与史学研究实践中主体认识能力相关的问题。教育史学作为对教育史学科及其研究成果进行反思的知识体系，与历史认识论的研究重点有着许多相似之处，它既要研究教育史学认识主体的内涵及特点、教育史学认识主体的认识结构、教育史学认识主体的主体意识及其基本素养等问题，也要研究教育史认识中的客体范畴及其特点等问题，还要研究教育史认识活动的特殊性及其认识成果的性质以及成果的检验及标准等问题，并在此基础上形成教育史学认识论的理论体系。

第三，对教育史研究方法的研究。即对教育史研究过程中所使用的各种方法和手段进行反思，从而确定教育史学研究方法的适用范围，为教育史研究主体认识水平的提高奠定基础。对教育史研究方法的反思和研

① 参见李振宏《历史学的理论与方法》，河南大学出版社 1999 年版，第 3 页。

究，主要是对学科研究方法进行一番检讨、总结，明确教育史研究方法在具体教育史学研究过程中的适用范围，并在此基础上对教育史学研究中的抽象研究方法与具体研究方法进行界定和论述，分析各种研究方法的长短得失及使用过程中的注意事项，为教育史研究成果的科学性奠定研究方法论层面的基础。

第四，对教育史评论学的研究。即研究教育史论著评论的性质、作用、标准与方法。“教育史学评论是依据一定时代和社会的需要，按照一定的评价标准，对教育史研究的活动和成果进行分析和评价的过程。”①教育史学评论作为对教育史学科发展规律的探索和认识，是教育史学理论的一个重要组成部分，它主要探讨教育史学评论的意义、教育史学评论的客观标准、教育史学评论的社会标准、教育史学评论的学术标准等问题，对教育史研究和教育史论著的编纂起着直接的指导和规范作用。

第五，对教育史料学的研究。即对教育史学科资料的来源、类型、范围以及教育史料的搜集、整理与鉴别的方法的研究。历史科学是一门具有实证性质的科学，任何历史研究都必须从具体的历史事实出发，具体形式上则要求从史料出发。教育史科学也不例外，整个教育史研究活动，就是运用史料去说明、阐发真实历史过程的观念的运动，而一个教育史研究者的研究能力，也主要表现为鉴别史料真伪、判断史料价值、从史料中发现教育历史联系、在研究成果表述中使用史料等诸种能力的综合。为此，对教育史料的研究，重点应放在对教育史料运用的基本要求，教育史料的搜集、选拔与研究，对教育史料的辨伪、校勘以及对教育史料的征引方法的研究上。

第六，对教育史编纂学的研究。即对教育史研究成果的表述形式、方法以及教育史论著的体裁、类例和表述方法的研究。尽管从表面看，教育史编纂学似乎对教育史学研究的作用不大，但试想如果某研究者通过对某个问题的研究，有了很多很好的思想，却不知道用什么样的体例、语言来表达，或表达得不够好。那么，他的研究成果只能停留在一个较低的层次和水平上，其研究的价值也不能得到充分的体现。长期以来，教育史学

① 杜成宪、章小谦:《关于教育史学评论的理论思考》，载《华东师范大学学报》(教育科学版)2003 年第 1 期。

研究的很多成果之所以水平不高，与我们一直以来忽视对教育史编纂学的研究有很大的关系。因此，对目前教育史编纂成果进行回顾和梳理，明确研究教育史编纂学的目的、意义，并明确教育史研究成果的表述形式和教育史论著的体裁、类例和表述方法等内容也是教育史学研究不可忽视的重要内容之一。

第七，对教育史学科发展历史及其未来发展方向的研究。即通过对中外教育史学科发展历史的回顾与梳理，总结中外教育史学科发展历程中的经验和教训，探讨教育史学科发展的历史规律，指出未来教育史学科的时代使命和未来发展方向。

由于时间和篇幅的原因，本书的研究重点主要放在对教育史学本体论、认识论、方法论和教育史学的跨学科研究与范式转化等方面，而教育史料学、教育史编纂学的相关内容，笔者将其归入了教育史学方法论的范畴进行研究。教育史评论学的相关内容则有待今后进一步研究。

二、教育史学的学科地位

明确一门科学的性质及其独特的研究对象，是这门科学得以成立的一个前提。而明确一门学科在其学科体系中应有的学科地位，则是这门科学能否顺利发展的一个重要条件。笔者认为，从教育史学的学科性质、研究对象以及教育史学与教育科学尤其是与教育学的相互关系来看，教育史学处于教育科学体系的基础学科地位；从教育史学与历史学的关系来看，教育史学处于历史学专门或分支学科地位；从教育史学与哲学、文学、民俗学及考古学等相关人文社会科学的关系来看，教育史学处于人文社会科学的综合学科地位。

(一) 教育史学在教育科学体系中的基础学科地位

对教育史学在教育科学体系中的基础学科地位，主要可以从以下两个方面来理解：

第一，教育史学的学科性质和研究对象，决定了教育史学在教育科学体系中的基础学科地位。我们知道，在教育科学体系中，任何一门教育学科的研究都具有单一性的特点，即它们的研究对象都是教育某一方面的事实或规律。如教育学重点研究教育、教学过程的规律和原则；教育心理学则侧重研究教育、教学过程中的一切心理问题；教育经济学重在研究教育的经济功效及其条件等。教育史学则不同，它不仅要对教育历史发展过程中具体内容进行全方位考察，关注教育活动、教育思想以及教育制度发展、演变的历史及其与社会发展的关系问题，探讨教育整体的发展规律问题，同时，教育史学还超越以往对教育史学科体系中具体问题或某一方面问题的研究，侧重对教育史的学科体系，理论与方法进行整体研究，进而构建一个结构合理、内容丰富的教育史学科体系，为教育史学科的理论建设铺垫一块坚实的基石。因此，这里的教育史学便有了“元研究”的性质。这种“元研究”不仅在研究内容上对以往的教育史研究进行了大胆的超越，更重要的是从研究维度和研究视野上对以往教育史学科进行了超越。以美国为例，“自 20 世纪 50 年代中期以来，与国际历史学研究的转向相一致，美国教育史学开始发生根本性的转变。随着史学观念和教育观念的更新，美国教育史研究领域不断拓宽，研究视角从一元到多元”[①]，尤其是贝尔和克雷明“主张扩大教育史的研究领域，开阔历史学家的视野，强调教育史研究的综合性”，主张将教育史学科的“研究的视野从‘自上而下’逐渐转变为‘自下而上’”[②]，使长期以来被传统美国教育史学无视或忽视的美国群体的教育历史得到了高度的重视，这在一定程度上为美国教育史学研究范式的转换和教育史研究客体范畴的扩大提供了认识论和方法论层面上的指导。与此同时，教育史学也通过对教育史学科自身及其成果的研究，为教育史学科的理论发展奠定坚实的基础，为教育科学理论的发展提供借鉴。由此决定了教育史学的基础学科地位。

第二，教育史学与教育科学体系的历史逻辑关系，也决定了教育史学在教育科学体系的基础学科地位。何齐宗在《建立“教育学史”刍议》一文中明确指出：“科学繁荣的地方，必定是科学历史意识深沉、浓郁、弥漫之处；科学历史意识觉醒之日，必定是科学事业开始崛起之时。”[③]这说明任何科学就其本质而言，都是历史的，没有历史作为基础的学科就会成为无

① 周采：《20 世纪美国教育史学的思考》，载《南京师范大学学报》（社会科学版）2003 年第 6 期。

② 同上。

③ 何齐宗：《建立“教育学史”刍议》，载《教育研究》1989 年第 8 期。

源之水。教育学科也不例外。一方面,任何对现实的教育认识活动、教育理论抽象与概括都是以教育历史为起点的。正如杜成宪在《教育史学》一书中所说的那样:"不管人们是否有教育史学科的意识和素养,当他开始探索一个新的教育问题时,必定会自然而然地回眸既往。"①这种回眸,一是为了思索相关教育问题发展的历史状况,总结以往教育认识或教育实践的经验教训;二是通过回眸来发现未来教育需要解决的问题,从而为教育科学群中的各门学科的发展提供借鉴,奠定基础。一般而言,对教育领域中上述问题"思索得越明晰、越深刻、越全面,其后的探索就会越自觉、越主动"②。因此,在一定程度上说,对教育认识或教育实践活动的历史考察的深入程度,直接影响着教育科学群中其他学科的发展方向、进程和水平。

另一方面,从教育理论发展的逻辑顺序来看,任何时期的教育学科理论的发展都以其前一阶段教育历史的发展为基础,是教育活动过程的历史展开。因为"在每一学科部门中都有一定的材料,这些材料是从以前的各代人的思维中独立形成的,并且在这些世代相继的人们的头脑中经过了自己的独立的发展道路。当然,属于这个或那个领域的外部事实作为并发的原因也能给这种发展以影响"③。按照恩格斯的这一观点,笔者认为,在人类教育历史的发展过程中积累下来的各种材料,在经历了教育实践活动和教育思维的不断筛选和淘汰后,逐渐"积淀为各种教育理论学科的基本范畴;任何一门学科的理论体系的逻辑展开,事实上应当是某一方面教育活动过程的历史展开"④。因此,任何教育学科及其理论的形成都是以教育史学的发展为前提和基础的。

当然,我们在这里强调教育史学的基础学科地位,并不是要否认教育科学对教育史学的理论指导作用,相反,我们是想通过弄清历史与理论的历史逻辑关系,更好地运用教育科学理论来指导教育史学的研究。马克思主义辩证唯物主义认为,理论来源于人类社会历史的实践活动,反过来

① 杜成宪、邓明言:《教育史学》,人民教育出版社 2004 年版,第 228 页。

② 同上。

③《马克思恩格斯选集》第 4 卷,人民出版社 1972 年版,第 501 页。

④ 杜成宪、邓明言:《教育史学》,人民教育出版社 2004 年版,第 228 页。

又可以用来指导实践。教育科学理论虽然是对人类教育活动思维积淀的抽象与概括，但是它的基础是人类教育（实践）的历史过程，如果否认这一点，那就违背了马克思主义的历史唯物主义。

但是任何理论的产生并不是人类活动的终点和最终目的，人类任何活动都必须以一定的理论作为指导，人类的活动才有意义。因此，教育科学理论虽然来源于教育历史以及对教育历史的抽象与概括，但是对教育史学科的研究，也离不开一定的教育理论的指导。只有在一定的教育理论指导下的教育史研究，才具有教育科学的性质。

（二）教育史学在历史学中的专门或分支学科地位

对教育史学在历史学中的专门或分支学科地位，我们可以从历史学学科体系所涉及的内容来理解。历史学是以人类的所有活动为研究对象的，教育作为人类重要的活动之一，它与人类历史有着必然的联系，因而当然应该成为历史研究的重要领域之一。早在20世纪30年代，李大钊在其《史学要论》中，就将历史学分为普通历史学、特殊历史学和历史哲学三个部分，其中特殊历史学又分为"记述之部"和"理论之部"两个部分。在"记述之部"中包含政治史、经济史、法律史、伦理史……教育史等人文史（或文化史）的内容，而在"理论之部"则对应有政治学、经济学、法律学、伦理学、教育学等相关内容。这些内容相对于普通历史学（个人史、民族史、社会集团史、国民史、民族史、人类史）中的"记述历史"及其"历史理论"而言，很明显应该属于专门史的范畴。20世纪80年代后期，赵吉惠在《史学概论》一书中，进一步对现代史学结构进行了概括和分析。在他所构建的现代史学结构中，将现代史学分为史学理论、对历史过程与规律的叙述和史料三个层次，并将教育史归入到了以"对历史过程与一般规律的叙述"为特点的，与政治史、经济史、伦理史、思想史、科技史、文化史、文学史地位相等的专门史的范畴之内。这种观点在一定程度上被学术界所认同，并由此确立了教育史学科在历史学科体系中的专门学科地位。

然而，这并不意味着教育史学要完全成为历史学的附庸。相反，由于教育史学处在历史学与教育学的交叉地带，使得教育史学的"一些专门概念（如教育目的、教育原则、道德教育等）、命题、乃至于整个体系以及研究方法等要从历史学与教育学中加以借鉴与吸收"[①]。

(三) 教育史学在人文社会科学中的综合学科地位

教育史学在人文社会科学中的综合学科地位，决定了教育史学的未来发展方向。尽管目前教育史在整个人文社会科学中仍居于很不起眼的位置。但是我们也应该看到，教育史学在其演变、发展过程中，实际上与哲学、文学、民俗学、考古学等相关的人文社会科学始终存在着不同程度的密切联系。以教育史学与哲学的关系为例，我们可以看到哲学不仅在真、善、美的基础上建立起了与教育的内在联系，而且某些哲学思想也为教育史学的研究提供了方法论层面的启示。[②] 不仅如此，随着教育史学界对教育史学科反思的不断深入，教育史学研究必然走向"教育历史哲学"，研究教育史学中"更普遍、更渊深、更根本的问题"[③]，从而促进教育史学理论的不断深入和发展。

教育史学不仅与哲学存在着明显的内在联系，它作为人文社会科学体系中具有明显综合性特点的学科，在学科发展的过程中，随着教育史学研究范围的不断扩大、研究视角的不断转换，又必然与文学、民俗学、社会学、文化学、考古学等相关人文社会科学的联系日趋密切。具体表现在：一、文学、民俗学、考古学等学科可以作为教育史学研究丰富的史料来源，而为教育史研究提供丰富的史料；二、文学、民俗学、社会学、文化学等相关人文社会科学可以为教育史学提供新的研究视角和研究方法方面的启示；三、一些相关的人文社会科学如文学等，可以为教育史学编纂体例、表述方式及文风的改变提供新的思路。以上诸方面使笔者有理由相信，随着教育史学研究的进一步深入，随着人们对教育史学与其他人文社会科学关系认识的不断加深，教育史学在未来人文社会科学中的学科地位将不断得到提高。

---

① 杜成宪、邓明言：《教育史学》，人民教育出版社 2004 年版，第 234 页。

② 参见杜成宪、邓明言《教育史学》，人民教育出版社 2004 年版，第 239—241 页。

③ 李守常：《史学要论》，商务印书馆 1999 年版，第 128 页。

第三节　教育史学的学科体系

“一门学问的学科体系是什么面貌，关系到我们对这门学科基本面貌、总体面貌的认识，关系到这门学科的学术性、科学性问题。”[①]对于学科体系的认识水平，不仅影响到学科的存在和发展，而且“也是衡量一门学科成熟程度的标志之一”[②]。因此，对于学科体系的研究是关系一门学科未来发展的重大问题。

一、学科体系、教材体系与课程体系的概念辨析

长期以来，由于“学科”本身的双重含义，即“一是指学术的分类或科学的分支亦即研究体系；二是指教学的科目或教材体系”[③]，导致了学术界对“学科体系”“教材体系”和“课程体系”的理解含糊不清。在教育史学界，许多研究者常常将“教育史学的学科体系”与“教育史学的教材体系”或“课程体系”混为一谈，这给教育史学的学科建设造成了一些困难。

笔者认为，尽管“教育史学的学科体系”与其“教材体系”和“课程体系”存在着一定的联系，即教育史学的学科体系包含一定的教育史学课程体系，诸多的教育史学课程及其相应的教材体系又构成教育史学的课程体系，但三者并不完全等同。一般意义上的“学科体系”更多地指某一学科的学术研究体系，更多地涉及学科的研究对象、研究范围、内容及其结构形式等问题；“教材体系”主要是指“按一定的教学理论组织起来的”[④]某一学科的知识体系，它主要体现为教学大纲和教科书两种形式，更多体现为组织、结构与形式必须适应教育史学科教学需要的内容体系；“课程体系”则主要是指某学科诸多相关教学科目构成的有机整体，主要解决根据

---

① 张海朋：《20世纪中国近代史学科体系问题的探索》，载《近代史研究》2005年第1期。

② 杜成宪：《中国教育史学科体系试构》，载《华东师范大学学报》1997年第1期。

③ 朱正贵：《也论外国教育史学科体系的若干问题》，载《青海师范大学学报》1985年第2期。

④ 杜成宪、邓明言：《教育史学》，人民教育出版社2004年版，第56页。

学科及其专业的教学、培养目标应该设置哪些课程及如何设置这些课程的问题。从这个意义上说，教育史学的学科体系直接影响着教材体系和课程体系的设计与发展，是构建教育史教材体系及课程体系的基础和条件。因此，构建科学的教育史学科体系，不仅是学科发展本身的需要，同时也是教育史学科的教材体系和课程体系建设的前提条件。

二、关于教育史学科体系的争鸣

对"教育史学的学科体系"的研究在中国由来已久，虽然取得了相当丰富的研究成果，但是由于"教育史学的学科体系"是一个形成中的概念，因此不同历史时期，对"教育史学的学科体系"的认识也不尽相同。在中国教育史学科走过一百年的今天，随着教育史学的不断发展和完善，笔者认为，只有在前人构建的教育史学科体系的基础上构建适合时代发展的教育史学的学科体系，才能为教育史学的科学化奠定坚实的基础。

中国教育史学界对教育史学科体系问题的讨论，大致开始于20世纪30年代。当时有学者提出教育史的研究应包括教育背景的研究、教育通史的研究和教育专史研究三个主要方面。而教育专史研究又包括：关于各级学校教育史的研究；关于各国教育史的研究；关于近代各家教育学说的研究。[①]

这一学科体系的提出，不仅表现出当时的教育史学工作者对教育史学研究的不同视角，而且也反映出20世纪二三十年代的教育史学研究领域的特点，即不仅重视教育通史研究，而且开始重视教育专史研究；不仅注重各级各类学校教育发展历史的研究，而且也关注国别教育史的研究；不仅关注对教育制度发展、演变的历史研究，而且重视对近代以来教育思想史的研究。尽管这一学科体系还不够成熟和完善，如尚未注意到教育史学史和教育史学理论层面的研究，但它毕竟是中国教育史学界提出的第一个关于教育史学科体系的设想。因此，它在中国教育史学体系的发展过程中具有奠基性的作用和意义。

新中国成立后不久，因高等师范院校教育系中国教育史学科教学的客观需求，教育史学家们开始重新思考教育史学科体系问题。1952年，华

① 参见罗廷光《教育之历史的研究》，载《中华教育界》1932年3月号。

东师范大学教育系拟订了一个“中国教育史教学大纲(草案)”,这个大纲按历史发展阶段把中国教育史划分为古代(原始社会——鸦片战争)、近代上(鸦片战争——五四运动)、近代下(五四运动——中华人民共和国诞生)三个由不同历史阶段构成的系统。[①] 严格说来,这一系统是一个以教学大纲形式体现出的教材体系,因此不可能完全概括教育史学科体系的全部内容,但是它毕竟注意到了教育发展特点与历史发展阶段之间的关系,因此,对教育史学的学科体系建设具有一定的启示作用。

20 世纪 80 年代以后,关于教育史学科体系的建设问题成为学术界关注的主要问题之一。特别是 1980 年 12 月,全国教育史研究会举行的“中国教育史学科体系问题讨论会”上,专门就教育史学科,尤其是中国教育史学科的体系问题进行了讨论。在这次会上和会后,许多学者对教育史学科体系提出了自己的观点。有的学者认为,“中国教育史作为一门专史,其本身又是一个极广阔的领域,在其主干上生长着许多分支,依据不同的分类标准会组成多种不同的分支群”[②]。于是就出现了以下几种划分方式:

按教育历史发展顺序划分[③],可以将教育史学科体系划分为:古代教育史、近代教育史、现代教育史,每一断代后,又分为若干历史时段或若干地区的教育历史。如将中国古代教育史分为原始社会教育史、夏商西周教育史、春秋战国教育史、两汉教育史、隋唐教育史、宋元教育史、明清教育史;将中国近代教育史分为鸦片战争前的教育史、鸦片战争后的教育史等;外国教育史则在古代、中世纪教育史,近代教育史和现代教育史三个断代之后,再按国家和地区分为不同的历史时段[④]。(见图 1-1)这种按历史发展顺序划分教育史学的学科体系的做法,虽然可以从历史发展的纵向把握教育发展的阶段及不同阶段教育发展的特点,但它的缺陷也是显然易见的,即仅从教育发展的历史顺序上构建教育史学的学科体系,相对忽视教育史发展过程中各种因素之间的横向联系,因此,这一学科体系不能全面反映教育史学的学科特点,也很难将教育史学的理论性研究纳入

① 沈灌群:《中国教育史教学大纲草案》,1952 年 10 月,转引自瞿葆奎《社会科学争鸣大系》(教育学卷),上海人民出版社 1992 年版,第 398 页。

② 杜成宪:《中国教育史学科体系试构》,载《华东师范大学学报》(教育科学版)1997 年第 1 期。

③ 转引自杜成宪、邓明言《教育史学》,人民教育出版社 2004 年版,第 70 页。

④ 参见谢觉一、乔有华《简明外国教育史》,山东教育出版社 1984 年版。

教育史学的学科体系中去，也混淆了教育史学的学科体系与教育史历史分期这两类不同的概念体系。

- 按教育历史发展顺序划分
  - 古代教育史
    - 原始社会教育史
    - 夏商西周教育史
    - 春秋战国教育史
    - 两汉教育史
    - 隋唐教育史
    - 宋元教育史
    - 明清教育史
  - 近代教育史
    - 鸦片战争前的教育史
    - 鸦片战争后的教育史
  - 现代教育史

图 1－1

按受教育阶级属性划分①，将教育史学的学科体系划分为统治阶级的教育史与劳动人民的教育史，统治阶级教育史又可分为教育制度史和教育思想史；劳动人民的教育史也可分为劳动人民的教育活动史和民主性的教育思想史等。（见图 1－2）这种划分学科体系的方式，明显受阶级分析方法论的影响，虽然适应了一定历史时期内教育史学体系的需要，也从一定程度上反映了特定历史时期教育史学发展的特点，但是随着社会的发展和转型，这种划分方式很难从根本上反映教育史学科发展的普遍规律性，因此具有很大的局限性。

- 按统治阶级与劳动人民两个阶级划分
  - 统治阶级的教育史
    - 教育制度史
    - 教育思想史
  - 劳动人民的教育史
    - 劳动人民的教育活动史
      - 农业教育史
      - 手工业教育史
      - 艺术教育史
      - 科技教育史
      - 民主革命教育史
      - 民主文学教育史
    - 民主性的教育思想史

图 1－2

① 转引自杜成宪、邓明言《教育史学》，人民教育出版社 2004 年版，第 70 页。

按教育实质划分[①]，将教育史学科体系划分为教育制度史和教育思想史两个方面，教育制度史又可分为各级各类学校教育史和教育内容、方法史。各级各类学校教育史，再分为古代教育史和近现代教育史。教育内容、方法史包括德育史、课程教材发展史、教学法演变史和考试制度史等；教育思想史包括阶级的教育思想史、派别的教育思想史和教育代表人物的教育思想史及历史影响等。（见图 1－3）

- 按教育实质划分
  - 教育制度史
    - 各级各类学校教育史
      - 古代教育史
        - 官学史
        - 私学史
        - 私塾史
        - 书院史
      - 近现代教育史
        - 幼儿教育史
        - 小学教育史
        - 中学教育史
        - 高等教育史
        - 职业教育史
        - 师范教育史
        - 教育行政史
    - 教育内容、方法史
      - 德育史
      - 课程教材发展史
      - 教学法演变史
      - 考试制度史
  - 教育思想史
    - 阶级的教育思想史
    - 派别的教育思想史
    - 教育代表人物的教育思想史及历史影响

图 1－3

从表面上看，这种按教育实质划分教育史学的学科体系的方式，不仅打破了按阶级性划分教育史学的学科体系的局限性，同时也关照到了教育制度史、教育思想史的许多方面。实际上这种仅按教育实质来构建教育史学的学科体系的方式，除了存在着忽视教育史学理论研究和教育史学史研究的缺陷外，最主要的是仅将教育史分为教育制度和教育思想史

① 转引自杜成宪、邓明言《教育史学》，人民教育出版社 2004 年版，第 70 页。

两个层面，很难全面地反映教育史学的本质特征，使教育制度史与教育思想史看起来成了互不相干的“两张皮”，从而使教育史学变成了机械的教育史。

对于学科体系的划分，由于研究者对学科研究对象、内容以及形式结构的认识不同，对学科体系的划分也就不同，这是可以理解的。以上或以历史分期为依据，或以阶级属性为标准，或以教育制度和教育思想为分野构建起的教育史学的学科体系，各自都有理论依据，也表明了“组成教育史学科体系的众分支学科的划分是相对的，因此学科体系的确定本身也具有相对性”①。但是，这几种划分方式将关注的目光都放在了对教育史实质内容的研究上，因而都存在着忽视教育史学史和教育史学理论研究的缺憾。

随着20世纪80年代中后期中国的教育史研究取得丰硕成果时期的到来，对于学科体系的反思再次成为热点问题而被学术界关注。其中，高时良提出的中国教育史学科体系的“三层次说”最具代表性。高时良将教育史学科分成三个包含不同内容、具有不同结构层次的学科体系：“(1) 低层次，即限于教育史内部的结构，如高等教育史，职业教育史，秦、汉教育史等。(2) 中层次，教育史与其他学科的交叉，如教育训诂学、计量教育史学等。(3) 高层次，‘是从哲学思辨的高度对教育史学进行理论探讨’，如教育史方法论研究等”②。(见图1-4)这一体系最主要的特点是引入了教育史学理论和教育史学方法论等范畴，从而使教育史学科体系在完整性上得到了补充。然而笔者以为，低、中、高层次的划分方式，虽然注意到将教育史学理论和方法等范畴引入到教育史学的学科体系之中，但是在实际操作过程中，低、中、高层次教育史学内容的界限较难把握，因此对教育史学研究的进一步深入会有一定的限制，操作起来也较困难。

---

① 杜成宪：《中国教育史学科体系试构》，载《华东师范大学学报》(教育科学版)1997年第1期。

② 孙培青：《中国教育史学科体系问题》，《社会科学争鸣大系·教育学卷》，上海人民出版社1992年版，第405页。

中国教育史学科体系
- 低层次教育史（教育史学内部各种教育史）
- 中层次教育史（教育史与其他学科的交叉学科）
- 高层次教育史（教育史学理论与方法）

图 1－4

1997 年，杜成宪发表了《中国教育史学科体系试构》一文，对前人关于教育史学科体系的研究成果进行了总结，并在此基础上提出用两分法来逐层构建中国教育史学科体系的设想，形成了由制度史和思想史、通史与专史、内部史与外部史、实质研究与形式研究等不同结构层次构成的教育史学科体系，如图 1－5：

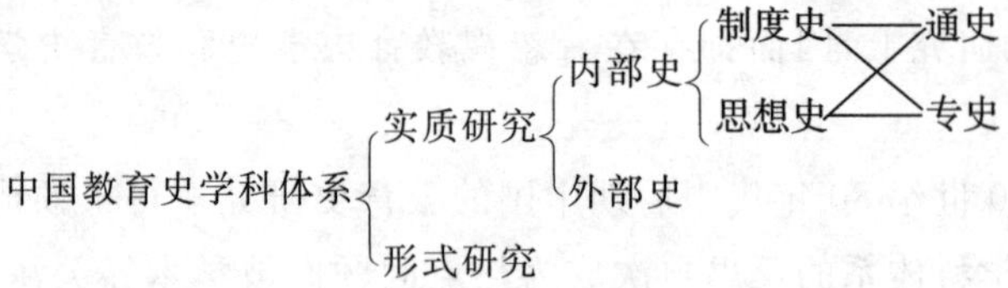

图 1－5

这一学科体系由“实质研究”与“形式研究”两大部分组成。其中“‘实质研究’是指历史上曾经发生和存在过的教育事实”，“是关于中国教育史的具体（实在）内容的研究”，具体包括教育制度史与教育思想史、教育通史与专史、教育内部史与外部史及其与社会文化之间的相互关系等方面的内容；[①]在作者看来，人类“教育实践的日益经常、规范和自觉，逐渐形成制度，制度逐渐完善；教育观念的日益概括、整理和深入，逐渐形成思想，思想又逐渐系统。教育实践和制度与教育观念和思想之间互相影响，互相促进，成为载动中华民族教育实践能力发展、教育认识水平提高的两个轮子”。因此，“中国教育史研究实难出中国教育制度史和中国教育思想史之范围，甚至‘中国教育史’范畴的内涵也完全可以用‘中国教育制度史’与‘中国教育思想史’来界定”。[②] 至此，作者将中国教育史的主体定在了中国教育制度史和中国教育思想史两个方面，并将其归在内部史的范畴之中，其表现形式是通史和专史。相对于“实质研究”而言，“形式研究自然就是关于中国教育史的一般形式的研究”，是对教育史认识过程的形

① 参见杜成宪、邓明言著：《教育史学》，人民教育出版 2004 年版，第 84—85 页。
② 杜成宪、邓明言著：《教育史学》，人民教育出版 2004 年版，第 73 页。

式与规律的研究，它是对教育史研究之研究。具体包括对“(1) 如何真正运用历史唯物主义的基本原理和方法于教育史研究；(2) 从总体上探讨人类教育发展的一般规律；(3) 教育发展与社会、政治、宗教、哲学、伦理道德、科学技术以及心理学等方面的关系；(4) 教育历史、传统与现实之间的关系；(5) 历史上的教育思想、教育制度、教育实践活动以及国家的教育政策与法令等方面的内在联系；(6) 教育史学科的研究方法体系；(7) 教育史学科的认知结构；(8) 教育史任务的评价；(9) 教育史研究工作者的学术素养；(10) 教育史学科对师范教育、师资训练的作用。以及教育史史料学、教育史编纂学等”①。这一学科体系虽然是就中国教育史学科体系而言的，但它对包括外国教育史学科体系在内的广义教育史学科体系的建立具有普遍的指导意义。这一学科体系的设想最显著的特点是“有较高的概括程度。……事实上，上述中国教育史学科体系结构及其诸构成范畴，已基本上可以让现实的中国教育史研究的各个领域，各个分支对号入座，各得其所了”②。它为我们进一步深入认识教育史学的学科体系提供了的新的视角和思路。然而，笔者也注意到这一学科体系有以下几点值得商榷：

第一，将教育史实质研究中的“内部史”仅仅分为教育制度史与教育思想史两个部分，显然不能全面概括教育内部历史的全部内容。因为任何教育自身历史，如果缺乏人的参与活动，都不可能是真正意义上的教育。因此，任何教育内部的历史都不可能仅仅包括教育制度与教育思想两方面。尽管在《教育史学》中，作者论及“中国教育制度史”时，将“教育制度史”界定为“泛指一切教育实践活动的历史”③，具体包括教育制度史、家庭教育史、社会教育史、科技教育史等方面。但在笔者看来，人类教育实践活动的历史并不完全等同于教育制度史。虽然“教育实践的日益经常、规范和自觉，逐渐形成教育制度”④，但并非所有的教育实践活动都可

① 参见张斌贤：《关于〈教育史学〉的构想》，载《教育研究与实验》1987 年第 3 期。

② 杜成宪：《中国教育史学科体系试构》，载《华东师范大学学报》(教育科学版) 1997 年第 1 期。

③ 杜成宪、邓明言著：《教育史学》，人民教育出版 2004 年版，第 73 页。

④ 同上。

以成为经常、规范和自觉化的教育制度。在人类教育发展过程中，相当多的教育实践活动，仅仅是教育者或受教育者的主观能动性的体现，并未上升至制度层面。从这个意义上说，教育实践活动的历史与教育制度史之间并不能完全画等号。

笔者曾经试图用“教育行为史”来解决教育内部史研究只重视教育制度史和教育思想史两张皮的问题。但是，从教育实践过程来看，尽管“人们总是以一定的教育行为参与到教育过程中去的，不可能以意识或思想的形式参与教育过程”[①]，教育行为“是教育存在的最基本的形态和现象，是人们为了某一个目的而参与活动时表现的行为”[②]，但这种以教育活动的外化表现形式为特征的“教育行为”，更多地强调的是教育现象及其过程中参与教育活动的主、客体双方的外在行为表现，而不包括隐含在教育活动中的内化活动因素，如心理活动、非智力活动等，因此，“教育行为”这一概念，由于内涵和外延的限制性，不能全面反映教育过程中教育者与受教育者参与教育过程以及他们之间的互动关系的全部内容。

纵观人类教育的发展历史，我们不难发现，任何教育现象都是以教育活动、教育意识或思想、教育制度等形式来体现的。其中最能够充分体现教育现象本质的应该是“教育活动”。这里的“教育活动”是专指“各种直接以促进人的有价值发展为目的的”[③]具体活动的总称，也是指教育者、受教育者以各种方式参与教育过程并进行互动的方式的总合。它既包括教育主体能动、现实地改造世界（包括物理世界、心理世界和文化世界），以促进人的素质全面、生动、发展的社会互动的具体过程，也包括教育主体在教育过程中的内在心理活动和外在环境活动的影响。教育活动作为教育现象的本质，主要表现在以下方面：

（1）教育活动是教育现象得以存在的基本形式。教育作为人类社会所特有的一种社会现象，与人类社会同时产生，又随人类社会发展而发

① 张维平、何善平：《论教育法的规范对象——教育行为》，载《沈阳师范学院学报》（社科版）1992 年第 3 期。

② 同上。

③ 石中英：《关于教育活动的理论思考》，载《北京师范大学学报》（社会科学版）1996 年第 2 期。

展,人类教育的发展历史是以人的教育活动为起点的。马克思和恩格斯在《德意志意识形态》中明确指出:“人们为了能够‘创造历史’必须能够生活。但是为了生活,首先就需要衣、食、住以及其他东西。因此第一个历史活动就是生产满足这种需要的资料,即生产物质生活本身。同时这也是人们仅仅为了能够生活就必须每日每时都要进行的(现在也和几千年前一样)一种历史活动,即一切历史的基本条件。”[①]在这里,马克思不仅强调了人自身能动的现实性活动对于人存在和发展的现实意义,而且着重强调了人的实践(活动)“对于把握人类世界的基础性地位”[②],进而得出了人的活动是把握人类世界基石的结论,即“一个种的全部特性、种的类特性就在于生命活动的性质,而人的类特性恰恰就是自由自觉的活动”[③]。

根据马克思以人类的活动作为人类世界基石的论述,笔者认为,教育作为人类社会实践的重要组成部分,其中的教育活动与人类的基本活动一样也具有“基石”的特性。从教育发生学的角度我们可以清楚地看到,人类为了生存与延续的需要,面对所积累的有关社会生产和社会生活方面的经验、知识和技能,既需要通过横向的社会传播将其传递给同时代的社会成员,又需要通过纵向的历史继承使新生一代掌握这些经验、知识和技能,从而使人类社会得以延续和发展。因此当人类社会开始产生,便开始了上一代人对下一代人的传授活动和下一代人主动向上一代人的学习活动。这种以社会生产经验和社会生活技能为主要内容的上一代的交流、传授活动和下一代人的学习活动,便是人类社会的教育现象的基本形式。现代教育从一定程度上说,更是从全方位的角度立体开发人的个人潜能、全面促进个体身心发展的教育活动的集合。任何教育都是活动的教育,教育一天一时也离不开活动,就像物质一时也不能停止运动一样。正是教育活动才使得教育得以产生、存在并获得了发展。从这个意义上而言,人类社会的教育是起源于人类能动的教育活动的。教育活动作为人类教育的起点和基石,是构成人类教育的重要组成部分和基本形式,因此,不论是教育学的理论研究,还是在教育史学的体系研究中,都不能忽

---

① 《马克思恩格斯选集》第 1 卷,人民出版社 1972 年版,第 32 页。
② 陈佑清:《教育活动论》,江苏教育出版社 2000 年版,第 10 页。
③ 《马克思恩格斯全集》第 42 卷,人民出版社 1979 年版,第 96 页。

视对教育活动及其发展历史的研究。正如苏联学者休金娜(Г. И. шукиной)所说的那样,"人的活动是社会及其全部价值存在与发展的本原,是人的生命以及作为个性的发展与形成的源泉。教育学离开了活动问题就不可能解决任何一项教育、教学、发展的任务。"①

(2) 教育活动是影响人发展的决定性因素。影响人发展的因素是多方面的,但是在诸多因素中,哪一个因素是起决定作用的,历来说法不一。从历史上看,有遗传决定论,也有环境决定论,还有教育决定论。这些观点都试图从根本上解释人的发展原动力问题。然而,遗传决定论引出了教育无用的观点;而环境决定论得出了教育万能的结论,很显然这两种结论都存在着不同程度的错误和对教育本身理解上的偏差。由此引发了20世纪以来对影响人发展因素"各起多少作用"和"如何起作用"以及这些因素之间的相互关系的讨论。② 讨论的结果是在西方的教育学和心理学著作中,较多倾向于人是在遗传与环境的相互作用中发展的观点。然而,这个结论并没有从根本上解释清楚人的发展的原动力问题。为此,苏联的研究者在其教育学和心理学著作中倾向于把影响人发展的因素分为生物因素和社会因素,从人的发展动力的角度,又把影响人发展的因素分为内因和外因,并强调个体的活动与社会交往对人的发展的决定性影响。这一观点对建国以后的中国教育学界产生了深远的影响。20世纪80年代以来,我国教育理论界对这一观点展开过热烈的讨论,有些人批评它在分类上缺乏逻辑根据,思想方法上是形而上学,等等,但在批评的同时,提出的新的观点也存在着较大的分歧:有的较倾向于西方学术界的观点;有的则倾向于苏联学术界的观点;也有人坚持原来的观点,只是对各因素包含的内容及各因素作用的分析更为周密、细致,并吸收了相关学科的新成果,突出了人在接受环境影响时的能动作用。

笔者认为,人的发展在很大程度上会受到遗传、环境和教育的影响,但是遗传、环境和教育本身并不是人发展的决定因素。因为人自身具备的多种发展可能以及环境中具备的人的发展所必需的条件,尽管都是人

① 瞿葆奎主编,吴慧珠、蒋晓编:《教育学文集·课外校外活动》,人民教育出版社1991年版,第3页。

② 参见李丹主编《儿童发展心理学》,华东师范大学出版社1987年版,第45页。

发展的必要条件，但两者相加并不是人发展的充分条件，它们都只为人的发展提供了多种可能性，这种可能性如果没有教育主体和教育客体的活动参与，就只是潜在的，不会自动地转化为人发展的现实。

人的发展是主、客体相互作用即活动的结果。“个体发展从潜在的多种可能状态向现实发展的转化，个体与环境两种不同性质的因素真实发生相互作用，人对外界存在的摄取吸收（无论是精神性的，还是物质性的），都要通过发展个体的不同性质、不同水平的生命活动来实现。”[①]从个体发展的各种可能变为现实这一意义上来说，个体的活动是个体发展的决定性因素。恩格斯指出：“人是唯一能够由于劳动而摆脱纯粹的动物状态的动物——他的正常状态是和他的意识相适应的而且是要由他自己创造出来的。”[②]在人的活动过程中，人始终是作为主体而存在的，人不仅是认识和改造客观实在的主体，同时也是认识和改造自己本身的主体。环境和教育的影响，归根到底只有通过人的主体活动，尤其学生的主体活动才能发生作用。如果仅仅把学生看做消极地适应环境、接受教育的对象，忽视他们在受教育过程中主体活动的意义，那么就会陷入片面、机械地夸大环境和教育作用的历史唯心主义的泥潭。马克思曾经深刻地揭露和批判过这种观点的错误，他说：“有一种唯物主义学说，认为人是环境和教育的产物，因而认为改变了的人是另一种环境和改变了的教育的产物——这种学说忘记了：环境正是由人来改变的，而教育者本人一定是受教育的。因此，这种学说必然会把社会分成两部分，其中一部分高出于社会之上（例如在罗伯特·欧文那里就是如此）。”在批判的基础上，马克思进一步强调指出：“环境的改变和人的活动的一致，只能被看做是并合理地理解为革命的实践。”[③]由此看来，教育活动是影响人的发展的决定性因素。在教育过程中，个体如果离开了感性的、实在的、具体的教育活动，特别是脱离了由自身所规定和构建的主客关系，那么人的培养和发展就只能成为一句空话，人的主体性也就成了无源之水、无本之木。

---

① 叶澜：《教育概论》，人民教育出版社 1991 年版，第 226 页。

②《马克思恩格斯全集》第 20 卷，人民出版社 1971 年版，第 535—536 页。

③《马克思恩格斯选集》第 1 卷，人民出版社 1972 年版，第 17 页。

确定教育活动是影响人发展的决定性因素，不仅不排斥教育在人的发展中所起的主导作用，而且为教育在人的发展中的主导作用的发挥指明了努力的方向。由于学生是在活动中、通过活动而实现发展的，教育要有效地促进学生的发展，并在学生的发展中起主导作用，就必须根据一定社会的需求和学生的身心发展规律，精心设计有利于学生发展的各种活动，从而对其学习活动加以有效的规范、科学的组织、正确的引导。没有学生的主体活动，不精心设计和科学组织各种教育活动，学生的发展就会落空，教育在人的发展中的主导作用就只能是一种美好的愿望。

然而，长期以来，“我国的教育学由于受到某种机械唯物论的影响，习惯于把教育界定为一种单向性的接受外部影响的过程。主、客体交互作用的活动在教育学中没能占有它应得的位置，它的教育的意义与价值，它在教育中促进人的发展的种种内在机制等等都没有得到全面、系统的阐明与揭示。正是这种理论上的空白，教育中活动意识的缺失，我们的教育往往成为灌输，成为简单的模仿，机械的操作，受教育者成为‘注满外部影响的香肠’，一种被动的容器”①。由此，不仅影响了我们对教育活动功能的正确认识，而且也导致了对教育活动史研究的忽视。近年来，一些学者逐步认识到教育活动对教育以及人的发展影响的重要性，如鲁洁在为《教育活动论》写的序言中就明确指出：“‘活动’其中蕴藏着人的发展——教育的最本质的东西。它理应成为教育学的一个基本范畴，成为我们认识教育现象的一种重要支点和方法。”教育史学作为教育学的基础学科，理应对教育活动史的研究给予高度的重视。

但需要注意的是，在教育研究中，长期以来，人们往往将“教育实践”与“教育活动”两个概念交叉使用，以为“教育实践”就等于“教育活动”。那么我们是否可以用“教育实践”或“教育实践史”来替代对“教育活动”和“教育活动史”的研究呢？笔者的答案是否定的。原因主要有：

(1) 从教育实践概念的内涵来看，教育实践不等于教育活动。教育实践有广义和狭义之分，广义的教育实践活动是指“人类特有的能动地培养

① 鲁洁：《〈教育活动论〉序》，引自陈佑清《教育活动论》，江苏教育出版社2000年版。

或塑造符合一定时代需要的‘现实人’的实践活动”[1]。这种活动主要包括社会上一切影响人的思想品德、增进人的知识和技能的活动,包括学校教育、社会教育、家庭教育,因此从广义教育实践的角度看,这里的教育实践是泛指一切培养人的活动,它既包括教育制度,也包括教育意识和思想,同时还包括教育活动。显然,广义的教育实践活动不能体现教育发展过程中主、客体教育活动的基本性质,也无法体现教育活动与教育思想和教育制度之间的相互关系。而主要以学校教育为主的狭义的教育实践活动,也只能概括学校教育发展、演变的历史过程,无法体现教育活动主体与客体之间的相互关系及其活动机制。因此,无论是广义的教育实践活动还是狭义的教育实践活动,都不能代替具体的、个别的、生动的教育活动。

(2) 从教育活动与教育实践的关系上看,教育活动也不等同于教育实践。因为,“教育活动是人类教育现象存在和变化、发展的基本形式,是对各种直接以促进人的有价值发展为目的的活动的统称,是教育者和受教育者以各种方式参与的互动方式的总合”[2]。因此,教育活动具有具体性、个别性和生动性的特点。“而教育实践则是与人类其他实践形式相区别的一个概念,是人类以改造自身,提高自身素质,以便更好地改造外部环境,满足自身生存和发展的需要的一种实践形式”[3],它具有总体性、一般性和加和性的特点。就教育实践与教育活动的关系而言,“教育活动是教育实践的基本形式,教育实践是教育活动的社会历史概括。……教育实践必须依托于各种形式的教育活动,教育实践的目的要转化为教育活动的目的并通过教育活动来实现,教育活动则并不必然促进教育实践目的的实现,只有当教育活动不仅在目的上而且在结果上同教育实践的目的和需要相一致时,才转化为教育实践,成为教育实践的构成成分”[4]。因此,教育实践不能代替教育活动在教育发展中的基本形式作用。事实上,由于在教育学界人们对“教育活动”与“教育实践”等概念及其相互关系的

① 汪育骏:《教育实践论初探》,载《上海高教研究》1990 年第 3 期。

② 石中英:《关于教育活动的理论思考》,载《北京师范大学学报》(社会科学版)1996 年第 2 期。

③ 同上。

④ 同上。

理解存在着偏差，一直以来，无论是在教育学研究中，还是在教育史研究中，人们经常将"教育实践"和"教育活动"这两个范畴混为一谈。这样做不仅导致了人们对教育活动研究的忽视，从而使我们无法科学地揭示"教育活动的复杂性"，同时也使我们无法正确认识教育的社会历史功能和作用，从而造成了教育理论研究的缺失。

通过以上的分析，笔者认为，在教育过程中，尽管教育行为、教育活动、教育实践都是教育研究中不可忽视的要素，但是就其各自在教育现象中的基本定位而言，教育行为作为教育现象中反映外在教育活动的具体表现形式，只能作为反映教育现象及其活动的下位概念；教育实践作为对人类教育现象及其活动的抽象和概括，是教育现象中与教育活动有关的上位概念；只有教育活动作为反映教育本质的基本形式，是连接具体的教育行为与抽象的教育实践的中介和桥梁。只有在探究具体的教育行为方式的基础上，通过对内在教育活动和外在教育活动及其机制的研究，才能从整体上对人类历史上的教育现象及其规律有一个清楚的认识；也只有通过对教育活动进行深入的研究，才能更好地指导人类的教育实践。因此教育活动是介于教育行为和教育实践概念中的中位概念。

传统的教育史研究一般只重视教育制度史和教育思想史的研究，忽视教育活动史的研究。即使在教育制度史和思想史之外有一些涉及教育活动的研究，也更多地将关注的重点放在了教育过程中教的主体对客体的知识灌输活动的发展、演变历史的研究上，而比较忽视对内在教育活动，即个性的、主体的活动发展、演变的历史及其内、外因素对教育活动影响状况的研究。究其原因：一是传统的思维定势的影响，使我们形成了这样的思维模式，即认为制度来源于实践，教育实践又可以等同于教育活动，因此，将制度史的研究与教育实践史和教育活动史的研究混为一谈。而没有注意到，所有的教育实践必须通过具体的教育活动表现出来，因此没有教育活动表现的教育实践是不存在的。同时教育实践中的教育活动，也并不一定都能以教育制度的形式体现出来，由此造成传统教育史学对教育制度史与教育思想史的中介桥梁——教育活动史研究的忽视。二是由于教育活动史方面资料的欠缺，造成了教育活动史研究的瓶颈，所以很少有人去触及这一领域。这样一来，教育史学研究长期以来就变成了教育制度史和教育思想史这两个方面，不仅使教育活动在制度史和思想史两个方面的中介作用不能充分体现，而且也否定了教育活动的实践性、具体性的特征，使得本应非常鲜活的教育史及其研究变得毫无生气，索然无味。

第二，将教育史学的学科体系分成“实质研究”与“形式研究”，从形式上看虽然对具体教育历史事实、教育史学史和教育史学理论等方面的研究都有所顾及和反映，但实际很难反映教育历史发展复杂性的特点。因为，从经验事实来看，教育史学作为历史学的分支学科，它自身就是一个复杂的学科系统，既包括对任何具体民族和国家教育历史的单独研究和由此形成的国别教育史研究，也包括对某一国家中教育历史的分类研究，如教育制度史、教育思想史、教育实践史和教育史学史、教育史学理论等。这些分支研究的出现，显然是依据不同的研究对象而划定了特定的研究领域。同时，教育史学研究中，不仅包括对具体教育历史事实的研究，同时也包括以教育史学科本身为对象的研究和以教育史料为对象的研究。这些不同研究对象的研究领域，各自都有自己的特点，因此对这些内容的研究不能仅从“实质研究”或“形式研究”两个方面来认识。

在关注中国教育史学科体系构建的同时，中国教育史学界也开始关注外国教育史的学科体系建设问题。比较有代表性的有滕大春的《试论外国教育史的学科体系和教材建设》(《教育研究》1984 年第 1 期)、朱正贵的《也谈外国教育史学科体系的若干问题》(《青海师范大学学报》1985 年第 2 期)等。这些文章均从不同的角度对教育史学科体系提出了自己的观点。

三、教育史学的学科体系设想

教育史学的学科体系的构建，应该以教育史学目前的发展水平为基本依据。基于以上两方面的原因，笔者根据目前教育史学的研究对象、学科性质和学科发展水平，设想将教育史学的学科体系构建为以下形式，如图 1－6 所示：

- 教育史学学科体系
  - 具体的教育史学研究
    - 教育活动史
    - 教育制度史
    - 教育思想史
  - 抽象的教育史学研究
    - 教育史学史
    - 教育史学理论和方法
    - 教育历史哲学

图 1－6

（一）具体的教育史学

具体的教育史学研究主要是指对教育历史发展过程中的具体历史现象进行的实证性研究，它主要通过对教育历史事实之间的具体联系，描述教育历史在各种因素的相互作用中向前发展的活生生的教育历史过程。具体而言，它分为教育活动史、教育制度史、教育思想史三个主要部分，其具体的学科表现方式有教育通史、教育断代史和教育专史等。

1. 教育活动史

教育活动史主要以历史上感性的、实在的、具体的教育活动的发展、演变历史为研究对象，重点研究人类历史上各种直接以促进人的有价值发展为目的的具体活动以及教育者与受教育者参与教育过程，进行互动的各种方式的发展、演变的历史。“这种活动是由主体自身需要促动并由主体的意识和自我意识调节控制之下展开的活动，因此它是一种内部活动和外部活动的统一而构成的活动”体系。① 其中内部的活动，又称自我活动，“在这种活动中，人以自身的身心结构作为活动对象”；而外部的活动，主要指“以外在的客体为对象的活动”。②

在人类教育历史的发展过程中，人们为了“实现某种既定的目的，他会按现实活动的目的要求先后采取实物活动（以实际事物为对象的活动）、交往活动（以他人为对象的活动）、知识学习活动（以负载于物质媒体，包括印刷媒体和电子媒体中的人类精神文化为对象的活动）以及这三种活动的交互联系形式，即采取活动的系列的形式去实现活动的目的。在此情况下，在主体的活动目的的组织下，实物活动、交往活动、知识学习

① 陈佑清：《教育活动论》，江苏教育出版社 2000 年版，第 43—44 页。

② 同上，第 31—32 页。

活动及其交互联系形式成为实现主体活动目的的一系列的中介环节和手段，这些中介环节前后相继串联在一起组成一种具体的活动形式。……因此，在对活动的基本形式理解的基础上，我们可以从活动基本形式的具体组合——并联组合和串联组合中去把握具体的活动形式"[①]。由于"这三类活动分别指向人类生活的三大领域：自然、社会和人类精神文化"，并以此为中介使个体"得以与自然、社会和人类精神文化建立密切的联系和发生相互作用，并从中获得发展资源"[②]，进而达到促进人的全面发展的目的，因此，对教育活动及其演变历史的研究理应成为教育史学研究的主要内容之一。

关于教育活动史应涉及哪些具体的内容，目前学术界说法不一，以笔者对教育活动概念的理解，教育活动史具体应该包括以下主要内容：一、分析研究教育史上教育、教学过程中教师作为教育主体的内部和外部活动及其表现形式和特征，探索这些活动发生、发展的规律及作用；二、分析研究教育史上学生作为学习主体的内部和外部活动及其具体表现形式、特点及其活动规律；三、分析研究教育者与受教育者在教育过程中的相互作用、相互影响的互动关系及其方式、方法的发展、演变过程及其规律；四、分析研究教育发展过程中教育行政人员的管理活动及其表现形式、基本特点以及演变的规律；五、分析研究历史上行政管理人员、教育者、受教育者三者之间的教育活动的基本形式及其相互作用的规律；六、分析研究家庭教育活动、社会教育活动的内容、形式及影响的发展、演变历史及规律，等等。

2. 教育制度史

教育制度史有广义与狭义两种含义：广义的教育制度史，泛指有组织的教育和教学的机构体系，包括学校教育制度和教育行政制度；狭义的教育制度"专指各级各类学校教育制度，简称学制"[③]。这里的教育制度史主

① 陈佑清：《教育活动论》，江苏教育出版社2000年版，第32—34页。

② 参见陈佑清《活动发展效应的具体性》，载《湖北大学学报》（哲学社会科学版）2003年第1期。

③ 参见顾明远主编《教育大辞典》（第1卷），上海教育出版社1991年版，第68页；陈孝彬主编：《教育管理学》，北京师范大学出版社1990年版，第116页。

要是指对有组织的教育和教学机构体系，包括学校教育制度和教育行政制度历史发展、变迁过程的研究，也包括对教育政策和法规产生、发展及演变历史的研究。从这个意义上来说，教育制度史研究主要是指制度化的教育形成的历史，主要包括对有组织的教育和教学的机构体系的形成、发展的历史过程的记述，如学校教育制度史、教育行政制度史。同时，“每个时代中与教育有关的一切设施，只要是成为一种制度的，都应列入研究的范围”①。因此，制度化了的家庭教育史、社会教育史等也应该是教育制度史研究的对象。

3. 教育思想史

“教育思想是指人们在一定历史时代的社会条件下，在教育实践基础上形成的对教育现象与问题的认识和看法”②。就教育思想的特点而言，它是经过人们思维加工而形成的教育理论认识，因此，教育思想在其形成的基础上具有与人们的教育活动相联系的现实性和实践性；教育思想在其存在的观念形态上，具有超越日常经验的抽象概括性和理论普遍性的特征。教育思想在其存在的社会空间上，具有与社会经济、政治、文化的条件及背景相联系的社会性和时代性；教育思想在其存在的历史向度上，具有面向未来的教育发展及其实践的前瞻性和预见性。古今中外，不同时代和不同社会，教育思想虽然纷繁复杂，类型多样，但是无一例外地都是围绕着“培养人”的这个中心，来回答各个时代、不同社会中所提出的诸如教育的作用与地位、教育方针与目的、教育内容与方法、教师与学生以及教育管理等方面的问题。但是，由于历史背景和社会条件的不同，不同阶层、不同时期以及不同的政治社会背景的人士，对这些基本问题的认识角度和观念均有不同，由此形成了不同历史时期、不同社会阶层的不同的教育思想体系。教育思想史研究主要是针对这些教育思想体系作历史的回顾和研究，它以教育历史上的教育理论思维为对象，主要研究教育思想形成、发展的历史过程及其主要内容，同时也兼及对教育历史人物的介绍和评价，对社会分层、学术流派、社会团体的教育主张和思想的研究，并在

① 顾树森：《中国历代教育制度史》前言，江苏教育出版社 1981 年版，第 1 页。

② 孙培青、李国均主编：《中国教育思想史》前言，华东师范大学出版社 1995 年版。

此基础上，把握教育思想发展的主要特点和规律。此外，“教育经济思想史、教育政治思想史等；教育家教育理论思维的范畴、体系和规律”①等也都属于教育思想史的研究范畴。

4. 教育活动史与教育制度史和教育思想史的关系

人类教育是由教育活动、教育思想和教育制度组成并相互作用的完整而复杂的系统。从现代系统论的观点来看，教育可以被视为一个包括诸多子系统的大系统。就这一系统的组成要素而言，教育活动主要指人类有计划培养下一代，并促进其有目的发展的具体活动以及教育主体与教育客体之间以各种方式参与教育过程并进行互动的方式和过程的总合；教育思想则是一定社会历史条件下在教育活动的基础上产生、抽象出来的对人类教育现象与问题的认识和意识；而这里的教育制度，主要指在教育活动和教育思想发展到一定阶段后，所产生的有组织的教育和教学的机构体系，包括学校教育制度和教育行政制度等。

人类教育实践的三个子系统不是各自孤立的，三者之间存在着密切的关系。人类教育本身作为有意识地培养下一代直接活动的产物，源于劳动过程中的教育活动。当人类教育活动从自发行为向自觉行为过渡时，人们在观念上出现了关于教育的各种看法，即教育意识，有些教育意识在发展过程中又进一步升华为教育思想。当教育发展到自觉阶段，在一定的教育思想的指导下，便出现了各种各样的教育制度。从这个意义上而言，教育制度是教育现象中最高级的形态。从教育发展的过程来看，人们总是以一定的教育活动参与到教育过程中去，而“不可能以意识或思想的形式参与教育过程”②。教育活动是教育思想和教育制度产生的前提，当一定的教育思想通过教育活动得以体现，进而以教育制度的形式将其固定化时，这时的教育活动就成了联结教育思想与教育制度的桥梁和中介。因此，在整个教育过程中，教育活动是教育思想和教育制度产生的基础和起点，而教育思想和教育制度则是教育活动的表现方式和成果形

① 杜成宪：《中国教育史学科体系试构》，载《华东师范大学学报》（教育科学版）1997 年第 1 期。

② 张维平、何善平：《论教育法的规范对象——教育行为》，载《沈阳师范学院学报》（社科版）1992 年第 3 期。

式。当教育思想和教育制度一旦形成，它们就会反过来指导教育活动，同样，教育制度一旦形成，它也会对教育活动和教育思想产生影响和制约作用。（见图1－7）人类教育的历史正是在教育活动、教育思想和教育制度三者之间作用与反作用中不断盘旋发展的。

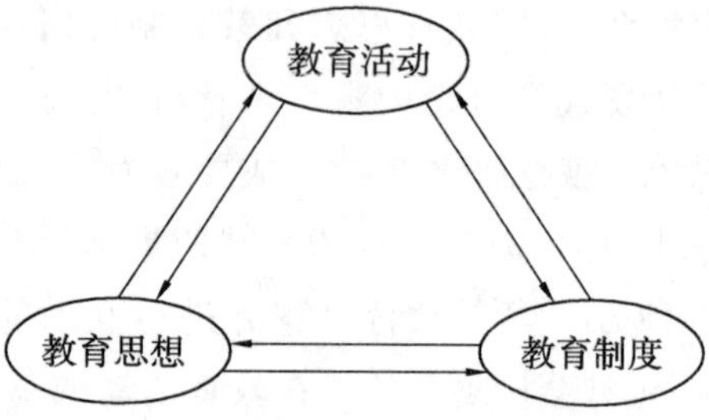

图1－7

从上图可以看出，教育活动应该是教育现象存在的最基本的形式。没有教育活动，就不可能有教育思想和教育制度的产生；同样，在人类教育活动中，如果缺乏教育思想的指导，没有教育制度的规范，那么教育活动也不可能朝着科学而有效的方向发展。近年来，教育学界对“教育活动”研究关注程度的提高以及新的研究成果的出现，也在一定程度上证明了教育活动在人类教育实践发展中的重要地位。因此，在教育史学研究中，只重视教育制度史和教育思想史的研究，显然是不够的，而应该是将教育活动史的研究与教育制度史和教育思想史的研究提高到同等重要的位置，甚至更重要的地位，才能客观地反映教育现象发展的历史。具体到教育史学领域中，我们也应该将教育活动史的研究作为教育史研究的基础，在探索教育活动发展演变的历史规律的基础上，研究教育思想史和教育制度史，才能使我们对人类教育历史的发展过程及其对人的发展的影响的内在机制有更加清楚的认识。

（二）抽象的教育史学

抽象的教育史学既不是对具体的教育历史问题的研究，也不是对客观的教育史现象的研究，而是对教育史认识过程的形式与规律的研究。具体包括对教育史学史的研究、对教育史学理论和方法的研究以及对教育历史哲学的研究。

1. 教育史学史的研究

教育史学史研究主要以教育史学科为研究对象,通过对教育史学科发生、发展过程的历史回顾及对教育史学科研究成果的反思,揭示教育史学科发生、发展过程及其规律,探讨教育史学科的未来发展趋势。在教育史学元研究中,如果没有对教育史学史的研究,就不可能有教育史学元研究。因此,教育史学史研究是教育史学元研究的原始基础。尽管在本研究中,由于篇幅和时间的原因,没有设立专章对教育史学史进行论述,但是教育史学的学科性质、教育史学的功能与价值、教育史学方法论以及教育史学跨学科研究等章节都涉及教育史学史的相关内容。教育史学史的研究相对于教育史学元研究而言并不是这可有可无的部分,而是必须予以重视并认真对待的研究部分。

2. 教育史学理论与方法的研究

如果说教育史学史的研究是教育史学元研究的原始基础,那么教育史学理论与方法的研究则是在对教育史学史进行反思的基础上的所进行的理论抽象。教育史学理论与方法的研究不是对教育史学科的某个方面或具体问题的探讨,而是对教育史学的学科体系,特别是对教育史学理论与方法进行整体研究。具体包括对教育史学性质与学科体系的研究,教育史学功能与价值的研究,教育史学理论范畴的研究,教育史学认识论,教育史学方法论,教育史料学,教育史编纂学,教育史学跨学科研究,教育史学研究者的素养,教育史学评论等问题的研究。进而构建一个结构合理、内容丰富的教育史学科理论体系,为教育史学科的理论建设铺垫一块坚实的基石。这一研究将有力地推动教育史学科的理论建设,提高教育史学研究者的理论水平,使教育史学科更好地迎接未来的挑战。

3. 教育历史哲学的研究

教育历史哲学研究,是指对教育历史进程进行的抽象的理论研究,重点放在从历史哲学层面对教育史学及其理论进行逻辑分析和语言分析,进而从哲学认识论层面达到对教育史学理论的理解和解释、抽象与概括。因为人类教育历史及其史学理论研究都是过去的活动,但人们对教育历史及其理论研究活动的认识却不应该仅仅限于要求确定或者知道历史事实,还应能从历史事实中总结、抽象出相应的理论,“亦即应将编年史的记录提升到一种思想理论的高度上来,寻求历史发展变化的某些规律和法则，从历史事实中抽绎出意义，或者是给历史事实赋之以意义，从而把历史事实归纳为一种理论体系”①。与此同时，还需要对教育史学理论进行哲学层面的研究，因此，教育历史哲学研究应该包括两层面的理论概括：一是对客观历史事实的抽象概括；二是对教育史学理论的抽象概括。具体而言，历史哲学的性质和任务主要有三：“(1) 历史哲学是以正确的哲学做指导，其抽象程度低于哲学的一种理论形态；(2) 历史哲学不应该完全脱离史学的实证性特点，不应该是一种纯粹的形而上学，它对历史过程的理论论证，是结合着一些具体事实的阐释进行的，这一点也使它和哲学相区别；(3) 历史哲学对记述史学的各门分支学科的发展有重要的促进作用。离开历史哲学的深入发展不可能写出真正反映历史内在联系的通史性著作。”②既然如此，教育历史哲学应该包括两个层面的理论概括：一是对客观历史事实的抽象概括；二是对教育史学科发展过程中历史事实的抽象概括。当然，在教育史学理论尚未发展成熟的今天，教育历史哲学仍是教育史学元研究的一种理想。真正意义的教育历史哲学研究取决于教育史学史和教育史学理论与方法的研究程度。

(三) 具体教育史学研究与抽象教育史学的关系

从中外教育史学的发展历史过程来看，具体教育历史的研究及程度总是高于抽象教育史学研究。这是因为，抽象总是建立在对具体事物研究的基础之上的，没有具体，也就无所谓抽象，抽象的对象是具体，抽象的结果又是为具体事物服务的，因此抽象与具体是相互依赖的一对范畴。具体的教育史学研究，是进行抽象的教育史学研究的基础，抽象的教育史学研究又为具体的教育史学研究发展提供理论指导。

学科是发展的，而发展又是无限的，因此，学科体系只有相对的存在价值，而没有绝对不变的固定模式。关于教育史学的学科体系的概括，从某种程度上反映出划分学科体系所依据的原则不同，因此，对现有的学科体系不能盲目地认为哪一个好，或哪一个不好，而应该从划分者所依据的划分原则出发，客观地进行评价。

---

① 李振宏：《历史学的理论与方法》，河南大学出版社 1999 年版，第 69—70 页。
② 同上，第 70 页。

第二章

教育史学的功能与价值研究

教育史学的功能与价值问题，作为教育史学元研究的核心问题之一，主要讨论教育史学的功用及由此而产生的满足社会与认识主体需要的性质、教育史学对主体(包括个人、社会)的一种意义关系。具体而言，它主要涉及教育史学的功能与价值的内涵、教育史学功能与价值的历史回顾及其特点、教育史学的功能与价值再认识、当前教育史学功能与价值转化及其未来发展趋势等问题。通过对这些问题的研究既给我们学习和研究教育史学的必要性提供了依据，同时也为当前的教育改革奠定了理论基础。

第一节　教育史学的功能与价值的内涵

功能和价值是任何一门学科产生、存在和发展的必要条件。然而，长期以来，学术界对功能与价值概念的界定存在较大分歧，一些学者在其研究中常常将功能与价值混为一谈，由此形成了“凡事好像皆因有用而有价值”的思维模式，从而影响了我们对一门学科功能和价值的正确认识。因此，要正确把握教育史学的功能和价值，首先必须明确教育史学功能与价值的基本内涵，才能更好地把握教育史学的功能及价值所在。

一、功能概念与价值概念的辨析

“功能”，《辞海》的解释是“事功和能力”或“功效”“作用”①。物理学中的“功”的概念，是从“工作”一词发展而来的，同时它又总是与“能”联结在一起，表示能量传递的数值。② 尽管哲学、社会科学中的“功能”概念目前尚无严格的定义，但是不同学科中对功能概念的实际运用和理论分析却相当普遍。这其中不论是系统论中对系统功能的分析，还是社会学中功能主义学派的强大声势，或是语言学对语法功能的分析，符号学对符号功能的研究等③，都是以功能作为一个事物或系统在与周围事物或环境发生相互作用时所发挥出来的作用和功用为出发点的。据此，笔者认为，对“功能”概念的把握关键在于认清功能对其他事物及其要素所起的作用和功效，即“功能就是表示能做到什么，能发挥什么作用”。功能既是“事物存在的质的重要特性之一。不同质的事物具有不同的功能，不同事物的功能是区别事物质的一个标志。……功能又是一种对象性范畴：它虽然是事物固有的属性，但必须在与其他事物相互联系、相互作用中才能体现出来”④，从这个意义上说，功能及其运动是事物得以存在的方式。

相对于“功能”而言，“价值”在不同语境中其内涵也不尽相同。在马克思主义政治经济学中，价值是指“商品中凝结的一般人类劳动”。在科学研究的方法讨论中，人们常常将“价值”与“事实”“价值研究”和“实证研究”相对应。在这一语境中，价值相当于人作为主体的主观性或者价值取向。日常生活中，价值的重要内涵是功用，相当于经济学中的“使用价值”。由于价值的复杂性，至今人们很难给它一个全面、简明而没有争议

① 参见《辞海》(缩印本)，上海辞书出版社 1979 年版，第 508 页。

② 参见周隆宾主编《社会历史观大辞典》，山东人民出版社 1993 年版，第 151 页。

③ 参见李显杰《论电视艺术功能与价值的异同》，载《华中师范大学学报》(人文社会科学版)2001 年第 6 期，第 90 页注释。

④ 张澍军：《德育哲学引论》，人民出版社 2002 年版，第 216 页。

的定义。在学术界,目前关于“价值”概念的定义多达几十种,从哲学意义上对价值的概括主要包括“属性说”“意义说”“关系说”和“效应说”。

“属性说”,主要认为“价值就是指客体能够满足主体需要的那些功能和属性”[①]。这种观点虽然重视了客体的作用,却忽视了主体的能动作用。因此,同一客体属性对不同主体所具有的不同价值无从体现出来,即使是同一主体在不同条件下的价值也无法充分体现。鉴于此,有学者提出了“意义说”。持这种观点的学者认为,“价值是客体对主体具有的积极或消极意义”[②]。着重强调价值就是事物对主体所呈现的意义。这一定义比较准确地表述了客体对主体的作用和影响,但是,由于“意义”本身就有“价值”的含义,同时“意义”与主体的理解有关,因此,容易造成对价值客观存在性的否定。为了克服“意义说”的这一缺陷,有学者提出了所谓的“关系说”,认为价值“就是客体与主体需要之间的一种特定(肯定或否定)的关系”,或者“价值是表示:客体(一切客观事物)与主体(人)的需要关系,是表示客体属性对主体需要的肯定或否定关系”。[③] 这一界定是深刻的,它表明“价值不是一种实体范畴,而是一种关系范畴,它不存在于单独的主体或客体之中,而是离不开主体或客体任何一方,存在于二者的相互关系之中”[④]。但是,这种界定也存在着明显的局限性:“第一,‘关系说’远离人们的日常经验,把最现实的价值抽象化了。虽然价值无法脱离主体和客体的关系,但在经验中,我们却又很难将价值仅仅看做是一种关系,而不是一种独立存在的范畴。也就是说,即使某一主体与客体的直接联系不存在,该事物的客观‘价值’仍然存在。第二,从逻辑上说,‘关系说’也是不周延的。‘关系说’在说明一种手段价值时显得游刃有余,而在说明一种目的价值时就显得力不从心。这主要是因为‘关系说’对价值的说明基本建立在主体需要的基础上——而需要又往往被理解为人的基本需要。……着眼于人类需要的关系说就很难作正面或直接的肯定性解释。此

① 王玉樑主编:《价值和价值观》,陕西师范大学出版社 1988 年版,第 163 页。

② 袁仁贵:《价值与认识》,载《北京师范大学学报》(哲学社会科学版)1985 年第 3 期。

③ 杜齐才:《价值与价值观念》,广东人民出版社 1987 年版,第 9 页。

④ 张澍军:《德育哲学引论》,人民出版社 2002 年版,第 185 页。

外，实际上价值的存在有两种形态，一种是静态的价值，如前所述，即使某一个体的主观需要与客观事物没有现实的联系，该事物的客观价值仍然存在；另一种是价值的动态存在，即主体的价值取向和价值追求等等。‘关系说’不能较好地说明前者，更不能很好地说明后者。”①而吸收“关系说”和“意义说”优点的“效应说”，则认为“价值是客体对主体的效应，或价值是客体对主体的作用和影响（意义）”②。这里的效应，着重强调的是客体对主体的作用和影响。“客体对主体有效应，就有价值；无效应，就无价值。”从这个意义上说，所谓价值就是“标志着主体与客体关系的特殊范畴，是客体对于主体的作用和影响（意义），包括客体对于主体的需要的满足和主体对于客体的评价两个方面。”③

二、教育史学功能与价值的含义

依据上述对功能和价值概念的辨析，笔者认为，教育史学功能与价值虽然存在着密切的关系，但两者之间并不完全等同。所谓教育史学的功能，用最直白的话说，就是“教育史学有什么用”。回答这个问题，必须严格区分价值意义与存在意义上的教育史学。由这两种教育史学的意义所导出的功能，其研究思路是不同的，其结论也具有不同的效用范围。在价值意义的研究中，教育史学的功能由教育史学的目的所决定，研究的思路则是“目的—功能”，即它主要强调从工具意义的层面上回答“教育史学究竟要达到什么样的效用的问题”；而存在意义中的教育史学功能，其研究则以“结构—功能”为主要思路，即通过社会科学方法论的运用，充分揭示教育史学的结构特点，以确定它究竟发挥出了怎样的作用。这就意味着，教育史学功能有两重含义，一是客观层面的，属于教育史学本体论范畴；一是主观层面的，属于教育史学价值论范畴。但是，不论是从价值意义层面还从存在意义层面来理解教育史学的功能，其最终都落脚于教育史学的作用和效用上。因此，我们是否可以得出这样的结论，即教育史学的功能主要指教育史学所能发挥出的作用和效用。这种作用或效用可以从两

① 参见檀传宝：《教育是人类价值生命的中介》，载《教育研究》2000 年第 3 期。
② 王玉樑：《评哲学价值范畴的几种界定》，载《社会科学研究》1999 年第 2 期。
③ 陈驰：《价值概念辨析》，载《绵阳师范学院学报》2004 年第 3 期。

个层面来把握，一是从“目的—功能”的层面来把握；二是从“结构—功能”的层面来把握。前者更多地表现为主体对教育史学作用和功效的期望，它由教育史学的学科目的所决定；后者则主要体现为教育史学可能或实际发挥了怎样的作用和效用，它由教育史学的学科性质与结构所决定。

马克思认为，价值是“人们所利用的并表现为对人的需要的关系的物的属性”，“表示物的对人的有用或使人愉快等等属性”。[①] 由马克思的价值概念延伸到教育史学的价值概念，可以说，教育史学的价值是标志教育史学认识主体与客体关系的特殊范畴，它体现为教育史学作为客体满足个体或社会需要关系的意义和效应。具体而言，它包括教育史学客体对其主体需要的满足和教育史学主体对其客体的评价两个方面。判定教育史学是否具有价值的标准是教育史学客体满足其主体需要的程度以及教育史学目的和目标是否有效实现，但这并不意味着教育史学的价值是纯主观性的。尽管对教育史学的价值确定是以教育史学客体满足其主体的需要和实现教育史学目的和目标为标志的，从而使教育史学的价值显示出更多主观层面的意义，但是，教育史学的价值也具有客观性的特点。对此可以从以下两个方面来理解：第一，价值不是一个实体范畴，它只是一个关系范畴，它表明主客体之间一个特定关系方面的质、方向和作用。价值作为主、客体之间的一种统一，其特征就在于这种统一是以主体需要的满足、主体尺度的体现为实质内容的。因此，主体的需要、活动和实践体验的客观性，对于理解价值的客观性来说，是具有决定意义的基础和标志。第二，尽管从价值的本质属性来看，教育史学价值更多的是一种主观层次的范畴，但如果从人们期望教育史学如何满足和怎样满足个体与社会需要的角度来看，教育史学的价值就像教育史学的功能一样，也包含着主观和客观两个层面。我们不妨说，现实中的教育史学价值乃是教育史学认识的主体期望与客观价值的统一。

就教育史学功能与教育史学价值的关系而言，依据对教育史学功能与教育史学价值的内涵的界定，笔者认为，教育史学的功能与教育史学的价值是一对既存在密切关系，又具有一定区别的概念范畴。就其所存在

①《马克思恩格斯全集》第 19 卷，人民出版社 1965 年版，第 209 页。

的密切关系而言，主要表现为：一、一般而言，“凡事好像皆因其用而有价值”。也就是说，事物的价值是由其所具有的功能决定的。从这个意义上说，教育史学的价值，是由与其相对应的教育史学功能所决定的。一定的教育史学功能，会显示一定的教育史学价值，教育史学的功能是教育史学价值的存在形式，一定意义的教育史学价值必然通过一定的教育史学功能显示出来；二、教育史学的功能与教育史学的价值都具有主、客观两个层面，相对主观层面之教育史学功能而言，其中蕴涵的是人们对于教育史学功能的一种期望，也就是价值意义上的教育史学功能。在这一层面上的教育史学的功能与价值，由于都包含着主体对客体的期望成分，而使两者之间约略相同。同样，相对于客观层面的教育史学功能与价值而言，由于存在意义上的教育史学功能，主要是“通过社会科学方法论的运用，充分揭示某一具体时空中的教育活动的结构上的特点，以确定它究竟发挥了什么样的作用”①。相对比较客观地揭示了各种正面的或负面的功能，其结论杜绝无节制地上升为全称判断。所谓客观层面之教育史学价值，也主要是指不管人们对于教育史学价值的期望如何，教育史学自身在发展过程中，在与其他各种社会因素的关系中，在整个的社会结构中，必然相对稳定地对于人们具有某种客观价值。所以在这个层面上，我们说教育史学功能和教育史学价值也具有约略相同处。

然而，约略相同决不等于完全等同，因为，“就事物本身来说，事物之‘是’与‘用’是有区别的”②。教育史学之“是”(即教育史学的价值)与教育史学之“用”(即教育史学的功能)也同样存在着区别。第一，从教育史学的功能与教育史学的价值所强调或表达的重点来看，教育史学的功能更多地强调教育史学自身所固有的作用特性或单方面能力，尽管这只有在它与其他事物的相互作用中才能发挥与表现出来，但教育史学功能的自身存在毕竟是客观的，并不是由相互关系所决定的；而教育史学的价值则强调和表达的是事物与主体之间相互作用关系及作用的趋势与效应。与教育史学功能相比，教育史学价值的内涵要复杂得多。一般而言，教育史学的某种功能在主、客体关系中是否具有价值意义，并不完全取决于教育

① 黄济、王策三主编：《现代教育论》，人民教育出版社1996年版，第67页。
② 周建漳：《历史及其理解和解释》，社会科学文献出版社2005年版，第112页。

史学的功能自身,而是由特定条件下主体的特定需要状况及其作用效应性质来决定的。第二,从教育史学的功能与教育史学的价值所具有的基本特性来看,教育史学的功能由于具有较多层面上的客观性,因此,呈现出静态的、相对稳定的性质,也就是说,教育史学的功能即使不与其他事物或要素发生关系,也是一种客观的存在;而教育史学的价值往往是要在与其他事物或要素的关系作用中才能体现出来。不仅如此,教育史学的价值往往会随着主体所在的社会环境或条件的变化,对教育史学客体的评价发生变化。由此可见,教育史学的价值相对于教育史学的功能而言呈现出动态的、易变的特性。第三,从教育史学功能与教育史学价值内在关系来看,教育史学在不同层次上发挥着何等的作用是一回事,而教育史学的价值是否系于其可能效用则是另一回事。因为"依照实用主义的观点,一物之'用'即为其所'是'的规定性……分析表明,凡工具性的事物,其'是'即在于其'用'……然而,所谓工具性事物其实是由人的工具性需求和视野所决定的。工具性的实质是动物性的生存视野,而人之为人就在于超越单纯生存境地进入存在层面的潜能或可能,此即由'器用'层面至'道'的飞跃"①。也就是说,教育史学的功能与价值,在超工具的视野中是可以分离的,作为教育史学的价值虽然是在与他物的相互映照关系中成立的,却可以独立于对他物或他事的效用定义而存在。换而言之,即教育史学具有某种功能,并不意味着它就一定能明确地显示出其存在着某种价值,同样,具有某种意义的教育史学价值,并不一定会有相应的功能显示出来。正如有学者所说的那样,"史学可以一无所用却未必一无是处"②。教育史学亦然。

第二节　教育史学功能与价值讨论的回顾与思考

自教育史作为一门独立的学科产生以来,有关教育史学功能与价值

① 周建漳:《历史及其理解和解释》,社会科学文献出版社 2005 年版,第 129—130 页。

② 同上,第 130 页。

的讨论就一直没有停止过。尤其是20世纪以来，随着史学危机的出现，关于教育史学功能与价值的讨论日趋激烈。中、西方学术界在有关教育史学的功能与价值的讨论中，形成了一些新的特点。为了深入探讨教育史学的功能与价值问题，笔者认为，有必要对20世纪以来中、外教育史学界关于教育史学功能与价值的认识进行历史的回顾和反思，明确20世纪有关教育史学功能与价值研究的特点与不足，为我们更好地认识教育史学功能与价值奠定基础。

一、西方教育史学界关于教育史学功能和价值的讨论

纵观20世纪以来西方学术界对教育史学研究的意义和作用的评价，笔者认为，可以将其分为两个主要时期：第一个时期：是18世纪至20世纪六七十年代，西方教育史学界对教育史学的功能与价值的基本定位放在了以职业培训为核心的实用性功能与价值层面。这一时期的西方教育史学由于在其产生和发展过程中长期受到"行政主义的侵蚀，从一开始就被当做一门职业的或训练的科目"[①]，而显示出在职业培训中的强大功能。许多学者在研究教育史学功能时，常常以教育的过去与现实之间的关系作为切入点，"千方百计地企图在历史研究的过程中，使历史'更恰当'、'功能更大'和更加符合实际等等。特别是有人欲吸取过去的教训，并从中得出适合于当前的范例和启示"[②]。在这种思想的指导下，当时的教育史研究"不是为了在理论上有所建树，人们研究某个学校或教育机构的历史只是为了把某些具体问题弄清楚，企图从历史中获得一些经验教训来指导现实的教育"[③]。一些批评家甚至对教育史学研究一直"不能对教育行政和教育决策发挥积极的影响耿耿于怀"[④]。尤其是在英语国家里，教育史学家急功近利的实用主义心态表现得尤为突出。他们在进行教育史

① 杜成宪、邓明言：《教育史学》，人民教育出版社2004年版，第306页。

② [比]马克·第帕普《试述教育史的本质》，转引自[俄]卡特林娅·萨里莫娃、[美]欧文·V. 约翰宁迈耶主编，方晓东等译《当代教育史研究与教学的主要趋势》，教育科学出版社2001年版，第21—22页。

③ [比]马克·第帕普：《谈谈世界教育史研究方法的发展》，载《教育史研究》1994年第4期。

④ 杜成宪、邓明言：《教育史学》，人民教育出版社2004年版，第306页。

学研究的过程中，不仅会忽略中间环节，希望将理论与实践直接挂钩，而且要求教育史学研究必须立即对解决当代问题有用，并使教育史学科发展成为“教育机构工作人员训练计划的一部分”①。这种在教育史学研究中过分强调教育史学的应用性和实用性的做法，其直接后果是导致了教育史学研究的学术水平不断滑落。为此，西方教育史学界的一些学者开始对教育史学研究中过分强调教育史学的实用性和应用性功能的做法进行反思和批评，进而促使20世纪六七十年代西方教育史学界对教育史学功能与价值进行重新认识。

20世纪六七十年代以后至今，是西方关于教育史学功能与价值讨论的第二个时期。在这期间，西方教育史学界通过反思，开始意识到仅仅强调教育史学的实用性功能及其应用价值，而忽视教育史学的特殊性，不仅会妨碍教育史学自身的发展，同时也会大大降低教育史学研究的学术性。为此，西方学术界首先对长期以来教育史学研究中过分强调实用性的功利主义倾向进行了严肃的批评。一些历史学家认为，“在历史学的所有分支中，或许只有教育史发展成了现在这种形式，成为教育机构工作人员训练计划的一部分。这就使得教育史与教育体制的训练功能之间的联系得到了进一步加强。由于体制的惯性作用，反过来制约了教育史学科自身的发展”②。也有学者对那种在教育史学研究中只“欲吸取过去的教训，并从中得出适合于当前范例和启示”的功利主义倾向提出了质疑，在他们看来，历史的经验与当前的境况从本质上讲都是独特的，一味地强调历史经验与当前现实之间的直接联系的功利主义观点，难免会有篡改历史之嫌。③ 一些学者甚至更明确地提出，“历史的唯一教训是没有提供教训”④。就连著名实用主义代表人物约翰·杜威(John Dewey)也对教育史学研究

① 杜成宪、邓明言:《教育史学》,人民教育出版社2004年版,第306页。

② 同上。

③ [比]马克·第帕普:《试述教育史的本质》,转引自[俄]卡特林娅·萨里莫娃、[美]欧文·V. 约翰宁迈耶主编,方晓东等译《当代教育史研究与教学的主要趋势》,教育科学出版社2001年版,第22页。

④ 参见[比]马克·第帕普《试述教育史的本质》,转引自[俄]卡特林娅·萨里莫娃、[美]欧文·V. 约翰宁迈耶主编,方晓东等译《当代教育史研究与教学的主要趋势》,教育科学出版社2001年版,第22页。

忽视某些中间环节而将理论与实践直接挂钩，要求教育史学研究必须立即对解决当代问题有用的做法表示了怀疑。他认为，“没有任何科学研究的结论可以转化为指导教育者的直接规则。教育实践涉及到许多科学研究中所没有包括的条件和因素”。因此，“科学研究结果不应当做为行动的规则来使用”，它只是“有助于提醒教师发现一些未来没有注意到的因素，解释原来误解的东西”。[①] “历史的经验证明，一种极度功利化行为的背后，不可能有健全的道德动机。教育史作为一门学科，其价值和社会意义往往不是立即就能被人们清楚地认识并给予重视的。受社会和历史文化传统的影响，教育史对研究者、教育决策者、学校教师和管理人员，乃至对一般公众，它所显示的意义也不尽相同。”[②]在这种思想指导下，西方教育史学界对教育史学的功能与价值进行了重新认识。

当代教育史家理查德·奥尔德里奇(Richard Aldrich)在《教育史之我见》一文中明确指出：“在 20 世纪六七十年代，教育史作为师资培训的课程具有双重目的。第一个目的是引导学生去了解人类经验的多样性和丰富性，这是他们从当代知识中所无法获得的；第二个目的是通过使学生更强烈地意识到历史是一种探索过程，帮助学生为自己创造一个有条理的、精确的历史画面。”从而达到“纠正现有的错误解释”和“填补某些空白”的目的。[③] 在这里奥尔德里奇实际上强调了教育史学的两个层面的功能：一是教育史学的学术功能，即通过耗费大量的时间而尽可能精确地描述历史的功能；二是教育史学的社会功能，即通过编撰简明的历史读物，“力求将教育史作为公共知识看待，向那些对教育史知识知之甚少的普通公众作广泛的宣传，让他们了解这门学科”。因此，“教育史的专业性研究不应排斥普及工作”[④]。

---

① [美]杜威：《教育科学的资源》，转引自[美]约翰·D. 麦克尼尔著、施良方等译《课程导论》，辽宁教育出版社 1990 年版，第 396 页。

② 杜成宪、邓明言：《教育史学》，人民教育出版社 2004 年版，第 307 页。

③ [俄]卡特林娅·萨里莫娃、[美] 欧文·V. 约翰宁迈耶主编，方晓东等译：《当代教育史研究与教学的主要趋势》，教育科学出版社 2001 年版，第 122 页。

④ [英]理查德·奥尔德里奇：《教育史之我见》，见[俄]卡特林娅·萨里莫娃、[美]欧文·V. 约翰宁迈耶主编，方晓东等译《当代教育史研究与教学的主要趋势》，教育科学出版社 2001 年版，第 122—123 页。

关于教育史学的学科，马洛(Marrou H. I.)这样认为："历史知识的效益主要在于它能引起我们相互交换看法，可以扩大我们的眼界，清除我们幼稚的自足感。正是这种自足感妨碍了我们考虑到他人可能持有不同意见。所以，尽管历史知识不一定能改变我们的行动路线，但它迫使我们思考，促使我们去检验决策的合理性和有效性，使我们做出明智的决策。"[①]在此，马洛将教育史学的功能定位于开阔眼界、为现实决策的有效性和合理性寻找检验依据的层面。

关于教育史学对现实社会的借鉴功能，巴茨(Butts R. F)有更明确的表述。他认为："研究教育史，就其本身而言，是不能解决目前的实际问题的，但却能够使我们更为明智地对待目前的实际问题。这是因为研究教育史可以帮助我们看出目前的重要问题是什么，这些重要问题是怎样出现的，过去是怎样解决的，过去解决的方法能否用来解决当前的问题。"由此，教育史学至少具有两种"效益"："第一是让人们看清，过去用以解决问题的要素有哪些还存在于目前，这些传统的要素为什么遇到新的环境和新的需要而产生新的问题；第二是让人分辨不同时代和不同民族曾经怎样解决类似目前出现的问题"[②]。因此，巴茨将人类文化发展的历史作为理解现代社会和现代教育的最好渠道之一，进而强调了教育史学的借鉴和指导方面的功能和价值。

联合国教科文组织在为安多旺·莱昂的《当代教育史》所写的序言中，明确阐述了对教育史这门学科的功能的一般性见解：第一，"教育史这门学科从事件历史学发展到比较历史学，它涉及教育的学说、制度、实践和技术等，它能使我们对各门教育科学取得的进步进行评价，能使我们了解在各门教育科学的发展中它们之间相互联系的逐渐形成"；第二，教育史学研究有助于"使得种种教育问题普遍化这一倾向更为显著"，从而"导致对于有关共同问题进行探讨"；第三，教育史学研究能"以一种崭新的态度来理解和认识遍及世界、遍及各个时期的种种教育制度的相互依赖

① [法]Marrou, H. I., A History of Education in Antiquity, 1982, Introduction xii. 转引自杜成宪、邓明言《教育史学》，人民教育出版社 2004 年版，第 308 页。

② Butta, R. F., A Cultural History of Education, 1947, pp. 2.7. 转引自杜成宪、邓明言《教育史学》，人民教育出版社 2004 年版，第 308 页。

性”，并通过教育史“更好地培养人们的智能，从而掌握各种形势的相关概念，从而了解各个时代和各时代人民间的互相依赖性，同时又能为其文化特性确立合理的基础”；第四，“教育史更能通过确立自远古以来从研究一般事实过渡到研究个别事实的重要性，从而为赋予教育以哲理性思考和未来学方法而奠定更好的基础”。① 上述对教育史学功能的认识实际上着重强调两个方面的内容：一是教育历史与现实是有联系的，教育发展是有规律可循的，通过了解教育史，可以帮助我们更好地理解现实；二是教育史学也是我们预测未来的重要环节。正如安多旺·莱昂在《当代教育史》的结论中所说的那样：“我们的目的不是开列一份各种目的论学说、荒诞哲学和其他一个接着一个流行和过时的理论的批评清单，而是更详细地考察上一章提到的某些意见，并提供一些建议，目的在于使历史成为一种为注视现在、同时指向未来的行为做准备的手段。”②由此可见，莱昂更多地主张从教育史学与现实与未来的关系中来理解教育史学的功能和价值。

与上述论述相比，西蒙(Simon B.)和米亚拉雷(Mialaret G.)则更直截了当地强调：“我们不应要求教育史的研究对任课教师的实践产生直接的影响。教育史的直接贡献是提供过去的信息；间接贡献是通过灌输历史观念避免思想僵化。所以，教育史打开了实行变革之门，并提示了这种变革的不确定性。”③与此同时，他们反对对教育史的“滥用”，也指出了教育史学过于重视职业培训方向的局限性，主张在历史研究中应当提倡一种“成熟的现实主义”④，使教育史学更好地适应现代社会的需要。20 世纪六七十年代以后，西方教育史学界对教育史学现实性功能的认识，在美

---

① 参见[法] 安多旺·莱昂著，樊慧英、张斌贤译《当代教育史》序言，光明日报出版社 1989 年版。

② [法] 安多旺·莱昂著，樊慧英、张斌贤译：《当代教育史》，光明日报出版社 1989 年版，第 140—141 页。

③ 参见瞿葆奎主编，瞿葆奎、沈剑平选编《教育学文集·教育与教育学》，人民教育出版社 1993 年版，第 535 页；[法]G. 米亚拉雷著，郑军、张志远译，李泽鹏校：《教育科学导论》，光明日报出版社 1989 年版，第 43 页。

④ [美]里特·斯·萨斯罗、纳·雷·欣纳：《我们在教育史课程中教些什么》，载[俄]卡特林娅·萨里莫娃、[美] 欧文·V. 约翰宁迈耶主编，方晓东等译《当代教育史研究与教学的主要趋势》，教育科学出版社 2001 年版，第 227 页。

国具体体现为“一致论”和“冲突论”[1]。“一致论”和“冲突论”之争反映了教育史研究融入社会史的潮流、关注社会现实问题的强烈意向。[2]

对于教育史学与教育理论之间的关系问题，卡特林娅·萨里莫娃(Kadriya Salimova)在《昔日教育智慧对未来的启示》一文中明确指出，“一种现代教育理论和实践，是在漫长的世界历史进程中不断克服各种矛盾、完善和发展的必然结果。换言之，每个教育史时期总结了前一阶段的成就。这不是取消这些成就，而是对其作更深入的理解、补充、完善和发展。……可以说，一种理论就是一部卷起的历史。因此，历史的起源和发展被保留在现代的教育理论之中，并不断得到再现。这就是为什么历史上的教育智慧对未来的教师具有永恒的启示”的原因。[3] 由此确定了教育史学在理论总结、概括和创新方面的功能与价值。

综观整个20世纪西方学术界对教育史学功能与价值的认识，我们不难发现，西方学者对教育史学功能与价值的认识，经历了从单纯强调师资培训的实用性功能与价值向关注教育史学与现实及未来之间的联系的转变的过程，同时也经历了从单纯注重实用性功能和应用性价值的单一功能与价值，向多元化的教育史学功能与价值转变的过程。在他们看来，“以往人们过于看重教育史的职业方面，即教育史在师资培训中的作用”，使得教育史学的“重要性被低估了。当务之急是要在作为学术研究领域的教育史和作为师资培训科目的教育史之间寻找到某种平衡点，更好地适应现代社会的需要”。[4]

二、中国教育史学界关于教育史学功能和价值的讨论

20世纪初教育史学在中国产生的“直接缘由在于新办大学堂和师范

---

① 教育史上的“一致论”(consensus)和“冲突论”(conflict)就是历史学家借鉴社会学理论解释当代社会问题的一种尝试。概括地说，“一致论”强调社会的整合，“冲突论”更多地反映社会的变革。

② 杜成宪、邓明言:《教育史学》，人民教育出版社2004年版，第307—308页。

③ [俄]卡特林娅·萨里莫娃:《昔日教育智慧对未来的启示》，载[俄]卡特林娅·萨里莫娃、[美]欧文·V. 约翰宁迈耶主编，方晓东等译《当代教育史研究与教学的主要趋势》，教育科学出版社2001年版，第87页。

④ 杜成宪、邓明言:《教育史学》，人民教育出版社2004年版，第310页。

学堂设置教育史课程的需要”,如《奏定初级师范学堂章程》对教育类课程的说明中就明确指出,“先讲教育史,当讲明中国外国教育之源流,及中国教育家之绪论,外国著名纯正教育家之传记,使识其取义立法之要略”①。这说明,教育史学科在产生之初的主要功用在于为师范教育服务。

20世纪30年代,开始有学者对教育史学的功能与价值进行专门性讨论,其中代表性的人物有冯品兰、雷通群、姜琦等。冯品兰在其所著的《西洋教育史》中,从教育的性质入手,论述了教育史学的功能、价值问题。在他看来,“现代教育,不外过去数千年发达的成果,现代的人要完全明了教育演进的途径,彻底认识教育活动的真相就不能不以过去数千年的史实作资鉴。所以研究教育史,意在帮助我们研究现代教育”。在此基础上,他明确提出研究教育史学具有养成教育的思想、养成公平正确的识见、养成服务教育的精神等三个方面的功能与价值。②

不久,雷通群、姜琦在《西洋教育通史》中也对教育史学的功能、价值进行了进一步的研究。在他们看来,历史具有为认识事物变迁发达之次第的价值;为认识某种事实是属于某时代的知识价值;藉过去之认识使吾人更深切明了现在之真相的价值;既知过去与现在,使吾人具某程度的预见,可免未来之祸的价值;有情意陶冶的文化价值。教育史学作为历史学组成部分,除了具有历史研究的一般功能和价值外,还具一是能满足吾人学术研究的兴味;二是在于教育研究上的裨益;三是在于社会的认识;四是在其可为教育家修养之资;五是可包括其他如文化研究上的价值、历史研究上的价值、社会学研究上的价值等特殊的价值。③ 从这些早期对教育史功能与价值的论述中,可以看出我国教育史学界除了承认教育史学的实用价值外,更重视教育史学学术和社会文化方面的功能与价值。

1949年到1957年这期间,中国教育史学界虽没有对教育史学科功能与价值的专门论述,但是在几乎每一种教材中都强调指出,“研究教育史

① 舒新城编:《中国近代教育史资料》(中册),人民教育出版社1961年版,第678页。

② 冯品兰:《西洋教育史》,大华书局1933年版,第7—8页。

③ 参见雷通群、姜琦《西洋教育通史》,上海书店1990年版(据商务印书馆1935年版影印本),第9—11页。

学的目的和任务在于了解中国教育发展的历程，批判地继承中国的教育遗产，建立真实的科学的教育学”。与此同时，明确地强调教育史学研究“在于认识近代中国教育是在封建主义、帝国主义双重压迫下，祖国教育所遭受的封建的、买办的、法西斯的种种毒害，揭露这一时期教育的‘落后性’、‘反动性’，体现无产阶级领导的文教事业的光辉。另一方面，认识祖国教育的卓越成就，尤其是新民主主义革命以来，在毛泽东主席和共产党的领导下，对中国教育史研究目的和任务的认识，其依据是毛泽东对传统文化的‘剔除其封建糟粕，吸收其民主的精华’的论述。……对古代教育是总体上以‘批判的方式吸收’”[①]。由此看来，这期间对教育史学的功能与价值的认识，更多地关注教育历史知识的获得和教育史学对现实的指导功能。此后的“文革”十年，基本上是将教育史学研究的任务锁定在为政治服务的层面之上。

1976 年到 1980 年期间，随着人们在思想上的拨乱反正，学术界开始对教育史学的相关理论问题进行研究。其中在教育史学研究的目的与任务的认识上，多数学者认为，中国教育史研究的目的，在于揭示中国教育历史发生、发展的共同规律和各个不同历史发展阶段中的特殊规律。中国教育史研究的任务是实事求是地阐明中国的教育制度和教育思想发展、变化的因果、嬗变关系，总结经验、教训，批判地继承教育历史遗产，“古为今用”，丰富和发展马克思主义的教育理论，改进当前的教育工作；在教学中，使学生获得系统的规律性的中国教育史知识，了解、批判继承的主要内容，为参加我国社会主义教育事业和教育科学研究，奠定必要的知识、理论基础。[②] 这反映了学术界对教育史学科功能和价值的新的认识取向。

20 世纪 90 年代以后，对教育史学功能与价值的认识和研究逐渐趋向系统化和科学化。1991 年，曾天山发表名为《教育史研究的新思维》的文章。在这篇文章中，作者明确提出了对教育史学科功能的新认识。他将

① 杜成宪、崔运武、王伦信：《中国教育史学九十年》，华东师范大学出版社 1998 年版，第 55—56 页。

② 参见韩达《关于中国教育史学学科体系问题的讨论》，载《教育研究》1981 年第 4 期。

教育史学科的功能概括为四个方面:一、历史借鉴功能,它构成教育史功能的基础层次。教育史学研究可以总结具有普遍意义的教育规律,为深入研究当今教育问题,进行教育改革提供经验教训。二、继承和发展功能。历史是时代的延续和交替,历史学家克罗齐认为,“一切历史都是当代史”。教育史的生命力就在于能为现实服务,为教育改革服务。教育史与其他学科相结合,在直接参与当代重大教育改革的研究和决策中提供应用和预测功能,这样就使教育史与现实教育问题联系更加紧密,既可以把原来的感性认识提升为理论,又能把原有的教育理论运用到新的教育实践中去检验,在更高层次上实现理论与实践的结合。三、历史对比功能。教育史研究可以提供不同高度、不同时代教育理论和实践的共同规律,也可以提供相同社会政治背景下的不同教育措施和经验,这样就可以从“异中求同”,又能从“同中求异”,正反对照。四、教育史研究学习还可以提高教育研究人员的理论素质和科研水平,扩大知识的视野,借鉴古往今来的教育成果,减少盲目性,明确教育科研人员的研究方向。① 在此,曾天山着重强调了教育史学的学术与社会两个方面的功能与价值。

1999 年李和平在《教育史学功能及其内在三层次结构论》一文中,从设定教育史学功能开始,采用功能—结构的思想、方法,讨论教育史学结构问题,从学科功能论上将教育史学的功能归为三个方面:即再现既往的教育事实功能、发现功能和预见功能。将发现功能分为四个方面的内容:其一是发现教育的历史经验和历史教训,以便为实现人们借鉴历史经验、总结历史教训的目的服务。其二是发现教育产生、发展的规律,以便为实现人的掌握规律、运用规律的目的服务。其三是发现教育史上未知领域和未知史实,以便为今后开发新的研究领域和新的研究课题服务。其四是发现教育传统。教育传统不是传统教育,教育传统是既往千百年来在一个具体的教育事实中所共同具有的、今天依然存留在人的心理的活的东西。传统教育从古到今都在不断演变,而教育传统具有稳定性,很难随时代推移而变动,发现教育传统的目的在于为今天弘扬教育传统服务。发现功能的四个方面,可以归结为“鉴古以知今”功能和“古为今用”功能。

① 曾天山:《教育史研究的新思维》,载《教育史研究》1991 年第 1 期。

同时，预见功能也分为两个方面：一是预见教育未来发展趋势，二是预见教育未来发展方向。①

也有学者从教育史学研究目的的层面，将教育史学的价值归纳为：(1) 提供教育历史的事实；(2) 提供原始性的教育史料；(3) 认识文化演进与教育实施之间的关系；(4) 解释人类过去教育活动及其相关因素；(5) 有助于发现教育理论与一般学校实施之间的相关性；(6) 提供了解现今教育实施与过去的关系；(7) 促进教育专业人员摆脱偏见，建立正确的教育观；(8) 寻求教育发展与人类文明息息相关的各种信念等方面。②

2001 年，张传燧撰文对教育史学的功能及价值提出了与以往学者不同的观点。他认为教育史学具有展现性、思辨性、应用性和人文性四大功能。在他看来，展现性功能重在描述和再现教育历史的过程及其发展状况，追求学科的史学性价值，其形式是“记述的”教育史。目的在于还原漫长的教育发展历史，使人们了解和把握教育历史的本然面貌。这是教育史学的基本价值。思辨性功能重在论述和寻求教育历史的本质及其发展运用规律，追求学科的学术性价值，其形式是“主观的”或“思辨的”教育史。这种教育史的研究方法是逻辑式的，可视为教育史学的本体价值。应用性功能重在发挥出对当代教育实践的借鉴与指导作用，追求学科的实践性价值，其形式是“实践的”或“实用的”教育史。这种教育史的研究方法是实用式的，主要有“古为今用”，“洋为中用”。这应当成为教育史学的应用价值。人文性功能重在发挥出教育史学蕴涵的育人价值，追求学科的个体性价值，其形式便是“心灵的”或“精神的”教育史。这种教育史的研究方法是体验感悟式的，主要有情感陶冶、道德熏染、心灵净化、理念升华，目的在于为培养新一代理想教师服务，并以历代教育史家的教育理论、教育精神、教师风范和高尚人格来感染下一代。这应当成为教育史学的内在精神价值。③ 张传燧的论述比较全面地反映出了教育史学功能与

---

① 李和平：《教育史学功能及其内在三层次结构论》，载《教育史研究》1991 年第 1 期。

② 参见贾馥茗总编纂、国立编译馆主编《教育人辞书 7》，文景书局 2000 年版，第 76 页。

③ 张传燧：《〈教育史学〉的反思与重构》，载《华东师范大学学报》(教育科学版) 2001 年第 3 期。

价值的多层次性和多样性特点，为我们更全面地认识教育史学的功能与价值奠定了良好的基础。

2005年，杨孔炽《关于教育史研究的价值问题》在《光明日报》上发表，他认为以往教育史学界对教育史研究价值的观点主要包括三种：一是从对历史学研究的一般价值中引申出教育史研究的价值，具体而言包括教育史学的鉴古知今、涵养人品等方面的功能和价值。这是对教育史研究价值(或功能)的一般性概括；二是强调教育史的文化解释功能。持这一观点的学者认为，人类文化教育历史上的一些重要现象的出现、成因和发展，都可以通过教育史的研究得到很好的解释。滕大春认为，“要求一种教育基本理论学科给当前某些具体的教育业务工作提供切实可行的实施方案，是难以胜任的……教育史对于实际工作的效能常常是迂回的，而不是直线进行的，是须经过较长时期才能显明其伟效的，……教育史不是实用性或技术性的学科，其功效每每不是立竿见影的”[①]。因此，教育史学研究的这一价值(或功能)又可以称为教育史研究价值的“间接贡献论”。教育史研究价值论中的这种文化解释功能论强调了教育史学科的学术性、理论性，强调了它的宏观指导价值，这对于提升教育史学科的学术地位、促进教育史学研究的纵深发展有着重要的意义。三是充分强调教育史学对现实的指导价值及其在社会改造过程中的直接贡献。持这一观点的学者认为，教育史研究可以通过对教育发展历史的考察，揭示现实教育问题的历史根源，直接为现实教育问题的解决提供参考。

在此基础上，杨孔炽提出了他关于教育史学研究价值的观点。在他看来，从我国的情况看，教育史学研究之所以在20世纪前期产生和发展起来，是因为当时教育改革的需要，教育史学研究是直接应用于当时的社会变革的。在“直接价值论”中，杨孔炽认为应注意两个方面的价值：一是注意教育史研究的学科发展价值；二是注意分析教育史研究的现实经济价值。[②]

① 滕大春主编：《外国教育通史》前言，山东教育出版社1992年版。

② 参见杨孔炽《关于教育史研究的价值问题》，载《光明日报》2005年1月12日。

2006年，肖会平、周洪宇撰文[①]，论述了教育史学的学术功能与社会功能。他们认为，教育史学的学术功能主要包括记载、寻真、传承历史文化和发展教育科学四个方面，教育史学的社会功能主要有借鉴、育人、指导和优化四个层面，并在此基础上论述了教育史学的学术功能与社会功能之间的关系，以及实现教育史学功能的途径。这篇文章对教育史学功能问题的论述广泛吸收了前人对教育史学功能的论述，是迄今比较全面地论述教育史学功能的研究成果。

概而言之，中国教育史学界对教育史学功能与价值的认识，与西方略有不同。中国教育史学界对教育史学功能与价值的论述，更多地是从教育史与社会之间的关系层面来认识教育史学的社会功能与价值的。与此同时，中国教育史学界在承认教育史学的实用功能与价值的同时，开始关注从不同层面去认识教育史学的功能与价值。

三、中、外教育史学界对教育史学功能和价值认识的特点分析

从整个20世纪来看，中、外教育史学界花了大量的笔墨对教育史学的功能与价值问题进行了探讨。据马克·第帕普(Marc Depaepe)对西方学术界有关教育史学功能与价值方面的文章的统计，在20世纪中有600多篇文章涉及此问题。[②] 虽然中国这方面的相关论述中尚没有精确的统计数据，但是在许多教育史学研究中，学者们或多或少地都涉及了这方面的内容。尽管如此，这并不表明对教育史学功能与价值的研究已经达到了很高的水平，只说明教育史功能与价值研究本身所具有的复杂性，同时也显示出研究教育史学功能与价值对教育史学科发展的重要意义。

综观中、外教育史学界对教育史学功能与价值的论述，尽管观点各异，有的从教育史学的性质入手，来讨论教育史学的功能与价值问题；有的从教育史学的结构层次上探讨教育史学的功能与价值；还有的从是否

① 参见肖会平、周洪宇《教育史学的学术功能与社会功能》，载《教育学报》2006年第3期。

② 参见[比]马克·第帕普《试述教育史的本质》，转引自[俄]卡特林娅·萨里莫娃、[美]欧文·V. 约翰宁迈耶主编，方晓东等译《当代教育史研究与教学的主要趋势》，教育科学出版社2001年版，第21页。

有"用"来评价教育史学的功能与价值;更多学者从历史与现实的关系上对教育史学进行功能与价值定位,但是,从总体趋势上看,中、外教育史学界对教育史学功能与价值的认识也形成了一些共同特点,概括起来主要包括以下方面:

第一,对教育史学功能与价值的定位从一元走向多元。

从中、西方教育史学的产生过程来看,教育史学从历史学中分离出来的直接原因在于其为师资培训之目的。因此,自教育史学作为一门独立的学科产生以来,其为职业培训服务的实用性功能与应用性价值就表现得十分明显。以美国为例,19 世纪 60 年代以后,学术界普遍形成了一个观点,即"教师应该至少知道本国学校制度的发展,并以此作为他们专业素质的一部分"。因此,教育史学被普遍"纳入到了师范院校的课程计划之中,成为师范学校学生的必修课目"[①]。而在我国,"从师范教育制度形成的时候起,'教育史'就是最基本最重要的课程之一,后来一直是师范大学教育院系中不可或缺的基础课程。师范学生不仅从中了解了中外教育发展的历史线索和教育历史知识,也从众多教育家的教育实践和教育理论中获得了做人的表率和执著于教育事业的崇高精神,成为他们献身教育事业的精神动力"[②]。中国教育史学界对教育史学功能与价值的认识,与西方相比较而言,在承认教育史学实用功能的前提下,更多地强调的是教育史学的借鉴功能与教育功能,从而导致了教育史学在相当长的时期内成为了政治的附庸和阶级斗争的工具。

20 世纪七八十年代以后,随着西方"新史学"影响的不断扩大,随着中国教育史学界思想禁锢的进一步被打破,中、西方教育史学界对教育史学功能与价值的认识都发生了明显的变化。主要表现为:西方教育史学界对教育史学功能与价值的认识开始突破传统的只重视教育史学的实用功能和应用价值的藩篱,开始寻求教育史学理论与指导现实的功能和价值。如马克·第帕普所说的那样,"正如我在其他地方所论及的那样,在各种类型的教育理论中,理论与历史之间存在着特殊的联系。借鉴历史可能

---

① 参见杨孔炽《关于教育史学研究的价值问题》,载《光明日报》2005 年 1 月 12 日。

② 同上。

得以提高某些理论的洞察力；反过来，某些理论也可以使历史的演化变得更容易理解。……我唯一需要强调的是在历史基础上去形成教育理论，以及在历史中使用当代教育概念是不能随心所欲的"①。与此同时，切斯拉夫·马约列克(Czeslaw Majorek)在《教育史学教学中的课程导论部分的重要性》一文中，在提示学生学习教育史的技巧时，明确提出了可以通过参考或调查、解释、重构等步骤来学习教育史，这实际上表明作者已经比较明确地意识到了教育史学功能的多元化倾向。② 中国学术界自20世纪80年代以来，对教育史学功能与价值探讨的实践表明，其对教育史学功能与价值的认识已开始从传统的重视借鉴功能转向了多元化的认识。如张传燧、曾天山、杨孔炽、肖会平、周洪宇等人对教育史学功能与价值的探讨，都显示出了这一转变。

第二，注重从教育历史与现实之间的关系中把握教育史学功能与价值。

教育史学作为人类教育历史的记录、叙述和解释性的学问，它的主要特点体现为现实与历史的一脉相承性，由此决定了现实的问题往往可以在历史中获得相关的经验。现实社会中的许多事件和问题，都可以在历史中寻找到依据。因此，不论是中国还是西方教育史学界，都非常重视从历史与现实之间的关系中把握教育史学的功能与价值。在这一方面，中国教育史学界对教育史学的借鉴功能的探讨，表现得尤为突出。自古以来，中国史学家就非常注重通过"对过去事物的记述与解释树立一面镜子来规范社会，因此被称为'鉴戒史学'"③。由此影响到人们对教育史学功能与价值的认识，即试图通过研究、学习教育历史达到"正言之，为模范，为指南；反言之，则亦前车之覆辙也"④的目的。这一传统长期影响着中国

---

① [比]马克·第帕普《试述教育史的本质》，转引自[俄]卡特林娅·萨里莫娃、[美]欧文·V. 约翰宁迈耶主编，方晓东等译《当代教育史研究与教学的主要趋势》，教育科学出版社2001年版，第22页。

② 参见[波]切斯拉夫·马约列克：《教育史学教学中的课程导论部分的重要性》，转引自[俄]卡特林娅·萨里莫娃、[美]欧文·V. 约翰宁迈耶主编，方晓东等译《当代教育史研究与教学的主要趋势》，教育科学出版社2001年版，第38页。

③ 张光东：《史学功能的转向与史学勃兴》，载《学习与探索》2003年第4期。

④ 周洪宇、刘居富：《迈向21世纪的中国教育科学》，华中师范大学出版社1998年版，第305页。

教育史学界对教育史学功能与价值的定位。

在西方教育史学研究的过程中，许多教育史学研究者也是从教育历史与现实之间的关系中来把握教育史学的功能与价值的。佩尔·索拉(Pere Sola)认为，“作为教育史的教学有两个层次。首先，教育史或多或少地可以被认为是系统的、准确的材料收集，这些材料有利于对当前教育实践的思考，为未来教师对其工作做准备。或者，从另一方面来说，历史—教育问题可以与教育—文化现象在总体是动态的历史背景中相联系。这时，教育史就能向受过教育的公众提供历史的、文化的信息，而不仅是上面提到的那样，只向未来的职业教育者或教师提供这些信息。……事实上，精确的、有深度的、具有历史背景的信息，对于正确地理解人类活动情况及教育者所起的作用是绝对必要的”。对教育史学的研究，“特别是要研究这种变化是如何影响教育的理论与实践的。……历史的信息可以帮助我们思考，通过以清晰一致的形式提供有关文化和过去教育及学校实践传播的历史文件，以摆脱大百科全书式的表面性错误，就可以防止教育功能机械化的恶习”①。

第三，对教育史学功能与价值的认识从实用走向学术与理论。

综观中、外教育史学界对教育史学功能与价值的认识，我们还可以看出，中、西方教育史学界对教育史学价值与功能的认识，随着史学危机的出现，逐渐开始从强调实用性功能和应用性价值，转向肯定教育史学的学术性和理论性功能与价值。这一转变从根本上改变了过去单纯追求教育史学的实用性功能或应用价值的做法，表明教育史学研究者对教育史学与教育理论关系的认识进一步深入。

任何教育理论的形成都是以教育历史的发展为前提的。教育史学的重要功能之一，在于通过对教育历史及其学科发展历史过程的把握，概括出教育学以及教育史学的相关理论，从而为指导教育学理论研究和教育史学研究服务。在教育史学功能与价值的研究中，如果仅仅关注教育史学的实用功能与应用价值，而忽视教育史学的理论概括功能与价值，就会

① [西班牙]佩尔·索拉：《教育史是历史学科和传统人文学科的扩展》，转引自[俄]卡特林娅·萨里莫娃、[美]欧文·V. 约翰宁迈耶主编，方晓东等译《当代教育史研究与教学的主要趋势》，教育科学出版社2001年版，第58—60页。

使对教育史学功能与价值的认识陷入实用主义或功利主义的泥潭。与此同时，对教育史学学术性和理论性功能的肯定和重视，也表明了教育史学学科自身反思程度的进一步深化。

第四，明确意识到了对教育史学功能与价值认识是一个长期的、没有终点的过程。

从中、外教育史学界对教育史学功能与价值的认识过程中，可以看出，对教育史学功能与价值的认识，往往是随着社会现实状况的变化而变化的。人类社会教育只要在不断发展，对教育史学功能与价值的认识就不会停止，而且随着教育史学认识主体对人类教育历史认识的不断深入，一些当下尚未显示出来的教育史学功能与价值会不断被发现。因此，我们对教育史学功能与价值的认识永远具有相对性。我们不能因为一些教育史学功能与价值还隐藏在教育史学背后而没被发现，就否认尚未被发现或尚不能显示出来的教育史学功能与价值存在的可能性。

尽管 20 世纪 80 年代以后对教育史学功能与价值的研究再次受到学者的关注，但是，我们应该看到，对于教育史学功能与价值的系统论述还有待于进一步深入。鉴于此，笔者希望在前人研究的基础上，对教育史学的功能与价值进行再认识，以期对教育史学理论研究尽一点绵薄之力，并为后续的研究作一点思路上的铺垫。

第三节　教育史学功能与价值的再认识

教育史学的功能与价值是任何一门学科产生、存在和发展的必要条件，对教育史学功能与价值的认识和研究，不仅为人们学习和研究教育史学的必要性提供了依据，同时也为教育史学的改革和创新奠定了基础。教育史学功能与价值研究作为教育史学元研究需要解决的重要问题之一，对它的理解和认识可以从两个方面来把握：教育史学的学术功能与价值；教育史学的社会功能与价值。

一、教育史学的学术功能与价值

所谓教育史学的学术功能与价值主要是指在学术领域中，教育史学作为一门学科所具有的基本功用以及这门学科所包含的学术意义。对教育史学学术功能与价值的认识，必须建立在对教育史学的学科体系内容的理解之上。

教育史学的学科体系研究表明，教育史学由具体教育史学研究与抽象教育史学研究两个基本层面的内容组成。具体的教育史学研究主要是指对教育历史发展过程中的具体历史现象所进行的实证性研究。它主要通过对教育历史事实的记录、描述和还原，向人类展示人类活生生的教育历史发展过程，进而阐释教育史学研究者对教育历史的理解和解释。具体的教育史学研究主要包括三个方面的主要内容：教育活动史、教育制度史、教育思想史。其具体的学科表现方式有教育通史、教育断代史和教育专史等主要形式。抽象的教育史学则是对教育史认识过程的形式与规律的研究，包括对教育史学史的研究、对教育史学理论和方法的研究以及对教育历史哲学的研究。依据教育史学的学科体系的主要内容，笔者将教育史学的学术功能归纳为四个方面，即记载与描述、理解与解释、抽象与概括和理论创新四大功能。

(一) 教育史学的记载和描述功能

教育史学的记载和描述功能主要强调的是教育史学与历史学一样属于陈述之学，尤其是教育史学的具体教育史研究的基本特点在于“重陈述、嗜记载”，通过对历史上保存下来的教育历史遗存的考订和鉴别，并以此为中介，对教育历史事实进行描述，从而达到再现教育历史、重构教育历史之目的。

教育史学的记载和描述功能，主要通过教育史料为中介来实现。因此，教育史料作为教育历史事实的遗存物，它本身就自然而然地承担了再现教育历史事实、重构教育历史的中介的责任。教育史料在很大程度上是教育历史客观存在物的重要表现形式，尽管其中多少包含着记载者的主体意识的影响，但是它毕竟能从一定程度上反映教育历史客观事实。因此，在教育史学研究中重视教育史料在再现、重构教育历史中的中介作用就显得格外重要。为了保证教育史料的客观、真实性，作为教育史学工作者，必须对遗留下来的、零散的、呈现为各种形式的教育史料进行收集、筛选、鉴定、整理并加以系统化，才能最大限度地保证教育史学研究的客观、真实性。这充分体现出了教育史料在教育史学研究中的史料记载功能,同时也体现出其明显的学术研究价值。

对教育史料的搜集、考证、鉴别只是实现教育史学记载和描述功能的第一步,要真正认识教育历史事实,还必须以教育史料为中介,通过对教育史料的描述来还原教育历史。19 世纪史学大师兰克认为:历史学的首要任务就在于把历史上发生的事件和人物弄清楚,历史著作就是历史事实和人物以文字的形式还原。教育史学亦如历史学一样强调事实,立足于翔实可信的教育史料,还原客观的教育历史事实,再现教育历史的基本过程,找出教育历史的演变线索,把握教育历史发展的脉络,并以文字为主要手段,辅助其他方法和手段将其记录保存下来。这即是教育史学的记载和描述功能的具体体现。

(二) 教育史学的理解和解释功能

教育史学研究以对史料的记载与描述为起点,以对教育历史进行理解和解释为最终目的,从这个意义上说,理解和解释是教育史学的核心功能。

一般说来,"所有的自然科学和社会科学的认识都是对自然现象和社会现象的一种解释。……人类认识发展史也即是在解释中发生和发展的。具体来讲,某种具有客观真理性的理论化、体系化的知识体系,之所以具有一定的真理性,并不因为它能自行说明问题,皆因解释之缘故,或者都是解释的成功"[①]。教育史学"作为人类认识的一种基本样式,历史不仅记载人类社会既往所发生的事情(what happened),还必须对所发生的事情给出深入的理性阐释(account for the happenings),即得出关于历史的理解或解释。在某种意义上,一部史作的价值往往是由其所给出的'叙述性阐释'而不是由其'事实陈述'来确定"[②]。也就是说,教育历史理解和解释功能发挥得如何,直接关系到教育史学研究的学术价值。因此,如何正确地发挥教育史学的理解和解释功能就成了教育史学功能与价值研究的重要环节。

① 丁向荣:《试论历史认识与解释》,载《宁夏大学学报》(人文社会科学版)2002 年第 2 期。

② 周建漳:《历史及其理解和解释》,社会科学文献出版社 2005 年版,第 131 页。

在笔者看来，教育史学的理解和解释功能的正常发挥主要取决于以下两个方面：

第一，对教育历史叙述的客观性是保证教育史学理解和解释功能发挥的前提。汉代著名历史学家刘知己在《史通·叙事》中明确提出："夫史之称美者，以叙事为先。"[①]这实际上是强调叙事在历史理解和解释中不可替代的独特地位。当然对教育史学的认识不可能仅仅停留在简单地叙述教育历史的层面，更重要的是要对叙述中直接表现出来的东西进行解释。在这个意义上，西方的一些学者常常认为叙述本身"就是一种解释，一种独特的解释类型"[②]。这里的关键问题是如何实现教育历史叙述的客观性。笔者认为，要保证对教育历史叙述的客观性，必须保证教育史料的可信度，即通过最大程度地占有"原生态"的教育史料，来保证教育历史叙述的客观性，进而才能保证教育历史理解和解释的客观性。

第二，对教育史学认识主体的主体意识的发挥，是保证教育史学的理解和解释功能发挥的重要环节。教育史学认识主体"因自己的哲学观点、政治立场、知识基础、生活经验、情感和性格气质不同，所以表现出不同的主体意识"[③]，这对教育史学的理解和解释存在着不可忽视的直接影响（对此前面已有过论述）。中、外教育史学研究的历史已充分表明，在教育史学研究中，教育史研究视野的扩大，教育史研究选题的开拓以及新的研究方法和跨学科研究的广泛采用等，无一不与教育史学认识主体的主体意识的不断加强有直接的关系。因此，在教育史学研究中，是否发挥，在怎样的程度上发挥教育史学主体的主体意识，是关系到教育史学的理解和解释功能发挥的重要环节。

（三）教育史学的抽象和概括功能

教育历史既不是一系列偶然教育历史事实的堆积，也不是杂乱历史事件的拼凑，它是教育历史事实之间有规律的相互联系过程。在大量的具体、个别、特殊性教育历史事件背后隐藏着普遍性。教育史学研究不仅

---

① 刘知己：《史通·叙事》。

② 周建漳：《历史及其理解和解释》，社会科学文献出版社 2005 年版，第 163 页。

③ 参见李振宏《历史学的理论与方法》，河南大学出版社 1999 年版，第 138—146 页。

要以史料为基础，叙述教育历史的具体过程，还必须从教育史料中发现教育历史事实，进而对其历史事实进行科学的研究和分析，从而揭示其彼此之间的有机联系，并从无数偶然教育历史事实背后概括出其间必然的因果关系，抽象出大量的特殊教育历史事实背后隐藏的普遍性规律。这就是教育史学的抽象和概括功能的具体体现。

历史学首先要关注尽可能准确地重现过去发生过的全部事实，同时还要关注发生的那些事情有什么意义，发生的原因是什么①，揭示历史事实、历史过程的本真实际以及历史发展的本质规律，教育史学亦然。教育史学前辈姜琦认为，“教育史不但是实事求是之学，而且是实事之中求其所以是之学”②。王炽昌论及哲学的教育史时也说：教育史“非仅记录史事，更推阐其意义，发明教育上之原理及趋势，就客观以研究之者也”③。教育史学绝不仅仅是简单地再现真实的教育历史现象、还原教育史实及其历史过程的本来面貌，也不限于对个别偶然历史事件的肤浅描述，而应该是注重解释与分析教育历史现象的内在联系，真实反映教育历史偶然性背后的必然性、普遍性；教育史学研究不能只停留在真实地“知其然”，还要确切地“知其所以然”，深入探寻教育历史的本质和规律，从而达到科学的水准，为人们提供科学的历史知识。所以，教育史学研究实际上是尽其所能地“极忠实”地收集、考证教育史料，“极忠实”地营构、叙述教育史事，以“极忠实”的科学态度和方法，去“还原”教育史实、重建教育历史的过程。同时，教育史学研究还必须“极忠实”地分析教育历史现象及其相互关系，揭示教育历史本质，总结教育历史的发展规律，使人们不仅了解“昨天”的教育历史，也知道今天的教育是如何在“昨天”的教育历史的基础上发展来的，并对未来的教育发展做出科学的预测。我们今天所继承下来的优秀教育历史成果，都是对教育历史进行抽象、概括的结果。教育史学的这种抽象和概括功能，不仅对我们正确认识教育历史的发展规律具有重要的现实意义，同时，也为教育史学理论的不断发展奠定了学术基

① 杰弗里·巴勒克拉夫著，杨豫译：《当代史学主要趋势》，上海译文出版社 1987 年版，第 234 页。

② 姜琦：《教育史》，商务印书馆 1932 年版，第 2 页。

③ 王炽昌：《教育史》，中华书局 1932 年版，第 3 页。

础。因此,教育史学的抽象与概括功能不仅具有实实在在的学术价值,而且具有永恒的学术魅力。

(四)教育史学的理论创新功能

所谓教育史学的理论创新功能,主要是指教育史学研究以及教育史学在对教育史学科自身的反思中所构建起的教育史学理论与方法体系,对教育史学研究具有重要的指导作用。教育史学的理论创新功能是由教育史学的研究内容、研究性质、教育历史与现实的关系、教育实践与改革对教育史学理论创新提出的迫切要求所决定的。

就教育史学的研究内容来看,“教育史就是一部教育改革史、教育创新史”。由于人类的教育历史本身就是不断对其理论与实践进行改革并结合现实需要不断创新的过程,“因此,教育史在产生之时就是关注教育创新的,教育创新功能也是教育史学科与生俱来的功能。教育历史与教育现实,教育传统与教育创新本身就是相辅相成,难分彼此的”①。教育史学作为沟通历史与现实、传统与创新之间的桥梁,可以使二者统一起来,并通过对自身不断的反思,进而为教育史学科研究提供理论借鉴。

就教育史学的学科性质而言,教育史学科作为一门教育学和历史学的交叉学科以及教育学基础理论学科,研究的任务并不是限定在单纯地描述历史、还原历史的层面,而是要通过历史的研究来深化人类对教育规律的认识和理解,以便我们在人类教育发展的漫长历程中寻求教育的智慧来启迪今天人们的教育思维,教育史学科的这一性质决定了它有能力为教育创新提供智力支持。尤其是教育史学元研究,作为在对教育史学科自身进行反思基础上形成的理论体系,无疑会对教育史学研究发挥深刻的理论指导作用。每当教育史学对自身进行反思时,都会有意识或无意识地吸收一些新的理论与方法,并在此基础上形成符合现实社会发展需要的新的教育史学理论体系。因此,教育史学的学科的性质也决定了教育史学所具有理论创新功能。

就教育历史与教育现实之间的逻辑关系而言,当代的教育思想不会是凭空而生的,它总会与其前时代的教育思想存在着渊源关系;今天的教

① 杜智萍:《教育史学科的教育创新功能及其发挥》,载《太原师范学院学报》(社会科学版)2006年第5期。

育科学也不是那一个人的发明创造，而是古今中外许多教育者实践经验和教育思想的总结。现代教育科学的诸多思想理论一方面直接来源于当下的客观教育实践，另一方面间接来自于教育思想理论的历史继承。而当下的教育改革及实践中的重大实际问题几乎都无法与教育历史截然分开。只有了解了教育的昨天和前天，才能更深刻地认识教育的今天。为正确认识教育现状、科学地反映现实中的重大教育问题，就不能不了解教育历史；而要了解教育历史，就不能没有教育史学。教育科学理论正是在教育历史发展过程中逐渐形成和不断完善的，因此，教育历史是教育科学理论的重要源泉。没有人类几万年教育实践经验的不断积累，没有教育家几千年教育理论思维的丰富材料，要创造高水平的教育科学是难以想象的。① 正如著名教育学家伯顿·克拉克所说的那样："历史的研究也就是要提供种种比较，帮助理解当前；用过去大学的概念来阐明今天大学的概念；早先几个世纪大学的衰弱和复兴也许可以帮助我们了解今天的衰弱和明天大学复兴的可能性。"②一个不了解过去教育历史的人，就不可能理解现代教育。

教育史学的理论创新功能的发挥是以当今中国教育发展与改革对教育史学科的理论创新功能发挥提出的迫切需要为前提的。因为，"任何教育创新、教育改革都不能忽视教育的传统和文化的承接"③。历史经验证明，"人们自己创造自己的历史，但他们并不是随心所欲地创造，并不是在他们自己选定的条件下创造，而是在直接碰到的，既定的，从过去中继承下来的条件下创造"④。因此，教育创新、教育改革不能忘却历史，也不能轻视历史，只能尊重历史。尊重历史就是尊重教育的客观规律，而这正是科学教育发展观的关键和核心。"所有历史的积淀不仅本身构成了教育进一步改革和发展的现实基础，而且包含和体现了我国教育发展的内在

---

① 孙培青：《中国教育史》，华东师范大学出版社 2000 年版，前言。

② [英]伯顿·克拉克主编，王承绪编译：《高等教育新论》，浙江教育出版社 2001 年版，第 8 页。

③ 杜智萍：《教育史学科的教育创新功能及其发挥》，载《太原师范学院学报》(社会科学版)2006 年第 5 期。

④《马克思恩格斯选集》第 1 卷，人民出版社 1972 年版，第 603 页。

规律”[①]。“鉴古是为着知今,为着创新,绝不是走崇古泥古的老路”[②]。

二、教育史学的社会功能与价值

“教育史学的社会功能是研究这门学科的社会意义、社会价值”[③],即教育史学研究及其成果对推动社会发展有什么实际意义,它所展现的是教育史学对社会全面进步所产生的现实作用与功效。依据教育史学与社会之间的互动关系,笔者将教育史学的社会功能与价值概括为借鉴、育人、优化和指导四个方面。

(一)教育史学的借鉴功能

纵观人类历史的发展,我们可以发现世界上每个民族、国家的发展,都非常重视从历史中借鉴经验教训。由于现实与历史的一脉相承性,决定了现实的问题往往可以在历史中获得相关的经验和依据。教育历史作为人类社会历史活动的重要组成部分,现实社会中的相关问题或多或少都能在教育历史中获得参照物,从这个意义上说,教育历史可以作为现实教育的一面镜子,为现实教育提供借鉴,使我们在现实教育实践中少走弯路,少犯错误。由此可见,“以史为鉴、古为今用”是教育史学最突出的社会功能之一。教育史学的借鉴功能主要可以从以下几个方面体现出来:

1. 教育史学的教育借鉴功能

任何民族和国家的教育都与教育历史息息相关,一切现实的教育都是历史教育的延续和发展,因而对现实教育问题的认识与对现实问题的解决都可以通过对教育历史的审视而获得经验和智慧。教育史学正是通过其沟通教育现实与教育历史之间的桥梁和纽带作用来实现教育史学对教育的借鉴功能的。具体而言,教育史学对现实教育提供的借鉴主要表现在:

第一,教育史学通过对教育历史的研究,为现实教育提供经验教训。要解决现实教育中的矛盾、问题,必须首先分析认识现实教育中的矛盾、

① 谢维和:《科学发展观与教育改革》,载《清华大学教育研究》2004年第2期。
② 滕大春主编:《外国教育史和外国教育》,河北大学出版社1993年版,第566页。
③ 肖会平、周洪宇:《教育史学的学术功能与社会功能》,载《教育学报》2006年第3期。

问题。要正确、睿智地解决现实教育中的种种矛盾问题,坦然地面对教育现实的挑战,必须回溯教育历史,追忆教育的过去。只着眼于教育现实,不重视教育历史研究与分析,无异于本末倒置,正如要充分了解某个国家当今的教育情况,就必须事先考察清楚这个国家处于一般联系中的教育机构、教育思想和教育实践的发展,这是解决教育现实问题和矛盾的前提。因为,借鉴是建立在弄清历史的基础之上的,如果教育史学研究不是建立在相对客观的基础之上的话,那么任何借鉴都是无意义的。尽管人们不会局限于过去的事件中,但是应当了解这些事件。因为凡是对过去一无所知的人是注定要重蹈覆辙的。①

教育历史研究不是为了"发思古之幽情",而是要从教育活动所经历的过程中,揭示其客观规律和发展方向,继而为当前的教育改革和教育实践提供可资借鉴的经验与教训。巴茨在《教育文化史》一书中说:"研究教育史,就其本身而言,是不能解决目前的实际问题的;但它使我们更为聪明地解决目前的实际问题。""这是因为研究教育史可以帮助我们看出目前的重要问题是什么,这些重要问题是怎样出现的,过去曾怎样解决的,过去解决的办法能否用来解决目前的问题。"②的确,由于社会历史的变化性、不完全重复性,教育史学虽然不能直接解决教育改革发展中遇到的实际困难和具体问题,也不能从过去的教育历史中找到解决现实问题的具体答案,但我们却可以通过对教育历史的具体分析,从中吸取经验教训,使我们能智慧地看待教育现状,更睿智、全面地进行教育改革;减少教育实践的盲目性,少犯和不犯同样的历史错误;通过还原、再现教育历史过程,反映、揭示教育历史发展的规律,能为人们在解决现实教育问题的多种不确定模式中进行选择提供判断依据,能为人们在现实教育发展的多元取向中进行选择提供必要的价值标准。③ 如中国最早论述教育的《学记》,具有丰富的教师思想,其中"严师、人师、尊师"思想对我国目前实行教师专业化、推行教师资格证书制度有重要的启示作用。青年学者丁平

---

① 许建美:《布里克曼教育史学观述评》,载《教育史研究》2001 年第 1 期。

② 转引自滕大春《美国教育史》,人民教育出版社 1994 年版,第 58 页。

③ 参见肖会平、周洪宇《教育史学的学术功能与社会功能》,载《教育学报》2006 年第 3 期。

一的力作《中国近代教育思想发展史》从整体上把握近代教育思想的发展规律，对其艰难曲折的历程做了大量深入细致的分析和研究，不但弥补了近代教育思想研究中的不足，而且也为今天的教育改革提供了历史参考，其社会价值和学术价值是很值得肯定的。中国教会大学也留下许多成功或失败的办学经验，只要加以正确总结，便可成为当前深化高校教育改革的重要借鉴。

第二，教育史学通过对教育历史特点和规律的把握，为人类现实教育理论提供借鉴。任何教育学理论的形成，都必须以教育史学的发展为前提。因为，从历史的纵向来看，教育学产生于教育历史的发展过程之中。教育史学通过对人类教育历史发展过程中丰富的教育实践经验的总结和概括，不断为教育学提供着充足的理论资源，为教育学理论的不断丰富和发展奠定了坚实的基础。可以说，没有教育史学的发展，就没有教育学的产生，教育史学是构建教育学理论体系的基础。人类教育历史发展的经验表明，任何教育理论的形成，都离不开对教育历史的把握和对教育历史经验的借鉴，离开教育历史经验的理论就像离开教育理论的实践一样，要么穿新鞋走老路，要么昙花一现，不能长久。因此，教育史学是教育学理论产生发展的前提。

第三，教育史学通过其在实践和理论层面的研究，为教育未来提供借鉴。教育史学不仅为教育现实而且还为教育未来提供借鉴，“历史能使人们对过去和现在的事情做出合理的解释，又能对将来的事情做出合理的推测”[①]；“从历史中我们可以看见自己就好像站在时间中的一点，惊奇地注视着过去和未来，过去我们看得愈清晰，未来发展的可能性就愈多”[②]。教育史学对教育历史的“回顾”，让人们能够通晓古今中外的教育历史，根据过去的教育历史预知未来教育的发展变化，可以帮助人们更准确地“前瞻”未来教育的大致走势。

总而言之，教育史学的社会价值之一就在于把握和分析教育历史的发展变迁，使人们了解教育的过去，也更清楚地知道当今教育的来龙去

① 单中惠主编：《外国教育思想史》，高等教育出版社2000年版，第4页。

② ［德］雅斯贝尔斯著，邹进译：《什么是教育》，生活·读书·新知三联书店1991年版，第58页。

脉、利弊得失及其原因，从而使人们在教育改革进程中既不急躁冒进又防止裹足不前，保持教育稳健发展，毫无畏惧地迎接来自现实教育的挑战；使人们对教育的未来既有谨慎的乐观，又有深沉的忧患，并满怀信心地改善和发展未来的教育。

2. 教育史学的政治借鉴功能

历史学服务政治的功能由来已久，借鉴历史作为执政的重要手段已成为人类的自觉行动，且代代相传、永不停歇。古往今来的政治家都非常重视借鉴历史上的成败得失作为施政的参照，从以往的事件中引出政治谋略，利用历史的"明镜"校正政治行为。尤其是中国的历代统治者历来重视教育为政治服务的功能。《学记》开篇就有"建国君民，教学为先"的说法，即将教育作为建设国家、统治人民的重要工具和手段。综观人类教育的发展历程，不难发现，教育历史经验的总结概括对于统治阶级借鉴历史经验、调整统治政策具有重要的作用。因此，中外统治者都非常重视对教育历史经验的总结和借鉴。

教育史学作为对人类教育历史进行探索的学科，它一方面对人类的教育历史进行探索、描述，另一方面对人类教育的历史经验进行总结和概括，进而通过其意识形态工具的作用为政治统治提供借鉴。教育史学对政治的借鉴功能主要可以从以下几个方面体现出来：

第一，教育史学能够揭示和梳理教育与特定时代政治发展之间的动态关系，为现实的政治实践活动提供历史借鉴。如中国教育史学的任务之一就是探究历朝历代"官学、私学、书院"教育组织的更迭、学校教育的盛衰、教育制度的更续、教育思想的演变与政治兴衰、国家的安危、社会治乱之间的关系，各种形式的教育、教化，不同的教育内容对稳定社会关系、维护政治秩序、巩固政治基础的不同作用的演变规律，为当前的政治文明建设提供历史参照，为国家政府正确处理教育改革与政治稳定和发展之间的关系提供历史借鉴。

第二，教育史学研究能够通过揭示教育历史的发展规律和特点，为决策者提供决策依据。如中国政府颁布实施的有关民办教育的法规、政策，既是立足于中国私人办学的悠久历史传统，又是纠正改革开放之前一律取消私立教育的历史偏差的结果。再如汉朝通过开辟"察举和荐举"政治官员选拔制度，隋朝通过创建科举选拔人才的新形式，来消解世族门阀制度所造成的冗员冗吏过多和国家工作效率低的问题，这方面的专题研究对于中国今天的改革政府机构设置、转变政府职能均有相当的启发意义。隋唐科举制度的产生和完善，有助于防止中国蜕变成政教（政治与宗教）合一的国家，为后来的中国政权统治者所借鉴。今天实行免费义务教育，也是建立在对教育历史和教育现实研究的基础上做出的重大决策。由此看来，教育史学对政治的意识形态化的影响作用是不容忽视的。虽然由于主客观因素的限制，政治家的决策不可能完全受教育史学研究的影响和左右，但教育史学或多或少总能从某些教育历史事实的层面为政治提供有益的认识和启示，从而使政治家能选择合乎社会发展规律的施政措施，采取顺应民主政治要求的政策步骤，减少或避免政治生活中的失误，理顺教育发展与政治文明、教育活动与政治生活之间的关系，促进两者共同进步。

3. 教育史学的经济借鉴功能

教育现象不同于经济现象，又不能离开经济现象而独立存在，也不能离开经济现象而被认识。“教育是社会的上层机构，不明了这个社会的经济、政治变迁，决不能彻底明了这个社会的教育之所以变迁”①。教育史学考察教育历史演变时，不可就教育研究教育，而应将教育置于多重社会关系中，方能真正明了教育的历史状况。立足于教育与经济之间关系的动态演变来考察教育历史，既是研究教育历史的新视角、新方法，又是教育史学的新内容，可以帮助人们更深刻、更准确地把握教育史、经济史以及教育与经济的历史内在联系，为正确恰当处理教育与经济的现实关系提供历史启示。

对教育史学与经济发展关系的论述，早在20世纪二三十年代就已开始。当时为数不少的教育史家如周予同、陈青之、杨贤江以及后来的教育史学研究者联系特定的社会背景，自发或自觉地运用上层建筑与经济基础的关系原理来分析考察教育变迁与经济基础的变更、经济发展的深层关系。他们认为，教育思潮之起、教育制度之成、教育内容之确定，均以经

① 周予同：《中国现代教育史》“凡例”，良友图书印刷公司1934年版。

济为基础，构筑在经济基础之上，离开了社会经济组织，则无所谓教育，即无所谓教育史。[①] 同时教育对社会经济发展起着巨大的反作用。如中国古代以科举考试为目的的应试教育非常僵化和刻板，教育内容、方法与社会经济活动毫无关系，严重束缚了人们的思想，扼杀了人们的创新精神，从而妨碍了科学技术的发展和经济制度的变革，极大阻碍了中国工业经济的发展和经济近代化的进程。相反，中国近代的洋务教育、留学教育、实业教育、教育考察对中国走向经济繁荣、国富民强无疑起到了不可替代的关键作用。由此看来，教育史学正是通过对教育与经济之间动态关系的历史回溯，探讨中外历史上尤其近现代不同性质、不同类型教育的兴衰起落对经济产生的正面或负面影响，从而肩负起服务于社会、服务于当代经济的使命。

(二) 教育史学的育人功能

读史使人明智，这是长久以来人们耳熟能详的道理。教育史学作为历史学的重要组成部分，在育人方面的功能主要体现为三个具体方面：师资培训的功能、提高研究者素质的功能和传播教育历史知识的功能。

1. 教育史学的师资培训功能

教育史学从产生开始，其直接的目的就是培训师资。这一点在中、外教育史学科的发展历史上都体现得十分明显。以美国为例，19 世纪 60 年代后，"教师应该至少知道其本国学校制度的发展，并以此作为他们专业素养的一部分"[②]的认识普及美国教育界，教育史因此被纳入师范院校的课程计划之中，成为师范学校学生的必修课。美国的 HEJ(教育史杂志)非常"强调教育史在专业教师培训计划中的直接效用"，在创刊号的卷首语中明确提出了 HES(教育史分会)的三个目标，其中之一就是研究教育史对教育职业人员的预备作用。[③]

在中国，教育史学肇始于 1904 年《癸卯学制》规定"大学堂、进士馆、

---

① 陈青之:《中国教育史》，商务印书馆 1936 年版，第 2 页。

② John D. Pulliam, James Van Patten, History of Education in America, Prentice—Hall, Inc. 1995.

③ 朱旭东:《论 20 世纪美国教育史研究的嬗变》，载《清华大学教育研究》，2002 年第 3 期。

师范学堂课程中必须设教育史科”的需要，一开始就是师范教育不可或缺的基础课程之一，发挥着提高教师教育理论素养的重要作用。迄今为止，教育史学作为基础学科仍被纳入国内外师范院校的课程中，成为教育工作者必备的基本素养。

教育史学对师资培训的育人功能主要体现为：通过人类历史上流传下来的教育活动、教育思想与教育制度方面的历史叙述，使未来的教师与从事教育职业的人了解人类教育发生、发展的基本过程，并从中把握教育历史发展的基本规律。中国古代的教育思想博大精深，中国教育思想史直接为广大教育工作者提供精神养分，在强化、完善教师队伍的理论素养方面起着无法替代的作用；中国古代的教育管理制度十分完备，教育管理思想颇为丰富独到，教育制度史、管理史、督导史为中外教育管理工作提供借鉴窗口，不同程度地提升他们的管理水准；教育史学同时还能“破除教育工作者把兴奋点仅仅放在近前的教育实践的狭隘性，从而使他们能从历史长河中领略教育的意义、本质、目标和过程”①，帮助他们抓住教育工作的关键，端正教育工作的态度，校正对教育工作的认识。现代社会影响教育发展的不确定因素越来越多，教育本身变化越来越快，教育现象日趋复杂，教育史学通过对复杂、多样性教育历史的回顾，帮助广大教育工作者获得教育历史知识，从教育历史发展中吸取经验教训和智慧，认清个人在教育活动中的位置和个人的社会责任，使自己的教育工作日益变得睿智和完善，有助于教育工作者根据教育历史演进的一般规律和特殊规律，正确认识当前纷繁复杂的教育现象及其背后的本质，提升他们识别和洞察 21 世纪诸种教育问题的能力以及驾驭各种教育现象变化的实际技能。历史上许多杰出教育家的教育理念、敬业乐业的操守、奉献教育的精神以及教育大家风范和高尚人格，经过历代教师的传承发展，已经沉淀为优秀的教育传统和稳定的教育品质，这种传统和品质借助于师范院校的教育史教材的编著、教育史课堂加以弘扬和传承，在现代教师身上得到发扬光大，能极大地提高广大教师的精神境界。古代的孔子、孟子、韩愈、朱熹等人的专题研究，近代的陶行知、蔡元培等人的传记、专集，都充分展示

① 滕大春：《战后美国教育史界的流派和论战》，载《华东师范大学学报》（哲社版），1982 年第 6 期。

并集中了历史上优秀教育传统和教育者的优良教育品质，帮助广大教育工作者有目的地汲取教育家人生的智慧、明白做人的道理、熟知为师的规范和标准，有意识地借鉴教育家的人生修养、民族气节、人格魅力，来提高自身的修养和境界。中外教育史学有可能深入探讨以往大教育家的生平和时代，批判性地分析他们的著作和思想以及他们对当时和后代的影响，这有助于教师和过去的时代里那些富有才智的人息息相通，并自觉地将自己视为教育传统大链条中的一个环节。教育史学正是通过多种渠道来增强教师的职业使命感、神圣感、责任感，从而展现出教育史学的“育师”功能。

2. 教育史学提高研究者素质的功能

一个真正的史学工作者“不仅要纵向地继承、接受与批判、扬弃前辈的史学遗产，而且要横向地通过不同分支学科之间以及同一分支学科内不同视角、不同层面之间互相配合和互相切磋来充实自身”[①]。一个真正潜心学习和研究教育历史的人，一定是一个能够对几千年来的教育变迁和思潮起伏了然于胸、对当今教育的流弊洞若观火并提出真知灼见的人。教育史学工作者要拥有足够的工作或研究能力，不能不纵向地批判性继承前辈的教育史学遗产，横向扬弃他人的教育历史研究结论。完整的教育史学包括教育历史过程理论、教育史学史理论和教育历史哲学，它们分别从不同方面为教育史学工作者成长提供营养。教育历史过程理论可以让教育史学工作者详细了解教育历史，直接从教育历史的真实回复中获得教育历史的细节和相关的历史知识，吸取历史智慧。教育史学史通过提供给教育史学专业人士有关教育史学科发展的历史知识，帮助他们摆脱初入教育史学界时的迷惘、澄清教育史学研究的盲点、识别教育史学领域中的误区，对他们开展具体的教育历史研究工作具有重大的理论指导作用。如教育史学方法论通过对一系列教育史学方法汇总与集合研究，弄清各种研究方法的背景、内涵、性质、作用、优劣、使用范围以及相互之间的关系，为教育史学研究者提供规律性的思维工具和技术手段。教育史学还阐明教育史学发展规律、总结教育史研究成果、探讨教育史学重大

---

① 姜义华、瞿林东、赵吉惠：《史学导论》，复旦大学出版社 2003 年版，第 33 页。

理论问题，为教育史学者选择研究课题、确定研究方向和拓展研究领域导航。如“批判性历史研究”就是对彼此相反、相互对立观点的论据进行分析，得出个人结论的一种理智方法。因论据不同，不同的教育史学研究者就某一教育思想、制度或实践的起源、发展和意义常常做出不同或悖逆的论断，后来的研究者利用“批判性历史研究”方法，对这些不同甚至相反的观点的论据进行分析检验，得出自己的结论，该种方法有助于培养教育史学研究者评价有关教育历史和当今争议教育问题的能力。由黄绍箕提出设想、柳诒徵编撰的第一本《中国教育史》，不仅充实了中国现代新式师范学堂的教学内容，为培养新型教师做出了开创性的贡献，而且以其对中国古代教育的深刻理解和研究方法上的创造性而具有较高的理论造诣，对教育史学研究做出了重大贡献，为初创时期的教育史学研究奠定了较高的理论起点，时至今日仍为中国教育史研究者所借鉴，切实发挥了培育教育史研究者的作用。舒新城在教育史料整理、研究上卓有成就，他开辟了教育史料专门研究领域，形成了教育史料学的理论，直接为教育史学研究者收集、整理、考证史料提供理论指导，提升他们驾驭史料的能力，缩短他们的入门路程，避免走不必要的弯路。华东师范大学杜成宪教授著述的《中国教育史学九十年》，第一次系统地回顾教育史学发展历程，全面总结教育史学的已有成果，展现出一幅完整的教育史学史画卷，大大增强了教育史学研究者确定研究方向、选择研究课题的准确性，减少了盲目性。教育史学理论不仅高屋建瓴地为教育历史研究者、教育史学史研究者导航，不至于迷失研究的大方向，而且为他们提供基本的思维框架、根本的研究原则和总体的思考路径，减少原则性错误。

3. 传播教育历史知识功能

通俗易懂的大众化教育史学论著不仅培育教师和教育史学工作者，还服务于各色人等，为非教育史专业人员提供一些基本的教育史实或教育史界公认的观点，增加他们的教育历史知识，满足其爱好教育历史的兴趣，带给他们精神愉悦，陶冶他们的性情，开阔他们的眼界，切实发挥着育人的实际功用。

(三) 教育史学优化教育科研能力的功能

“如果没有历史学——也就是说，如果仅仅简单地从现在的状况去对人类进行思考……社会科学就不完整。只有历史学才能为我们提供理解各个时期的社会进程和社会制度如何发挥作用所需要的能力”[①]。要掌握任何一门专门的学问,首先必须了解这门学科的历史。研究教育科学的人,如果不了解教育历史和教育史学,要想成为一位优秀的教育科学研究者,恐怕实属不易;要想成为贯通古今的教育科学大师,更是难乎其难。教育科学的其他分支学科的学者为深入了解本学科的过去、现在和将来,也必然要涉足教育历史学科。

每当教育科研工作者探究当前存在的一切教育现象、教育问题时,需要以强烈的历史意识为指导或历史感渗透其中。教育科研者的历史意识或历史感正是建立在对教育历史的基本事实、基本线索和基本规律的整体把握基础之上的,没有对教育历史的基本认识,就不可能形成正确的历史感。教育史学研究及其成果有助于教育科研工作者获得历史感,培养他们对待教育历史的科学态度和科学精神,增强他们考察一切教育思想、教育过程和教育活动的能力。再者,教育科研者对教育现状的研究本身包含两个不可分割、相互依存的方面——理论分析和历史分析,历史分析就是一种被扩展、具体化了的理论分析;理论分析就是一种被浓缩、抽象了的历史分析。[②] 教育科研者不通晓古今中外的教育历史,就不能深入考察当前存在的一切教育现象、教育问题的起源、发生过程及结果,不能根据过去的教育历史预知未来教育的发展,无法透过纷繁复杂、千变万化的教育现象把握教育发展规律,不能形成对教育现实的深刻理解和全面认识,从而提出科学合理的论断;对教育问题的历史根源理解得越深刻、越全面,对学校和社会的相互关系认识得越透彻、越充分,对当今教育状况的看法越明晰。可以这么说:如果大家的理论思维能力相当,那么一个有深厚教育历史研究根底的人去研究教育理论与没有这方面基础的人去研究教育理论相比,前者的科研能力一定比后者的科研能力强,对教育理论发展的贡献也肯定大。正如列宁所强调的,“为了解决社会科学问题,为了真正获得正确处理这个问题的本领而不纠缠在许多细节和各种争执意

① 杰弗里·巴勒克拉夫:《当代史学主要趋势》,上海译文出版社 1987 年版,第 342 页。

② 参见张斌贤《教育理论研究中的历史感》,载《教育研究》1990 年第 8 期。

见上面，为了用科学眼光观察这个问题，最可靠、最必须、最重要的就是不要忘记基本的历史联系，要看某种现象在历史上怎样产生，在发展中经历了哪些主要阶段，并根据它的这种发展去观察它现在是怎样的”[①]。教育理论工作者每当认知、思考所面临的教育问题时，必然要借助于前人认知的结果即历史上的教育理论、教育学说作为自己的思想材料、操作概念。如当前提倡的素质教育理论由两千多年前的和谐发展教育思想萌芽发展而来，与历史上的全面发展教育理论是一脉相承的。全面、和谐发展的教育理论最早由古希腊思想家提出，后由人文主义教育家继承和发扬，再由欧文奠定理论基础，最终由马克思发扬光大。正因为教育思想具有强烈的历史继承性，因此不同历史时期的教育思想、教育理论、教育学说之间存在着内在的必然的渊源联系。教育思想的历史研究可以帮助教育科研者深入完整地把握教育思想历史演变过程，批判性吸收前人对教育认识的一切优秀成果，这样才能在高于前人的思想基点上提出真正深刻的、能揭示教育现实本质的理论主张。而且教育科学中一些长期性和根本性的课题，实验室是无能为力的，若借助教育历史探索则能得出结论。诚如滕大春先生所言：教育史“能培养人们较为远大的教育眼光和对于教育课题的领悟能力，而这种眼光和能力每每产生人们意识不到的威力”[②]。美国教育家杜威非常重视教育史学研究，更是将教育史学看做教育科学的实验室。教育历史研究很大程度上弥补了教育科学实验的不足，可以明显优化教育科研工作者驾驭科研课题的能力。

做学问、搞科研总是先继承、后超越，先借鉴、后创新。只有立足于教育史学研究及其成果，拥有了继承和借鉴的前提，教育科研工作者才可能在教育实践上不断突破，理论上不断创新，能力上不断超越，把教育科学理论研究不断推向前进。

(四) 教育史学的指导功能

悠久、浩瀚而宝贵的历史知识既是人类总结昨天的记录，又是人类把握今天、创造明天的向导。为此郭沫若认为：“对于未来社会的期望逼迫着我们不能不生出清算过去社会的要求。古人说：‘前事不忘，后事之

① 《列宁选集》第 4 卷，人民出版社 1995 年版，第 44 页。

② 滕大春：《外国教育史》第 4 卷，前言，山东教育出版社 1992 年版。

师。'认清楚过往的来程也正好决定我们未来的方向。"[①]教育史学是一门主要以历史事实为训的学科，它不仅使人们获取广博的教育历史知识，而且应当成为指导人们行动的指南。事实上，教育史学从它产生的那一天起就以特有的方式积极参与社会实践的各个方面，以特殊途径为现实社会服务，通过多种渠道为社会实践提供理论的指导。教育史学尽管年轻，但如博大精深的历史学一样，记录、叙述人类教育的过去，给今天的教育史学研究、教育实践和社会生活予以历史的指导，从教育历史兴衰更替中总结教育历史的本质，探求教育历史发展的客观规律，达到鉴往知来的目的。教育史学虽不能准确预知教育的未来，但据它可预测今后教育的大致走向，指导明天的教育沿着基本正确的方向发展，担当未来教育的历史向导。

教育史学理论因层次不同，其指导意义也不同。教育历史过程理论（具体教育史）是以客观的教育历史过程、具体的教育历史事实为研究对象，其主要宗旨在于以提供具体历史知识的方式，说明"教育历史是什么"和"教育历史怎么样"，属于教育史学结构中的基础层次、初级形态，也是教育史学的主要内容，直接指导当前的教育改革发展和未来的教育实践。教育史学元研究是对具体教育史或教育史学史进行元理论研究，从整体角度自我反思形成的有关教育史研究的专门理论和方法。它从哲学高度对教育历史、教育史学的本质、意义及相互关系加以抽象和概括，升华为一定的教育历史观和方法论，处于教育史学结构中的最高层次。它不仅对教育历史研究、教育史学史研究活动（均属于教育史学实践）具有宏观的理论指导意义，推动着教育史学的进步，而且担负着指导教育科学各方面的观察研究实践的任务，一定程度上还指导着人们的社会生活。教育史学史处于具体教育史和教育史学元研究之间，它下以具体教育史为基础，上以教育史学元研究为指导，外以现实社会的需求为参照系，努力探索教育史学自身的特点和规律，着重阐明"教育史学是什么""教育史学怎么样"和"教育史学有何用"等基本问题，其根本目的和任务是通过对教育史学有机体的系统化概括，揭示教育史学的特征和规律。由于没有突破

① 郭沫若：《中国古代社会研究》自序，上海联合书店1930年版。

学术研究的圈子，因而它的价值基本上只表现在学科建设的意义上，为教育史研究者的教育史学实践提供理论参考与指导，而其对社会的指导作用则是间接的。教育史学实践也是社会活动的一个组成部分，教育史学的学术价值主要在于促进学科健康良性发展，而做到这一点正是教育史学的社会价值在学科领域的实现。教育史学不是孤立的学术现象，而是社会意识的一种形式，它有自身的活动规范，并以自己特有的方式积极能动地反作用于社会存在，为教育史学活动、教育实践和社会生活提供多重的指导，体现出教育史学理论对实践的指导意义。

教育史学发展到今天，其功能是客观存在的，其价值绝不容否定，任何漠视教育史学的科学价值、贬低教育史学多重功能的观点都是错误的。事实上，只要人类存在、教育存在，有人从事教育工作，就需要研究教育历史，教育史学就有存在的合理性；只要存在教育发展的需求，教育历史的追溯、教育史学的发展就有必要性。

依据上述关于教育史学功能和教育史学价值的界定，我们认为，教育史学的功能与价值既有其相一致的部分，又有其相区别的部分，因此，对教育史学功能和价值的认识，不仅要重视其关联性，也要注意其区别性，只有这样才能比较全面地认识教育史学的功能和价值。

三、教育史学的学术功能与社会功能的关系

依据教育史学所具有的学术性和社会性的双重属性，教育史学功能可被分为学术功能与社会功能。学术功能主要是通过教育史学的各类著作、资料、实物材料体现教育史学的研究价值和实用价值的深度和广度，对学科本身的发生、发展、完善具有重要作用；社会功能主要是指教育史学对人类社会发展所起的进步作用、积极影响，它更多体现的是教育史学的目的功能和实用价值。就教育史学学术功能与社会功能的关系而言，可以表述为：学术功能是社会功能的前提与基础，社会功能是学术功能的延伸和补充。

（一）教育史学的学术功能是社会功能的前提和基础

学术功能的有无、大小、性质制约决定着社会功能的有无、大小和性质。从教育史学所具有的学术功能来看，教育史学的记载和描述教育历

史的功能，决定着教育史学社会功能的实现。没有教育史学对教育历史的记载、描述，就不可能有对教育历史的还原和重构，也就不存在教育史学的认识对象，教育史学的一切社会功能都将失去存在的基础，“皮之不存，毛将焉附”。

教育史学研究以记载和描述教育历史为基础，进而通过对教育历史的理解和解释、抽象与概括，揭示教育历史发展规律，总结历史经验教训，启迪人们的智慧，帮助人们了解教育和社会的过去，正确观察认知现在的教育和社会状况，进而改进现在的教育和社会，大体预测教育和社会的未来，并自觉地从事历史创造活动。很显然，教育史学的记载与描述、理解与解释和抽象与概括功能是教育史学借鉴、教育、指导功能得以发挥的基础和前提。所以，教育史学的学术功能是社会功能的基础，只有了解了过去的教育历史，才能运用教育历史，从中获得借鉴，并使之服务于现在和预测未来。如果没有教育历史的学术研究和教育史学的学术价值、学术功能，就不可能存在教育史学的社会价值和社会功能。

教育史学的社会功能是一个现实的概念，具有现实性品格，判断教育史学的社会功能有无、大小、性质（正面促进作用或负面阻碍效应），衡量教育史学的社会价值之高低，当然要从现实的角度来考虑，离不开现实社会的需要。由于社会生活纷繁复杂，人们的现实需要和爱好各不相同，教育史学若能从积极方面适应和满足那些与教育历史有关的需求和爱好，正面影响人们的社会生活，从而推动社会前进，那么它就对人类社会发展起到促进作用，产生正面社会价值，它就实现了积极的社会功能。相反，如果教育史学不能很好地适应和满足那些与教育历史有关的需求和爱好，或者适应、满足的程度极低甚至消极地适应与满足，就难以实现抑或丧失其社会价值，社会功能要么低效，要么扭曲。可见，教育史学的社会功能有无、强弱和性质取决于教育史学能否适应与满足社会需要、适应与满足的程度以及满足社会需要的类别。而教育史学能否适应与满足社会需要、在多大程度上适应与满足社会需要以及满足社会需要的类别，又依赖于教育史学的科学化程度。只有当教育历史研究及其成果具备客观真理性、科学性时，才能为教育史学社会功能的实现提供良好的基础。教育史学的社会功能受到教育史学的科学化程度（学术品位、学术功能）影响和制约，学术品位高的教育历史研究及其成果能够更高层次满足社会发展之需求，显示出独特而优越的社会功能；相反，教育史学的学术研究品位低，学术功能不健全、不完善，必然不利于其社会功能的正常发挥。

教育史学的学术功能是社会功能的前提和基础，并不等于两者之间完全对应。教育史学的学术功能所体现出的教育史学价值分别是教育史学的记载和描述功能，体现着教育史学的史学性价值；教育史学的理解和解释功能与抽象概括功能主要体现着教育史学的学术性价值；而教育史学的理论创新功能则体现出教育史学的创新价值。这里需要说明的是，教育史学的学术功能中所体现出来的教育史学价值，并不代表教育史学的所有价值都被人们所认识了。在教育史学演变发展过程中，我们不能以“用”作为标准来衡量教育史学的价值“是”，同样道理，教育史学功能的发展性，决定了我们对教育史学价值认识的开放性。我们决不能简单地说，能明确显示出功能的教育史学就是有价值的，而暂时尚未发掘出具体功能的教育史学就无价值。从这个意义上而言，教育史学可以一无所用，却未必一无是处。

（二）教育史学的社会功能是学术功能的自然归属与延伸

每一门学科的生命力源泉在于它能提供社会所需要的研究成果，否则，就会失去生存的空间、发展的机会，教育史学亦然。教育史学隶属于社会科学，它不仅仅要科学地解释人类的教育历史，更要以促进教育改革为己任。教育史学只有在其学术功能的基础上，以客观的、高质量、高水平的教育史学研究成果为教育史学社会功能的实现奠定基础，才能保证教育史学发挥正常的社会功能。因此，教育史学一方面要探索以往人类教育发展变化规律，深化和拓展人们对社会历史和人类教育的认识，另一方面也要以参与现今和未来的教育和社会变革实践为目标。如果教育史学全然不顾社会各层的需要，疏忽改造现实社会和人自身的使命，只限于科学、深入、细致地解释社会历史，只顾埋头于所谓的“纯学术”研究，仅仅关注教育历史研究的学术价值，终究会因其远离社会而被社会所冷淡，甚至抛弃。

教育历史具有强烈的继承性，一代又一代地遗传、表述、探讨、研究，或发扬光大或百般贬抑，这些本身就是学术研究，体现的是学术功能。尽管一代又一代的教育史学人首先关注教育史学的学术功能,孜孜不倦地研究并真实表述客观教育历史,努力去正确认知教育历史过程,总结归纳教育历史经验教训,探索提炼教育历史的本质规律,寻求有关教育历史的真理,不遗余力地追求和提升其学术价值,全面实现与优化其学术功能,但教育史学锲而不舍地“求真”,还在于“实用”,并始终苟信“实用”乃教育史学者的天职。教育史学历来不是,也不能只为历史而研究历史或为学问而做学问,仅仅追求学术价值,停留于学术功能,最终还须延伸到教育历史运用,回归到社会实践中去,达到“经世致用”“古为今用”的终极目的。“经世致用”“古为今用”主要追求现今的实际效果,满足现实社会的各层需要,体现的是社会价值,诉求的是社会功能。所以,社会功能才是教育史学研究的终极意义,即追溯教育的过去,反思以往的教育,寻求教育历史本质规律等学术研究及其成果终究要服务于现实,以便为现实教育实践和社会改革提供充足的理由和足够的历史依据,为指导现实的教育和社会寻求最佳生存、发展方式。

教育史学为社会现实服务的目标固然重要,但这并不是教育史学的唯一出发点,也不是一切教育史学研究的直接目的,更不表明一切教育历史研究及其成果全部都要立即发挥“实用”的社会功能。“要求一种教育基本理论学科给当前某些具体的教育业务工作提供切实可行的实施方案是难以胜任的。……教育史对于实际工作的效能常常是迂回的,而不是直线的,是经过较长时期才能显明其伟效的。……教育史不是实用性或技术性的学科,其功效每每不是立竿见影的”[①]。即使是具有社会实效的教育历史研究及其成果,也只有一小部分功效是直接具体的,而大部分是间接抽象的、潜移默化的历史智慧、历史教益,后者才是真正的古为今用。如果混淆教育历史的学术研究和教育历史运用之间的界限,抹杀教育历史的具体运用与抽象启迪之间的区别,片面地强调“古为今用”,将是否直接满足现实社会的需要作为评判教育历史研究及其成果的唯一价值标准,教育史学容易沦落成伪科学;一旦不顾社会变化,一味地重复运用、简单地照搬模仿,将能否为现实问题提供具体现成答案视为教育史学的唯

① 滕大春:《外国教育通史》(第1卷)前言,山东教育出版社2005年版。

一功能，教育史学极有可能变为影射史学，其学术价值必然遭受损害。事实上，有些教育历史研究及其成果特别是某些基础研究及其成果主要显现某方面的学术价值，社会价值即便是有，也极其低微，更难以发挥显赫的社会功效。

科学是发展的，科学的功能和价值是在学科研究中及学科与社会的互动中不断被发现的，因此，对于教育史学价值的认识，不能仅仅以是否"致用"来衡量。因为，对于教育史学学术功能与价值的认识，不是一次就能完成的，不同时代中教育史学所能发挥出来的社会功能、所体现的社会价值也不尽相同。如果仅以社会功能之"用"来衡量教育史学的学术价值，就会陷入实用主义的泥潭而不能自拔。因此，笔者认为，应该看到教育历史研究与教育历史运用的根本区别，应该承认教育史学的学术功能和社会功能历来各有侧重，所体现出来的价值也各不相同，两者之间不可相互取代。如果将教育史学研究的功能限于以"用"作为衡量标准，那么恐怕会对教育史学学术功能，尤其是对学术价值的认识产生可怕的阴影，从而影响教育史学功能的正常发挥和教育史学价值的体现。正如历史学家古奇认为的："任何一个为自己的种族、自己的国家、自己的党派或教会大声辩护的人，是无缘进入历史女神之庙的。"①社会需要和教育历史认识的变动性决定了教育史学的学术价值和社会价值的有无、大小的相对性，它从来没有学术上的绝对有用，也没有现实中的绝对无用。

---

① [英]柯林伍德著，何兆武、张文杰译：《历史的观念》，中国社会科学出版社 1986 年版，第 11 页。

第三章

教育史学认识论研究

教育史学认识论(或称教育历史认识论),是对人们关于教育历史的认识过程和认识成果的哲学分析。具体而言,主要分析教育史学认识主体和教育史学认识客体的内涵和特点、教育史学认识的可能性、教育史学认识的形成过程、教育史学认识的性质及其效验等问题。从本质上说,教育史学认识论是一种间接的、反思性的知识体系。开展对教育史学认识论研究,对教育史学的理论建设具有重要的意义。

第一节　教育史学认识的主体

教育史学的认识活动是教育史学认识主体与认识客体之间的双向作用过程。教育史学认识主体、客体以及二者之间的相互关系构成了教育史学认识的基本问题。其中教育史学认识主体作为教育史学认识活动的发起者和承担者,对整个教育史学认识活动起着至关重要的作用,因此,对教育史学认识主体进行的研究,应该是教育史学认识论研究的首要问题。

一、教育史学认识主体的内涵及其基本特征

(一) 教育史学认识主体的内涵

所谓主体,是一个具有多重涵义的概念。在哲学史上,主体最先在本体论的意义上被使用,其原意是“本源、本体”的意思。近代以后,随着认识论在哲学研究中的不断发展,主体概念才被赋予了认识论的意义,而成为专指具备了一定实践技能、经验和科学文化知识,并有目的、有意识、实际地从事实践活动和认识活动的人。[①] 这种认识主体具有多种存在形式或类型,即他既可以是个人,称为个人主体,也可以是一个集团,称为集团主体,还可以指社会和全人类,称为社会主体和人类主体。

依据哲学认识论关于主体的概念,笔者将教育史学认识的主体分为广义和狭义两种。广义的教育史学认识主体,是泛指以一切以往的教育活动及其演变历史过程为认识对象的人。“除了那些还不能将昨日之我与今日之我、昨日之事与今日之事区分开来的婴幼儿之外。”“因为人生活在空间中,同时也生活在时间中。每个人的日常活动都是以他对自己历史的认识为根据的,根据这种认识来安排和规划他的现实活动和将来的方向。没有这种认识,他的活动就会变得漫无目标。”[②]人类对教育历史的认识也是如此。从这个意义上说,任何具备了一定实践技能、经验和科学文化知识,并有意识或无意识地、有目的或无目的地涉及教育史学认识活动的人,都可以称作是广义的教育史学的认识主体。

然而,由于广义的教育史学认识主体对教育史学的认识是自发的、散漫的,常常是随事而发,不成系统的,加之他们对教育历史知识掌握得不够系统和全面,所以往往会影响他们对教育历史认识的正确性和深刻性。因此,英国著名的历史学家柯林伍德(R. G. Collingwood)认为:“历史学,也像神学和自然科学一样,是思想的一种特殊形式。果真是这样,对这种思想形式的性质、对象、方法和价值的各种问题就必须由具有两种资格的人来加以回答。第一,他们必须具有那种思想形式的经验。他们必须是

---

① 参见齐振海、袁贵仁《哲学中的主体和客体问题》,中国人民大学出版社 1992 年版,第 91—92 页。

② 庞卓恒主编:《史学概论》,高等教育出版社 1995 年版,第 97 页。

历史学家。”尽管“在某种意义上，我们都是今天的历史学家。所有受过教育的人，都经历过一段包括有一定数量的历史思维在内的教育过程。但这并不能使他们都有资格对历史思维的性质、对象、方法和价值发表意见”。这是因为，“他们这样所获得的有关历史思维的经验也许很肤浅”；而“通过同样肤浅的通常教育渠道所获得的无论什么经验，总归是过时的”。“回答这些问题的第二种资格是，一个人不仅应当具有关于历史思维的经验，而且还应当反思那种经验。他必须不仅是一位历史学家，而且还是一位哲学家”。[①] 由柯林伍德对历史认识主体的理解，笔者认为，狭义的教育史学认识主体，应该是指在广义的教育史学认识主体的基础上，产生出来的一批按照一定的价值取向、一定的认知定势，有计划、有目的、有系统地去专门关心、记忆和研究人类教育历史过程和教育史学的专业群体集团和个人。这一群体或个人必须具有一定知识结构、智能结构和价值取向，其认识活动必须是有计划、有目的、系统的研究活动。就其存在形态而言，既包括个人形态，也包括集团形态。[②] 本书涉及的主要是狭义的教育史学认识主体。

（二）教育史学认识主体的基本特征

现实世界中的一切事物都具有与其他事物不同的特殊的质，正是由于这些特殊质规定了事物自身并使它和其他事物相区别。教育史学认识主体也具有自己的特殊性质。

第一，教育史学认识主体具有自然属性。教育史学认识主体虽然是具备社会性、专业性的个体或集团，但作为重要组成部分的教育史学认识主体，首先具有的是自然属性。这主要表现在两个方面：一是，教育史学认识主体作为自然的组成部分，与其他生物一样，表现出对自然界的依赖。“人只有依赖并生活于自然环境中才能生存和发展，这不仅在于人是

① ［英］柯林伍德著，何兆武、张文杰译：《历史的观念》，中国社会科学出版社 1986 年版，第 7—9 页。

② 何晓明在《史家的主体意识于史学的社会功能》一文中，将从事认识世界、改造世界活动中的主体的存在形态分为三种：一、主体的个体形态，或称个人主体；二、主体的集团形态，或称集团主体，即有一定数量个人构成的具有共同意识和共同实践目标的社会群体；三、主体的类形态，或称人类主体，即以全部自然界为认识、改造对象的人类全体。载《江汉论坛》1990 年第 11 期。

自然界长期发展的产物，自然界的演化产生了人的自然机体；而且自然界提供了一定的生活环境和生活条件，人的各种生活需要都是靠自然界直接或间接的给予来满足的。”[①]二是，教育史学认识主体对其自身所具有的自然生命体具有依赖性。正如马克思所说：“任何人类历史的第一个前提无疑是有生命的个人的存在。”[②]人也是“站在稳固的地球上呼吸着一切自然力的人。……作为自然的、肉体的、感性的、对象性的存在物，和动植物一样是受动的、受制约的和受限制的存在物”[③]。人的存在必然依赖于自身的各种生理系统和器官。尽管人的生命必须靠衣食住行等外界物质的维持，但是，没有了人的自然生命体所具备的生理系统和感官系统，那么也就没有人自身。由此说来，教育史学认识主体的自然属性是教育史学认识活动的物质基础。

第二，教育史学认识主体具有社会性特征。教育历史认识虽然是通过教育史学研究集团或个人，以专业研究的方式进行和完成的，但是这些研究所得出的结论或形成的认识，并不完全是研究者个体的结论或认识，而在一定程度上表现出一定的社会性。因为，教育史研究者集团或个人作为社会生活中的成员，他们和其他人一样，都是“社会存在物。因此，他的生命表现，即使不采取共同的、同其他人一起完成的生命表现这种直接形式，也是社会生活的表现和确证”[④]。由此决定了教育史学认识主体的意识，“不是‘唯我’的、‘随意’的意识。……历史认识主体是一定的社会关系的个别存在这样一个基本事实。历史认识的过程，必然会表现出这样或那样的社会内容”。从本质上说，“认识主体是社会的阶级”。[⑤]

英国历史学家爱德华·卡尔(Edward Hallett Carr)认为，历史认识的主体，即历史学家首先是“单个的人”，同时也是具有社会性的人，是“他所属的那个社会的产物，同时又是那个社会的自觉或不自觉的代言

① 齐振海、袁贵仁：《哲学中的主体和客体问题》，中国人民大学出版社 1992 年版，第 93 页。

②《马克思恩格斯选集》第 1 卷，人民出版社 1972 版，第 24 页。

③《马克思恩格斯全集》第 42 卷，人民出版社 1979 版，第 167 页。

④ 同上，第 123 页。

⑤ 陈啟能、于沛等：《马克思主义史学新探》，社会科学文献出版社 1999 年版，第 119—120 页。

人。……历史学家是历史的一部分。他在队伍中所处的地位就决定了他在观察过去所采取的观点。……伟大的历史，恰恰是在历史学家对过去时代的想象为他对当前各种问题的见识所阐明时才写出来的。”[①]由此可见，任何时期的历史研究团体或个人都是一定社会的产物，他们对历史的认识和研究都会打上他所生活时代的烙印。教育史学研究主体对教育史学的认识也必然是一定时期社会现实的反映。

第三，教育史学认识主体具有现实性特征。如果说教育史学认识客体的第一属性是“过去性”的话，那么“现实性”则是教育史学认识主体的基本属性之一。“这里的‘现实性’，不是指哲学意义上那种‘客观存在的事物’或‘合于客观情况的行为’，而是指与‘过去性’相对应的‘现时性’、‘现在性’或‘当代性’。”[②]因为，任何教育史学认识主体都是相对于特定时代而言的。一切特定时代的教育史学研究者都只能是他那个时代的认识主体，而不可能是其前或其后时代的认识主体。任何认识主体一旦超越了特定时代，便失去了现实存在的基础，而转化成了现实主体的认识客体。整个人类的任何领域中的史学认识都是按照这样的法则前赴后继，不断地改变着自己在历史认识中的地位的。从这个意义上而言，“任何史学主体只能是他那个时代的主体，脱离了具体时代而孤立地谈论史学主体是毫无意义的”[③]。

第四，教育史学认识主体具有自觉性特征。一般认识主体对教育史学的认识是自发的、散漫的，经常是随事而发，不成系统的。与一般认识主体对教育历史过程认识不同，教育史学研究个体或集团对教育历史的认识是自觉的、有计划、有目的的。具体而言，教育史学认识主体的自觉性主要从以下两个方面表现出来：一是教育史学认识主体在认识教育历史的过程中，具有明确的方向性、目的性和计划性。与那些对人类教育历史做过一些肤浅的、零散的、即时性思考和表述的一般社会成员相比较，教育史学认识主体具有强烈的使命感和责任意识，因此，他们在进行教育

---

① [英]爱德华·卡尔著，吴柱存译：《历史是什么》，商务印书馆1981年版，第36页。

② 赵兴彬：《史学学研究》，中国科学技术出版社2004年版，第107页。

③ 同上。

史认识的过程中，具有系统的研究教育史的强烈愿望，并能通过自身在教育史学研究方面的专业素质和能力素质，将对教育史学的认识变成现实；二是教育史学认识主体在认识教育历史的过程中，具有明确的职业取向。一般而言，教育史学认识主体都将研究教育历史与普及教育史知识作为自己的职业，并在其职业生涯中，将大部分的时间和精力都投入到了对教育史认识的过程中去。但是，教育史学认识主体的这种职业取向，并不仅仅限于为了生计而完成自己工作的层面，而是将对教育历史的认识作为自己的职业目标或生活目标的重要组成部分，来孜孜不倦地追求，因此，他们对自身的各种素质提出了相当高的要求，以满足对教育史学认识客体的研究之需要。

第五，教育史学认识主体具有能动性特征。在教育史学工作者的认识活动中，教育历史认识就是客观教育历史现象在教育史学研究者主体意识中的再现。在教育史学研究中，任何关于教育历史的结论和任何对教育史实或教育人物的历史评价都不可能脱离主体意识的渗透。教育史学研究者其主体意识的渗透是自觉的、主动的，而不是被动的。正如恩格斯所说的："在社会历史领域内进行活动的，全是具有意识的、经过思虑和凭激情行动的、追求某种目的的人；任何事情的发生都不是没有自觉的意图，没有预期的目的的。"①任何教育史学研究者认识教育历史矛盾运动的目的性是同主体活动的能动性联系在一起的。"正是因为具有能动性，所以才有可能进行选择，从而使历史学家按照一定的目的进行自己的研究工作，避免在纷繁复杂的历史文献面前束手无策或沉溺其中进行无意义的或重复性的工作。为了实现因选择而确定的目的，历史学家将充分发挥自己的能动性，克服历史认识过程中的种种障碍而达到既定的目的。克服障碍的过程，就是历史认识主体最大地发挥其能动性的过程。"②历史学家或教育史学认识主体的能动性作用主要是通过自身所具有的主体意识来实现的。

所谓主体意识，"就是人对自身的主体地位、主体能力和主体价值的

① 《马克思恩格斯选集》第 4 卷，人民出版社 1972 年版，第 243 页。

② 陈啟能、于沛等：《马克思主义史学新探》，社会科学文献出版社 1999 年版，第 121 页。

自觉意识，以及在此基础上对外部世界和人自身自觉认识和改造的意识"①。教育史学认识主体的主体意识"是指教育史研究者对自身作为教育史研究活动全过程中的主体的自觉意识，以及在此基础上对教育史学术问题所做出的各种认识与判断"②。在教育史学研究中，各种不同研究结论的出现其深层的根源，"就在于每一个研究者都有着自己独特的主体意识结构"③。

尽管我们说"历史最基本的属性就是它的客观实在性，历史认识的客观性是史学成为科学的前提。教育史也是如此"④，然而，我们也应该看到教育史学认识活动的目的性，认识形式的特殊性，认识主体的观念和用以思维的概念、范畴的主观性以及教育史学认识中的创造性行为决定了教育史学认识中的主观性。⑤ 这里所谓的主观性主要强调的是"教育史学是一种观念性的精神产品，它是教育史研究者能动地认识教育史客体的产物。任何一部教育史学专著，都不能不渗透着研究者主观意志"⑥，即主体意识。教育史学认识主体的主体意识主要通过对教育史学认识活动的目的、对象、成果以及创新活动的渗透来实现的。

首先，教育史学研究者通过对教育史学认识活动目的的渗透，实现了其主体性。教育史学认识活动实际上"是由活着的人和为了活着的人而重建的死者的生活"⑦的过程。在这一过程中，作为教育史学研究主体的研究者，他们的认识活动从根本上而言，不是为了教育史而教育史，而是试图通过对教育史的认识活动来解答现实中的教育问题和预测教育的未

---

① 张建云：《试析主体意识的内涵》，载《天中学刊》2002 年第 6 期。

② 孙广勇、赵厚勰：《论教育史研究者的主体意识》，载《理论月刊》2005 年第 12 期。

③ 李振宏：《历史学的理论与方法》，河南大学出版社 1999 年版，第 138 页。

④ 孙广勇、赵厚勰：《论教育史研究者的主体意识》，载《理论月刊》2005 年第 12 期。

⑤ 参见孙广勇、赵厚勰《论教育史研究者的主体意识》，载《理论月刊》2005 年第 12 期。

⑥ 孙广勇、赵厚勰：《论教育史研究者的主体意识》，载《理论月刊》2005 年第 12 期。

⑦ [法]雷蒙·阿隆：《历史意识的范围》，转引自章开沅《参与的史学与史学的参与》，载《江汉论坛》2001 年第 1 期。

来。因此，教育史学认识活动一经开始，教育史学认识主体的主体意识便直接渗透到了整个教育史学认识活动的全过程，并在一定程度上决定了教育史学认识的目的和方向，使教育史学认识活动具有了一定程度的主体性特征。

其次，教育史学研究者通过对教育史遗存的主体意识渗透，实现了其主体性。教育史学认识活动与历史认识活动一样，实际上是教育史学研究者的主体意识重建教育历史过程的运动。在这一过程中，作为认识主体的研究者面对的教育史学认识客体存在着三个不同的认识层次：教育史原型客体（客观教育史本身）、教育史遗存客体（实物和文字史料）和教育史原型客体的延伸体（现实社会）。其中，教育史原型客体（客观教育史本身）是无法直接接触和认识的，一切教育史学认识活动都只能通过对教育史遗存客体即教育史料的理解来实现对教育史学的认识。然而，任何教育史料之所以得以保留都是人主观努力的结果。人在对教育遗存进行保留的过程中，不可避免地会使教育史料打上人的主观意识的烙印。与此同时，我们也应该看到，教育史学认识主体先前已经形成的主体意识结构中哲学观念、政治立场、知识结构、情感、性格、气质以及思维方式也难免会在认识教育史学客体的过程中对教育史料进行消化和融解。从这个意义上说，任何教育史学认识活动都是教育史学认识主体“通过一系列概念、范畴的系统”对教育历史进行“再现”的过程。“而一切概念、范畴，都是一定的历史时代的产物，其中折射着一定历史时代的人们对客观世界的反映。而这些概念、范畴既已产生出来，就以一种‘获得性的遗传’的形式，在以后的各代人之间传递，积淀为整个人类主体的认识结构。”[①]个体认识主体正是在这种人类主体认识的积淀基础上，利用前人积淀下来的概念、范畴去获得新的认识。尽管这些新认识是客观教育历史在教育史研究者主体意识中的生动“再现”，但是这个“再现”过程本质上是教育史研究者的主体意识对教育史料的理解、阐释，并在此基础上对教育历史进行重构过程，它难免被印上教育史学研究者主体意识的痕迹。

再次，教育史学研究者通过对教育史学认识成果的渗透，实现了其主

① 李振宏：《历史学的理论与方法》，河南大学出版社 1999 年版，第 150—151 页。

体性。在教育史学认识活动中，由于教育史学研究者主体意识的渗透，不可避免地影响到了教育史学研究成果的性质。过去在我们的教育史学研究中，研究者大多是全身心地贯注于客观历史本身，很少认真思考客观教育历史是怎样被自己所认识的这一问题。因此，几乎所有的教育史学研究者都笃信自己研究结论的客观、真实性，而“丝毫不怀疑自己的结论中已经包含着大量的自身因素”①。事实上，当我们将教育历史材料当做事实的证据去认识和运用的时候，这些材料至少已经包含了双重的主观意念和判断，即教育历史材料最初记录者的主观意念和判断以及教育史学研究者的主观意念和判断。如果“不知道我们的主体意识正是作为一种条件包含在历史结论之中，不去认真分析我们自己的主体意识条件及其在研究过程中的渗透，我们的历史结论就不能批判地被证明是正确的，我们的历史研究也就不能从粗俗的、混乱的、盲目的状态中解脱出来”②。因此，“只要我们在认识，只要我们还必须利用概念、范畴去分析客观历史，我们也就不可能去追求到纯粹客观性的历史结论”③。

最后，教育史学研究者通过对教育史学认识创新活动的渗透，实现了其主体性。任何一个教育史研究者的认识活动都不是一成不变地再现教育历史，或机械地重构教育历史，而是教育史学认识主体对认识客体的能动反映，是教育史学认识主体依据一定的史学理论方法进行积极“创造”的过程。教育史学认识主体的“创造”活动与一般的认识主体的创造活动有着本质的区别，即“这种创造并不是随心所欲的‘创造’”④，而是在承认教育历史过程的客观性和规律性的前提下的一种科学的认识活动。其“‘创造’的目的不是要脱离具有客观性质的历史，恰恰相反，而是要使主体认识的结果更加接近客观的历史本质，更加符合历史矛盾运动的客观规律性”⑤。但是，强调客观性及其规律，并不意味着对主体意识的否定。教育史学认识主体在对教育史学认识客体的认识活动中的任何“创造”，

---

① 李振宏：《历史学的理论与方法》，河南大学出版社 1999 年版，第 172 页。

② 李振宏：《论史家主体意识》，引自《历史研究》编辑部编《〈历史研究〉五十年论文选》(理论与方法·下)，社会科学出版社 2005 年版，第 1008 页。

③ 李振宏：《历史学的理论与方法》，河南大学出版社 1999 年版，第 151 页。

④ 于沛：《历史认识：主体意识和主体的创造性》，载《历史研究》2003 年第 1 期。

⑤ 同上。

都离不开教育史学认识主体的主体意识的渗透。因为，“创造”的本质就是在已有的经验上产生新的有价值的东西。教育史研究者在进行教育史思维和教育史认识活动，进而叙述教育历史的过程中，都离不开其主体意识的渗透，因此，教育史学主体的创造性行为中本身就包含了教育史研究者的主观性。

综上所述，我们可以清楚地看到，在教育史学认识过程中研究者主体意识的渗透是不可避免的客观存在，任何教育史学研究成果，都不能不渗透着研究者的主观意识。因此，我们在教育史学认识活动中，必须重视对教育史学研究者主体意识的关注。否则，我们就不能科学而理性地对待教育史学认识活动及其成果。

在这里我们强调主体意识对教育史学认识活动的渗透，并不是要否定教育史学认识及其成果的客观性，而只是要承认一个事实，“不同的历史认识成果，是不同的主体意识结构的产物。主体意识在历史研究中的渗透是无可奈何的事实”①。同时也想提醒研究者“强调从客观历史实际出发和达到对历史客体的完全的认识是两回事，决不是有了前者就必然有后者”②。任何过分强调纯粹客观性的教育史学认识，都是不理性的，都有认识理想化的倾向。这种倾向，以否定主体性为前提，过分强调纯粹客观的教育史学认识，最终只能束缚研究者的思想，使其固守理论信条、不敢越雷池半步，长此以往，不仅会扼杀研究主体的创造性，而且会使教育史学研究走向窒息。以往教育史学研究的事实已充分证明，在教育史研究中过分强调必然性、共性和客观受动性，而忽视偶然性、个性和主观能动性，忽视“教育史学是一种观念性的精神产品，它是教育史研究者能动地认识教育史客体的产物”③，势必使教育史学研究缺乏活力，缺乏思想深度，缺乏创造性，进而走向危机的边缘。

---

① 李振宏：《论史家主体意识》，引自《历史研究》编辑部编《〈历史研究〉五十年论文选》（理论与方法·下），社会科学出版社 2005 年版，第 1002 页。

② 同上，第 1006 页。

③ 孙广勇、赵厚勰：《论教育史研究者的主体意识》，载《理论月刊》2005 年第 12 期。

二、教育史学认识主体的认识结构及其功能

"认识不仅需要客体条件,而且也需要主体条件。客体的特征制约着主体的认识,同样,主体自身的特征也制约着认识过程。"[①]因此,要研究教育史学认识主体,必须研究教育史学认识主体的认识结构。

(一) 关于主体认识结构的讨论

长期以来,关于主体的认识结构问题一直是哲学家们关注的主要问题。马克思主义认识论产生以前的认识论研究者对主体的认识结构的讨论往往离开人的社会性、离开人的历史发展来考察人的认识结构问题,他们要么把认识主体看做有生命的自然存在物,看做有血有肉的生命的物质实体,进而把认识结构归结为单纯的生理结构,把认识功能看做只是生理结构决定的感知机能与思维机能;要么将认识主体当做某种抽象的精神实体的"自我意识",把认识结构归结为心理结构的某个方面(或是"经验论",或是"唯理论")。在笔者看来,尽管生理结构论从一定程度上解释了认识发生、发展的生理基础和经验来源,但"由于它们对认识结构理解的单一性、非历史性,抹杀心理结构、工具结构与认识关系结构在认识结构中的地位与作用,必然陷入对认识功能理解的直观性、机械性、非能动性,无法说明具有相同生理结构的不同认识主体,或处于不同历史时期的同一认识主体,对同一客体的认识为什么是不同的,更无法说明认识主体思维活动的回溯性、超前性与创造性"[②]。同样,心理结构论虽然有助于我们具体地揭示意识的能动性和唯心主义的认识论根源,但是,由于心理结构论把认识结构等同于心理结构,由此会把认识当成纯粹主观自生的、神秘的产物,这当然不可能对认识的功能进行科学、合理的阐释。

20 世纪 80 年代以来,我国学术界开始了对认识主体的认识结构的讨论,有的学者从认识主体自身的特性出发,将主体的认识结构分为了自然、社会和精神三种结构;[③]有的学者从发生认识论的角度,提出主体认识

---

① 朱光泽:《论主体结构及其在认识中的作用》,载《南开学报》1987 年第 4 期。

② 参见赵光武《认识主体的认识结构与功能》,载《系统辩证学学报》2004 年第 1 期。

③ 朱光泽:《论主体结构及其在认识中的作用》,载《南开学报》1987 年第 4 期。

结构是一个包括反映系统、操作系统和驱动系统在内的认识结构系统；[①]有的学者从认识主体与客体的交互作用出发，将影响主体认识的主体的认识结构分为生理因素、知识因素、智力因素和情感意志因素四个不同层次；[②]有的学者将主体认识结构分为生理结构、心理结构、知识、认识能力和思维方式等多种结构的系统；[③]还有的学者在吸收历史上对主体认识结构认识的经验教训的基础上，提出了包括生理结构、心理结构、客观工具结构和认识社会关系结构在内的主体认识结构系统；[④]也有的学者从哲学认识论的角度，认为主体认识结构是认知要素与非认知要素的统一体。[⑤]

以笔者所能涉及的内容来看，历史学界研究历史认识主体的认识结构的专门性文章虽然很少，但是从各种历史或史学理论的论著中，我们均能发现对影响历史认识主体认识活动因素的分析。如庞卓恒在其《史学概论》中就明确将影响主体认识能力的因素概括为：历史认识主体的感知和思维能力，理论、方法、知识等要素和情感、意志等非理性要素等方面。[⑥]李振宏在其《历史学的理论与方法》一书中，虽然没有直接提出历史认识主体的认识结构问题，但是他在论述影响历史认识主体的主体意识的因素时，提出了包括哲学观点、政治立场、知识基础、生活经验、情感、性格和气质等因素在内的影响要素系统。李凌清在其《史学理论与方法》中也提出了一个包括历史观、知识及情感等非理性因素在内的主体的认识结构系统。

哲学界和历史学界关于认识主体的认识结构的讨论，都在一定程度上为我们构建教育史学认识主体的认识结构奠定了哲学认识论和史学认识论的基础。综合以上关于认识主体的认识结构的观点，根据教育史学认识活动过程的基本特点，笔者尝试着对教育史学认识主体的认识结构提出以下设想，以期得到各位学者的指教。

---

① 张富昌、张正军：《论主体的认识结构》，载《哲学研究》1987年第1期。

② 周文彬：《论认识中的主体结构》，载《争鸣》1986年第3期。

③ 杨明刚：《认识主体结构探微》，载《社会科学》1995年第5期。

④ 赵光武：《认识主体的认识结构与功能》，载《系统辩证学学报》2004年第1期。

⑤ 裴桂清、吴泮莲：《主体认识结构是认知要素和非认知要素的统一》，载《理论探讨》1995年第5期。

⑥ 庞卓恒主编：《史学概论》，高等教育出版社1995年版，第99—102页。

(二)教育史学认识主体的认识结构试构

所谓结构,“指一个系统中诸要素间联系与关系的总和。任何一个相对独立存在的系统,都是结构与功能的统一体。……所谓认识结构就是这种以结构概念指谓着的主体中的认识系统,而并非仅指系统中不涉及功能的结构特性”①。依据认识结构的这种概念界定,根据认识活动中对知、情、意的心理学区分和教育史学认识主体本身及其活动对象的特点,笔者尝试构建一个“复杂的、多属性、多层次和多结构的系统”②。具体而言,这一系统包括生理结构、心理结构、价值结构等多个层次结构。与“一般意义上常说的由结构决定着机能的系统”相比,这一系统“是以‘确定的机能目标统摄和支配着结构’的一类特殊的系统”③。在这个认识结构系统中,各结构及诸因素相互协同、相互影响、相互作用,进而揭示了主体的具体认识机制。

1. 生理结构是教育史学认识主体认识结构的物质基础

教育史学认识主体的生理结构主要是由“感觉系统、神经系统和大脑系统”三大系统构成的生物性结构系统,是认识主体具有认识能力的生理基础,也是教育史学认识主体的认识结构中的物质基础。其中感觉系统是由人的眼、耳、鼻、舌、身等主要器官组成,主体通过它们接受外界刺激而形成感觉和知觉,这是主体认识的基础阶段。然而主体要接受信息以及加工、改造信息,不仅取决于其对外部的感觉,而且还与认识主体的内部感觉结构密切相关。20世纪国际上兴起的人体生物节律周期科学的研究表明,人的生理器官的新陈代谢,存在着周而复始的循环节律,当人体及内脏器官处于“高潮期”时,人就会出现头脑灵活、思维敏捷等特征,此时逻辑思维水平较高,创造力较强;而当人体及内脏器官处于“低潮期”时,人就容易疲劳,注意力不集中,健忘,判断力也随之下降。由此说明,认识主体的感觉系统对主体认识的程度和水平或多或少会产生这样或那样的影响。任何主体对外界刺激的感知和认识都是以感觉系统为基础的。

---

① 张富昌、张正军:《论主体的认识结构》,载《哲学研究》1987年第1期。
② 吴松:《认识主体的属性、层次与结构》,载《思想战线》1983年第6期。
③ 张富昌、张正军:《论主体的认识结构》,载《哲学研究》1987年第1期。

认识主体对外界刺激的感知和认识，主要是通过神经系统和大脑系统完成的。就主体生理结构对外界信息认识的过程来看，主体的感觉器官通过对外界信息的接受和编码，将其传递给主体的神经系统，神经系统接收到感官感知、并编码好的信息后，通过神经系统将其传递给大脑，大脑作为中枢神经系统的最高指挥系统，它的功能主要是"在主体要求的推动下，恰当地处理各种器官所送进来的外界信息，有效地做出反应，采取行动，以实现主体和客体的协调"①。

以感觉系统、神经系统和大脑系统为主的认识主体的生理结构系统，作为认识主体认识外界事物的物质基础，对于探讨教育史学认识主体具有重大的意义：一方面，它"可以使主体认识器官中的潜力有可能发展成为现实的能力；另一方面，'人机'思维模拟的出现，使认识主体的思维器官得到更大程度的延伸，推动主体认识的迅速发展。"②从这个意义上说，生理结构是认识主体认识能力形成和发展的必要条件。探讨认识主体的结构以及反思主体自身，都离不开对认识主体生理结构的研究。认识主体的生理结构，体现了认识主体的自然属性，是自然界通过自身的长期发展而赋予主体的物质基础，它依附于个体，只有个体即有生命的个人才具有这种物质基础。认识主体的生理结构直接关系到主体认识的可能性。教育史学认识主体作为一般认识主体的重要组成部分，其认识活动必然以教育史学认识主体的生理结构为前提和基础。

2. 心理结构是教育史学认识主体认识结构的驱动系统

如果说教育史学认识主体的生理结构是其认识能力形成发展的必要条件的话，教育史学认识主体心理结构则是其认识能力形成和发展的充分条件。这里所谓的教育史学认识主体的心理结构既包含教育史学认识主体的认知要素，也包括教育史学认识主体的非认知要素。

(1) 教育史学认识主体的认知要素。认识要素主要是指"由主体的知识结构和能力结构及其相互关系所构成的，用来反映和加工客体信息的认知子系统。它是主体在一定社会条件下，通过实践和认识活动而形成

① 杨明刚：《认识主体结构探微》，载《社会科学》1995 年第 5 期。

② 同上。

的"认识活动的工具和手段。[①] 具体包括：教育史学认识主体的知识结构与能力结构两个主要方面，它对教育史学认识主体的认识活动具有直接的影响作用。

所谓知识结构，主要是指外在的知识体系在我们头脑中的内在状况，也就是客观知识世界经过求知者的输入、储存、加工而在头脑中形成的由智力联系起来的多要素、多系列、多层次的动态综合体。其中包括各种知识的比例，相互间的联系、作用和协调，以及由此而形成的具有一定功能的统一整体。[②] 具体到教育史学的知识结构，主要包括三个不同层面。第一层次：教育史学的专业知识，包括教育史学的理论与方法、中国教育史学和外国教育史学的相关知识等。这一层次是教育史学研究者的核心知识系统，对此教育史学研究者必须熟练掌握，而且能够熟练用于实践。第二层次：教育史学的专业基础知识，包括历史学和教育学的相关理论与知识。这一层次的知识是教育史学专业知识的延伸部分，它在整个教育史学研究者的知识结构中起着支撑教育史学知识结构的作用。第三层次：对教育史学研究可能起到促进和影响作用的知识。具体而言包括与教育史学研究有关的社会科学、人文科学以及自然科学等方面的知识，如哲学、文学、政治学、经济学、社会学、人类学、心理学、伦理学、宗教学、语言学(含外语)、逻辑学、法律学、地理学、统计学、计算机，等等。这三个层次相辅相成，共同构成教育史学认识主体的知识结构体系。但是需要强调的是，教育史学认识主体的知识结构不是固定不变的，随着社会的不断变化和科学的飞速发展，教育史学认识主体的知识结构会随着社会的不断发展以及人类知识的不断增加而进行更新和调整。知识结构及其体系作为教育史学认识主体的主体意识结构中的重要认知要素，不仅决定着主体的认识活动及其认识成果的科学化程度，同时也决定着教育史学认识主体认识活动的深度。

---

① 裴桂清、吴泮莲：《主体认识结构是认知要素和非认知要素的统一》，载《理论探讨》1995 年第 5 期。

② 以上关于知识结构诸概念均参见王通讯《知识结构与智能结构》，载季羡林等著，齐宝惠、陈建龙编《学者论大学生的知识结构和智能》，北京大学出版社 1992 年版，第 26—27 页。

与知识结构相联系的是教育史学认识主体的能力结构，这是教育史学认识主体“在一定的知识结构基础上积淀形成的并用来把握客体的各种能力及其相互关系的总和”①。主要包括教育史学认识主体感知客体的能力、抽象思维能力和自我认识、调节和控制能力。具体到教育史学主体对客体的认识过程来说，教育史学认识主体的能力结构主要体现为三个方面：一是对教育史料的搜集、鉴别与处理能力；二是对教育史料进行抽象的理论思维能力；三是在一定的哲学、世界观影响下对以史料为核心所构成的教育史学认识客体的理解和解释能力。

与一般意义上的理论研究最明显的不同之处在于，教育史学研究的一切结论必须建立在对史料研究的基础之上。这就要求教育史学认识主体必须具备搜集、鉴别和处理教育史料的基本能力。在教育史学认识活动中，如何提高认识主体搜集、鉴别和处理教育史料的能力，这是教育史学认识论必须讨论的问题之一。综合教育史学界学者的相关论述，结合对此问题的思考，笔者提出以下几方面的建议：首先，教育史研究者应该学习与掌握有关搜集与处理文献资料的知识，如目录学、版本学、考据学、辨伪学等知识以及在互联网上查阅文献资料的知识与方法，从而为正确、客观地理解和解释教育史料奠定基础。其次，教育史学研究者应注意将自己平时的史料积累与虚心求教于他人及其学术著作和成果结合起来。在平日阅读中，树立史料意识，将不同类别的史料通过作卡片、记笔记、输入电脑的方式进行积累，并在阅读他人的学术著作和研究成果或向别人求教的过程中，学会搜集、鉴别和处理史料的方法。再次，教育史学认识主体，应该注意扩大和延伸自身身体组织和器官的各种工具系统。因为，“认识主体自身的感知能力总是有限的”。教育史学认识主体的“头脑无法处理和计算数以千百万计的历史资料，而且人体的感知和思维器官还会发生感知和记忆错误”②，为了避免感知和记忆错误，也为了能尽可能地全面地占有史料，并得出相对客观的教育史学研究结论，教育史学认识主体必须学会或掌握一些能够延伸和扩大其自身组织和器官的各种工具系

① 裴桂清、吴泮莲：《主体认识结构是认知要素和非认知要素的统一》，载《理论探讨》1995年第5期。

② 庞卓恒主编：《史学概论》，高等教育出版社1995年版，第100页。

统，如一定的考古学方面的知识及技术，运用计算机对教育史料进行分类、整理、统计的技能，以及运用微缩技术搜集、储存、传递教育史料，以便扩大和延伸教育史学认识主体的思维器官，提高其思维能力。最后，教育史学认识主体还应该注意掌握好古文、外语等方面的能力，为进一步扩大文献搜集的范围、提高阅读能力、更好地理解教育史料奠定牢固的基础。

教育史学认识主体对史料的搜集、鉴别和处理，只是获得了对教育史料的考证性认识，"即取得对历史资料直观的感性认识，从而把历史认识建立在尊重客观史实的基础上。……这一阶段的历史认识所把握的还只是历史现象的个别性和特殊性，是对孤立的历史现象的了解，是对历史表象的真实认识，尚未揭示出历史运动与发展的本质规律"[①]。要想真正认识历史规律，必须对所占有的史料进行分析、综合、概括和判断，这就需要教育史学认识主体具备一定的抽象思维能力。教育史学的意义不仅在于占有史料，正如黑格尔所说的那样："科学固然也可以从个别的感性事物出发，对于个别事物如何以它的特殊颜色、形状、大小等等直接呈现出来，先获得一个观念。但是，这种孤立的感性事物，就其为孤立的感性事物而言，对心灵就没有进一步的关系，因为理智所探求的是对象的普遍性、规律、思想和概念，所以它不仅把个别事物丢在后面，而且把它转化为内在的，从一个感性的具体的东西转化为一种抽象的思考的东西，就是把它转化为和感性现象根本不同的东西。"[②]教育史学认识也是如此，我们占有教育史料的目的，并不仅仅在于获得感性认识，而是要在感性认识的基础上，抽象出对教育史的普遍的、规律性的看法。为此，教育史学认识主体的抽象思维能力就显得格外重要。

教育史学认识主体抽象思维能力的提高，一方面取决于教育史学认识主体理论水平的不断提高。任何一项教育史学研究，都离不开理论的指导，"从研究课题的确定、历史资料的选择，到史事的叙述，是非得失的评价，都受到理论的支配。只有理论能够解决什么是可能被观察的。没有理论的引导，主体的研究就会迷失方向，甚至淹没在史实的汪洋大海之

① 韩震、孟鸣岐：《历史·理解·意义——历史诠释学》，上海译文出版社 2002 年版，第 97 页。

② 黑格尔：《美学》第 1 卷，商务印书馆 1964 年版，第 47 页。

中而无法上岸"①。理论决定了教育史学认识活动的性质和结果。教育史学认识活动只有在正确理论的指导下,才可能朝着正确和真理的方向发展。另一方面,取决于教育史学认识主体知识结构的合理性以及认识水平高低。教育史学认识主体的认识活动要求认识主体必须掌握广博的知识,建立合理的知识结构。一般而言,认识主体掌握知识的丰富、渊博程度,直接影响着认识主体的理解能力和洞察能力。同样,认识主体所构建的知识结构越合理,他对客体的认识就越深刻、越全面,就越容易产生新的认识和独到的见解。"反之,'水之积不厚,则负大舟也无力。'知识过于狭窄和浅薄,会妨碍和限制主体认识能力的发挥。"②

从客观的意义上说,教育历史是发生在过去的教育相关事情的总和。"历史学家的任务不仅仅是确立事实,而且要理解事实。因此,历史学家就必须进行解释。"③19 世纪实证主义历史学家"主张历史研究应该像自然科学那样追求纯粹客观的不掺杂个人主观情感的理论,即兰克所主张的'如实直书'、'让史料说话'、'让史实说话'的客观主义史学思想,企图能像历史实际发生的那样去描述历史,恢复历史本来的面目。正是在这样的原则条件下,历史学家才有可能宣称历史学是一门'不折不扣的科学'"。尽管"实证主义历史学提升了历史认识的水平,但它把历史认识等同于自然科学,把历史仅仅等同于历史事实,实际上是将历史发展过程和历史认识的复杂性简单化了,这种历史研究的方式由于过于强调史料高于一切而忽视理论的作用,因而它甚至达不到自然科学所能达到的理论高度,更谈不上寻求到历史真理。历史研究一旦沦为枯燥的、缺少历史洞见的史料考据,就会丧失方向感和意义"④。教育史学的认识客体,与历史学的认识客体一样,不是直接的事实,而是过去了的、非当下的事实,因此,教育史学的认识客体与自然科学的认识对象不同,它不具有直观性的特点。加之,教育历史事实是人的活动,它不可避免地会渗透人的思想和

① 庞卓恒主编《史学概论》,高等教育出版社 1995 年版,第 100 页。

② 同上,第 101 页。

③ [美]威廉·德雷著,王炜、尚新建译:《历史哲学》,生活·读书·新知三联书店出版社 1988 年版,第 7 页。

④ 韩震、孟鸣歧:《历史·理解·意义——历史诠释学》,上海译文出版社 2002 年版,第 76—77 页。

情感，会受到认识主体的主体意识的影响。这种主体意识对教育史学认识活动的影响，主要地表现在认识主体对教育历史的解释上。正如格奥尔格·齐美尔(Ceorg Simmel)所说的那样："历史学家从文献着手，在自己的心灵中构造出号称是过去的写照的东西。这幅写照只是在他的心灵里而不在任何其他地方：它是一种主观的精神构造。"①这一点已经得到20世纪的西方分析历史哲学家的普遍认同。如克罗齐在批判实证主义历史哲学的基础上，强调"历史是人类精神的创造物，历史与思想活动本身是同一的，历史就是一切"②。科林伍德则更明确地提出"一切历史都是思想史"的著名命题。笔者认为，既然教育史学研究者的主体意识对教育史学认识过程的渗透是不可避免的，那么，在进行教育史学认识论研究中，我们就必须正视教育史学研究者的主体性问题。因为，教育史学的繁荣和发展，客观上取决于教育历史本身的发展，主观上则取决于教育史学研究者的主体认识水平的高低。因此，增强教育史学认识主体的主体意识，就成为教育史学认识主体认识能力提高的关键环节。

上述的知识结构和能力结构，作为教育史学认识主体的认知结构的重要组成部分，在教育史学主体的认识活动中的地位和作用是不同的。就二者的地位来看，主体的知识结构是认识结构中的基础要素，"主体所掌握的知识面和知识的深度决定着主体认知要素的性质、类型和功能指向。而知识结构层次的高低又决定了主体认识的深度"③。主体的能力结构是主体认知水平的标志。一方面，主体能力结构的特点、品质和层次决定和影响着主体认知的性质、品质和层次；另一方面，主体能力结构的类型特点也决定着主体认知结构的类型和特点。就二者的作用而言，知识结构主要起着对信息进行选择、过滤、加工和储存的作用；能力结构则主要起着对从知识结构中获取的感性材料进行抽象概括，进而对教育历史进行解释的作用。从这个意义上说，知识结构相当于主体认识的反映系

---

① 科林伍德著，何兆武、张文杰译：《历史的观念》，中国社会科学出版社1986年版，第194页。

② 韩震、孟鸣岐：《历史·理解·意义——历史诠释学》，上海译文出版社2002年版，第79页。

③ 裴桂清、吴泮莲：《主体认识结构是认知要素和非认知要素的统一》，载《理论探讨》1995年第5期。

统，而能力结构则相当于主体认识的操作系统。

尽管主体的知识结构与能力结构在主体认识活动中的地位和作用各不相同，但是这并不能否定二者的相互联系。一般说来，认识主体的知识结构作为能力结构的基础，对能力结构起着决定性的作用。因为，主体的能力结构是以一定的知识结构为基础，一定的能力结构是在一定知识结构积淀和内化的基础上形成的，有什么样的知识结构就会产生什么样的能力结构，主体的知识结构与能力结构具有同构、一致性。主体的能力结构作为主体知识结构的高层次结构反过来对知识结构具有支持和影响作用。如感知能力的产生和发展，可以扩大知识结构的数量和规模；理性能力的提高，可以使知识结构内部表层结构不断深化，进而达到促进知识结构不断更新、重新整合的目的。教育史学认识主体的知识结构和能力结构正是通过各自在教育史学认识活动中既相互对立，又相互统一、相互影响和相互制约的关系，不断影响着教育史学认识主体的认识活动。它们对教育史学认识活动具有基础性和决定性的影响。

（2）教育史学认识主体的非认知要素。如果说教育史学认识主体的认知要素是教育史学认识活动中的决定要素的话，那么，以人的欲望与需要、情感与意志、气质与性格等非理性要素组成的非认知要素则是教育史学认识主体的动力系统。尽管这些要素在主体认识活动中所起的作用是非直接的，但是这些要素对教育史学认识活动的影响也是不能低估的。有学者将这些非认知要素称为主体认识活动中的潜在要素。

欲望和需要作为主体认识结构中的非理性要素之一，是人类认识的动因或起点。“作为主体认识结构中非理性要素的欲望和需要与主体认识结构中的理性要素相比，无论从逻辑上来讲，还是从历史上来说，都是先有的东西。”①正如马克思所说：“人们决不是首先‘处在这种对外界物的理论关系中。正如任何动物一样，他们首先是要吃、喝等等，也就是说，并不处在某一关系中’，而是积极地活动，通过活动来取得一定的外界物，从而满足自己的需要。”②这说明，“人类的任何活动，从根本上讲是由在生产

① 张浩：《略论欲望和需要及其在认识论中的功能问题》，载《太原师范学院学报》（社会科学版）2006 年第 5 期。

② 《马克思恩格斯全集》第 19 卷，人民出版社 1965 年版，第 405 页。

中处于不同地位的人们的欲望、社会需求决定的”[①]。按照人类认识活动的一般规律，人类的认识应该是先有欲求（欲望和需求），然后才有行动和认识。教育史学认识活动作为人类认识活动的组成部分，认识主体有认识以往教育历史及认识自身历史的强烈欲望和需要，才是教育史学认识活动的根本动因。如果人类对已经经历的教育历史缺乏认识的欲求，那么也就不可能有教育史学认识主体的认识活动的存在。从这个意义上而言，教育史学认识主体的认识活动是以主体对以往教育历史强烈了解的欲望和需求为前提的。教育史学认识活动中的欲望和需求虽然是教育史学认识活动中的基本动因，“这早已是不证自明的客观的事实，但却长期被传统的理性主义者所忽视”[②]。笔者认为，充分认识欲望、需要与教育史学认识活动的关系，阐明教育史学认识主体认识结构中的欲望和需要因素的重要影响作用，将会使我们从传统理性主义观念的束缚中解放出来，并在此基础上去认识教育史学认识主体的认识活动，使我们对教育史学的认识更客观、更全面。

现代心理学研究已经表明，“认识的内在要求需要经过一种具有放大功能的媒介才会演变为具体的认识活动，而起着这种放大激化作用的”就是主体的情感和意志因素。这里的情感作为主体对认识对象与其需要之间建立起的一种内在心理体验，通过“爱与恨、满意与不满意、愉快与不愉快、尊重与卑视等心理状态”[③]对认识主体的认识活动产生影响。正如列宁所说的那样，“没有‘人的感情’，就从来没有也不可能有对真理的追求”[④]。“没有认识活动展开前的情感激动，主体就难以激发出实际的认识活动”[⑤]。但是，在教育史学的研究中，我们也应该注意过于强烈的情感色彩对教育史学研究结论科学性的影响。由于“情感是主体意识结构中内

---

① 苏民：《历史认识中的主体》，载《福建师范大学学报》（哲学社会科学版）2003 年第 1 期。

② 张浩：《略论欲望和需要及其在认识论中的功能问题》，载《太原师范学院学报》（社会科学版）2006 年第 5 期。

③ 庞卓恒主编：《史学概论》，高等教育出版社 1995 年版，第 102 页。

④《列宁全集》第 25 卷，人民出版社 1984 年版，第 117 页。

⑤ 庞卓恒主编：《史学概论》，高等教育出版社 1995 年版，第 102 页。

在的组成部分，情感在认识活动中潜在地发生作用是无法避免的”[①]，这就要求我们在教育史学认识活动中，尽量将认识活动放在理性的基础上，才可能得出客观而科学的结论。

与情感因素密切相关的是意志。意志作为认识主体“为实现某个认识目的而有意识地支配和调节自己认识活动的一种心理现象”[②]，对教育史学认识主体的影响也是不容忽视的。在教育史学认识活动中，认识主体不仅要受到来自各个方面的干扰和影响，同时教育史学认识活动本身也充满了困难和曲折，这就需要教育史学认识主体具有坚强的意志力，去克服各种困难，树立勇于献身的精神，即一要注意培养教育史学认识主体献身学术的思想意识，使其清楚地意识到，进行教育史学研究不是一件十分轻松愉快的事情，它常常需要研究者埋头于故纸堆中，去坐多年的冷板凳，对“陈年旧账”下一番抉剔爬梳的功夫。它需要研究者耐得住寂寞，抵得住诱惑，甚至有时还会牺牲一些个人的利益。二要努力培养教育史学研究者追求事业的激情和潜心学术、无怨无悔的精神。三要将勤奋努力与持之以恒结合起来，真正做到“持之以恒，用功不辍”。只有这样，才能在教育史学研究中有所建树。

此外，教育史学认识主体的性格与气质，作为一种潜在的因素，同样会对教育史学认识活动产生潜在的影响。如一个气度恢弘、性格开朗的研究者，在进行教育史学研究时，往往会表现出对教育历史本质或背后深层内容的洞察力，在他身上往往体现出较强的宏观概括能力；而一个气质忧郁、性格内向的研究者则会在研究中更多地表现出对教育历史细节上关照和所做结论的小心翼翼，在他身上体现出较明显的微观研究能力。由此可见，不同性格和气质特征的研究者，在治学风格和研究特色，甚至在研究的深度或广度上都会表现出不同的特征。因此，在教育史学认识活动中，更多地关注包括情感、意志、性格、气质等内在因素对主体意识的影响以及它们对教育史学认识活动的渗透，即将或已经成为教育史学认识论所必须研究的重要内容之一。上述论述说明，“非理性因素在主体意识结构中是一种潜在的认识因素，人们往往不能明确地意识到它的存在，

① 李振宏：《历史学的理论与方法》，河南大学出版社 1999 年版，第 142 页。

② 庞卓恒主编：《史学概论》，高等教育出版社 1995 年版，第 102 页。

甚至不承认它的认识作用的合法性。其实,它渗透在人的一切认识活动中,并和理性认识因素很复杂地交织在一起,对认识的形成发生重要影响”①。

综上所述,教育史学认识主体的认识结构是一个包括认知要素和非认知要素在内的复杂结构系统。在这个系统中,尽管认知要素与非认知要素分别包含着不同的子系统,如认知要素系统主要包括感觉、知觉、表象、概念、判断、推理等认知子系统,而非认知要素则主要包括欲望、需要、情感、意志、气质和性格等非认知子系统,但从研究的角度将这两个系统分别论述,是出于研究和认识的需要。在实际认识过程中,教育史学认识主体的认知要素和非认知要素在主体的头脑中是相互交织、彼此渗透的,共同对教育史学认识活动产生着决定和驱动作用。“其中认知要素在认识结构中占主导地位。这是因为认知要素中包含着反映系统(知识结构)和操作系统(能力结构),任何客体信息只有经过这两个系统才能进入主体”②,并规定着主体作用于客体的性质和方式,从而成为认识主体认识结构中的根本要素。而非认知要素则是建立在对客体之间相互关系的认知的基础之上,因此,非认知要素在整个主体认识活动中与认知要素相比处于非主导地位,但是非认知要素对教育史学认识活动中主体的认识能力具有强大的制约和影响作用。因此,在分析教育史学认识主体的认识结构时,必须认清认知要素与非认知要素的相互关系,才能使主体认识结构趋于完善,才能保证对认识客体认识的客观真理性。

3. 价值观念是教育史学认识主体认识结构中的灵魂

教育史学认识主体的价值结构系统主要指由教育史学认识主体的哲学世界观和由其社会性所决定的政治立场所组成的主体认识系统。其中,哲学世界观主要是指人们对世界的总体的看法,也“包括人在世界历史与现实中的地位和作用的看法。它是自然观、社会历史观、伦理观、科

① 李振宏:《历史学的理论与方法》,河南大学出版社 1999 年第 2 版,第 142 页。

② 裴桂清、吴泮莲:《主体认识结构是认知要素和非认知要素的统一》,载《理论探讨》1995 年第 5 期。

学观、审美观等等的总和”[①]，是建立在主体生理结构和心理结构之上的最高层次的认识结构系统。由于哲学世界观是在人们长期的社会生活实践中形成的对自然和人类社会历史的总体看法，因此，它是教育史学认识主体必须具备的认识结构要素。在教育史学认识活动中，认识主体总会自觉或不自觉受到这种或那种世界观、历史观的支配和影响。这种影响在教育史学的认识活动中，不仅表现在对教育史学认识客体的选择、教育史料的考证与运用、教育史实的分析与评价以及教育史学成果的展现等环节上，而且表现在对教育史学认识主体的主体意识的渗透，以及由此产生的对主体思想和行为的制约和影响上。正如有的学者所说的那样，对于教育史学认识主体而言，“他的全部哲学观点往往聚焦于他的历史观，并通过历史观发挥实际作用”[②]。在任何教育史学的认识活动中，教育史学认识主体莫不受历史观的统摄。哲学世界观作为教育史学认识主体的认识结构中的核心和灵魂，决定着教育史学认识的方向。如果没有正确的哲学世界观点的指导，那么，教育史学认识活动必然带有极大的盲目性。

所谓政治立场，主要强调的是教育史学认识主体的社会属性。教育史学认识主体“并不是抽象的栖息在世界以外的东西。人就是人的世界，就是国家，社会”[③]。任何教育史学认识主体都是生活在一定社会中的人，因此他们在教育史学研究中，都会自觉或不自觉地抱有一定的政治立场。这种政治立场也会自觉不自觉地留在自己的意识中，以一种潜移默化的方式影响着教育史学认识主体对教育史学相关问题的理解和解释，成为沟通和理解教育历史问题的纽带，从而深深地影响教育史学的认识过程及其认识成果。尤其是在教育史学评论中，对于一个教育史事件或教育历史人物的评价，都会在一定程度上被打上特定社会的政治烙印。

在教育史学认识主体的认识结构中，不同层面的认识结构系统在教育史学认识活动中所起的作用是不同的。“有的为主体的认识活动提供了物质载体，有的是主体认识对象的思维工具，有的是主体认识活动的控

① 陈啟能、于沛等：《马克思主义史学新探》，社会科学文献出版社 1999 年版，第 117 页。

② 赵兴彬：《史学学研究》，中国科学技术出版社 2004 年版，第 109 页。

③《马克思恩格斯选集》第 1 卷，人民出版社 1972 年版，第 1 页。

制调节器。各种要素各司其职,各尽所能,相互依存,相互结合"[①],构成了教育史学认识主体从事认识活动的根据和条件。然而,必须明确的是,我们将教育史学认识主体的认识结构分成不同的层次,只是为了研究的方便。事实上,在教育史学认识主体的认识活动中,各层次的认识结构是错综复杂地交互作用于认识客体的。同时,也正是教育史学认识主体不同层次的认识结构及其结构中复杂的各种要素的影响,才形成了教育史学认识主体对教育史学认识客体的不同测度。从这个意义上而言,对教育史学认识主体认识结构的研究直接关系到教育史学认识活动的科学性。

第二节　教育史学认识的客体

教育史学研究与历史研究一样,是一种能动的认识活动。在这一认识活动中,教育史学认识活动的对象——教育史学认识的客体与教育史学认识主体,作为一对范畴是相辅相成、紧密联系在一起的。在教育史学认识活动中,如果忽视对教育史学认识客体及其特殊性质的研究,教育史学认识活动就会变得毫无意义。因此,对于教育史学认识客体的正确认识,是保证教育史学认识及其成果客观性和科学性的前提。

一、教育史学认识客体的内涵

教育史学认识客体作为与教育史学认识主体相对应的范畴,对它的理解,长期以来一直存在着一些模糊的认识。"许多论者把'历史客体'等同于'历史存在'",或将认识客体等同于认识对象或历史事实,由此,不仅否认了主、客体之间的联系,滑向了把主、客体绝对对立起来的形而上学唯物主义立场;同时由于扩大了认识客体的范畴,而模糊了认识客体的许多重要属性,导致了对认识主体能动性问题的忽视。[②] 因此,在教育史学认识客体的研究中,要对教育史学认识客体有一个明确的认识,首先必须

① 庞卓恒主编:《史学概论》,高等教育出版社 1995 年版,第 102 页。

② 参见李振宏《历史学的理论与方法》,河南大学出版社 1999 年版,第 169—170 页。

弄清教育史学认识客体与教育历史存在之间的区别。

所谓教育历史客观存在，主要是指人类社会已经发生过、客观存在的教育历史。这种教育历史的客观存在，在人们尚未认识它们之前，早已客观地发生了、存在着。它既包括一切已经过去的人类教育实践活动，也包括“已经过去的历史认识主、客体”[①]。它具有客观性、过去性、不可复现性以及与现代人的隔离性等特点。由于人类社会的全部教育历史客观存在的无限丰富性和认识主体生命的有限性，使得教育史学认识主体既不可能也没有必要去认识全部的教育历史客观存在，只可能是在现实认识主体看来最重要的和最必要的一小部分能进入认识主体的认识视野。而进入现实认识主体视野的这部分教育历史客观存在才与现实认识主体通过认识活动建立起联系，成为相互作用的两极，建立起对象性的关系，这时教育历史客观存在“就由自在之物变为为我之物”[②]，就成了教育史学认识的客体。而教育历史存在中没有与认识主体建立起对象性关系的那些部分，依旧是自在之物，它们不具有教育史学认识客体的性质。由此看来，教育史学认识客体应该是指与教育史学认识主体建立起对象性关系的、并在认识论范畴内进入教育史学认识主体视野内的教育历史客观存在。教育史学认识客体与教育历史存在之间最大的区别在于，前者以教育史学认识主体的存在为前提。在整个教育史学认识活动中，认识客体始终受制约于教育史学认识主体，脱离教育史学认识主体，也就无所谓教育史学认识客体。而教育历史存在则完全可以脱离于教育史学认识主体之外而单独地、客观地存在着，不论认识主体是否将其纳入到自己的认识范围之内，它都是已经发生过的、客观存在的历史事实。“正如一位历史研究者只有在现实的历史认识活动中，在与对象的认识关系中才能实现和确认他是历史认识主体一样；客观存在的历史也只有在实际的认识活动中，在与主体认识的关系中才能获得历史认识客体的地位。”[③]否则，“如果我

① 吕锡生主编：《历史认识的理论与方法》，南京出版社1990年版，第64页。

② 宁可、汪征鲁编著：《史学理论与方法》，中央广播电视大学出版社1991年版，第71页。

③ 庞卓恒主编：《史学概论》，高等教育出版社1995年版，第103页。

们不能对事物加以研究，那么它们对我们来说就是不存在的了”[①]。

但是这里需要说明的是，教育史学认识客体与教育历史客观存在之间的区别既是绝对的，又是相对的。其绝对性主要表现在：当教育历史存在尚未被纳入教育史学认识主体的实践和认识活动范围时，教育历史存在就只能是一种客观存在而已，还不能确立在教育史学认识活动中认识客体的地位；其相对性表现在：随着教育史学认识活动范围的不断扩大，当教育历史存在被扩充到了教育史学主体的实践和认识范围中去的时候，教育历史存在就会转化成教育史学认识客体，从而成为教育史学认识主体的活动对象。教育历史存在与教育史学认识客体的这种转化，标志着教育史学认识主体的视野的不断扩大和教育史学认识活动的不断深化和发展。一般而言，“主体的实践和认识活动达到了怎样的程度和范围，客观存在的历史现象也就相应地在怎样的程度和范围里成为他们现实的历史认识客体”[②]。这也就是说，认识主体的认识活动的范围和对象不是固定不变的，教育历史存在的内容也不会被固定在一个限定的范围和层次上，随着社会的不断发展，将会有越来越多的教育历史存在的内容进入到教育史学认识主体的视野中去，成为认识主体新的认识客体。

综上所述，笔者认为，对教育史学认识客体的认识，应避免从本体论的意义上去认识，而应该严格按照认识论的意义来界定，否则对教育史学认识客体的规定就会出现偏差，就很难保证教育史学认识的全面性、科学性和辩证性。在这个大前提下，“还要考虑三个方面的因素，一是改变将认识客体和实践客体不加区分的做法，突出认识客体的认识属性，从而将属于实践对象的那部分事物剔除出去；二是必须逃逸本体论的视界，从物质世界、客观世界回归到‘现实世界’的广阔领域中来；三是要明确认识客体和认识主体的相关性和对应性，即必须是与认识主体相联系的事物”[③]。据此，笔者以为，所谓教育史学认识客体主要是指在现实世界中，被教育史学认识主体纳入其认识活动领域中，并能够与认识主体建立现实关系

① 《马克思恩格斯全集》第43卷，人民出版社1979年版，第561页。

② 庞卓恒主编：《史学概论》，高等教育出版社1995年版，第103—104页。

③ 李校利：《认识客体的内涵和结构简析》，载《辽宁教育学院学报》1995年第4期。

的教育历史现象、教育历史过程以及教育历史事实。它是主体所"认识到的历史存在,是历史存在的一部分。作为历史存在的一部分,它具有不以主体的意识为转移的客观性,不能任主体任意扭曲或改铸;作为主体的研究对象,和主体处在相互依赖、相互联系、相互作用之中。在承认历史客体的客观性的前提下,我们应该强调历史客体是被主体所设定、所选择的产物,它是主体本质力量的表现和确证"①。

二、教育史学认识客体的主要特点及其对认识活动的影响

按照上述对教育史学认识客体内涵的界定,笔者认为,教育史学认识客体具有以下几个方面的主要特征,这些特征对教育史学认识主体的认识活动具有深刻的影响,并规定着教育史学认识活动的形式和方向。

(一)教育史学认识客体具有多样性与复杂性的特征

教育史学认识客体作为人类教育历史客观存在的一部分,以庞杂的教育历史现象和漫长的教育历史过程贯穿于整个人类社会历史发展过程之中。尽管在人类社会发展的历史过程中,教育历史相对于整个人类历史而言,只是其中的一个部分,但是,人类教育历史却以各种不同形态和类型表现出丰富、多样的特点。就人类教育历史的具体组成部分而言,它包括教育制度史、教育思想史和教育活动史等不同部分;就人类教育历史的具体类型而言,它包括学校教育史、社会教育史、家庭教育史等不同类别;就教育历史的具体表现形式而言,它既包括各种类型的教育历史事件,也包括各式各样教育历史人物及其思想。所有这些构成了丰富多样的教育认识的客观存在,当这些客观存在一旦进入到教育史学认识主体的视野之中,它们就构成了复杂、多样的教育史学认识客体。

教育史学认识客体不仅千姿百态,纷繁博杂,而且还表现出明显的复杂性特点。教育史学认识客体作为人类社会活动的产物,"它不同于自然事物之组合那样单纯、机械,可以用化学分析去解释,揭示它的因素构成。社会现象中的事事物物,其促成的因素都不是单一的,不是线性因果的联系"②,而是多种历史力量交互作用的合力的结果。正如恩格斯所说的那

① 李振宏:《历史学的理论与方法》,河南大学出版社1999年版,第172页。
② 同上,第185页。

样,“历史是这样创造的:最终的结果总是从许多单个的意志的相互冲突中产生出来的,而其中每一个意志,又是由于许多特殊的生活条件,才成为它所成为的那样。这样就有无数互相交错的力量,有无数个力的平行四边形,而由此就产生出一个总的结果,即历史事变,这个结果又可以看做一个作为整体的、不自觉地和不自主地起着作用的力量的产物”①。教育史学认识客体作为人类历史活动全部内容的一部分,它的产生和发展,也是多种历史力量相互交叉作用的合力的结果。任何一个教育事件的发生,或教育历史人物思想的产生,都不是孤立的、偶然的。“人们通过每一个人追求他自己的、自觉期望的目的而创造自己的历史,却不管这种历史的结局如何,而这许多按不同方向活动的愿望及其对外部世界的各种各样影响所产生的结果,就是历史。”②因此,任何教育历史“都是人的目的的自觉性、环境条件的客观性、社会联系的复杂性等多种因素交织而成的纽结,是多因素的组合体”③。

教育史学认识客体的多样性和复杂性综合交叉在一起,对教育史学认识主体的认识活动产生着深刻的影响。具体表现为:教育史学认识客体的复杂性、多样性制约着教育史学认识主体认识活动的全面性和周到性。因为,在教育史学认识活动中,教育历史是过去的、不可复现的,由此造成了教育史学认识主体对“过去性”的认识客体的隔膜和非直接性,加之,教育史学认识主体(尤其是个体性的认识主体)认识能力、知识水平及生活经验的局限性,使其很难对教育史学认识客体的全部的、复杂的关系进行把握。因此,在教育史学认识活动中,作为认识的主体往往依据自己的认识能力和思维方式去认识教育史学客体。任何一个认识主体都很难全面把握教育史学认识客体的所有复杂关系。不同认识主体,由于其认识能力和思维方式不同,使得他们对认识客体的认识只可能是一个或几个侧面,因此形成对教育史学认识客体的百家争鸣的局面就不难理解了。正因如此,在教育史学认识活动中,重视教育史学认识客体的多样性和复杂性特点,对于认识主体全面地认识教育史学认识客体具有重要的现实

① 《马克思恩格斯选集》第4卷,人民出版社1972年版,第478页。

② 同上,第243—244页。

③ 李振宏:《历史学的理论与方法》,河南大学出版社1999年版,第186页。

意义。

(二)教育史学认识客体具有客观性与历史性的特征

历史唯物主义认为,“史学认识的客体是历史本体的一部分,它小于历史本体,但它和历史本体一样,既不是‘精神’的产物,也不能任人打扮,而是不以任何人的意志为转移的人类历史的过程,它有确定的时间、确定的空间和确定的内容,历史事物一经形成,不论它作为本体还是客体的形态存在,都不能再人为地增加一点什么或减少一点什么了”①。教育史学认识客体作为教育历史存在的一部分,最初是以自在之物的形态存在着,这种自在之物本身具有客观性。即使是教育历史存在由自在之物转变为认识客体,这种转变也丝毫不能改变认识客体作为自在之物时所具有的客观性本质。当它进入教育史学认识主体的视野后,只不过是在原本具有的客观性上附加了一些新的属性而已。如中国近代的教会教育史,在不同的社会历史时期,认识主体对它的认识和解释存在着相当大的差异,20世纪70年代中期以前,教育史学界对教会教育史的认识,要么采取完全回避的态度,而不加认识;要么对其持完全批判和否定的态度,认为教会教育是近代西方殖民主义的产物,是对中国民众的殖民教育,因此从根本上对其加以否定。20世纪80年代后期开始,随着学术界思想的不断解放,对教会教育史的认识和研究不断深入,对近代以来的教会教育史的认识和解释与20世纪70年代以前相比有了很大的不同,许多学者本着实事求是的原则,在承认教会教育殖民性的同时,也不否认其在中国教育现代化进程中的客观历史作用。尽管在主体认识上存在着如此大的差别,但这种差别并不能改变近代以来,在中国土地上出现的教会教育的各种机构以及历史遗存的客观性。换而言之,近代以来的教会教育机构及其历史客观存在,并没有因为进入教育史学认识主体的认识范畴而发生任何变化,变化了的只是教育史学认识主体对教会教育客体的认识和解释的角度和观念。

在明确教育史学认识客体的客观性的同时,我们还必须明确教育史学认识客体的客观性与教育史料客观性的区别。尽管教育史学认识活动

① 李清凌:《史学理论与方法》,甘肃民族出版社1993年版,第108页。

中对教育史学认识客体的认识，往往要借助于教育史料，特别是文字史料，但这并不意味着教育史学认识客体的客观性就等于教育史料（尤其是文字材料）的客观性。因为，虽然“这些文字资料以各种不同的形式记载了以往历史的某些内容，从不同的视角或不同的层面上向今天的史学家们传递着某种历史信息”[①]，但是，这种以文字形式记录和保存下来的教育史料所反映的教育历史内容，往往已经不再是纯粹意义上的客观的教育历史事实了，而是渗透了认识主体的主体意识的主观精神产品。教育史学认识客体的特点，“在于它不仅仅是客观的历史矛盾运动的过程，更重要的是，它是历史认识主体认识范畴内的历史过程。它的客观性不是凝滞的历史过程的客观性，而是历史认识领域内的客观性”[②]。这两种客观性的主要区别在于，前者是脱离历史认识主体的“客观”教育历史存在；后者则进入到教育史学认识主体的认识领域，并与教育史学认识主体建立了联系。这时的“史料客体的客观性，决不能完全达到历史客体的客观性，主体要通过能动的分析、批判，把历史客体的客观内容从史料客体中剥离出来，并且，不要把对历史客体的客观性的认识当做一次可以完成的认识活动。随着主体能力的伸展以及史料客体的不断发展，人们对历史客体的认识将会日益增加和丰富”[③]。这就要求教育史学认识主体在对客体的认识活动中，必须对于教育史料的客观性进行认真的分析和辨别，只有这样才能保证主体认识成果的可靠性和科学性。

教育史学认识客体的客观性特点对教育史学认识活动的影响主要体现在两个方面：一是，教育史学认识客体的客观性特征决定了教育史学认识主体对教育史学认识客体的认识活动的可能性；二是，教育史学认识客体的客观性也从客观上制约着主体的认识目标、内容和范围。作为教育史学认识主体认识对象的客体包含的是人类教育历史演变和发展过程中的具体历史事实，这些具体的教育历史事实一经产生便决定了认识主体的认识目标、内容和范围，由此形成了教育史学认识活动与其他学科认识

① 陈啟能、于沛等著《马克思主义史学新探》，社会科学文献出版社 1999 年版，第 123 页。

② 同上。

③ 李振宏：《历史学的理论与方法》，河南大学出版社 1999 年版，第 181 页。

活动的鲜明区别。

教育史学认识客体作为一般认识客体的存在形式之一，除了具有客观性特点外，还具有历史性的特点。教育史学认识客体的历史性，着重强调教育历史客体是一定社会阶段中的人类教育活动，具有强烈的社会历史性，反映着特定历史时期的教育的社会风貌和特征。任何教育历史都是一定社会历史条件的产物，“它赖以产生的历史条件以及它与周围事物的历史联系，决定了该历史现象的面貌。研究某一历史客体，说穿了就是研究它的历史联系，它的历史性问题”①。教育史学认识客体的历史性主要涉及的是如何把握教育历史现象产生的客观历史环境和主观历史环境问题。教育活动作为人类社会有意识、有计划的培养人的活动，它的产生及其不同历史阶段形成的不同教育风貌和不同的教育特点，与一定的社会历史环境和条件有着密切的关系。尽管历史性是一般认识客体所具有的基本特征，但是教育史学认识客体的历史性在诸种属性中居于中心地位，这是由教育史学认识客体的过去性和不可重复性所决定的。

教育史学认识客体的历史性对教育史学认识活动的影响和制约作用主要表现在：一、教育史学认识客体的历史性制约着教育史学认识主体对客体评价的客观性和合理性。由于教育史学认识客体是过去的、不可复现的教育历史过程及现象，而生活在现实社会中的教育史学认识主体如果完全脱离当时的历史环境来认识教育史学认识客体，就很难对教育史学认识客体给出一个合理的或客观的解释和评价。正如“文革”期间对孔子教育思想全面否定和批判，正是认识主体有意否定或忽视教育史学认识客体社会历史性的结果。二、教育史学认识客体的历史性，直接影响着教育史学认识主体对认识活动方式和方法的选择。教育史学认识客体的历史性，决定了认识主体无法直接对教育史学认识客体进行认识，因此，认识主体在对客体的认识中，除了选择一般认识的方法外，往往还要依据认识客体历史性的特点，选择教育史学认识的特殊方法——史料的搜集、整理、辨别，来达到对客体的认识。

(三) 教育史学认识客体具有过去性与不可重复性的特征

所谓过去性，主要是指教育史学认识客体都是已经发生过的教育历

---

① 李振宏:《历史学的理论与方法》，河南大学出版社 1999 年版，第 182 页。

史进程。教育史学认识客体的过去性所表现出来的最主要的特征是其不可重复性。因为“任何历史事件和现象,都是一定历史时代和一定周围环境下的产物,一经产生,任何人也无法使它再次出现”[①]。即使有些教育历史事件或历史场景在现实社会中可以通过各种方式进行模拟,即便我们也可以通过一些历史遗存来与认识客体进行“直接接触”,但是模拟并不能等于发生过的原生态教育历史,“面对历史的物质遗存,这样的主、客体统一,并不是一种生动的统一,而是一种简单的、外观上的统一,并不能使主体感受、认识这些历史客体形成的历史过程。我们面对的是历史过程的凝结物。它已经略去了这些历史事物形成的许多中间环节,使我们对它仍然难以把握”[②]。这就使教育史学认识主体失去了与认识客体直接“对话”的便利。如果说社会学家可以通过对广阔的社会现实进行调查认识其研究对象,民族学者也可以通过深入到民族地区直接进行田野调查来采集自己所需要的研究资料进行民族学的研究,那么,教育史学认识则不同,由于在教育史学认识过程中的“主体和客体在时间和空间上都被分隔开来,不能建立起一种直接的统一性”,也“无法经历像人们认识现实事物那样一个直观、生动、具体的感性认识阶段”[③],教育史学认识活动只能通过一定的中介物——史料客体或历史遗存来认识客体,因此教育史学认识活动呈现出以下几方面的特点:一、教育史学认识客体的不可重复性,一方面使得教育史学认识主体无法直接感知客体而失去了重要的经验基础,另一方面,由于认识主体与客体之间无法直接接触的“隔膜感”,而在一定程度上限制了主体把握和认识客体所可能达到的思想深度。二、教育史学认识客体的不可重复性决定了教育史学认识只能通过史料客体作为中介去恢复教育历史原貌,由此决定了教育史学认识主体对客体的认识呈现出两种截然不同的结果:一方面是教育史学认识主体对客体的认识必须以对史料的占有为基础,从而限制了教育史学认识主体的自主性;另一方面又使教育史学认识主体在解释历史的过程中获得了较大的自主性。三、教育史学认识客体的过去性和不可重复性,使得认识主

---

① 贾东海、郭卿友主编:《史学概论》,中央民族大学出版社 1992 年版,第 96 页。
② 李振宏:《历史学的理论与方法》,河南大学出版社 1999 年版,第 183—184 页。
③ 同上,第 184 页。

体在认识客体的过程中渗透了研究者的主体意识，从而使认识主体的认识成果很难保证其绝对意义上的客观性。由此，造成了对教育史学认识成果进行检验的困难。

(四) 教育史学认识客体具有层次性与变动性的特征

教育史学认识客体作为教育历史客观存在的一部分，它是“通过人们的主观认识表现出来。‘历史’并不是把人当做达到自己目的的工具来利用的某种特殊的人格。历史不过是追求着自己目的的人的活动而已”①。历史的一度性(或称一去不复返性)表明，历史是以往的人们依据他们所掌握的条件创造的、已经消逝了的“昨天”，它既不能重演，也不能复制。依据历史认识客体的这种过去性和不可复制性，庞卓恒将其分为三个层次：将客观历史本身作为历史研究者追求的原型客体；将历史遗物和遗存(包括文字史料)作为遗存客体；在此基础上，他认为还应该将现实社会作为对过去社会的延伸体而加以认识，由此形成了历史认识客体的第三个层次。② 吕锡生也认为历史认识客体具有层次性的特点。在他看来，历史认识客体就等于历史事实。因此“历史事实按照自己的本质和结构可分成辩证统一的三级：一是体现在社会历史进程中的作为历史实际情况的事实，即历史事件的事实。二是体现在史学研究中的，表现为某种信息的事实。三是体现在历史科学全面深入研究的科学的历史事实，它不是作为一般现象的事实，也不是最初的直接形式的事实，而是在一定历史理论前提下历史思维的产物，是被概念化的事实，它通过分析史料、认识史料形成”③。

以上两种对历史认识客体的分层理论，虽然在内容上有所区别，但是都承认历史认识客体的层次性。笔者以为，教育史学认识客体作为历史认识客体的组成部分，按照其本身的特点及结构，也可分为以下不同层面：第一个层面，是指进入教育史学认识主体的客观教育历史存在，这一层次的认识客体具有客观的、不可复现和不可变更的特征，它是教育史学

① 于沛：《历史过程的客体和历史认识的客体》，《中国社会科学院世界历史研究所学术文集》(第 4 集)，江西人民出版社 2006 年版，第 95 页。

② 庞卓恒主编：《史学概论》，高等教育出版社 1995 年版，第 104 页。

③ 吕锡生主编：《历史认识的理论与方法》，南京出版社 1990 年版，第 67 页。

认识主体所追求的认识客体，但是，这一层次的认识客体所具有的过去性和不可复制性，决定了认识主体对教育历史客观存在的认识“只能依据各种史料间接地进行”[①]。于是就有了教育史学认识客体的第二个层次——教育历史遗存客体。所谓教育历史遗存客体，是指凝滞于各种教育历史遗迹或遗存上的各种类型的认识客体，这类客体主要以教育史料的形式体现出来，具体包括各种文献记载和考古发现的各种实物。“文献记载出自人们的口传笔录，是‘思想的痕迹’；而实物史料则是前人的……‘行为的痕迹’。”[②]教育史学认识主体正是以教育历史遗存为中介达到对教育历史客观存在的认识。因此，教育历史遗存客体是教育史学认识客体的核心。第三层次，是教育史学认识主体所面对的现实教育客体。所谓现实教育客体是指作为教育历史原型客体延伸体的教育现实。教育史学认识主体正是通过与教育现实的直接接触，而开始认识教育历史的。乔治·克拉克(George Clack)在《新编剑桥世界近代史》的总导言中指出：“那个(历史)整体中只有一个微乎其微的片断能够被知道。过去的绝大部分事实已经泯灭，而且永远不可能借助我们的研究手段而重新恢复。曾经生活在我们这个星球表面的数以亿计的男女老幼之中，实际上只有几百万人留下了一点记载，如果要使其中每个人在某一时刻意识过的东西都流传下来，就需要庞大无比的篇幅，而如果同那样一部记录比较起来，我们的全部历史知识按比例来说还比不上从一部失传的大百科全书中保存下来的一个孤零零的逗点。”[③]尽管克拉克对历史学家认识客观历史存在的困难难免有夸大的成分，但是他毕竟从另一个侧面和另一个角度反映出历史认识主体单纯依靠历史的遗存客体去寻求认识原型客体的极小可能性。为此，历史认识主体对历史的认识往往是“从他作为历史延伸体的现实社会的体验和认识开始”[④]的。教育史学认识主体对教育史学原型客体的认识，正是以对现实教育运动和规律的认识为依据，去分析过去的教育

① 于沛：《历史过程的客体和历史认识的客体》，《中国社会科学院世界历史研究所学术文集》(第4集)，江西人民出版社2006年版，第95页。

② 同上。

③ [英]乔治·克拉克编，中国社会科学院世界历史研究所组译：《新编剑桥世界近代史》第1卷导言，中国社会科学出版社1999年版。

④ 庞卓恒主编：《史学概论》，高等教育出版社1995年版，第104页。

历史运动留下的遗存客体的含义及其相互联系，通过对过去教育历史运动某些原貌的逐步探寻，而逐步达到还原或恢复比较完整的教育历史真相的目的。

教育史学认识客体的三个层次相互联系，相互作用，共同构成教育史学认识客体的整体系统。其中，教育史学认识的原型客体是教育史学认识活动的基础和依据，它决定着教育史学认识活动的方向和科学性；教育史学的遗存客体是教育史学认识主体进行认识活动的中介，对教育史学遗存客体把握的程度直接影响着教育史学认识活动的水平和对教育历史认识的程度；而教育现实客体是进行教育史学认识活动的起点，对现实教育的运动和规律的认识直接影响着对教育历史认识客体的认识程度。

不仅如此，我们也应该意识到，作为教育史学认识客体的整体系统，既具有绝对性，又具有相对变动性。因为人类对教育历史的认识是不断发展的过程，今天的教育现实将会变成明天的教育客观历史存在，今天的教育历史客观存在一旦进入教育史学认识主体的认识视野，便会由教育历史认识的潜在客体变成教育历史认识的现实客体。从这个意义上说，教育史学认识客体作为主体的认识对象，永远不会固定在一个限定的范围和层次上。“随着历史认识活动的发展，越来越多的历史内容不断地进入到人们的认识活动中，成为人们现实的历史认识客体。所以，从与主体的认识关系来看，历史认识客体又可以分为现实的认识客体和潜在的认识客体。”[①]如在对中国教育史的认识活动中，传统的研究更多地将研究和认识的重点放在官学以及精英阶层的教育历史研究上，随着研究范围的不断扩大和问题史学的影响，传统的教育史学认识客体——官学教育和精英阶层的教育史，逐渐扩大为包括日常生活教育史和下层民众社会教化在内的教育史学认识客体，这时潜在的民众教化史和日常生活教育史就从原来的潜在客体转变成了现实认识客体。教育史学认识客体的层次性和变动性，一方面影响着教育史学认识活动的发展方向，另一方面决定着教育史学认识活动的科学性，尤其是对教育史学遗存客体的认识，直接制约着教育史学认识活动及其认识成果的真实性和可靠性。

---

① 庞卓恒主编：《史学概论》，高等教育出版社 1995 年版，第 103 页。

第三节　教育史学认识的形成过程

对教育史学认识主体和客体的探讨，不能仅仅停留在简单地认识教育史学认识主体及客体的内涵和特点上，关键在于弄清教育史学认识主体对教育史学认识客体的认识是如何形成的，即正确把握教育史学认识的形成过程，才是教育史学认识论讨论的核心。而教育史学认识的形成从逻辑上说，是以教育史学认识的可能性为前提的，故关于教育史学认识的可能性问题就成为了教育史学认识论的重要问题之一。

一、教育史学认识的可能性问题

如果说"关于科学的认识论探讨关心的是这一认识是如何可能的，在此，其可能性本身乃是被预设或不如说被承认了的前提，问题在于为事实提供理论辩护"①的话，那么与历史学有着同样性质的教育史学认识的可能性问题，则不仅要回答"教育史学认识如何可能"的问题，还必须回到"教育史学认识是否可能"的问题上，而且对后一个问题的回答直接影响着前一个问题的存在价值。

(一) 关于历史认识可能性论述的历史回顾

历史认识的可能性问题首先要回答历史认识是否可能的问题。"从哲学史上看，对人的认识能力能否认识世界这个问题存在着可知论与不可知论以及怀疑论的对立。至于人的认识能力能不能认识历史，在哲学和历史两相分离的时候，则存在着哲学家和史学家之间的分歧。"②古希腊的史学家，虽然对于"什么是历史"的问题尚未产生自觉意识，"历史对他们而言，还只是他们亲身经历过的某些事件，但人能认识历史却是一个不证自明的前提；而对哲学家来说，认识主体要追求具有普遍性的知识，史学家们的历史记录自然不符合他们的要求，因此，一般说来他们对历史持

① 周建漳：《历史及其理解和解释》，社会科学文献出版社 2005 年版，第 70 页。

② 韩震、孟鸣岐：《历史哲学：关于历史性概念的哲学阐释》，云南人民出版社 2002 年版，第 46 页。

一种贬抑的态度”[①]。如亚里士多德就认为，“写诗这种活动比写历史更富于哲学意味，更被严肃地对待；因为诗所描述的事带有普遍性，历史则叙述个别的事”[②]。由此看来，自古希腊时期起，哲学家对历史基本上是持歧视态度的。尽管此后，弗兰西斯·培根(Francis Bacon)对历史的可知性做过思考，但直至17世纪，这种情况并未得到根本的改变。尤其是勒奈·笛卡儿(Rene Descartes)理性主义占统治地位的时期，历史被看做“不可靠材料的汇编、杂乱事实的堆积和一系列的虚构与现象，历史由于其经验的性质不可能形成具有普遍性和正确性的知识”[③]。因此，在历史哲学产生之前的历史认识可能性的讨论都是初步的和不深入的。

直到吉安巴蒂斯塔·维柯(Giambattista Vico)创立历史哲学开始，历史认识的可能性问题才真正得到了重视。维柯认为：“这个民族世界确实是由人类创造出来的，所以它的面貌必然要在人类心智本身的种种变化中找出。如果谁创造历史也就由谁叙述历史，这种历史就最确凿可凭了。这种情形正像几何学的情形。几何学在用它的要素构成一种量的世界，或思索那个量的世界时，它就是在为它自己创造出那个量的世界。我们的新科学也是如此替它自己创造出民族世界，但是，却比几何学更为真实，因为它涉及处理人类事务的各种制度，比起点、线、面和形体来更为真实。……因为认识和创造是一回事。”[④]由此，维柯提出一个在历史哲学史上乃至人类思想史上具有划时代意义的命题——人是历史世界的创造者，即从认识论角度得出了“既然历史世界是人创造的，所以人就能认识历史世界”[⑤]的结论。

维柯认为，“过去哲学家们竟忽视对各民族世界或民政世界的研究，而这个民族世界既然是由人类创造的，人类就应该希望能认识它。……民族社会的世界确实是由人类创造出来的，所以它的原则必然从我们自

① 韩震、孟鸣岐：《历史哲学：关于历史性概念的哲学阐释》，云南人民出版社2002年版，第46页。

② 亚里士多德、贺拉斯：《诗学·诗艺》，人民文学出版社1962年版，第29页。

③ 韩震、孟鸣岐：《历史哲学：关于历史性概念的哲学阐释》，云南人民出版社2002年版，第47页。

④ [意]维柯著，朱光潜译：《新科学》，人民文学出版社1986年版，第145—146页。

⑤ 袁吉富：《历史认识的客观性问题研究》，北京大学出版社2000年版，第160页。

己的人类心灵各种变化中就可找到”[①]。维柯对历史认识可能性的认识，是从人是历史的创造者的观念推导出来的。他的这一认识论观点为历史哲学的产生奠定了基础。

在历史认识论上，维柯不仅肯定了历史认识和理解的真实普遍性，而且从主客体两个方面论证了历史认识和理解的可能性。在维柯看来，“历史尽管是已经过去了的事实，但是从客体方面来说，历史文物内包含着当时创造者的心灵状态和特征的信息，这是后人认识历史的客观前提，从主观方面来说，人类的心灵能够认识自己的外化物，这是符合逻辑的，当我们面对历史文物时，我们是在认识历史，当我们在心灵中感受文物时，我们是在理解认识，认识是主体向外的意向，理解则是主体向内的意向。”[②]

继维柯之后，启蒙时代的历史哲学，“高扬人的地位，否定了上帝创世的宗教历史观，确立了崇尚理性的信念。哲学家们在考察历史的时候，坚信人的理性不但能够理解历史而且可以设定历史，只要唤醒人类的理性，人类历史发展就可以避免许多罪恶和失误。从而沿着理性目的所设定的理想目标发展”[③]。尽管法国和德国的历史哲学在对待理性的态度上出现了超历史的肯定理性和超现实的肯定理性两种不同的倾向，但他们对历史认识可能性问题都持肯定态度。如著名的哲学家孔多赛(Condoecet, M. de)认为“自然科学和社会认识都属于经验的范畴，而所有真理都只具有可能性。尽管由于社会领域的变化比较复杂，认识它的可能性要比物理学小一些，但是这种可能性的差别只是量上的而不会是质上的”[④]。

德国著名的哲学家康德(Immanuel Kant)则从“普遍历史的理念”出发，探讨了历史认识可能性的问题。康德认为：“无论人们根据形而上学的观点，对于意志自由可以形成怎么样的一种概念，然而它那表现，即人类的行为，却正如任何别的自然事件一样，总是为普遍的自然律所决定的。历史学是从事于叙述这些表现的；不管它们的原因可能是多么地隐

① [意]维柯著，朱光潜译：《新科学》，人民文学出版社 1986 年版，第 154 页。

② 韩震、孟鸣岐：《历史哲学：关于历史性概念的哲学阐释》，云南人民出版社 2002 年版，第 4—5 页。

③ 同上，第 49 页。

④ 同上，第 50 页。

蔽，但历史学却能使人希望：当它考察人类意志自由的作用的整体时，它可以揭示出它们有一种合乎规律的进程，并且就以这种方式而把从个别主体看来显得是杂乱无章的东西，在全体的物种上却能够认为是人类原始的秉赋之不断前进的、虽则是漫长的发展。”①由此康德肯定了历史认识的可能性。但是，康德对历史认识可能性的论述，是建立在“把普遍的世界历史按照一场以人类物种的完美的公民结合状态为其宗旨的大自然计划来加以处理的这一哲学尝试”②基础之上。由此看来，康德认为在历史认识中，相对于人类行为全体来说的历史的发展规律和趋势是可以认识的，而人类世界中每个具体的事件及其特殊性质的认识在历史认识中是不重要的。在此基础上，康德还为人的理性认识能力划定了界限，在他看来，“理性只能认识现象而不能认识‘自在之物’”，因为，“历史的‘自在之物’即历史的本质则是超出了理性的界限”的，“是人的理性想要认识但却不能认识的”。③

从以上论述可知，不论是法国的历史哲学还是德国的历史哲学，尽管存在着对理性认识的不同态度，但是，在对待历史认识是否可知的问题上，两者都是持肯定态度和一致观点的。

如果说启蒙运动以前的西方历史哲学更多关注的是历史认识是否可能的问题，那么近代以后的西方历史哲学则将历史认识可能性问题的探讨重点由是否可能转向了如何可能的问题，随之对历史认识可能性问题的讨论也由本体论层面转向了认识论层面。关于这方面的问题，因在后面将予论述，此处不再赘言。

对历史认识可能性问题做出肯定和科学回答的是马克思主义。马克思从思想上赞同维柯关于历史是我们自己创造的，因而我们能够认识它的思想。在他看来，“人类史与自然史的区别点在前者为我们自己所造成，后者非我们自己造成”④。所以，我们对自己创造的历史的认识，应该

---

① 康德：《世界公民观点之下的普遍历史观念》，转引自何兆武主编《历史理论与史学理论》，商务印书馆 1999 年版，第 91 页。

② 同上，第 107 页。

③ 韩震、孟鸣岐：《历史哲学：关于历史性概念的哲学阐释》，云南人民出版社 2002 年版，第 50 页。

④ 马克思：《资本论》第 1 卷，人民出版社 2006 年版，第 298 页，注 89。

比对自然界的认识更容易些。为此,“马克思主义历史哲学把人的实践活动作为历史存在和历史认识的基础,历史既是人类实践的创造结果,同时也是人的认识及评价对象,应该说,只要承认历史的创造主体是人类自身,那么就已潜在地肯定了历史认识的可能性。因为,人是有目的有意识地进行历史创造活动的,从这个意义上说,人在创造历史的同时实际上也在认识着历史。尽管历史发展的实际进程是我们无法经验到的,但它又绝对不是超越感觉的存在,人类历史既是创造的过程,也是认识自己的创造对象的过程,如果否认了历史的可知性,就等于否认了人的实践活动的能动性、自主性、目的性和创造性,实际上是对人自身存在的一种否定”①。马克思主义不仅肯定了历史认识的可能性,同时也认识到了主体意识对历史认识的影响作用,并在认识论基础上,提出了“实践是检验认识真理性标准的这个唯物主义的论断,使得世界的可知性问题得到了最终的证实。一旦我们获得了经过实践检验的真理性认识,我们就可以说这个认识反映了世界的本来面貌”②。

(二) 对教育史学认识可能性的思索

综观西方历史哲学以及马克思主义历史哲学对历史认识可能性的探讨,我们可以看出,历史认识可能性问题是一个复杂而存在颇多困扰的问题。尽管如此,西方历史哲学和马克思主义历史哲学对历史认识是否可能的问题回答是肯定的。依据西方历史哲学和马克思主义历史哲学的相关理论,结合教育史学的学科特点,笔者认为,教育史学作为历史学的分支学科,它本身与历史学科所固有的血缘关系在一定程度上注定了它与历史学具有某些相同或相近的学科特征。因此,对教育史学的认识也应该是可能的,理由如下:

第一,从本体论意义上看,教育历史作为人类历史的重要组成部分,是由人类自己创造出来的,因此,对教育历史的认识应该比对自然史的认识更容易些。历史哲学的创立者维柯从人是历史的创造者的观念推导出

---

① 韩震、孟鸣岐:《历史哲学:关于历史性概念的哲学阐释》,云南人民出版社 2002 年版,第 451—452 页。

② 袁吉富:《历史认识的客观性问题研究》,北京大学出版社 2000 年版,第 163 页。

的"谁创造历史也就由谁叙述历史，这种历史就最确凿可靠了"[①]的结论，尽管忽视了历史认识主体与其所研究的对象往往是不同一（即不在一个时间段内）的这一问题，但是他所提出的"由人创造的历史就能被人所认识"的命题对于我们充分理解历史认识的可能性具有划时代意义，也为我们探讨教育史学认识可能性问题奠定了基础。以马克思关于人类历史认识可能性的理论，结合教育史学认识活动的特点，笔者认为，教育史作为人类史的重要组成部分，它同人类史一样是由人类自己创造出来的，教育史学认识主体对教育史学认识客体的认识，不仅是建立在人类自己创造的教育历史的基础之上，而且也是建立在对教育实践活动的历史过程的反映这一层面上，从这一逻辑上说，人类自己创造了教育历史，人类认识自己所创造的教育历史就成为一个不成其问题的问题。

但是如果我们对教育史学认识可能性的认识仅仅停留在本体论的层次上，那是"浅薄的"、不深入的，也是经不起推敲的。因为，虽然人在创造历史的过程中认识着历史，"但绝非意味着人能认清历史。正像马克思一贯主张的那样，社会意识虽然反映着社会存在，但社会意识未必是在正确地反映着社会存在，实际上，社会意识常常是以歪曲的形式反映着社会存在的"[②]。因此，对教育史学认识可能性的探讨应该更多地从认识论层面上进行把握。

第二，从认识论层面上看，教育史学认识的可能性问题主要是由两个方面的因素决定的：

首先，教育史学认识客体的客观性，决定了教育史学认识的可能性。"与一般的以现实存在的事物为对象的认识活动不同，历史认识的对象是既往的事物，它既不能直接观察，也不能通过任何实验的方法来复制、再现。面对这些看不见、摸不着的认识对象，历史认识者常常会发问：历史事实在哪里？"[③]教育史学认识过程也是如此，人们对教育史学认识可能性问题的关注，与其说重点在于对是否存在教育历史事实问题的探讨，倒不

---

① [意]维柯著，朱光潜译：《新科学》，人民文学出版社 1986 年版，第 165 页。

② 袁吉富：《历史认识的客观性问题研究》，北京大学出版社 2000 年版，第 163—164 页。

③ 张耕华：《关于历史认识论的几点思考》，载《历史研究》1995 年第 4 期。

如说是对教育历史事实是否具有客观性的问题的关注。

长期以来，不论是在历史研究中，还是在教育史学研究中，人们在谈及“历史事实”或“教育历史事实”时，总是和认识客体的“客观性”联系在一起。人们常常认为只有依据客观的历史事实，从客观的事实出发，才有可能得出正确的结论。这一观点从逻辑上看并没有什么不妥。但是仔细分析就不难发现，由于教育史学的认识对象与一般意义上的认识对象存在着明显的区别，它认识的对象是看不见、摸不着的既往事物，由此决定了教育史学认识对象具有非直接性特点，教育史学认识主体对客体的认识必须借助于教育史料才能展开与历史的对话。这就需要我们区分教育史学认识领域的客观性与教育历史过程的客观性。就教育史学认识过程中的客体的特点而言，“它不仅仅是客观的历史矛盾运动的过程，更重要的是，它是历史认识主体认识范畴内的历史过程。它的客观性不是凝滞的历史过程的客观性，而是历史认识领域内的客观性”。因为“历史认识领域的客观性与历史过程的客观性既有区别又有联系，其区别在于前者进入了历史学家的认识领域，与历史认识主体建立了联系，而后者则是脱离历史认识主体的‘客观’的历史实在。对于历史研究来说，前者是历史学家所致力追求的，而后者则没有任何实际意义”[①]。

尽管以教育史料为主要表现形式的教育史学认识客体并不能完全等同于客观的教育历史过程，但这也并不意味着教育史学认识客体可以被随心所欲地编造，教育史料可以由认识主体任意剪裁。教育史料之所以被称为“教育历史”文献资料，而不是别的什么文献资料，首先在于它具备了一定的客观性。这种文献资料毕竟不同于文学创作和民间传说。虽然教育史料不是绝对客观的对教育历史过程的记录，但以文字或其他形式的教育历史遗存形成的教育史料必然存在着不以认识主体为转移的客观的教育历史内容。这些客观的教育历史内容或公开或隐蔽地蕴含在教育史料之中，等待着教育历史认识主体去认识、去挖掘或去研究。正因如此，才需要教育史学认识主体对教育史料进行认真的考证、鉴别，以保证教育史料的客观性。既然教育史料具有客观性，那么，教育史学认识主体

---

① 陈啟能、于沛等:《马克思主义史学新探》，社会科学文献出版社 1999 年版，第 123—124 页。

对教育史学客体的认识就是可能的。

其次，教育史学认识主体与教育史学认识客体的同质性，决定了教育史学认识的可能性。所谓教育史学认识主体与认识客体在性质上的同质性，主要是相对于认识主体对自然现象的认识而言的。如果说“在自然科学认识中，主客体之间是一种异质性关系”的话，那么，教育史学认识中的主客体之间则是同质性关系。因为在教育史学认识过程中，“历史并不是把人当做达到自己目的的工具来利用的特殊人格，在社会历史领域内进行活动的是具有意识的、经过思虑或凭激情行动的、追求某种目的的人，历史不过是人追求着自己目的的活动而已。历史并不是外在于人的异质物，它就是人的活动本身”①，所以教育史学认识说到底是人对自己教育活动本身的认识。尽管教育史学认识客体已经过去并不可复现，但是，教育史学认识主体可以凭借着与教育史学认识客体之间由社会性联系所建立起来的普遍性，通过相互之间的理解而达到彼此沟通的目的。从这个意义上说，教育史学认识主体与认识客体的同质性，决定了教育史学认识主体能够认识教育史学认识客体，而且比认识自然现象更容易些。

二、教育史学认识的形成过程

既然教育史学认识是可能的，那么教育史学认识主体是如何对教育史学认识客体进行认识的呢？这是我们接下来要讨论的问题。“历史认识的本质，是认识主体对历史实际所提供的各种信息，依据特定的目的，通过特定的认识结构和特定的方法进行处理。这是一个包括信息获取、储存、加工、变换、反馈等众多环节在内的完整的思维操作过程。”②在这个复杂而完整的思维操作过程中，教育史学认识的形成大致经历了以下几个主要过程：

（一）教育史学认识源于认识主体解决现实“问题”和“鉴往知来”的需要

任何历史认识活动都不是单纯的为历史而历史的认识活动。教育史

① 韩震、孟鸣岐：《历史·理解·意义——历史诠释学》导论，上海译文出版社2002年版，第100页。

② 姜义华、瞿林东、赵吉惠：《史学导论》，复旦大学出版社2003年版，第70页。

学认识活动也不例外。教育史学认识活动从本质上说，是教育史学认识主体从现实出发，通过能动的活动达到认识客体的目的，进而为现实服务的过程。教育史学认识之所以要对已经过去的、不可复现的教育史学认识客体进行研究，其主要原因在于：一方面，教育史学认识主体生活在现实社会之中，而现实社会本身又是过去的社会的延伸，因此，教育史学认识主体对教育历史的认识首先开始于对教育历史延伸体的现代社会教育的认识和体验；另一方面，教育史学认识主体的认识活动，并不是单纯地追求对已经发生了、不可复制的教育史学认识客体的认识，也不是单纯的对教育历史的观察，而是开始于解决现实问题的需要。“传统的实证主义和逻辑经验主义的哲学认识论都普遍认为，一切科学都是实证的，科学理论必须是在经验事实上能够证实的，因而科学认识的起点始于‘观察’，科学知识就是对观察结果的归纳。”[①] 以英国科学哲学家卡尔·波普尔(Popper. K. R.)为代表的现代科学哲学的认识论在对传统实证主义和逻辑经验主义哲学认识论批判的基础上，明确提出了科学认识的起点始于“问题”，而非“观察”的观点。波普尔认为，科学认识“要紧的不是方法和技巧，而是对问题的敏感性和对问题的一贯热情，或者如希腊人所说的，是惊奇的本性”[②]，从而否定了传统实证主义和逻辑经验主义的哲学认识论关于认识起点始于“观察”的说法。并在此基础上提出了著名的科学认识发生图式：“$P_1 \to TT \to EE \to P_2$”[③]。这一图式中的 P_1(Problem)代表认识开始时的问题；TT(Tentative Theory)代表为解决 P_1 而提出的尝试性理论或假说；EE(Elimination of Error)代表“‘(尝试)排除错误’，尤其是利用批判性讨论排除错误”；P_2 代表所建理论遇到否定时形成的新问题，“表示此模式无穷循环反复”。从波普尔的科学认识发生图式，我们可以看出，波普尔“所谓的科学发展，是从问题开始，不断地提出尝试性猜测，并不断地消除猜测中的错误，如此循环进行的。……虽然这个图式并不

① 赵兴彬：《史学学研究》，中国科学技术出版社 2004 年版，第 115 页。

② [英]波普尔著，傅季重等译：《猜测与反驳——科学知识的增长》，上海译文出版社 1987 年版，第 100 页。

③ [英]波普尔著，舒炜光等译：《客观知识——一个进化论的研究》，上海译文出版社 1987 年版，第 298 页。

能完整说明科学知识增长的规律，但其科学价值在于突出了‘问题’、‘尝试性理论’、‘消除错误’在这一过程中的重要作用”[1]，在波普尔的认识图式中，“问题”是第一性的，它是科学认知程序的出发点，一切科学知识的生长“永远始于问题，终于问题——愈来愈深化的问题，愈来愈能启发新问题的问题”[2]，“只有通过问题我们才会有意识地坚持一种理论。正是问题才激励我们去学习，去发展我们的知识，去实验，去观察”[3]。

纵观中外教育史学认识发展的历史过程，我们可以清楚地看到，在教育史学的实际认识活动中，几乎所有的认识都不是源于单纯的对教育历史的观察，而是始于“问题”。因为，教育史学认识的根本目的在于为现实教育服务，通过主体对客体的认识活动，使现实生活中的人们了解自身的教育、认识自身的教育、把握自身的教育、发展自身的教育。教育史学认识主体“对于自身时代境况的独特敏感，以及由此生发的问题意识”，被认识主体视为“学科发展背后的深刻动力”。[4] 由此决定了任何教育史学认识主体对客体的认识都是以预设的问题或解决现实问题的需要为起点来进行教育史学认识活动的。教育史学认识主体的问题或课题(P_1)的提出，为教育史学认识活动确立了明确的目标、方向和问题的范围；教育史学认识主体在确立问题或课题的基础上，开始提出尝试性的理论或假说(TT)，与此同时，通过对教育史料的广泛搜集、鉴别和解释，从而比较自己的理论与假设与史料是否相抵牾，如果认识主体提出的理论与假设与经过鉴别后的教育史料不相矛盾和抵牾，那么，认识成果的科学性就在一定程度上得到了保证；而当认识主体的论点与新史料或研究手段相抵触时，那么新的课题或问题(P_2)就出现了，进而开启了新的认识活动。教育史学认识活动就是在这样的循环往复中，不断地逼近真理。从这个意义上说，教育史学认识活动始于“问题”，终于“问题”。

尽管教育史学认识起于“问题”，终于“问题”，但这并不意味着教育史

① 张桂芳、庞丹：《波普尔哲学的杜威起源》，载《社会科学辑刊》2004 年第 5 期。

② [英]波普尔著，舒炜光等译：《客观知识——一个进化论的研究》，上海译文出版社 1987 年版，第 128 页。

③ [英]波普尔著，傅季重等译：《猜测与反驳——科学知识的增长》，上海译文出版社 1986 年版，第 318 页。

④ 赵兴彬：《史学学研究》，中国科学技术出版社 2004 年版，第 151 页。

学认识的根本目的仅仅在于为了教育史而教育史。“无论是普通群众、还是史学家、思想家、政治家，都把历史认识借鉴作用看得很重。古语所谓‘观今宜鉴古，无古不成今’，反映了寻常人们以今探古，以古鉴今的历史观念。”[①]教育史学认识活动之所以以“鉴往知来”为开端，主要有两个方面的原因，一是“历史是过去的现实，现实是历史的发展，历史的每一瞬间，既是昨天，也是今天，又是明天，历史与现实不可能截然分开，过去不可能消失得无影无踪”。过去的教育制度、教育思想和教育活动总会有各种痕迹被保留到现实的生活之中，或转入到未来社会。因此，人类对现实教育的认识必然以对历史教育的认识为前提。“历史与现实的这种关系，为历史的借鉴提供了重要依据，人们往往通过这种借鉴，决定现实活动中的价值取向。”[②]二是进行教育历史认识活动的主体是具有现实性的人(既包括个体，也包括群体)，他们对历史的认识不会像“北极冰层用冰冻保存几千年前的猛犸一样将过去保存在他的记忆之中，人从现实出发——而正因为总是通过现实，他才认识和评价过去”[③]。这说明任何历史认识都是从现实出发，并通过现实去认识历史，评价历史，最终达到解答现实问题的目的。正如古罗马史学家李维(Livy)所说的那样，通过历史认识活动，我们可以做到，“如果那是好的，那么你就模仿着做，如果那是罪恶昭著而最后身败名裂的，那么你就要引以为戒，竭力避免”[④]。由此看来，历史认识，包括教育史学认识在内的认识活动，除了使我们掌握一定的历史知识以外，其根本的目的在于通过历史认识活动为现实提供借鉴。著名历史学家克罗齐(B. Croce)也认为，“只有现实生活中的兴趣方能使人去研究过去的事实”[⑤]。同时，“当生活的发展需要它们时，死历史就会复活，过去史就会再变成现在的”[⑥]。

---

① 吕锡生主编:《历史认识的理论与方法》，南京出版社 1990 年版，第 47 页。

② 同上，第 48 页。

③ 雅克·勒戈夫、皮埃尔·诺拉主编，郝应玮译:《史学研究的新问题新方法新对象》，社会科学文献出版社 1988 年版，第 16 页。

④ 转引自吕锡生主编《历史认识的理论与方法》，南京出版社 1990 年版，第 48 页。

⑤ [意]贝·奈戴托·克罗齐，傅任敢译:《历史学的理论和实际》，商务印书馆 1982 年版，第 2—3 页。

⑥ 同上，第 12 页。

(二)教育史学认识借助教育史料作为中介还原教育历史事实

“历史,无论在时间上或空间上,都是一度的、具有不可复返性。因此,欲直接认识已经过去了的昨天的历史是不可能的。只有通过对昨天历史所做的记录或回忆,由认识主体对昨天历史进行创造性的重构、描述、复原,并在此基础上进行抽象、概括,达到本质的认识。”[①]教育史学认识客体作为主体的认识对象,它与历史认识客体一样具有“过去性”和“不可复现性”,这就使得教育史学认识主体既不能像文学那样虚构客体,也不能像自然科学那样对客体进行观察和实验,更不能像其他的认识主体那样与认识客体进行直接的接触。它只能通过与被称作历史证据的东西产生某种特殊的联系,才可能达到认识客体的目的。如此说来,教育史学认识主体的“任何一项主观判断都是以这项资料为出发点的”[②],没有历史上遗留下来的教育史料,就不可能有教育史学认识主体对人类教育历史的了解,现实社会中的认识主体也就不可能知道我们的祖先是如何接受教育的,我们今天的教育又是如何发展而来的。从这个意义上说,在教育史学认识主体的认识活动中,如果离开了史料中介,教育史学认识活动就成为无源之水和无本之木。恩格斯认为,“即使只是在一个单独的历史实例上发展唯物主义的观点,也是一项要求多年冷静钻研的科学工作。因为很明显,在这里只说空话是无济于事的,只有靠大量的、批判地审查过的、充分地掌握了的历史资料,才能解决这样的任务”[③]。恩格斯的这番论述充分说明,“任何历史结论,不管其如何高深莫测,都离不开对史料的分析与研究;一切史学著作,无论其体系与规模是何等博大与恢弘,其议论是多么精辟,也只有在大量的、可靠的史料基础上才能撰写出来”[④]。于是我们有理由相信,教育史学认识活动是在这样的公式中完成的:教育史学

① 赵吉惠:《史学概论》,陕西师范大学出版社1990年版,第187页。

② [苏]E. M 茹科夫著,王瓘译:《历史方法论大纲》,上海译文出版社1988年版,第16页。

③《马克思恩格斯选集》第2卷,人民出版社1972年版,第118页。

④ 赵兴彬:《史学学研究》,中国科学技术出版社2004年版,第146页。

主体—教育史料—教育史学客体—教育历史认识。[①] 这个公式的思想内涵是:教育史学认识是教育史学认识主体以教育史料为中介达到对教育史学客体的能动反映。在这个能动的反映过程中,教育史料在教育史学认识主体对客体的认识中承担了中介和纽带作用。现实社会中的认识主体,正是通过凝滞于教育史料中的历史事实来重构和解释教育历史的。

虽然教育史学认识活动离不开教育史料这一基础,但是对于教育史学认识中介系统中的教育史料的认识,学术界历来存在着不同的看法。以兰克学派为代表的实证主义史学将史料视为"梦中情人"、美丽的"白雪公主",在他们看来,历史认识主体只要能采用"科学的考证方法",就能"把史料这个'西湖',比作历史原貌这个'西子'"[②]。而与实证主义史学观点截然不同的相对主义史学学派和批判的历史哲学却认为,史料是主体或史料的制作者主观意志的产物,"以文字记录保存的'史料',只是这些'过去事实'中很小的一部分。它们是一些被选择、组织,甚至被改变与虚构的'过去'。因此一篇文字史料不能简单地被视为'客观事实'的载体;正确地说,它们是在人们各种主观情感、偏见,以及社会权利关系下的社会记忆产物"[③]。即使是兰克学派认为"最少掺杂个人意志、最忠实于历史本身"的档案史料,在后现代主义的代表人物米歇尔·福柯(Michel Foucault)看来,由于它经历了"事件(活动)发生—当事人(或有关人)立即或事后记录—记录稿经过不同的人或机构修改—定稿—再修改—分类、封存—档案部门整理—对公众开放"[④]等多个由人参与的环节,因此,在一定程度上也会无意地掺杂进主体的主观意念。如此说来,教育史料作为教育史学认识活动中介的资格,即史料客体的客观性就很值得怀疑了。由此,我们有必要分析一下教育史料的客观性问题。

教育史料是人类在其活动中有意或无意地以各种方式遗留下来的有关他们的教育活动和思想的痕迹。其表现形式主要有两种:

---

① 此公式参考了赵吉惠在《史学概论》中提出的关于历史认识的公式:史学主体—史料—史学客体—历史认识。参见赵吉惠《史学概论》,陕西师范大学出版社1990年版,第187页。

② 赵兴彬:《史学学研究》,中国科学技术出版社2004年版,第145页。

③ 王明珂:《历史事实、历史记忆与历史心性》,载《历史研究》2001年第5期。

④ 参见赵兴彬《史学学研究》,中国科学技术出版社2004年版,第146—147页。

一是实物史料，主要是指历史上遗留下来的通过人的思维和劳动创造的那部分物化的教育资料，具体体现为古代教育遗址、墓葬中发现的与教育有关的实物以及其他形式的教育历史遗留物。这部分史料由于本身凝聚了人的目的、需要、意图以及知识背景和社会生产力水平，因此，它是作为一种客观的教育历史信息而存在的。如中国古代的书院教育，作为一种过去了的教育历史，我们现在无法直接了解古代人在书院中是如何接受教育的，除了以文字形式留下的资料外，其建筑、碑刻等物化形式留下的遗存同样可以作为研究书院的史料，而且相对一些文字记载而言，这些实物史料更具直观性和客观性。

二是文字史料，主要是指“前人经历与传闻的记录，或是前人所能见到的史籍、档案的编纂”①。尽管这部分文字史料由于撰述者或记录者眼界的开阔程度、主观的好恶、着眼点的差异、认识和表达能力水平的高下等条件的限制，在一定程度上渗透着撰述者和记述者的主观意识和时代烙印，但是这并不能成为我们消解教育史料客观性的借口。其原因有三：

第一，这些由前人撰述和记录的文字史料，作为历史本体的表象，自然会受到历史本体客观性的影响，认识性质的“史料一旦产生也就成为一种相对独立的客观自在物”②，这些客观自在物本身就具备了客观实在性。

第二，教育史料毕竟是历史向现实中的我们提供的唯一与过去进行间接接触的途径，“对于过去的事实我们只能通过保留下来的遗迹去认识。历史学家能够直接观察到的只有这些遗迹，除此以外什么也观察不到了，剩下的只是推理的工作。历史学家从这些遗迹中尽可能准确地推测出事实”③。从这个意义上说，文字史料毕竟在一定程度上反映了撰述者和记录者当时的社会现实中的一部分客观现实。这就提示教育史学认识主体，在认识活动中必须对教育史料进行认真的搜集、核实、考证与鉴别，认清哪些是真实的史料，哪些是伪史料。在教育史学认识活动中，只

① 王正平：《历史认识对象的特点》，载《历史研究》1988年第1期。转自《〈历史研究〉五十年论文选》（理论与方法・下），社会科学文献出版社2005年版，第980页。

② 王军、张岚：《历史认识中介再认识》，载《咸阳师范学院学报》2002年第1期。

③ [法]朗格卢瓦、塞诺博斯：《历史研究导论》，第63—64页，转引自杨豫、胡成《历史学的思想和方法》，南京大学出版社1999年版，第226页。

有比较真实地、客观地反映过去情况的教育史料,才可能成为教育史学认识的中介。

第三,尽管史料只是过去的人类活动遗留下来的痕迹,在内容上、形式上都不能等同于客观历史原貌,但它却以物化和固化的方式,凝聚和积淀了当时人类及其社会教育活动的各种信息,浓缩地保存了当时人类教育活动的情景及演变过程。按照信息论的理论,"信息是一切物质系统存在及其形态、状况、结构、特征等等的具有确定性的表征或标志,它由物质发出,在物质系统的相互作用中,可以通过一定的信息通道(媒介)向另一物质传递。人们通过对媒介所传信息的接受、破译,就可以了解原物质的性状"①。教育史料作为人类历史遗留下来的信息,现实中的认识主体同样可以通过对其进行接受、破译,从而达到对人类教育历史的了解和认识。

正是以上三个方面的原因,确定了教育史料作为教育史学认识活动中介的基本资格。

对于教育史料客观性的认识,我们既反对兰克学派和实证主义将史料等同于历史客观存在的观点,也不赞成相对主义完全否定史料客观性的极端思想。我们这里强调的教育史料的客观性,"主要是要求在现有资料背景下的客观,不能要求原始史实或史实本身的客观。……在历史考据学的层面上,人们所能要求的是,当记载出现矛盾或有漏洞时,哪种记载、哪条材料更可信?这种记载的真与假,从终极的意义上说,当然得靠这种记载与他种记载哪一种更接近历史本身来定夺。问题是……历史本身已经永远消逝,具有不在场的性质,记载的可信与否,无法直接诉诸所谓'历史本身'。所以,记载的可信与否与其诉诸历史本身,不如说诉诸现有的证据和所谓'逻辑'"②。

既然教育史料是教育史学认识活动的中介,那么教育史料是如何实现其中介作用的呢?在笔者看来,教育史料对教育史学认识活动具有以下制约作用:

第一,教育史学认识主体对教育史料的占有程度决定着其认识领域

① 赵兴彬:《史学学研究》,中国科学技术出版社 2004 年版,第 149 页。
② 王学典:《论历史研究的客观性问题》,载《东岳丛刊》2004 年第 1 期。

的范围。教育史料的无限性与教育史学认识主体认识范围的有限性，决定了任何认识主体的认识都具有一定的方向性，在这种方向性的背后，隐藏着教育史学认识主体的认识领域，这一领域的确立是和认识主体对教育史料的占有量直接相关的。在教育史学认识活动中，任何主体都不可能占有教育史学研究领域中的所有史料，一般而言，他们会在已有的史料占有的前提上来确定自己的研究领域与研究范围。如果一个认识主体所占有的史料主要是教育思想层面的，那么他就会将自己的认识和研究重点放在教育思想史的研究层面；另一个认识主体所占有的是教会教育方面的史料，那么其研究领域的重点就会在教会教育史方面。总之，任何认识主体的认识活动都不可能脱离史料来进行。如果没有一定的史料作为依据，即使主体对某一方面的历史有着浓厚的兴趣，同时也具备了相关的认识结构，那么这样的教育史学认识也只能是毫无依据的空想。

第二，教育史学认识主体所占有的教育史料的质和量，直接制约着教育史学认识结果的合理性。对教育史料的占有程度不仅制约着教育史学认识主体的认识领域及其范围，而且还制约着教育史学认识主体认识结果的合理性。一般说来，在教育史学认识活动中，大量占有教育史料，经过充分地筛选、辨别和考证，才能使教育史学认识主体进行历史还原或历史解释时得出趋近真实和合理的结论；相反，如果在教育史学认识活动中，单凭一些没有经过鉴别和考证的史料，或所掌握的史料非常有限，那么得出的历史结论的可信度和合理性就值得怀疑。因此，恩格斯说："唯物主义的认识论的发展，哪怕是单单对一个历史实例，都是一种科学工作，要求多年的冷静钻研。因为这是很明白的，单靠几句空话是做不出来的，只有大量的，批判审查过的，透彻地掌握住了历史资料，才能解决这样的任务。"①

第三，新教育史料的不断出现是推动教育史学认识不断深入的内动力之一。教育史学认识活动是一个能动的开放系统，考古发掘的新资料，或发现新史料将推动教育史学认识活动的不断深入。如在甲骨文出土之前，我们对中国商代的学校教育的了解主要依靠《礼记》的相关记载。而

---

① 恩格斯：《论马克思的政治经济学批判》，《政治经济学批判》附录二，人民出版社 1959 年版，第 165 页。

河南安阳殷墟中大量的甲骨文出土以后，证实古籍中关于商代学校的记载是可信的，从而为我们研究中国早期学校教育的发展情况奠定了坚实的史料基础。再如，1973 年长沙马王堆汉墓出土的帛书《老子》和 1993 年湖北荆门郭店出土的战国楚简《老子》都为教育史学界对老子教育思想的研究提供了新的史料，从而推动了对老子教育思想研究的不断深入。

综上所述，教育史料在教育史学认识活动中的中介作用是不能替代的，但是这也并不意味着教育史料可以代替教育史学。那种认为“史学亦即史料学”的观点，虽然“对于强化史料在历史学中的基础地位，对于把西方实证主义的理论与方法引入中国史学界，具有重大意义”[①]，但是这种将教育史学的研究对象仅仅看成是教育史料，抹杀客体教育历史与教育历史资料之间差异的做法，大大降低了教育史学的学科地位。同时，在教育史学研究中完全排除认识主体的主体意识、一味强调教育史学认识的纯粹客观性的做法，一方面不符合史学认识活动过程的实际，另一方面也极大地束缚了教育史学研究者的能动作用，从而使教育史学研究变成了史料的附庸。因此，我们强调教育史料在教育史学认识活动中的重要地位，决不能以牺牲认识主体的能动性和主体意识为代价。

（三）教育史学认识最终在理解与解释中形成

一般意义上说，“所有的自然科学和社会科学的认识都是对自然现象和社会现象的一种解释。……人类认识发展史也即是在解释中发生和发展的。具体来讲，某种具有客观真理性的理论化体系化的知识体系，之所以具有一定的真理性，并不因为它能自行说明问题，皆因解释之缘故，或者都是解释的成功”[②]。教育史学“作为人类认识的一种基本样式，历史不仅记载人类社会既往所发生的事情(what happened)，还必须对所发生的事情给出深入的理性阐释(account for the happenings)，即得出关于历史的理解或解释。在某种意义上，一部史作的价值往往是由其所给出的‘叙述性阐释’而不是由其‘事实陈述’来确定”[③]。由此决定了理解和解释是

① 赵兴彬：《史学学研究》，中国科学技术出版社 2004 年版，第 150 页。

② 丁向荣：《试论历史认识与解释》，载《宁夏大学学报》(人文社会科学版)2002 年第 2 期。

③ 周建漳：《历史及其理解和解释》，社会科学文献出版社 2005 年版，第 131 页。

教育史学认识的根本原则，对此可以从以下几方面来理解：

第一，教育史学认识对象的特殊性，决定了教育史学认识必须通过理解和解释来实现。一方面，教育史学认识的对象是已经逝去的、无法复原的教育历史事实，认识主体在对客体进行认识的过程中，“无法像自然科学家那样在实验室里模拟一个相同的现象，而只能借助各种手段间接地认识历史，最主要的手段就是依靠历史上遗留下来的文字资料，或曰‘文本’……但是，史料并不等于历史，只有将历史上传承下来的、关于某个历史人物、历史事件或历史现象的各种各样的‘文本’搜集起来，构成一个‘作为文本的世界’，并通过对‘文本的世界’的反复比对、考证”①，并在此基础上，对文本世界进行理解和解释，才能构建真实的教育历史。从这个意义上说，教育史学认识活动的“任务不仅是证明事实，而且要理解事实。所以，历史学家需要进行解释”②。另一方面，教育史学认识作为历史认识的一部分与自然科学存在着明显的区别，这种区别“决不在于自然科学的认识是客观的，而历史科学的认识是主观的；历史科学和自然科学都是人类对时空体系中客观存在的认识，都力求达到主客观的统一，因此，二者都具有某种客观性，但是，它们的客观性和主观性的呈现方式是不同的”③。以兰克为代表的实证主义历史学家在历史认识问题上，主张“如实直书”“让史料说话”“让史实说话”，试图由此而达到像历史实际发生的那样去描述历史，恢复历史本来的面目，从而建立起一门“不折不扣”的历史科学。不可否认，实证主义历史学提升了历史认识的水平，“但它把历史认识等同于自然科学，把历史仅仅等同于历史事实，实际上是将历史发展过程和历史认识的复杂性简单化了，这种历史研究的方式由于过于强调史料高于一切而忽视了理论的作用，因而它甚至达不到自然科学所能达到的理论高度，更谈不上寻求到历史真理”。教育史学研究“一旦沦为枯

---

① 彭南生：《原生态与历史研究的原创性》，载《学术月刊》2006年第6期。

② William H. Dray, Philosophy of History, Englewood Cliffs : Prentice Hall, 1993。转引自韩震《历史的诠释性》，载《杭州师范学院学报》2002年第3期。

③ 韩震、孟鸣歧：《历史·理解·意义——历史诠释学》导论，上海译文出版社2002年版，第76页。

燥的、缺乏历史洞见的史料考据，就会丧失方向感和意义”①。因此，教育史学认识，“无论是经验的传递、史实的考证还是数据的统计以及影响历史进程各种难以计数的因素的识别与分析，其最终的结论都是通过合理的解释来完成的，或者历史认识的成功就是解释的成功”②。从这个意义说，理解和解释是教育史学认识的根本性的原则。

第二，教育史学认识的意义生成，是建立在理解和解释基础之上的。一般说来，教育史学认识主体对客体的认识，并不是单纯为了弄清过去发生过什么，教育史学认识的根本目的之一在于探究过去的教育历史对现实教育活动的影响。因此“历史学家的任务是不仅要确定事实，还得要解释它们”③。相对于教育历史事实而言，“只有考虑到它由于事物的继续发展而得到进一步规定时，它才能被我们理解。为了理解历史事实，必须澄清过去事件对历史进程的影响，实际上这就是评估事件的历史意义”④。汉斯-格奥尔格·加达默尔(Hans-Georg Gadamer)认为“历史学家对其本文的态度，类似于审讯官盘问证人的态度。但是，单纯地确立那些从证人一己之见而得到的事实，实际上并不使他成为历史学家；使他成为历史学家的东西是，理解他在确立的事实中所发现的意义”⑤。这也就是说，过去的教育历史事实虽然是教育史学认识和研究的对象，但是教育史学认识主体只有从中找到了这些事实的历史意义，教育史学研究才实现了其真正的价值。而相对于教育史学认识主体而言，只有把对教育史学意义的解释与过去的教育历史事实结合起来，才能构成完整的教育史学认识和研究过程。教育史学认识的意义，正是在对教育历史文本的解释过程中

---

① 韩震、孟鸣岐：《历史·理解·意义——历史诠释学》导论，上海译文出版社2002年版，第77页。

② 丁向荣：《试论历史认识与解释》，载《宁夏大学学报》(人文社会科学版)2002年第2期。

③ William H. Dray, Philosophy of History, Englewood Cliffs, Prentice—Hall, 1964, p. 4. 转引自何兆武《苇草集》，生活·读书·新知三联书店出版社1990年版，第144页。

④ 韩震、孟鸣岐：《历史·理解·意义——历史诠释学》导论，上海译文出版社2002年版，第147页。

⑤ [德]汉斯-格奥尔格·加达默尔著，洪汉鼎译：《真理与方法》，上海译文出版社1999年版，第435页。

不断显现出来的。因此可以说,对教育历史文本的解释或诠释过程,就是历史意义的生成过程。正如加达默尔所说的那样,“从观念形态上说,历史是人们对过去发生事实的理解。历史事实已经成为过去,但是不同时代的人却可能对其意义做出不同的解释。历史意义就在我们的理解中生成,我们理解的变化造成历史观念有生命的流动”①。

既然教育史学认识是在理解和解释中生成的,那么教育史学认识主体怎样对客体进行理解和解释才能保证教育史学认识的科学性和真理性呢?这是教育史学认识过程中的关键所在。英国当代著名历史学家G. R. 艾尔顿(G. R. Elton)认为,历史研究就只有两件事,一是找出哪些是史料,二是这些史料正确的意思是什么,如此而已。② 如此看来,历史认识或研究实际涉及两个问题,所谓找出“哪些是史料”的问题,主要解决史料的搜集、考证与批评范围的问题;而对于何谓“正确的意思”的回答,则属于历史理解和解释层面的问题。这里的理解和解释“在与观察、记述相对待的意义上,理解和解释指向同一的理性的认识层次……关于这一方面的问题在历史哲学中通常统称为历史解释”③。

关于历史解释通常有两种涵义,“一义属于自然科学上因果关系的‘解释’(explanation),用在历史学上,即有将历史现象的原因及影响加以分析阐明之过程;另一义则属于人文学科上意义的掌握,此称‘诠释’(interpretation)。学者使用的途径则为‘理解’(verstehen),在历史研究的过程中,通常在最后有对其所研究对象的历史意义加以评估或定位,也是重要的一环”④。对于何谓“史料”的问题,我们在前面已有所论述,这里不再赘言。在此我们重点讨论一下教育史学研究中如何对史料的“正确的意思”进行理解和解释的问题。

① 韩震、孟鸣歧:《历史·理解·意义——历史诠释学》导论,上海译文出版社2002年版,第1页。

② G. R. Elton, The Practice of history(N. Y.:Crowell, 1968), p.87,转引自王晴佳、古伟瀛《后现代与历史学》,山东大学出版社2003年版,第164页。

③ 周建漳:《历史及其理解和解释》,社会科学文献出版社2005年版,第131页。

④ 王晴佳、古伟瀛:《后现代与历史学》,山东大学出版社2003年版,第164—165页。

1. 西方历史哲学中的历史解释模式

1892年德国社会学家、哲学家齐美尔(Georg Simmel)发表了《历史哲学问题》(Die Probleme der Geschtphilosophie)一书,在这部著作中,齐美尔认为:"自然的事实和历史的事实并不是在事实这个名词的同一个意义上的事实。自然的事实是科学家在实验室里在自己的眼前所能知觉或产生出来的事实;历史的事实却根本不在'这里';历史学家面前所有的一切只是文献和遗迹,他必须想方设法从其中重新构造出事实来。"[①]他的这一观点引发了西方实证主义历史哲学与唯心主义历史哲学长达30年的论争。在长期的争论中,现代西方历史哲学对于历史学家如何解释史料的"正确的意思"提出了多种解释模式,概括起来主要包括以下三大类:合理性的历史解释模式、新实证主义的历史解释模式和叙述与诠释学的历史解释模式。[②]

合理性的历史解释模式,主张依据人类活动的意图、目的、信仰等对历史事件进行解释。其主要代表人物有布莱德雷(F. H. Bradley)、克罗齐(B. Croce)、柯林伍德(R. G. Collingwood)等人。其中,柯林伍德作为合理性的历史解释模式的主要代表人物,在吸收了布莱德雷、狄尔泰(Wilhelm Dilthey)、克罗齐等人思想的基础上,强调历史是可以认识的,只是"历史的过程不单是事件的过程而是行动的过程,它有一个由思想过程所构成的内在方面;而历史学家所要寻求的正是这些思想过程。一切历史都是思想史"[③]。在柯林伍德看来,"历史的知识是关于心灵在过去曾经做过什么事的知识,同时它也是在重做这件事;过去的永存性就活动在现在之中。因此,它的对象就不是一种单纯的对象,不是在认识它的那个心灵之外的某种东西;它是思想的一种活动,这种活动只有在认识者的心灵重演它并且在这样做之中认识它的时候,才能被人认识。对于历史学家来说,他所正在研究其历史的那些活动并不是要加以观看的景象,而是

① [英]柯林伍德著,何兆武、张文杰译:《历史的观念》,社会科学出版社1986年版,第193—194页。

② 参见韩震、孟鸣歧《历史·理解·意义——历史诠释学》,上海译文出版社2002年版,第89页。

③ [英]柯林伍德著,何兆武、张文杰译:《历史的观念》,社会科学出版社1986年版,第244页。

要通过他自己的心灵去生活的那些经验”[①]。这种历史认识并不是一种机械的认知活动，而是加入了认识者的主体经验或意识的活动。柯林伍德完全赞同布莱德雷关于“历史学是一种推论的东西”的观点，在他看来，“历史知识决不是单纯消极地接受证词，而是对证词的一种批判的解释。这种批判就蕴含着一种标准，而这个标准就是历史学家带到他的解释工作中来的某种东西，也就是说，这个标准就是历史学家自身。他很正确地主张，接受证词就意味着使见证人的思想成为历史学家自己本人的思想，亦即在历史学家自己的心灵里重演那种思想”[②]。很显然，柯林伍德的观点“意在强调历史认识中的人的主观能动性，力图揭示历史认识不同于科学认识的特殊性”[③]，他的这一观点，虽然对实证主义的完全否定历史认识中的人的主体性的观点有所修正，但是这一认识论的解释模式又走向了另一个极端——主观唯心主义。

新实证主义的历史解释模式，主要代表人物有波普尔(K. R. Popper)、亨佩尔(K. G. Hempel)、盖登纳(Patrick Gardiner)、M. 怀特、欧内斯特·内格尔(Ernest Nagel)等人，其中波普尔的猜测与反驳解释模式和亨佩尔的普遍法则解释模式最富代表性。波普尔的历史认识的观念是从对自然科学的认识中产生和扩展而来的。波普尔反对狄尔泰和柯林伍德等人关于自然科学方法和社会科学方法有原则性区别的观点。在他看来，“在划分(自然)科学与人文科学上费力劳神……已成为一种麻烦”，而“解决问题的方法即猜测与反驳的方法”。[④] 由此，他提出了著名的科学认识发生图式：$P_1 \rightarrow TT \rightarrow EE \rightarrow P_2$。这一认识发生图式强调，“关于历史的知识和关于自然的知识一样，都是猜想的结果，人们不可能有一部真正如实表现过去的历史，只能对历史做出各种不同的假定和解释。尽管我们对历史的描写只是根据某种观点所作的一种极为有限的选择，但并不是

① [英]柯林伍德著，何兆武、张文杰译：《历史的观念》，社会科学出版社 1986 年版，第 247—248 页。

② 同上，第 157 页。

③ 韩震、孟鸣歧：《历史·理解·意义——历史诠释学》，上海译文出版社 2002 年版，第 90 页。

④ [英]波普尔著，傅季重等译：《猜测与反驳——科学知识的增长》，上海译文出版社 1987 年版，第 196 页。

说历史猜测就没有真诚的真理性认识”。在历史认识中，“只要遵照判定真伪的批判态度来对待历史知识，那么，历史知识就可以同自然科学一样获得科学的性质”。[①] 在波普尔看来，历史认识的科学性质主要可以从以下几方面得以证明：“第一，科学的标准并不在于普遍有效性，而是可以被检验、被证伪的猜测性假设。这一点是科学和历史所共有的性质。所不同的是，自然科学猜测的是概括性的普遍规律，而历史学猜测是引用某些普遍规律对事件的因果关系做出假定性的说明，即运用普遍规律来说明具体的历史事态。第二，历史认识虽然难以用直接的经验来检验，但是，历史学家能够通过‘整理客观论据来证明或者反驳自己推测性的境况分析’，也就是历史学要通过客观化了的精神产物来分析当时的问题境况，而不是像柯林伍德所说的那样再现历史人物的精神活动，因为这种要求是不切实际的。波普尔认为‘历史的理解的主要目的全在于从假设上去重建一种历史的问题境况’，并确定在决定历史事件与人物行为的问题境况中的因素是什么。第三，波普尔认为，社会科学包括历史学虽然是一个极易从偏见出发的领域，而且历史资料也往往只是与历史学家自己的理论相符合的材料。但是，尽管如此……由于历史学家总是批判地接受历史文献证据，所以，历史知识同物理学知识一样，都是可以加以批判的猜测性知识。”[②]

与波普尔相比，亨佩尔更进一步论证了历史科学与自然科学的统一性，并在此基础上提出了“普遍法则解释模式”。亨佩尔认为，“有一种广为流行的意见认为，与所谓的物理科学相反，历史学只是对过去各个事件的叙述，而不是去寻求对这些事件可能起支配作用的普遍规律。这种观点，若是作为对某些历史学家特别感兴趣的某类问题的归纳，或许是不能否认的；但如果把它作为对普遍规律在科学的历史研究中的理论作用的陈述，则是断然不能接受的”[③]。在亨佩尔看来，“普遍规律不但在历史中

① 韩震、孟鸣歧：《历史·理解·意义——历史诠释学》，上海译文出版社 2002 年版，第 91 页。

② 同上，第 91—92 页。

③ [德]亨佩尔：《普遍规律在历史中的作用》，转引自何兆武主编《历史理论与史学理论》，商务印书馆 1999 年版，第 859 页。

起着与自然科学中十分相似的作用，而且也是研究历史必不可少的手段，甚至还构成了通常被认为社会科学之所以不同于自然科学的种种研究过程的共同基础。……历史科学与其他经验科学一样，只有借助于适当的普遍假设或是由一组系统地相关的假设所构成的理论才能获得科学的解释”。这里的普遍规律是“一个能被适当经验证实或推翻的关于普遍条件的陈述”①，又可以称为普遍假设，它体现的规则是：“在任何情况下，只要在一定时间和地点中，某一特定事件 C 发生，那么，在与第一事件发生的地点和时间相关联的地点和时间中，另一特定事件 E 就会以某种特定的方式发生。”②历史学和自然科学一样，可以根据普遍概念对自身的论题进行说明，但是历史学家进行解释“并非必须使用移情方法。例如，一个历史学家或许无法使自己进入一个偏执的历史人物的角色，却能够解释这一历史人物的活动。……所以，历史学家与他的英雄是否处在自我同一的位置与他对历史事件的解释的正确与否无关。只有普遍假设的可靠性才决定解释正确与否。……历史学与经验科学的其他领域一样，对现象的解释就在于将现象纳入普遍的经验规律之中；普遍经验规律的可靠性，既不在于它能否唤起我们的想象力，也不在于它是否是由富有启发性的类比来表现，或者是别的什么东西使得它看来貌似有理——所有这些也都有可能在虚假解释中产生——只在于看它是否建立在为经验有效地证实了关于初始条件和普遍规律的假定之上”③。

波普尔的猜测与反驳解释模式和亨佩尔的普遍规律解释模式虽然对克服历史研究中的主观主义具有一定的作用，但他们的理论过于绝对地否定了历史研究的特殊性，因此，不可能对历史认识的性质做出真正科学的说明和解释。

为了弥补合理性的历史解释模式和新实证主义历史解释模式的缺陷，以加达默尔为代表的诠释学的解释模式“从本体论角度考察历史的理

① [德]亨佩尔：《普遍规律在历史中的作用》，转引自何兆武主编《历史理论与史学理论》，商务印书馆 1999 年版，第 859—861 页。

② 韩震、孟鸣歧：《历史·理解·意义——历史诠释学》，上海译文出版社 2002 年版，第 93 页。

③ [德]亨佩尔：《普遍规律在历史中的作用》，转引自何兆武主编《历史理论与史学理论》，商务印书馆 1999 年版，第 859—861 页。

解和解释问题，提出了令人耳目一新的见解”。加达默尔总结和批判了传统历史认识论将主体与客体二分的思维方式，他认为“这种思维方式的缺陷在于：它不仅把历史诠释的客体看成是固定的，而且忽视了诠释主体自身的历史性”①。显然，这种思维方式已经不能适应现代学术的发展需要，“海德格尔(Martin Heidegger)在《存在与时间》中关于存在问题的说明已经指出了主体概念和客体概念的不恰当性”②。为此，加达默尔在海德格尔的基础上提出了“主客体相互规定、相互影响的效果历史诠释学思想”③。这一思想的核心内容，即强调“客体不是现成的，它要在主体身上得以展开和显现；主体也不是脱离客体而现成规定的，它要从客体中得到充实。因此，理解的过程不是主体对客体的认识过程，而是主体与客体相互规定的过程；理解的对象也不是客体，而是主体与客体相互规定的统一体。既然理解行为使主体与客体相互规定成为现实，这就意味着，正是理解行为才使主体成为主体，因而，理解行为就不仅是个认识论事实，更是一个本体论或生存论事实。它关系到人的存在，关涉到人之为人的问题”④。在加达默尔看来，“理解不属于主体的行为方式，而是此在本身的存在方式”。“理解就是人类生命本身原始的存在特质”。⑤

① 韩震、孟鸣歧：《历史·理解·意义——历史诠释学》，上海译文出版社 2002 年版，第 94 页。

② [德]汉斯-格奥尔格·加达默尔著，洪汉鼎译：《真理与方法》，上海译文出版社 1992 年版，第 790 页。

③ 韩震、孟鸣歧：《历史·理解·意义——历史诠释学》，上海译文出版社 2002 年版，第 94 页。

④ 袁吉富：《加达默尔超越历史认识客观性主张质疑》，载《史学理论研究》2001 年第 3 期。

⑤ [德]汉斯-格奥尔格·加达默尔著，洪汉鼎译：《真理与方法》，上海译文出版社 1999 年版，第 334 页。

在解释历史认识问题上，加达默尔肯定“前见”[①]在历史认识、理解和解释中的积极作用。在他看来，“前见是人在理解过程中实际存在的，不以人的意愿为转移的，内蕴在理解当中，并使得理解得以可能的首要条件”[②]。“前见其实并不意味着一种错误的判断。它的概念包含它可以具有肯定和否定的价值。”[③]在他看来，我们之所以能够认识历史，并不是像狄尔泰等人所说的那样是由于人性的同质性，而是因为我们是历史性的存在。这种历史性的存在在历史认识中，是无法取消的历史自身的规定性，“历史学家不可能摆脱前见去研究历史，因为他与他所要研究的对象一样是历史地存在着的，他自身就是历史的创造物”[④]。因此，“在理性的绝对的自我构造的观念下表现为有限的前见的东西，其实属于历史实在本身。如果我们想正确地对待人类的有限的历史的存在方式，那么我们就必须为前见概念根本恢复名誉，并承认有合理的前见存在”[⑤]。“在任何新的理解发生之前，前见是主体所熟悉和理解的东西，……前见在主体向未知领域拓进的努力之中，作为理解过程中从已知向未知推进的参照系……它不仅使新的理解成为可能，更重要的是，对未知的理解意味着主体有一种认知上的开放性，或者称之为主体向未知世界的开拓能力。”[⑥]在

---

① 所谓“前见”(Vorurteile)，又称偏见、成见，有先入为主的意思，主要是指人们在理解文本或认识事物之前由所处的特定的历史环境、历史条件、历史地位等因素而构成的人类现存的心灵状态。人在观察、认识外部事物时，总是带着一定的知识、情感、愿望、意志等主观意识要素，因而，对于同一自然事物或社会现象，不同的人会有不同的反映与评价。加达默尔的前见理论是在秉承海德格尔对解释学进行本体论转换的基础上，进一步把其理解前结构的三个部分——前有(Vorhabe)、前见(Vorsicht)和前把握(Vorgriff)综合为一个概念即前见。参见魏金玲《论加达默尔的前见理论》，中国优秀博硕士学位论文全文数据库。

② 魏金玲:《论加达默尔的前见理论》，第14页，中国优秀博硕士学位论文全文数据库。

③ [德]汉斯-格奥尔格·加达默尔著，洪汉鼎译:《真理与方法》，上海译文出版社1999年版，第334页。

④ 韩震、孟鸣岐:《历史·理解·意义——历史诠释学》，上海译文出版社2002年版，第31页。

⑤ [德]汉斯-格奥尔格·加达默尔著，洪汉鼎译:《真理与方法》，上海译文出版社1999年版，第355页。

⑥ 魏金玲:《论加达默尔的前见理论》，第17页，中国优秀博硕士学位论文全文数据库。

加达默尔看来,“前见是人存在的历史性的表现,也是人的理解得以可能发生的前提条件。前见的存在表明,人在认识历史时,已经预先属于历史,这意味着,前见架起了一座通往历史实在的桥”[①]。

加达默尔虽然强调前见的积极功用,但也不是不顾事实与文本,顽固地囿于自己的前见。他认为,我们必须让事实和他人多方面的见解修正自己的成见。因为,“尽管每个人都有自己的主观性前提和主观性认识。但是许多人的主观性恰好构成历史的客观性。正像实际的历史过程是众多个体交互作用的结果,历史认识的客观性也依赖于众多个体主观看法的表达”[②]。在此,加达默尔将历史认识的实现本身看做“历史性存在的人本身与历史相互作用的结果,而不单纯是主体自身的行为。我们应当追随事物内在的必然性”[③],“超越客体概念和理解之客观性概念而走入主观性和客观性相互依存性的方向”[④]。加达默尔试图走入历史认识的主观性与客观性相统一的努力,虽然在一定程度上克服了历史客观主义和主观主义的缺陷,但终究没有认识到“前见”形成的社会基础即是人类的社会实践,因而未能找到主观性与客观性统一的根本基础,从而也没能从根本上或科学地解决历史认识如何可能的问题。

2. 马克思主义的历史解释理论

真正科学解决了历史理解和解释问题的是马克思主义。马克思在《德意志意识形态》中批判德国当时的意识形态时指出:青年黑格尔派的吵闹都是在理性领域中进行的,“这些哲学家没有一个想到要提出关于德国哲学和德国现实之间的联系问题,关于他们所作的批判和他们自身的物质环境之间的关系问题”[⑤]。为此,马克思在《关于费尔巴哈的提纲》中,开始从人类社会的生活实践出发,将认识论置于社会实践基础上,构建起

---

① 袁吉富:《加达默尔超越历史认识客观性主张质疑》,载《史学理论研究》2001 年第 3 期。

② 李巨澜:《从历史角度解读加达默尔诠释学》,载《淮阴师范学院学报》(哲学社会科学版)2002 年第 5 期。

③ 韩震、孟鸣歧:《历史·理解·意义——历史诠释学》,上海译文出版社 2002 年版,第 96 页。

④ [德]汉斯-格奥尔格·加达默尔著,洪汉鼎译:《真理与方法》,上海译文出版社 1999 年版,第 589 页。

⑤《马克思恩格斯选集》第 1 卷,人民出版社 1972 年版,第 24 页。

科学的历史认识论体系。

首先,马克思主义确定了社会实践在历史理解和解释中的基础性地位。马克思在批评费尔巴哈直观主义的错误时,明确指出,“他没有看到,他周围的感性世界决不是某种开天辟地以来就已存在的、始终如一的东西,而是工业和社会状况的产物,是历史的产物,是世世代代活动的结果”①。马克思在分析资本主义社会历史发展过程时,第一次通过工业实践消除了自然经济社会中那种此岸世界与彼岸世界的区分,而从社会历史实践中改变了传统认识论中主体与客体分离状况,将二者联结起来。②并在此基础上明确指出,“人的思维是否具有客观的真理性,这不是一个理论的问题,而是一个实践的问题。人应该在实践中证明自己思维的真理性,即自己思维的现实性和力量,亦即自己思维的此岸性。关于离开实践的思维的现实性或非现实性的争论,是一个纯粹经院哲学的问题”③。由此,马克思首次将理论的问题与社会实践结合起来,并强调理论问题是在实践中产生的,从而确立了实践在历史理解和解释中的基础地位。

其次,马克思主义强调历史认识不过是实践活动中的认识主体与客体之间辩证统一的过程,从而成功地解决了历史认识和历史解释科学性的问题。马克思主义将人类物质资料的生产实践活动作为人类最基本的活动和生存、发展的基础,认为“社会生活在本质上是实践的”④,进而确立了实践的社会历史性本质,克服了传统认识论尤其是旧唯物论认识论离开人的社会历史性去考察认识问题的缺陷,从而揭示了认识的社会性前提和结构。马克思主义立足于实践的观点解决了个人和社会的关系问题,建立了主体间社会交往的理论,强调“有生命的个人的存在无疑是一切社会历史的第一个前提……只有在个人间结成一定社会交往关系的前提下,在继承前人实践成果的前提下,才能实现人对自然的能动改造。实践决定认识,实践活动的主体间交往前提,决定了以实践为基础的认识活

---

① 《马克思恩格斯选集》第1卷,人民出版社1972年版,第48页。

② 参见仰海峰《马克思的历史认识论及其理论意义》,载《哲学研究》2000年第8期。

③ 《马克思恩格斯选集》第1卷,人民出版社1972年版,第16页。

④ 同上,第18页。

动也以主体间认识交往为前提，以主体间传承认识成果为前提。……只有处于一定认识交往关系中的个人，才能成为现实的、具有认识能力的主体”①。马克思主义对认识的社会交往前提的揭示，不仅科学地解决了历史认识如何可能的前提条件，而且为历史解释理论奠定了基础。马克思主义关于主体间的认识交往理论是建立在其“普遍意识”基础之上的。这里的“普遍意识”指认识主体在认识交往中所共同遵循的思维形式和思维规则。这种“普遍意识”并非“天赋观念”，“而是对实践的社会形式和规则的理论反思和模拟”。② 正如马克思所说的那样，“普遍意识不过是以现实共同体、社会存在物为生动形式的那个东西的理论形式”③。它是“以语言符号的形式存在的相对稳定的概念、范畴及其操作方式的系统，个人只有在参加认识交往、掌握‘普遍意识’、思维形式的前提下，在继承前人认识成果的前提下，才能够进行认识客体的活动”④。至此，马克思主义以实践活动为基础，通过“普遍意识”将历史认识中的主体与客体统一到一个相互作用的辩证过程中来，为历史理解和解释提供了一个新的视界。因此英国著名历史学家杰弗里·巴勒克拉夫说，马克思的体系是“以唯心主义为其假象的伦理学掩盖下产生出来的东西的真正对立面。在历史研究的发展过程中，马克思主义的重要性首先在于，当历史主义(就其唯心主义和相对主义的词义上说)困于本身的内部问题而丧失早期生命力时，马克思主义为取代历史主义而提供了有说服力的体系”。因为，不论是克罗齐“把历史解释为‘自由的故事’和托因比(汤因比：作者自注)把历史看做向越来越高级的宗教的不断演替……这些努力都没有说服力，因为他们没有一个能够逃脱被指责为主观主义或相对主义的命运。而马克思主义的影响之所以日益增长，原因就在于人们认为马克思主义提供了合理地排

① 李淑梅：《马克思主义认识论的现代特征及其对现代西方哲学的影响》，载《南开学报》1994年第6期。

② 同上。

③《马克思恩格斯全集》第42卷，人民出版社1979年版，第122页。

④ 李淑梅：《马克思主义认识论的现代特征及其对现代西方哲学的影响》，载《南开学报》1994年第6期。

列人类历史复杂事件的使人满意的唯一基础"[①]。

3. 对教育历史的理解和解释应遵循的原则

纵观20世纪以来西方历史哲学提出的历史解释模式以及马克思主义的历史解释理论,我们可以看出,不论是西方历史哲学,还是马克思主义的认识论,都比较重视对历史理解模式的探讨,这在一定程度上说明了历史解释对历史认识形成的重要性。尽管这些解释模式对历史认识的角度不同,但是毕竟从不同侧面为我们今天对教育史学进行科学的理解提供了新的视角。结合上述论述,笔者认为在教育史学的认识过程中,对教育历史的理解和解释应该遵循以下原则:

(1) 应以对教育历史的叙述为其基本样式。汉代著名历史学家刘知己在《史通·叙事》中明确提出:"夫史之称美者,以叙事为先。"此处刘知己所谓的"叙事为先"的观点,实际上是在强调叙事在历史认识和解释方面的不可替代的独特地位。这里所谓叙事"就是'讲故事'"[②],即以时间(开头、中间、结尾)为基本顺序对某一或一组事件加以编排、描述,"提供一种完形理解力,藉此使得记叙文中所发生的每一事件构成有意义整体的组成部分"[③],从而在一定程度上实现某种意义上的教育历史再现。

在教育史学认识中,叙述在历史认识或解释方面的不可替代的独特地位主要体现在两个方面:

第一,从叙述与教育历史的关系上看,叙述可以说是"教育历史"的存在形式。因为,教育史学的认识对象都是过去了的、不可复现的历史。在教育史学认识过程中,要对过去的、不可复现的教育历史进行认识,如果没有以再现教育历史场景的叙述为前提的话,教育历史就无从显现。没有教育历史的显现,我们如何去认识和解释教育历史?事实上,"每部历史著作都有开端、过程和结尾的情节结构,都需要再现历史场景的描述。正是对事件的叙述,并且'由此产生的本文描述为最终的解释奠定了基础'"[④]。

---

① [英]杰弗里·巴勒克拉夫著,杨豫译:《当代史学主要趋势》,上海译文出版社1987年版,第26—27页。

② 浦安迪:《中国叙事学》,北京大学出版社1996年版,第4页。

③ 参见尼古拉·布宁、余纪元编著《西方哲学英汉对照辞典》"叙述"词项,人民出版社2001年版,第651页。

④ 韩震:《叙述、解释与历史编纂》,载《山东社会科学》2001年第6期。

第二，从叙述与解释的相互关系看，叙述又是教育史学理解和解释的前提和基础。由于叙述是“教育历史”的存在形式，因此，可以说任何意义上的教育史学认识或研究都是从叙述开始的。当一个教育史学家面对解释要求时，他往往会“本能地给出一叙事”①。从这个意义上说，教育史学的叙述应该是教育历史解释的基本样式，在教育史学认识中，如果缺乏对教育历史事实的客观描述，我们也就无从对教育历史做出合理的、科学的理解。

当然我们也应该看到，教育史学认识并不可能仅仅停留在简单地叙述教育历史的层面，对教育历史的叙述，更重要的是要对叙述中直接表现出来的东西进行解释。在这个意义上，西方的一些学者常常认为叙述本身“就是一种解释，一种独特的解释类型”②。在他们看来“叙事总是具有解释意味的，除非他是编年式的‘断烂朝报’”③。这里我们姑且不论教育历史叙述与教育历史解释是否完全等同或一致的问题，但是我们认同“历史叙述不可避免地兼容历史解释”④的观点。也就是说，“叙述者用他的笔书写人类的行为，他不只是为了客观描述它们，而是向未来的读者进行解释、劝导”⑤，因为，“历史学家的任务就是‘让史料说话’，根据史料把历史事实的来龙去脉叙述清楚”⑥，但是，史料本身是不可能“说话”的，因此，对任何史实来龙去脉的叙述都在一定程度上包含着叙事人对史实的理解和解释。如果没有理解和解释，“就没有可以支配历史资料的背景概念和框架，因而就不可能进行历史的叙述”⑦。因此，教育史学认识的形成实际上是教育历史叙述与教育历史理解和解释的统一。

(2) 必须以最大限度地反映教育历史的客观性为前提。客观性问题即“一切认识的基本要求，亦是其最高目标。在某种意义上，客观性今天

---

① Danto：Analytical Philosophy of History，p. 201. 转引自周建漳《历史及其理解和解释》，社会科学文献出版社 2005 年版，第 163 页。

② 周建漳：《历史及其理解和解释》，社会科学文献出版社 2005 年版，第 163 页。

③ 同上，第 164 页。

④ 陈新：《论历史叙述中的理解与解释》，载《史学理论研究》2000 年第 2 期。

⑤ 同上。

⑥ 庞卓恒：《史实·解释·规律》，载《光明日报》2003 年 8 月 19 日。

⑦ 韩震：《叙述、解释与历史编纂》，载《山东社会科学》2001 年第 6 期。

已经成了科学的注册商标”[①]。但是,以人文学科性质而存在的历史学、教育史学中,有关认识的客观性问题却成了一个引起广泛关注的问题。英国著名哲学家和历史学家沃尔什(Walsh. W. H.)将历史认识的客观性称为“批判的历史哲学中既是最重要的而又是最棘手”[②]的问题。在教育史学认识中的客观性问题主要涉及三个层面:一是教育历史事实的客观性问题;二是教育历史叙述的客观性问题;三是教育历史解释的客观性问题。有关教育历史事实的客观性问题,笔者第二节中已进行过论述,这里着重就后两个层面的客观性问题作简单的分析。

王学典在《论历史研究的客观性问题》一文中,将导致历史叙述非客观的种种因素归结为四个方面:个人的好恶(主要指历史学家个人的,与历史学家的个性、气质、地位相关的那些价值偏好或“偏见”);集体假设或集团偏见(主要指与历史学家所属的某一集团的身份相联系的那些基本假定);各种相互冲突的据以解说历史的学理(主要指有关历史进程中各种不同的因素相对重要性的见解,即通常所说的历史理论);根本的哲学对立(主要指人们所持有不同的基本伦理准则和形而上学信念或前提假设)。[③] 这四个方面的因素反映出一个明显的事实,那就是,在任何历史思维中都无法排除(不同于科学思维中所看到的)研究者的主观成分所起的作用,“这个因素限制了历史学家所能希望获得的客观性”[④]。由此导致了我们对教育史学中的客观性与自然科学领域中客观性的不同理解。如果说自然科学中的“客观性”是一个刚性概念,它以非意识形态性和非个人性为前提,强调“普遍同意”和“同行公认”等基本属性的话,那么历史认识,包括教育史学认识和研究中的客观性则是个弹性概念。它主要强调的是在尊重历史事实的前提下,认识主体“那种尽可能排除个人及其所属集团偏见的,与宣传品相区别因而意识形态色彩较弱的、严格遵循学术规则的、具有学术含量与学术生命力的史学著述属性”。这种客观性“基本

① 周建漳:《历史及其理解和解释》,社会科学文献出版社 2005 年版,第 173 页。

② [英]沃尔什著,何兆武、张文杰译:《历史哲学——导论》,广西师范大学出版社 2001 年版,第 93 页。

③ 参见王学典《论历史研究的客观性问题》,载《东岳论丛》2004 年第 1 期。

④ [英]沃尔什著,何兆武、张文杰译:《历史哲学——导论》,社会科学文献出版社 1991 年版,第 108 页。

上排除了普遍同意或同行公认这个自然科学中的‘客观性’的基本属性”[①]，而表现为教育史学认识主体的角色背景、个人气质、现实倾向、社会地位、集体预设、理论假定和哲学前提等对教育史学认识的干扰，从而使教育史学认识很难做到纯客观、纯科学。从这个意义上说，教育史学认识的“客观性”只有相对意义，而没有绝对意义。然而，这并不能成为我们消解教育史学认识客观性的借口。教育史学认识过程中，在多大程度上保证教育史学认识的客观性，主要取决于对教育历史叙述和解释的客观程度。

首先，对教育历史叙述的客观性要求，主要体现在教育史料的可信度以及如何取舍和选择教育史料的问题上。有关教育史料的可信度，我们可以通过最大程度地占有“原生态”的教育史料来保证教育历史解释对象的客观性。这里的所谓“原生态”教育史料，主要是指那些带有原初状态的、能反映教育历史真相，并借助于文本形式而存在的教育历史的客观存在，具体包括教育历史人物及其活动的历史、教育历史事件与教育历史演变及发展过程等教育历史现象。由于这些“原生态”教育史料主要是“指事物的原初生存形态或生活状态，是事物最原始、最本真的一面”[②]，因此，当这种客观存在一旦进入教育史学认识主体的认识范围，它就由教育历史客观存在变成了教育史学认识客体。这时的认识客体由于其本身具有的原初性，而在考据学层面上，能通过教育文本较真实地反映教育历史事实，再现教育历史的本来面貌，从而保证教育历史解释的真实性和实证性。

当然，在叙述教育历史的过程中，虽然通过教育史料来再现教育历史真相是教育历史叙述客观性的本质要求，但是，我们也应该看到，这种“再现”根本不可能保证是“全景再现”，因此在教育历史叙述中实际涉及到一个取舍和选择的过程。对于取舍和选择过程是否能保证教育历史叙述的客观性问题的回答，应该是肯定的。因为“历史学之做出了选择这一事实，一点都不蕴涵着它在任何一种坏的意义上乃是主观的。如果一种叙述是被缩写了的话，它并不必然地就是被歪曲了的；由于某些东西被删节是可以造成误解的，但是只要被节略的仅仅是相对琐碎的而又不重要的

① 王学典：《论历史研究的客观性问题》，载《东岳论丛》2004年第1期。

② 彭南生：《原生态与历史研究的原创性》，载《学术月刊》2006年第6期。

东西，那么节略本身并不是坏事”[①]。教育历史叙述是否客观主要取决于以下几个方面：“第一，某种历史叙事客观与否，取决于用来支持它的事实本身是否确凿。只要能保证做到这一点，‘选择’的行为反而变得无足轻重。第二，选择不具有本体性，还在于它必须得依据一定的‘标准’来进行，这个‘标准’就是事实是否重要、是否有价值和是否有意义。与这一点相比，‘选择’当然处于被动的、工具的地位上。第三，某些事实是否有价值、是否有意义和是否重要，这取决于它们与历史叙事赖以进行、事实赖以结构化、情节化的某些基本预设及其所要实现的效果之间的联系。联系紧密的，当然重要，当然有价值、有意义，于是被选入叙事框架中，甚至还有可能被置于特别显眼的位置上。否则，就可能一概被删略。所有的叙事性的历史作品几乎都是依赖某种特定的历史观点编写的，这样它才能构成一个一贯的整体和一幅完整的图画。所以，要衡量一部叙事性作品是否客观，一要看选入的史实是否确凿，二要看这些确凿的史实有意义的观点是否体现对历史的某种洞见。”[②]

其次，对教育历史的理解和解释的客观性要求，主要体现为对教育历史解释的适度性上。因为，在教育史学认识中，从表面看教育历史的解释是含“主观成分”最多的一个环节，假若不能将这个环节置于“客观性”的约束之下，那么教育史学认识的结果的客观性和科学性就会大打折扣。因此，在教育史学认识过程中，要想最大限度地保证教育历史解释的客观性，“既要发掘和利用可靠的史料记载，弄清历史的真相；也要对史实做出恰如其分地解释，重视阐发其历史意义，寻求史论结合的最佳角度”[③]。这就要求我们对教育历史进行解释时，必须从以下两个方面来把握教育历史解释的客观性：

第一，在教育历史解释中，必须最大限度地超越教育史学认识主体所

---

① [英]沃尔什著，何兆武、张文杰译：《历史哲学——导论》，社会科学文献出版社1991年版，第184页。

② 王学典：《论历史研究的客观性问题》，载《东岳论丛》2004年第1期。

③ 罗炳良：《原生态与历史解释的适度原则》，载《学术月刊》2006年第6期。

在社会及历史的限制，尽可能地深入到原生态环境[①]中去，更好地认识教育历史事实，从而更深刻地理解教育历史事实发生的社会历史背景和条件，更客观地理解和解释教育历史。因为，当教育历史事实一旦成为教育史学认识主体的认识和研究对象时，就存在一个如何理解教育历史的问题。一般说来，对教育历史的理解“在很大程度上是一个与古人对话的过程，然而，时空的隔绝常常使得这种对话难以进行”[②]，因此，这就要求教育史学认识主体必须最大限度地超越其社会、历史的限制，深入到教育历史事件、教育人物的思想与活动以及一切教育历史事实发生的特定的历史氛围中去，了解其发生的深刻社会历史背景和原因，才能了解教育历史事件和人物背后复杂的因素，进而才有可能对教育历史做出客观而合理的解释。这种对教育历史理解的方式，在西方历史学家那里被称为“移情体验”或“心灵重演”，而在中国历代史学家那里则经常体现为“知人论世”“设身处地”等历史认识方式。在教育历史解释中强调“知人论世”“设身处地”主要因为“人是社会历史发展的产物，社会是人类存在的唯一方式。人类社会发展是由许多‘时’与‘位’的链条环节组成的，它们反过来又对历史的进程起着制约作用，历史解释必须考虑到这两个方面的影响，使解释者的主观标准与历史的客观实际相互吻合，避免因不察时代而空洞抽象地评论历史”[③]，在教育历史解释过程中如果离开教育历史的原生态环境，不弄清前人的相关活动及思想是在什么情况下产生的、是针对什么问题提出的话，仅从字面上理解教育历史，或断章取义地妄下结论，就必然会造成教育历史解释的失当或错位。因此，在教育历史解释中，必须“设身于古之时势，为己之所躬逢；研虑于古之谋为，为己之所身任”[④]。这样才能保证教育史学认识结论的相对客观性。

第二，在教育历史解释中，必须尽可能地以教育历史发生时所处环境中的价值观念与评价标准为参照，才能避免教育历史解释中的主观臆断

① 罗炳良在《原生态与历史解释的适度原则》（载《学术月刊》2006年第6期）一文中，将原生态环境解释为“历史赖以活动的舞台和发展演变的背景”。这是历史事实赖以存在的基础条件（笔者自注）。

② 彭南生：《原生态与历史研究的原创性》，载《学术月刊》2006年第6期。

③ 罗炳良：《原生态与历史解释的适度原则》，载《学术月刊》2006年第6期。

④ 王夫之：《读通鉴论》，中华书局1975年版，第956页。

和穿凿附会。“研究历史要想得出正确结论,就必须参照历史发生时的原生态标准考察问题。”这里的原生态标准即指“历史发生时所处环境中的价值观念与评价标准”①。由于教育历史解释的历史性特点,决定了不同时代的认识主体会对同一教育历史事实做出不同甚至是相反的解释。在教育历史解释中,如果忽视以教育历史发生时所处环境中的价值观念与评价标准为参照标准,我们便会陷入历史虚无主义的泥潭而不能自拔。因此,在教育历史解释中,强调要尽可能地以教育历史发生时所处环境中的价值观念与评价标准为参照,即是要求我们在进行教育历史解释时必须在尊重教育历史事实的基础上,对教育历史做出实事求是的评价,而不能用后世发展变化了的教育史学评价标准去“掩盖古人缺陷或者抹杀前贤功绩,应当正确认识历史的继承和发展的相互关系,确立历史主义地看待历史的思想观念”②,从而形成科学的历史主义的教育史学评价体系。

当然这并不是说,教育历史解释不需要关注现实社会对教育史学提出的问题,相反,教育历史解释标准要求我们解释教育历史必须从教育历史的实际出发。但是倘若在教育历史解释中,我们“一味地强调从实际出发研究历史,容易造成给古人装扮现代色彩,拔高历史,或根据现实需要苛求前人,贬抑历史的错误”③。

最后,对教育历史的理解和解释的客观性要求,必须尽可能地关照教育史学认识主体的主体间性。“主体间性”(Intersubjectivity)是20世纪西方哲学中出现的一个范畴,“它的主要内容是研究一个主体怎样与另一个主体相作用的。”④A. 莱西在《哲学辞典》中将“主体间性”定义为:“一个事物是主体间的,如果对于它有达于一致的途径,纵使这途径不可能独立于人类意识。……主体间性通常是与主观性而不是客观性相对比,它可以包括在客观性的范围中。”⑤也有人将主体间性的本质含义定义为主体在其交流实践及其验证中达到的客观性解释的普遍有效性和理解的合理

---

① 罗炳良:《原生态与历史解释的适度原则》,载《学术月刊》2006年第6期。

② 同上。

③ 同上。

④ 陈建涛:《论主体间性》,载《人文杂志》1993年第4期。

⑤ A. 莱西:《哲学辞典》,转引自陈建涛《论主体间性》,载《人文杂志》1993年第4期。

性。这一理论起源于马克思主义交往实践理论，强调“在历史解释中，被解释的对象正是人们进行过或进行着的实践，并且，由于人的社会性，每个人参与的实践都不可能是超越社会及其他主体之外的单独行为，而是主体间的行为，因此对任何实践的解释都将受到主体间性的约束。主体间性是历史解释的前提条件，没有它历史解释就无法进行”[①]。“主体间性树立了人们对共同的社会实践进行解释时遵守的标准，历史解释的可能性恰恰植根于主体间性的存在。”[②]因此，有学者认为，主体间的交往实践“不仅可以击穿绝对相对主义史学，亦是实现历史认识客观真实性的一个基本途径”[③]。

那么，主体间性是如何保证教育历史解释的客观性的呢？这可以从以下几个方面来理解：

其一，教育史学认识的追求目标，即在于能够真实、客观地反映教育历史事实。然而史学认识是否客观的标准则要依赖于教育史料文本是否真实、客观。在这种情况下，教育历史作为外在于主体之理解的存在物，其真实性和客观性总是被人们作为教育史学认识过程中的根本标准。事实上，教育史学认识是否具有真实性和客观性并不是教育历史实体的本来品质，而是主体在认识中获得的评价标准。因此从另一个角度来说，在对教育历史的解释中“虽然饱含叙述主体的主观性，但是，历史叙述的客观性并不一定就与它的解释功能形成根本对立。事实上，主体间性早已像一座桥梁横架在客观性、真实性与历史解释之间的沟壑之上”[④]。从而消解了教育史学认识过程中教育历史叙述、解释与真实性及客观性之间的矛盾。

其二，在教育史学认识过程中，认识主体之间需要对教育历史的真实叙述，这种真实叙述本身就是对教育历史的客观解释。当这种客观叙述与解释能够得到不同的教育史学认识主体的广泛认同时，这种叙述和解

① 陈新：《论历史叙述中的理解与解释》，载《史学理论研究》2000年第2期。

② 同上。

③ 林壁属：《历史认识的主体性与客观真理性》，载《史学理论研究》2000年第3期。

④ 陈新：《论历史叙述中的理解与解释》，载《史学理论研究》2000年第2期。

释就在一定程度上具有了一定的客观性和真实性。由此可见，教育历史解释的客观性依赖于教育历史解释是否符合主体间性的要求，换而言之，教育历史解释的客观性是靠主体间性来保证的。

其三，对教育历史的解释“是一种基于客观的主观行为”[①]。教育史学认识主体对教育历史具体事件或具体人物进行解释时，都会力图使其解释与主体自身所具有的经验与价值观相协调，“并根据奠基在自己的价值观之上的意义体系进行历史解释，判断历史行为的价值与意义”[②]。教育史学认识主体的价值观从根本上说是在历史的、社会的实践中产生的，它必将处于主体间性的约束之下，即通过认识主体之间的交往实践以及在此过程中形成主体交往的规范性，来保证主体在教育历史解释过程中的收敛性。从一定意义上说，“认识的收敛性、有序性是认识超出主观片面性达到客观性的必要前提”[③]。

(3) 必须注意增强教育史学认识主体的主体意识。教育史学认识主体“因自己的哲学观点、政治立场、知识基础、生活经验、情感和性格气质不同，所以表现出不同的主体意识”[④]，对教育史学认识尤其是对教育历史的理解和解释产生着直接的影响(对此前面已有过论述)。中外教育史学研究的历史表明，在教育史学研究中，教育史研究视野的扩大、教育史研究选题的开拓、新的研究方法和跨学科研究方法的广泛采用，等等，无一不与教育史学认识主体主体意识的不断加强有直接的关系。在教育史学研究中，增强教育史学研究者的主体意识需要做好以下几个方面的工作：

首先，必须将教育史学研究者从教条主义、本本主义、学理主义的束缚中解放出来，并在此基础上全面、系统地掌握和运用马克思主义的基本原理来指导教育史学认识活动。马克思、恩格斯多次申明：“历史是不能靠公式来创造的”[⑤]，“我们的理论是发展着的理论，而不是必须背得烂熟

---

① 陈新:《论历史叙述中的理解与解释》，载《史学理论研究》2000 年第 2 期。

② 同上。

③ 林壁属:《历史认识的主体性与客观真理性》，载《史学理论研究》1997 年第 3 期。

④ 参见李振宏《历史学的理论与方法》，河南大学出版社 1999 年版，第 138—146 页。

⑤《马克思恩格斯选集》第 1 卷，人民出版社 1995 年版，第 163 页。

并机械地加以重复的教条"①。"如果不把唯物主义方法当做研究历史的指南,而把它当做现成的公式,按照它来剪裁各种历史事实,那它就会转变为自己的对立物。"②教育史学作为人类历史的重要组成部分,对教育史学的认识必须坚持以马克思主义理论为指导,这是不容质疑的。但是这种指导决不是"教义",不是束缚人的头脑或使人变成懒汉的"教条",也决不是要将"马克思的理论看做某种一成不变的和神圣不可侵犯的东西;恰恰相反,我们深信:它只是给一种科学奠定了基础"③。

其次,必须努力培养教育史学研究者强烈的教育史学理论创新精神和积极的创造行为。"就科学研究来说,创新是科学的本质。没有教育史学理论的创新,就没有教育史学的进步。"④20 世纪以来的中外教育史学发展的历史清楚地表明,没有理论的创新,就没有教育史学的进步。教育史学理论的创新从本质上说是时代的呼唤,反映了社会发展对教育史学学术发展的要求。尽管教育史学的理论创新在很大程度上取决于一定的社会历史条件和学术发展的环境,但是,如果在教育史学理论的创新过程中,没有教育史学认识主体积极主动精神的发挥,那么教育史学理论创新也将是一句空话。

再次,必须强化教育史研究者在从事教育史研究活动中的自觉的主体意识。"一切历史认识中都渗透着主体的能动因素,就是那些期望获得纯客观性认识的历史学家,也不能不把主体意识渗透到自己的历史结论之中。但是,有没有自觉的主体意识,是否在历史研究中达到高度的主体性自觉,则在很大程度上影响着能动性发挥的水平,并最终影响着人们的研究成果。"⑤因此,从发展、繁荣教育史学的需要和时代赋予教育史学研究者的历史使命来看,都要求教育史学研究者应当充分发挥认识教育历史的能动作用,只有这样,才能使教育史学的发展充满活力;只有这样,才能使教育史学研究者在强烈的社会责任感的驱动下,尽可能高质量地进

---

①《马克思恩格斯选集》第 4 卷,人民出版社 1972 年版,第 460 页。

② 同上,第 472 页。

③《列宁全集》第 4 卷,人民出版社 1984 年版,第 161 页。

④ 孙广勇、赵厚勰:《论教育史研究者的主体意识》,载《理论月刊》2005 年第 12 期。

⑤ 李振宏:《历史学的理论与方法》,河南大学出版社 1999 年版,第 162 页。

行教育史学研究。

最后，加强教育史学研究者的主体意识，必须以提高教育史学认识主体的基本素养为基础。教育史学认识主体的素养问题，是关系到教育史学科生死存亡的关键。正如当代美国学者威廉·W. 布里克曼(Willian W. Brickman)所说的那样，如果让"没有受过专门训练和没有任何教育史素养的人从事教育史的教学和研究工作"，"将会导致教育史学科的灭亡"。[①] 尤其在当前教育史学科的发展出现危机的背景下，提高教育史学认识主体的基本素养问题就变得更为重要。具体而言，它包括教育史学认识主体"哲学观点的进步性，政治立场的革命性，知识结构的合理性，以及生活经验的深化、高尚情感的培养、性格气质的锤炼等诸多方面"[②]。

第四节　教育史学认识成果的性质及其检验标准

辩证唯物主义认识论主张，实践是检验真理的唯一标准，一切认识及其成果只有经过实践的检验，才能确定其是否具有真理性。教育史学认识作为人类认识活动的组成部分，其认识成果也存在一个真理性判断的问题。对教育史学认识成果是否具有真理性的判断，必须以对教育史学认识成果性质的清醒认识为前提，只有这样才能确定教育史学认识成果的可检验性及其检验标准。

一、教育史学认识成果的性质

教育史学认识成果，是指教育史学认识主体以教育史料为媒介，通过对教育史学认识客体的理解和解释而形成的教育史学认识结论。由于教育史学认识客体的特殊性决定了教育史学认识对象是已经过去了的教育历史内容，对这些已经过去的、不可复现的、具有复杂性特点的对象的研究，又必须通过对教育史料的认识和研究来完成，由此决定了教育史学认识及其成果具有与一般认识结论所不同的特点——客观性与主观性相统一。

① 许建美：《布里克曼教育史学观述评》，载《教育史研究》2001 年第 1 期。
② 李振宏：《历史学的理论与方法》，河南大学出版社 1999 年版，第 165 页。

由于教育史学认识是教育史学认识主体与客体相互作用的过程。严格说来，教育史学认识是教育史学认识主体通过运用历史认识工具、历史认知图式和教育史料、历史遗存去实现对教育史学认识客体的重构，进而将纯粹的客观的教育历史实在转化为具有意义的教育历史知识的过程。在这个过程中，不可避免地会在教育史学认识成果中渗入教育史学认识主体的主观意识和价值评价，进而会导致主体性对教育史学认识结果的介入和渗透。这里所谓主体性主要是指“认识的属人特征，它是主体在认识活动中自觉或不自觉地将其自身因素投入认识过程，融合或凝结于认识结果之中而使认识不可避免地带有的主体属性”[①]。它与虚构的、虚妄的，带有主观随意性的主观性不同，教育史学认识成果中所体现出的主体性或由于主体性的介入而产生的教育史学认识成果的主观性，主要是指“认识形式所具有的特点，表明认识的具体表现形式，如思想、意识、观念以及感觉、表象和思维等等”，或者是“指主体自身的个性、情感或价值判断乃至于偏见和成见”。[②] 很明显，这与虚妄、虚构的与客观事实完全不相符的主观性是截然不同的。在认识论层面，认识主体的主体性对认识结果的介入和主体在正确认识中所起的作用，已经得到了现代物理学和心理学的支持。同时在认识论领域中，强调“主体在认识过程中的重要作用，标志着对人类认识有了更深刻的理解。看到历史学家在历史研究中的重要作用，是历史认识论的一大飞跃，任何历史认识都离不开认识主体的思想，过去的历史只有在与现在的思想交融并做出理解和解释，才能成为活着或有意义的东西，历史资料本身并不能说明什么，只有史学家的思想、主体意识才赋予其说明历史的价值”[③]。因此，在教育史学认识成果中所反映出的主体性或主观性特征，并不能证明教育史学认识成果的非科学性。我们强调教育史学认识成果的主体性特点，并不等于否定教育史学认识成果的客观性。

---

① 林壁属：《历史认识的主体性与客观真理性》，载《史学理论研究》2000 年第 3 期。

② 张三萍：《历史认识的主观性和客观性》，载《湖北社会科学》2004 年第 8 期。

③ 林壁属：《历史认识的主体性与客观真理性》，载《史学理论研究》2000 年第 3 期。

教育史学认识成果是教育史学认识主体与认识客体相互作用的产物。教育史学认识客体所具有的人类教育历史的客观性必然通过教育史学认识及其成果得以体现。但是这里需要说明的是,教育史学认识及其成果的形成过程与一般的认识及其成果的形成过程不同,教育史学认识及其成果的性质要受到教育史料、教育历史叙述和教育历史解释的性质的影响,由此决定了教育史学认识及其成果的客观性必须通过对客观教育历史的正确的、间接的反映来实现。因此教育史学认识及其成果的客观性也就具有了与一般意义上的认识及其成果的客观性所不同的特殊性。具体表现在以下几个方面:

第一,教育史学认识及其成果的客观性作为教育史学认识追求的目标,并不是一次就能够完成的,它必须经过认识主体与客体之间的多次往复才能完成。教育史学认识是主体通过中介(史料)来对客体进行把握的,现存的以及以后发现或发掘出的教育史料以及教育历史遗迹都不可能包括过去教育历史的所有内容,加之,教育史学认识主体也不可能完全占有现存的教育史料,因此,教育史学认识成果的客观性往往不是在一次认识过程中完成的,而需经过多次反复的认识过程才能完成。

第二,教育史学认识成果的客观性,并不会因为教育史学认识主体的主体意识的渗透而被消解。因为,一方面,在教育史学认识中,坚持教育历史事实的客观性是坚持教育史学认识客观性本体论的前提。如果否认教育历史事实的存在,那也就无所谓教育史学认识的客观性。尽管在教育历史文本中,不可避免地会渗入记载者自己的立场、观点、情感等因素,但这只能说明认识历史真相并不是件容易的事,却不能改变历史是客观存在过的事实这一前提。从这个意义上说,教育史学认识主体的情感涉入和价值涉入不会改变历史事实本身的客观性。另一方面,教育史学认识主体的个人好恶、偏见、价值观、道德观、历史观等形上观念并不排除其达到客观结论的可能性。因为,教育史学认识主体对客体的认识是建立在尊重教育历史事实的基础之上的。教育史学认识主体主观能动性的发挥是以尊重认识客体为前提,“把从客体所获得的信息作为解释的对象,而不能把客体信息当做主体认识的工具”①。在教育史学认识中，认识主体的“好恶偏见并不排除其达到客观结论的可能性，就像一个医生，他的要使病人由疾病中解脱出来的激情并不排除其发现医学真理的可能性”②一样。教育史学认识主体的个人好恶、道德观、价值观、历史观虽然对教育史学认识及其成果有所介入，但这并不意味着教育史学认识可以完全无视教育客观历史过程的存在，否认教育历史材料的真实性，而将教育历史认识当做可以任意主观杜撰的东西。正相反，教育史学认识主体的情感、道德观、价值观、历史观是其获得客观性认识的先决条件。教育史学认识及其成果正是教育史学认识主体在正确的道德观、价值观和历史观指导下而形成，因此，可以说教育史学认识的主体性作用的发挥是获得客观的教育史学认识的必要条件之一。

第三，由于教育史学认识主体的限制，教育史学认识客观性具有相对性的特点。在人们认识教育历史的过程中，现实的社会实践会在总体上决定着人们的认识能力，不同时代的教育史学认识主体的素质不同，决定了其对客观教育历史认识的角度和程度也不同。正是因为教育史学认识主体是一定社会历史阶段中的现实的人，所以教育史学认识的客观性必然表现为在一定历史条件下所能达到的客观性，即处在一定历史条件下的认识主体只能达到对客观教育历史的某一阶段、某一层次上的大致正确反映，而不可能对客观教育历史形成绝对的、一劳永逸的认识。教育史学认识发展过程所受到的时代局限性决定了教育史学认识及其成果的客观性只能是相对的，是在相对性中体现的绝对性，但绝不能因为其相对性而完全否认教育史学认识的客观性。

第四，教育史学认识及其成果的客观性与主体性不是排斥关系，而是对立统一关系，客观性本身包含着主体性。对于教育史学认识主体而言，不发挥主体性，教育史学认识根本不可能产生，也就不存在教育史学认识的客观性问题。只有尊重客体，即把从客体所获得的信息当做解释的对象，并充分发挥主体的能动性，才能获得客观性的认识。因此，实现教育史学认识成果主体性与客观性的辩证统一，使之进一步成为发展完善和

① 黄凯锋：《价值论及其部类研究》，学林出版社 2005 年版，第 211 页。
② 张三萍：《历史认识的主观性和客观性》，载《湖北社会科学》2004 年第 8 期。

丰富教育史学认识成果的动力，是教育史学认识论研究所面临的重要课题。如果我们在教育史学认识和研究中不能正确地处理好教育史学认识成果的客观性与主体性之间的辩证统一关系，就不能保证教育史学认识及其成果的科学性。

二、教育史学认识及其成果的检验标准

教育史学认识过程，既是教育史学认识主体客观反映教育历史事实的过程，也是认识主体充分发挥其科学认识的创造性功能的过程。在这一过程中，以教育史学相关问题的提出为起点，以对教育史料的考证及理解为中介，以探求对教育历史意义的解释为目的而形成的教育史学认识成果应以怎样的标准来检验其客观性、真理性和科学性，是教育史学认识论必须研究的重要问题。其中，教育史学认识成果是否具有可检验性，则是教育史学认识及其成果检验标准确立的前提。

（一）教育史学认识及其成果的可检验性

教育史学认识过程是教育史学认识主体与客体相互作用、相互联系，并充分发挥教育史学认识主体性的辩证过程。在这个过程中所形成的教育史学认识成果具有的可检验性主要表现在以下方面：

第一，教育历史现象与教育历史过程的可知性决定了教育史学认识成果的可检验性。因为，虽然教育史学认识成果所反映出的内容具有一度性或历时性，但是这并不能否定教育史学认识成果的可检验性。任何历史现象虽然具有一度性和不可复现性，但是这些逝去了的历史现象会通过各种途径或方式向研究者传递它的信息（虽然不可能是它的全部信息）。因此，作为人类历史重要组成部分的教育历史现象也不会由于其一度性和不可复现性而影响或否定教育史学认识的可能性，由此决定了教育历史认识成果的可检验性。

第二，教育史学认识客体的客观性特点决定了教育史学认识成果的可检验性。主张历史认识不可检验的观点认为，“一切历史认识中都渗透着浓重的主体意识，都是主体从特定的历史时代出发获得的，它对于产生它的时代、对于认识主体来说，都是合理的、真实的。因此，不同的历史认

识是不能比较、不能判断的,不可能通过验证做出真理性程度的区分"[①]。这种观点的主要错误在于否认在历史认识主体之外存在着独立的、绝对的、真实的历史认识客体,由此,也就彻底否认了历史真理的客观性。事实上,历史一经发生,它就是一种不以人的意志而转移的一个实在,不管你承认与否,你认识到与否,你现在感知到它与否,都不能抹杀教育史学认识客体作为自在之物的最初形态,也都不能改变它的客观实在性。随着认识主体能力的拓展,当这种自在之物一旦进入教育史学认识主体的认识领域,获得了客体的属性的时候,也并不可能改变教育史学认识客体作为自在之物时所固有的属性,只是对教育历史存在附加了一些新的属性而已。因此,教育史学认识客体最顽强的属性即是其客观性。"只要我们确信历史客体的客观性质,承认历史事实的确客观地独立地存在于历史学家的解释之外,那就自然地确认了历史认识的可检验性。"[②]

第三,教育历史解释的客观、有效性决定了教育史学认识成果的可检验性。教育史学认识成果的有效性取决于主客观二者的统一,即教育史学主观认识与教育历史的客观真实相符合。这里的主客观相符合,并不是简单地指教育史学认识只是陈述过去所发生的教育历史事件的确实性,更重要的是发现教育历史事件和教育历史过程的原因和结果,揭示教育历史的内在规律性。因此,教育历史解释的有效性直接关系着教育史学认识成果的客观真理性。这也就是说,教育史学主体的认识所揭示出的教育历史的内在规律,是否具有真理性,必然要求以实践为其检验的标准,否则,教育历史解释的客观真理性也就无从谈起。

承认教育史学认识成果的可检验性,只是解决了教育史学认识及其成果客观真理性和科学性的第一步,问题的关键在于以什么作为标准来对教育史学认识及其成果进行检验,这是教育史学认识的核心问题。

(二) 教育史学认识及其成果客观真理性的检验标准

由于教育史学认识与其他认识活动相比最大的不同表现在教育史学认识客体与历史认识客体一样,"在大多数情况下与认识主体处于不同的时空范围内。这就使主体不能依据直接经验活动对客体的认识,往往要

① 李振宏:《历史学的理论与方法》,河南大学出版社 1999 年版,第 230 页。

② 同上,第 231 页。

经过史料(其本身亦是记载者主体意识的产物)这一中介才能达到对客体的认识"①。加之,作为客体的教育历史事项本身的不可重现性,这就给教育史学认识活动及其结果的检验带来了特殊的困难。因此,中西方史学界对于历史认识检验的理论问题一向十分关注,而且分歧较大。概括起来主要包括以下几种主要观点:

1. 史料检验标准说

以兰克为代表的客观主义史学或称实证主义史学是其典型代表。他们认为历史认识仅是"对事实进行精确的陈述",而反对对历史做出价值判断。兰克认为,"历史学被认为有判断过去、为未来指导现在的职能,对这样的重任,本书不敢期望。它只想说明:什么确确实实发生了"②。为此,实证主义史学强调判定历史真相的最好办法是将史料作为检验历史认识及其结论的标准,尤其强调要利用原始文字资料来检验历史认识及其结论。

史料检验标准说的意义在于,"它看到了史料是客观历史的承载者,而且能够在一定程度上反映其真实状况,含有一定的客观性"。然而,兰克自己也深知"一个历史学家的目的依赖于他本人的观点"③,所有文本史料,包括档案材料都在一定程度是主体意识的产物,加之,认识主体在对历史的认识中又不可避免地将自己的思想、观念和意识渗入到历史认识及其结论中,这种双重主体性加剧了历史认识的艰难程度,同时也加剧了对历史认识及其结论进行检验的复杂程度。实证主义史学以史料作为检验历史认识的标准,事实上是根本行不通的。因为,其一,原始史料不能开口说话,因此它不可能自动检验历史认识的科学性和真理性;其二,原始史料本身存在着伪造的可能性,即使不是伪造,也可能存在记载历史事件不准确的事实,因此,以史料作为检验历史认识及其结论是否具有科学性的标准,显然是不合适的;其三,历史认识过程不仅是描述历史事实的

① 邓京力:《关于历史认识与历史评价的检验问题》,载《历史教学问题》2004 年第 3 期。

② 柳卸林译:《1494—1514 年的拉丁和日耳曼民族史》前言,转引自何兆武主编《历史理论与史学理论》,商务印书馆 1999 年版,第 222—224 页。

③ 邓京力:《关于历史认识与历史评价的检验问题》,载《历史教学问题》2004 年第 3 期。

过程,同时也是解释历史事实的过程,认识主体一旦进入历史认识过程就开始了叙述与解释。因此,兰克学派所提出的"客观如实的历史叙述"实际上只能是把认识主体有限的经验作为确定历史事实的标准。实证主义史学这种以史料作为检验历史认识成果标准的做法,显然会导致历史认识陷入到悖论当中。

2. 观念标准说

分析或批判的历史哲学学派认为,历史认识只是历史学家在心灵中对过去思想的重演,事实只有在主体思想的介入过程中才成为历史知识。为此,分析的或批判的历史学哲学学派一方面强调认识主体已有的"先验的想象"和"各种才能"以及其所掌握的"整个可知世界"的知识在历史认识中起到主动作用;另一方面也强调,主体"先验的想象"需要与"事实"或"证据"相一致,即依据史学家的经验和知识所选定的内容,而不是传统的史料。由此,他们提出历史知识的原始材料无论在细节上给予历史认识以多么大的支持,它们"都不能向历史学家提供他的有关真理的标准"①,检验历史认识真理性的标准只能是"历史观念本身",即康德所说的"priori"(先验的)。这种"历史观念"之所以能作为历史认识真理性的标准,原因在于它是"清楚的、合理的和普遍的。它乃是历史想象之作为自我—依赖的、自我—决定的和自我—证实的思想形式的一种观念"②,即"它是一种逻辑证明"③。

这一理论的意义在于纠正史料检验标准说绝对客观错误的同时,也"清醒地看到了主体的知识、能力与经验在认识中的作用,并肯定其间也不乏能够反映历史真实性的有利因素,甚至也包括某些相对客观的内容"④。但是,这种观点由于没有能够正确解释历史认识及其结果是怎样自行检验的问题,以及这种"先验"的历史观念的来源问题,从而又陷入了

① 参见邓京力《关于历史认识与历史评价的检验问题》,载《历史教学问题》2004年第3期。

② [英]柯林伍德著,何兆武、张文杰译:《历史的观念》,中国社会科学出版社1986年版,第282页。

③ 袁吉富:《历史认识的客观性问题研究》,北京大学出版社2000年版,第201页。

④ 邓京力:《关于历史认识与历史评价的检验问题》,载《历史教学问题》2004年第3期。

新的悖论之中。

3. 实践检验标准说

为了解决上述两种检验标准的不足，依据马克思主义认识论的基本理论，自20世纪80年代以来，我国史学界明确提出了实践检验标准的理论，从而较科学地解决了历史认识及其成果的检验和标准问题。在他们看来，“实践是检验一切认识的标准，这是马克思主义的基本观点”①。“要真正解决历史认识与历史评价的检验问题，以期将认识的不同方面与环节联系起来，还得要依靠实践标准。因为实践是联结认识与客观世界的纽带，在实践过程中可以实现将认识结果与客观世界相互比较的验证活动。”②但是，由于对实践内涵的理解不同，因此，在历史学界形成了以下不同的观点：

第一种观点认为，社会实践是检验历史认识的最终标准，只不过其具体的检验途径与一般的认识有所不同。这是因为社会实践本身就是一个“多层次的动态系统”，因此对历史认识的检验可以通过直接与间接的检验形式、解释性与描述性认识的检验层次、史料与理论批判的检验方面等具体途径展开。尽管历史认识的检验在很大程度上要依赖史家的历史研究活动，但本质上史学实践也是一种特殊的社会实践。因此，社会实践是检验历史认识的最终标准。③

第二种观点认为，社会实践与史学实践皆是检验历史认识的标准。他们认为检验历史认识的标准除了社会实践外，史学实践在历史认识检验过程中的重要作用也应该特别强调。因为唯一能够检验历史认识正确与否的标准，是把史学家的主观认识和客观历史过程联系起来的人们的社会实践，尤其是史学实践，因此，“历史认识的真理性就是经过历史研究

---

① 刘泽华：《历史认识论纲》，载《文史哲》1986年第5期。

② 邓京力：《关于历史认识与历史评价的检验问题》，载《历史教学问题》2004年第3期。

③ 参见宁可、汪征鲁《史学理论与方法》，中央广播电视大学出版社1991年版，第128—135页；袁吉富《历史认识的客观性问题研究》，北京大学出版社2000年版，第210—222页；贾东海、郭卿友主编《史学概论》，中央民族大学出版社1999年版，第113—116页。

的实践和社会实践检验证明是符合客观历史实际的认识”[①]，社会实践，尤其是史学实践是检验历史认识的标准。

第三种观点认为，“历史之真”是检验历史认识的根本标准。持这种观点的学者认为，历史认识“反映的是历史实践中的问题，而今天人们的社会实践活动已较过去有了很大的发展。另一方面，由于历史现象不再重复，史家的认识无法与之直接对验”，因此，“在历史认识研究问题的讨论中，摒弃实践的检验是错误的，而完全套用‘实践是检验真理的唯一标准’也是行不通的，我们应该对历史认识的检验问题做出具体分析”。应该以“历史之真”，即客观历史本身作为检验历史认识的根本标准。具体而言，检验的基本形式包括现实社会实践的检验、社会化石的检验、证据检验。[②]

第四种观点提出，对历史认识检验应分层进行探讨。持这种观点的学者认为：“历史认识的对象是已经逝去的历史事件或社会实践活动，历史认识只能通过历史重构或历史解释进行，认识过程是现时态的；实践可以根据时间坐标系划分为过去的、社会正在进行的和未来将进行的社会实践，但是，过去了的社会实践是不可能重演的，它怎么能去检验现时的历史认识呢？正进行的和未来将进行的社会实践又如何去检验过去的历史呢？实践是检验真理的唯一标准原则在历史认识的真理性法则上陷入了二律背反的困境。”为了解决这一问题，有学者将历史认识分成了考实性认识、抽象性认识与评价性认识三个层次，并在此基础上提出了以社会实践、史学实践和社会主体间的交往实践作为检验历史认识的标准。[③]

尽管上述实践标准说都坚持了以实践作为检验历史认识成果的标准，从根本上超越了主观主义和客观主义的局限性，但是由于人们对实践内涵理解不同，因而产生了不同的实践标准说。这一结果的出现说明了检验历史认识成果的标准问题是一个既复杂又极具难度性的问题。教育

① 参见吴泽主编《史学概论》，安徽教育出版社 1986 年版，第 303 页；庞卓恒主编《史学概论》，高等教育出版社 1995 年版，第 112 页。

② 参见李振宏《历史学的理论与方法》，河南大学出版社 1999 年版，第 228—242 页。

③ 参见林壁属《检验历史认识真理性的标准问题》，载《江汉论坛》1995 年第 6 期。

史学认识及其成果作为历史认识及其成果的重要组成部分，与历史认识及其成果一样也是一个“既重要又棘手”的问题。要想正确地把握检验教育史学认识成果的标准问题，首先必须明确作为检验标准的实践的基本内涵。

对作为检验标准的实践的基本内涵的正确理解，是确定检验教育史学认识成果标准的关键所在。长期以来，学术界的一些学者常常“把实践理解为改造世界的感性的物质活动”，并且把作为检验认识真理性的标准的实践进一步规定为“以一定的理论为指导的改造客观世界的感性物质活动，这种活动有两个特征：一是直接现实性，一是普遍性”[①]。这种观点的理论依据是列宁关于“实践高于（理论的）认识，因为它不但有普遍性的品格，而且还有直接现实性的品格”[②]的论述。正是因为实践具有将理论与现实直接联系起来的特征，因此，决定了它具有检验认识正确与否的功能。这种对实践内涵的理解从一般认识论的角度而言，毫无疑问是正确的，但也存在着一些不够全面和周延的地方。第一，这种对实践内涵的理解只重视了在归根到底的意义上世界的本质是物质的，而忽视了在非归根到底意义上世界是由物质世界与精神世界共同组成的客观现实。按照这一逻辑，“如果把实践仅仅归结为改造世界的感性物质活动，那么，这就意味着实践只是改造物质世界的活动，而不包括改造精神世界的活动”[③]。第二，如果仅仅把实践理解为改造世界的感性物质活动的话，实际上就等于否定了实践对精神世界以及“人类不能直接加以感性地改造的物质世界的认识”[④]进行检验的可能性。由此看来，“把作为检验认识真理性标准的实践仅仅看做改造世界的感性物质活动”的认识是不全面的和不周延的。其不周延的缺陷主要表现在，这种认识仅仅关注到了作为检验标准

① 袁吉富：《历史认识的客观性问题研究》，北京大学出版社 2000 年版，第 210 页。
②《列宁全集》第 55 卷，人民出版社 1984 年版，第 183 页。
③ 袁吉富：《历史认识的客观性问题研究》，北京大学出版社 2000 年版，第 210 页。
④ 同上，第 211 页。

的原生实践而忽视了次生实践[①]在检验认识真理性过程中的作用和意义。因此，这种对作为检验标准的实践的理解，必然导致对检验认识真理性标准认识的不全面性和不科学性。

早在20世纪80年代初，黄楠森就明确提出了“实践总是改造世界的活动……但改造世界的活动不一定是改造世界的感性的物质活动”[②]。从而改变了仅仅将作为检验标准的实践限定在改造世界的感性的物质活动范围之内的局限性，使我们能从更广泛意义上理解作为检验标准的实践以及它的多种存在形式。笔者认同黄楠森的这一观点，即强调作为检验标准的实践是指改造世界的一切活动，它既包括改造世界的感性物质活动，同时也包括改造世界的精神活动。这主要是因为，任何教育史学认识过程都是主体与客体相互作用的辩证过程，因此，对教育史学认识成果或结论进行检验的实践，不仅应该包括改造世界的感性物质活动的社会实践，而且还应该包括教育史学认识主体的史学实践以及教育史学研究共同体中认识主体的社会交往实践，只有这样才能更好地理解实践是检验教育史学认识的标准问题。

笔者认为，对教育史学认识及其成果的检验是关系到教育史学存在与否的关键，也是衡量教育史学认识及其成果是否具有科学性的重要标志。对于检验教育史学认识及其成果的标准问题的认识，笔者主张，在承认社会实践是检验教育史学认识及其成果的根本标准的同时，也应该关照教育史学研究者的史学实践和教育史学认识主体的社会交往实践对教育史学认识及其成果的检验，只有这样才能从根本上超越主观主义和客观主义对教育史学认识检验标准的局限性，保证教育史学认识成果的客观性和科学性。

第一，从总体上说，社会实践是检验教育史学认识成果是否具有客观真理性的根本标准。“因为只有在社会实践活动中，历史认识的主体才能

---

① 袁吉富在《历史认识的客观性问题研究》一书中，将作为检验标准的实践分为原生实践和次生实践两类。原生实践指的就是有目的地改造客观世界的感性的物质活动；而次生实践就是由原生实践派生出来的实践，它不是改造物质世界的实践活动，而是改造精神世界的实践活动。在认识论范畴中，原生实践是第一性的，次生实践是原生实践的产物。参见袁吉富《历史认识的客观性问题研究》，北京大学出版社2000年版，第211页。

② 黄楠森：《〈哲学笔记〉与辩证法》，北京出版社1984年版，第238页。

检验自己对历史客体的认识和把握是不是具有真理性，也只有在这个意义上，历史认识主体对历史学作为一门科学进行反思的价值才体现出来。”[①]这里的社会实践主要是指人们能动地改造自然和社会的全部活动，“就其内容而言，主要包括了生产斗争、阶级斗争、科学实验等。如果把实践放在时间维度中加以考察，我们便可将实践分为过去的实践、现在的实践和未来的实践。以现在实践为原点”，过去的实践、现在的实践以及未来的实践“构成一个永无休止的数轴”。[②] 社会实践之所以能作为检验教育史学认识及其成果的根本标准，是因为教育历史发展是一个从不间断的过程，是由“‘过去的现在’—现在—‘未来的现在’”所组成的时间链条。因此，对于教育史学认识成果是否具有客观真理性的检验，既要接受过去社会实践(以相关教育史料为中介)的检验，更要接受现实与未来社会的检验。尽管过去的客观教育历史已经过去而不可复现，客观教育历史(过去的社会实践)不能直接作为检验教育史学认识的标准，但是，教育史料作为客观教育历史事实的历史遗存，它是过去了的人类社会实践活动的“信息遗存和转化，根基是过去的人类实践，说到底，过去的实践”是检验教育史学“考实性认识”[③]的标准。

在教育史学认识过程中所形成的成果和结论，除了有考实性认识外，还存在着抽象性认识。这里的所谓抽象性认识主要是指透过教育历史的表象对教育历史的内在联系的把握以及在此基础上揭示出的教育历史发展规律。对于这种来源于考实性认识的抽象性认识的检验，必须以现实社会实践和未来社会实践作为检验标准。因为“现实是由历史构成的，在

---

① 韩震、孟鸣岐：《历史哲学：关于历史性概念的哲学阐释》，云南人民出版社 2002 年版，第 95 页。

② 毛曦、康少峰：《历史认识的检验与真理标准的历史内涵》，载《西安联合大学学报》1999 年第 3 期。

③ 考实性认识是确定历史人物、现象的存在形态，判断史料与客观历史之间的契合与差别，从而达到二重客体的相对一致性，还历史以“本来面目”的目的。抽象性认识是通过对历史事实的考察，并透过历史的表象，发现历史的内在联系，揭示出的历史发展的线索和规律性认识。评价性认识主要研究历史现象在历史上和现实中的价值，也就是说，它在回答了历史人物、事件、思想“是什么”“为什么”等问题之后，还要进一步对它的存在意义和价值做出认识判断。参见刘泽华、张国刚《历史认识论纲》，载《文史哲》1986 年第 5 期；林壁属《检验历史认识真理性的标准问题》，载《江汉论坛》1995 年第 6 期。

历史运动前后代人之间，前人的主体性活动及其结果是后人实践活动的对象和既定环境，是后人活动的客体，也就是后人面对的一个既定的不能自由选择的事实，前人的活动结果不可能在后代一下子被全部抹掉，于是，前人与后代人之间的这种历史联系，使历史的既成性与继承性沿着一定的轨迹运行，从而使历史的运动成为一个客观过程。因此，现实社会实践中渗透着过去的历史实践所遗留下来的信息密码、遗传因子和实践的影子，这些因素存在于现实社会实践中，也就可以用现实社会实践中的这些因素作为验证历史抽象性认识的证据”①。这里需要说明的是，教育史学抽象性认识不仅要以现实的社会实践作为检验的标准，同时也要以过去的社会实践和未来的社会实践作为检验标准。这是因为，“历史研究从来都是从现实出发，历史观念的形成既是来自于过去的社会实践，又反映出现在史学家的主体思想，对于过去历史的抽象性认识，是现在史实观念与过去史家之间的双向建构”②，同时也是抽象性教育史学认识与未来社会的对话过程。“由于历史发展的连续性和不可分割性，今天的历史是昨天历史的延续，明天的历史又是今天历史的继续”③。因而，对抽象性的教育史学认识及其成果的检验可经由过去、现在与未来的统一来进行，才能从真正意义上检验出抽象性教育史学认识的客观真理性。

教育史学认识除了考实性认识与抽象性认识外，还有评价性认识。作为教育史学认识的主要形式之一，“评价性认识的对象是历史与某一时代的价值关系，它既有历史的内容，又涉及主体认识者的需要”④，因此对它的检验“既要在总体上符合认识的普遍性，又要实事求是地反映历史评价的特殊性”⑤。教育史学评价性认识作为一种认识形式，从根本上而言，对它的检验应该符合认识的一般规律。由于“认识本身即是实践的一个组成部分，从确认事实到解释、推理、评价等一系列的认识步骤都是实践这一整体的组成部分；尽管不同种类的认识客观存在着自身的某些特征，

---

① 林壁属：《检验历史认识真理性的标准问题》，载《江汉论坛》1995 年版第 6 期。

② 同上。

③ 毛曦、康少峰：《历史认识的检验与真理标准的历史内涵》，载《西安联合大学学报》1999 年第 3 期。

④ 林壁属：《检验历史认识真理性的标准问题》，载《江汉论坛》1995 年版第 6 期。

⑤ 邓京力：《关于历史认识与历史评价的检验问题》，载《历史教学问题》2004 年第 3 期。

其检验的具体情况也有所差异，但从根本上说，认识检验的最终标准还是人类实践"[1]。这主要取决于两个方面的原因：一是现实与历史之间不可分割的连续性和继承性，使得"今天的现实反映了历史上人们各种实践活动的结果，其中包括物质生产活动的实践、精神文明的创造活动，当然也包括科学认识与实践活动；同时，现实的实践活动中又渗透着大量历史的内容成为人们当前实践的基础或材料。因此，每一代都利用以前各代遗留下来的材料、资金和生产力，由于这个缘故，每一代一方面在完全改变了的条件下继续从事先辈的活动，另一方面又通过完全改变了的活动来改变旧的条件"[2]。二是现实实践的水平和内容决定了教育史学认识主体对认识对象的选择、史实的选择和对教育历史的理解和解释程度。因为，教育史学认识主体所形成的评价性认识并不是凭空想象或自己杜撰出来的，这种评价性认识的形成，一方面受史料和教育历史事实的限制，另一方面受长期的社会实践成果的影响，因此，主体的那些由人的实践经过千百万次的重复、在主体意识中以逻辑的格式固定下来的先见，实际上是在实践—认识—再实践的过程中形成的[3]，这些"先见"在一定程度上影响着教育史学认识主体的评价性认识的形成，由此也决定了社会实践具有作为检验评价性认识标准的基本资格。三是个别主体的评价性认识的形成主要取决于他对评价性标准的选择，而这种评价性标准归根到底还是以是否符合社会历史实践为前提。因为个别主体的评价性认识正确与否主要涉及三个方面："第一，主体的需要是否被正确地意识到，主体能否正确地意识到自身的各种需要，从而形成完整的主体利益，以便为主体进行比较和选择评价标准提供基础；第二，主体能否对各种利益进行正确的比较。完整的主体利益体系中有长远利益与眼前利益、整体利益与局部利益、物质利益与精神利益等等，取什么样的利益标准进行评价必然形成各异的评价成果。第三，主体评价正确与否的关键还在于主体的需要是否合理，主体的利益体系是否符合历史的要求。因为人的本质是社会关系

---

① 邓京力：《关于历史认识与历史评价的检验问题》，载《历史教学问题》2004 年第 3 期。

② 同上。

③ 参见邓京力《关于历史认识与历史评价的检验问题》，载《历史教学问题》2004 年第 3 期。

的总和，主体的合理需要归根到底是要符合社会历史发展的总体要求。”[①]由此决定了社会历史实践是检验评价性认识的根本标准。

第二，从具体的教育史学认识过程来看，教育史学认识主体的史学实践和社会交往实践是检验教育史学认识及其成果的直接的和主要的标准。这里的教育史学实践，主要是指“历史认识主体利用历史证据和已得到证实的理论认识对所研究对象的认识的检验，它本质上是一种特殊精神实践”[②]。教育史学实践作为社会实践的组成部分，不是一个笼统的概念，而是每一个史家运用一定的理论和思维方式、采取一定的方法和工具从事教育历史研究的具体过程。它是一种特殊的实践。教育史学认识主体的史学实践，一方面“以经过考证的史料验证历史学家的历史诠释是否与之相符来判断历史诠释的真伪”[③]，因为，教育史学的“科学性在于史实的积累、各证据的不断检验上，唯有史家不断的科研实践才能最终确定其认识正确与否”[④]。每一个史家是不是能够积极地响应时代的要求，自觉地改造自己的思维方式和研究方法，这是决定后辈史家能否站在前辈史家认识的基础上更上一层楼的重要因素。在检验教育史学认识成果的过程中，作为教育史学研究者的史学实践，既是每一个史家的具体活动，也是一代史家的共同创造。教育史学认识主体对教育史学认识的检验，尤其是对于那些描述性的历史诠释，不可能通过当下研究者的史学实践来验证，只能通过史料来验证。于是，“史料本身就必须是经过考证的。史料考证也是一个实践过程，通过新史料的持续发现不断地补充、验证已有史料的真伪来增加其可靠性”[⑤]。另一方面，教育史学认识主体也利用考古学、社会学、教育学、历史学等相关学科的知识与方法，利用某些人类实践活动的教育历史遗存作为旁证来检验教育史学认识成果的客观真理性。尤其是对教育史学抽象性认识的检验，研究者一方面是要验证教育史学认识主体的认识是否与考证过的教育史料相符合，从而判断教育史

---

① 林壁属:《检验历史认识真理性的标准问题》,载《江汉论坛》1995 年版第 6 期。

② 袁吉富:《历史认识的客观性问题研究》,北京大学出版社 2000 年版,第 218 页。

③ 韩震、孟鸣歧:《历史·理解·意义——历史诠释学》,上海译文出版社 2002 年版,第 184 页。

④ 林壁属:《检验历史认识真理性的标准问题》,载《江汉论坛》1995 年版第 6 期。

⑤ 韩震、孟鸣歧:《历史·理解·意义——历史诠释学》,上海译文出版社 2002 年版,第 185 页。

学认识的真伪，另一方面也要通过相关学科的知识与方法来达到对教育史学抽象性认识的检验，进而实现从教育史实中来，又回到教育史实中去指导教育史学实践的目的。

教育史学认识主体间的社会交往实践，也是检验教育史学认识是否具有客观真理性的重要标准之一。马克思认为："为了进行生产，人们便发生一定的联系和关系；只有在这些社会联系和社会关系的范围内，才会有他们对于自然界的关系，才会有生产。"[①]在人类的生产实践中，除了存在人与自然的关系，还有人与人之间的社会交往关系，这种社会交往关系即是社会交往实践。"在实践过程中，由于实践主体不是抽象的、单一的、同质的主体，而是存在着生命个体的异质性。主体在实践中的异质性决定了他们在观察、理解和评价历史客体时所具有的不同视角和价值取向……历史认识主体不可能超脱这一认识过程所产生的厄运。因此，在社会交往过程中形成的异质主体之间的个别评价只能在交往实践中加以克服，在交往实践的基础上，主体才能超出个体评价而达到共同认识，实现评价性认识活动中真义多元性的提高途径就在于异质主体间的交往实践。"[②]教育史学认识主体正是在主体间的社会交往实践中，不仅将自己的主体评价认识暴露给其他认识主体，以求得彼此间的理解，同时也在与其他主体的社会交往实践中，努力从对方的角度去理解客体，进而不断地扩大自己的视界范围，"在一个更大的视界中重新把握客体，……从而达到共识"[③]。教育史学认识，尤其是评价性的教育史学认识正是在教育史学认识主体的交往实践中不断趋向客观真理性。因此，交往实践也是检验教育史学认识，尤其是教育史学评价性认识是否具有客观真理性的标准之一。

当然，笔者在这里将检验教育史学认识的标准分成不同层次来进行分析，并不是要否定社会实践是检验教育史学认识的根本标准这一马克思主义认识论原理；相反，是试图从不同侧面，从对实践内涵的不同理解层面上，来更好地理解实践是检验认识的根本标准这一马克思主义认识论原理。笔者所要强调的是，不论是教育史学认识主体的史学实践，还是

---

① 《马克思恩格斯选集》第 1 卷，人民出版社 1972 年版，第 362 页。

② 林壁属：《检验历史认识真理性的标准问题》，载《江汉论坛》1995 年版第 6 期。

③ 同上。

教育史学认识主体的社会交往实践，从根本上而言都是归属于社会实践的，都是社会实践的重要组成部分。因此，检验教育史学认识及其成果的根本标准是包括教育史学认识主体的史学实践和社会交往实践在内的社会实践。只有在社会实践中，对不同形式的教育史学认识使用不同的实践形式进行检验，才能更好地说明社会实践是检验教育史学认识的根本标准。

第四章

教育史学方法研究

研究方法在任何学术研究中向来居于非常重要的地位,“从某种意义上说,它决定着研究工作的成败优劣”[1]。然而,长期以来,“教育史研究缺少科学的方法论支撑,以及在研究方法上的落后,一直困扰着学科自身的发展,导致教育史与一般历史研究脱节,从而也与整个社会科学的研究相隔离,成为妨碍教育史学术水平提高的重要原因”[2]。为此,加强对教育史学研究方法的探索,不仅是新时期教育史学工作者的主要职责之一,而且也是新时期教育史学研究顺利发展的可靠保证。

---

① 周洪宇:《教育史研究改革管抒》,载《教育评论》1991 年第 2 期。

② 杜成宪、邓明言:《教育史学》,人民教育出版社 2004 年版,第 406 页。

第一节　教育史学研究方法的内涵及其特点

一、研究方法的一般界说

“方法”一词在西方源于希腊文“heta”和“obos”的组合，其“语义学的解释是‘沿着正确的道路运动’，在希腊神话中象征着取胜之道。指的是人们为达到某种目的必须采取的步骤和手段”[①]。科学研究方法是指人们“在一切活动领域内从实践上或理论上把握现实，为达到某种目的而采用的途径、手段、工具和方式的总和”[②]。它有狭义和广义之分。狭义的研究方法，是指人们为正确地解决问题和认识事物而确定和使用的具体途径、手段或行为方式，它具有具体性、实用性的特点。

所谓广义的研究方法，泛指科学研究中，人们为正确地解决问题和认识事物而确定的具体途径、手段或行为方式以及在此基础上形成的人们认识世界、改造世界的一般方式、方法的学说或理论体系的总和。广义的研究方法“不仅指哲学层次的方法论原理，还应包括具体科学研究中所使用的一系列方式、手段，二者共同构成完整的方法论体系”[③]。其中，作为世界观的哲学方法论具有抽象性和概括性的特点，而作为具体科学方法，则具有实用性和可操作性的特征。由此而形成的研究方法体系，不仅便于人们正确理解哲学方法论在人类认识过程中的地位和作用，从而遵循正确的方法论去认识世界，而且也使科学研究中的具体方法获得了确定性的地位，使科学研究方法更加充实、多样。本书主要取广义研究方法之含义。

---

① 张景焕、陈月茹、郭玉锋编著：《教育科学方法论》，山东人民出版社 2000 年版，第 2 页。

② 吴岱明：《科学研究方法学》，湖南人民出版社 1987 年版，第 21 页。

③ 王坤庆：《关于教育研究方法论的探讨》，载《黄冈师范学院学报》2005 年第 1 期。

二、教育史学研究方法的基本内涵及其基本特点

教育史作为历史学与教育学交叉产生的学科，“它的一些专门概念（如教育目的、教育原则、道德教育等）、命题乃至整个体系以及研究方法等要从历史学与教育学中加以借鉴与吸收”[①]。因为“没有教育学作指导的教育史研究可能较为盲目，而没有历史学作基础的教育史研究则可能流于空洞”[②]。教育史研究对历史学的借鉴，主要表现在对其研究方法的借鉴上。

（一）史学研究方法的基本内涵

史学研究方法是研究历史的认识工具，广义的史学研究方法是指史学研究的具体方法与史学研究的抽象方法（方法论）的总和。其中，史学研究的具体方法是指“教人应依如何的次第方法去作史学研究的阶梯学问”[③]。“是关于如何获得具体历史认识的一种经验性的知识形态，是历史研究实践中具体研究经验的总结”[④]。同时也是作为连接历史研究主体的史学家和历史研究对象，并形成历史认识、揭示历史本质的桥梁和具体的手段。具体的史学方法主要是“以特定的历史认识论为旨归，通过具体的操作程序和手段去完成对历史过程及其本质的认识”[⑤]。因此它具有具体性、经验性和应用范围的针对性等基本特点。从这个意义上而言，具体的史学研究方法是历史认识过程中达到历史研究目标的重要环节，具体的史学研究方法运用得是否科学，直接影响着历史研究及其结论的科学性程度。

所谓史学研究的抽象方法，（史学方法论），“是关于历史研究的方法的理论，是人们对历史学的基本方法和一般形式的理论概括。它主要回答历史学如何去认识历史规律的问题，进而企图揭示历史学的一般的逻辑形式和结构。因此，完整的史学理论体系都是由历史观和史学方法论

---

① 杜成宪、邓明言：《教育史学》，人民教育出版社 2004 年版，第 234 页。

② 刘海峰：《在教育与历史之间》，载《高等教育研究》2001 年第 2 期。

③ 李大钊：《史学要论》，引自《李大钊文集》（下），人民出版社 1984 年版，第 742 页。

④ 李振宏：《历史学的理论与方法》，河南大学出版社 1999 年版，绪论第 6 页。

⑤ 姜义华、瞿林东、赵吉惠：《史学导论》，复旦大学出版社 2003 年版，第 115 页。

两个部分构成的”[①]。从这个意义上而言，史学研究的抽象方法或史学方法论，是关于历史研究方法的理论。目前学术界对史学研究的抽象方法或史学方法论尚未形成统一的认识，有的学者认为，“史学方法论是指关于历史研究的方式方法的性质特点等等的理论和认识”[②]。它是由史学研究的具体方法和理论构成的一个完整体系，属于史学理论的重要组成部分。有的学者强调史学方法论是指“拿一定的世界观来观察、分析和解决问题的”理论体系，由不同的世界观而形成的不同的分析和解决问题的理论体系，即是不同的史学方法论。还有的学者认为，史学方法论是通过对历史学科在研究方法与指导思想方面的反思，而“抽象出史学研究中的一些方法、原则，并形成一个具有内在联系的方法论体系”[③]。它以历史研究的方式、方法的性质、特点等理论和认识为对象，主要研究史学方法论体系的内在联系及其在史学认识整体中的地位、作用、合理性、局限性及其适用范围，从而为各种具体方法的正确运用提供科学的理论指导。这些概括至少对史学研究的抽象方法或史学方法论在以下三个方面达成了共识：

1. 史学研究的抽象方法具有抽象性和理论性的特点

史学研究的抽象方法是对史学研究具体方法进行高度抽象的基础上形成的理论体系，是关于历史研究的方式、方法的性质、特点的理论和认识。它主要涉及两个层面的内容：其一是以史学研究方法发生、发展、更新、演化过程为研究对象，以揭示这一过程的本质与规律；其二是关于人们认识世界、改造世界总的方法，或最根本、最普遍的方法。因此，史学研究的抽象方法与史学研究的具体方法相比，是一种高度抽象的理论形态。因此，史学研究的抽象方法论也可称为史学方法论。

2. 史学研究的具体方法与抽象方法(方法论)存在着性质和职能上的差别

史学研究的具体方法是具体的和经验性的，它是以解决具体史学研

---

① 肖剑：《试论史学方法论在史学理论中的地位及其自身的发展》，载《南京大学学报》(哲学社会科学版)1986 年第 2 期。

② 贾东海、郭卿友主编：《史学概论》，中央民族大学出版社 1999 年版，第 132 页。

③ 李振宏：《历史学的理论与方法》，河南大学出版社 1999 年版，绪论第 5 页。

究中研究主体的行为方式和某些技术性问题为主体，并在形成历史认识、揭示历史本质的过程中起着桥梁和手段的作用。史学方法论是抽象的和理论性的，它是以对正确运用各种具体史学研究方法提供科学的理论指导为主体。史学研究的具体方法与抽象方法在整个史学研究方法理论体系中是缺一不可的。

首先，以具体性、经验性和应用范围的针对性为特征的史学研究的具体方法，是史学方法论（抽象方法）的基础。因为史学方法"是关于如何获得具体历史认识的一种经验性的知识形态，是历史研究中具体研究经验的总结"①，在史学研究中，如果没有历史研究中具体研究经验的总结，也就不可能有史学研究抽象方法存在的基础。

其次，以对史学研究经验程序、思想方法和研究途径反思为主体内容的史学方法论（抽象方法），是史学研究具体方法科学性的根本保证。因为，史学方法论是在对史学方法反思的基础上形成的一种高度抽象的理论形态，它将全部的具体的史学方法作为整体，"去探寻各种方法之间的内在联系，弄清各种具体方法在史学认识整体中的地位、作用、合理性、局限性及其适用范围，从而为各种具体方法的正确运用提供科学的理论指导"②。从这个意义上而言，科学的史学研究方法应该是具体的史学研究方法与史学方法论的统一体。

3. 史学研究的具体方法与抽象方法（方法论）的关系

史学研究的具体方法与抽象方法是动态的、开放的方法体系中的两个不同层面，两者之间具有相互促进的关系。一方面，当史学方法论确定了研究、分析历史的总体过程后，各种具体的史学方法则就会通过具体地处理史料来为史学方法论这一总体过程来服务，这时史学方法论对史学研究中的方法起着理论指导作用。另一方面，当史学研究中引入历史学以外的自然科学和社会科学的具体方法时，必然也会对史学方法论提出新的要求，从而促进史学方法论的更新和发展，这时史学方法（具体方法）就成了史学方法论（抽象方法）形成、更新和发展的依据。

---

① 李振宏：《历史学的理论与方法》，河南大学出版社 1999 年版，绪论第 6 页。
② 同上，绪论第 6—7 页。

(二) 教育史学研究方法的基本内涵及其特点

教育史学研究方法，是指以历史研究法来研究教育现象发生、发展和演变的历史事实，并对其加以系统的、客观的分析研究，从而揭示其发展规律的方法。它涉及的研究对象是教育活动的历史，包括教育实际和教育理论发生、发展、演变的历史。具体而言既包括纵向的教育历史，如不同历史时期的教育活动、教育思想和教育制度以及与教育相关的教育现象的历史，也包括横向的教育历史研究，如同一时期的文教政策、教育实施、教育制度和教育思想之间的关系研究，还包括教育通史、断代史、国别史以及教育专门史等范畴，通过研究以揭示教育发展的规律，从而为今天的教育发展提供借鉴。从一定意义上说，“没有科学的历史研究，就不会产生真正的科学”[①]。由此也决定了教育史研究方法在整个教育科学研究中的重要作用。

教育史学研究方法要受教育学研究范畴的制约，即教育史研究方法主要适用于教育科学以下研究范围：(1) 对各个时期教育发展状况的研究；(2) 对历史上教育家的教育思想理论观点的研究；(3) 对某个时期教育流派、教育思潮的分析研究以及对不同时期教育流派理论的比较研究；(4) 对一定时期教育制度，如法令、计划、政策等的评判分析；(5) 对外国教育发展状况的分析；(6) 开拓新的研究领域等。[②]

另一方面，作为历史研究的一个分支学科教育史学的研究方法，必然受到历史学研究方法的影响，从而形成包括教育史研究具体方法和抽象方法在内的教育史研究方法体系。在这里，笔者之所以要用教育史学研究的具体方法和抽象方法的概念，而不用教育史学研究方法与方法论的概念，原因是，其一，本章研究的主要问题是教育史学研究方法，重点不是研究教育史学研究方法论；其二，笔者使用的是广义的研究方法的概念，这一概念本身就包含着具体研究方法和方法论的内容；其三，教育史学研究方法论体系是一个形成中的概念，从教育史学界对它的研究现状来看，它才刚刚起步，还很不完善，因此，对教育史学研究方法论的研究还有待于进一步探讨。

---

① 裴娣娜：《教育研究方法导论》，安徽教育出版社 1995 年版，第 136 页。
② 同上，第 140—141 页。

这里需要说明的是，教育史学研究的具体方法，主要指教育史学研究实践中具体研究经验的总结，是教育史学研究的具体方法和技术手段，同时也是连接教育史学研究主体与教育史学研究对象，并形成教育历史认识、揭示教育历史本质的桥梁和手段。由于教育史学研究方法主要是以特定的教育史学认识论为旨归，并通过具体的操作程序和手段去完成对教育历史过程及其本质的认识，因此，教育史学研究方法与史学方法一样呈现出具体性、经验性和应用范围的针对性等基本特点。由此决定了教育史学研究的具体方法在整个教育史学方法体系中的基础性地位。

教育史学研究的抽象方法，是指通过对教育史家研究方法、指导思想方面的反思，抽象出教育史研究方法中的一些原则、思维方式以及由此而形成具有内在联系的方法体系。具体包括两个方面的内容：一是教育史研究的哲学方法，它是指在一定世界观影响下形成的认识和观察教育活动的理论体系，如马克思主义唯物史观；二是人类在认识世界的过程中通过长期的实践而抽象出来的适合于大多数甚至所有科学研究的一般方法，它具有抽象性、理论性和指导性的特点。

尽管教育史学研究的抽象方法作为“关于教育史认识的理论”和一般思维方式，而与教育史学研究的具体方法和技术手段相区别，但是“教育史学研究的具体方法”与“教育史学研究的抽象方法”两者之间是互为依存、缺一不可的统一体。因为，教育史学研究的抽象方法是以教育史研究具体方法和技术手段为基础的，如果没有教育史学研究的具体方法和技术手段作为前提，教育史学研究的抽象方法体系也就失去了存在的基础。因此，教育史学研究的抽象方法不可能脱离具体的、经验性的教育史学研究方法孤立地存在。同样，以对教育史研究经验程序、思想方法和研究途径反思为主体内容的教育史学研究的抽象方法，是在对教育史学研究方法反思的基础上形成的一种高度抽象的理论形态。它将全部的具体的教育史学研究方法作为整体，去探寻各种具体的教育史学研究方法之间的内在联系，弄清各种具体的教育史学研究方法在教育史学认识整体中的地位、作用、合理性、局限性及其适用范围，从而为各种具体的教育史学研究方法的正确运用提供科学的理论指导。因而，教育史学研究的抽象方法也是教育史学研究方法科学性的根本保证。总之，科学的教育史学研究方法应该是教育史学研究的具体方法与抽象方法的统一体。

(三) 教育史学研究方法的基本特征

依据教育史学研究方法的基本内涵及其适用范围，笔者认为，教育史学研究方法具有以下几方面的特点：

第一，教育史学研究方法是在一定历史观影响下而产生的教育史学研究方法的理论体系。所谓历史观，“是指人们对历史总体运动及其一般规律的认识的理论概括”，它“集中反映了特定历史时期内人们对历史的本质和规律、历史学研究的对象和目的的认识”。历史观不仅与具体历史研究密切联系在一起，而且也是作为历史研究的核心问题而存在并居于理论指导的地位。因为“历史学家的任务在于追溯过去，倾听这些事实所发出的分歧杂乱、断断续续的声音，从中选出比较重要的一部分，探索其真意”[①]。在探索历史“真意”的过程中，作为历史的解释者“却只能从自己的视角去解释历史，不同的人解释历史或同一个人变换不同视角解释历史，就会产生不同的历史意义。不仅如此，历史意义并非隐藏在历史文本背后，而是常常决定着历史学家对历史事实的取舍及其价值判断。因此，历史解释就成为历史学家按照自己的意愿、目标和价值观念去‘复原’人类历史演变轨迹的载体，而历史学家在历史解释中所反映出的意志、愿望和追求，则会形成历史的观念，影响着他们对历史事实的发现、取舍和认知，最后结构成人类历史的图景。所以说，历史观是历史解释的核心所在，这就必然决定了历史观会成为历史学的根本问题”[②]。20 世纪以来中国历史学研究正反两方面经验教训充分证明，任何历史研究，包括教育史研究，如果坚持了正确的历史观，史学工作者就能在科学方法论的指导下，使研究不断取得进步与发展；反之，当各种非历史主义的历史观影响教育史学研究时，如 20 世纪六七十年代，在“左”倾思潮的干扰下，而“被简单化、教条化、片面化和绝对化”的唯物史观，必然会严重阻碍教育史科学的繁荣与发展。由此可见，只有在正确的历史观指导下的教育史学研

① 柯文著，林同奇译：《在中国发现历史——中国中心观在美国的兴起》，前言，中华书局 1989 年版。

② 罗炳良：《历史观是历史学的根本问题》，载《郑州大学学报》(哲学社会科学版) 2004 年第 1 期。

究方法，才是教育史研究进步发展的根本保证。

第二，教育史学方法体系是一个不断借鉴和吸收相关学科研究方法的动态、开放的体系。教育史方法不仅要受一定历史观的规定，而且也受特定历史时期内人们的一般认识水平和思维方法的制约和历史研究实践的影响。每当自然科学在方法论方面产生重大突破时，都会引起人们认识方法和视角的根本性改变，如达尔文进化论的提出和马克思主义唯物史观的产生，就曾引起史学研究方法和教育史学研究方法的根本性变化；同样，历史研究或教育史研究的实践活动对自然、社会科学研究方法的大量吸收和采纳，也会对历史学或教育史学研究方法提出新的要求，由此不断促进历史学或教育史学研究方法的进步与发展。从这个意义上说，教育史学研究方法体系是不断借鉴、吸收其他学科研究方法的动态的、开放的体系。

第三，教育史学方法体系是在历史学研究方法和教育科学研究对象、研究方法共同作用和影响下而产生的理论体系。教育史学科作为历史学与教育学交叉产生的学科，"从内容上看，它从属于教育学科"①，即教育史研究的对象主要是教育演变的历史，其研究的主要任务是"提供过去的经验和教训；分析今天的教育理论形成的原因，使我们更容易理解现在"②。并为今后的教育理论发展提供依据，所以教育史研究的方法论必然具有教育研究方法论的特质，即"探讨教育研究中对象与方法的关系及适宜性问题"③。从这个意义上来说，教育史学方法体系必然受教育学理论与方法的影响。

"从研究方法、认知结构等方面来看，教育史研究更多地与历史科学相关。"④教育史的研究对象具有历史学研究对象的基本特性。因为教育史研究是以过去已经发生过的教育现象、教育活动和教育思想等为研究对象，而这些对象往往是凭借史料记载而存在的，因此，教育史学研究方法必然要以史学研究方法为基础，不断从历史科学的研究成果中吸取营

① 张斌贤：《再谈外国教育史研究中的一些问题》，载《教育研究》1987 年第 8 期。
② 贺国庆、张薇：《"教育史"学科面向未来的思考》，载《教育科学》2005 年第 1 期。
③ 许瑞芳：《教育史研究的方法论透析》，载《教育史研究》2004 年第 4 期。
④ 张斌贤：《再谈外国教育史研究中的一些问题》，载《教育研究》1987 年第 8 期。

养,丰富和完善自己的研究。要深入研究教育史,只有将史学研究方法与教育学理论及其科学方法结合在一起,取长补短,相互融通,才能拓展教育史研究的广度和深度,才能保证教育史研究成果的科学性。

第二节 教育史学研究方法探讨的历史回顾

教育史学作为历史学研究的一个分支,其研究方法从某种意义上而言,决定着教育史学研究工作的成败,因此,中、外教育史学界都非常重视对教育史学研究方法的讨论和研究。

一、中、西方关于教育史学研究方法的探讨

(一) 中国教育史学研究方法的历史回顾

自 1904 年,教育史学科在中国正式诞生开始,中国学者就开始了对教育史学研究方法的探讨。在中国的教育史学科 100 多年的发展历程中,正是由于教育史学科在思想和方法上的不断丰富和改进,才使中国的教育史学科建设和发展取得了长足的进步和发展。概括中国的教育史学科在研究方法上走过的道路,主要可以分为以下几个主要阶段:

1. 20 世纪上半叶

在此期间,中国的教育史学科研究方法主要表现为在继承传统研究方法的同时,开始大胆引进和运用西方近代教育和社会科学方法。

20 世纪以前,中国只有教育史,而没有教育史学科。伴随着西方教育科学的发展和中国近代"新史学"的产生,中国的教育史学科应运而生。与中国历史学研究不同的是,教育史学科研究在中国一开始出现,就受到了"新史学"和近代西方教育科学与社会科学研究理论及方法的影响,进而形成了多元化的教育史学研究方法。如 1910 年出版的,由黄绍箕创意、著名历史学家和文化史学家柳诒徵编写完成的第一部《中国教育史》,在运用中国实证主义史学方法的基础上,开始引进西方近代教育和社会科学的方法,对中国教育史学研究方法作了大胆而有益的尝试,揭开了中国教育史学研究方法改进的序幕。继黄绍箕、柳诒徵之后,留美博士郭秉

文(1880—1969)在其博士论文"The Chinese System of Public Education"(1916年由周槃翻译,商务印书馆出版中译本《中国教育制度沿革史》)中,也明显地显示出美国教育思想和科学研究方法对中国的影响。

进入20世纪二三十年代以后,中国的教育史研究由初步探索阶段进入了辉煌发展时期。这期间,随着"新史学"影响的不断扩大及各种西方思潮的不断涌入,中国教育史学的科学化问题成了研究者们共同关注的问题,科学的方法论也由于其有助于促进教育史学的科学化成为有识之士探讨的重点之一。以王凤喈、陈青之、陈东原、舒新城、盛朗西、姜琦、李大钊、杨贤江为代表的教育史研究工作者,在研究教育史相关问题的同时,大胆尝试运用西方教育思想及研究方法来研究教育史问题。如王凤喈在《中国教育史大纲》中,除了运用"民族心理学及历史学研究方法,去研究教育的源起及其变迁的普遍原理"①,还运用比较研究法对古今、中外的教育进行比较研究,不仅为人们清楚地认识中国教育历史发展的基本脉络和特点提供了新的视角,而且也为中国教育史研究工作者在研究方法上的思考和探索奠定了基础。继王凤喈之后,许多教育史研究工作者根据自己的教育史观,对教育史的研究方法进行了不同程度的尝试和探索。其中较具代表性的有以陈东原、盛朗西、舒新城等为代表的教育史学家,运用实证主义史学研究方法对中国教育起源、中国近代教育史等相关问题的探讨;也有以黄炎培、方与严为代表,运用实用主义研究理论和方法对中国近代职业教育及相关教育问题的研究;还有以姜琦为代表的,以"现在问题"为历史之中心原理,使用"历史之批判的研究方法"研究教育史的实践;更有以陈青之、杨贤江、周予同为代表的教育史学家,运用唯物主义和历史唯物主义的思想和方法研究教育史问题的尝试。

在外国教育史研究方面,我国学者不仅在研究内容与编写体例上趋于欧美化,而且在研究指导思想与研究方法上也多借鉴欧美学者的观点与方法,即"以社会进化论作为一般方法论,以历史叙事法作为具体研究

① 叶澜主编:《二十世纪中国社会科学》(教育学卷),上海人民出版社2005年版,第125页。

方法，强调史论的有机结合”[①]。这种在教育史研究中“仪型西方”教育史学研究方法的做法，虽然有“生搬硬套”和“全盘西化”之嫌，但笔者认为，在教育史研究中大胆引进西方教育史及社会科学研究的方法，不仅丰富了教育史研究成果，一定程度上为中国的教育史研究打开了新的思路，而且这一时期对“新史学”及西方历史学研究方法的借鉴，对教育史学方法论的进一步丰富也奠定了一定的基础。

2. 20世纪50年代至70年代末

随着马克思主义理论主导地位在新中国的确立，中国的教育史学科研究理论和方法，逐渐形成了以马克思主义唯物史观为主导的一枝独秀的局面。

1949年，随着中华人民共和国的成立，中国的教育史研究进入了重新构建的历史时期。这一时期又可以分为两个阶段：

1950—1965年，随着马克思主义在中国理论界主导地位的确立和“以俄为师”的政治气候的影响，中国的教育史研究逐渐形成了以苏联教育史学研究方法为模式，以马克思主义唯物史观为主导、以阶级分析方法为主线的教育史学研究方法论体系。在教育史研究中，苏联的“依据五种社会发展形态的观点划分教育史发展阶段，运用上层建筑和经济基础的相互关系理论分析教育现象，坚持哲学的党性原则去展现教育思想史上唯物主义和唯心主义的斗争，运用阶级分析的方法去评判教育历史和教育家”[②]等方法被广泛运用于中外教育史研究之中。一些学者提出，研究中国教育史应注意“认识人民是历史主人；在阶级社会，教育是阶级统治的工具；用历史主义观点，认识某种教育学说和制度；对于过去的教育家，应从其社会条件中去发现其优点，批评其缺点，‘恰如其分的评价’”[③]等，表明了中国教育史学界已经认识到唯物史观对中国教育史学研究方法论的意义。

① 叶澜主编：《二十世纪中国社会科学》(教育学卷)，上海人民出版社2005年版，第166页。

② 杜成宪、崔运武、王伦信：《中国教育史学九十年》，华东师范大学出版社1999年版，第52—53页。

③ 同上，第56页。

与此同时，对外国教育史的研究也开始从20世纪上半叶的“全盘西化”转向了“全盘苏化”。在这一时期的外国教育史研究中，苏联教育史研究成果被大量翻译并介绍到中国，马克思主义唯物史观作为外国教育史研究的指导思想和方法被广泛运用，这一切都从一定程度上为教育史学科的发展指明了方向，注入了活力，对建国之初的教育实践的发展产生了良好的影响。然而，任何理论和方法的使用都存在一个结合本国国情的问题，马克思主义唯物史观指导下的方法论本身是科学的，如果它在运用过程中，不与本国的国情相结合，而是简单照搬，运用机械唯物主义的研究方法来研究教育史，就会出现偏差。如对洋务教育的评价，很多研究都认为，洋务教育的目的是“为了把帝国主义国家的统治阶级怎样以政治经济的‘特权’，以强大的武装力量，剥削、压迫本国人民的办法学来，对付中国人民，加强统治阶级的统治力量”，其作用则在于“通过学习洋务，培养了一批买办人才，为帝国主义者实施对中国进行文化教育的侵略政策铺平了道路；通过了维护旧教育，锢蔽了人民思想，维持了满清政府的专制统治”。[①] 这种结论本身就表明了对阶级分析方法的简单和片面的理解，实质上违背了历史唯物主义的宗旨。由于阶级分析方法的滥用，导致了教育史学界对西方教育史人物的评价以及西方教育译著的评价中都贯穿了阶级斗争和路线斗争的原则，因此，杜威实用主义教育思想被全盘否定，在西方译著的前言中，总是要冠之“贵族的”“反动的”或“资产阶级性质”等评价性的字样，最终导致了滥用阶级分析方法分析教育历史的现象，致使教育史研究几乎成了政治斗争的工具和附庸，也使马克思主义唯物史观指导下的研究方法的科学性大打折扣。

1966—1976年，中国历史进入了动荡不安的“文化大革命”时期，中国的思想文化界在“极左”思想的影响下，整个学术研究几乎都走入了歧途。结合“文革”期间的“批林批孔”运动和“反击右倾翻案风”运动，教育史学以“儒法斗争”为线索开展了对教育史的再造运动。研究者以“历史上教育家思想倾向的唯物主义与唯心主义，以及对传统儒家思想是持批判还是保守的态度为标准，人为地将教育家分别划归法家与儒家两大阵营，竭

① 转引自杜成宪、崔运武、王伦信《中国教育史学九十年》，华东师范大学出版社1999年版，第57页。

尽褒贬之能事。……刻意说明儒法斗争是贯穿于中国教育史始终的一条'红线',说明'教育历来是阶级专政的工具'这一道理"①,这样一种研究取向以《孔丘教育思想批判》的出版为标志,充分体现出教育史研究作为政治和阶级斗争工具和附庸地位的确立。与此同时,外国教育史研究由于涉及西方一些主要国家以及当时称之为"修正主义"的苏联的教育历史,而首当其冲被当做"牛鬼蛇神"和"毒草",受到了攻击和批判。以上种种"强奸教育历史现象"的倒行逆施,固然有"文革"这一特殊的历史背景的影响,但是我们也应该清醒地意识到,"文革"期间教育史研究走过的这条弯路不是偶然的,正如有学者所说的那样:"事物的发展总有其自身的内在逻辑,即使视如突然发生的事变,也总是有一个漫长的积累过程。"②建国以后包括教育史研究在内的学术研究领域里,虽然将历史唯物主义作为研究的基本原则和方法,但是由于人们对这一科学方法论理解上的失误,唯物主义与唯心主义成为衡量进步与反动的唯一标准,致使"两条思想路线和两个阶级斗争的评价模式,就成为中国学者必循的思想方式,而学术为现实——'无产阶级政治'服务,也同时成为一切学术活动的存在价值和前提"。这给中国学术研究留下了深刻而惨痛的教训。

3. 20世纪70年代末以后

随着改革开放的不断深入,中国的教育史学界面对丰富多彩的学术发展局面,也开始逐步改变过去固有的思维方式,自觉主动地尝试将各种研究方法引入教育史研究,并在此基础上试图创立一个开放的、多样性的教育史学研究方法体系。

随着十一届三中全会的召开,中国教育迎来了百花齐放的春天。经过70年代末期到80年代初期的拨乱反正,教育史学界清理了"左"倾思想的错误,在重新评价孔子教育思想的基础上,对中国的教育史研究目的与任务、教育史研究的对象与范畴、教育的批判与继承、教育的"史"与"论"等基本理论问题进行了梳理和研究。1979年2月在成都历史科学规划会议发起的历史动力问题的讨论,揭开了学术理论界用历史和实践检

① 杜成宪、崔运武、王伦信:《中国教育史九十年》,华东师范大学出版社1999年版,第99页。

② 同上,第105页。

验我们长期尊奉的一些理论认识是否合乎马克思主义原意，对马克思主义的全面准确理解、重新认识中国历史上的重大问题的序幕。在这次讨论中，史学界在总结历史经验教训的基础上，主要开始在三个方向上思考问题："一是我们长期以来所奉行的唯物史观，有没有重新检讨的必要；二是在以唯物史观为指导的同时，是否应提出建立历史学科自身的方法论体系；三是在唯物史观为我们提供的研究方法之外，是否还需要探讨新的方法论途径。"[①]通过正本清源，史学界很快在这三条思维路径上有了统一而肯定的认识，即认为过去我们所奉行的唯物史观，"实际上原本并不是那个样子：五种社会形态理论，它既不是人类历史的发展规律，更不是唯物史观所必含的基本内容；阶级斗争理论，仅只是马克思主义理论体系的一个组成部分，而不是唯物史观的基本原理，更不是所谓唯物史观的核心；……"[②]为此新时期的史学方法，虽然仍要坚持以唯物史观为指导，但其为历史研究提供的方法论原则主要包括三个方面："(1) 承认历史过程的客观实在性，一切研究都仅仅从客观历史事实出发；(2) 归根到底用社会存在去说明社会意识；(3) 把人类历史作为一个以生产发展为基础，各种历史因素相互作用形成的统一的有规律的过程去研究。"[③]

在史学界关于唯物史观提供的方法论问题讨论的影响下，教育史学界也针对教育史学研究方法问题进行了讨论。1980 年，金锵就发表了题为《外国教育史研究中的几个理论问题》，对苏联外国教育史著作中贯彻马克思主义方法论公式化、简单化倾向进行了批判；同年，滕大春、赵祥麟也先后发表文章，强调要根据马克思主义的立场、观点和方法对外国教育实践和教育思想进行实事求是的研究。张惠芬在她的《教育史中的批判与继承》一文明确提出了教育的规律性问题，并颇有勇气地提出"凡称得上是教育的客观规律，它是没有阶级性的，可以为任何阶级所利用"[④]的观点，在此基础上，论证了"抽象继承法"在教育史研究中的恰当运用，将会

① 李振宏：《20 世纪中国的史学方法论研究》，载《史学月刊》2002 年第 12 期。
② 同上。
③ 李振宏：《历史学的理论与方法》，河南大学出版社 1989 年版，第 147—151 页。
④ 张惠芬：《教育史中的批判与继承》，载《教育研究》1980 年第 1 期。

使"研究教育历史遗产的工作做得更好些"[①]。这些观点的提出,从一定程度突破了长期以来将阶级分析方法作为研究教育史的唯一方法的桎梏,对教育史研究的拨乱反正起了积极的推动作用。

80 年代中叶以后,尤其是 1987 年、1996 年、2000 年、2003 年分别在武汉、桂林、广州和福建武夷山召开的中国教育学会教育史专业委员会代表大会上,与会代表在不同的会议议题中,均涉及有关教育史学科建设与研究方法的问题,这充分说明了教育史学方法论问题对教育史研究的重要性。这几次会议之后,教育史学界许多学者撰文进一步深入讨论这个问题,其中比较有代表性的文章有:孔炽的《坚持教育史研究的科学的方法论》,毛礼锐、郭齐家的《中国教育史研究的十年回顾与展望》,周德昌的《中国教育史研究四十年》,张斌贤的《再论外国教育史研究中的现实感》,吴越的《略论我国外国教育史研究的进展与趋势》,黄学溥的《关于外国教育史教学的几点认识》,周洪宇的《教育史研究改革管抒》,曾天山的《教育史研究的新思维》,董宝良的《迈向 21 世纪,要重视运用现代的思维方式——对中国教育史研究在方法论方面的思考》,江铭的《教育史研究的回顾与展望》,赵卫、岳龙、黄学溥的《关于外国教育史学科的现代化问题》,方晓东的《国外教育史研究的理论与方法》,张法琨、高天明的《关于提高外国教育史学科水平若干问题的思考和探索》,于述胜的《中国教育史的方法论研究》,张传燧的《"教育史学"的反思与重构》,钟文芳的《库恩科学哲学思想对教育史研究的方法论启示》,邓明言的《西方教育史学方法论》,杨云兰的《论"新史学"视域下的中国教育史研究》,贺国庆的《外国教育史学科的世纪回顾与断想》,田正平、肖朗的《教育史学科建设的回顾与前瞻》,许瑞芳的《教育史研究的方法论透析》,孙培青的《教育史学科未来的几个问题》以及徐中仁的《中国教育史学元研究管窥》,等等,这些文章都从不同的层面对教育史学研究方法及其方法论中存在的问题进行了分析和反思,并在此基础上对教育史学研究方法及其方法论建设提出了自己的意见,概括起来主要包括以下几个方面:

首先,强调辩证唯物主义与历史唯物主义是科学的世界观和方法论,

① 张惠芬:《教育史中的批判与继承》,载《教育研究》1980 年第 1 期。

也是教育史研究的指导思想。因此在教育史研究中,必须以马克思主义的辩证唯物主义和历史唯物主义为指导,以"实践是检验真理的唯一标准"为依据,实事求是地、客观地评价教育历史事实和历史人物。具体而言,即强调在教育史研究中,坚持唯物主义实事求是的精神,但是在如何坚持历史唯物主义的问题上,论者的观点略有不同。毛礼锐、郭齐家认为教育史研究"坚持历史唯物主义的要求,就是要坚持把所研究的问题提到一定的具体历史范围之内,努力还其本来的历史面貌"①。即在教育史研究中,把教育史的问题放在当时具体的历史条件下,"用历史的态度去考察它,具体问题具体分析,既要注意到教育自身发展的逻辑和继承、积累的过程,也要注意教育与其他社会现象诸如政治、经济、哲学、科技、文化、宗教等等的相互联系,相互制约"②。也有论者认为,坚持历史唯物主义,要求我们"从研究人们在历史上不同时期,各个方面的教育实践活动开始研究"③,教育实践是教育史发展的关键。有论者认为,要继续在教育史教学与研究中贯彻历史唯物主义及其对教育史研究的指导作用,"一个关键的问题是,应当逐步建立起一种'中级理论'——即专门教育史理论或'教育史学'"④。还有论者认为,坚持历史唯物主义的同时,要破除教条主义的束缚。⑤

其次,重视用阶级分析的方法研究教育史,但强调在运用阶级分析方法研究教育史问题时"决不能简单化、公式化、到处贴阶级'标签'"⑥。因为在阶级社会里,任何教育都在一定程度上会受到政治和经济的制约,反映在上层建筑领域里,则表现为教育为政治和经济服务的功能,因此,对此类教育史相关问题的研究可以用阶级分析的方法来观察社会,认识历史。然而,教育作为一种复杂的社会现象,除了与阶级社会中一定的政

---

① 毛礼锐、郭齐家:《中国教育研究十年的回顾与展望》,载《教育研究》1988 年第 12 期。

② 杜成宪、崔运武、王伦信:《中国教育史九十年》,华东师范大学出版社 1999 年版第 118 页。

③ 赵卫:《再谈外国教育史研究的两个问题》,载《教育研究》1990 年第 1 期。

④ 张斌贤:《历史唯物主义与教育史学科的建设》,载《教育研究》1988 年第 9 期。

⑤ 参见李文奎《也谈外国教育史学科建设》,载《教育研究》1989 年第 5 期。

⑥ 毛礼锐、郭齐家:《中国教育史研究十年的回顾与展望》,载《教育研究》1988 年第 12 期。

治、经济存在着一定的关系，同时也会受一定历史时期、一定国家的社会思潮、文化传统、科技水平、社会心态等多种因素的影响，此外，教育中来源于丰富的教学实践的教学理论、教学经验、教学原则和教育方法及技术等不属于上层建筑的部分，就不能仅仅依据教育者的政治观点和阶级立场而全盘否定或肯定，而应该实事求是，具体问题具体分析。这些观点在一定程度上对中国的教育史研究中的拨乱反正起到了较大的推动作用，同时也为教育史学界进一步深入地进行教育史学研究方法的探讨奠定了基础。

最后，积极倡导大胆引进和借鉴模糊数学、系统论、现代化理论的研究成果，对原有研究方法进行改革与创新。如果说 20 世纪 80 年代初关于教育史研究方法及方法论的讨论更多具有“建设意义”，那么，80 年代中叶以后的讨论则更多具有“批判意义”，即在对教育史研究回顾与反思的基础上，探究教育史学研究方法中存在的问题，寻求解决问题的途径。

进入 20 世纪 90 年代以后，越来越多的学者意识到，教育史的研究不仅需要坚持马克思主义的辩证唯物主义和历史唯物主义的指导思想，重视阶级分析方法，同时也应该自觉主动地尝试借鉴西方社会科学研究方法来研究教育史的相关问题。在这一思想指导下，许多教育史学工作者开始尝试采用新的视野、新的思路和新的方法研究教育史，如文献研究方法的进一步拓展，口述史学方法、数字化方法的引入，比较方法的综合运用，以及定量研究方法的尝试等，使教育史学研究方法呈现多样化趋势。尤其是在外国教育史研究中“以‘问题’为取向的问题史研究成为教育史研究的主要趋势之一”[①]，出现了一批较有影响的教育史学研究方法的理论与实践成果。就理论成果而言，这期间出现了马克·第帕普(Marc Depaepe)的《谈谈世界教育史学研究方法的发展》、方晓东的《国外教育史研究的理论与方法》、于述胜的《中国教育史的方法论研究》、钟文芳的《库恩科学哲学思想对教育史研究的方法论启示》、邓明言的《西方教育史学方法论》和许瑞芳的《教育史研究的方法论透析》等专门研究教育史学研究方法的文章，同时也出现了一批尝试运用新思路和新方法研究教育史

① 叶澜主编:《二十世纪中国社会科学》(教育学卷)，上海人民出版社 2005 年版，第 189 页。

的实践成果，如：1992 年，由上海教育出版社出版，赵祥麟主编的《外国教育家评传》；1995 年，由山东教育出版社出版，陆有铨主编的“20 世纪教育回顾与前瞻丛书”；1996 年，由上海教育出版社出版，丁钢主编的《近世中国经济生活与宗教教育》；1997 年由人民教育出版社出版，吴式颖主编的《外国教育史教程》；1997 年，由山东教育出版社出版，王承绪、张瑞璠主编的《中外教育比较史纲》；2002 年，由人民教育出版社出版，齐红深主编的《日本侵华教育史》；以及刘云杉的博士论文《帝国权力实践下的教师生命形态：一个私塾教师的生活史研究》、胡志坚的博士论文《自我统摄下的心里与行为——蔡元培、黄炎培和陶行知的社会心理与行为特点研究》都是这方面具有代表性的成果。

（二）西方教育史学研究方法的历史回顾

近代意义上的西方教育史研究肇始于 18 世纪末，以德国曼格尔斯多(C. A. Mangelsdorf)于 1779 年发表的《教育制度的历史研究》为标志。此后，西方教育史研究大致经历了 18 世纪末至 19 世纪上半叶，德国教育史研究的一枝独秀时期；19 世纪下半叶至 20 世纪初，德国教育史研究向欧美各国的辐射时期和第二次世界大战前后教育史研究的改革等三个不同阶段的发展。西方教育史研究形态开始由最初的“单一狭窄逐渐向多元化方向发展，特别是在教育史学研究方法上出现了明显的改革的迹象”①，具体表现为传统教育史学研究方法向新教育史学研究方法的转变。

所谓“传统教育史学”，主要是指 20 世纪 60 年代前以描述性研究为主，“侧重于介绍和提供某些事实”，并以进化论作为其研究方法依据的教育史学研究传统。② 其代表人物和著作有美国哥伦比亚大学孟禄(P. Monroe，1869—1947)的《教育史教科书》、斯坦福大学的卡伯雷(Cubberley，E. P.，1868—1941)的《美国公共教育》、哈佛大学罗伯特·乌里奇(Robert Ulich)的《教育思想史》和耶鲁大学布鲁巴克的《教育问题史》等。这些教育史学家在其研究中“深切地关注着当代教育问题，确信历史包含了关于这些问题的特殊的信息，清楚地知道历史的后果，并且在过去中寻找那个结局的最初的证据。他们找到了他们还在寻找的东西，

① 杜成宪、邓明言：《教育史学》，人民教育出版社 2004 年版，第 312 页。

② 参见杜成宪、邓明言《教育史学》，人民教育出版社 2004 年版，第 351 页。

这样写下来的不是关于新事物如何从旧事物中，熟悉的事物如何从不熟悉的事物中产生出来的事实，而是关于两类本质上正在变得固定不变的要素之间的斗争。一方注定要失败，另一方必然会胜利。一方是高瞻远瞩的、正确的和必需的；另一方则是由自私和褊狭混合成的没有思想的传统理念”[①]。在这种理念支配下，传统教育史研究形成了以下几方面的特点：“(1) 教育史学科与其他学科处于相互分离的状态，禁锢在学科高墙之中，研究教育史的人与从事社会、经济等相关学科的人互不通气、互不理解。(2) 在研究内容上，范围比较狭窄，人们往往只是孤立地讨论各种教育思想、教育实践的发展，就教育论教育，把它同广阔的社会背景割裂开来，没有充分体现社会、政治、经济和科技等因素对教育发展的影响。(3) 在研究方法论上采取直线进化方式描述教育史，即认为历史的发展总是直线向前和不断进步的。在这种方法论的指导下，教育史学家总是以高度肯定和赞同的态度，描述教育发展的各个方面，却很少对各项改革的合理性、各种理论和实践的作用和实际效果提出质疑。……(4) 在具体的研究中，传统教育史学家比较注重史料考证，辨别真伪，并主要局限于与学校教育相关的史料。往往采用经验性的描述和统计学的有关知识”[②]来研究教育史的相关问题。值得注意是传统教育史的代表人物之一孟禄，其代表作《教育史教科书》不仅开启了传统教育史研究重视教育思想和教育思潮评述的先河，并且在研究方法层面突破了以往就史论史的传统思路。孟禄主张“历史研究要尽量提供历史事实，先有史料的分类和解释，后有一般性的概括”，在教育史学方法论方面，提出了理论与实践并重，“注意剖析它们之间的关系，强调历史对现实的影响，特别是教育发展与人类文明史之间的联系”[③]等观点，这对教育史学研究方法的改进，不能不说是一大推动。尽管如此，由于传统教育史研究不重视教育与经济、政治、文化等方面的联系和相互作用，而且在研究方法上只强调事实，忽略

① Brickman, W. W., Revisionism and the Study of the History of Education, in Brickman, W. W. (ed. ,Education) Historography: Tradition, Theory and Technique, 1982, p. 237.

② 方晓东：《国外教育史研究的理论与方法》，载《教育史研究》1997 年第 2 期。

③ 杜成宪、邓明言：《教育史学》，人民教育出版社 2004 年版，第 312—322 页。

分析,对史料采取自然主义立场等,受到了修正主义教育史学的批判。

20 世纪 60 年代以后,伴随着教育史研究新趋势的发展,以史学方法论为突破口的新教育史学开始从美国崛起。以肖纳德·贝林(Bailyn, B.)、克雷明(Cremin, L. A.)和伯纳德·卡茨(Cf. Katz, M. B.)等为代表的美国教育史学"修正派",首先向传统教育史发难。如卡茨在《学校改革的历史和现实》中就明确提出:"没有任何历史学家能做到将过去与现在完全隔开。我们对现在的关注势必会产生我们要解决的问题。这就决定了我们要从浩如烟海的历史事实中选择那些有用的部分。而这些事实往往是潜在的和含糊不清的,并不见于历史学家的著作中。在这种情况下,就要努力设法使我们所提出的问题和我们所关注的事实明确起来。总之,历史研究不重视方法论的时代应该结束了。"①他们将以卡伯雷为代表的传统视为"教育史学术研究的大敌,尤其反感职业教育家沉湎于学校教育史和课堂教育学史的研究,热衷于关于公立学校起源在制度方面的细节考证"②,并在此基础上主张打破教育史学科与其他学科之间的围墙,倡导跨学科研究。在"修正派"看来,"除了历史学家和教育学家以外,社会学家、心理学家、人类学家和人口统计学家也对教育史研究做出了有益的贡献"③。因此,这一时期的新教育史学倡导者积极主张借鉴社会科学的研究方法对教育史问题进行研究。具体在研究方法上,他们"更重视运用比较历史学的方法和全面、系统的分析方法,以探索不同社会教育之间的共性与个性;强调教育史家要从纯粹直线式的、里程碑式的历史方法论中摆脱出来,代之以政治学、经济学、社会学和文化学所采取的各种更严格的方法"④;同时,统计学的量化方法和计算机技术也被不断引入到教育史学研究中去,不仅使教育史研究的准确性和科学性有了飞速的提高,也为教育史研究开辟了许多新的领域。

---

① Cf. Katz, M. B., School Reform: Past and Present, Introndution, 1971; Class, Bureauracy, and Schools, Introduction, 1971.

② 杜成宪、邓明言:《教育史学》,人民教育出版社 2004 年版,第 353 页。

③ 方晓东:《国外教育史研究的理论与方法》,载《教育史研究》1997 年第 2 期。

④ 同上。

二、当前教育史学研究方法的主要特点

纵观西方教育史研究的发展历程，我们可以清楚地看到，随着世界范围内的政治、经济、民族和历史文化传统的变革，教育史研究出现了一些新的趋势，主要表现为：教育史研究形式逐渐改变了以往那种以“叙事”为主的格局，呈现出多样化的趋势，不仅在教育通史、教育断代史和教育国别史的研究中成果斐然，而且在专门史、专题史以及问题史的研究中也有相当的突破；教育史研究范围和内容不断扩展和深化，不仅突破了传统教育史研究的“欧洲中心论”的传统模式，将视野扩大到了全球，而且也不再局限于正规的学校教育，主张将学校教育以外的家庭教育、环境教育或社会教育纳入到教育史的研究范围中去。更重要的是教育史学方法论研究受到了广泛的重视，教育史研究在积极借鉴社会科学方法的基础上，形成了相对“开放性”的发展格局。[①]

（一）问题史学

以问题为导向的教育史研究初露端倪，开始取代以往那种强调编年叙事、解释事物来龙去脉的“记述性历史”。“问题史学”最早是由法国年鉴学派提出的史学研究方法。“在年鉴学派看来，实证主义史学是一种‘叙述史学’，这种史学用对历史的描述和叙述代替了一切其他的史学表述形式，从而使人们对历史的认识趋于表面化和平面化。这种缺少明确解释的叙述性，阻碍了史学科学化的进程。”[②]为此，年鉴学派试图通过“问题史学”取代“叙述史学”，将史学研究建立在一个更科学的基础上。年鉴学派的代表人物吕西安·费弗尔明确指出，“提出一个问题，确切地说来乃是所有史学研究的开端和终结。没有问题，便没有史学”[③]。“问题史学”的倡导者认为，“历史研究起始于提出问题，而提出问题就意味着必须解决问题，因此，研究的最终结果应该是对问题的回答。也就是说，历史

① 杜成宪、邓明言：《教育史学》，人民教育出版社 2004 年版，第 331 页。

② 葛兆光、陈啟能主编：《当代西方史学理论》，中国社会科学出版社 1996 年版，第 501 页。

③［法］费弗尔：《为史学而战斗》(Combats pour l'histoire)，巴黎 1953 年，第 22 页，转引自葛兆光、陈啟能主编《当代西方史学理论》，中国社会科学出版社 1996 年版，第 501 页。

研究是提出问题和解答问题（‘提问—解答’）的过程”[①]。为此，年鉴学派“强调现实与过去的关系，强调研究主体与历史作为研究客体之间的关系”，在他们看来，“史学的作用是对人类历史进行系统的认识，这种认识的需要与动机是现实所给定的，而人们对历史的认识方式和角度就是这种现实的反映”[②]。年鉴学派所倡导的“问题史学”，不仅对当代史学研究产生了深刻的影响，同时也对20世纪五六十年代以后的教育史学研究影响颇深。西方教育史学界在反思教育史学研究的基础上，认识到“以往那种强调编年的叙事，解释事物来龙去脉的‘记述性历史’”的缺陷，而主张以“侧重对几个特定历史时期的同一问题进行分析的‘问题历史’”[③]来取代传统的叙事史学，由此形成了教育史研究中的“问题意识”趋向。

教育问题史“要求历史素材相对集中于某一问题”，这一问题史模式并不排斥编年史模式，只是问题史模式研究的“内容必须是加以选择和简约的”，研究者往往是围绕某一特定的问题，往返于历史与现实之间，通过对相关问题的研究“引起对新问题和当代问题的关注”[④]。“问题史学”的倡导者反对实证主义史学“为历史而研究历史的”的做法，他们认为“客观历史已经消逝，后代史学研究者不可能仅仅为了历史而研究历史，他们总是怀着明确的目的，从现实出发去研究历史”。因为“人从现实出发——而正因为总是通过现实，他才认识和评价过去”[⑤]。尽管“问题史学”也引起了史学界与教育史学界的争议，但是从西方教育史学的发展趋势看，“昔日‘史料即史学’的实证史观，被主题历史或问题历史的研究所取代”，已成为当代西方教育史学发展的大势所趋。

（二）跨学科研究

当代教育史学研究方法的第二个趋势是强调教育史与历史学及其他社会科学之间的融合和互动，倡导教育史的跨学科研究。这里的跨学科研究，实际包含两个层面的意义：一是指“各种研究对象或研究领域之间

① 赵建群：《论“问题史学”》，载《史学理论研究》1995年第1期。

② 葛兆光、陈啟能主编：《当代西方史学理论》，中国社会科学出版社1996年版，第499页。

③ 杜成宪、邓明言：《教育史学》，人民教育出版社2004年版，第407页。

④ 同上，第408页。

⑤ 赵建群：《论“问题史学”》，载《史学理论研究》1995年第1期。

的交融”；二是指“各学科研究方法之间的借鉴”。[①] 笔者认为，研究对象与研究领域之间的交融，与研究方法的借鉴这两个层面的内容是密切联系在一起的。由于研究对象与研究领域的交融，必然涉及相关研究领域的理论与方法，因此，跨学科研究不仅指各种研究对象和领域的交融，同时也指研究范式的转化和研究方法的借鉴。教育史跨学科研究方法的形成，主要取决于以下几个方面：

第一，教育史的交叉学科性质，决定了教育史跨学科研究的可能性。美国学者布里克曼（Brickman，W. W.）认为，教育史作为教育学与历史学交叉产生的学科在学科性质上具有双重特性。其具体表现在以下几个方面：一是“由于教育史首先是应师范教育之需而出现的，因此在实践中，它首先是被看做教育学的历史组成部分而成为教育学的一门分支学科的”[②]。教育史交叉学科性质决定了教育史作为研究教育哲学、教育社会学、比较教育学、国际教育论、课程论、教育心理学、教育行政管理等学科的必要前提，必然要以上述学科的理论和专业知识为基础进行相关的研究。二是，教育史学与历史学之间天然的“血缘关系”，决定了教育史学与历史学进行跨学科研究的必然性。19 世纪以前，教育史学是作为历史学母体的一部分而存在的。随着学科分支的不断增多，尤其是 19 世纪后期，学校教育以及师范教育的发展，教育史学被历史“委托”给了教育学科。虽然从归属关系上看，教育史学成了教育学的“家族成员”，但是教育史学毕竟是在历史学母体中孕育和成长起来的，因此，教育史学具有双重学科属性。教育史学的研究对象和任务“是历史上的教育问题和现象，探讨的是教育的历史规律”，但是，教育史学研究却“主要采取了历史学科的研究理论、研究方法和研究规范”。[③] 由此决定了教育史学研究，“不仅受制于教育学的知识体系，而且，还应该努力吸收、运用历史学的学科规

① 何兆武、陈啟能主编：《当代西方史学理论》，中国社会科学出版社 1996 年版，第 779 页。

② 许建美：《布里克曼教育史学观述评》，载《教育史研究》2001 年第 1 期。

③ 周洪宇：《对教育史学若干基本问题的看法》，载《河北师范大学学报》（教育科学版）2009 年第 1 期。

范”[①]。只有这样，才能不断增强教育史学科的发展后劲，为新教育史学理论学科体系的建立奠定良好的基础。

第二，社会科学研究体系的开放性特点，决定了教育史跨学科研究的必然性。当今世界，教育史研究逐渐被纳入社会科学研究视野趋势的形成，必然要求教育史学研究者打破学科局限，推倒高耸的学科围墙，建立起与人口学、经济学、地理学、心理学、统计学、人种学、人类学、社会学等各学科的联系。因为“任何社会科学都不是一个独立的、封闭的、具有逻辑上完整理论体系的部门……一切社会科学都处在成长和试验的状态中”[②]。教育史学的交叉学科性质决定了它必须不断地从教育学科的相关研究中得到理论上的补充、发展和完善，又必须汲取历史科学以及其他社会科学的养分，只有这样才能不断发展。这里所说的发展，不仅是指对其他社会科学方法的吸收，更是对其他自然科学和社会科学理论的采借，并在此基础上形成新的教育史学理论体系，因此教育史学永远是成长和试验状态中的知识体系。

第三，“问题史学”作为年鉴派史学方法论的核心，本身就与年鉴学派跨学科研究的特点相关。因为“史学家以明确的方式提出问题、形成假设，又围绕这一问题使用尽可能全面的手段、途径、方法来回答问题，证实或推翻假设。在这一工作过程中，史学打破了学科的局限；人口学、经济学、地理学、心理学、统计学、人种学、人类学、社会学等各学科的途径与方法，对于史学家来说均是有用的、可行的”[③]。因此，衡量教育史跨学科研究的标准，就只是看这些途径与方法是否为解决教育史学工作者提出的问题提供帮助。在年鉴学派看来，任何一种封闭的学科在当代都是毫无生命力的，“所有的发现不是产生与每个（科学）学科的内部及其核心，而

① 王剑：《美国中国近代史观的展现及其他——关于柯文在〈中国发现历史〉的思考》，载《浙江大学学报》（人文社科版）2001 年第 3 期。

② ［英］杰弗里·巴勒克拉夫著，杨豫译：《当代史学主要趋势》，上海译文出版社 1987 年版，第 72 页。

③ 葛兆光、陈啟能主编：《当代西方史学理论》，中国社会科学出版社 1996 年版，第 502 页。

是产生于学科的边缘、前沿、交界线，在这些地方，各学科相互渗透”①。教育史作为社会科学的一支，与其他社会科学一样均是以人为研究对象，同一切社会科学的方法在本质上是统一的和同一的。因此，它能够，也应该全面借鉴其他学科的方法和途径。同时，这种借鉴是以教育史学为基础、为目的的，教育史学并不会在这种跨学科交流中丧失其本身的学科地位。

当然，我们在看到教育史学研究方法出现“开放性”格局的同时，也应该看到，相对于其他学科的研究方法及其方法论而言，教育史学的研究方法及其方法论还存在着一定的问题，这些问题如果不进行深入的研究和科学的探讨，不仅会影响教育史学研究结论的正确性，同时也会阻碍教育史学研究科学化进程的实现。

三、教育史学研究方法中存在的主要问题

早在 1991 年，周洪宇在其《教育史研究改革管抒》中就明确提出，教育史学研究方法与方法论中存在三个主要问题：“其一，对马克思主义科学方法论的理解有严重偏差。一些同志把内容极为丰富的马克思主义科学方法论化约为几条干巴巴的教条，不顾具体的历史时空有何差异，一概照搬不误，千篇一律地重复着政治经济决定文化教育而后者又给前者以巨大的反作用的定理，既机械又片面，这好像不求甚解只会死记的小和尚把经文念歪了。其二，研究方法单一陈旧，多年来翻来覆去就是那几套招数，不知道应根据研究对象的不同，选择相应的研究方法。……其三，对历史研究的基本程序，普遍重视不够，常常在尚未弄清楚一件历史事件的基本史实及其因果关系的情况下，就轻率地做出价值判断，结果其结论很难经得起历史的检验。”②在这篇文章中，周洪宇不仅提出了教育史学研究方法中存在的问题，也提出了构建教育史学研究方法论体系的基本设想，为中国教育史学研究方法论体系的建设奠定了基础。

纵观中外教育史学研究方法及其方法论的发展演变过程，我们发现，

---

① [法]费弗尔：《为史学而战斗》(Combats pour l'histoire)，巴黎 1953 年，第 30 页，转引自葛兆光、陈啟能主编《当代西方史学理论》，中国社会科学出版社 1996 年版，第 502 页。

② 周洪宇：《教育史研究改革管抒》，载《教育评论》1991 年第 2 期。

尽管中外教育史学家在教育史学研究方法及其方法论的探讨上进行了坚持不懈的努力,也取得了相当丰富的研究成果,但是总的看来,教育史学研究在方法及其方法论方面还存在着一些问题,主要表现为:

第一,教育史学研究方法相对比较单一,表现出对历史学、教育学过度的依附性。长期以来由于教育史学研究相对比较忽视对学科研究方法的研究,从某种意义上讲,教育史学科的研究体系和研究方法多年来始终没有根本性的变化,更不存在实质性的突破,翻来覆去就那么几种方法来回使用,也不注意根据不同的研究对象选择不同的研究方法,更谈不上研究者运用独到的研究方法去研究教育史的相关问题。长此以往,教育史学科的研究成果通常很难反映出研究者对教育历史现象的独到理解和认识,也很少表现出研究者所运用的独到的研究方法,我们仿佛是在运用某一种标准化的公式在研究教育史。其结果必然是,造成众多研究成果千人一面、千篇一律。①

不仅如此,教育史学科在近代出现以后,"教育史研究从其发展的过程来讲,一直作为一种依附性研究范式而存在"。教育史研究"一直没有摆脱成为其他学科研究领域的状态,其研究主要还是简单地采用其他学科的方法、体系、范畴,缺少自己的方法和理念"②。尤其是其研究方法上,要么套用历史研究方法或教育研究方法,要么直接移植其他学科的研究方法。笔者认为,在教育史学研究中一定程度上套用或移植其他学科的研究方法是必要的,但如果一味套用或移植其他学科的研究方法,忽视本学科的特殊性对研究方法和方法论的制约,其结果必然导致学科主体意识的丧失,同时也会由于教育史学研究长期缺乏自身的研究规范和标准,而丧失其作为学科存在的可能性。

作为历史学与教育学交叉产生的教育史学,虽然在其发展过程中一定会受到教育学与历史学理论和方法的影响和制约,但是,它决不是教育与历史的简单相加,更不是教育研究与历史研究的简单相加。从教育史学与教育学的关系来看,虽然教育史作为教育学的分支学科和基础学科,

① 张斌贤:《全面危机中的外国教育史学研究》,载《高等师范教育研究》2000 年第 4 期。

② 许瑞芳:《教育史研究的方法论透析》,载《教育史研究》2004 年第 4 期。

它的研究与教育研究存在着这样或那样的共性，但是教育史研究所涉及的内容是已经过去了的教育现象、教育活动、教育思想和教育制度。“在教育的范畴中，历史研究处理的是关于‘教育的’过去的‘事情’。”①因此，不能简单地套用教育学研究方法来研究教育史。从教育史学与历史学的关系来看，教育史作为历史学母科学下属的分支学科或专门学科，虽然它与历史研究也存在着共性，然而，教育作为社会历史发展过程中的重要内容之一，它的历史发展与社会的历史发展、教育发展规律与历史发展规律等方面也并不具有完全同构性。因此，简单而单纯地套用历史学的研究方法，往往会使教育史研究的结论出现偏差，甚至错误。如教育史教材在对近代历史事件中的教育变化情况和历史人物的教育活动、教育思想进行描述之后，总是套用革命史的结论进行总结，往往使研究结论被“有色眼镜”所蒙蔽，而很难客观地对近代教育史上的历史事件和历史人物做出正确的评价，得出正确的结论。因此，要使教育史研究的结论具有科学性，就必须强调学科研究方法的科学性，而科学性的研究方法又有待于科学的方法论的指导。

第二，对教育史学研究方法论缺乏系统的理论研究。从整个世界教育史学研究的基本趋向来看，由于教育历史是由教育和历史两个部分组成，因此，从教育史作为一门学科产生开始，在研究上就形成了两个传统：“一是为历史而教育史，或者说研究教育史的目的是为了历史；一是为教育而教育史，或者说研究教育历史的目的是为了教育”②。受第一种传统的影响，历史自然成了教育史的研究中心，而教育史学研究方法论体系很容易成为历史学研究方法论体系的附庸。受第二种传统的影响，教育作为一个研究领域，“人们可以从不同的角度去研究教育，可以从哲学的、社会学的、历史学的，也可以从心理学的角度去研究教育”③，这本来无可厚非，然而长期以来，由于教育史学研究工作者主体意识的缺乏，忽视对教

① [美]威廉·维尔斯曼著，袁振国主译：《教育研究方法导论》，教育科学出版社1997年版，第19页。

② [比]马克·第帕普：《谈谈世界教育史研究方法的发展》，载《教育史研究》1994年第4期。

③ 同上。

育史学理论方法论体系的研究,从而使教育史学研究方法缺乏系统的、科学的方法理论的支撑,因此教育史学研究很难深入,更难创新。尽管,第二次世界大战以后,一些西方国家在新史学革命的影响下开始注意借鉴社会科学的理论和方法研究教育史学的相关问题,并试图在此基础上构建教育史学研究方法论体系,如“问题教育史学”观念的提出、对教育史的解释模式的研究以及修正主义史学对教育史学研究方法论的普遍关注等,但是到目前为止,对于这方面的研究仍然处于尝试性的摸索阶段,这方面的专门研究成果相对较少。中国教育史学界关于教育史学研究方法的探讨,尤其是对教育史学方法理论的研究尚处在起步阶段,这种状况严重影响着教育史学研究的深入和发展。

“任何一门学科的成熟都要具备三个条件:其一要看该学科是否有准确的研究对象和概念范畴;其二要看它是否能反映和揭示该学科领域的基本规律,从而建立起对这些规律进行系统表达的理论体系;其三要看它是否具有科学的、有效的研究方法论。”①由此决定了方法论在学科建设中的基础性地位。教育史学作为一门独立的学科,它的发展同样需要解决对象、理论和方法论等问题。因为,方法论不仅提供教育史学研究和理论发展的原则、途径与方法,而且方法论的发展与完善,也是教育史学进一步科学化的重要条件和标志。因此,加强教育史学方法论研究不仅是学科本身发展的需要,同时也是教育史研究科学化的需要。

第三节　教育史学研究方法体系试构

随着教育史学研究的不断深入和教育史学科本身体系的不断完善,构建具有独特地位、独立体系和多层次结构的立体网络型现代教育史学方法体系,既是教育史学自我反思的必然结果,也是教育史学科学发展的重要前提。

---

① 漆新贵:《教育学研究方法论探讨的新视角》,载《重庆师专学报》(综合版)1998年第3期。

一、教育史学研究方法体系构建必须遵循的基本原则

教育史学研究结论的科学性，主要取决于其研究方法的科学性，而研究方法的科学性，又是由研究方法体系的科学性所决定的。要构建科学的教育史学研究方法体系，必须遵循以下原则：

第一，教育史学研究方法体系的构建，必须以马克思主义哲学作为其根本指导原则。

马克思主义哲学作为研究自然、社会和人类思维发展最普遍规律的科学，它所提供的辩证唯物主义和历史唯物主义的原理、原则、方法，既是我们观察问题的世界观、历史观，也是我们研究各门科学的方法论。这是因为：

首先，从总体上看，马克思主义辩证唯物主义和历史唯物主义是在吸收、概括各门具体科学最新的、共同的思想成果的基础上形成的理论与方法论体系，因此，它不把自己局限于某一门具体科学的具体规律和具体方法的探讨上，却“有能力对如何探讨各门科学提出的各种具体问题，在总体上做出高度概括的、思想方法上的原则指导，这就构成了从事各门具体科学研究的方法论基础”①。

其次，马克思主义唯物史观在深刻揭示出社会发展的客观规律的同时，也正确说明了社会历史发展的终极原因和伟大动力问题，提出了“社会阶级在任何时候都是生产关系和交换关系的产物……都是自己时代的经济关系的产物”②的基本理论方法。马克思主义这一基本原理不仅对经济学，而且对一切社会科学都是一个具有革命意义的发展。它实现了人类整个世界观的变革，从此以后每一个历史时期的观念和思想，都可以由这一时期的经济条件以及由这些条件决定的社会关系和政治关系来说明，“历史破天荒第一次被安置在它的真正基础上”③。

具体到教育史学研究中，以马克思主义哲学为指导，就是要求教育史学工作者以辩证唯物主义和历史唯物主义的立场、观点和方法分析和研

① 赵吉惠：《历史学方法论》，四川人民出版社 1987 年版，第 23 页。
②《马克思恩格斯选集》第 3 卷，人民出版社 1972 年版，第 423 页。
③ 同上，第 41 页。

究教育史学的相关问题,“努力掌握马克思主义活的灵魂,特别是要分清哪些是必须长期坚持的马克思主义基本原理,哪些是需要结合新的实际加以丰富发展的理论判断,哪些是必须澄清的附加在马克思主义名下的错误观点”[①],只有这样才能保证教育史学研究不会迷失方向。

在教育史学研究中坚持以马克思主义辩证唯物主义和历史唯物主义为指导,不是要墨守马克思主义经典作家的个别字句和个别结论,也不是要机械照搬马克思主义的现成“公式”,而是要求教育史学研究工作者坚持以马克思主义的立场、观点和方法为指导,正确地使用教育史学的具体研究方法来研究教育史学问题,只有这样才能避免教育史学研究陷入机械论的泥潭里而不能自拔。从这个意义上说,马克思主义辩证唯物主义和历史唯物主义不仅可以将唯心主义从历史观中驱逐出去,而且还可以消除以往教育史学研究方法的弊端,使教育史学认识建立在科学方法论的基础之上。

第二,教育史学研究方法体系的构建,必须以关照教育学和历史学两大学科的研究方法为前提,兼取二者之长,构建适合教育史学研究的独特的研究方法体系。

教育史学的双重学科性质,决定了教育史学研究方法体系必然要受到历史学与教育学研究方法的制约。一方面教育史学研究作为历史学的分支学科或专门学科,它以过去已经发生过的教育现象、教育活动、教育思想和教育制度为研究对象,由于这些对象的不可复现性,教育史学研究往往要凭借史料作为中介,这就决定了教育史学的反思不仅应该包括教育史学方法的反思,还应包括对教育史料的反思、教育史著编纂的反思,这些内容自然离不开历史学相关研究方法的指导和影响,因此,在教育史学研究方法体系的构建过程中,如果忽视对历史学研究方法吸收和采纳,那么教育史学研究方法体系的科学性就值得怀疑;另一方面教育史学作为教育学的分支或基础学科,其研究对象具有与教育学研究对象的同质性,由此决定了教育史学研究也不可能脱离教育学研究方法的指导,因此,在构建教育史学研究方法体系的过程中,也不能忽视对教育学研究方

① 于沛:《关于构建马克思主义史学理论新形态的思考》,载《思想理论教育导刊》2005 年第 4 期。

法的借鉴和使用。教育史学研究方法体系的构建，必须在关照历史学和教育学研究理论和方法的基础上，探讨教育研究中对象与方法的关系及适宜性问题，才可能构建起适合教育史学自身特点的研究方法体系。

但是，这并不意味着教育史学研究方法体系与历史学和教育学研究方法体系完全同构。因为，“教育研究与历史研究本身的方法论体系就各自是一个集大成的方法论体系，二者有共性，但也有个性”[①]。教育史学研究如果一味地依赖于历史学或教育学研究方法论体系，而忽视教育史学研究对象自身的特点，教育史学就失去了其独立存在的价值。科学的教育史学研究方法体系应该建立在兼取历史学与教育学研究方法之长的基础上，才能保证教育史学独立的学科地位和研究成果的科学有效性。

第三，教育史学研究方法体系的构建，必须坚持遵循开放性原则，合理借鉴和移植自然科学和社会科学的研究方法，使教育史学研究与时代同步发展。

所谓开放性，主要强调的是教育史学研究必须对自然科学、人文社会科学、思维科学方法进行合理的移植和借鉴，而不能将教育史学研究方法体系当成教条和固定不变的模式。在教育史学研究中，之所以要坚持遵循开放性原则，主要有两方面的原因：一是教育史学研究方法不仅要受到历史学和教育学研究方法的影响和制约，同时也会受到与人的培养活动相关的一些学科，如生理学、心理学、社会学、文化学等学科的影响，教育史学研究必须必须以开放的心态不断吸收和借鉴这些学科的理论和方法为自己所用，才能保证教育史学研究成果的科学性；二是，任何学科的理论和方法都不是固定不变的，随着人类认识的不断深化，新的理论和方法会不断出现，这就要求教育史学研究必须“对其他学科的成就保持敏锐的感受力”，以保证教育史学研究“不致落后于时代科学的发展”。[②] 但是，这种“敏锐的感受力”并不意味着教育史学研究要原封不动地照搬其他相关学科的理论、知识和方法，而是强调教育史学研究在合理借鉴和移植相关学科研究的理论和方法的基础上，不断完善和构建适合自己学科特点的

---

① 许瑞芳：《教育史研究的方法论透析》，载《教育史研究》2004 年第 4 期。

② 赵轶峰：《关于史学方法论对象及其结构关系的探索》，载《天津社会科学》1986 年第 5 期。

研究方法体系，这样才能保证教育史学研究与时代同步发展。从这个意义上说，教育史学方法体系是一个不断吸收和借鉴其他学科理论与方法的开放、动态体系。

2006年4月，法国著名教育史专家Pierre Caspard先生在华东师范大学教育科学学院所作的报告中明确提出了当代“教育史方法论的变化趋势，一是人们从使用单一资料转向占有较多资料，将数量或统计等方法与对资料的分析结合了起来；二是不断向社会科学研究方法靠近”①。这两大趋势本身就表明了教育史学的综合性学科特点，决定了教育史学除了要与其学科内部的各要素之间发生密切的联系，同时还要与其外部的教育科学、人文社会科学和自然学科之间发生这样或那样的关系。“自然科学、社会科学、思维科学作为人类认识的客体，同时也是教育认识的客体，只不过构成教育认识客体的内容是最基本的、经过改造、简化、典型化的。教育在发挥使个体社会化过程中，广泛涉及这几个基本领域。正由于此，在教育研究发展过程中，要不断引进社会科学、自然科学研究的方法论，从而逐渐完善自己”②，才能使教育史学研究的方法论体系更加完善、更加科学。加之，随着人们对自然和社会的认识的加深，学科在日趋分化的同时也在加速整体化。因此，教育史学研究对自然科学、人文社会科学及其相关的思维科学方法的合理移植和借鉴就显得更加重要。

第四，教育史学研究方法体系的构建，必须努力遵循历史与现实沟通的原则。

历史与现实的沟通，主要关注的是教育的继承性和教育史学研究的目的性这两个层面的内容。所谓教育的继承性，是指今天的教育实践活动是昨天教育实践活动的延续和发展，因此研究了解今天的教育为什么是这样的，首先必须了解昨天的教育是怎样的。所谓教育史学研究的目的性，是指通过研究教育发展的历史，总结教育经验，把握教育规律，指导教育实践。从这两个方面来看，教育史学研究必须强调历史性与现实性的统一，才能更好为今天的教育实践活动和教育改革活动提供有效的历史借鉴。有学者认为，“教育史研究可以通过对教育发展历史的考察，揭

① 参见华东师范大学人文社会科学网。

② 裴娣娜：《教育研究方法导论》，安徽教育出版社1995年版，第60页。

示现实教育问题的历史根源，直接为现实教育问题的解决提供参考”①。美国教育史学者巴茨也明确指出：“研究教育史可以帮助我们看出目前的重要问题是什么，这些重要问题是怎样出现的，过去曾怎样解决的，过去解决的办法能否用来解决目前的问题。”研究教育史可以“使我们更为聪明地解决目前的实际问题”②。这些论述主要从方法论层面，将教育历史与现实问题结合起来，体现了教育史研究的基本取向，即“将教育史研究定位在具体的社会历史发展过程中，使教育研究与政治、经济和其他社会因素建立密切关系”，强调教育史研究的“历史感”和“社会意识”。由于教育理论主要来源于经验的归纳，而不是仅仅依靠思辨，因此，教育史学研究必须依据历史上有关的教育事实、教育史料以及与此相关的教育记录来建立教育理论的基础，才能比较准确地反映教育历史发展的客观规律，也才能更明确地“彰显出教育事实中的意义、特性与价值”。从这个意义上说，教育史学研究方法体系的构建必须遵循历史与现实沟通的原则，才能使教育史研究概括出来的规律和理论对现实教育问题更有指导意义。

二、教育史学方法体系构想

(一) 20世纪八九十年代以来学术界关于方法体系构建的探讨

20世纪80年代中期，中国学术界，尤其是史学界经过长期的反思，开始认识到不能用唯物史观来代替史学研究方法的建设，于是开始认真思考构建独立的历史学科的方法论体系的问题。1985年在上海的“现代自然科学方法论与历史研究”和1986年安徽的全国史学理论讨论会上，研究者专门就历史研究方法进行了讨论。1986年8月在天津召开的史学理论研讨会上，史学研究方法问题受到了与会者的高度重视。这一年10月底，召开了包括历史学在内的全国首届社会科学方法学术讨论会。与此同时，相当数量的史学方法问题的论著在公开刊物上发表。许多史学工作者根据自己对史学方法论的理解，对史学研究方法体系的建设提出了一些富有代表性的意见，为教育史学研究方法体系的构建奠定了基础。

① 杨孔炽：《关于教育史研究的价值问题》，载《光明日报》2005年1月12日。

② 转引自杨孔炽《关于教育史研究的价值问题》，载《光明日报》2005年1月12日。

(1) 霍俊江在《现代史学方法论体系初探》一文中，明确提出了将史学方法论体系构建成一个包括抽象思维方法、各领域中的具体方法和考证性方法三个不同层次的有序的运动结构系统。在这一体系中，考证法是史学方法论体系的基础和出发点；各具体领域的研究方法是这一体系的中间层次；最高层次是一般抽象思维方法，包括系统性方法、数学方法和比较方法等。这一史学方法论体系的最大特点是，明确了史学研究方法分为不同层次，同时也更多地关照到了史学研究的基本特点，它强调了史料考证、校勘的重要性，但是这一史学方法论体系最主要的缺陷是没有正确理解世界观对史学方法论体系构建的指导意义。①

(2) 赵轶峰在《关于史学方法论对象及其结构关系的假说》中提出，史学方法论包括历史哲学、历史研究思维规律和方法理论、历史研究工作方法理论和史学人才学四个方面。其中历史哲学是最高层次，为史学研究提供根本的指导观念和理论，同时也提供统摄全部史学研究过程的思想原则和方法；历史研究思维规律和方法理论作为历史哲学指导下的史学研究思维方法论，它依据历史哲学关于历史、历史学本质特征的原则，对人类一般思维科学知识理论作历史学的具体的重述，指导历史研究的科学思维过程；历史研究工作方法理论是历史哲学与历史研究思维规律和方法论同历史研究工作实践以及社会技术条件结合，形成的具体技术方法理论；而史学人才学是史学研究长程控制的宏观方法理论。②

(3) 赵吉惠在《历史学方法论》一书中，将史学方法论体系构造为包括普遍方法、一般方法、特殊方法在内的三个互相联系的层次。其中普遍方法主要指辩证唯物主义和历史唯物主义的哲学方法；而适用于一切历史学科研究的方法，如分析方法(如阶级分析、历史分析、逻辑分析、历史比较分析、历史系统分析、历史计量分析、历史心理分析、宏观与微观分析等)、实证方法(包括考证方法、辨伪方法、校勘方法、辑佚方法、训诂方法、

① 参见霍俊江:《现代史学方法论体系初探》,《历史研究方法论文集》,河南人民出版社 1987 年版,第 71—75 页。

② 参见赵轶峰《关于史学方法论对象及其结构关系的假说》,《历史研究方法论集》,河南人民出版社 1987 年版,第 78—86 页。

假设与证明方法等)、叙述方法等属于一般方法;特殊方法主要指适用于各个专门史的个别方法(如研究思想史的逻辑于历史统一的方法、研究历史地理的测量方法、研究经济史的统计方法等)。[①]

(4) 将大椿认为,应构建以唯物史观基本原则为指导,由多角度、多层次,相互联系并互为补充的多样化统一的史学研究方法体系。在构建史学方法体系的过程中,必须注意"三个吸取",一要吸取国内外传统史学有关方法论和方法的研究成果;二要吸取现代自然科学和现代社会人文科学有关方法论和方法的一切有价值的成果;三要吸取马克思主义著作中已经提供给我们的有关史学方法论和方法的成果。[②]

进入 90 年代以后,随着学术界思想解放的进一步深入,学者们普遍认为:"一种新的方法体系的形成,通常是史学一次革命性飞跃已经胜利实现的主要标志,它将可使历史学相应地出现新的突破,在较大的范围和较广的领域内提高史学研究的水平。因此,我们不仅要研究以往的史学方法,而且要探索如何使史学方法体系跟上现代科学的发展,适应历史研究的需要。"[③]为此,广大史学工作者在 20 世纪 80 年代对史学方法体系研究基础上,对史学方法体系进行了深入的探讨。主要观点概括如下:

(1) 波兰历史学家托波尔斯基在他的《历史学方法论》一书中,把史学方法论分为三个部分:一是适用于历史学研究对象和内容的"客观的历史学方法论",包括对历史事实、历史过程和因果论、决定论和规律性的研究;二是适用于历史学研究功能或职能的"实用性历史学方法论",包括对选择研究领域、确定史料根据和历史事实、资料源知识与非资料源知识、历史解释、历史分期等问题的研究;三是适用于历史学研究结果的"非实用性历史学方法论",包括对研究结论的分析,对一般规律的表述、历史叙述、价值评估和历史学方法论结构的探讨等。[④]

---

① 赵吉惠:《历史学方法论》,四川人民出版社 1987 年版,第 12 页。

② 蒋大椿:《马克思恩格斯著作中所见之历史研究方法》,《历史研究方法论文集》,河南人民出版社 1987 年版,第 110 页。

③ 文思启主编:《史学概论》,云南大学出版社 1993 年版,第 171 页。

④ 参见[波]托波尔斯基著,张家哲、王寅等译《历史学方法论》,华夏出版社 1990 年版,第 31—32 页。

（2）宁可和汪征鲁在分析了历史认识一般规律的基础上，论述了方法的本质以及方法论分层的基本依据，提出“方法论依据其研究对象即诸具体方法的范围、种类、性质之不同，亦可分为不同层次，即个别方法论、特殊方法论、一般方法论。个别方法论是方法论中的第一层次，也是最低层次。它是各门具体科学学科的方法论。……一方面，它是以某一具体学科所采用的诸方法作为研究对象的，研究这些方法发生、演化、更新、发展过程的本质与规律；研究这些方法之间对立统一、相辅相成的关系；另一方面，其本身又表现为在这一学科研究中所必须采用的最基本、最主要的方法。具有个性鲜明、数量众多的特点”①。

特殊方法论是方法论中的第二个层次。“它是从各门学科的具体方法论中概括出来的，是许多学科甚至所有学科都在一定程度上适用的方法论。”如观察的方法、实验的方法、抽象的方法、具体的方法、数学的方法、逻辑的方法、系统的方法等，这些方法对所有学科都具有不同程度的适应性，“这些方法系列及其相关的方法论具有广泛的适应性，具有跨学科性”②。特殊方法论虽然具有一定的普遍性和某种程度上的重要性，但是由于其本质内容仅仅涉及客观世界和人的实践活动的某个层次或某一个侧面，并不反映自然界、人类社会、人的社会实践总的本质与规律，亦即并不涉及世界观的问题，所以比起一般方法论即哲学方法论而言，特殊方法论只是低一个层次的方法论。

一般方法论又称哲学方法论，它属于方法论中的最高层次。一般方法论一方面是关于诸方法及诸具体方法论、特殊方法论的最普通、最一般、最本质的理论、学说与规律；另一方面又是认识世界、改造世界最根本的方法或总体性的方法。哲学方法论最主要的有两种：一种是唯物辩证法方法论，一种是唯心主义形而上学方法论。③

（3）文思启在其主编的《史学概论》中，明确提出现代史学方法是由普

① 宁可、汪征鲁：《史学理论与方法》，中央广播电视大学出版社 1991 年版，第 140 页。

② 同上。

③ 同上书，第 140—143 页。

遍方法、一般方法和特殊方法构成的多层次结构体系。其中普遍方法是指历史唯物主义，作为从事史学研究的历史观和方法论，它是概括程度最高、适用范围最广、具有指导意义的方法，这类方法“提供的不是现成的教条，而是进一步研究的出发点和供这种研究使用的方法”。具体包括唯物辩证法、社会经济结构分析方法、五种生产方式分析方法、经济基础与上层建筑之间辩证关系的分析方法等。一般方法主要是指“那些既区别于专门历史学科的方法，又广泛地适用于历史学科领域的研究方法”。主要包括传统的考证型方法、理论分析型方法和跨学科方法。其中考证型方法包括搜集、整理、考辩史料的方法和还原、重构和叙述历史的方法；理论分析型方法包括历史分析、逻辑分析、阶级分析、比较分析、体统分析的方法等；跨学科方法包括社会学分析法、计量分析法、心理学分析法等。特殊方法是指“仅仅适用于历史领域某个专门分支学科的个别研究方法”。包括适用于研究经济史的统计方法、研究科技史的模拟方法、研究历史地理的地图和测量方法和适用于考古学的碳素测试方法等。作者认为，普遍方法、一般方法和特殊方法是一个只有相对意义的史学方法体系，它们既相区别又相互联系，是一个“在历史唯物主义指导下建立的，比较科学的”方法体系。[①]

(4) 王旭东在《史学理论与方法》中明确指出，“历史研究是错综复杂的，因此，研究历史的方法也是多种多样的。……根据不同的标准，史学方法的内容可以划分为两个各成系统但又彼此交错的结构体系”[②]。依据方法的性质、作用和适用范围的大小，可以将史学研究方法分为普遍方法、一般方法和专门方法三个层次。其中普遍方法作为最高层次的方法，是具有普遍指导意义的方法，主要包括辩证唯物主义和历史唯物主义方法；一般方法是“指区别于研究政治史、思想史、文化史、经济史等专门历史学科的方法，又广泛适用于一切历史科学领域的研究方法”[③]。具体包括分析与综合、具体与抽象、归纳与演绎、历史与逻辑、微观与宏观等研究

---

① 参见文思启主编《史学概论》，云南大学出版社 1993 年版，第 171—173 页。

② 王旭东：《史学理论与方法》，安徽大学出版社 1998 年版，第 100 页。

③ 同上，第 101 页。

方法。专门方法“则是指那些仅适用于历史学中某个专门分支学科的个别研究方法”①，如阶级分析法、历史计量法、心态分析法等。作者认为：“在整个历史科学中，史学方法是一个自成系统的完整体系。在实际研究工作中，人们可以根据不同的研究课题和阶段，选用不同的研究方法。但不管采用哪种方法，都必须坚持方法论与历史观相统一的原则，坚持马克思主义唯物史观的指导。在坚持以唯物史观为指导的前提下，研究方法应该是越多越好。方法越多，对历史的认识就会越深入、越全面，反之，方法贫乏，对历史的认识就可能流于肤浅和片面。所以，我们应当重视史学方法的研究，尽量完善和丰富自己的研究手段。”②

（5）李振宏在其题为《20世纪中国的史学方法论研究》的文章中，详细回顾了20世纪中国史学方法论体系研究基本状况之后，明确提出“新世纪的史学方法论研究，仍然期待着在历史观研究领域获得新的突破或进展，史学方法论学科的前途和命运，有赖于此”。同时，作者强调“历史学科应该有自己独立的方法论体系。尽管史学方法论与历史观有着强烈的依存关系，但在历史观的指导下，方法论建设的意义不可忽视”。由于“历史研究对象的整体性和丰富性，要求史学方法论体系应该是动态的，开放的，应该根据史学研究对象的性质和学科发展的需要，广泛借鉴多学科的方法论手段”③。虽然作者没有明确提出史学方法体系的具体框架，却指出了史学方法体系构建的基本思路：在历史观指导下，依据历史学特有学科性质，广泛借鉴多学科方法和手段。这为21世纪史学方法体系的构建指明了方向。

（6）赵兴彬在其《论史学方法体系重建》一文中明确指出：“历史学的飞跃，有赖于史学方法体系的不断革故鼎新。”史学方法体系的不断变革乃至重建，“不单是历史研究实践的需要，也是人类学术思想发展的大趋

① 王旭东：《史学理论与方法》，安徽大学出版社1998年版，第101页。
② 王旭东：《史学理论与方法》，安徽大学出版社1998年版，第103页。
③ 李振宏：《20世纪中国的史学方法论研究》（续），载《史学月刊》2002年第12期。

势”[1]。为此，作者分析了史学方法体系重建的理论前提和实践基础，进而提出了新的史学方法体系的结构模式，如图所示：

史学方法新体系
- 跨学科方法
  - 人文学科方法：移情，想象，体验，推断，假设，象征，虚构……
  - 社会科学方法：经济学方法，政治学方法，社会学方法，法律学方法，心理学方法……
  - 自然科学方法：数学方法，物理学方法，天文学方法，地理学方法，生物学方法……
- 保留方法：史料学方法，历史表述法
- 通用方法：逻辑的方法，历史的方法，比较的方法，系统的方法

图 3－1

在这一史学方法体系中，通用方法作为塔基，是指“使用于所有学科的一般思维方法，是任何方法体系的思维平台”。作为塔身的保留方法，是指“历史学中最本原的、最传统的方法，是史学与其他学科的最起码的分界”。由于历史学“既有其科学的一面，又有其非科学的一面”[2]，因此将跨学科方法作为塔顶，并贯穿自然科学方法、社会科学方法和人文学科方法，“符合历史认识过程中从考实性认识经抽象性认识到价值性认识的规律”。因此，“跨学科方法是中国史学最有效力、最有前途的史学方法，它昭示着中国史学的发展方向，故而应将其作为新建史学方法体系的中心内容”[3]。

在历史学界讨论史学方法体系的影响下，20 世纪 90 年代，中国教育史学领域也开始了对教育史学方法体系的研究，1991 年，华中师范大学的周洪宇在其《教育史研究改革管抒》一文中，明确提出构建教育史学研究方法体系初步设想。他在分析了教育史学研究方法存在的主要问题的基础上，提出了教育史学研究方法论体系的初步设想，即“教育史研究方法论体系是以唯物辩证法和唯物史观作指导的，又多角度、多层次、相互联系并互为补充的立体网络结构。它是马克思主义的根本方法(经济决定方法、阶级分析方法、分析与综合结合的方法、抽象与具体统一的方法、逻

① 赵兴彬：《论史学方法体系的重建》，载《齐鲁学刊》2003 年第 4 期。
② 何兆武：《对历史学的若干反思》，载《史学理论研究》1996 年第 2 期。
③ 赵兴彬：《论史学方法体系的重建》，载《齐鲁学刊》2003 年第 4 期。

辑与历史一致的方法等)、多学科具体方法(历史方法、心理学方法、发生学方法和解释学方法等)、研究程序(事实认识、因果分析和价值评价)三者的有机统一"①。这一教育史研究方法体系的提出,不仅为我们研究教育史学研究方法体系提供了清楚的思路,同时也为教育史学研究方法体系的构建奠定了基础。

2004年,许瑞芳在《教育史研究》上撰文指出:"教育史的研究从其发展的过程来讲,一直作为一种依附性研究范式而存在。教育史学一直没有摆脱成为其他学科研究领域的状态,其研究主要还是简单地采用其他学科的方法、体系、范畴,缺少自己的方法和理念。"如果想要使似乎已经走到"穷途末路"的教育史研究,重新找到"又一村","必须在方法论上实现根本转化,即,从根本上突破对于其他学科研究的简单依附。教育史研究范式应随着史学理论、教育学理论及其他社会科学理论的发展而不断地变化发展。……教育史研究不必要要恪守学科规范和学科基础,但它应该是在跨学科的丰富语境中建构自身学科研究新的话语体系"。"应该兼取二者之长,并借鉴哲学、社会学、文化人类学等多学科成果,对教育史问题进行全方位多维度研究"。作者虽然没有明确提出具体教育史学方法体系,但是作者提出了教育史研究的方法论原则:沟通历史与现实;注重纵向和横向交错;关注普遍性与特殊性的统一;坚持正确的价值立场。②

2006年严奇岩撰文提出,"教育史研究要坚持'三条腿'的研究方法,即运用历史文献、考古资料和人类学方法"。作者认为"三条腿"的方法开拓了教育史的研究领域,更新了教育史的研究方法,丰富了其史料的来源,也实现了教育研究对象的转换。③ 尽管作者并没有明确提出教育史学方法体系的具体构想,却强调了教育史学方法论的突破对教育史学研究对象转换、教育史学史料丰富的重要意义。

周洪宇在《对教育史学若干基本问题的看法》一文中指出,在以往教

① 周洪宇:《教育史研究改革管抒》,载《教育评论》1991年第2期。

② 许瑞芳:《教育史研究的方法论透视》,载《教育史研究》2004年第4期。

③ 严奇岩:《"三条腿"研究方法与教育史研究》,载《河北科技师范学院学报》(社会科学版)2006年第3期。

育史学研究中的“一个普遍问题是方法论意识不强，对理论与方法的自觉思考和研究不多，以至于学术研究多为‘见木不见林’之作，局部有突破，整体难创新。对教育历史规律的认识十分欠缺。与近年来迅速改变、日益强调理论方法论的经济学史、社会学史、法律学史、哲学史、文学史等学科相比，这种情况尤为突出”[①]。要改变这种状况，必须在坚持以马克思主义唯物史观为基本指导思想；坚持史学本位原则；坚持开放性原则；坚持系统性原则和层次性原则的基础上，建立系统且现代的教育史学研究理论与方法体系。为此，作者提出了一个包括研究方法的理论基础、一般研究方法和具体研究方法在内的教育史学“三维系统方法论”系统。其中“研究方法的理论基础主要是指教育史学研究中起基础和指导作用的理论方法论，包括教育史学研究的宏观理论、中观理论与方法论”[②]。如马克思主义的唯物史观、五种社会形态理论等这类宏观历史理论和经济决定理论、阶级阶层理论、人民群众创造历史理论等这种中观史学理论，以及兰克、斯宾格勒、汤因比、布洛克、费弗尔、布罗代尔、勒高夫和勒韦尔等人史学理论中值得借鉴的合理因素。“一般研究方法是指在研究社会历史现象(包括教育历史)中普遍使用的方法。……它是哲学思维方法在社会历史(包括教育历史)研究中的运用，主要包括历史分析法、阶级分析法、比较分析法、逻辑分析法、系统分析法、结构分析法等。”[③]“具体研究方法是指带有较强技术性和专门性，用来处理和分析教育史料，进行基础研究的方法和技术。”主要包括历史考证法(又称历史考据法)、文献分析法、口述历史法、历史模拟法以及跨学科方法，如田野调查法、个案分析法、心理分析法、计量分析法等。[④] 这一方法论体系，不仅打破了传统教育史研究狭小的视野，而且以更加开放的心态和开阔的思路融通与借鉴历史学、社会学、政治学、经济学、人类学甚至数学、统计学等社会与自然科学的理论与方法，是迄今为止较为科学和完善的学科研究方法论体系。

---

① 周洪宇:《对教育史学若干基本问题的看法》，载《河北师范大学学报》(教育科学版)2009年第1期。

② 同上。

③ 同上。

④ 参见周洪宇:《对教育史学若干基本问题的看法》，《河北师范大学学报》(教育科学版)2009年第1期。

从以上诸种对方法论体系的论述中，我们可以清楚地看到，史学研究方法“是联结作为历史研究主体的史学家和历史研究对象的中介和桥梁，历史学家只有运用一定的史学方法才能作用于自己的研究对象，从而取得相应的研究成果”[①]。但是，史学研究方法体系的建设必然受三个方面因素的制约和影响：一是史学研究方法体系必然受到一定世界观或历史观的制约和影响，不同的世界观和历史观决定着对史学研究方法的选择和使用，同时也制约和影响着史学研究方法体系的科学性和史学研究的价值取向。二是史学研究方法体系建设必然受历史学研究对象和学科性质和特点的制约。因为对科学性目标的追求是研究者共同的特点，而科学性最重要的一个标准就是研究者为解决问题所使用的研究方法是否科学。不同的研究对象要使用不同的研究方法，方法选择的正确性，是研究结果科学性的前提保证。三是任何一门学科的研究方法体系都是以一定世界观和历史观为指导，多角度、多层次、相互联系又互为补充的开放性的立体网络结构。“科学史告诉我们，每一项重要科学成果的取得总是伴随着科学方法的突破与创新，一门科学的发展，不仅表现在理论上的意义，而且表现在方法论上的意义。科学的发展必然会产生新的方法论和方法，新的方法论的产生又反过来推动科学的新发展。一个学科的进步与发展，正是有赖于对它的研究对象和方法理论的深化。”[②]因此，任何科学的研究方法体系在任何时期、任何国家和任何研究领域之中，都不会是固定不变的教条，而应该是不断探索新方法、取得新成果的开放性的理论体系。

（二）教育史学研究方法体系试构

关于科学研究方法体系的构成，目前学术界尚无相对统一的认识，比较有代表性的观点认为，“科学研究方法按其地位可分为上、中、下三个层次——上层为哲学方法，中层为一般科学研究方法，下层为适应于某些科研领域或某种科学分支甚至某个科研课题的特殊的研究方法。其基本结

① 蒋大椿：《新中国史学方法研究的基本历程》，载《社会科学研究》1995年第5期。

② 裴娣娜：《教育研究方法导论》前言，安徽教育出版社1995年版，第4页。

构为:哲学方法——一般研究方法—具体研究方法”①。

根据科学研究方法体系的分层理论,参照史学研究方法的内涵和教育史学研究方法的特点,从现代系统论的观点来看,笔者认为,教育史学研究方法体系目前仍处于构建的初级阶段,尚未形成自己完整的理论体系。依据在教育史学研究中不同层面方法的特点,试将教育史学研究方法体系分为两个层次(见图 4-1):教育史学的抽象研究方法和具体研究方法。其中,教育史学的抽象研究方法又可以分为两个层面:一是教育史学研究的哲学方法;二是教育史学研究的一般方法。教育史学研究的具体方法,也可以分为两个方面的内容:一是还原、重构教育历史的方法,如搜集、考证、抉择教育史料的方法,编次与整列教育史的方法等;二是分析、解释教育历史的方法,如定量分析与定性分析的研究方法、整体研究与跨学科研究的方法、教育比较史学研究方法等。下面分别对这两类方法体系进行具体的分析:

1. 教育史学的抽象研究方法

教育史学的抽象研究方法主要指教育史研究的哲学方法与一般科学研究方法的理论体系的总和。其中哲学方法是教育史学研究方法体系中的最高层次,“其特点是概括了方法论的基本原理,是指导教育科学各门具体学科研究的理论基础,它对整个教育研究起基本定向作用”②。一般方法是指一般科学认识中通用的研究方法,它是从各门学科的具体方法中抽象、概括出来的,适用于许多甚至所有学科的方法体系。

① 刘承波:《试论高等教育科学研究方法体系》,载《教育与现代化》2000 年第 4 期。

② 王坤庆:《关于教育研究方法论的探讨》,载《黄冈师范学院学报》2005 年第 2 期。

- 教育史学研究方法体系
  - 抽象方法
    - 哲学方法
      - 马克思主义唯物史观
      - 斯宾格勒与汤因比的文化形态史观
      - 马克斯·韦伯的史学方法论
      - 年鉴学派与布罗代尔的长时段理论
      - 后现代主义历史观
      - ……
    - 一般方法
      - 分析与综合的方法
      - 具体与抽象的方法
      - 归纳与演绎的方法
      - 历史与逻辑相统一的方法
      - 微观与宏观的方法
  - 具体方法
    - 还原、重构教育历史的方法
      - 搜集、考证、抉择教育史料的方法
      - 编次与整列教育史的方法
    - 分析、解释教育历史过程的方法
      - 定量分析与定性分析的研究方法
      - 整体研究与跨学科研究的方法
      - 比较史学研究方法

图 4－1

教育史学研究的哲学方法：哲学方法，一方面是“关于诸方法及诸具体方法论、特殊方法论的最普遍、最一般、最本质的理论、学说与规律；另一方面又是认识世界、改造世界最根本的方法或总体性的方法”[①]。教育史学研究的哲学方法从根本上说包括两个方面：一是唯物主义的历史哲学指导下的历史唯物主义研究方法体系；二是唯心主义指导下的近、现代以来西方历史哲学以及介于抽象的历史哲学和具体的历史理论之间的史学理论指导下的研究方法。教育史学研究的哲学方法，对整个教育史学研究起着基本的定向的作用，是指导教育史学研究的理论基础。

具体到中国的教育史学领域，马克思主义哲学是属于这一层次的方法，而且它是唯一科学的、根本的哲学方法。马克思主义哲学之所以能成为教育史学研究的唯一科学的、根本的方法，主要因为，马克思主义哲学

① 宁可、汪征鲁：《史学理论与方法》，中央广播电视大学出版社 1991 年版，第 142 页。

是人类优秀思想的结晶，是与人类实践密切统一的理论，是人类认识发展到现阶段合乎规律的产物。在教育史学的研究中，离开了这一指导，或者不能完全贯彻这一世界观和方法论指导，教育史学的研究就不可能真正建立在科学的根基上。因此，钱学森说："科学的社会科学，应该把它所有的要领同马克思主义的理论基础直接联系起来，并且实现精确化。"[①]

(1) 马克思主义唯物史观。辩证唯物主义"强调客观物质世界是充满矛盾的并不断运动、发展、变化的，而运动、发展、变化的根本原因在于客观物质世界内部矛盾的对立统一，人类社会是物质世界发展到一定阶段的产物，它是由人的实践活动所构成的有意识的、具有自觉能动性的物质运动过程"[②]。辩证唯物主义所揭示和阐述的唯物主义认识方法和唯物辩证法的思想发展规律及其思想范畴，都是人们认识自然、认识社会，进而研究自然科学和社会科学的理论与方法，从这个意义上而言，辩证唯物主义的世界观是先进的、科学的世界观和方法论。辩证唯物主义将其理论运用于社会历史领域，便产生了历史唯物主义——唯物史观。

唯物史观认为，社会历史的发展有着自身所固有的客观规律；物质生活的生产方式决定社会生活、政治生活和精神生活的一般过程；社会存在决定社会意识，社会意识又反作用于社会存在；社会的发展主要是由社会内部矛盾的发展所推动的，生产关系与生产力之间的矛盾、上层建筑与经济基础之间的矛盾，是推动一切社会发展的基本矛盾。[③] 与此同时，强调阶级社会中阶级斗争以及人民群众对社会发展的推动力量。马克思主义的唯物史观是关于历史的理论，是关于历史的现代科学的理论。一个历史学者要想在科学的意义上理解历史，揭示和认识历史的本质和规律，就必须以辩证唯物主义和历史唯物主义作为理论和方法的指导。

这里需要说明的是，唯物史观并不等同于唯物史观方法论，因为唯物史观是通过"对人类历史发展的观察中抽象出来的最一般的结果的概

---

① 刘裕权：《关于教育学研究的方法论问题的思考》，载《教育理论与实践》2003 年第 8 期。

② 陈啟能、于沛等：《马克思主义史学新探》，社会科学文献出版社 1999 年版，第 117 页。

③ 参见《辞海》(缩印本)，上海辞书出版社 1979 年，第 147 页。

括”①。“它的研究对象是人类社会发展的客观实际过程,包括嬗变兴衰的历史时代、波澜壮阔的历史事件、有声有色的历史人物等,并以生产力和生产关系的矛盾运动为主轴,将这一切都联结为一个整体进程,用于阐明人类社会历史发展的原发动力和深层根源,并展示未来发展的大致走向”。这和唯物史观史学方法论以“历史研究实践过程”为对象,“主要探讨人们对于唯物史观的理解是否正确、唯物史观对于历史认识主体的作用和价值、唯物史观与历史研究结论的真理检验关系等等问题是完全不同的”。② 从这个意义上说,唯物史观方法论必然导源于唯物史观而又绝不等同于唯物史观。在历史研究中,唯物史观的理论只有内化为历史认识主体内在的哲学修养、思维方式、思想水平时,客观的理论才能变成研究者的主观认识,而研究者只有将这种主观认识在历史研究的具体实践中再外化为研究主体的立场、观点和价值判断,并用“含义明确的概念、范畴,将唯物史观运用中带有普遍性的认识整合为理论原则与思维范式,并赋予史学方法论的特定意义,使它们成为联结历史理论与历史研究实践过程的中介”③时,唯物史观的理论才具有真正的方法论意义。

唯物史观对教育史学研究所提供的方法论指导主要在于:唯物主义历史观承认历史过程的客观实在性,强调一切历史研究都必须从最基本的历史事实出发,并摒弃先入为主的主观的个人偏见,才可能反映和揭示历史的真相。因为“科学‘只有从自然界出发,它才是真正的科学’,而人类‘历史本身是自然史的一个现实部分’”④,其分支部分——教育史学研究,必须从历史事实出发,才能成为真正的科学。在此基础上唯物主义历史观坚持用社会存在去说明社会意识的历史方法,认为“形成社会的精神生活的源泉,产生社会理想、社会理论、政治观点和政治设施的源泉,不应当到思想、观点和政治设施本身中去寻找,而要到社会的物质生活条件、社会存在中去寻找”。与此同时,唯物史观强调将“人类历史作为一个以

---

① 马克思、恩格斯:《费尔巴哈》,人民出版社 1988 年版,第 17 页。

② 李杰:《唯物史观史学方法论——历史主义与阶级观点论战释疑》,载《史学理论研究》1995 年第 2 期。

③ 同上。

④ 李振宏:《历史学的理论与方法》,河南大学出版社 1999 年版,第 273 页。

生产发展为基础，各种历史因素相互作用形成的统一的有规律的过程去研究"[1]。以上关于历史研究的唯物主义历史观，用恩格斯的话来说，"马克思的整个世界观不是教义，而是方法。它提供的不是现成的教条，而是进一步研究的出发点和供这种研究使用的方法"[2]。恩格斯的话深刻说明了"马克思主义哲学既不是解答一切问题的现成的答案和公式，也不是解决问题的具体方法，它提供的是研究问题的根本方法和根本出发点"[3]，是研究历史问题的世界观和方法论。

在教育史学研究中，坚持唯物史观为指导，就是要求在分析教育史上的任何一个问题时，都必须把它放到当时具体的历史条件下，用历史的态度去考察它，做到具体问题具体分析，"既要注意到教育自身发展的逻辑和继承、积累的过程，也要注意教育与其他社会现象诸如政治、经济、哲学、科技、文化、宗教等等的相互关系、相互制约。在评价历史上教育家的功过得失时，要看他们比其前辈提供了多少新的东西，而不是看他们是否提供了现代所要求的东西"[4]。

在教育史学研究中，坚持唯物史观为指导，必须坚持阶级分析方法。所谓阶级分析方法，是马克思主义观察阶级社会历史现象的普遍的科学方法。"它的具体要求是强调要用阶级和阶级斗争的观点去分析阶级社会的现象，分析的主要内容应该是研究各个阶级、团体和人物的经济地位和政治态度。"[5]马克思主义阶级分析方法的精髓在于"从对经济关系的分析中去认识阶级的运动"[6]。具体到教育史学研究中，就是要求研究者要将教育现象、教育活动、教育事件以及教育人物均放在一定的经济关系中加以分析和认识，并在此基础上，对教育历史、教育人物做出科学的、客观的分析。20 世纪初，随着马克思主义在中国的传播，中国教育史学界就开

---

① 李振宏：《历史学的理论与方法》，河南大学出版社 1999 年版，第 275 页。

②《马克思恩格斯全集》第 39 卷，人民出版社 1975 年版，第 406 页。

③ 马翠芬：《试论马克思主义哲学与教育研究方法论的关系》，载《烟台师范学院学报》(哲学社会科学版)2005 年第 6 期。

④ 杜成宪、崔运武、王伦信：《中国教育史九十年》，华东师范大学出版社 1998 年版，第 118 页。

⑤ 王旭东：《史学理论与方法》，安徽大学出版社 1998 年版，第 117 页。

⑥ 李振宏：《历史学的理论与方法》，河南大学出版社 1999 年版，第 379 页。

始使用阶级分析的方法来研究教育史的相关问题。期间虽然出现过“文革”时期将阶级分析方法简单化、公式化的错误倾向，但这并不是马克思主义阶级分析方法本身的错误，而是利用阶级分析方法研究历史问题的过程中“左”的思想的影响。1976年以后，随着学术界拨乱反正的逐步深入，人们重新评价阶级分析方法时认为，“阶级分析是历史唯物主义观察社会、认识历史的主要方法。……真正坚持阶级分析，决非以往随处可见的那种简单化、公式化、到处贴‘标签’的做法。……一个教育家的阶级立场、政治观点与其教育观点、教育理论是密切相连的。因为在阶级社会里，任何一个教育家办教育总是代表一定的阶级利益并为一定的政治服务的。然而，教育又是一个复杂的社会现象，它既有属于上层建筑的部分，也有不属于上层建筑的成分。其中不属于上层建筑部分的教学理论、教学经验、教学原则方法和技术、教学制度等等，虽然可能染上一些阶级偏见，但更为主要的则是来源于丰富的教学实践以及对教学过程本身的认识，不能因其政治观点和阶级立场作一种全盘的否定或肯定，搞一刀切。如此，才符合具体问题具体分析这一历史唯物主义的基本要求”①。

在教育史学研究中，坚持唯物史观为指导，还必须坚持实事求是、史论结合的方法。实事求是、史论结合是马克思主义历史研究的重要原则和方法。所谓实事求是，一方面，要求教育史学研究工作者对待教育史料要采取实事求是的态度，研究任何教育史问题，都必须从客观历史实际出发，在详尽地占有史料的基础上，去粗取精，去伪存真。不论在任何情况下，都必须忠于教育史实，切忌主观臆断和断章取义，强调从教育历史的整体和各个教育事件的内在联系中去分析史料，从而得出符合客观历史实际的正确结论。另一方面，要求研究者必须坚持用马克思主义的立场、观点和方法研究教育史问题，不断从新的教育史料中得出新的结论，并在实践中不断地丰富和发展马克思主义的理论，而不是一味地强调马克思主义经典作家在特定历史条件下对某些问题所做出的个别结论。

所谓史论结合，是指在进行教育史学研究时，研究者应在马克思主义理论指导下，以教育史实为依据，从丰富的教育史实中揭示教育现象的内

① 杜成宪、崔运武、王伦信：《中国教育史学九十年》，华东师范大学出版社1999年版，第118—119页。

在规律，做到理论和史料的统一，“寓论于史”“论从史出”，只有这样，才能确保教育史研究结论的可靠性和相对客观性。

在教育史学研究中，强调坚持以马克思主义的唯物史观作为指导，其核心是坚持以马克思主义唯物史观的理论、立场、方法来研究教育历史，而不是将马克思主义唯物史观当做固定不变的教条。因为，马克思主义唯物史观“只是研究历史的指南，而不是必须背得烂熟并用来裁减各种历史事实的现成公式，也不是固定不变的教条。如果用学理主义和教条主义对待历史唯物主义，那就必然会从历史唯物主义转变为历史唯物主义的对立面”[①]。马克思主义唯物史观的基本原理必须与“不断发展的客观社会的各个领域的实际相结合，从而实现整个历史唯物主义理论体系的现代化，并在这种结合过程中，不断丰富、发展和完善唯物史观的核心基本原理”[②]，使马克思主义唯物史观“在新的知识背景下，在我们生活于其中的迅速变化的世界条件下，有所提高，有所发展”[③]，才能更好地坚持唯物史观。从这个意义上来说，马克思主义唯物史观应该是一个“反映人类的认识发展的新水平，反映科学发达的先进程度，反映时代精神”[④]的开放的、发展的方法体系。在教育史的研究中，要求我们必须注意克服教条主义，避免研究中的公式化、绝对化和简单化，防止把马克思主义的个别结论当做标签，生搬硬套；同时也要反对实用主义，强调实事求是，史论结合，防止“以论代史”或“以史代论”。

历史唯物主义的诞生，作为一种新的认识世界的思维方法，具有其他方法论不可比拟的科学性，但是这并不意味着马克思主义的历史唯物主义就可以替代其他一切史学理论，也并不意味着所有其他学派在认识历史本质方面就完全无所作为。从马克思主义本身的发展特点来看，“历史唯物主义在自己发展过程中，一方面通过对于世界各国历史的实证研究来不断充实自己，使各种历史的真理从抽象上升到具体；另一方面，则通

---

① 姜义华、瞿林东、赵吉惠：《史学导论》，复旦大学出版社 2003 年版，第 206 页。

② 贾东海、郭卿友主编：《史学概论》，中央民族大学出版社 1992 年版，第 40 页。

③ [英]杰弗里·巴勒克拉夫著，杨豫译：《当代史学主要趋势》，上海译文出版社 1987 年版，第 43 页。

④ 赵吉惠：《历史学方法论》，四川人民出版社 1987 年版，第 35 页。

过与其他各种思想、各派史学理论的论争及其相互渗透、互相借鉴中丰富自己”,从而形成了马克思主义“严肃地向一切新的和具有挑战意义的事物开放,同时不忘记过去”[①]的本质特征。从这个意义上说,马克思主义并不排斥其他史学理论,相反,它对先进的史学理论始终抱着开放的心态和严肃的态度。因此,我们在坚持以唯物史观作为研究教育史的根本方法的同时,还应该注意吸收现代西方先进的历史哲学和史学理论方法的合理内核,作为教育史学研究哲学方法的补充,才能避免教育史学研究的方法陷入僵化。

20世纪由于世界多极化与史学理论的多元化趋势的形成,在西方历史哲学领域内客观存在着多种具有重大影响的与历史唯物主义相异的思潮和理论。“它们常常直接地或间接地对于历史唯物主义进行挑战,但是,它们也并非一无是处”[②],不少学派的思想与思潮对于历史认识的理论及其方法产生了深刻的影响。对此我们不能完全视而不见,而是应该尝试从不同的视角对这些学派和思潮作深层次的思考,只有这样才能在坚持马克思主义唯物史观的基础上,使教育史学研究的方法理论不断丰富和完善。下面主要介绍几个对现代史学产生重大影响的历史哲学及其方法。

(2) 斯宾格勒、汤因比的文化形态史观。文化形态史观,又称为历史形态学或文化形态学,它是“把文化(或文明)作为一种具有高度自律性的、同时具有生、长、盛、衰等阶段的有机体,并试图通过比较各个文化的兴衰过程,揭示其不同的特点,以分析、解释人类历史的发展过程”[③]的学说体系。按照沃尔什(W. H. Walsh)的历史哲学分类来看,文化形态史观属于思辨的历史哲学。[④]

文化形态史观的代表性人物是德国历史学家奥斯瓦尔德·斯宾格勒

① 哈贝斯:《当代国外马克思主义评述》,转引自姜义华、瞿林东、赵吉惠《史学导论》,复旦大学出版社2003年版,第206—207页。

② 姜义华、瞿林东、赵吉惠:《史学导论》,复旦大学出版社2003年版,第207页。

③ 张广智、张广厚:《现代西方史学》,复旦大学出版社1996年版,第214页。

④ 在西方学术界,历史哲学研究一般被分为两类:“思辨的历史哲学”与“分析的或批判的历史哲学”。前者主要探讨整个人类历史的特征、意义、模式或规律等;后者着重阐释历史学研究本身特有的性质、方式、价值或作用等。

(Oswald Spengler,1880—1936 年)和英国著名历史学家阿诺德·约瑟夫·汤因比(Arnold Joseph Toyhbee,1889—1975 年)。他们以生物进化学说和社会达尔文主义学说为基础,一反西方传统的历史文化观念,试图用一种新的眼光审视世界历史的形式、发展及其意义,从而揭示人类文明运动的轨迹。其主要思想内容概括起来包括以下几个方面:

第一,文化形态史观的代表人物将文化与文明作为历史研究的一个基本单位。斯宾格勒和汤因比认为,人类没有普遍的历史,只有各自的文化。斯宾格勒认为,历史研究的对象不是孤立的政治和经济现象,而是无所不包的文化,"世界历史,是各大文化的历史,而民族只是具有象征的形式和容器……"文化是通贯过去与未来的世界历史的基本现象;而所谓的世界历史就是各种文化的"集体传记"。历史研究就是"从世界历史的基本现象,从各种文化的形式入手去揭示历史的本性,阐明历史的逻辑"。[①] 因此,历史的基本含义就是文化。

在这种文化视野下,斯宾格勒认为,要建立世界历史形态学,必须根除长期主宰西方历史研究的"古代—中古—近代"的传统历史观念。因为这种历史观念将"西欧文化当做中心……而把其他伟大的文化及其历史仅仅看做是环绕这个太阳旋转的'行星'。……一切历史事件只有从这个太阳那里才能得到'光',一切历史事件的价值也只有从这个太阳的透视才能得以评断"。[②] 为此,斯宾格勒试图发动一场"哥白尼式的革命",以冲破传统历史研究"直线发展"的虚构的"世界历史的幻想"。他认为"每个文化都以其原始的力量从故土上生长起来,并在整个生命周期中植根不移;每种文化都将它自己的影像烙印于它的材料、它的人群之上;每个文化都有它自己的观念,它自己的爱好,它自己的生命、意志和情感,以及它自己的死亡"[③]。而这种丰富多彩的历史形式是托勒密体系无法反映出来的。由此,斯宾格勒得出了世界历史就是各种文化形态的"集体传记"的结论。

---

① 何兆武、陈啟能主编:《当代西方史学理论》,中国社会科学出版社 1996 年版,第 99 页。

② 同上,第 102 页。

③ 同上,第 104 页。

文化形态史观的集大成者汤因比继承和发展了斯宾格勒的思想。他在《历史研究》中以一个历史学家的身份和视角明确提出:"历史研究的可以自行说明问题的单位既不是一个民族国家,也不是另一极端上的人类全体,而是我们称之为社会的某一群人类。"①这里的"社会"即"文明"的同义语。汤因比与斯宾格勒一样,抛弃了实证主义史学中的国别史与断代史的概念,代之以一个个文明(或社会)。在《文明经受着考验》一书中,汤因比更明确地指出:"从文明的角度,而不是从国家的角度去考察历史,把国家仅仅看做是文明的生命中相当次要的和短暂的政治现象的原因。国家正是在文明的怀抱中诞生和消亡的。"②在汤因比看来,只有一个个文明才是"可以自行说明问题的研究范围"③。汤因比的这些观点对于当时在西方史学界占重要地位的兰克史学观念不啻为一个严峻的挑战,从而形成了他"试图把人类的历史视为一个整体,换言之,即从世界性的角度去"④研究历史的整体历史观。

第二,文化形态史观认为,文化是一个有机体。这一论断是斯宾格勒文化形态史观理论的核心所在。斯宾格勒在《西方的没落》一书中把生物学的原理应用于历史研究,把人类历史上盛衰交替的各大文明归结为彼此独立并受到生命周期限制的历史和文化有机体,并认为这些有机体都是具有生、长、盛、衰等规律性和可测性的过程,也就是说,文化有机体也要经历如自然界一样的春、夏、秋、冬的自然季节的更替,这是每一种文化都无法避免的自然运动周期的命运。因为,任何文化"有生就有灭,有青春就有老境,有生活一般地就有社会的形式和给予它的时限"⑤。也就是说,任何文化有机体都不依赖于人为的因素,而是一个命定的生命周期。

既然世界历史是人类各种文化的"集体传记",同时文化又都是有着

---

① [英]汤因比著,曹未风译:《历史研究》(上册),上海人民出版社 1986 年版,第 14 页。

② [英]汤因比著,沈辉等译:《文明经受着考验》,浙江人民出版社 1988 年版,第 191 页。

③ [英]汤因比著,曹未风译:《历史研究》(上册),上海人民出版社 1986 年版,第 44 页。

④ 同上,第 10 页。

⑤ [德]斯宾格勒著,齐世荣等译:《西方的没落》,商务印书馆 1963 年版,第 66 页。

各自的观念、情欲、生活、愿望、情感等独特个性的有机体，因此世界历史可以按照其各自不同的个性被划分为8种自成体系的文化系统，即埃及文化、巴比伦文化、印度文化、中国文化、古典文化、阿拉伯文化、墨西哥文化、西方文化。其中每一种高级文化都“各自独立”经历“前文化阶段，文化阶段和文明阶段”三大发展阶段，在这个过程中不存在哪个文化比另一种文化更先进的问题，只是表明：一方面，人类历史文化的基本象征具有多元性的特点，另一方面，各种文化个体在其发展进程中存在着不同的特点，因此对它们可以进行比较研究，从而用文化个体本身的兴衰来解释历史、预测未来。

与斯宾格勒一样，汤因比也将文明作为有机体看待。与斯宾格勒所不同的是，在汤因比那里，文明考察的视野从8个扩大到了21个，它们分别是：西方基督教文明、拜占庭东正教文明、俄罗斯东正教文明、伊朗文明、阿拉伯文明、印度文明、远东文明、日本朝鲜文明、希腊文明、叙利亚文明、古代印度文明、古代中国文明、米诺斯文明、苏美尔文明、赫梯文明、巴比伦文明、埃及文明、安第斯文明、墨西哥文明、于加丹文明、玛雅文明等。后来汤氏又在21种文明中增加了五个“停滞发展的文明”，即波里尼西亚文明、爱斯基摩文明、游牧文明、鄂图曼文明、斯巴达文明，此后文明数量不断扩大，最后达到了37个之多。不仅如此，汤因比认为，在上述各种文明之间，即上代文明与下代文明之间，存在着某种“亲属血缘关系”，由此，他得出了“人类历史不是循着进步的直线发展，而是展现在这一系列的文明及其更嬗中”①的结论。尽管汤氏关于文明的划分存在着较大的随意性和不确定性，但是他以文明作为历史研究的基本单位，并承认文明的多元性的思想，不仅促使西方人睁开眼睛看世界，而且在客观上也承认了世界上各种文明“价值相等”。尤其是他为了更全面地概括人类文明发展史的形态而提出的“希腊模式”“中国模式”和“犹太模式”，“在一定程度上概括了人类文明发展进程中不同地区和民族发展的特征，为我们研究世界历史，研究人类社会与文明的结构，提供了求解的线索与门径。其启迪意义与学术价值是不容低估的”②。

---

① 张广智主著：《西方史学史》，复旦大学出版社2005年版，第303页。
② 同上，第307页。

汤因比继承和发展了斯宾格勒关于文化有机体是具有生、长、盛、衰等规律性和可测性的过程的思想，提出了文明形态与自然界的有机体一样，都要经历起源、生长、衰落和解体这四个连续的发展阶段。对于文明的起源，汤氏认为文明起源于“挑战—应战”。在他看来，“人类文明的发展历程表现为摆在某个文明面前的一系列重大任务，以及人类对这些任务的一系列解决方式”[①]，这种重大的任务，汤因比称它为“挑战”，而解决这些重大任务的正确方式就是“应战”模式。他认为，凡是能对人类自然环境和人为环境的“挑战”进行了胜利的“应战”，文明就随之产生，人类文明正是在对自然环境和人为环境的不断“挑战”和“应战”中诞生的。关于文明的生长动力问题，汤因比认为文明的生长是由于在这个社会内具有创造力的少数人“通过退隐与复出的双重活动”来实现的。而文明生长的尺度，在汤因比看来，既不等于“地理的扩张”，也不等同于技术的进步，而是“在一系列的挑战和应战的过程中，场所发生了转移，即从文明的外部环境移入到文明的内部。在这种逐步升华的过程中表现出来的‘自决能力’，才是文明成长的标志”[②]。对于文明的衰落，汤因比认为文明的衰落既不是由于宇宙必然性造成的，也不是由于种族的退化引起的，更不是技术衰退的结果，而是文明本身丧失了自决能力，对一系列的挑战不能再做出成功的应战。汤因比认为，如同文明的生长是一个内在精神的发展一样，文明的衰落也不可能到其外部寻找原因，而只能在自身中寻找原因。在汤因比看来，“文明衰落的实质可以归结为三点：少数人的创造能力的衰退，多数人的相应的撤销了模仿行为，以及继之而来的全社会的社会团结的瓦解”[③]。而这其中的主要原因在于文明“自决能力”的丧失，具体而言，就是当“创造性的少数人变为统治者，多数人（‘无产者’）脱离了前者，社会各部分之间丧失了和谐状态，结果导致了社会机体的分裂”[④]。由此看来，尽管文明的衰落不是偶然的而是必然的，但在人类历史中文明衰落

① 张广智、张广勇：《现代西方史学》，复旦大学出版社 1996 年版，第 226 页。

② 张广智主著：《西方史学史》，复旦大学出版社 2005 年版，第 304 页。

③ [英]汤因比著，曹未风译：《历史研究》（中册），上海人民出版社 1986 年版，第 4 页。

④ 张广智主著：《西方史学史》，复旦大学出版社 2005 年版，第 305 页。

的偶然性是极大的。当文明衰落之后,“人们不能再对挑战进行成功的应战,即使应战也每次都是失败,这时文明就不可避免地解体了”[①]。对此汤因比指出:“当每一次会战的结果都不是胜利而是失败的时候,这个没有解决的挑战就变得根本无法对付,其结果必然是一次又一次地出现,一直到它只能得到一种软弱无力的或是残缺不全的答案,若不然就索性把这个被证明为根本无能为力的社会彻底毁灭。”[②]

第三,文化形态史观的代表人物斯宾格勒和汤因比都从整体文化观出发,不约而同地提出了比较形态学的研究方法。斯宾格勒认为,传统的历史类比方法,包括兰克的历史类比,“只是片段的、武断的,通常只是一种暂时的倾向,而不是对于历史形式具有真正深刻的领悟”[③]。但这并不意味着斯宾格勒一概反对类比,相反他认为,“类比,就其揭露历史的有机结构而言,对历史思潮原是一件好事。类比的技巧,由于在发展中受到了一种综合观点的影响,原是有把握导致必然的结论和逻辑的优势的”[④]。同时,正如他自己所言,“我们面前的八个文化,全都具有同样的结构、同样的发展和同样的持续期间这种事实,证明我们用比较方法去观察它们是对的,从而也证明,我们把它们看做是可以比较的、用比较方法来研究它们以及从我们的研究中得到一种能使我们回顾过去并前瞻未来的知识,也是对的”[⑤]。从斯宾格勒的论述中可以看出,他所反对的是那种按“原因”和“效果”的体系研究历史的简单的因果分析。他毫不客气地认为,这种对待历史的态度是“实用主义”的和伪“自然科学”的。为此,他提倡建立在整体文化观基础之上的比较研究。

汤因比在斯宾格勒的基础上,进一步强调了对文明社会进行比较研究的必要性。在汤因比看来,历史研究的单位不是民族国家或时期,而是社会,因为仅就一个国家来考察,是很难说明自身的。为了说明“局部”,

---

① 李庆霞、姜华:《汤因比的文化形态学及其启示》,载《理论探讨》2003年第2期。

② [英]汤因比著,曹未风译:《历史研究》(下册),上海人民出版社1986年版,第153页。

③ 欧阳庆云:《斯宾格勒与汤因比的文化形态学之比较》,载《淮北煤炭师范学院学报》(哲学社会科学版)2003年第4期。

④ [德]斯宾格勒著,齐世荣等译:《西方的没落》,商务印书馆2001年版,第16页。

⑤ 同上,第125页。

必先研究“整体”。他认为，人类至今不足六千年就出了21个文明，这些作为文明社会的成员，“是可以比较的”。他反复强调：“研究作为统一体的所有已知文明的历史的第二种方法是对它们各自的历史进行比较研究。”[①]通过比较研究，不仅可以发现不同文明之间的相互作用、相互制约以及它们之间的异同和发展趋势，从而帮助人们进行更好的“选择”，而且由于任何一种文明都要经历起源、生长、衰落和解体四个阶段，通过比较“也许能够找出被称作整体的比较研究，打破我们自己国家和自己文化的局限，打破我们短暂的历史所造成的束缚”[②]。

文化形态史观作为20世纪西方史学界的一种新的理论学说，是在与西方实证主义史学的对抗中产生的，也是近现代西方史学新陈代谢的结果。文化形态史观的思辨的历史哲学体系在西方学术界已经成了明日黄花，却在20世纪80年代以后在中国引起了学术界的关注。越来越多的研究者试图运用文化形态史观的相关理论和方法研究中国历史的相关问题，这其中也包含对教育史相关问题的研究。总的说来，文化形态史观对教育史学研究的影响和启示主要表现在以下几个方面：

首先，文化形态史观将文化或文明作为研究历史的基本单位，强调历史就是文化，为教育史学研究提供了新的文化视角。教育史作为世界历史的重要组成部分，它的发展与世界历史和文化几乎同步，因此对教育这一社会现象的历史考察，也应该将其放在文化或文明的大背景下进行整体性的研究，即不能仅仅看到教育发展本身的规律和特点，更要关注教育与整个文化发展之间的关系，只有这样才能更好地理解不同文化背景下所形成的不同性质和特点的教育。

其次，文化形态史观将世界历史看做多种文明生长和衰落的历史，而非单一文明的扩散的历史的观点，从根本上否定了“欧洲中心论”。文化形态史观所提倡的文化多元论和多元价值观，对于我们今天更好地理解文化与教育之间的关系以及教育的本土化提供了新的依据。长期以来，中国教育学界对教育史相关问题的研究，其理论依据大多来源于西方的

---

① [英]汤因比著，沈辉译：《文明经受着考验》，浙江人民出版社1988年版，第137页。

② 同上，第136页。

教育学,因此,造成了教育史学研究忽视本土教育研究的缺陷,即使是对本土教育的研究,其价值判断的标准及其理论依据也主要来源于西方,从而造成了对本土教育理解上的偏差甚至错误。因此,我们在今后的研究中,应注意吸收西方文化形态史观的多元文化论和多元价值观,冲破那种将任何文化背景下的教育均纳入到西方教育理论框架中进行研究的僵化模式,以开放的、兼容的态度,从多视角、多层面去研究不同文化中的教育历史,从而更好地理解文化与教育的关系。

最后,文化形态史观所提倡的在整体史观指导下的比较形态学的研究方法,为教育史的整体研究和宏观研究提供了新的思路。文化形态史观摒弃了实证主义史学中的"古代—中古—近代"的三分法,打破了传统的国别史、断代史的研究模式,强调采用多个文明的横向比较与宏观考察,"这种世界性的比较史学,又为理解反复出现的社会发展进程的模式,为理解历史上的重大飞跃和连续性,奠定了坚实的基础"①。教育史作为社会文化形态的重要表现形式,与文化或文明一样,具有同时代性,因此也具有可比性。对不同文化或文明中的教育现象进行横向或宏观的比较研究,可以使研究者更好地考察教育历史事件总的运动的功能作用以及教育历史发展进程中静止性与运动性如何统一的问题,从而更准确地揭示人类教育历史的发展进程。

尽管以斯宾格勒和汤因比为代表的文化形态史观在对世界文化和文明的研究中存在着较多的偏颇和失误,如其对文明生长动力和文明衰落原因的分析,在一定程度上存在着"宿命论"的倾向,同时,他们对文化或文明种类的划分也过于随意,不够科学,但是在历史哲学的发展过程中,斯宾格勒以《西方的没落》一书为整个人类文明的前景敲响了警钟,并确立了自己在史学领域中的地位和影响,促使了20世纪上半叶思辨的历史哲学的复兴。汤因比继承发展了斯宾格勒的理论,并融合自己的真知灼见,构建了一套完整的文化形态学的理论体系。尤其是文化形态史观积极主张的多元文化观和整体研究方法论指导下的比较形态学的研究方法,对于20世纪以来的史学产生的影响是不容忽视的,其中的合理内核

① [英]杰弗里·巴勒克拉夫著,杨豫译:《当代史学主要趋势》,上海译文出版社1987年版,第272页。

值得教育史学研究借鉴。

(3) 马克斯·韦伯的历史认识论及其史学方法。德国著名的社会学家和经济历史学家马克斯·韦伯(Max Weber,1864—1920年),作为20世纪与杜尔凯姆、马克思齐名的"社会学家的现世神明"[①],在《古代的农业关系》《新教伦理与资本主义精神》《古代世界与农业史》《社会经济史论文集》《宗教社会学论文集》等代表性的史学著作中,通过对经济(主要是农业)问题、社会学、宗教、法律、社会政治、历史等领域的研究,形成了庞大而复杂的理论体系。他的理论体系"堪称是兼具历史性和系统性的社会学之典范"[②],尤其是他的方法论,被第16届国际历史科学大会列为"方法论"部类的三大课题之一,受到学术界的高度重视。韦伯的史学方法论原则及其研究方法主要包括"理想类型""价值无涉"、多学科综合研究和历史比较研究法等主要内容。

韦伯将自己的研究定义为"理解的社会学"[③]。他的出发点是,"社会研究的对象不同于自然研究,不是动物或无生命的客体,而是人的社会性行动"[④]。这里的"社会性"是指行为者在主观意义中考虑到了他人的行为并把这种考虑置于自己的活动过程之中……从而使社会研究成为一门"旨在阐释性地理解社会行动,藉此达到对社会行动的过程和后果的因果解释的科学"[⑤]。为此就需要"构筑首尾一致,边界清晰的概念图示,通过逻辑的和系统的程序来解释观察所得的资料。因此从这个意义上可以说,虽然研究对象的相异使得社会科学和自然科学相异,但研究方法程序的相似又使得二者同为科学"[⑥]。韦伯的这些思想都集中地体现在他的比较研究的主要概念工具——"理想类型"之中。

---

① 张广智主著:《西方史学史》,复旦大学出版社2005年版,第309页。

② 林存瑛:《略析马克斯·韦伯的方法论及其意义》,载《社会信息》1993年第7期。

③ 社会科学的目的在于"理解"的观点,韦伯深受文化哲学家狄尔泰的影响。详见休斯《意识和社会》(H. Hughes, Consciousness and Society,1958),第183—200页。

④ 丁学良:《韦伯的世界文明比较研究导论》,载《中国社会科学》1987年第1期。

⑤ [德]马克斯·韦伯:《经济与社会》第1卷,第4页。转引自丁学良:《韦伯的世界文明比较研究导论》,载《中国社会科学》1987年第1期。

⑥ 丁学良:《韦伯的世界文明比较研究导论》,载《中国社会科学》1987年第1期。

"理想类型"①,作为马克斯·韦伯史学研究中的一种特殊方法,在马克斯·韦伯的历史认识论中,是作为进行经验研究的手段和理论公式建立起来的。② 所谓理想类型"就是通过客观的观察和严密的逻辑构思对具体的个别历史现象进行片面拔高而得出的一种明晰的概念。它源于历史现世,又高于历史现实。……它的作用在于缩短了理论与经验之间的距离"③。"理想类型"之所以成为韦伯方法论体系的核心内容,主要由于"韦伯的社会历史科学要求对历史现象的独特性加以解释,这一独特性的基础在于不同的文化意义和价值体系,而其总根基在于人的行动和主观意义。由于人类行为的动机各不相同,各种事件所具有的文化意义各不相同,不可能存在一个单一的刻板的解释模式"④。为了解决这一认识问题,韦伯主张用逻辑方法来解决,因此,"理想类型"就"类似坐标图上的原点,设置一个概念上边界明确清晰的参照点,以用于进行经验的比较和因果解释"⑤。在此基础上他构建了其方法论体系的核心"理想类型范畴"。

韦伯"理想类型"中的"理想"意味着"从可能性中认识事物,即指具有同一性质的多个具体事物的抽象"。即韦伯所说的"单方面加强一个或几个观点,并将许多程度不等的、分散而零碎的、有时甚至是没有的个别现象组合而成,根据这些片面观点,将上述现象组合成完整的分析结构。"⑥"理想类型"有三个方面的特征:"第一,它是对于行为主体说来具有'预测性'的主观范畴;第二,它是行为主体对它自己行为中那些按照预先设想去实现此行为的理解;第三,这种理想类型并不表示行为具有明确的具体

① "理想类型"是韦伯方法论中的一个重要的概念,其德文是"Idealtypus",其对应的英文译作"ideal—type"。大多数的汉语译作"理想类型"或"理念型",也有学者将其译作"理想典型",至于这两种不同翻译的区别,参见何宏光《韦伯社会学研究方法论的开新》,载《安徽工业大学学报》(社会科学版)2004年第1期。本书采用"理想类型"的译法。

② 林璧属:《马克斯·韦伯史学研究方法评析》,载《西北大学学报》(哲学社会科学版)1989年第2期。

③ 王容芬:《韦伯的比较史学研究及其史学方法》,载《世界史研究动态》1989年第2期。

④ 林璧属:《论韦伯的历史哲学》,载《史学理论研究》1992年第4期。

⑤ 丁学良:《韦伯的世界文明比较研究导论》,载《中国社会科学》1987年第1期。

⑥《马克斯·韦伯社会科学方法论》,伊利诺伊斯1949年版,第90页。转引自林璧属《韦伯的历史哲学》,载《史学理论研究》1992年第4期。

含义，而只是表明它的界限。”由此看来，韦伯的“理想类型”既“不是对事实进行的经验概括，也不是对社会生活的‘理想’提出的，它只表明某种现象接近于典型”[①]。它所表示的是一种可能性，而不是现实性，但通过这种可能性，人们可以更好地理解现实性。正如韦伯在《社会科学方法论》一书中所说：“理想类型的概念将有助于提高我们在研究中推断原因的能力：它不是假设，但它为‘假设’的构造提供了指导；它不是对现实的描述，但它为这种描述提供明确的表达手段。”[②]尤其在历史学中，“理想类型”是作为历史认识论的方法，它是认识手段而非认识目的。具体到历史研究中，“一种理想类型是通过片面突出一个或更多的观点，通过综合许多弥漫的、无联系的、或多或少存在和偶尔又不存在的个别具体现象而形成的，这些现象根据那些被片面强调的观点而被整理到统一的分析结构中。就概念的纯洁性而言，在现实世界的任何地方都不能凭借经验找到这种精神结构。它是一种乌托邦”[③]。尽管如此，由于“历史研究所面临着的任务是，在每一个别实例中，确定这种理想结构接近或脱离现实的程度”，因此在研究中，“只要仔细加以运用，这些概念在研究和说明中具有特别有用的价值”。即可以用这种方法，通过整理某类概念在完全不同的时代和国家中所实际发现的某些特征，就可以将某类观念“归入乌托邦中；通过突出它们的本质倾向，也可以把它归入一种一致的理想结构中”[④]。在此，韦伯强调理想类型是乌托邦，即有“某种空想的性质”[⑤]，把理想类型称为臆断的产物，以此来强调理想类型的“超经验来源，视理想类型为认识历史和现实的工具”，是“为了发现现实的因果关系”。[⑥] 当韦伯将理想类型运用于认识历史时，他并不局限于恢复“曾经存在过的东西”，而是要对历

① 李建立：《马克斯·韦伯的社会学方法论述评》，载《河北大学学报》1994 年第 4 期。

② [德]马克斯·韦伯著，杨富斌译：《社会科学方法论》，华夏出版社 1999 年版，第 185—186 页。

③ 同上，第 186 页。

④ 同上。

⑤ N.C.科恩主编，梁逸译：《十九世纪至二十世纪初资产阶级社会学史》，上海译文出版社 1982 年版，第 273 页。

⑥ 同上，第 273 页，第 281 页。

史的个别现象进行因果分析。[①] 因此，理想类型的价值，就在于它能够把那些杂乱无章的资料组织起来，并使之有意义，帮助历史学家突破历史特殊性的限制，建立因果分析的桥梁。

除了“理想类型”以外，“价值无涉”[②]是韦伯提出的另一个认识原则。“价值无涉”，又称不带价值取向或价值中立，它是韦伯对史学研究以及一切社会科学研究提出的基本要求，同时也是韦伯对研究者提出的人格要求。“价值无涉”主要关注“如何看待认识主体的历史研究者与认识客体的客观历史过程的关系问题”以及“历史认识是否具有或怎样具有真理价值”[③]等问题。他针对新康德主义者过分强调社会历史科学研究中主体的作用，任意将主体性特征加以夸大，以至于否定社会科学中的“客观性”的偏差，效仿实证主义“消灭自我”的客观认识方法，提出了“价值无涉”的原则。

价值无涉的方法论原则，着重强调研究者要达到客观认识历史事实的目的，则“所持的研究态度要客观”[④]，也就是主张在学术研究（包括教学活动）中，研究者不能带任何价值观、党性、派性、阶级性，不能把学术研究与个人偏见混为一谈，反对将个人立场灌输到研究中去。他强调“我愿意引我们历史学家的著作来证明，一旦做学问的人超脱不了个人的价值判断，就没有对事实的全面了解了”[⑤]。韦伯也反对把学术与政治混为一谈。他认为“学术研究的任务在于确定事物的本来面目、逻辑关系、内在结构，回答‘是什么’的问题。政治则要求对事实做出价值评估，回答‘应当怎样做’的问题”[⑥]。这表明在学术研究中存在着“事实与价值观念”两个领域。

---

① N.C.科恩主编，梁逸译：《十九世纪至二十世纪初资产阶级社会学史》，上海译文出版社1982年版，第275页。

② 在韦伯原著中，德文的“价值无涉”是“Wertfreheit”，英文译作“value neutrality”或“value free”，即价值中立或价值自由。

③ 林璧属：《论韦伯的历史哲学》，载《史学理论研究》1992年第4期。

④ 斯·安德列斯基：《马克斯·韦伯的卓见与不足》，转引自林璧属《论韦伯的历史哲学》，载《史学理论研究》1992年第4期。

⑤ 马克斯·韦伯：《学术生涯与政治生涯——对大学生的两篇演讲》，国际文化出版公司1988年版，第36页。

⑥ 王容芬：《韦伯的比较史学研究及其史学方法》，载《世界史研究动态》1989年第2期。

在他看来，“从‘忠实（事实）的陈述’中抽不出也不应该抽出‘应该如此的陈述’。……经验性的科学有时会帮助人们搞清楚自己能够或希望做什么，但不能劝导任何人应该做什么”[①]。

尽管韦伯也承认绝对的“价值无涉”或“价值中立”只是一种理想状态，在实际研究中是很难做到的，但是在社会、历史研究中，他还是希望将“价值无涉”作为重要的研究方法，引起人们的注意，并尽力去做到。韦伯之所以这样坚持的原因在于：第一，韦伯并没有一味地否认研究者的价值立场，而只是要求社会科学研究者在具体的研究中要明确区分科学研究与价值判断。要明示“哪些陈述是纯粹从逻辑推演而来的或对纯粹经验事实的说明，哪些陈述是实际的价值判断”[②]，不要以科学的名义论证自己的价值立场，在事实材料中加进自己的价值判断。这样才能充分地尊重事实材料，充分地尊重别人的价值观念。第二，韦伯提出“价值无涉”的最主要用意在于反对研究者进行价值说教和价值灌输。他主张当研究超出事实材料之外、超出纯粹逻辑推演之外的时候，研究者应该保持沉默。韦伯说：“作为‘职业’的科学，不是派发神圣价值和神启的通灵者或先知送来的神赐之物，而是通过专业化学科的操作，服务于有关自我和事实间关系的知识思考。它也不属于智者和哲人对世界意义所做沉思的一部分。”[③]由此看来，韦伯提出“价值无涉”的用意并不是绝对否定价值，而正相反，通过对“价值关联”的论述，实际上他不仅已经承认了，而且强调了价值、意义的无所不在。从根本上而言，韦伯提出“价值无涉”的最终目的在于“避免科学讨论与价值判断的混淆，在科学研究中倡导尊重事实与尊重他人，清除个人偏见”[④]，从而使关于社会现象的知识更具有客观性。

在“理想类型”和“价值无涉”两大历史客观认识的方法论原则指导下，韦伯在史学研究中形成了跨学科的综合研究和历史比较研究的具体

---

① 林存瑛：《略析马克斯·韦伯的方法论及其意义》，载《社科信息》1993年第7期。

② [德]马克斯·韦伯著，韩水法、莫茜译：《社会科学方法论》，中央编译出版社2002年版，第137页。

③ [德]马克斯·韦伯著，冯克利译：《学术与政治》，生活·读书·新知三联书店1998年版，第45页。

④ 张之庆：《论韦伯的“价值无涉”》，载《文史哲》2005年第5期。

方法。

跨学科综合研究是韦伯进行历史探讨所使用的主要方法之一。他作为一位训练有素的法学家、经济学家和社会学奠基人之一，在他的许多研究中都明显地体现出了跨学科综合研究方法。如在他早年的《论中世纪商业团体的历史》和《罗马农业史》中，他就使用了法律、历史和经济学的分析方法。在《新教伦理与资本主义精神》一书中，他结合社会学、历史学、心理学、宗教学和经济学等学科的资料和方法，对宗教观念与隐藏在资本主义发展背后的资本主义精神之间的生成关系进行了系统的综合研究。

在韦伯的史学研究实践中，跨学科综合研究最为明显的特征之一，是注意用社会学与史学的交融来研究历史，进而形成了他的"社会学式的"历史研究的跨学科研究方法。正如有学者所说的那样，与其称韦伯的历史研究为"历史社会学"，倒不如称为"社会学史学"更加贴切。因为在韦伯的研究中，他是用社会学的方法研究史学的课题，而不是用史学方法研究社会学的课题。社会学作为一门边缘学科，与史学的交融在韦伯的史学研究中就形成了独特的跨学科研究方法。[①] 在韦伯历史研究中社会学与历史学交融的原因是："其一，韦伯时代正是社会学初创阶段，是与19世纪发展到顶峰的历史学密切相关的。社会学的创立，离不开历史学的帮助，于是，20世纪初的社会学家，特别是韦伯，'自己也着重强调他们并不妄想发现历史发展的统一意义，自认社会学只不过是狄尔泰和李凯尔特所说的那样一种历史学的辅助科学'，将社会学作为历史认识的一种方法。其二，韦伯研究历史固然是为了说明历史事件的独特性和独特变化，但他并不忽视带有普遍意义的命题，并不仅仅把对普遍命题的确立和普遍法则的形成当成社会学的事。因为他坚信，研究历史即使执著于理解独特性，也只是在能提出具有普遍意义的命题时才能算得上具有科学性，才能得出真实的认识。要理解历史就要使用具有普遍意义的命题，而具有普遍意义的命题只能在历史的分析与比较中才能被证实。因此，理解

① 王容芬：《韦伯的比较史学研究及其史学方法》，载《世界史研究动态》1989年第2期。

独特性的历史学与确立普遍命题的社会学之间的交融成为必然。”①也正因如此，在韦伯的课题研究中，我们随处可以看到跨学科研究的影子，如法律史、经济史、社会史、文化史、人种学等均是他涉及的范围。在他的课题研究中，韦伯尽可能广泛地开展问题的各个层面研究，并运用所需要的各个学科的方法细致入微地对这些层面进行研究，因此，通过他的研究所得出的结论相对而言比较严谨。

除了跨学科综合研究方法的运用外，韦伯在理想类型的帮助下，还广泛使用了比较研究的方法。“通过考察不同文明中主要的价值观念体系（即‘意义系统’）与人们经济活动之间的相互关系，以界定和解释现代西方文明的主要特征，是韦伯的终身目标”，为了达到这一目标，他的全部著作的主线，是把西方文明的现代形态与古代形态、把西方文明与东方文明进行比较，从而分辨出各大世界性的价值体系中，哪些因素促进或阻滞了经济生活的合理性化。② 他的比较研究方法以《新教伦理与资本主义精神》作为其“宏大文明比较研究的导言”，此后在他的由《中国的宗教：儒教与道教》(1913)、《印度的宗教》(1916—1917)和《古代犹太教》(1917)三卷构成的巨著《诸世界性宗教的经济伦理》中都贯穿了比较研究的方法。因此，有学者称“韦伯以他对世界各主要文明体系的比较研究，开拓了社会科学的新视野”，尤其是他的比较研究使他成为了“比较现代化研究的奠基人”。③

---

① 林璧属：《论韦伯的历史哲学》，载《史学理论研究》1992 年第 4 期。

② “理性”又可以称为“合理性的”“理性化”“理性主义”。这是韦伯思想中最核心的概念。本迪克斯指出它至少具有三层含义：第一，作为一种研究对象，理性是个人自由的表现，它最适合于资本主义时代，也最适合于个人自身。第二，理性是合逻辑、明晰的同义词。社会科学要成为科学，必须是理性的，它的概念（如“理性类型”）不是对现实的描述，而是定义明确的分析工具。第三，最重要的含义是，理性化是世界历史的一种过程，在这方面，依据社会生活的不同领域，理性化所指不同。比如相比较于巫术，具有系统的教义教规、由宗教倡导者和专业化的教士进行布道的宗教形式，是宗教生活的理性化。又如，相比较于通过征服、掠夺、欺骗获得财富，在对市场情况、生产技术、政府政策、法律、劳动力状况等等了解分析的基础上，通过投资获得财富，是经济活动理性化的表现。（原文见《马克斯·韦伯：一幅知识肖像》，R. Bendix, Max Weber: An Intellectual Portrait, 1977，第 279 页。转引自丁学良：《韦伯的世界文明比较研究导论》，载《中国社会科学》1987 年第 1 期，第 78 页注释）

③ 丁学良：《韦伯的世界文明比较研究导论》，载《中国社会科学》1987 年第 1 期。

对于韦伯的史学方法论及其研究方法，我们应该一分为二地看待。我们必须看到，尽管韦伯反对实证主义者将“自然科学方法作为先决条件向人类研究领域延伸，肯定社会科学具有不同于自然科学的方法论”①的观点具有内在的合理因素，但这并不能掩盖其社会科学方法论的康德的先验主义和不可知论。尤其是他的理想类型，过分强调了超经验来源，其空想的性质占了主导地位，因而走向了马克思主义唯物辩证法的对立面。从这个意义上说，韦伯的历史认识方法论不能代替马克思主义的唯物辩证法。但是，我们也不能由此全盘否定韦伯的历史方法论。韦伯的历史方法论以及研究方法对社会科学、历史学和教育史学均有可借鉴之处：

首先，韦伯关于“价值无涉”的观点，要求史学研究者在任何研究中都不能带有任何价值观、党性、派别、阶级性，坚决反对把学术研究与个人价值判断以及政治混为一谈，表面看来似乎难以实现，但是作为一种学术研究的理想或理性的学术研究，“价值无涉”对教育史学研究具有很大的启示作用。教育史学研究工作者，在具体的教育史学研究中，尽管不可能完全摒弃个人的价值判断、阶级性等因素的影响，但是教育史学研究的基本原则是实事求是地、客观地反映教育历史事实，在此前提下对教育史做出合乎历史事实的价值判断，因此，教育史学研究者在其研究中，绝对不能以个人的价值判断来代替具体的历史事实，否则，其研究结论的客观性和科学性就会大打折扣，教育史学研究也就不可能为现实的教育发展和改革提供有益的借鉴。

其次，韦伯主张的跨学科综合研究，实际上是20世纪科学整体化、综合化研究发展趋势的体现。他关于跨学科综合研究和历史比较研究方法，不仅为教育史学研究扩大了研究视野，而且极大地增强了教育史学工作者对教育历史现象的分析能力，尤其是他的跨学科综合研究方法，不仅有利于促进教育史学与历史学、社会学、心理学、文化学等多种学科的结合，而且有利于促进教育史学研究方法摆脱教育史学单一的研究领域，与社会学、历史学进行融合。更重要的是，通过跨学科的综合研究和比较研究，能够更清楚地把握教育历史发展的客观规律，并为当前的教育改革提

① 陈辉：《韦伯主义不能“替代”马克思主义》，载《阵地》1993年第1期。

供经验和依据。

(4) 年鉴学派与布罗代尔的历史“三时段”理论。年鉴学派产生于19世纪末20世纪初的西方实证主义史学危机的背景之下，因吕西安·费弗尔(Lucien Febver，1878—1956年)和马克·布洛赫(Marc Bloch，1886—1944年)于1929年创办的《经济与社会史年鉴》(简称《年鉴》)而得名。年鉴学派的发展、演进大致经历了三个主要阶段：第一阶段(1929—1946年)——“定性结构史学”居主导地位的阶段；第二阶段(1946—1969年)——年鉴学派进一步强化和“制度化”的阶段；第三阶段(1969年至今)——新史学阶段。在年鉴学派的演进过程中，他们“试图糅合经济、社会、文化等因素，对历史进行总体的综合研究。……如今《年鉴》创办者所揭橥的理想已化为现实，成为一种现代西方史学研究的‘典范’，也成为现今国际史学发展的主流”①。

年鉴学派在与实证主义史学的较量和争论中，克服了实证主义史学的种种弊端，突破了实证主义史学的旧范型，形成了与以兰克学派为代表的西方实证主义史学范型存在明显区别的新的史学范型(后世称为新史学范型)。

在历史本体论问题上，年鉴学派通过回答“历史是什么”的问题，确定了其“总体史”的历史观。关于“历史是什么”的问题，从本质上主要涉及的是历史和历史学的性质问题。“在每一个历史和历史学的重要演进时期，人们都会有意识或无意识、有系统或无系统地对历史学的性质提出疑问。”这是因为，“历史学牵涉到一个社会的集体记忆或对该社会集体活动历史轨迹的探索，因而构成了人类社会意识的重要部分”②。对于“历史是什么”的问题，年鉴学派冲破了实证主义史学以偏概全、只重视文献历史和事件历史的研究框架，提出了总体史的历史观。年鉴学派的创始人之一费弗尔明确提出：“历史学是关于人的科学，是关于人类过去的科学。”这里强调的“科学”“已与昔日的科学形式毫无共同之处”，它“并不是事物

① 张广智、张广勇：《现代西方史学》，复旦大学出版社1996年版，第70页。

② 何兆武、陈啟能主编：《当代西方史学理论》，中国社会科学出版社1996年版，第497页。

的科学或概念的科学。……从最广泛的意义上而言。历史只能是人的历史”。[①] 年鉴学派的这一回答，一方面确立了其新史观的一个基本原则——历史学应该研究人，研究人类总体，历史学关注的是整体的人类，而不是少数杰出人物的历史；另一方面，年鉴学派确定了其历史研究的主要范围，即历史学应以“全体人类的历史”为研究对象，它研究人以及与人相关的一切方面。它关心的是人类的全部活动，而不是少数杰出人物的历史。在此基础上，“年鉴派就有可能更加雄心勃勃地鼓励进行真正的整体史研究了，在他们看来，以往的一切，从日常最不起眼的琐事到最微妙的心态，整体史都不应该加以排斥。……如果说必须让人们懂得，历史是一个整体，人的个人生活和集体生活有多少侧面，历史就应该有多少专栏、多少研究题目。”[②]

年鉴学派提出的总体历史不是各种历史现象的简单拼凑或堆砌，而是由各种历史现象相互联系、相互作用而组成的有机的、独特的社会存在。因此，年鉴学派强调历史研究不能停留在历史现象的表层，而必须深入到历史现象背后，探讨其深层结构和恒定趋势，其目的在于更准确地理解现实。年鉴学派的代表性人物布洛赫开创的“定性结构史学”、布罗代尔提出的“长时段”理论，都是将历史事件置于宏观的历史背景之下去进行考察的尝试。在这些尝试中，年鉴学派更多地侧重于研究那些变化较缓慢但又长期发挥作用的因素对历史发展的影响，如地理、社会、经济、心态、道德、宗教、文化等，以此探讨历史的发展规律或趋势。年鉴学派的这种研究取向，彻底打破了历史学与其他学科之间的壁垒，从而走上了跨学科研究历史的道路。

在史学认识论问题上，年鉴学派通过对“历史认识从何处来”的问题的回答，明确了现实与历史、主体与客体之间关系。关于“历史认识从何处来”的问题，主要解决两个层面的关系问题：一方面是要解决如何看待

---

① [法]费弗尔：《为史学而战斗》(Combats pour l'histoire)，巴黎 1953 年，第 12 页、第 30 页、第 13 页。转引自何兆武、陈启能主编《当代西方史学理论》，中国社会科学出版社 1996 年版，第 497—498 页。

② [法]莫里斯·阿居隆著，许明龙译：《二十世纪的法国史学》，载《史学理论研究》1995 年第 1 期。

现实与历史的关系问题;另一方面是要解决如何看待主体与客体之间的关系问题。对于现实与历史的关系,年鉴学派针对实证主义史学割裂现实与历史的关系、否认历史研究的现实意义的主张,强调历史研究的现实意义。费弗尔认为,研究历史是"人类的需要,这是一种每个人类群体在其演进时都认识到的需要:人们从'过去'的行为、事件、趋势中寻找着或赋予着价值,这些行为、事件、趋势预示着现实,使人理解现实并帮助人们生活在现实之中",因此"历史学的功能是依靠现实而组织过去"。[①] 然而这样强调历史研究的现实意义,并不会妨碍历史知识和认识的科学性。因为历史学与其他任何科学一样都是时代的产物,都反映着该时代的需要,"科学不产生于象牙塔之中,科学产生于生活之中,是生活于每一个时代的活着的人所创造的。通过无数微妙和复杂的关系,科学与人们的各种活动相联系"[②]。历史学也是如此。布洛赫则更明确地提出了一个史学认识论的基本信条:"通过过去而理解现在,通过现在而理解过去。"[③]前半句强调的是史学的社会功能,"即是通过历史而让人们更好地理解现实社会";后半句则体现了年鉴学派史学认识论的一个基本原则:"即现实社会的认识水平决定着现实社会的人对历史社会的认识深度。"[④]就像费弗尔所说的那样:"人不记得'过去',而总是在重建过去……人从现实出发——而正因为通过现实,他才认识和评价过去。"[⑤]

对于历史研究主体与历史认识客体之间的关系,年鉴学派针对实证主义史学宣扬"史料中心论"以及否认历史学家在历史认识中的主体作用

① [法]费弗尔:《为史学而战斗》(Combats pour l'histoire),巴黎 1953 年,第 437—438 页。转引自何兆武、陈啟能主编《当代西方史学理论》,中国社会科学出版社 1996 年版,第 499 页。

② [法]费弗尔:《为史学而战斗》(Combats pour l'histoire),巴黎 1953 年,第 15 页。转引自何兆武、陈啟能主编《当代西方史学理论》,中国社会科学出版社 1996 年版,第 500 页。

③ 姚蒙:《法国当代史学主流——从年鉴派到新史学》,生活·读书·新知三联书店 1988 年版,第 46 页。

④ 何兆武、陈啟能主编:《当代西方史学理论》,中国社会科学出版社 1996 年版,第 500 页。

⑤ [法]费弗尔:《为史学而战斗》(Combats pour l'histoire),巴黎 1953 年,第 58 页。转引自何兆武、陈啟能主编《当代西方史学理论》,中国社会科学出版社 1996 年版,第 500 页。

的观点，强调历史研究者作为主体在历史研究中的主体作用。在年鉴学派看来，世界上根本不存在“客观的”和“现成的”历史事实，无论是原始史料还是历史著作，都不同程度地带有记录者和著作者的主观印记。任何历史事实均来源于历史学家对史料的比较、分析和选择，任何史料一旦离开了史学家的选择和分析也就变得毫无意义了。尽管在历史研究中，作为研究者的历史学家必须客观地反映历史事实，但是史学家对于史料并不仅仅是被动地接受和客观地描述，而是要在此基础上，对历史做出自己的解释。由此看来，在作为历史认识主体的历史学家和作为历史认识客体的史料之间，历史研究的主体——历史学家起着积极的主导作用。

这里需要说明的是，“当年鉴派谈到历史与现实的关系、谈到人对历史的认识的相对性时，是以严格的史学科学方法论作为框架来保证的。因而，现实对历史研究的影响并不意味着史学可以受现实需要（如政治的、意识形态的利益）的随意摆布，而是史学根据现实所提出的问题以自己的学科手段和严谨方法论通过研究历史而做出回答”①。由此，年鉴学派提出了他们以“问题史学”为核心的史学方法论原则。

在历史研究的方法上，年鉴学派针对传统史学以对“历史的描述和叙述代替一切其他史学表述形式”的“叙述史学”，提出了“问题历史”的研究方法论。年鉴学派的创建者之一费弗尔明确指出，“提出一个问题，确切地说来乃是所有史学研究的开始和终端。没有问题，便没有史学。……‘在科学指导下的研究’这个程式涉及两个程序，这两个程序构成了所有现代科学工作的基础，这就是：提出问题和形成假设。”②在年鉴学派看来，只要有历史研究，就一定存在着问题。叙述性的史学虽然也是回答历史与现实所提出问题的一种方式，但是这种方式的研究一旦“离开了政治史、军事史、伟大人物史等事件系列的历史领域而进入社会史、经济史、心

① 何兆武、陈啟能主编：《当代西方史学理论》，中国社会科学出版社 1996 年版，第 501 页。

② [法]费弗尔：《为史学而战斗》(Combats pour l'histoire)，巴黎 1953 年，第 22 页。转引自何兆武、陈啟能主编《当代西方史学理论》，中国社会科学出版社 1996 年版，第 501 页。

态史等新领域时，表述性的方法就难以胜任了”[①]。因此，新领域、新对象都需要有新的方法，于是，以“问题史学”为核心的研究方法就必须与跨学科研究联系在一起。在年鉴学派的“问题史学”研究方法中，史学家研究历史是以明确地提出问题，进而形成假设的程序进行的，一旦问题确定，研究者就必须围绕这一问题使用尽可能多的手段、途径、方法来回答问题，证实或推翻假设，在这个过程中，史学研究必然要求打破学科的局限，尽可能地在相关的人口学、经济学、地理学、心理学、统计学、人种学、人类学以及社会学中寻找途径和方法，其最终目的是要解决问题。年鉴学派在强调跨学科研究的同时，从来也没有抛弃过实证主义史学的史料考证手段，他们对与历史研究密切相关的文献考据学、文字学、谱系学等都十分重视，由此看来，年鉴学派倡导的“问题史学”为核心的史学研究方法体系，是一个在继承传统史学研究方法基础上形成的开放性的研究方法体系。在年鉴学派看来，任何封闭的学科在当代都是毫无生命力的，“所有的发现不是产生于每个(科学)学科的内部及核心，而是产生于学科的边缘、前沿、交界线，在这些地方，各学科相互渗透”[②]。

年鉴学派倡导打破学科局限，并没有就此削弱史学的特殊性及其地位。相反，史学以历史中的人为研究对象，“因此它能够、也应当全面借鉴其他学科的方法和途径，但这种借鉴是以史学为基础、为目的的。史学并不在这种跨学科的交流中丧失其中心地位，反而能对其他学科起到一种综合作用”[③]。从这个意义上而言，跨学科的“问题史学”也是使“总体史”范型得以实现的一个重要途径。而真正实现年鉴学派开创的“总体史”研究的是年鉴学派的第二代“宗师”——布罗代尔和他的“三时段”理论。

费尔南·布罗代尔(Fernand Braudel，1902—1985 年)的“三时段”理论主要反映在 1958 年他出版的专著《地中海与腓力二世时期的地中海世

---

① 何兆武、陈啟能主编:《当代西方史学理论》，中国社会科学出版社 1996 年版，第 502 页。

② [法]费弗尔:《为史学而战斗》(Combats pour l'histoire)，巴黎 1953 年，第 30 页。转引自何兆武、陈啟能主编《当代西方史学理论》，中国社会科学出版社 1996 年版，第 502 页。

③ 何兆武、陈啟能主编:《当代西方史学理论》，中国社会科学出版社 1996 年版，第 503 页。

界》中。在这部专著中，布罗代尔的研究共分为三个部分：第一部分论述地中海的地理环境，包括山川、平原、海岸、岛屿、气候、交通、城市等；第二部分为单篇论文，分别研究16世纪地中海地区的经济状况，如人口、物价、商业、财政等；第三部分是政治史，叙述土耳其和西班牙争霸地中海的过程。该书的这种论述“体现了三种不同的历史时间，即地理时间、社会时间、事件(个体)时间”。后来布罗代尔便把这三种时间称为“长时段”“中时段”“短时段”，分别代表三种不同层次的历史运动，并在此基础上提出了三种不同的概念：“结构”“情势”“事件”。

“长时段”，又称“地理时间”，“是一种缓慢地流逝、有时接近静止的时间”[①]运动，它以变化极其缓慢和时间跨度大为基本特征。布罗代尔的“长时段”理论是针对传统史学只注重“事件历史”的倾向而提出的。在布氏看来“任何历史都把过去的时间分解成不同的时段，并根据各自的偏爱选择其中的一个时段进行研究”，“乍眼看来，历史似乎是这类反复无穷的小事的集合，微型社会学和社会计量学(还有微型历史学)目前正搜集这些琐碎的材料，但是这众多的琐碎素材并不构成科学思考所能加工的全部历史实在。社会科学对事件几乎深恶痛绝，这并非没有道理，因为短时间是最任性和最富欺骗性的时间”。[②] 为此，布罗代尔主张用“长时段”的研究来弥补“短时段”研究的不足。在布罗代尔看来，“长时段”历史对人类社会发展起长期的决定性的作用。“长时段”不仅仅“是简单地扩大研究和兴趣的范围，也不仅仅是对史学研究有利的一种选择，对历史学家来说，接受长时段意味着改变作风、立场和思想方法，用新观点去认识社会”[③]。至于如何进行“长时段”研究，布罗代尔提出了一个在“长时段”问题中居首位的概念，即“结构”。布氏认为，“在考察社会问题时，‘结构’是指社会现实和群众之间形成的一种有机的、严密的和相当稳定的关系。对我们历史学家来说，结构无疑是建筑和构架，但更是十分耐久的实

① [法]布罗代尔著，顾良、张慧居译：《长时段：历史和社会科学》，见布氏论文集《资本主义论丛》，中央编译出版社1997年版，第182页。

② 同上，第176—177页。

③ 同上，第182页。

在”[①]。尽管“有些结构因长期存在而成为世代相传、连绵不绝的恒在因素：它们左右着历史长河的流速，另有一些结构较快地分化瓦解，但所有的结构全都具有促进和阻碍社会发展的作用”[②]。这些结构在历史运动中的具体表现形式有：地理结构、社会结构、经济结构和思想文化结构等。通过对这种“近乎静止”的历史时间段内结构的分析，人们可以观察到人类历史演进的深刻的内在运动。正如年鉴学派第三代代表人物勒高夫所说的那样，“新史学的先驱们较有成效的观点无疑是长时段，历史的发展时快时慢，但推动历史发展的内在力量却只有在长时段中才能起作用并被把握”[③]。

“中时段”，又称“社会时间”，是指借用经济学家的“情势”，“以表示某些社会历史现象的趋势或周期”[④]的时间运动，它以节奏较慢、周期变化为基本特征。布罗代尔认为，“以往的政治史把一天或一年作为一个理想的时间计量单位。……但一条价格变动曲线、一次人口增长、工资运动、利率波动、生产率研究、商品流通的精确分析，所有这些都要求有更大的时间计量单位”。“中时段”揭示了一种较为开阔的时间度量，它提供给历史学家进行研究的时间段不是短时段的几年、几个月或几天，而是10年、25年或50年乃至100年的时间周期。适应这一时间周期的需要，“就出现了一种新型的历史叙述”，布罗代尔称它为“普遍局面、周期的或确切地说跨周期的‘叙述’”。[⑤] 布罗代尔提倡运用所谓“情势”“周期”和“循环过程”的叙述方式进行历史研究，因为，在他看来，“科学、技术、政治制度、精神工具、文明（用人们所习惯的用语），都具有自己的生命节奏和成长节奏”[⑥]。

“短时段”，又称“个体时间”，是指一些突发性的事件所经历的时间，

① [法]布罗代尔著，顾良、张慧居译：《长时段：历史和社会科学》，见布氏论文集《资本主义论丛》，中央编译出版社1997年版，第180页。

② 同上。

③ [法]J.勒高夫等主编，姚蒙译：《新史学》，上海译文出版社1989年版，第27页。

④ 张广智主著：《西方史学史》，复旦大学出版社2005年版，第330页。

⑤ [法]布罗代尔：《长时段：历史和社会科学》，见何兆武主编《历史理论与史学理论》，商务印书馆，1999年版，第805页。

⑥ 同上，第806页。

“是每个个人所理解的时间，是我们在日常生活中、在梦中、在过去的表面意识中所感受的时间，是新闻记者和日记作者所理解的时间”①。它以瞬息万变、一掠而过为特征。当时发现的大量历史资料，“使历史学家相信，全部真理都寓于文献事实之中。……‘人们只须让自己以原有的样子找来文献，按事件发展的顺序阅读，那么他就会看到：历史事件序列会在人们眼前自动地对号入座’”②。但是在布罗代尔看来，这种“短时段”的“事件历史”考察方法对于更深地认识历史无济于事，所以历史学家的任务就是要转移研究方向，改变研究方法，只有这样才能对历史深层运动进行深入的分析和理解。

在笔者看来，布罗代尔并没有完全摒弃对“短时段”的“个体时间”的考察。布罗代尔在其《长时段：历史和社会科学》一文中明确提出：“今天，我们与19世纪传统历史编纂学的决裂并非意味着与短时段观念彻底决裂。”③布罗代尔所批评的“短时段”观念指导下的历史研究是那种完全否定现实的“事件历史”研究。

综上所述，布罗代尔的“三时段”理论，犹如一座三层的大厦。布罗代尔所提倡的主要是“地理时间”的长时段和“社会时间”的中时段，尤其是长时段，在布罗代尔看来是构成一切历史的基础。正如他一直强调的那样：“在我们看来，长时段是社会科学在整个时间长河中共同从事观察和思考的最有用的河道。但愿我们的邻居们在思考社会现象时能把他们的观察和研究纳入这条轨道。”④他认为，“马克思的影响经久不衰的秘密正是他首先从长时段出发，制造了真正的社会模式。……如果把马克思主义的模式拉回到时间的可变长河中进行观察，它们的网络将显示得一清二楚。……马克思主义是上个世纪中最强有力的社会分析”⑤。

尽管自20世纪80年代以来，对年鉴学派的责难不断增多，同时年鉴

① [法]布罗代尔：《长时段：历史和社会科学》，见何兆武主编《历史理论与史学理论》，商务印书馆，1999年版，第804页。

② 同上，第804—805页。

③ 同上，第805页。

④ [法]布罗代尔著，顾良、张慧居译：《长时段：历史和社会科学》，见布氏论文集《资本主义论丛》，中央编译出版社1997年版，第202页。

⑤ 同上。

学派的史学范式以及布罗代尔的"三时段"理论也存在着许多方面的缺陷,但是总体看来,年鉴学派的史学理论、方法和布罗代尔"三时段"对当代教育史学研究具有一定的启示意义:

首先,年鉴学派和布罗代尔以"长时段"为核心的总体史观,为教育史学新的研究领域开拓奠定了理论和实践的基础。年鉴学派第一代和第二代代表人物,始终坚持追寻和探求人类社会总体的历史。在他们看来,人类社会总体的历史历来就是活生生的,以成千上万的普通民众的活动为主体的人的历史,因此历史研究不能只限定在少数精英人物的政治史、军事史和外交史的范围之内,而应该转向广大普通民众的生活的历史研究。年鉴学派的总体史观从理论上为教育史学研究新领域的开拓奠定了理论基础。

长期以来,我国教育史学研究领域表现出一种过于简单化、狭窄化的特点。教育史学的研究领域主要被限定在教育制度、教育思想两大板块之中,忽视对两大板块之外的教育历史现象以及教育历史现象与社会经济、政治、文化、地理环境之间关系的研究;教育史学研究对象,主要关注的是学校教育和精英人物的教育史,忽视普通民众的社会、家庭教育史,从而使教育史学研究变成了教育法令、教育制度和一些知名教育家的教育思想的简单累加,掩盖了丰富的教育历史现象背后的民众教育心态、民众受教育状况与其物质生活状况的关系,也掩盖了民众社会教化等方面的丰富教育历史的内容,使教育史学研究逐渐走向了狭窄、僵化,这种趋势是导致教育史研究陷入危机的重要原因之一。笔者以为,在教育史学研究中树立整体的教育史观是十分必要的。因为,一方面,它有利于使教育史学研究从传统的两大板块以及少数精英人物的思想史的狭小圈子中解脱出来,从更广阔的时空中揭示教育历史过程的纵深和相互联系以及各层次的运动,由此必然带来教育史学研究领域的扩展;另一方面,它为教育史学与其他社会科学的交流、合作架起了桥梁,大大拓展了教育史学的研究视野,也为教育史学的跨学科研究奠定了基础,从而使我们对教育现象发生、发展的历史认识得更加清楚、更加深刻。

其次,年鉴学派所倡导的强调研究历史的现实意义和研究者主体作用的历史认识论,为正确处理教育史学研究的"客观性"与教育史学研究者“主体意识”的作用之间的关系问题提供了认识论的基础。长期以来，在教育史学研究中存在着两种倾向：一种是单纯强调研究者的主观认识，尤其是在“左”的思想影响下，教育史学研究“常常出现以政治主张、政治倾向来代替客观的历史结论，对史料恣意切割，任意裁减历史，研究中的政治色彩和阶级分析的观点浓郁，常常以论代史”；一种是受到传统史学观的影响，“强调对史料的占有和考证以及历史描述的客观性，而将研究者的主观认识放到相对次要的地位，就史论史，研究的主题和目的不明确，史料大量堆砌，以史料代替史学研究”①。从根本上说，这两种倾向都存在着一定程度的偏差。因为教育史学研究就其功能而言，一方面要尽可能地反映客观的教育历史，追求教育历史的真实性，探索教育历史发展的客观规律，以便为现实教育提供借鉴；另一方面我们必须清楚地看到，在追求教育历史事实的客观性、探寻教育历史发展规律的同时，研究者的历史认识和历史思维是无法回避的。“在历史学中不首先认识历史认识的能力与性质就要去侈谈历史的本质或规律，也正像飞鸟要超过自己的影子，是一桩完全不可能的事。”②因此，教育史学研究必须将追求教育历史的客观性与发挥研究者的主体意识作用密切结合起来，教育史学研究才有价值。

年鉴学派在其历史研究的实践中，始终强调历史研究的现实意义，突出研究者的主体作用，从而形成了与传统史学截然不同的历史认识论。年鉴学派虽然是以向传统史学挑战的姿态出现的，但是实际上，年鉴学派突出历史研究的现实意义和史学家认识主体作用的主张，并非是对传统史学的完全抛弃，而只是针对传统史学进行批判的策略而已。由此可见，历史学家主体认识作用的发挥与史料考订、历史描述的客观真实性之间不是相互矛盾的，恰恰是相互支持的。笔者认为，在教育史学研究中，要想使教育史学研究对现实教育发展与改革具有更大的意义和价值，就必须既重视史料的考订以及对历史进行客观的真实的描述，又重视教育史学研究的现实意义，尤其要重视教育史学研究者主体作用的发挥，只有这

① 傅林：《20世纪西方新史学范式对外国教育史研究的启示》，载《教育研究》2003年第11期。

② 何兆武：《历史理性批判论集》，清华大学出版社2001年版，第378页。

样，才能保证教育史学研究走上真正科学的发展道路。

最后，年鉴学派所构建的以“历史时间”为核心的叙述体例和他们所倡导的以“问题史学”为中心的跨学科研究方法，为教育史学研究及其方法的改革指明了方向。年鉴学派将“历史时间”作为历史学与其他学科相区别的独特个性，提出了以地理、社会和事件时间顺序来逐步完成历史构图的方式——叙述体，在他们看来，“空间、时间和人类是历史过程中的三个统治者的抽象，而人类则是空间和时间之间长期和反复地相互作用的载体”①。尤其是布罗代尔独辟蹊径提出的“长时段”理论，对教育史学研究颇具启示意义。传统的教育史学研究更多地关注“教育重大事件发生史和教育家(或教育思想家)的活动、思想史，历史唯物主义告诉我们，这是不全面、不辩证的。教育活动中的‘人’应该是复数的‘人’、动态的‘人’……除少数精英人物外，作为群体的人也在积极参与和推动着教育的发展历程”②。因此在教育史的叙事研究中，就不能只关注重大事件发生史和教育家的活动史，还应该关注对参与教育活动之中的群体的教育史的研究。这种研究应该是以大量翔实的史料为基础的，因此教育史的叙事研究，首先涉及的是史料建设和研究手段的问题。在这方面，年鉴学派在具体研究中所表现出来的对史料搜集的重视程度以及史料来源的广泛程度，如“史料来源也不应仅仅局限于官方统计文献、数据，口述资源、艺术作品、日记、人物传记、报纸、杂志等等都是可资利用的史料”③等，为教育史史料的积累和运用提供了不同于传统的视角。

与此同时，年鉴学派提出的以“问题史学”为中心的跨学科研究方法，一方面符合当今历史学研究逐渐走向综合和跨学科研究的总体趋势，另一方面彻底打破了传统史学研究那种孤军奋战、囿于故纸堆的史料梳理办法，将其他社会科学的研究技术和研究手段引入教育史学研究，无疑为研究提供了新的思维角度和切入点，也可能形成今后教育史学研究新的生长点。

---

① 罗凤礼:《现代西方史学思潮评析》，中央编译出版社 1996 年版，第 262 页。

② 傅林:《20 世纪西方新史学范式对外国教育史研究的启示》，载《教育研究》2003 年第 11 期。

③ 同上。

(5) 后现代主义历史观和方法论。“后现代主义”(postmodernism 或 Post-modernism)一词最早出现于 1870 年[①]。第一次世界大战后在建筑、文学、哲学等领域被广泛使用,直到 20 世纪 70 年代以后,后现代主义从最初风靡欧美的文艺思潮,扩展至哲学、社会学、美学、语言学、历史学、宗教学、心理学、教育学等诸多领域。后现代主义“受到‘语义学转向’和后结构主义思潮的推动,它把语言和修辞作为研究的重点,继承了索绪尔关于语言是一具有内在差异和关系的结构的理论;从尼采那里,它接纳了认识论和伦理的相对主义;从福柯那里它接受了反启蒙运动的观点,并从知识与权力的关系来理解理性和真理的起源;从马克思主义那里,它继承了批判资本主义和殖民主义的理论观点”[②],进而形成了一股源自现代主义但又反叛现代主义的哲学思潮。

后现代主义对工业经济时代及资本主义制度下的普遍价值体系与知识体系进行了全面解构和颠覆,使西方许多自文艺复兴以来被视为理所当然、放之四海而皆准的信条、信仰和概念开始为人们所怀疑。“在价值和知识领域,他们致力于‘消解同一性,向主体性、整体性、稳定性、决定性开战,而趋向多元性、不确定性、间断性、不稳定性、散漫性、模糊性;他们解构了现象与本质的区分、表层与深层的差异、真实性与非真实性的对立、异化与非异化的分歧、所指与所能的界限,而趋向于对精神、价值、真理、终极关怀、道德伦理、审美意识的全面怀疑与不断否定。他们不仅对功能主义、实用主义、物质主义、科学主义、法治主义统统排拒,而且对理性及启蒙所确立的全部观念,以及启蒙本身的合法性与权威性提出质疑’”[③],在此基础上后现代主义逐渐显示出“反传统、反体系、反中心的思维模式”和“多民族、无中心、反权威、叙述化、零散化、无深度”[④]的基本特征,并逐渐在西方学术界取得了“文化霸权”的地位。后现代主义的代表人物有极具批判性的福柯(Michel Foucault)、拉康(Jacqes Lacan)、德里达

① 美国学者斯蒂文·贝斯特和道格拉斯·凯尔纳在《后现代理论:批判性的质疑》一书中认为,“后现代主义”一词最早在 1870 年就有学者开始使用了。

② 何平:《后现代主义历史观及其方法论》,载《社会科学研究》2002 年第 2 期。

③ 姜义华:《理性缺位的启蒙》,生活·读书·新知三联出版社 2000 年版,第 489 页。

④ 张广智主著:《西方史学史》,复旦大学出版社 2005 年第 2 版,第 385 页。

(Jacques Derrida)、利奥塔(Jean-Francois Lyotard)、布希亚(Jearl Baudrillard)、哈贝马斯(Jurgen Habermas)等人。

20世纪60年代末,后现代主义通过叙述主义历史哲学进入历史学领域,其代表人物海登·怀特(Hayden White)于20世纪70年代先后发表了《元史学》和《话语的比喻》,"试图建立一种比喻理论,以此消除历史与文学之间的界限,并在历史与想象、真实与虚构之间建立起合理的联系"[①]。怀特的主张很快引起了史学界的关注和广泛回应,由此奠定了后现代主义史学基础。

尽管目前学术界对"后现代主义"尚无统一的界定,但是从后现代主义对历史学的批判中,我们可以概括出后现代主义史学观和方法论的一些基本特点:

首先,后现代主义解构了理性主义、进步史观和宏大叙事,主张描述性的历史叙述方式。自18世纪以来,在启蒙运动的影响下,思想学术界逐渐形成了按照理性与经验论的方法,来改造人类社会的理想和计划。法国启蒙运动最年轻的哲学家孔多塞深信"人类发展的历史就是人类理性进步的历史,理性的觉醒和进步乃是人类历史不断进步、不断摆脱种种愚昧、偏见和专制主义的充分保证"[②]。这里的所谓"理性",精确地说就是"科学方法和思维的运用。在历史研究中运用科学理性,主要指两个方面,一是发现和描述历史运动的规律;二是审慎地处理史料,检查其真伪,建立所谓'科学史学'"[③]。基于这样的信念,启蒙运动以来的许多学者都认同历史发展总是经历着从低级向高级的直线发展过程,按照以往辩证唯物主义的解释,即人类历史的发展都必然经过从原始社会、奴隶社会、封建社会、资本主义社会继而达到理想的共产主义社会的历程。历史发展是有规律的,历史事件之间存在着密切的因果关系。于是兰克的"如实直书"成为史家治史的圭臬,"大多数历史学家都抱着这样一种坚定的信念:历史是客观的,历史研究的目标是寻求历史的真相,客观地复原真实的历史。……只要我们坚持冷静客观的态度,善于运用原始资料,仔细考

① 张广智主著:《西方史学史》,复旦大学出版社2005年第2版,第387页。
② 何兆武主编:《历史理论与史学理论》,商务印书馆1999年版,第150页。
③ 王晴佳:《后现代主义与历史研究》,载《史学理论研究》2000年第1期。

证和辨析史料，总是能够达到或者接近目标”[①]。为此，自19世纪开始的“对客观性的追求，使历史学家们第一次对其所面对的全部的历史文本进行了清理。一方面，在他们对证据加以前所未有的精确、严格的考证下，有关历史细节的知识大量地增加。各种经过分析整理的史料大批问世以及新考古方法的出现，大大丰富了历史文本的内容。另一方面，那些为了外在目的虚构的史料被排除，使以历史本身为目的重新叙述历史成为可能”[②]。就在历史学研究沉浸于其已经取得的成果的同时，历史研究者“无法也不愿自觉地对我们认识和研究历史的前提进行审视”，由此引起了后现代主义对追求“理性”和“进步”的现代性观念和历史研究中对“事实”“客观性”和“真实”[③]等现代史学术语的挑战。

后现代主义史学理论家认为，启蒙运动思想家所提倡的所谓“理性”是一种错误，“因为废除了形而上学和宗教，也就摧毁了人生价值观和意义的基础，理性变成冷酷的算计”[④]。况且历史发展并不是像启蒙运动思想家描述的那样是直线的、统一的和有规律可循的，相反，历史发展是循环的、多元的、没有什么规律可循的。所谓历史只是一个个独立的文本，历史发展根本就没有什么终极目标而言，所谓的人类历史的美好未来也只是没有根据的虚构而已。在后现代主义者看来，历史遗留下来的一切都是一些杂乱无章的集合物，“历史为历史学家本身的一种杜撰或虚构物，一种对过去的描述而非反映，一种冒充成真实生活情况的构思行为”[⑤]，一切历史研究都是诠释性的，因此，它从来都是名不副实的。后现代主义一方面反对现代主义的那种“笼罩一切、建立制度和社会体制的做法，强调事物的复杂性、多样性、相对性和无结构性；另一方面反对宏大叙

① 赵立行：《后现代主义的启示与历史反思》，载《史学理论研究》2004年第2期。

② 郭艳君：《后现代主义与历史真实》，载《史学理论研究》2004年第2期。

③ Windschuttles: The Killing of History: How Literaty Critics and Social Theorists are Murdering Our Past, New York: Free Press, 1997, p. 231, 154. 转引自张仲民《后现代史学理论述论》，载《重庆社会科学》2005年第3期。

④ 何平：《后现代主义历史观及其方法论》，载《社会科学研究》2002年第2期。

⑤ In Defence of History, 87. 第62页。转引自张仲民《后现代史学理论述论》，载《重庆社会科学》2005年第3期。

事,注重为现代主义排斥在外的'他者'(the other)的地位"[①]。以反现代性为代表的卡尔洛·金兹伯格(Carlo Ginzburg)等微观史学家要求"以个人具体的日常生活来反抗集体的政治和意识形态"[②]。因此,从20世纪80年代以来,西方史学研究中原来那种追求历史的社会科学化的风气逐步被削弱,"近代历史学那种对'大写历史'的追求已经是'明日黄花,不再有什么吸引力了'"[③]。相反,以描述性的历史叙述方式为主体的"小历史""微观史"和"日常史"等逐渐成为历史研究者关注的对象和研究模式,被越来越多的历史研究者所接受和认同。

其次,后现代主义史学解构了历史科学的神话,强调"历史等同于文学"。由于受近代以来科学主义观念的影响,原本以叙事为目的的西方史学逐步开始向科学靠拢。主张历史科学化的史学家们"力图像科学家一样,在考察和研究历史时持一种客观、中立的态度,完全以旁观者的角度描述历史的活动。为此目的,史学家必须尽量让历史本身、即历史事实讲话,而让自己仅扮演一个转述者的角色",由此形成了"在我的历史著作中,不是我替历史说话,而是历史通过我讲话"[④]的历史研究观念和表述方式。然而,这种来自于19世纪西方历史学家对科学、实证史学的自信,很快在第一次世界大战的炮火声中和尼采和施宾格勒等人对"大叙述"观念的反思中被动摇,越来越多的人开始怀疑史学是否科学的问题。

1973年,后现代主义代表人物海登·怀特出版了《元史学》,在这本著作中,怀特第一次将叙述看做历史写作的内在本质。他认为"作为一种象征性的结构,历史叙述无法重造它所描述的事实;它只告诉我们应从哪些方向去思考这些事实"[⑤]。由此说来,历史学家用语言写作的历史著作,由于语言与历史真实之间的不一致性而变得无法像科学研究那样客观中

---

① 王晴佳、古伟瀛:《后现代与历史学——中西比较》,山东大学出版社2003年版,第9页。

② 张广智主著:《西方史学史》,复旦大学出版社2005年版,第388页。

③ 王晴佳、古伟瀛:《后现代与历史学——中西比较》,山东大学出版社2003年版,第119页。

④ 王晴佳:《后现代主义与历史研究》,载《史学理论研究》2000年第1期。

⑤ Hayden White: Tropics of Discourse, Essays in the Cultural Criticism, The Hopkins University Press, 1978, P. 91.

立，加之史学家本人的政治、文化和经济背景都会在不同程度上影响其对历史的叙述和解释，历史研究不可能像科学那样验证，只能通过“理解”。正如后现代主义者汉斯·柯尔纳(Hans Kellner)所说的那样：“对有知识的读者来说，所有历史都是故事的一部分，是一种明显或隐蔽的历史叙述。那种对纯洁的、没有进行加工的材料的追求，并希望从这些材料中获取更新、更真实的事实真相的想法，是注定会以失望的结局而告结束的。因为世上不存在没有经过加工的材料；一件实物或文件一旦被认定为是史料，它已经深刻地反映了一个文化系统。”①正因如此，海登·怀特认为：“随着19世纪历史学的科学化，历史编纂中大多数常用方法假定，史学研究已经消解了它们对修辞性和文学性作品之间千余年来的联系。但是，就历史写作继续以基于日常经验的言说和写作为首选媒介来传达人们发现的过去而论，它仍然保留了修辞和文学的色彩。只要史学家继续使用基于日常经验的言说和写作，他们对于过去现象的表现以及对这些现象所做的思考就仍然会是‘文学性的’，即‘诗性的’和‘修辞性的’，其方式完全不同于任何公认的明显是‘科学的’话语。”②怀特在此强调历史等同于文学的目的主要在于否定历史的真实性、客观性以及科学性，并“通过历史著述的话语分析，展示出它们的文本性、叙事性和修辞性，并且由此将它们归结为一种文学制品或想象之物”③。这样一来，历史叙事和文学的虚构叙事之间的界限就被彻底填平了。

尽管后现代主义史学在对历史的认识上存在着许多的问题，他们的许多观点与马克思主义也是相悖的，但是后现代主义史学对以往那种强调“历史本质上是连续、进步、客观、必然的观点都将因为历史成为主观建构而被颠覆”④。他们对西方传统实证主义史学的批判及其主张从一定程度上为今天的史学研究“提供了一种批评的眼光、质疑的态度、开阔的视

① Hans Kellner: Language and Historical Representation, The Postmodern History Reader, pp. 127—137.

② [美]海登·怀特著，陈新译：《元史学：19世纪欧洲的历史想象》前言，译林出版社2004年版。

③ 董立河：《西方后现代历史哲学对历史编纂的影响及其局限》，载《太原师范学院学报》(社会科学版)2007年第4期。

④ 张广智主著：《西方史学史》，复旦大学出版社2005年版，第389页。

野以及多角度审视问题的可能性，这也许就是我们应该积极关注后现代主义理论的原因所在”[①]。

教育史学作为历史学的分支学科，长期以来，受传统历史研究的影响，在历史观念上强调教育历史发展的规律性，强调理性，习惯于用直线性的认识方式来认识一切历史问题，因此在研究中往往通过事物之间的相互关系与相互作用的因果关系来探讨历史的发展规律，由此使“教育史研究呈现出一种线性的，统一的，可以预测的，决定论的倾向”[②]；在研究对象的视野上，传统教育史学注重强调历史发展规律和终极目的的宏大叙事，往往将教育史学研究的对象限定在以教育制度、教育思想为主要内容的理论框架之中，相对比较忽视对微观史、小历史和日常史的研究，从而使原本丰富多彩的教育历史变得毫无生气；在叙述方式上，长期以来，教育史学研究强调把教育制度、教育思想和教育人物当做纯粹的客观对象，“在用‘科学方法’对其条分缕析之后，总结出几条规律和特征”[③]，往往忽视教育史研究叙述方式的生动性，从而使教育史研究失去了其丰富多彩、鲜活生动的一面。而后现代主义史学理论及其方法对教育史研究的启示主要体现在：

第一，后现代主义史学所提倡的非线性、多元化的史学观，为教育史学研究提供了新的研究视野与历史理念。后现代主义认为社会发展是非线性的，同时历史发展也不是一个连续的有规律的过程，而是多重的、多层面的、多种时间的多元的发展过程。这就对当今的历史认识提出了一个严肃的问题，即我们对教育历史的过程中，不能仅仅停留在直线性的一元化的历史观念上，而必须采用非线性的、多重的、多中心的、多元化的历史观念认识教育史学的相关问题，只有这样才有助于教育史学研究的深入。

第二，后现代主义史学反对宏大叙述，强调小历史、微观史和日常史

---

① 赵立行:《后现代主义的启示与历史反思》，载《史学理论研究》2004 年第 2 期。

② 汪光华:《后现代主义与教育史研究》，载《江西科技师范学院学报》2004 年第 2 期。

③ 刘静:《教育史学的想象力——后现代史学观与教育史研究》，载《教育史研究》2003 年第 1 期。

研究的主张，为教育史研究内容和史料来源的进一步丰富提供了新的思路。受宏大叙事的影响，“教育史研究很长时间以来都以寻求教育发展规律以及教育发展的大框架、大趋势为己任”，由此使教育史研究丧失了自己的独立性。后现代主义史学反对将历史作为工具，强调历史的“内在意义”，因此，在历史研究中主张对“小历史”“微观史”“日常史”的研究，从而使历史研究中对人的关怀得以充分体现。而对微观教育史、日常教育史的研究，近年来已经逐渐成为教育史学界一些研究者的研究重点，如华东师范大学的数篇博士论文多采用田野调查、口述录音、信件、传记等方式材料，以某个人、某个偶发事件或某个社会为观察点，从中透视社会教育与文化系统，为教育史研究增添了一丝清新的空气，极大地丰富了教育史研究的内容，同时将教育史料来源扩大到了田野调查、口述史、民谣、民间杂字、宗族记录、地方志、碑文以及民间传说等范围，为教育史史料建设提供了良好的契机。

第三，后现代主义史学提倡的“历史学等于文学”的观点，为教育史学著作的编纂形式以及表述方式的改革提供了良好的借鉴。以往教育史著作由于受传统的“对对象进行抽象的分析与解释后，总结出相关规律与特点”的编纂形式及表述方式的影响，叙述方式往往表现为理性加刻板，让读者阅读时感到索然无味。后现代主义史学强调历史文学化的主张，以描述性的历史叙述为特点，从而以生动的描述代替了抽象的分析。尽管这种方式在传统史学研究看来显得不够严肃，但是它可以使教育史的叙述变得亲切真实且具有生活气息。在这方面，许美德的《现代中国精神：知名教育家的生活故事》就是一个很好的例证。作者通过对当代六位著名教育家生活故事的叙述，不仅“为读者提供了长达八十多年中国教育发展的主要图景”①，而且故事中的“人物那些关于中国教育历史、现状、未来的思索及亲身的经历中，无疑包含了许多值得我们去学习的东西。在他们的个人和群体的叙事的引导下，我们和他们一起回顾历史，展望未

① 刘静：《教育史学的想象力——后现代史学与教育史研究》，载《教育史研究》2003 年第 1 期。

来”①。

教育史学研究的一般方法:教育史学研究的一般方法,一方面受哲学方法指导,同时又对教育史学研究的特殊方法起着指导的作用。具体包括:分析与综合的方法、具体与抽象的方法、归纳与演绎的方法、历史与逻辑的方法以及微观与宏观的方法等。

(1) 分析与综合的方法。分析与综合是辩证思维方法中的核心方法,是人们深入认识客观事物、准确掌握真理的重要逻辑手段,也是人们进行史实分析的基本方法。其中“分析方法,就是人们在思维中把研究对象分解为各个部分加以考察的方法。其根本任务在于深入事物内部,揭示事物内部矛盾和联系,以认识和揭示事物的本质。……所谓综合方法,就是在分析的基础上,把对研究对象的各个部分和方面的认识重新结合为一个整体加以考察的方法”②。

教育作为一种社会现象,自身由多种因素和多个部分组成,同时,教育还要受到社会政治、文化、经济等方面因素的影响,任何时期的教育历史、任何一个教育事件和教育实践都是一个错综复杂的系统,其间也存在着复杂的联系。这些联系有些是必然的和本质的,有些则是偶然的和非本质的。对于这些联系,只有将它们各自分解开来,并逐一进行科学的分析,才有可能把握它们各自的本质特征。例如中国古代私学的产生是一个偶然的历史事实,但是在这个历史事实背后却存在着复杂的社会历史原因,同时私学的产生又对中国教育历史的发展产生了深刻的社会影响,这其中又牵涉到当时的社会历史条件、人们思想意识的变化,甚至包括某一些特殊历史人物的影响等复杂的因素,如果不将这些复杂的因素逐一进行方面、阶段和层次的分解,就很难对中国古代私学的发生、发展、演变及社会历史影响等问题有个清醒的认识。研究中国古代私学,仅有分析是不够的,关键是要在分析的基础上进行定性或定量分析,才能深刻认识中国古代私学产生、发展的本质特征,只有在分析的基础上对中国古代私

① 许美德:《现代中国精神:知名教育家的生活故事》,载丁钢主编《中国教育:研究与评论》第1辑,北京教育科学出版社2002年版,第72页。

② 王旭东:《史学理论与方法》,安徽大学出版社1998年版,第125页。

学进行综合考察，才能从整体上揭示中国古代私学的本质和规律。因此，在教育史研究中分析与综合既是对立的，又是统一的。在教育史研究过程中，二者相互联系、相互渗透，分析是综合的基础，综合是分析的结果。教育历史研究的全过程，就是在一系列分析与综合相结合的过程中实现的，二者不可偏废。

(2) 具体与抽象的方法。具体与抽象是和分析与综合密切联系着的、科学地认识客观事物的另一种逻辑手段和方法。这里的“具体”，“是指具有多方面属性、特点、关系的统一整体”①。马克思说：“具体之所以具体，因为它是许多规定的综合，因而是多样性的统一。”②“所谓抽象，是指人们在思维中舍弃客观事物的非本质属性，抽取其固有的本质属性，从而形成科学的概念。”③具体与抽象的研究方法主要强调的是，人们在认识历史的过程中，总是从具体的、客观的历史材料出发，通过正确的分析，形成历史概念、历史理论，概括、抽象出历史规律的思维方法，在此基础上“运用综合的方法，把科学的概念与客观事物在思维中统一起来，形成对客观事物的整体认识”④的过程。在这个过程中包含两个具体的阶段，一个是“从具体上升到抽象”的阶段，另一个是“从抽象上升到具体”的阶段。在教育史学研究中，我们必须遵循这一科学的认识规律，才能真正深刻、正确地把握教育历史的本质。

在教育史学研究中运用“从具体上升到抽象”的逻辑方法，是教育史学研究的必然要求，因为从理论上说，人类对于教育历史的认识来源于具体教育历史事实。掌握具体教育的历史事实，是进行科学抽象的前提和基础，但是通过研究者的感官直接感知的具体，其特点是教育历史的本质与非本质、必然性与偶然性相混杂的感性具体，这种感性具体是表面的、混沌的、非本质的，研究者只有通过抽象思维活动，对其进行分析、比较，抽象出本质的、必然的和相同的方面，并用概念、理论的形式将其固定下来，才能真正认识教育历史的本质及其发展。因此，教育史学研究者应该

① 土旭东：《史学理论与方法》，安徽大学出版社1998年版，第128页。
②《马克思恩格斯选集》第2卷，人民出版社1972年版，第103页。
③ 王旭东：《史学理论与方法》，安徽大学出版社1998年版，第129页。
④ 同上。

尽可能多地占有教育史料，这是进行教育史学研究的第一步；从客观事实来说，历史上教育的发展过程是由无数具体的教育事件、人物和教育历史阶段构成的具体教育事象，如果我们研究教育史不从这些具体的教育事象入手，就无法认识教育历史的本质，也就无法揭示教育发展的本质规律，更无法为当今的教育发展和改革提供历史借鉴。如毛礼锐在分析“中国古代道德教育理论和原则”问题时，提出了“中国古代教育的根本目的是‘明人伦’以培养治术人才，主要教育内容是伦理道德，这就决定了中国古代教育家的教育思想基本上是以研究道德和进行道德教育为主的”。这一结论并不是凭空得来的，而是在具体分析了中国古代儒、墨、道、法各家教育思想内容和相关教育思想家的教育思想以及历史典籍的基础上，经过分析、综合、概括和抽象上升为历史概念和历史理论，体现了“从具体上升到抽象”的逻辑思维方法。

但是，在教育史学研究中，仅仅做到“从具体上升到抽象”是不够的。因为“马克思主义历史学家除了揭示人类历史的普遍规律外，应当主要担负起运用马克思主义的历史理论、历史方法规律的学说，去深刻研究与认识不同历史时期、不同地区、不同民族、不同国家的历史发展的多样性丰富内容，对于这些历史内容做出合乎马克思主义原则的科学解释，并在研究、分析、认识这些多样性丰富的历史内容的基础上，补充、修改、丰富和发展马克思主义的历史科学”①。因此，在教育史学研究中，还必须运用“从抽象上升到具体”的逻辑方法。这就要求教育史学研究者必须遵循“从一般性的历史理论、历史规律出发，到认识具体的历史过程、历史事件、历史人物的逻辑方法”②。例如，马克思主义的唯物史观是在总结前人认识成果的基础上抽象出来的理论体系和方法论，我们只有依据马克思主义唯物史观中的社会存在决定社会意识的理论，来分析教育历史的发展过程，才能深刻领会不同社会形态下教育的不同特点，才能更好地把握教育历史的发展特点，从而揭示教育历史的发展规律。

“从抽象上升到具体的过程，是思维中产生和形成思维具体的过

① 赵吉惠：《历史学方法论》，四川人民出版社 1987 年版，第 117—118 页。
② 同上，第 118 页。

程。”[①]这一过程以历史认识客体在人脑中的再现为特点，以感性具体为依据和起点，不是感性具体的复归，而是思维在更高阶段和更深程度上对认识客体的反映。它能够更深刻、更全面地反映研究对象的真实面貌和本质，从这个意义上说，它是研究主体认识历史思维过程的终点。

(3) 归纳和演绎的方法。归纳和演绎的方法，是分析与综合方法在思维过程中的特殊表现形式，也是人们认识客观世界的重要思维方法之一。所谓归纳方法，是指人们从个别或特殊的事物中认识一般的原理、原则的思维方法。所谓演绎方法，是从一般的原理、原则出发，去认识个别或特殊事物的思维方法。归纳与演绎的方法主要根据前提与结论间的联系，进行两大类推理。“归纳推理是前提与结论之间有或然性联系的推理；演绎推理是前提与结论间有必然性联系的推理。”从思维活动的方向性来看，归纳是从个别到一般的推理方法，它沿着从个别的事实中概括出一般原理的方向进行推理；而演绎则是沿着从一般到个别的方向进行推理，进而引申出关于个别对象的结论。

归纳和演绎的研究方法是历史和教育史研究中被广泛使用的方法。归纳法又可分为枚举归纳法和统计归纳法。前者是由某类部分个体的属性概括出整类共同性的方法；后者是通过对史实数据资料的统计、概括和综合分析，探讨因果联系和规律性的方法。在教育史研究中使用归纳法的基本步骤是：一、搜集鉴别、整理史料；二、通过史料还原、恢复教育事实；三、确定教育事实的性质；四、归纳某类教育事实的共性或一致性。

运用归纳法研究教育史时要注意以下问题：第一，在进行史料搜集时，研究者所搜集的同类教育事实的相关史料不能少于两个，原则上是越多越好。尽管在教育史研究中，我们不可能将所有的史料尽收囊中，但归纳的事实愈多，得出的结论相对也就愈正确。因此，在教育史研究中，尽可能地大量占有材料是运用归纳法的前提。第二，根据研究目的，研究者要尽可能地寻找具有典型性和代表性的材料。具有代表性和典型性的史料才能反映不同个体的特征，才能进一步探寻不同个体的本质和发展规律，达到最终的研究目的。比如，我们要研究中国古代书院教育制度在教

① 贾东海、郭卿友主编：《史学概论》，中央民族大学出版社1992年版，第188页。

学方面的特点，就必须全面搜集与古代书院教学内容相关的史料，在此基础上概括出古代书院教学的主要特点。如果我们搜集来的材料只是关于书院学田方面的材料，由于这些材料对于概括书院在教学方面的特点不具有典型性和代表性，就很难保证在书院教学特点研究上归纳出来的结论的可靠性。第三，运用归纳法研究教育史的过程中，还应注意搜集反面事例，以确定结论的适用范围和条件。如中国教育史研究中经常称孔子是中国古代私学的首创者，如果搜集到的100种史料中有98种都证明孔子是中国古代私学的首创者，而有两种史料证明在孔子之前就已经有私学存在了，那么这个结论的可靠性就会大打折扣，甚至被完全推翻。关于孔子创办私学，目前的说法是孔子是中国历史上私学的首创者之一，而不是第一个创办私学的人。这个例子充分说明，教育史研究中，如果仅仅重视同类的史料搜集，而忽视反面事例或与结论有悖的史料，演绎出来的结论的科学性就无法得到保证。

在历史研究中，要想从众多的、复杂的历史现象中抓住历史的本质，找出历史的规律，离不开归纳方法，归纳是从个性中找共性、从特殊中抽绎出一般性的过程。但是正如黑格尔所说的那样，"在归纳过程里我们是无法穷尽所有的个体事物的"。尤其在史学研究中，由于史料的不足，往往导致研究者不可能遍举所有事实，或对某一事实的所有方面做出判断，因此，"每一种归纳总是不完备的。我们尽管对于这个和那个作了许多的观察，但我们总是无法观察到所有的事例，所有的个体，归纳推论的这种缺点便可导至类推"①。

黑格尔这里所说的类推，又可称为演绎推理，它是由一般性原理推导与一般性原理有关的个别事实（或结论）的逻辑方法，即"由某类事物具有某种特质，而推论到同类的别的事物也会有同样的特质"②的方法。一般来说，教育史学研究主要包括两个具体过程，一个是指教育历史研究从特殊到一般的过程，具体体现为，人们在从事教育历史研究时，首先必须搜集和占有大量教育历史资料，并通过分析这些资料，归纳出某种一般结论。但是，人们在对搜集来的教育历史资料进行有计划、有目的和有意识

① 黑格尔著，贺麟译：《小逻辑》，商务印书馆1980年版，第368页。

② 同上。

的分析、理解时，单靠归纳过程是不够的，还必须借助于理性思维，依靠一定的理论原则作指导，否则就会在史料堆里迷失方向，不能正确了解和评价被归纳的对象。这就要求在运用归纳方法进行教育历史研究时，必须凭借演绎方法来确定其研究目的和方向，于是，就进入了研究的第二个过程——教育历史研究从一般到特殊的过程。在教育历史研究中正确地使用演绎方法，不仅能检验归纳出的结论的可靠程度，而且还可以通过运用验证过的一般原理、原则，对教育史学的相关问题进行研究，进而开始新一轮的归纳和演绎。

在现实世界中，人们的认识是一个由特殊到一般、再由一般到特殊的、循环往复、不断深化的过程。在教育史学研究中，归纳和演绎是相互补充的，一定条件下，二者又可以互相转化。人类的认识活动通常是从个别事物开始，概括出一般，再以一般结论为前提，去认识尚未认识的个别。人们正是通过这样的双向思维过程不断加深对历史事件的认识的。在教育史学研究中，正确地运用归纳与演绎的方法，才能不断提高研究水平。

(4) 历史与逻辑相统一的方法。历史与逻辑方法是一切科学研究中的两类既互相区别又互相联系的方法论系统，也是教育史研究的基本方法。历史方法是依照对象发展的自然进程揭示其规律，属于描述性的方法；逻辑方法则用概念、范畴、理论等形式概括反映对象发展的规律，属于理论思维的方法。二者在方法论上有不同的特点，但是在实际应用中又是统一的。

历史与逻辑相统一方法的首创者黑格尔认为："如果我们能够对哲学史里出现的各个系统的基本概念，完全剥掉它们的外在形态和特殊应用，我们就可以得到理念自身发展的各个不同阶段的逻辑概念了。反之，我们如果掌握了逻辑的进程，我们亦可以从它里面的各个主要环节得到历史现象的进程。"①在这里，黑格尔将历史看做一个有次序的进程，而且是一个必然的过程，为我们研究教育历史提供了可资参考的理论方法。

马克思、恩格斯对黑格尔的思想给予了唯物主义的改造与完善，形成了人类认识世界的又一基本方法——历史与逻辑统一的方法。这一方法

① 黑格尔：《哲学史讲演录》，商务印书馆1983年版，第34页。

要求我们在研究教育史的过程中既要遵循历史的客观进程，又要善于对历史事实作符合逻辑的理论提升。恩格斯在《卡尔·马克思〈政治经济学批判〉》中指出："对经济学的批判，即使按照已经得到的方法，也可以采用两种方式：按照历史或按照逻辑。既然在历史上也像在它的文献的反映上一样，整个说来，发展也是从最简单的关系进到比较复杂的关系，那么，政治经济学文献的历史发展就提供了批判所能遵循的自然线索，而且，整个说来，经济范畴出现的顺序同它们在逻辑发展中的顺序也是一样的。这种形势看来有好处，就是比较明确，因为这正是跟随着现实的发展，但是实际上这种形式至多只是比较通俗而已。历史常常是跳跃式地和曲折地前进的，如果必须处处跟随着它，那就势必不仅会注意许多无关紧要的材料，而且也会常常打断思想进程。……因此，逻辑的研究方式是唯一适用的方式。但是，实际上这种方式无非是历史的研究方式，不过摆脱了历史的形式以及起扰乱作用的偶然性而已。历史从哪里开始，思想进程也应当从哪里开始，而思想进程的进一步发展不过是历史过程在抽象的、理论上前后一贯的形式上的反映；这种反映是经过修正的，然而是按照现实的历史过程本身的规律修正的，这时，每一个要素可以在它完全成熟而具有典范形式的发展点上加以考察。"①在这里，恩格斯强调了历史发展顺序与逻辑顺序的一致性，他认为，尽管历史的演进是曲折的，常常插入一些突变性的跳跃式的插曲，但从整个历史发展的总体趋势来看，它总是沿着闪烁着偶然性的必然走向前行的。因此，恩格斯在这里强调研究历史必须注重逻辑推演与哲学思辨相统一的主旨在于避免历史研究陷入纯史料的迷茫之中，力求从理论高度审视与反观历史。

列宁进一步论述了历史与逻辑统一的方法对一切科学的适用性特点，他说："概念(认识)在存在中揭露本质——整个人类认识的真正的一般进程就是如此。自然科学和政治经济学以及历史的进程也是如此。所以黑格尔的辩证法是思想史的概括。从各门科学的历史上更具体更详尽地研究这点，会是一个极有裨益的任务。总的说来，在逻辑中思想史应当

① 《马克思恩格斯选集》第2卷，人民出版社1972版，第122页。

和思维规律相吻合。"[①]列宁的观点,阐释了历史与逻辑统一的方法对"各门科学的历史"的广泛适用性。至此,历史与逻辑统一的方法也就成为各门科学的历史研究中普遍采用的一般方法。

历史方法,主要强调按照事物发展的自然过程,描述和展示历史发展的基本面貌,因此,历史方法有两个基本特点:"第一,必须按照历史的发展的时间顺序依次进行研究;第二,必须对历史进行全面具体的研究,包括那些起干扰作用的偶然因素和历史上暂时的倒退现象"[②],其目的在于揭示历史的内在本质和发展规律。

逻辑方法,"就是以概念、判断、推理等理论形式再现事物的本质和规律的方法"。这一方法最明显的特点是:它不仅"摆脱了历史的形式以及起扰乱作用的偶然性",而且它能"通过一系列的概念、范畴揭示历史的规律"。[③]

根据历史方法和逻辑方法的特点和目的,马克思主义将历史过程划分为"自然次序"和"历史发展的次序"[④]两个层面,历史方法侧重研究"自然次序";逻辑方法主要分析"历史发展的次序",并强调历史与逻辑方法的统一。就教育历史而言,"自然次序"是"指历史上重大教育事件、制度、思潮的发展与自然时间一致的次序,即按自然时间顺序构成它们之间的先与后、古与今、早与晚等次序,是客观的实际按'自然次序'构成的教育历史"[⑤],如古代、近代和现代教育的划分,或中国历史上按夏、商、周、秦、汉、隋、唐、元、明、清等时间顺序依次发生的教育历史事件,均属于教育历史发展中的"自然次序"。教育历史发展的"自然次序"是不以人的意志为转移的客观存在。从教育历史发展的纵向看,它是由一系列按历史发展自然次序组成的历史过程,历史方法要求我们在研究中必须按照历史发展的时间顺序依次进行研究。从教育历史发展的横向看,作为研究对象

---

①《列宁全集:黑格尔哲学史讲演录摘要》第 38 卷,人民出版社 1979 版,第 355 页。

② 王旭东:《史学理论与方法》,安徽大学出版社 1995 年版,第 134 页。

③ 同上,第 135 页。

④《马克思恩格斯全集》第 46 卷,人民出版社 1979 版,第 45 页。

⑤ 参见申国昌、周洪宇《论教育史研究中历史与逻辑的统一》,载《湖北大学学报》2007 年第 1 期。

的教育历史,"大至整个人类社会,小至一次历史事件,乃至一个历史人物,都具有一个发生、发展直至消失的过程。在这一过程中,既有本质的东西,也有非本质的东西,既有必然的东西,也有偶然的东西,甚至还有暂时倒退的现象"①,这就要求我们对教育历史进行全面而具体的研究,"包括那些起干扰作用的偶然因素和历史上暂时的倒退现象"②。只有跟随着历史发展的自然进程,不放过任何可以再现历史的重要的曲折过程和偶然现象,才有可能再现教育历史的本来面貌,揭示出教育历史的本质和规律,因此,历史方法是研究人类社会历史的基本方法,历史方法最明显的特点是描述教育历史事实。

然而,"历史常常是跳跃式地和曲折地前进的,如果处处跟随着它",一方面会使我们的工作重点放在一些"无关紧要的材料"上,另一方面"也会常常打断思想进程",使我们的工作陷入"漫无止境"③的境地,因此,在教育史研究中,我们要想克服历史方法的这一缺点,就必须通过逻辑方法来把握教育历史的"历史发展次序",进而以概念、判断、推理等理论形式再现教育历史的本质和规律。这里所谓教育的"历史发展次序","主要指教育史上教育现象之间的历史演变当中的由低级到高级、由不完善到完善、由不科学到科学、由不成熟到成熟的发展性联系与顺序。该次序是经人们抽象思维与理论把握之后在人类认识视野内的一种教育史发展次序"④。对教育"历史发展次序"的把握,要求研究者"运用含义确切、规范明晰的话语,按照一系列定义、判断和推理等形式逻辑的模式,观念地反映、揭示和把握教育史的内在本质与规律"⑤。与历史方法相比较而言,逻辑方法"摆脱了历史的形式,舍弃了历史发展中的曲折过程和偶然因素,以抽象概括的理论形式展示历史发展的基本方向和基本线索"⑥,因而科学地反映了教育历史的本质和规律。

① 王旭东:《史学理论与方法》,安徽大学出版社 1995 年版,第 134 页。

② 同上。

③《马克思恩格斯选集》第 2 卷,人民出版社 1972 年版,第 122 页。

④ 参见申国昌、周洪宇《论教育史研究中历史与逻辑的统一》,载《湖北大学学报》2007 年第 1 期。

⑤ 同上。

⑥ 王旭东:《史学理论与方法》,安徽大学出版社 1995 年版,第 135 页。

教育史研究中的历史方法和逻辑方法各有特点，也各有利弊。“因为任何历史过程都具有内在的逻辑联系，当人们运用历史方法研究历史时，如果不遵循历史本身的内在逻辑，不承认历史发展的规律性，而把历史事件看做是一堆杂乱无章的偶合现象，这样的历史研究，充其量也不过是历史现象的罗列，客观史实的堆积”。同样，“逻辑方法摆脱了历史的形式以及扰乱作用的偶然性，也就不可能对历史发展过程中的具体细节进行完全如实的研究”[①]。因此，不论是历史方法还是逻辑方法，都需要借助于对方来弥补自己的缺陷。从这个意义上说，历史方法与逻辑方法应该是统一的。因为从本质上看，二者都以揭示历史的本质和发展规律作为自己的最终目的。为此在教育史学研究中，必须强调历史方法与逻辑方法的统一，才能真正透视和折射教育史的直观外表特征与抽象内在规律。科学的规范的教育史研究法应该是历史与逻辑统一的方法。

(5) 微观与宏观研究方法。“微观与宏观是指人们认识客观世界所能达到的两个不同时空界限的概念。随着科学的发展和社会的进步，微观与宏观概念逐渐被科学研究所使用，形成了微观研究与宏观研究两种不同的研究方法。”[②]这一对研究方法在历史研究领域中的运用，进而形成了历史微观与宏观研究方法。

所谓历史微观研究方法，是指从小的(个别的)角度或局部的角度、相对比较窄的范围，观察、分析、研究历史的方法。微观研究方法将研究的注意力集中放在对某一偶然的历史事件、个别的历史人物或某条独立的历史材料的考察上，在这一考察过程中，研究者往往从一个原则认识出发，运用分析、考证、辨伪、计量、层次、心理等具体研究方法对历史上曾经存在的具体的、个别的人、事、物等进行局部和细节的研究，为从宏观上真正把握历史的整体过程，揭示历史现象之间的内在联系，发现历史现象背后的本质及其规律奠定基础。历史微观研究方法的思维方向多表现为从抽象到具体，再从具体到抽象的思维过程。

教育历史作为整个人类历史的一部分，对其进行微观的研究是必需的。因为，任何教育历史都是由具体的教育事实和对教育事实进行记载

---

① 王旭东:《史学理论与方法》，安徽大学出版社 1995 年版，第 136 页。

② 同上。

的教育史料构成的，人类要想认识真实的教育历史，从整体上对教育历史进行宏观的把握，就不能不对构成人类教育历史的教育思想、教育制度、教育活动、教育家及教育事件进行小角度的、局部的分析和考察。一般说来，对教育历史的局部、细部考察得愈细致、愈周全、愈准确，“自然对于从整体上正确认识由这些局部、细部构成的历史大厦，就愈有保证”[①]。对教育历史进行细致、周全和准确认识的基本方式就对这些具体的教育事实和教育史料进行考证、辨析，进而对具体的教育历史事实给出全面、符合历史实际的描述，并在此基础上得出准确的结论。从这个意义上而言，微观研究是认识和把握人类教育历史全过程的基础。

尽管对教育历史的研究离不开微观研究方法，但是如果将它当做教育史学研究的唯一方法，一味追求对教育历史具体事件的描述或对教育史料的考证，那么就会将教育史学研究应承担的使命倒置，从而造成教育史学研究只见树木、不见森林的后果。正如著名学者章学诚所言：“高明者多独断之学，沈潜者尚靠索之功，天下之学术不能不具此二途。譬如日昼而月夜，暑夏而寒冬，以之推代而成岁功，则有相需之益；以之自封而立畛域，则有两伤之弊。”[②]因此，对人类教育历史的研究还需要历史宏观研究方法的运用。

历史学与教育学交叉而产生教育史学，它一方面承担着“还原”、描述和解释人类教育历史发展历程的任务，另一方面也承担着探索人类教育历史发展规律、为现实教育理论发展提供借鉴的任务。这就决定了教育史学的研究除了对具体、个别的教育史学认识客体进行研究外，还必须探讨教育历史的内在联系及其规律性，因此，教育史学研究仅仅固守在微观研究领域是不够的。对于教育历史内在联系的认识，必须从大角度认识教育历史的整体和全局。这就需要运用历史的宏观研究方法，透过繁复的教育历史现象认识教育历史的本质，揭示教育历史规律。

所谓历史宏观研究方法，是指“从较大的角度(含世界、洲别、国别、省别……)或比较多角度、比较宽的范围，观察、分析历史和研究历史的方

① 丁伟志：《对历史的宏观思考》，河北教育出版社 2001 年版，第 2 页。
② 章学诚：《文史通义·答客问中》，北京古籍出版社 1956 年版，第 138 页。

法”[1]。亦即从相对整体的和全局的意义上去研究历史的方法。这一研究方法以整个历史发展活动为考察对象，运用抽象、概括、综合、比较、系统和结构等研究方法，从多侧面、多角度、多层次对历史进行整体性分析和研究。其思维特点是“偏重逻辑分析，进行理论探讨，最后把各种复杂的历史现象、历史事件、历史过程凝聚为不同的历史概念、范畴，形成关于某一历史事件或某一历史问题的逻辑体系或理论系统，或者表述为一个或几个历史法则、历史规律，以达到关于历史的宏观认识”[2]。这一研究方法在教育史学中的运用，主要是要求研究者在充分占有可靠教育史料的基础上，自觉地舍弃一些无关宏旨的教育历史细节，从整体角度上去考察教育历史发展的过程及其内在联系，进而达到透过复杂的教育历史现象去认识教育历史本质、揭示教育历史规律的目的。科学的教育历史的宏观研究，“作为一种相对独立的研究方法，乃至作为一种相对独立的学科分支，得以存在，得以承认，这是历史学发展上的一大进步”[3]，也是教育史学研究方法的进步。没有宏观的教育史学研究，便不可能有现代科学的教育史学研究。

当然，我们也不能否认教育历史微观研究对教育历史宏观研究所起的奠基性作用。因为探索教育历史固有规律的过程，实际上是一个在教育历史事实的基础上进行分析与概括的过程、也是一个科学的抽象过程。这一过程如果没有教育历史的微观研究作为基础，那么教育历史的宏观研究就会成为空中楼阁。因此，宏观研究既是微观研究的成果，但又有着微观研究无法替代的特殊职能；微观研究是宏观研究的成果的基础。教育历史的微观与宏观研究方法，从本质上说，是基于教育历史实际本身在微观与宏观的范围内有着各自的特征，是由于教育历史发展的“偶然性与必然性、局部性与整体性、个别性与联系性、静止性与运动性等等特征”在微观与宏观等不同范围内有着不同的表现，“在这不同的范围不同层次内，各自有着特定的彼此不能替代的研究任务，同时，又各自有着既互相

① 赵吉惠：《历史学方法论》，四川人民出版社 1987 年版，第 262 页。
② 贾东海、郭卿友主编：《史学概论》，中央民族大学出版社 1999 年版，第 209 页。
③ 丁伟志：《对历史的宏观思考》，河北教育出版社 2001 年版，第 7 页。

联系、互相贯通又有着明显区别的认识方法、认识途径”。①

在教育历史研究中正确运用微观研究方法和宏观研究方法是决定教育史学研究成果科学性的关键，但我们运用微观与宏观研究方法需要注意以下几方面的问题：

首先，教育史学研究者必须明确教育历史微观与宏观研究只有相对意义而没有绝对意义，因为，当我们将教育历史发展过程放在整个人类历史发展过程中加以考察时，教育历史研究应该属于局部的、具体的、细部的内容，对教育历史的整体描述和研究某种程度上应属于微观研究；但当我们将教育历史作为整体进行考察时，教育历史中个别历史事件、个别历史人物及个别教育史料则成了整个教育史学的微观研究，而对教育历史的整体把握却在一定程度上具有了宏观研究的属性。因此，教育史学研究工作者在使用微观与宏观研究方法进行教育历史研究时，必须注意区分教育历史的宏观研究与微观研究的界限，否则就会造成教育历史研究目的的不明确，进而导致教育史学研究的盲目性。

其次，在使用微观与宏观研究方法进行教育历史研究时，必须明确研究目的和研究方向。教育历史研究，有时是要弄清一个历史事实，有时是要探索一条教育规律，有时是要把握教育发展的整体过程，对于不同的研究目的，使用微观与宏观研究方法的角度和程度就有所不同。从整体上把握教育规律，探索教育历史本质，一般应该以宏观研究为主；描述教育历史过程、解释教育历史现象，则以微观研究为主。

最后，使用微观与宏观研究方法研究教育史历史问题，也应注意将宏观研究方法与微观研究方法结合起来，即一方面要最大限度地还原教育历史事实，以明确具体教育事件的来龙去脉，另一方面要注意对具体的教育历史事实进行宏观把握，从而掌握教育发展规律，为今天的教育发展提供借鉴。

2. 教育史学研究的具体方法

教育史学研究的具体方法主要是指适合于教育史学科本身特点，为解决教育史具体问题所选择和采用的具体的研究方式、方法和途径。

① 姜义华、瞿林东、赵吉惠：《史学导论》，复旦大学出版社2003年版，第95页。

教育史学研究的方法，是通向教育历史认识、揭示教育历史本质的桥梁和手段。教育史学研究以特定的教育历史认识论为旨归，通过具体的操作程序和手段完成对教育历史过程及本质的认识。教育史学研究方法体系除了需要一定历史观指导下的根本方法和适用于一般科学认识的一般方法体系外，还应该有一套适合教育史认识特殊性质的具体研究方法体系。概括起来主要包括两大类研究方法：① 还原、重构教育历史的方法，这种方法又可分为两个层面：一是搜集、考证、抉择教育史料的方法；二是教育史的编次与编纂的方法。② 分析、解释教育历史过程，发现与揭示教育历史本质和发展规律的方法。这一方法研究体系中又包括定量与定性分析的方法；整体研究与跨学科研究方法；比较史学的研究方法等等。正确认识和运用这些方法，不仅可以提高教育史学研究者的素质和研究能力，而且在很大程度上能进一步提高教育史学研究成果的科学性。

还原、重构教育历史事实的方法：还原、重构教育历史事实的方法，主要阐述如何搜集、考证和抉择教育史料，并在此基础上依据一定的原则和方法编次、整列教育史实的方法。在这一系统中，作为教育史学研究前提是还原"教育历史事实"。

"教育历史事实"，一般是指历史上已经发生过的教育事件或过程，即不以研究者的主观意识为转移的客观存在，也称客观存在的教育历史。由于客观存在的教育历史往往是已经过去了的历史事实，我们很难通过直观的方法了解或分毫不差地复原，因此需要教育史学研究工作者通过一定的方法或途径，尽可能地还原教育历史事实。目前人们了解客观教育事实的基本途径只有两种：一是通过记录的教育史资料、教育史论著或教育史教科书了解教育历史事实；二是通过考古发掘发现的材料了解、推测教育历史事实。相对而言，第二种了解教育历史事实的途径虽然比较客观，但其数量毕竟有限，因此，我们了解教育历史事实的主要途径仍然是依靠文献记载、教育史论著和教育史教科书。这些以文献、论著或教育史教科书为载体的教育史料，严格说来并不是完全脱离了教育史学家主体的纯粹的客观事实，这时的教育历史事实便成了"真相和想象的一种便利的混合物，也就是我们通常分别称为'事实'和'解释'的一种便利的混合物”[①]。尽管卡尔·贝克尔(Carl Becker)的这一观点带有相对主义的倾向,但是它毕竟提示我们对教育历史事实的还原、重构必须采用辩证的观点,既要承认“进入历史学家视野的历史事实”的存在,也不能否认“尚未进入历史学家视野的历史事实”的存在。“我们既反对把历史事实看做不可以认识的绝对化的客体,又不赞成把历史事实视为历史学家主观想象的重构;既承认历史事实的客观性质,又肯定历史学家不断地更新史学观念,探讨新理论、新方法去重构历史的科学价值。”[②]历史研究工作者的主要任务之一,就是要通过对这些“历史事实”的还原来认识历史,探讨历史发展规律。“历史事实的还原必须经历既有区别又有联系的两步工作:第一是搜集、辨析与抉择史料;第二步则是依据一定的原则与方法编次与整列史实”[③]。

(1) 教育史料的搜集、辨析与抉择的方法。所谓教育史料,主要指构成教育历史的材料,一般指人类教育实践历史的遗存、遗迹等。与一般意义上的史料相比,教育史料具有自己的特点:第一,教育史料的中心内容主要是指那些与教育实践历史过程相关的文献记载和考古发现以及其他形式的历史遗存,包括教育思想、教育制度、教育活动以及教育行政等方面的内容等,因此,教育史料的搜集和整理应围绕和突出这个中心。第二,教育史料工作的目标是通过对教育史料的研究,为教育学的发展提供知识基础和实践经验。教育史料工作者要加强教育学知识和素养,努力建立目标服务意识,同时也要注意不能狭隘。第三,教育史料的范围应包括若干个层次,除中心为教育实践外,还应包括思想、文化、制度、经济、人物等方面的史料。如历史上很多人物在教育上虽有成就,但主要不是作为教育家在其时代发挥作用,如果不了解他的主要经历、思想、活动,就很难全面地了解其教育思想的特征。第四,教育史料在保持史料基本完整性的同时,应注意选取和突出服从教育史学研究中心和目标的史料,对不同的史料采用不同的方法,或著录,或存目,或省略,对重点史料则应有背

① 何兆武主编:《历史理论与史学理论——近现代西方史学著作选》,商务印书馆1999年版,第578页。

② 姜义华、瞿林东、赵吉惠:《史学导论》,复旦大学出版社2003年版,第118页。

③ 同上,第126页。

景和内容的介绍。第五，应更进一步发掘和寻找有关教育活动方面的史料。有些为一般史料所忽视和舍弃的史料，可能对教育史学的研究有重要的作用。因教育活动散布在社会实践的各个方面，搜集教育史料要不怕琐碎，精心爬梳，在大量的各种史料上下苦功夫。[①] 根据教育史料的特点，我们一般要注意从以下途径搜集教育史料：

第一，注意从那些经过前人考证和鉴别过的大量历史文献中搜集教育史料。教育作为人类历史重要的实践内容之一，这方面的史料大多数与人类历史活动的其他方面的史料混杂在一起，因此，凡是前人遗留下来的、经过考证和鉴别过的史料，都可以作为搜集教育史料的主要来源。通过这一途径来搜集教育史料，一方面可以省时省力，另一方面也可以保证教育史料的质量。

第二，注意从种类繁多的文史工具书中搜集教育史料。文史工具书主要是指那些根据一定的社会需要，广泛汇集有关知识材料，以各种不同的形式加以科学编排，并按照一定的编排方式和检索方法，供人们查阅参考、释疑解难的工具书籍，主要包括书目、索引、政书、类书、年表等。其中，“书目”是记录图书名称、作者、卷册、版本的工具书，如《汉书·艺文志》《隋书·经籍志》《四库全书总目提要》《中国丛书综录》《伪书通考》等。“索引”是将书报中的内容编为条目排列供人们查找的工具书，如《全国报刊资料索引》。“政书”是专门记载历代或某一朝代的典章制度及其沿革的专书，它按类汇集政治、经济、军事、文化等方面的资料，具有资料汇编的性质。我国历史上著名的政书包括刘知几之子刘秩所编的《政典》、杜佑的《通典》(两百卷)、郑樵的《通志》(两百卷)、马端临编纂的《文献通考》，历朝历代编纂的会要、会典也是查考古代典章制度的重要工具。“类书”是辑录古代群书中各门类或某一门类资料的工具书，如欧阳询等人编纂的《艺文类聚》、明成祖朱棣命解缙等人编纂的《永乐大典》以及清代陈梦雷、蒋廷锡等编纂的《古今图书集成》等。此外，“年表”“历表”是按年代顺序，用表格形式编制而成的查考时间或大事的工具书。在教育史料的搜集过程中充分利用大量的文史类工具书，不仅可以扩大搜集教育史料

① 参见孙广勇《教育史料搜集、整理、鉴别与运用初探》，载《教育史研究》2005年第1期。

的视野，而且还可以给我们搜集教育史料提供明确的路径。

第三，注意研究教育史料的分布规律，有重点地、广泛地搜集教育史料。搜集教育史料除了可以从大量的文史工具书中寻找线索外，还应充分注意教育史料分布的广泛性特点。除了要关注各类官方文献中有关教育的史料，如学校、选举志等类，还应充分注意对民间史料的搜集。如民间的各种象征仪式、宗族记录、祠庙、地方志、碑文以及民间传说、民谣、杂字等史料。此外，各种笔记小说、近代以来教育主管部门和学校保存下来的档案、报刊的教育新闻、杂志甚至是文艺作品等都应该是教育史料搜集的主要途径。特别是近代的《教育杂志》《中华教育界》等大量教育专业杂志，更是史料搜集的重点。杜成宪在《从儿童歌谣游戏和绘画透视中国传统儿童观》一文中指出，中国历史上一些教育家关于儿童和儿童教育的论述、一些世家名人关于儿童和家庭教育的训诫，都可以据以研究中国传统的儿童观，然而，儿童歌谣、儿童游戏和儿童题材绘画作为在民间广为流传的儿童娱乐、教育和艺术形式，尽管受"'文以载道'思想的影响，也会存在说教的现象，但比较起学者们的理性论述、家教中的严厉规诫，它们却有着更为人所喜闻乐见的内容和表现形式，因而更为贴近社会的日常生活而为人民大众所普遍接受和认同，其中所贯注或流露的关于儿童的认识、情感与期待，就可能更为自然、更为普遍、也更具有生活的真实性。"①同时，还应充分注重从野史、笔记、戏曲、小说等领域中寻找史料参照，虽然可能在可信度上无法与正史相比较，但是，这些史料可以从一定的侧面弥补正史史料过于刻板的缺陷，反映正史史料中不太关注的普通民众的社会生活状况。

第四，"注意在平常史料上下功夫，搜集零碎史料，集腋成裘"②。教育史料的搜集对于教育研究者而言，不是一日之功。作为教育史研究工作者，首先要树立史料意识，在平时的工作中要尽可能地广泛阅读各类与教育史有关的原著，同时要勤于社会调查，并及时记录调查数据，力求发掘

① 杜成宪：《从儿童歌谣游戏和绘画透视中国传统儿童观》，载《教育史研究》2001年第2期。

② 孙广勇：《教育史料搜集、整理、鉴别与运用初探》，载《教育史研究》2005年第1期。

新的资料。教育史学工作者在搜集史料的过程中，要有“上穷碧落下黄泉”的精神，大量而系统地阅读史料，并在搜集史料的过程中，善于建立资料卡片或进行资料分类。只有这样，才能为客观地展现历史正确地评价历史奠定良好的基础。

第五，注意在考古发掘、社会调查和口述史料中搜集教育史料。“历史研究是一个能动的开放系统，搜集与利用考古出土的新资料，是发展史学的内动力之一。”[①]考古学自近代产生以来，为历史研究提供了新的史料来源。考古史料与其他类型史料的最大区别在于它的客观性和可靠性相对较高，因此，一般的文献史料如果经过了考古发掘资料的印证，可信度就大幅度提高。因此，对考古发掘史料的充分重视和运用，也是搜集教育史料的重要途径。1993 年湖北荆门郭店楚墓出土的战国楚简《老子》新版本和早期儒家（特别是子思等）的新资料，为我们研究老子的教育思想和儒家教育思想提供了新的史料，同时也修正了学术界过去对老子教育思想理解的一些偏差，从而为老子教育思想和儒家教育思想研究的进一步深入奠定了基础。

除了考古发掘的史料外，随着人类学研究方法对历史学的影响，田野调查也成为搜集教育史料的主要方式。在教育史学研究中，由于文献史料的有限性，决定了在研究中可以通过实地调查、采访一些口头传说，特别是亲历者的口述，来丰富教育史料。如对中国古代童蒙教育或家庭教育的研究，除了正史中有关宫廷保傅教育和家庭教育的文献史料外，有关普通民众家庭教育的史料主要来源于宗族的族谱、家谱以及一些口述社会史中有关家庭、宗族教化的记载，这些史料一般很难通过正式出版的文献或官方文献中搜集到，只能通过田野调查、采访宗族、走访家庭来获得族谱或家谱，或者走访了解民间教化口头传说等。当然，这里需要注意的是，调查、采访搜集来的文献或口头史料虽然能丰富和补充文献史料的缺失，但在具体使用时应该进行认真地筛选和抉择。当“口头传说与考古发现的实物资料发生矛盾时，一般应以口头传说服从考古发现的实物资料；口头传说与文献记载不符合时，除应放弃口头传说资料外，还应对文献资

① 姜义华、瞿林东、赵吉惠：《史学导论》，复旦大学出版社 2003 年版，第 120 页。

料进行考核"①。只有这样才能保证调查资料和口头资料的可靠性和研究成果的科学性。

第六,教育史料的搜集过程中,还必须注意辑佚的方法。在中国历史上,由于大量的古典文献在天灾人祸中损坏或亡佚,因此出现了一项专门在现存的文献图书资料中探求和搜集业已损坏、亡佚书籍内容的工作或学问,这种工作或学问就被称为"辑佚"。辑佚作为中国历史上搜集、整理史料的一种特殊方法,大致产生于南宋时期。其方法主要分为两步:一是搜集、整理佚文;二是辨析、考证佚文。在搜集、整理佚文的过程中,最主要的是注意辑佚的取材范围。"作为中国古典文献范围内的辑佚书,有一个大致相同的取材范围。首先是各种经史的注与各种类书,其中最重要的注疏有《十三经注疏》《史记注》《汉书注》《后汉书注》《三国志注》《水经注》及《文选注》;类书有《北堂书钟》《艺文类聚》《太平御览》《初学记》《太平广记》《册府元龟》《白孔六帖》《锦绣万花谷》《玉海》《意林》等。……其次,其他一切有引亡佚书籍内容之书,均可作辑佚的资料。"②

教育史料的搜集仅仅是教育史学研究的起点和前提,要运用搜集来的史料进行教育史研究,还必须对搜集来的史料进行辨析和抉择。这期间要注意两个主要问题:

第一,对于教育史料的辨析和抉择,除了要使用史料鉴别的一般技术,如辨伪的方法、校勘的方法、诠释的方法和史实考证的方法外,"还应运用教育史的研究成果和教育规律。发现问题,应做进一步的考证,或者存疑,等待时机成熟时辨别清楚,不可轻易做定论"③。

第二,"对教育史料的搜集和整理还应分别层次"。有学者将其分为"核心史料""相关史料"和"外围史料"三个层次。④ 在教育史研究中,由于"核心史料",即"教育实践史料",与教育实践直接相关,对教育史学研究

① 姜义华、瞿林东、赵吉惠:《史学导论》,复旦大学出版社 2003 年版,第 121 页。

② 宁可、汪征鲁:《史学理论与方法》,中央广播电视大学出版社 1991 年版,第 200 页。

③ 孙广勇:《教育史料搜集、整理、鉴别与运用初探》,载《教育史研究》2005 年第 1 期。

④ 参见孙广勇《教育史料搜集、整理、鉴别与运用初探》,载《教育史研究》2005 年第 1 期。

有较高的参考价值，因此，对“核心史料”要“求全、求细”；对“相关史料”应突出重点；对“外围史料”应着重参考现有的研究成果以及与教育实践活动有关的政治、经济、文化等方面的相关史料。只有这样，才能正确处理好“核心史料”与“相关史料”“外围史料”的关系，做到有的放矢。

（2）教育历史事实的编次与整列。教育史研究的根本任务之一在于运用史料尽可能地还原“历史事实”，教育历史事实的还原，除了要搜集、辨析和抉择教育史料外，还必须按照一定的原则与方法“编次与整列”教育史实。汤因比在谈到还原历史事实的工作时指出，“历史并没有热心于记录人类生活里全部事实”①。这说明“历史上叙述历史事实的史学著作，不一定都能记载全部历史事实。所以历代治史者，都有根据自己的历史观念编次与整列事实的任务”②。但是，这并不意味着编次与整列教育历史事实完全是研究者或著述者的主观想象，相反，教育历史事实的编次与整列必须以搜集、辨析和抉择教育史料为前提。只有对搜集、辨析和抉择的教育史料进行运用——编次与整列教育历史事实，才可能将复杂的历史过程及其内容按照一定的系统表述或叙述出来，这时才在一定程度上还原了教育历史事实，也才能为进一步分析、解释教育历史奠定基础。

总结和概括中外史学研究的历史经验，编次与整列教育历史事实的方法大致包括以下几种：

第一，按照时间概念编次和整列教育历史事实的方法。人类教育的历史首先表现为在特定时间内的活动延续，这其中时间观念是确定历史事实是否真实准确的基本因素之一，也是教育史学研究者重构教育历史或还原教育历史事实的必要前提。从已经出版的教育史学著作的体例来看，有相当一部分教育史学著作的编纂者都是按照时间的先后顺序来编次和整列教育史学著作的。因为在大多数教育史学研究工作者看来，人类教育的历史都是时间延续的结果，以时间的先后顺序撰写出的教育史学著作具有脉络清晰，使人一目了然，易于掌握和运用的特点。在教育史学研究中常用的按照时间概念来编纂教育史的形式有“教育历史大事记”

① ［英］汤因比著，曹未风等译：《历史研究》（上册），绪论，上海人民出版社 1986 年版。引文中的“历史”在此指史学家写出的历史，而非客观的历史。

② 姜义华、瞿林东、赵吉惠：《史学导论》，复旦大学出版社 2003 年版，第 126 页。

"教育历史年表""教育编年史""教育通史""教育断代史"和"教育专门史"等，这些教育史的编纂形式相互补充，在考证、辨析史料的基础上，经过取舍、加工、分析、概括而编写出的教育史才是更接近于教育历史事实的教育史。

第二，按照空间概念编次和整列教育历史事实的方法。人类教育历史的发展除了时间概念外，还有空间概念。如果对教育历史事实的编次和整列仅仅按时间顺序来进行的话，往往容易忽视教育历史事件和人类教育活动的整体性，从而将一个完整的历史事件过程分割成不连贯的、琐碎的若干条块，从而造成对教育历史事实认识的片面性。因此，教育史学工作者"在编次与整列历史事实时，除了注意从时间观念出发而外，还应该注意空间观念"①。空间概念作为构成教育历史事实的基本因素之一，主要关注的是人类教育活动发展的环境因素。在人类历史发展的过程中，地域不同，形成的文化教育传统也不同。汤因比曾经怀着极大的兴趣从空间观念出发，将古代社会的历史运动划分为二十多个"文明区域"。这种从空间观念出发去编次与整列古代社会历史事实的方法，对于人类文明史的研究产生过重要影响。唐代著名史学家刘知几认为，司马迁《史记》所采取的"错综成篇，区分类聚"的编次与整列方式，与《尚书》《春秋》"以日月为远近，年世为先后"的编年体方式相比有了重大的突破，可以称得上是在中国古代历史著作编次与整列过程中将时间观念与空间概念有机结合的典范。在古代西方史学中，希罗多德的《历史：希腊波斯战争史》和修昔底德的《伯罗奔尼撒战争史》也采用了以历史事件为中心，按照年代顺序编次历史事实的方式，对整个西方历史学的编次方法影响颇深。

教育历史事实作为人类历史事实的重要组成部分，在编次与整列中同样应该遵循将时间观念与空间概念结合起来的原则。既要注意教育历史事件发展的时间顺序，又要注重教育历史事实的空间概念。具体而言，就是要求教育史研究者在编次与整列教育历史事实时，既要注重以时间顺序编次与整列教育历史事实的编年史和通史，又要重视国别教育史、区域教育史或地区教育史的研究。只有这样才能对人类教育发展历史有一

① 姜义华、瞿林东、赵吉惠：《史学导论》，复旦大学出版社 2003 年版，第 127 页。

个清晰而全面的认识。

第三，教育历史事实的编次与整列，要注意多种史学编纂体裁的结合使用。长期以来，由于受西方章节体编纂形式的影响，教育史学界在编写教育史学著作时主要采用的是章节体。这种体裁虽能够弥补传统史书体裁的不足，尤适于编写教科书的要求，它的最大优点是便于综合叙述，但是，这种体裁也存在着不足之处。瞿林东认为，单一的章节体“使多样的历史编纂形式变得单调起来，并且也不能完全适用于表现纷繁复杂的历史面貌和历史进程”①。吴泽在其主编的《史学概论》中指出，章节体的不足“在于人为的分章辟节，在一定程度上割裂了历史过程的整体性，随着章节体的程式化，这一缺点日益明显”②；王戎笙认为，章节体“最明显的缺点是没有人物传记，不能充分展现历史人物的活动”③；董恩林认为，章节体“作为历史教科书的体裁，是适用的，因为它符合教学上‘融会贯通、提纲挈领’的要求，但事实已经表明：它无法容纳一国一族或某一时期多层次、多样化的整个历史进程，作为历史体裁，显出十足的‘胸怀狭隘’”④。

要改变教育史编纂体裁单一的局面，我们一方面要根据编次与整列的内容大胆借鉴编年体、纪传体、纪事本末体、纲目体、年谱序、学案体、图表体、演义体等传统史学编纂体裁；另一方面，也要善于借鉴史学和其他社会科学发展过程中出现的一些新的研究方法，如口述史学、社会学、人类学以及近年来兴起的“质的研究方法”（也称“质化研究方法”）⑤等“叙事体”，进而使教育史学著作具有更强的可读性和生动性。

---

① 瞿林东：《中国史学：20 世纪的遗产与 21 世纪的前景（论纲）》，载《北京师范大学学报》（社会科学版）1996 年第 5 期。

② 吴泽：《史学概论》，安徽教育出版社 2000 年版，第 212 页。

③ 王戎笙：《郭沫若关于历史编纂体裁的思考》，载《历史研究》2000 年第 1 期。

④ 董恩林：《历史编纂学论纲》，载《华中师范大学学报》（人文社会科学版）2000 年第 4 期。

⑤ “质的研究方法”，又称“质化研究方法”，是 19 世纪末 20 世纪初在西方产生的一种与“非材料性研究”相对的研究方法。它具有以下五个方面的特征：第一，质化研究强调研究者要深入到所研究的自然情景中去，搜集第一手资料；第二，质化研究采用了描述的方法；第三，质化研究关心的是过程，而不只是结果；第四，质化研究重视归纳分析法，而不是演绎法；第五，质化研究关心人们的理解和观点，重视将研究者的研究结论反馈给研究材料的提供者，以验证结论是否被当事人所认同。具体内容参见冯生尧《质化研究方法与教育研究》，载《现代教育论丛》2002 年第 4 期。

第四，对教育历史事实的编次与整列，要重视对教育历史事实的语言表述方式。语言表述是教育历史事实表述的重要内容之一。罗志田先生所说："'写'或'表述'不是将思想(或知识，或别的什么)的一个完整的已知部分简单输出而已，它根本就是思想或知识的一个待完成的组成部分；换言之，一个学术观点在表述之前并不'存在'，是表述使它完成，使它存在。"[①]因此，语言文字的写作与修改，表面上像只是斟酌文字的分量，实际上是调整写作者的思想和观点。"从来没有一句话换一个说法而意味仍完全不变。"[②]语言表述不仅仅是"形式"，它就是"内容"本身。语言表述不仅关系到研究成果的表述形式，而且关系到研究者的学术观点和学术水平。因此，教育史研究者对语言表述问题必须给予高度的重视。古今中外许多史学家对教育历史事实编次与整列的表述方式提出了自己不同的标准，概括起来不外于以下几个方面：准确、顺畅、凝练、生动。

所谓准确，即要求教育史学著作的编纂者善于运用恰如其分的词汇准确地描述教育历史人物、教育历史过程和教育历史事件，同时还要善于准确地传达自己的思想。在教育史学研究中，语言表述的准确性是保证教育历史事实获得真实性的重要因素。研究者如果不能以准确的语言去表述教育历史事实及研究者对其的理解和解释，就不可能准确地还原教育历史事实，也不可能准确地揭示教育历史的规律。总之，语言准确性在教育史学研究中具有自己独特的意义。

所谓顺畅，主要强调的是研究者的语言表述的通顺、流畅。具体有两层要求：一是强调研究者语言的表述要合乎语法规范和表述习惯，不能出现语病和语法错误；二是强调研究者的表述要有严密的逻辑性，不能有表述上的不连贯或逻辑思路和观点上的混乱。教育史学研究者最好是在文章写完之后，多读几遍，对语句反复斟酌和修改，坚持这样做，会使语言表述的顺畅程度不断提高。

所谓凝练，是对教育史学研究者在语言表述上更高的要求。主要是强调教育史学研究者在准确表述的基础上，能用最为简要的语言表示丰

① 罗志田：《近代中国史学十论》，复旦大学出版社 2003 年版，第 190 页。

② 何永康：《写作学》，江苏古籍出版社 2002 年版，第 31 页。

富而深刻的内涵和意义。唐代史学家刘知几在论“叙事之工”时，明确提出两个要求：一为“简要”，二为“用晦”。即要求历史学者在叙述历史时要尽量做到“省字约文，事溢于句外……略小存大，举重明轻，一言而巨细咸该，片语而洪纤靡漏”，进而达到“言近而旨远，辞潜而义深，虽发语已殚，而含义未尽”[①]的目的。

所谓生动，即是要求教育史学研究者运用生动的语言将原本动态的、富有生命力教育发展的历史过程表现出来，“使看的人要哭便哭，要笑便笑”[②]。如果说，准确、顺畅是教育史语言表述的基本要求，那么生动则是更高的要求了。纵观已有的教育史学论著，能够称得上语言表述生动性的可以说是寥寥无几。之所以如此，既有主观方面的原因，又有客观方面的原因。在史学研究逐渐大众化的今天，假如我们再用那种高深莫测的、晦涩的所谓纯“学术语言”来表述教育历史，不仅会使教育史学研究远离大众，而且也会使教育史学研究的危机更加严重。因此，教育史学研究者要多读好的文学作品，多学习语言知识，打好扎实的文字功底，努力提高自己的文才，才能写出生动的、引人入胜的教育史学著作。

分析、解释教育历史过程的方法：现代史学强调对于历史过程的分析与解释，强调历史认识的意义。这里所谓的分析，亦称“历史分析，即是从历史的联系与历史的线索（年代顺序或朝代顺序）出发去研究与描述历史发展的自然过程，进而揭示其运动规律的方法”。历史分析要求我们，“一是要把历史事件、人物、制度、思想等置于特定的历史条件下进行分析；二是要把历史事件、人物、制度、思想等作为运动的历史发展过程进行分析；三是要把历史事件、人物、制度、思想等不仅当做抽象的个体，而且当做统一的、有联系的、有机整体进行分析”[③]。所谓“历史解释”主要包括两个方面的内容，“一是对史料的解释；二是对历史过程的解释”。关于对史料的解释，在史料的搜集、考证和抉择中已经论述。这里主要讨论对历史过程

① 刘知几：《史通·叙事》。
② 梁启超：《中国历史研究法》，东方出版社1996年版，第181页。
③ 姜义华、瞿林东、赵吉惠：《史学导论》，复旦大学出版社2003年版，第135页。

的解释。

著名学者卡尔·雷蒙德·波普尔(Karl Raimund Popper,1902—1994)认为:"既然每一代都有它自己的困难和问题,因而也都有自己的兴趣和自己的观点,那么每一代就有权按照自己的方式来看待历史和重新解释历史,而这种方式是补前代之不足的……而且没有一种解释是最后的解释,每一代都有权来做出自己的解释。"[①]在波普尔看来,"历史是可以做出客观解释的,确切地说,历史是一门解释性的科学"[②]。继波普尔之后,卡尔·古斯塔夫·亨佩尔(Carl Gustav Hempel,1905—)运用数理逻辑等方法来分析历史,提出了较波普尔更系统的历史解释的覆盖定律模式,对西方历史研究方法论产生了深刻的影响,由此也产生了许多新的史学研究方法。当代分析、解释历史的方法很多,这里只讨论几种比较常用的、影响较大的方法:

(1) 定量与定性分析方法。定量与定性分析的方法是对历史过程进行分析与解释的主要方法之一。其中,定量分析,又称计量方法,是指"根据某一历史现象或组成该历史现象的各种因素之间所表现出来的各种数量多寡的关系来确定其数值比例,再根据这种数值比例来确定该历史现象具有或不具有某种性质的"[③]研究方法。在历史研究中,定量分析的研究方法,主要解决"有多少"(某个历史现象要达到什么样的数量程度才能"是什么或具有某种属性")的问题。相对定性分析而言,定量分析的精确性要高得多。

计量分析方法在史学研究中的应用年代十分久远,"进入文明的发展阶段以后,人类常常使用量的概念,使数字成为人类生活中不可缺少的因素,量的概念深入到所有的方面。因此,历史研究从来都不可能将数量置之不顾"[④]。《尚书·禹贡》和二十四史中《食货志》对人口、土地财产、赋税等资料的记载,《希波战争史》中有关小亚细亚各民族的人口、土地和财产

① 张文杰编译:《现代西方历史哲学译文集》,上海译文出版社1984年版,第184—185页。

② 张广智、张广勇:《现代西方史学》,复旦大学出版社1996年版,第258页。

③ 贾东海、郭卿友主编:《史学概论》,中央编译出版社1992年版,第168页。

④ 杨豫、胡成:《历史学的思想和方法》,南京大学出版社1999年版,第274页。

数字的描述，均可看做计量分析方法在历史学研究中被运用的最早雏形。不过，这些使用数学工具进行历史记录、编纂和分析的方法都还只停留在简单的统计阶段。

17至19世纪，随着资本主义的迅速发展，“对经济数据、人口数据进行精确的统计与计算，不仅成为时代的要求，而且也具备了可靠的前提。在这种时代氛围中，史学研究方法受到深刻影响”[①]。19世纪中叶，英国学者索罗德·罗杰斯(Thorold Rogers)六卷本《英国农业和物价史》的出版，掀起了运用计量方法分析、解释历史的热潮，其后，法、德、俄等国的历史学研究者纷纷效法，一时间以计量方法研究历史的专著不断涌现。不仅如此，1882年，德国学者K. T伊纳马-施泰尔奈格的《历史学与统计学》一书的出版，标志着人们探讨史学计量分析方法理论的开始。

现代意义上的计量史学研究开始于第二次世界大战之后，这时的计量史学研究已经不是单纯的以数学为工具对历史进行简单的记录、编纂和分析了，而具有了以下一些基本特征：一是运用电子计算机搜集、处理大量的史料及数据，并向研究者提供处理了的大量情报资料；二是对搜集、处理过的史料数据进行统计分析。这种统计分析也“不是指以往史学研究中那种描述性的统计，而是一种高级的数理统计学和多变量解析领域的分析”[②]；三是制作数学模式来表现历史文化现象。这样的计量研究方法之所以能迅速兴起与发展的原因在于：

首先，随着科学数量化逐渐成为现代科学发展的基本趋势，数学方法已经迅速渗透到各门学科及社会生活的各个方面，实证主义史学的那种以描述、定性、说明和论证为主的研究方法已经远远不能适应史学方法的现代化要求了，这就对史学的定量化、精确化分析研究提出了要求。正如托波尔斯基在其《历史学方法论》中所说的那样：“当历史学家终于认识到‘他们必须计算’的时候，定量分析已经成了历史叙述的一个合理要素。

① 石潭：《计量史学研究方法评析》，《西北大学学报》(哲学社会科学版)1985年第1期。

② 张广智主著：《西方史学史》，复旦大学出版社2005年版，第353页。

这种分析是迫切需要的。”[①]

其次,随着史学研究的重点“从个人行为转移到状况的逻辑上,从叙述事件转移到解释事件的结构上,叙述体历史已经明显变成分析性历史,数量方法正适应了当代史学这一新发展的需要”[②]。

再次,20 世纪 50 年代以来,数量方法在人口学、经济学、语言学等社会科学领域中运用的成功经验,为历史提供了借鉴,促进了数量方法在历史研究中的推广和运用。

最后,现代数学和计算机技术的发展,为计量史学的发展创造了技术和物质上的条件。

现代计量史学的研究方法(历史研究定量分析方法),要求“对历史过程或个别历史现象做出定量分析,并且通过定量分析,准确地确定历史过程或个别历史现象的性质与发展趋势,以论证或说明该历史过程或个别历史现象具有或不具有某种性质或特点”[③]。其内容主要包括一般统计分析、反映计量模型和反事实模型三个方面。一般统计分析法是定量分析中使用最广泛的一种方法,主要由平均数的计算、相关分析、回归分析、趋势值计算、随机变量和概率分析等计算法组成。所谓反映计量模型法,是以模拟历史现象与历史过程来揭示历史发展规律性的方法。反事实模型则是“对在社会历史过程中没有发生的、与既定事实相反的情形进行模拟,借以说明历史发展中可能出现的种种后果”[④]的方法。使用这些方法进行史学研究的基本应用程序主要包括:

① 筛选研究对象,确定研究目的。在筛选研究对象时,关键把握两个重要环节:第一,这个研究课题或对象是否具有意义;第二,这一研究课题是否能够或在多大程度上使用计量研究方法。

② 搜集研究史料,分类整理史料。计量研究方法相对其他研究方法而言,对史料的要求更加细致和全面。在搜集史料的过程中,不仅需要搜

---

① [波]托波尔斯基著,张家哲、王寅等译:《历史学方法论》,华夏出版社 1990 年版,第 475 页。

② 李振宏:《历史学的理论与方法》,河南大学出版社 1999 年版,第 492 页。

③ 姜义华、瞿林东、赵吉惠:《史学导论》,复旦大学出版社 2003 年版,第 131 页。

④ 贾东海、郭卿友主编:《史学概论》,中央民族大学出版社 1999 年版,第 170 页。

集大量的文献史料,更重要的是要注意搜集数字史料,这些数字史料才是进行计量分析的基础材料。与此同时,为了保证研究结论的科学性和可靠性,在史料搜集过程中,特别要加强对史料的鉴别和分类,既要对搜集到的史料进行去伪存真、去粗取精以及考证的工作,又要对鉴别过的史料进行分类整理。英国计量史学家 R. 弗拉特(Roderick Frater)提出的史料分类方式主要有三种:第一类为按列名分类,这种分类形式是历史学家对他所研究实体的数量化描述;第二类是按顺序分类,就是将某些同质现象按其标志值的先后、多寡、优劣排列起来;第三类是按差别或比率分类,这种分类方法最明显的特征就是历史资料之间的差别。① 在史料分类的基础上,还需要对这些数据资料进一步整理以达到计量分析所要求的形式。不同的统计分析方法要求对史料按不同的方式进行整理,或建立"数据集"(确定统计总量)的概念,以帮助研究者根据自己的研究情况对史料进行取舍,确定计量分析的规模;或按"实例"(整理数据集的基本单位)进行整理分类,关注统计总体各单位某一变异数量的标识的具体数值。在此基础上,再将史料数据用"数据矩阵表"进行表达,为研究者的分析提供便利。

③ 数据分析。完成对历史资料的分类整理后,研究者开始进入对数据的分析阶段。依据人们所使用的统计技术的难易程度,数据分析又可分为两个方面:一是描述性统计,主要包括编制次数表(对数据进行分组、排序)、绘制图表(将数字转换成图表)、概括方法(利用统计学求出反映总体基本特征和规律性的指标,如算术平均数、几何平均数、中位数、众数等)和时间数列分析方法(从数量方面研究历史现象发展变化莫测的趋势和速度,揭示历史现象各发展阶段的特点和规律)等基本内容;二是分析性统计,其实质在于利用较为复杂的数理统计方法从一些相关的数据中推断历史现象的变化情况。② 描述性统计是分析性统计的依据和基础。通过不同层面的数据分析,我们可以掌握和认识历史现象和历史过程的

① 参见李振宏《历史学的理论与方法》,河南大学出版社 1999 年版,第 494—495 页。

② 同上,第 496—497 页。

变化趋势和发展动态,把握历史现象及其过程的基本特征。由于数据本身包含着许多复杂的信息,因此要求研究者在研究中必须注意对多种因素影响下的数据和数据集合作全面的分析,才能保证数据分析的全面性和科学性。

④ 构造分析模型。由于历史过程的不可重演性,所以在进行定量分析的过程中,往往需要"依据相似性原理制造一种模型,对被研究对象(历史过程)进行模拟研究"[①],从而得出必要的分析结果。构造分析模型,一般可以使用直接分析法、模拟法、利用数据分析法、概率统计分析法、试验分析法和假定等方法。

构建模型"一般要经过下列步骤:(1) 明确目标;(2) 对历史系统进行周密分析,找出主要因素,确定主要变量;(3) 找出各种关系;(4) 明确系统的约束条件;(5) 规定符号、代号;(6) 根据有关学科的知识,用数学符号、数学公式表达所有关系;(7) 简化表达形式,并检查是否代表所研究的问题;(8) 确定模型"[②]。

⑤ 结论的分析和表述。这是进行计量分析研究的最后程序。在这一程序中,研究者要运用所搜集到的材料来验证自己的假设是否能够成立。如果搜集的材料证明了假设,研究者可以就此得出结论;但如果材料推翻了有关假设,那么,对问题的研究或到此为止,或提出其他假设,然后搜集相应的材料重新验证假设。

以上是定量分析缺一不可的五个步骤。在运用各种统计方法进行数据运算时,往往会遇到一些复杂的、庞大的、非常耗时的数字运算问题,这就需要我们充分发挥电子计算机的优势,利用计算机语言知识对数据进行处理,为最终的历史分析模型的构造和对历史问题的分析奠定基础。

在运用计算机处理相关数据的过程中,作为研究者必须熟悉以下几个基本操作程序:首先,选择研究主题和研究范围,确定研究对象、区域和年代界限;其次,将普查、抽样调查或文献档案的相关资料中的数据制作成计算机语言可以接受的图表;再次,根据计算机语言编排出合理的计算

---

① 赵吉惠:《历史学方法论》,四川人民出版社 1987 年版,第 213 页。

② 李振宏:《历史学的理论与方法》,河南大学出版社 1999 年版,第 496 页。

机程序,并将语句程序大量的数据输入计算机进行运算;最后,从计算机终端获得计算结果。

尽管历史的定量分析具有使历史研究向着更科学、更精确方向发展的重大意义,同时它在开拓新的学科、扩大研究领域、改变传统历史研究思维方式等方面都取得了令人瞩目的成绩,但是,我们也必须看到,"数量方法只能适用于有限的范围,它只是对可能适用的研究对象才是极其有效的。定量分析只能为解释历史提供可靠的根据,只能帮助描述历史过程,不能确定历史的性质,不能给历史以理论的说明"①,为此定量分析需要以定性分析作为补充。

定性分析,是指"对历史给予综合的分析与解释后,确定历史的最终性质或属性的研究方法"②。在历史研究中,相对定量分析而言,定性分析主要解决"历史现象是什么"的问题,其核心是确定历史的性质,给历史以合理的解释,并揭示历史的本质与规律。如果说以史料梳理与历史认识的论证过程为主要内容的定量分析是属于微观分析的话,那么以历史认识的提出与历史结论的确定为主要内容的定性分析则更多意义上属于宏观分析。

定性分析是长期以来历史研究普遍使用的研究方法,也是几乎适用于历史研究领域中的所有问题的研究方法。也正因如此,在运用定性分析研究任何历史问题时,我们应该遵循以下几个基本原则:第一,必须坚持以唯物史观作为定性分析的科学历史观和根本指导原则,正确处理好历史现象各属性的基本特征,对每一个历史问题的定性分析,必须本着实事求是的原则,不能张冠李戴不负责任地胡乱定性;第二,在研究中,要注意适当将定量分析与定性分析结合起来。就定量分析与定性分析的关系而言,"量表明历史现象存在的规模与范围,发展的程度与速度,所处的位置与关系,所表现的是其外在的规定性;质则表现此一历史现象区别于其他历史现象的内在规定性,度则是二者的统一"③。这也就是说,在任何历

① 姜义华、瞿林东、赵吉惠:《史学导论》,复旦大学出版社 2003 年版,第 134 页。
② 贾东海、郭卿友主编:《史学概论》,中央民族大学出版社 1999 年版,第 166 页。
③ 姜义华、瞿林东、赵吉惠:《史学导论》,复旦大学出版社 2003 年版,第 134 页。

史研究中单纯地强调定量分析，忽视定性分析，容易使历史认识浮于表层，而不能正确地认识历史，把握历史现象的内在规律；同样，在研究中，如果只重视定性分析，而忽视定量分析，容易使历史判断陷于空洞或不准确。因此，在历史研究中，必须坚持定量分析与定性分析的结合，使其互为作用，互为补充，才能使历史研究走向真正、高度科学化的道路。

过去由于受固有思维习惯的影响，中国教育史学界对教育史学相关问题的研究多为定性研究，定量研究相对较少。20 世纪 80 年代末以后，在教育史学研究中，采用统计分析、回归分析、抽样分析等定量分析方法日渐增多，如在研究中国近代办学的规模、速度的研究中，过去大多采用传统的以描述事实为主的定性分析方法，这种研究方法，往往由于"文字语言的多义性和模糊性"[①]影响研究的准确性。以王笛、马自毅等为代表的中国教育史研究者，从 80 年代末开始尝试用计量史学研究方法对中国近代教育史进行研究，先后发表了《清末近代学堂和学生数量》(《史学月刊》1986 年第 2 期)、《清末新政与近代学堂的兴起》(《近代史研究》1987 年第 3 期)和《辛亥前十年的学堂、学生与学潮》(《史林》2002 年第 1 期)等学术文章，此外，在中国古代教育史研究中，也出现了宋大川的《唐代教育体制研究》学术专著。这些研究"并未使用复杂的数学语言，仅仅是用了最简单的统计方法，便使人们对清末历年学堂和学生数量的变化有了清晰的认识"。在此基础上，研究者又结合定性分析方法，使文章更具说服力。这些研究表明中国教育的演变，"无论是量的增减还是质的变化，即便使用最简单的计量方法也能给研究者带来准确、简洁、明了的信息，为深入进行定性分析提供了可靠的依据。因为数学语言仅用若干指标、指数、等式或一组模型就可以说明一个非常复杂的社会现象或社会发展过程。计量方法确实可以使中国近代教育史的研究趋于严谨、精确。事实证明，如果运用得当，在历史研究中运用定量分析方法和定性分析方法是可以相辅相成、相得益彰的"[②]。

---

① 纪立新:《计量方法与中国近代教育史研究》，载《经济与社会发展》2005 年第 5 期。

② 同上。

定量分析与定性分析方法对教育史学研究的指导意义主要表现在以下几个方面：第一，教育史学研究的定量分析，作为一种新的研究方法，能够使原来不够确定的教育问题得到可靠的数据证明，从而提高教育史学研究的精确性和科学性，由此补充了原来定性分析不确定性和模糊性的缺陷，但是定量分析并非教育史学研究的最终目的和最高要求，定量分析必须以定性研究作为补充，才能使教育史学研究达到最后的目的和最高的要求。第二，在教育史学研究中使用定量分析，可以有效促进教育史料数据库的建立。目前在历史研究中，已经出现了大量的电子计算机处理的史料，如四川联合大学古籍整理研究所用电脑处理和编纂的《全宋文》；河南大学刘坤太使用电脑处理的大批宋人笔记和《建炎以来系年要录》；河北大学历史研究所使用电脑制作《续资治通鉴长编》等索引、台湾史语所使用电脑制作的二十五史等索引，已开创了在古史研究中应用现代科技处理史料的先例。这种利用电脑建立起来的史料数据库，一方面为各类历史研究提供了大量的史料；另一方面也使过去不被人重视的史料或琐碎的史料，经过电子计算机的分类和处理，开拓了教育史学研究的新视野和新领域。史料是解释历史事实的基础，然而仅有史料解释，不是真正意义上的历史学，对史料的定量分析，即微观分析，只有与定性分析，即宏观分析结合起来，才能使教育史学研究走上真正科学化的道路。第三，在教育史学研究中使用定量分析，一定程度上改变了人们的思维方式，不仅使教育史研究视角从上层社会转到了民众的日常教育、教化活动的研究层面，而且定量分析所提供的研究方法，如“反事实假设和模型”，彻底改变了定性研究中单纯的描述性研究，使教育史学研究中出现了以科学假设来研究教育历史问题的新的思维方法。但是教育史学研究的定量分析，不论如何科学，结论如何新颖，也只是教育史学研究的基础性工序，是为了实现教育历史的定性所进行的基础史料分析，“定性分析是定量分析的质的飞跃，是在定量分析基础上所概括出来的历史认识，是对历史本质和规律的揭示，是史学研究的最终目的和最高要求”[①]。因此在教育史学

① 姜义华、瞿林东、赵吉惠：《史学导论》，复旦大学出版社2003年版，第134页。

研究中，必须坚持定量分析与定性分析的有效结合和统一。

(2) 整体研究与跨学科研究的方法。20 世纪中叶以来，由于新的实验技术和巨大而精密的观察工具的产生，人类的视野在微观和宏观两方面都不断扩大，这一方面使得科学的分化越来越细，另一方面，“由于人类认识日益深刻地认识了物质世界和各门学科的相互联系和相互转化的丰富内容，传统学科界限不断被打破，边缘学科、横断学科、综合性学科等交叉学科大量兴起，科学在高度分化的基础上实现了新的综合，而且综合的趋势越来越占主导地位”①。就方法论思潮的发展更替而言，“分析与综合相辅相成，浑然一体的知识体系要向精细专门方向深入，一定程度的分化必定带来相应程度的统一。科学研究领域学科高度分化与专门化必然产生相应的整体化与跨学科化。……这乃是科学思维自身发展的内在要求”②。科学研究领域的整体化与跨学科化研究，促使了历史研究中对整体研究与跨学科研究方法的普遍运用。

整体研究，主要以系统分析方法为代表，它是根据现代系统论(整体论)原理，“从客观对象的整体观念出发，研究整体与部分、整体与层次、整体与结构、整体与环境的辩证统一关系，以揭示对象的整体特征的研究方法”③。现代意义上的系统论原理，由美籍奥地利生物学家贝塔朗菲(Bertalanffy, Ludwig von)在 20 世纪 30 年代奠基、创立，直至 20 世纪六七十年代，贝塔朗菲关于系统论的理论才开始受到社会的广泛重视，并进而形成了对自然科学和社会科学具有普遍意义和深远影响的世界观和方法论——系统分析方法。

系统论认为，一切有机体都是一个具有复杂结构的整体或系统，自然界任何一个客体，都是由诸要素以一定结构组成的、具有相应功能的系统，该系统的整体功能大于该整体各个部分功能之和。自然界是由不同层次的等级结构组成的并包含多个层次等级结构的统一体，由这些结构组成的整体或系统，经常与其周围的环境发生物质和能量交换关系，这是

① 刘仲林主编:《跨学科学导论》，浙江教育出版社 1990 年版，第 11 页。

② 金吾伦主编:《跨学科研究引论》，中央编译出版社 1997 年版，第 42 页。

③ 姜义华、瞿林东、赵吉惠:《史学导论》，复旦大学出版社 2003 年版，第 140 页。

由自然界动态开放的系统特点所决定的，自然界永远处于不停息的组织运动中。依据系统论的这些原理而形成的历史研究的系统分析方法主要包括以下几个方面的内容和要求：

第一，整体分析方法。这是依据“一切有机体都是一个具有复杂结构的整体或系统”的观点而提出的系统分析方法的核心内容，它强调在教育历史研究中，应该将历史看成是一个有机的整体，在这个整体中的各种教育历史现象，如教育历史事件、制度、活动、思想、人物等，均是该整体中的各个组成部分。但是在教育史学研究中对组成教育历史整体的各个部分研究的总和，并不等于整体研究，相反“整体大于各个要素的总和；整体具有与各要素功能不同的特定的整体功能”①。因此在教育史学研究中，除了要对组成整体教育历史的各个要素分别进行考察外，还必须对教育历史的整体进行分析，从而更深刻地认识各要素之间以及各要素与整体之间的内在联系，从而为揭示人类教育历史运动规律提供依据。

第二，层次分析方法。由于人类社会是由各个组成部分按照特定的结构和层次组成的有序整体，如中国的教育发展历史，是由不同社会形态的教育历史阶段或不同时期的教育组成，而不同社会形态中的教育又是由不同朝代的教育历史构成，因此要了解整个中国教育发展的历史，就必须将中国教育史分成不同的层次加以研究和分析，才能把握整个中国教育史发展的全过程，才能在此基础上实现认识整体教育发展历史过程本质和规律的目的。

第三，结构分析方法。历史研究中的结构分析，一般反映历史系统内部各要素之间、要素与整体之间的关系和联系。系统论的结构分析与结构主义的结构分析不同。前者主要在于分析整体与要素、要素与要素之间的关系，同时强调历时性现象在历史发展中的作用；后者重点强调用同时态方法分析非连续性历史横断面的种种因素及其关系，结构主义的结构分析轻视历时性在历史发展中的作用。系统论的结构分析不仅关注系统内各要素之间的关系研究，同时也关注系统中整体与各要素之间的关

① 姜义华、瞿林东、赵吉惠：《史学导论》，复旦大学出版社2003年版，第141页。

系，并将两者放在历史的长时段中加以把握，分析历史上社会结构中的各层次以及不同层次中各种要素的不同功能与效益作用。如在教育史学研究中，研究者除了从整体上把握教育历史的发展规律外，还必须认真分析教育历史发展规律与教育活动、制度及思想乃至教育历史发展演变的社会历史条件等方面的关系，这样才能全面地把握教育历史发展的基本脉络。

第四，动态分析方法。系统论认为自然界是一个开放的、动态的系统，教育历史作为自然界整体系统的组成部分，或子系统，与自然界一样，也是一个开放的、动态的系统。这个系统不仅要和自然界的外部环境保持一定的联系，而且与社会政治、经济、文化乃至人们的生活方式都在一定程度上发生着信息交换关系，因此，组成教育历史的各要素经常处于不断的改变之中，当这种改变达到一定程度时，通过信息交换往往会引起另一个要素，甚至是整个系统的结构的变化，从而导致整体系统的失调。"正是由于这种系统各要素的多样性联系和系统的动态变化，导致了客观世界和社会历史的丰富多样性。"①为此，在教育史学研究中，只有用动态、开放的观念与方法去研究教育历史过程，分析教育历史人物和历史事件，才能深刻认识教育历史，揭示教育历史运动的规律，认识教育历史的本质。

第五，环境分析方法。贝塔朗菲在其《普通系统论的历史与现状》一文中明确指出："系统的定义可以确定为，处于一定的相应关系中的与环境发生关系的各组成部分的总体。"②在系统论中，与环境相对应的一种重要概念就是"平衡"。系统论认为考察系统与环境的关系，重点在于考察系统与环境的平衡与否，将贝塔朗菲的系统与环境平衡的理论迁移至对社会及教育历史的考察、分析，即"是分析历史在环境中所维持的作用平衡，以及平衡的被破坏和被恢复。通过这种分析，更便于考察历史过程的多变性和方向性，以及社会的决策和运动的总趋势"③。

---

① 贾东海、郭卿友主编：《史学概论》，中央民族大学出版社1999年版，第173页。
② 贝塔朗菲：《普通系统论的历史与现状》，载《国外社会科学》1978年第2期。
③ 赵吉惠：《历史学方法论》，四川人民出版社1987年版，第189页。

现代系统论作为方法论，它所倡导和强调的关于观察、分析事物的整体、系统观念，强调系统内部结构与结构之间、结构与整体之间、系统与环境之间的联系，反对将事物看成是孤立的个体以及分割处理问题的机械思想模式的方法论原则，与历史唯物主义的根本方法论是相一致的，因此，它是具有科学性的方法论和分析研究方法。但是系统分析方法片面强调系统与环境的平衡作用，忽视对社会经济关系实质性的分析等缺陷，提示我们在使用系统论方法研究教育历史问题时必须强调唯物史观的指导，这样系统分析方法才能更好地在教育史学研究中发挥更加积极的作用。

教育史学作为教育学与历史学的交叉学科的特点，决定了它在研究方法论方面既需要采用教育科学的研究方法，又需要运用历史科学的研究方法。系统分析方法作为历史学研究的重要方法，对教育史学研究同样具有重要的借鉴和指导意义：第一，系统分析方法突破了传统教育史学研究中就教育论教育的思维定势，从方法论层面为教育史学研究提供了全方位、多角度、多层次观察教育历史发展规律的新的思维方式，对全面、科学地认识教育历史发展规律及其本质具有重要的理论指导意义；第二，系统分析方法的整体观念、层次观念、环境观念以及动态开放观念，对于全面认识教育历史发展过程及其本质具有一定的可操作性；第三，系统分析方法所提供的认识历史现象及其过程的研究方法，为教育史料的搜集、整理和考证提供了更为广泛的范围。

在史学研究中，与整体性研究同时并存的还有跨学科研究，这是当今科学研究综合化趋势的具体表现，同时也是教育史学交叉性学科特点的具体体现。教育史学作为一门在“与教育科学内外诸多学科的不断离合中成长起来的”学科，它“不仅通过与其他学科的联姻，不断壮大着自己的阵容，而且还通过吸收其他学科的方法，不断改变着自己的面貌”。[①] 教育史学研究与历史学一样在与社会学、政治学、人类学、心理学的不断结合中，使教育历史的发展过程得到了更为科学的说明。在此，仅对与教育史

① 杜成宪、邓明言：《教育史学》，人民教育出版社 2003 年版，第 222—224 页。

学研究关系密切的心理史学研究方法和历史人类学的研究方法作简要的分析。

心理史学研究方法，又称心理分析方法或心态史学，它是运用现代心理学理论与方法，通过对历史人物的心理活动与个性特征的分析，对历史做出合理解释的研究方法。“历史研究中对心理学方面的重视，这本身不是什么新东西。修昔底德早就认为，历史解释的最终关键在于人的本性。”[①]古希腊时期的思想家亚里士多德的《记忆论》《梦论》和《灵魂论》，都是对心理进行的系统论述。同样中国的《左传》《史记》等古代史学论著中，也包含着对历史人物的心理描述。

现代意义上的心理史学兴起于20世纪初。奥地利神经病学家和心理学家西格蒙德·弗洛伊德(Sigmund Freud)首先将其创立的精神分析学应用于对历史人物行为心理的分析，由此开创了心理史学研究。继弗洛伊德之后，对心理史学做出重要贡献的是埃里克·H. 埃里克森(Erik Homburger Erikson)。埃里克森批判地继承了弗洛伊德的理论，打破了这种理论着重以生物性的本能冲动和欲望来解释人的行为的局限，重视社会文化因素的影响和个人的成长，从理论和方法上为心理史学开辟了新的研究途径。20世纪初出现的法国年鉴学派的代表人物吕西安·费弗尔(Lucien Febvre)率先开始探索历史与心理学的结合，提出史学家必须运用语言学、人类文化学、哲学、肖像学、文学，尤其是心理学方法进行综合研究，并以《马丁·路德：一个命运》一书，开创了法国式的心理史学研究的先河。

20世纪五六十年代，美国著名的史学家威廉·兰格在其《下一个任务》的就职演说中，大力提倡心理史学。在他的号召之下，60～70年代，心理史学分析方法得到极大的发展。这期间美国心理史学取得了骄人的成就，研究数量之多、范围之大都超过了以往各个时期。其中，以托马斯·科胡特的《德国的影像——对德皇威廉二世的研究》和彼得·洛温伯格《纳粹青年追随者的心理历史渊源》影响较大。此后，心理史学在西方

---

① [英]杰弗里·巴勒克拉夫：《当代史学主要趋势》，上海译文出版社1987年版，第101页。

国家迅速发展，成为继新史学产生之后影响史学理论方法的主要方法之一。

历史心理分析方法要求运用现代的各种心理学理论和方法对历史人物、历史上各种社会集团的所作所为和历史的运动过程做出心理上的合理的解释。由于心理学的理论和方法很多，因此，历史心理分析的具体方法也呈现出多样性的特征。常用的历史心理分析方法包括个案分析法、著作与语义分析法、问卷分析法和梦的分析方法等。

个案分析方法，又称跟踪观察的系统分析法，这种方法主要依据精神分析理论，从个体的童年时代起追踪分析他的心理和性格特征，对其后来所作所为做出合理的解释，达到理解和解释历史的目的。

著作与语义分析方法，以实验心理学理论为依据，通过对历史人物的各种著述，包括诗词、札记、日记、回忆录、书信以及各种无意识的涂鸦之作中使用的语句、用词的属性，判断、分析历史人物对人对事态度，从而对历史人物和历史过程及现象进行解释。

问卷分析方法，通过对社会学研究方法的借鉴，主要以书面提问的方法在回答者的答案中获取心理分析的资料和数据，进而分析人物的个性、好恶、对历史事件影响的诸种心理因素的方法。

梦的分析方法，是弗洛伊德精神分析理论在史学研究中的具体运用。弗洛伊德认为，“梦是一种完全合理的精神现象，实际上是一种愿望的满足。梦可能是清醒状态的明白易懂的精神活动的延续”①。在此弗洛伊德强调了梦作为一种潜意识活动具有反映近期周围环境所发生事件的特性。为此，他认为通过对梦进行分析，“可以帮助认识历史人物对周围事物、对历史进程的感情和态度，也能够提供研究历史人物潜意识活动的丰富材料”②。

西方心理史学自20世纪初产生，到20世纪六七十年代达到发展的顶峰，并取得了丰硕的成果。20世纪80年代以来，我国史学界也开始从

① [奥]西格蒙德·弗洛伊德著，张燕云译：《梦的释义》，辽宁人民出版社1987年版，第114页。

② 姜义华、瞿林东、赵吉惠：《史学导论》，复旦大学出版社2003年版，第145页。

不同角度、不同层面尝试运用心理史学的理论和方法对历史加以诠释。其中，章开沅、唐文权、喻本伐等学者对陶行知的研究，苗春德对20世纪上半叶“乡村教育”运动的研究以及胡志坚对蔡元培、黄炎培和陶行知的社会心理与行为特点研究，都是心理分析方法在教育史研究中的具体运用。

心理分析方法，不仅为现代史学，也为现代教育史学的发展开辟了新的领域，更新了人们对史料的认识，同时也为史学研究提供了新的视角，尤其是深化了对历史人物的评价和研究，它正在被史学研究者越来越广泛地重视和使用。但是由于历史文献中包含的心理方面的材料有限，心理分析与史实之间的距离使研究者存在着以理论模式去套历史事实的危险。因此，在使用心理分析方法研究教育历史的过程中，要注意以下几个问题：

第一，要注意心理分析具体的运用范围。历史心理分析方法只适用于历史人物、群体和部分历史现象的研究，不是任何历史研究都适用心理分析的方法。

第二，在对历史人物的分析中，应注意将心理因素的分析与具体的社会历史环境的分析结合起来。人在本质上是一切社会关系的总和，无论个体还是群体的存在，其心理特征的形成都与他生活的历史时代、文化环境密切相关，因此运用心理分析方法研究社会历史中的教育人物时，不仅要分析其个性和心理特征、气质和意志品质的种种表象，还要透过这些表象，分析产生这些心理因素的社会历史条件、社会经济结构和社会群体关系，这样才能把历史的心理学研究建立在科学的基础之上，使心理分析成为科学的历史研究方法。

第三，要注意挖掘反映教育历史人物心理活动的典型材料，并对其进行客观的、科学的心理分析。一个人生活过程中的行为，往往是其心理特征的反映，因此在历史研究中，应注意从历史人物的日记、书信、自传、年谱、著作等文献材料以及口碑材料中发掘、整理出反映人物心理过程的素材，在此基础上，结合其生活的历史时代，对其做出科学的心理分析。

第四，在研究教育者个人的个性心理时，必须将心理的稳定性和可变性结合起来。这里的稳定性心理因素主要包括能力、气质、性格等心理因素，这些相对稳定的心理因素会随着环境、条件和个人努力的变化而发生变异，同时在不同历史时期，教育者个体生理条件、健康状况等不可抗拒的因素也会对其本身产生影响，因此，在对历史人物进行心理分析时，只有在重视心理稳定性的同时也重视对可变性因素的分析，才能实事求是地评价历史人物。

同样，在对群体进行心理分析时，既要重视不同的民族文化对民众共同心理的影响，也要关注相同文化背景下由于家庭因素、阶级因素、集团因素、区域因素等方面的差异造成的不同的民众心理。只有这样，才能更好地解释同一时期对相同的重大问题，不同的阶级或集团的人们在态度上存在巨大差异的主要原因。因此，研究教育者群体时，将社会心理的共同性与差异性结合起来，与强调个性心理的稳定性与可变性结合同样重要。

第五，在使用心理分析方法研究教育史学问题时，还应坚持以唯物史观作为根本指导，才能保证心理分析方法的科学性。

20 世纪 50 年代中期起，随着新史学在西方各国史坛主潮地位的确立，对方法论的探讨和建设成为西方新史学发展的主要趋势。在探索新方法的实践中，逐渐形成了“不研究客观结构和过程，而是研究历史上人们日常意识的现实内容、心态现象、符号系统、习俗和价值观，研究心理目标、理解定式和行为模式，一言以蔽之，以人类学来解释文化”①的新史学研究方法。这一方法论体系被法国年鉴学派主要代表人物勒高夫称为“历史人类学”②。勒高夫虽然没有对“历史人类学”是什么做出明确的概括，但他强调了“历史人类学”的跨学科性质。

---

① 陈啟能主编:《二战后欧美史学的新发展》，山东大学出版社 2005 年版，第 15 页。

② 法国年鉴学派主要代表人物 J. 勒高夫在《新史学》中预测史学的三个前途时说:“或许是史学、人类学和社会学这三门最接近的社会科学合并成一个新学科。关于这一学科保罗·韦纳(Paul Werner)称其为‘社会学史学’，而我则更倾向于用‘历史人类学’这一名称。”参见[法]J. 勒高夫主编、姚蒙译《新史学》，上海译文出版社 1989 版，第 40 页。

对于具有跨学科性质的“历史人类学”的理解，目前学术界尚存争议[①]，但相当多的学者主张将历史人类学看做一种研究视角和研究方法[②]，因为，从历史学与人类学的研究对象和领域来看，两者都以人及人类社会为研究对象，“都探讨研究者自己所未曾经历的、与自己有一定距离的社会，只不过历史学家关注的是时间上遥远的过去，人类学家关注的是地域

① 林富士在《历史人类学：旧传统与新潮流》一文中概括了目前学术界对“历史人类学”的理解，大致有以下几种观点：第一种观点认为，“历史人类学”是西方人类学最新的发展趋势和结果；第二种观点认为，“历史人类学”是某种形式的历史学，是西方“新史学”中的一部分；第三种观点认为，“历史人类学”既不是人类学，也不是历史学，而是结合了历史学和人类学的一种新的“学科”或新的研究“领域”；第四种观点认为，“历史人类学”既不是一种独立的学科或亚学科，也不是一个独特的研究领域，而是一种研究的取向或途径，既属于历史学的范畴，也可归入人类学的版图，它代表着历史学和人类学在第二次世界大战后（尤其是20世纪80年代以来）逐渐的合流或复交；第五种观点认为，“历史人类学”的出现，既显示了历史学的“人类学化”，也显示了人类学的“历史化”。参见台湾“中央研究院”史语所70周年研讨论文集：《学术史与方法学的省思》，台北2000年版。

② 法国年鉴学派学者安德烈·比尔吉埃尔（André Burguière）认为：“历史人类学并不具有特殊的领域，它相当于一种研究方式。这就是始终将作为考察对象的演进和对这种演进的反应联系起来，和由这种演进产生或改变的人类行为联系起来。”（[法]安德烈·比尔吉埃尔《历史人类学》，转引自J. 勒高夫等主编，姚蒙译《新史学》，上海译文出版社1989年版，第238页。）英国著名史学家E. P. 汤普森（Edward Palmer Thompson）在其《民俗学、人类学与社会史》的演讲中，明确指出：“对我们来说，人类学的冲击主要体现在找出新问题，用新方法看待旧问题。”（[英]E. P. 汤普森：《民俗学、人类学与社会史》，转引自蔡少卿主编《再现过去：社会史的理论视野》，浙江人民出版社1988年版，第185页。）美国著名历史人类学家马歇尔·萨林斯（Marshall Sahlins），以库克船长在夏威夷被谋杀的历史事实为基础，论述了有关世界体系在南太平洋地区遭遇的诸多事件，从人类学的视角撰写了历史人类学的典范之作——《历史之岛》。萨林斯认为，“实践显然已经超越了意图区分人类学与历史学的理论分野。人类学家从抽象的理论转而解释具体的事件。历史学家降低对独特事件的热情而钟情于潜在的反复出现的结构。吊诡的是，人类学家强调历时性的前景，与历史学家强调共时性的现实一样的多”。（[美] 马歇尔·萨林斯著，蓝达居、张宏明、黄向春、刘永华译：《历史之岛》，上海人民出版社2003年版，第91、60页。）瑞士著名学者雅各布·坦纳（Jakob Tanner）在其《历史人类学导论》中，在分析了若干历史人类学研究机构的研究旨趣和研究重点后，提出：“‘历史人类学’是个五光十色的概念，它掩饰着一块斑驳陆离的研究领域和各家独辟蹊径的研究方式……推而广之地说：历史人类学这个概念所表示的不是一个特定的历史研究分支，而是表示一个‘促使人们研究新方法和新问题的吸引点’。”（[瑞士] 雅各布·坦纳著，白锡堃译：《历史人类学导论》，北京大学出版社2008年版，第4页。）

及文化上遥远的异邦”[①]。所以，英国著名学者巴勒克拉夫认为，“在所有的社会科学中，社会学和人类学在观点上与历史学最为接近”[②]。尽管“历史学间接地通过历史上观察者遗留下来的文献资料去复原特定的历史风貌，所以更重视有文字的文明；人类学则强调在实地的田野调查中通过研究者对社会现象的直接参与和理解去展示特定的社会原型，因而更重视文化。历史学主要从纵的方面探讨人类社会的发展过程，着力阐明时间顺序中事件的因果关系；人类学则横向挖掘社会及文化现象相对固定的方面。历史学所依据的文字资料往往是人们对自身社会生活的有意识的表达，而人类学则力图解读出所获田野资料中隐含的人们无意识的思想和动机”[③]，但这并不说明，历史学与人类学在研究领域和研究对象上有什么绝对的差异。正如庄孔韶所言：“人类学和历史学之间曾有不可逾越的界限，至少到20世纪中叶仍如此。但实际上，这两个学科在理论、方法论或研究的主题上并非各自截然独立。”[④]英国著名的社会人类学家爱德华·伊文斯-普里查德(Evans-Pritchard)也认为，“社会人类学与某些门类的历史学而不是自然科学更接近”[⑤]。因此，他不仅在其研究中格外关注变迁和历史，同时还接受史学家梅特兰(Maitland)“人类学必须选择：要么是史学，要么什么也不是”的说法，并明确提出：“史学必须选择：要么是人类学，要么什么也不是。”[⑥]这些观点说明，人类学家、历史学家在对各自学科进行反思的过程中，看到了传统关系中历史学和人类学由于“缺乏对方

---

① 王学典主编《史学引论》，北京大学出版社2008年版，第317页。

② [英]杰弗里·巴勒克拉夫著，杨豫译：《当代史学主要趋势》，上海译文出版社1987年版，第76页。

③ 王学典主编：《史学引论》，北京大学出版社2008年版，第317页。

④ 庄孔韶主编：《人类学通论》，山西教育出版社2002年版，第453页。

⑤ [英]爱德华·埃文斯-普里查德著，冷凤彩译：《论社会人类学》，世界图书出版公司北京公司2010年版，第128页。

⑥ E. E. Evans-Prithard, Anthropology and History, Mnchester 1961，转引自雅各布·坦纳著，白锡堃译《历史人类学导论》，北京大学出版社2008年版，第53页。

的深度”[①]，而使人类学成为“未下苦功的历史学”，历史学则成为“不用头脑的人类学”[②]的状况，为了改变这种状况，人类学和历史学的研究者分别开始了“消融历史学与人类学的边界，促成两个学科的交叉与融合”[③]的尝试，并在此基础上形成了具有跨学科性质的“历史人类学”的概念。

“历史人类学”作为历史学和人类学互相交流和借鉴的产物，不一定要归属于某一学科或某一学科分支。从历史人类学的形成过程来看，它是历史学和人类学者为了弥补本学科的缺陷，发展本学科而进行的努力和尝试。尽管两个学科的学者“可能享有相同或近似的学术立场和关注点，但却不妨碍他们各自发展自己的学科理论与方法论体系，形成各自的问题意识，讲述各自的故事”[④]。因此，很多学者认为，既存在一个“历史学脉络中的‘历史人类学’，也存在一个人类学脉络中的‘历史人类学’”[⑤]。即历史人类学实际表现为两种不同的转向：一是历史学的人类学转向，二是人类学的历史学转向。[⑥] 鉴于笔者将教育史学归属于历史学的分支及笔者的历史学科背景，下面将主要站在历史学学科的脉络中论述历史学的人类学转向及其对教育史学研究的启示。

历史学的人类学转向，最早可以追溯到 1782 年勒格朗·多西(Legrand Dorsey)撰写的《法国私人生活史》。这部以法国人道德习俗为研究对象的社会史专著的出版，奠定了欧洲历史人类学研究的基础。

---

① 张小军在《历史人类学：一个跨学科和去学科的视野》一文中指出：“在历史人类学的研究视野中，作为学科的史学和人类学之间必然要进行对话。我们曾经说过，史学和人类学的传统关系，表现为彼此缺乏对方的深度，或许可以转借这样一句话：人类学是未下苦功的历史学，而历史学则是不用头脑的人类学。”参见清华大学历史系、三联书店编辑部合编《清华历史讲堂初编》，生活·读书·新知三联书店 2007 年版，第 374 页。

② 清华大学历史系、三联书店编辑部合编：《清华历史讲堂初编》，生活·读书·新知三联书店 2007 年版，第 374 页。

③ 侯杰：《试论历史人类学与中国近代史研究中的几个问题》，载《史学月刊》2005 年第 9 期。

④ 赵世瑜：《历史人类学：在学科与非学科之间》，载《历史研究》2004 年第 4 期。

⑤ 刘海涛：《论西方“历史人类学”及其学术环境》，载《史学理论研究》2008 年第 4 期。

⑥ 参见陈啟能主编《二战后欧美史学的新发展》，山东大学出版社 2005 年版，第 237 页。

1869年，法国著名历史学家朱尔·米什莱(Jules Michelet)出版了《法国史》。在这本书的序言中，作者表述了其对政治性历史的摒弃和对总体的、深层的史学的追求，并尝试使用人种学的方式来间接论述和研究历史，强调在重视描述政治形势和变迁的同时，还应重视描述人民大众的生存条件，并注重用直觉和情感同化的能力来了解一个时代人们的看法和感受方法。这一研究取向受到年鉴学派的青睐。[①]

进入20世纪以后，年鉴派的史学家们"拒绝了当时相信事实的、拘泥于事件和国家机构的历史编纂模式，向从民族学/人类学、地理学、社会学和心理学直到社会数学的各门学科的方法和构想敞开了大门"[②]，并提出了"朝着'历史人类学'的方向，扩充结构史学"[③]的建议。1924年，年鉴学派创始人之一马克·布洛赫《神灵的国王》(也称《创造奇迹的国王》)一书的出版，称得上是将人类学引入历史研究领域的"拓荒之作"。该书运用社会学和文化人类学的方法，从宗教礼仪、风俗时尚以及医疗水平等容易被一般历史学所忽视的史料入手，对中世纪法英两国国民虔诚信服自己的国王有通过抚摸治疗"瘰疬"这一"奇迹"的历史及由此而形成的一整套正规的礼仪进行了系统的研究，澄清了这一历史"奇迹"发生、发展、定型直至衰亡的历史过程，从政治、经济、文化、心态等层面对这一看来无足轻重的社会现象进行了全面而深刻的历史文化解释，"同时也为我们更全面深刻地认识西方文化的本质特征开辟了一条基本的但一直受到忽视的道路"[④]。为此，马克·布洛赫被年鉴学派第三代传人雅克·勒高夫看做法国历史人类学的创立者。

继马克·布洛赫之后，年鉴学派另一位创始人吕西安·费弗尔提出了"心态"概念，对历史学的人类学转化影响深远。1942年由他撰写的《拉伯雷和16世纪的非信仰问题》一书出版。在这部书中，费弗尔将拉伯雷放在历史的长时段中，运用心态史的研究方法，推翻了此前"拉伯雷是个

---

① 参见朱双和《试论法国年鉴学派的历史人类学研究》，载《史学理论研究》2003年第4期。

② [瑞士]雅各布·坦纳著，白锡堃译：《历史人类学导论》，北京大学出版社2008年版，第53页。

③ 同上。

④ 陈彦：《历史人类学在法国》，载《法国研究》1988年第3期。

隐蔽的无神论者，是一个为了不危及自己的生存和远离种种权威而只把宗教用做面具的人”[①]的结论。费弗尔认为，拉伯雷生活在那个“人们想相信上帝的时代”，他“没有任何选择置身局外的可能性。因此，拉伯雷当时必定也是信上帝的。任何其他主张，都是违背人们与他们所生活的那个时代相似这个命题的”[②]。费弗尔所从事的心态史研究，以探讨长时段中人们的态度、行为举止和人们称之为“群体无意识”为主要内容。这一研究成果被安德烈·比尔埃尔看做“最卓有成效的研究”[③]。也正是心态史研究的出现，使历史学研究从关注特定政治权力人物的思想和行动的政治史，转向关心下层民众的态度与信仰的“民众史”。由此可以说，“人类学式的历史学是从心态史发展的兴趣中引发出来的”[④]。

在心态史学的影响下，年鉴学派第二代史学家费尔南·布罗代尔在其《15至18世纪的物质文明、经济和资本主义》一书的第一卷中，以前工业社会的日常生活，包括人口、食品、衣着、住房、交通、技术、货币、城市等为内容，写了一本历史人类学的著作。[⑤] 但布罗代尔“并不满足于只列举日常生活的一系列事物，而是指出主要经济平衡机制和交换的流通怎样塑造和改变着人类自然生活和社会生活的演进轨迹，指出人们的行为怎样集中表现于口味、重复性的行为以及为什么某种食品从一个大陆传到另一个大陆，或从一个社会阶级传到另一个社会阶级，会改变人们的习惯等等”[⑥]。这种研究方法已经倾向于“人类学的方法，不再将旧制度下的社会视为与当代社会同质的文化，而是将之视为一种与我们的社会不同的

① [瑞士]雅各布·坦纳著，白锡堃译：《历史人类学导论》，北京大学出版社2008年版，第56页。

② 同上。

③ [法]J.勒高夫等主编，姚蒙译：《新史学》，上海译文出版社1989年版，第256页。

④ 常建华：《历史人类学的理论及其在中国的实践》，《人文论丛》(2002卷)，武汉大学出版社2003年版，第407页。

⑤ [法]J.勒高夫等主编，姚蒙译：《新史学》，上海译文出版社1989年版，第239页。

⑥ 同上。

一种异文化”[①]。布罗代尔以后的法国年鉴学派的研究重点逐渐转向了饮食史、体质体格史、性行为史、家庭史等方面。由此确立了年鉴学派与历史人类学的密切关系。

历史学的人类学转向到年鉴学派的第三代学者那里得到了进一步的发扬光大。面对克劳德·列维-施特劳斯所领导的社会人类学的挑战，以雅克·勒高夫、安德烈·比尔吉埃尔和埃马纽埃尔·勒华拉杜里等为代表的新一代年鉴学派史学家，高扬历史人类学的大旗，并倡导打破学科界限，将人类学的理论和研究方法全面引入到历史研究中，在进一步研究日常生活的同时，年鉴学派史学家“试图找出隐藏于表面之下的规则、常规、习俗和原则”[②]。1971年，声称“要对西方世界前工业社会的历史人类学的构成作出贡献”[③]的雅克·勒高夫出版了《为了另一个中世纪：西方人的时间、劳动和文化》一书，被法国史学评论家保罗·利科(Ricoeur Paul)看做历史人类学“最典型的著作”[④]。该书具有人类学的三个特点：“第一是区别感。‘另一个中世纪’首先意味着中世纪与我们有区别，虽然区别并不意味着中世纪是一种‘断裂’或‘插曲’。……第二，这也是一种对主题有所选择的人类学：时间和劳动，劳动和价值体系，雅文化与俗文化，注重日常生活。……第三，这是一种注重无法撰写自身历史的普通人的人类学。”[⑤]这里保罗·利科实际上是在强调雅克·勒高夫是将“另一个中世纪”放在历史的“长时段”中，以他者的视角进行观察和研究，这里的“‘另一个中世纪’意味着不是站在官方立场上说话的中世纪”[⑥]。正因如此勒高夫进行了大胆的“文献革命”。他不仅将文学作品如《忏悔录》作为史学问题研究的文献材料，甚至将时钟的出现及广泛运用也作为“从时间角度

① 陆启宏：《历史学的“人类学”转向：历史人类学》，载《历史教学问题》2007年第4期。

② 彼得·伯克：《西方新社会文化史》，载《历史教学问题》2000年第4期。

③ 常建华：《历史人类学的理论及其在中国的实践》，《人文论丛》(2002卷)，武汉大学出版社2003年版，第407页。

④ [法]保罗·利科著，王建华译：《历史学界的技艺与贡献——法国史学对史学理论的贡献》，牛津大学出版社香港有限公司1994年版，第52页。

⑤ [法]保罗·利科：《历史时间》，转引自耿占春编选《唯一的门 时间与人生》，东方出版社1996年版，第278页。

⑥ 同上。

上认识人们精神的急剧变化”的主要依据。为了回答诸如中世纪“大学教授进行智力劳动的观念，是怎样同商人和艺人的行动结合起来，从而导致中世纪价值体系的转变”等问题，勒高夫认为，“只要人们关于实行‘强制性分娩’，任何东西均可成为文献”①。不仅如此，“当历史学家把雅文化与俗文化的对立作为中心问题时，才尤其表现出人类学家的特点”。他会“从民俗文化和世俗文化（例如《武功歌》）中发掘被长期埋没、压抑并视为非法的内容”②。从这个意义上说，勒高夫不仅使自己的研究具有了社会学的特点，同时也使其研究朝着文化人类学的方向发展了。在勒高夫的影响下，法国先后出现了一批极具历史人类学特征的研究成果，埃马纽埃尔·勒华拉杜里的（Emmanuel Le Roy Ladruie）《蒙塔尤》是其中的著名代表。

由于年鉴学派的影响，历史学出现了“人类学转向”，推动历史学逐渐走向了人类学式的历史学。海伊认为，尽管“‘人类学转向’在某种程度上是一个容易引起争辩的用语”，但是“‘人类学转向’是新叙事史的形式之一。……这种人类学取向更主要的影响是，促进历史学更关注人类学意义上的文化事物”，使历史学家更多“关注于结构问题”，③并将研究重点逐渐从传统的政治史转向普通人的日常生活史和微观史，如饮食起居、服饰、习俗、技艺和文化等方面，与此同时还“突出主流史学略而不述者，也就是在历史人类学的文本中认可、展示、强化权力中心和主流话语范围之外的‘其他声音’（边缘性的、地方性的、弱势的、不易听见但并非沉默的）”④，从而使历史学家逐渐摆脱传统政治史研究的桎梏，使史学研究“回到平民，回到日常，回到连续”⑤，进而实现历史学的“人类学转向”。由历

① [法]保罗·利科：《历史时间》，转引自耿占春编选《唯一的门 时间与人生》，东方出版社 1996 年版，第 279 页。

② 同上。

③ 陆启宏：《历史学的“人类学”转向：历史人类学》，载《历史教学问题》2007 年第 4 期。

④ 蓝达居：《历史人类学简论》，载《广西民族学院学报》（哲学社会科学版）2001 年第 1 期。

⑤ 张小军：《历史人类学：一个跨学科和去学科的视野》，转引自清华大学历史系、三联书店编辑部合编《清华历史讲堂初编》，生活·读书·新知三联书店 2007 年版，第 361 页。

史学的"人类学转向"而形成的"历史人类学"研究视角和研究方法，不仅丰富了历史研究的方法和理论，同时也扩展了历史研究的领域和视野。我以为，历史学的"人类学转向"至少在以下几个方面对历史学和教育史学产生了深刻的影响：

首先，历史学的人类学转向改变了历史研究和教育史学研究的方向，扩展了历史学和教育史学的研究视野，使历史和教育史学研究者的眼光逐渐从上层转向下层，从传统上关注特定政治权力人物的思想和行为的政治史，转而关注普通的民众史及与民众生活密切相关的日常生活史和微观史。

人类学研究的特点之一在于其平民化倾向。在人类学的整体研究中，始终将"人"看做研究的重点，而不是将"社会"或者"历史"放在中心地位进行考量。法国年鉴学派主要代表人物吕西安·费弗尔说过："但我们永远别忘了，历史的主体和客体乃是人，乃是如此丰富多彩的人，他的复杂性，无法用一条简单的公式来表达。"①因而要了解人类全部的社会生活，就必须以"人"为其研究的落脚点。受人类学影响，历史学本位的历史人类学不仅关注人的日常生活史，研究人的饮食起居、姿态服饰、风俗习惯、技艺文化，同时更重视传统史学略而不述的人的历史。于是在历史人类学的研究视野中，不仅要研究著名人物的历史，更要研究生活在社会中、下层的普通民众的历史。如在 E. P. 汤普森（Edward Palmer Thompson）的《英国工人阶级的形成》一书中，"那些穷苦的织袜工、卢德派的剪绒工、'落后的'手织工、'乌托邦式'的手艺人"等都成了其研究和关注的主要对象。这一研究取向表明历史人类学对社会深层结构的重视和对普通人及其日常生活的关注，显示出强烈的人类学旨趣。

历史学的人类学转向不仅导致了历史学和教育史学研究视角的下移，而且促进了微观史学的产生。微观史学作为人类学影响下产生的一种新的研究趋势，最早由意大利史学家卡洛·金兹伯格（Carlo Ginzburg）提出并践行，由他撰写的《奶酪和蛆虫》就是微观史学的代表性作品。微观史学是一种"在本质上缩小观察规模、进行微观分析和细致研究文献资

① ［法］吕西安·费弗尔：《资本主义与宗教改革》，转引自［瑞士］雅各布·坦纳著，白锡堃译《历史人类学导论》，北京大学出版社 2008 年版，第 27 页。

料为基础的"[1]研究视角，它通过对历史上那些具体的、易于观察的、个别的人或事物的细致考察，进而发现"大题目"旁边往往被人忽略的东西。因此微观史学具有补充说明整个背景的作用。尽管目前学术界有关微观史学的研究成果丰富多彩，但是大多数学者认为，"微观史学的方法瞄准的是这样的问题，即我们如何可以通过各种各样的线索、痕迹和征兆的中介来获得通向关于过去的知识的门径"[2]。为此，微观史学十分重视研究成果在叙述形式上的生动性。

历史学的人类学转向对教育史学研究的影响也是显而易见的。近年来，随着教育史学研究自我封闭状况的好转，历史学研究的新理论和新方法不断被引入到教育史学的研究中去，对教育史学研究产生了深刻的影响。尤其是年鉴学派"新史学"的影响，使教育史学的研究视野不断被拓宽。过去那种只重视精英教育、官方教育的状况逐渐被重视下层民众教育和民间教育的趋势所代替。不仅如此，一些教育史学工作者也开始尝试运用微观史学的理论和方法进行教育史研究，其中《语言、学校教育和文化冲突》和《帝国权力实践下的教师生命形态：一个私塾教师的生活史研究》都是教育微观史学的代表性作品。这些研究从客观上弥补了教育史学研究视野狭窄、过于刻板、叙述不详的缺陷。

但是，我们也应该看到，由于教育史学与历史学相互隔绝的时间较长，历史人类学研究视野和方法对教育史学研究的影响只是刚刚起步，因此，教育史学研究的人类学转向尚未真正开始。为了进一步繁荣教育史学研究，教育史学工作者必须重视吸收历史人类学旨趣，进一步扩展教育史学的研究范围，尤其应重视对民众、学生、教师教育活动和日常生活状况的研究，并将群体与个体、学校与社会、学校与家庭的研究紧密结合起来，才能较为全面地了解教育发展的基本状况。同时也要重视微观研究，透过个体的教育活动的微观研究，去解释学校教育与社会教育、家庭教育

① Carlo Ginzburg. The Cheese and the Worms: The Cosmos of a Six teenth-century Miller, p13，转引自吕厚量《试析当代西方微观史学的若干特点》，载《史学理论研究》2010 年第 1 期。

② Robert Darnton, The Great Cat Massacre and other Episodes in French Cultural History, Vintage Books, 1984.

之间的各种复杂关系。才能把握教育发展的基本脉络。

其次,历史学的人类学转向促使历史研究和教育史学研究方法的变化。尤其是对田野工作的强调,改变了传统历史学研究只重文本文献,忽视其他文献资料的不足。研究者通过“走进历史现场”,不仅可以获得文本文献以外的民间文献资料,增强“历史的现场感”,同时也为其更好地理解文献和历史奠定了基础。

“历史人类学有别于传统史学研究的最为外在的特征,就是对人类学田野调查方式的借用。众所周知,田野调查在文化人类学中的地位,就如同史料之于历史学一样。”[①]因此,任何形式的人类学领域,如果离开了田野调查,也就失去了生命力。厦门大学的郑振满认为:“历史学家吸纳人类学家的研究方法去做田野调查,目的是获得一种‘文化体验’并透过这种体验去捕捉解读文献时所产生的灵感,去培养对历史过程的洞察力和问题意识。”[②]中山大学的陈春声也认为,田野调查可以让学者们“努力从乡民的情感和立场出发去理解所见所闻的种种事件和现象,常常会有一种只可意会的文化体验,而这种体验又往往能带来新的学术思想的灵感”[③]。

由于历史人类学研究的“底层视角”决定了传统史料已不能满足史学研究的需要,为此,以平民和普通民众为研究重点的历史人类学必须寻找新的途径,获取新的史料。历史人类学的田野调查正好为其研究提供了新史料的重要来源。与此同时,有些文献,如果不经过田野调查,研究者很难读懂。因此华南学派的代表人物均主张“走向历史现场”,去获取“历史现场感”,这不仅可以帮助研究者正确解读历史文献,还可以通过田野调查,获得极为丰富的民间文献。

这里需要说明的是,历史学视野中的“田野调查”是以获取史学研究资料为目的的,因此,面对极为丰富的民间文献时,研究者除了需要掌握

① 侯杰:《试论历史人类学与中国近代史研究中的几个问题》,载《史学月刊》2005年第9期。

② 黄向春:《社会、文化与国家——郑振满教授访谈录》,载《中国社会历史评论》第5辑(商务印书馆待刊)。

③ 参见陈春声《中国社会史研究必须重视田野调查》,载《历史研究》1993年第2期。

一定的鉴别史料真伪的技术外，更重要的是应该具备较高的文献史料取舍和驾驭的能力；通过"田野调查"获取文献资料的重要途径是口述资料的采集和应用的问题。在进行口述资料的采集过程中，作为研究人员除了把握好调查者与被调查者之间良好互动的技巧外，笔者以为，对通过口述方式采集到的资料，还需要对其真实性和可靠性作进一步的考证。最理想的方式是通过文本和口述资料的映证来保证口述资料的真实性和可靠性。

随着历史人类学影响的日益扩大，以田野调查方式进行的教育史学研究成果日益增加。其中，由司洪昌撰写的《嵌入村庄的学校——仁村的教育的历史人类学探究》一书，可以称得上是目前国内为数不多的历史人类学研究专著。相对而言，教育口述史的研究逐渐形成规模，代表性成果有：陕西师范大学女性研究中心李小江主持的"20 世纪中国妇女口述史"项目中的"先锋女学与女生——本世纪初妇女办学与女子教育"研究；中国近代口述史学会委托复旦大学历史系进行的"抗战期间在上海的教会大学"研究，以及该学会与北京大学历史系合作进行的"抗日战争中的西南联大知识分子"和"日本统治时期东北丹东沈阳中小学教职员的教学与生活"的研究。此外，在教育史学界有：齐红深主持的"日本侵华教育史研究""日本侵华殖民地教育口述历史调查与研究"；冯跃对一个"好孩子"和一位县级中学校长进行的教育人类学口述史研究，以及《顾明远教育口述史》和《潘懋元教育口述史》的出版，[1]标志着中国教育口述史的发展。这些研究也加快了中国教育史学人类学转型的步伐，相信在不远的将来，教育历史人类学的研究一定会更上一层楼。

(3) 比较史学研究方法。比较史学研究方法，又称历史比较方法，是通过对不同时间、不同空间条件下的复杂历史现象进行对比研究，分析异同、发现事物本质，从而探寻历史发展共同规律和特殊规律的史学研究方法。"比较史学的主要目的，是系统地对比研究在传统的历史编纂中通常不被纳入同一地理区域的两个或两个以上社会的某些进程或制度"[2]，并

---

① 参见于书娟《教育口述史研究初探》，载《上海教育科研》2009 年第 4 期。

② P. 科尔钦：《比较史学的功能、问题和前景》，载《国外社会科学动态》1983 年第 9 期。

"通过不同社会之间的比较来科学地揭示制度的演进"[①]及其发展规律。

比较史学研究方法几乎与历史学同步产生。在中外历史研究中,《春秋》《左传》《史记》以及西方古代第一部历史著作《历史》都用了比较方法进行研究,但是这些研究大多是偶然的,无系统的,比较史学研究方法被中外史学界有意识地广泛采用并论述,始于19世纪末20世纪初。这期间,马克思、恩格斯在研究中都有意识地运用了历史比较方法。马克思认为,"要了解一个限定的历史时期,必须跳出它的局限,把它与其他历史时期相比较"[②]。尤其是历史唯物主义的创立,为历史比较研究方法奠定了科学的理论基础。

在西方史学界,对比较史学方法论做出开创性工作的是法国历史学家马卡·布洛克(Marc Bloch)。他于1928年在国际历史学家第六届代表大会上所作的《欧洲社会历史的比较研究》的报告,"至今仍不失为一篇对比较方法理解得最透彻,在理论上最令人信服的文章"[③]。尤其是他提出的"假证验证"的比较方法论,对历史比较研究方法及其方法论产生了深远的影响。他"第一次在比较严谨和系统的意义上,把握了比较史学这根'最有效的魔杖',使史学研究在一些具体问题上,甚至在某些较大范围的问题上,能够得出比较接近事实真相的结论"[④]。20世纪三四十年代以后,历史比较研究方法在西方史学界被广泛使用,形成一种科学研究方法,并成为现代史学科学地分析和解释历史的根本方法之一。

从历史比较研究方法的具体内容来看,"比较史学最关心的不是'如何发生'的问题,而是'为什么发生'的问题。……比较史学不像写作世界史的历史学家那样在连续叙述人类的发展中寻找历史的意义,也不像历史哲学家那样在全面的总体模式中寻找历史的意义,而是从整个人类历

① 杨豫、胡成:《历史学的思想和方法》,南京大学出版社1999年版,第328页。

② 马克思著,中共中央马克思恩格斯列宁斯大林著作编译局编译:《十八世纪外交史内幕》,人民出版社1979年版,第41页。

③ 小威廉·西威尔:《马克·布洛克与比较史学的逻辑》,载美国《历史与理论》杂志1967年第6卷第2期,中译文见《世界中世纪史研究通讯》1983年第4期。

④ 何兆武、陈啟能主编:《当代西方史学理论》,中国社会科学出版社1996年版,第381页。

史中一直在撞击着人类的那些永恒的问题中寻找历史意义”①。从这个意义上而言，历史比较研究不仅有助于冲破史学领域僵化、教条、沉闷的局面，有助于克服史学研究的片面性、狭隘性，还可以通过历史比较，“在比较广阔的历史背景中发现历史现象之间的因果联系与异同关系……便于从整体上把握历史的全局与局部的同异关系，以进一步探求历史发展的普遍规律与特殊规律性”。② 正如苏联历史学家马尔卡梁指出的，“比较研究可以成为历史学和理论相接近的一个重要手段，成为他们之间的桥梁”③，同时通过历史的比较研究可以克服研究中的片面性和主观性，及时发现历史现象之间的联系和异同。

在具体实施比较研究的过程中，历史比较研究方法强调遵循历史可比性原则，即不同历史事物的共同性或相似性是它们可以相互比较的根据和条件，历史比较研究只能在某些具有共同性或相似性的事物之间进行。在历史比较研究中，不论是以寻求共同点为目的，还是以说明相似性为目的，都必须建立在对比较的事物有深刻了解的基础之上，只有这样，才能对历史进行科学的、深入的研究。在历史比较研究中，应避免简单罗列历史现象的做法，而应该深入到研究对象的内部，对其作深入的比较、分析，透过现象分析原因，从共同性中揭示矛盾的普遍性，同时又从差异性中阐明其矛盾的特殊性，这样的研究才是有价值的比较研究。

历史比较研究方法对教育史学研究的指导意义主要表现在：首先，通过历史比较研究，有助于克服传统教育史研究中的片面性、狭隘性，便于发现教育史上的各种史实之间的异同关系，更准确地把握教育发展规律；其次，通过历史比较研究，可以使人感到有新的问题需要解释，这不仅可以推进对教育历史的深层认识，而且可以促使新思想观点的产生，拓展教育史学研究的视野和方法，甚至开辟新的研究领域。最后，运用历史比较方法研究教育历史，既是对史料进行分析的过程，又是在分析史料的基础

① [英]杰弗里·巴勒克拉夫：《当代史学主要趋势》，上海译文出版社 1987 年版，第 270 页。

② 姜义华、瞿林东、赵吉惠：《史学导论》，复旦大学出版社 2003 年版，第 151 页。

③ 苏联《历史问题》第 7 页，参见姜义华等《史学导论》，复旦大学出版社 2003 年版，第 196 页。

上对教育史相关问题进行综合的过程，因此，运用历史比较方法研究教育史，有助于推动教育史研究理论与史料有机结合，有效地提高研究者综合运用史料的能力及理论思维能力。

在运用历史比较方法研究教育历史时，我们可以对教育史进行横向比较，即从空间角度出发，对同一时期中外教育思想、教育制度以及教育活动的历史进行比较，如古希腊、罗马奴隶制度教育和我国西周教育比较；日本明治维新教育改革与戊戌维新教育改革比较研究，福泽俞吉教育思想与张之洞教育思想比较研究，等等。通过比较，找出事物发展的内在联系，总结教育历史成功的经验或失败的教训，为今天的教育理论和实践提供借鉴。我们也可以对教育历史进行纵向比较，即从时间观念出发，对不同时期、不同历史阶段的教育进行比较研究，或对同一民族、同一地域、同一社会形态不同发展阶段的教育进行比较研究，如汉、唐时期教育的比较，洋务教育和维新教育的比较等。通过这些比较，系统了解一个国家、一个区域内不同历史时期教育发展演变的基本走向，进而把握教育发展特点及其规律。我们还可以对教育史进行宏观比较，即从历史整体的角度出发，对不同社会形态的教育进行贯通的、高度概括性的比较研究，如原始教育与奴隶社会教育的比较、奴隶社会教育与封建教育的比较、古代教育与现代教育的比较、中国教育与外国教育的比较等，这样的比较研究有助于对不同社会形态下教育发展特点和规律的认识。对教育历史的比较研究又可以进行微观比较，即对教育史发展的局部两种或两种以上的、具有一定相关性的教育现象、教育制度、教育思潮进行比较，对两个或两个以上的教育家的教育思想、教育行为进行比较。即使对一个教育家进行研究，也可对其从事教育实践活动的不同阶段加以比较。

以上四种比较研究的类型，并不是固定不变的模式。对教育历史的比较研究不是单纯靠哪一种类型的比较研究就可以完成的。在运用比较研究方法研究教育历史时，应根据比较研究内容的需要选择合适的比较类型，尤其应注意综合不同的比较研究类型和研究方法，对教育历史进行全面的、客观的、科学的研究。

综上所述，教育史学方法论是一个复杂的理论系统，教育史学研究三个不同层面的方法，不是孤立的、割裂的，而是有着千丝万缕联系的研究方法体系。其中,根本方法为教育史学研究奠定了世界观和方法论的基础;一般方法在根本方法的指导下为研究教育史学提供思维方式的指导;具体方法是连接根本方法、一般方法与教育历史实际的中介和桥梁。在史学理论方法论日趋多元化的今天,对教育史学研究方法的运用,应该以开放的心态,博采众家之长,不断改进研究方法,努力将理论探索与史实研究结合起来,尽可能地做到"史无定法",才能达到史学研究的最高境界。

当然,这里的"史无定法"并不是说可以忽视研究者的理论修养或放弃教育史学的研究方法,而是强调研究者应以坚实的专业基础和理论修养为根底,将所有的研究方法及方法论化作基本的教育史学研究素养,从而达到"看似无招胜有招"[1]的目的。

① 陈支平:《历史学的困惑》,中华书局2004年版,第132页。

第五章

教育史学的跨学科研究

“任何一门科学和任何一门学科，都依赖着其他科学和学科，都在‘自觉或不自觉地从中汲取生命力，并且在很大程度上从中获得自己进步的机会’。”①教育史学作为一门历史学与教育学的交叉学科，既是教育学科的历史延伸，又是历史学科的一个重要分支。就其学科地位而论，它与经济史、哲学史、文化史以及思想史等专门学科并列，有其独立、专项的研究内容。从教育史发展的历史过程来看，教育的发展又必然受到政治、经济、文化和心理等多种学科发展的影响，从这个意义上而言，教育史学的跨学科研究是历史的必然。然而长期以来，由于教育史学缺乏自己独立的理论体系，在其研究中存在着片面地从教育学角度出发就教育论教育的研究偏颇，从而阻碍了教育史学研究的广度和深度，导致了教育史学发展的缓慢。为此笔者认为，必须进行教育史学的跨学科研究，才能使教育史学研究在一定的深度和广度的基础上，建立起一个完整的、科学的，并能与其他学科进行对话的教育史学理论体系。

---

① [英]杰弗里·巴勒克拉夫著，杨豫译：《当代史学主要趋势》，上海译文出版社1987年版，第70页。

第一节　教育史学跨学科研究的一般问题及内涵

一、跨学科研究的一般问题

跨学科研究，近年来已经成为国内外社会科学研究中的重要研究取向，然而由于对“跨学科研究”基本内涵的理解不同，对跨学科研究的解释也出现了许多歧义，由此造成了跨学科研究中出现了一些问题。笔者以为，要弄清跨学科研究的基本内涵，首先必须弄清以下几个概念及其区别：

（一）“学科”与“跨学科”

“学科”与“跨学科”既是一对基本概念，也是跨学科学研究的基本理论之一。今天形形色色的学科分类是在长期的科学实践中不断涌现的，而不是按照学科分类法命名的，因此对于学科很难给出一个公认的定义标准。正因如此，“学科这个词在不同领域具有不同含义”①。《辞海》从两个角度将“学科”解释为：“（1）学术分类。指一定科学领域或一门科学的分支。如自然科学部门中的物理学、生物学，社会科学部门中的史学、教育学等。（2）教学的科目。学校教学内容的基本单位。如普通中、小学的政治、语文、数学、外国语、物理、化学、历史、地理、音乐”②。

任定成在《交叉科学导论》一书中认为，“学科的特征在于它不依赖于其他学科的独立性。这种独立性反映在它的研究对象、语言系统和研究规范上”③。

《中国大百科全书》把学科等同于“知识门类”或“知识领域”。而韦勃斯（Webster）在《国际辞典》中把学科定义为“知识、实践和规范系统。这些知识、实践和规则为该系统内的学者共同体提供研究领域的唯一方

① 参见刘仲林主编《跨学科学导论》，浙江教育出版社 1990 年版，第 34 页。
②《辞海》（缩印本），上海辞书出版社 1980 年版，第 1126 页。
③ 李光、任定成主编：《交叉科学导论》，湖北人民出版社 1989 年版，第 37—50 页。

向"[1]。

美国著名科学哲学家托马斯·库恩(Thomas S. Kuhn)则用"范式"和"学科基质"(disciplinary matrix)来界定"学科",他认为,"一门学科就有一个范式支配,或称'学科基质'规定。学科基质的主要成分是符号概括、模型和范例"[2]。

从以上对"学科"的概括中可以看出,学术界因视角不同而形成了对"学科"内涵的不同解释。本章节主要从研究的角度,对"学科"概念进行界定。从学术研究角度一般认为,学科必须具备以下几个条件:(1) 专业组织;(2) 独特的语言系统;(3) 特殊的研究策略;(4) 特有的规则。[3] 换言之,即具有独特的语言系统、特殊研究策略和规则的专业组织系统都可以称为"学科"。按照德国学者 H. 帕尔特尔(Heinrich Parthey)的观点,"科学学科是一种历史上形成的和可变的形式,根据这种形式,人们不仅可以得知科学问题的类别,而且还能采用最佳的研究方法。此外,通过这种形式也可使科学活动得到社会的承认,并在制度上固定下来"[4]。

当代"科学及其制度系统性质的发展具有以下两种既相互对立又相互制约的趋势:迫切需要对各种学科进行分化和使其在这种基础上实现整体化"[5]。这种趋势从整个科学发展的历史中可以明显地表现出来。18世纪以来,西方学术界呈现出一种日趋精细化和逻辑严谨的科学文化形态。现代科学的不断分裂和越来越专门化的趋势,使得各科研究的范围越来越小,从一定程度上阻碍了科学的进步。20 世纪初,西方学术界和教育界出现了一种对知识进行重新组织和调整的趋向,同时学者间的合作研究也成为一种学术研究的主要方式,传统的学科知识的划分受到了来自各种不同的"统一论""整体论"观点的压力。"学科之间要求增加相互边界的渗透,流派之间要求进一步融合,大统一理论和宇宙论相继出

① 转引自金吾伦主编《跨学科研究引论》前言,中央编译出版社 1997 年版。

② [美]托马斯·库恩:《必要的张力》,福建人民出版社 1987 年版,第 293 页。

③ 李光、任定成主编:《交叉科学导论》,湖北人民出版社 1989 年版,第 48—49 页。

④ [德]Heinrich Parthey:《跨学科研究的几个问题》,载《国外社会科学》1983 年第 9 期。

⑤ 同上。

现。"[①]"跨学科"这一概念正是在这样的历史背景下出现和产生的。

"跨学科"一词最早出现于20世纪20年代的美国，当时美国社会科学研究理事会提出"跨学科"这一概念的主要职能是发展涉及两个或两个以上学科的研究。美国哥伦比亚大学著名的心理学家R. S. 伍德沃思(Robert Sessions Woodworth,1869—1962)是最早公开使用"跨学科"这一概念的。1926年，他在社会科学研究理事会上指出："理事会是几个学科的集合，要努力促进不止一个学科进行的研究；除理事会外，其他组织都无法担负起组织开展跨学科协作或研究的责任。"[②]但这以后，"跨学科"的说法并没有被普遍使用。直到1930年，美国社会科学研究理事会在一份有关理事会的目标的声明中，才正式使用了"跨学科的活动"的说法。1937年《新韦氏大学词典》和《牛津英语词典补本》首次收入"跨学科"一词。到20世纪50年代，"跨学科"才被社会科学界普遍使用。就字面而言，"跨学科"表示的是"跨介于传统学科之间或跨出传统学科之外"的含义。就学术含义而言，通常所说的"跨学科"至少包含或引申出三个不同层次的含义[③]：① 打破学科壁垒，把不同学科理论或方法有机地融为一体的研究或教育活动，即对那些处于典型学科之间的问题的一种研究。这一基本含义的两大支柱领域是跨学科科研和跨学科教育。② 指包括众多的跨学科学科(交叉学科)在内的学科群，即"跨学科"是所有具有交叉(跨学科)特点的学科的总称。③ 指一门以研究跨学科的规律和方法为基本内容的高层次学科。我们这里引用"跨学科"这一概念，更多地取跨学科研究的基本含义。

对于什么是跨学科研究，目前学术界还没有统一的认识。第一个给跨学科研究下定义的是瑞士著名心理学家皮亚杰(Jean Piaget)，他在1970年第一次国际交叉学科会议(即尼斯会议)论文集中提出："人们可能希望学科关系出现更高阶段的更替，这个阶段可以称为跨学科阶段(transdisciplinaire)，到此阶段，人们不再满足于学科间的交互影响而已。人们在整体系统内部致力于搜寻互相关联性，而不再考虑学科边界的稳

① 金吾伦主编：《跨学科研究引论》前言，中央编译出版社1997年版。
② 刘仲林主编：《跨学科学导论》，浙江教育出版社1990年版，第19页。
③ 同上，第20—21页。

定性。”[①]按照皮亚杰的定义，跨学科研究应该是以超越或跨越旧的学科划界为特点的，跨学科研究相对旧的或传统的学科而言，是一个前所未有的新阶段。与此同时，皮亚杰和奥地利学者埃里克·詹奇(Jantsch, Erich)还把“跨学科”与“多学科”(multidisciplinarity)以及“超学科”(transdisciplinaruty)相区别。

尽管如此，尼斯会议的组织者并没有接受皮亚杰的定义，而将跨学科研究界定为通过全面的、跨学科的综合，以求超越过去过分狭隘的学科界限的研究。并将系统论、结构主义、社会生物学等看成典型范例。[②] 尼斯会议之后跨学科研究在学术界普遍得到认同，但是对“跨学科研究”内涵的界定则众说纷纭。

观点一：“跨学科性知识为新型有机知识，并称这是对跨学科知识本质的揭示，它建立在三个公设之上：在自然和自然知识中，实在有不同的层次，与此相应，知觉也有不同层次；从一种实在层次穿越到另一种实在层次靠内涵逻辑的中词为媒介；实在和知觉层次的整体性结构是复杂的结构，每个层次的存在依赖于所有层次的同时性存在。”[③]

观点二：“为了将跨学科研究与交叉或多学科研究区别开来，可以在两种组成上定义跨学科研究。首先，跨学科研究的科学问题来源于真实世界，可是又不适于或不可能靠个别学科或平行方法能解决得了。比如环境问题，又比如对抗非典那种传染病。其次，跨学科研究有四个步骤，即：从真实世界中的问题进入到科学理解和主要问题的辨析；根据恰当定义的互相关系将问题分解为子问题；充分自由地运用各种方法于子问题，所谓方法的跨学科使用；合成子问题的答案达到整个问题的解决。他们还指出跨学科研究不是学科研究的边缘工作或副业。”[④]

观点三：“突出了跨学科研究的特质，即：以复杂性科学为基础的世界

---

① 张岂之、谢阳举：《哲学与跨学科研究》，载《西安交通大学学报》(社会科学版)2004年第3期。

② 参见张岂之、谢阳举：《哲学与跨学科研究》，载《西安交通大学学报》(社会科学版)2004年第3期。

③ 张岂之、谢阳举：《哲学与跨学科研究》，载《西安交通大学学报》(社会科学版)2004年第3期。

④ 同上。

观，知识的层次性和统一性，新型知识生产方式，跨学科研究是超越学科界限的等。”①

观点四：“跨学科是两门或两门以上学科之间紧密的和明显的相互作用，包括从思想的简单交流到学术观点、方法、程序、认识、术语和各种数据的相互整合，以及在一个相当大的领域内组织的教育研究。”②

观点五：更明确地指出，“在本世纪，跨学科被定义成一种方法论，是一个概念，是一个过程，是一种思考方式，是一种哲学，以及是一种反思的意识形态……在通常情况下，我用跨学科一体化互换等形容词来表达融合不同观点的设想或渴望”③。

上述各种定义，反映了近三十年来对跨科学研究理解的加深和变化。虽然强调的侧重点不同，但是我们从中可以看到，跨学科研究是随着学科的出现和发展而出现的一种必然趋势。就跨学科研究过程而言，“跨学科”不是简单的学科交叉，而是在学科交叉基础上的整合研究。从本质上来说，跨学科研究不仅仅强调学科的交叉研究，更多强调的是一种从学术观点、研究方法和程序以及认识、术语和各种数据的相互整合。就“学科”与“跨学科”关系而言，“学科”是社会知识发展到一定阶段的产物，正是由于“学科”的出现，才使得科学研究得以深入，但是当分科而治的学科发展到与其相关学科相互脱离时，这种过分专门化使得各科研究的范围日益狭小，也使得科学进步的步伐放慢，于是跨学科研究也就成为必然。从这个意义上而言，学科更准确地说专门学科是跨学科研究产生的前提，没有专门学科的出现，也就无所谓跨学科，而跨学科研究是学科进一步发展和丰富的基本途径。

（二）交叉学科、多学科研究与跨学科研究

交叉学科、多学科研究与跨学科研究是学术界讨论最多的话题之一，然而，对交叉学科、多学科研究以及跨学科研究的内涵的理解以及它们之间的相互关系，目前国内学术界还有许多争议。有人认为交叉学科研究

① 张岂之、谢阳举《哲学与跨学科研究》，载《西安交通大学学报》（社会科学版）2004 年第 3 期。

② 金吾伦主编：《跨学科研究引论》，中央编译出版社 1997 年版，第 46 页。

③ 转引自崔少元《从女权主义到后女权主义》，中国期刊网。

等同于跨学科研究，也有人认为跨学科研究就是多学科研究，造成这种认识差异的关键，在于没有从根本上弄清交叉学科、多学科研究和跨学科研究等概念内涵的区别及其它们之间的相互关系。因此，要真正了解跨学科研究的实质，更好地进行跨学科研究，就必须对这几个概念加以区别。

对“交叉学科”的解释有许多种。归纳起来主要有以下三种观点，第一种观点认为，新学科、新兴学科、边缘学科、横向学科、横断学科就是“交叉科学”，对于这一类“交叉科学”的解释又可分为以下三种不同的表述：“(1) 具有明显的交叉性和边缘性，是在某些传统学科的交叉点和边缘部分重合的基础上产生、发展起来的，或称为交叉学科或称为边缘学科”[①]。(2) 就新学科而言，至今有分支学科、交叉学科、边缘学科、综合学科、横断学科、新层学科和比较学学科等类型。[②] (3) 进入 20 世纪中期以来，由于现代科学革命“出现了明显的‘饱和现象’。在这种情况下，人类强大的科学能力又不能弃置不用，于是就产生了一系列交叉学科(边缘学科、横断学科、综合学科)”[③]。第二种观点认为，“交叉科学不是一门学科，而是所有具有交叉特点的学科的总称”[④]。这种学科群的表述又分为三种：(1) 交叉学科“指包括众多交叉学科在内的新兴学科群”。它包括边缘学科、横断学科、综合学科、软学科、比较学科和其他新兴学科六个子集。[⑤] (2)“所谓交叉学科，是指由不同学科、领域或部门之间相互作用，彼此融合而形成的一类学科”[⑥]。(3)“交叉学科，本质上说来，乃是在社会科学和自然科学之间宽阔的交叉地带出现的包括边缘科学、横断科学、综合科学等在内的新生学科群落。”[⑦]第三种观点认为，“交叉学科是一种跨学科

① 汝信、易克信主编：《当代中国社会科学手册》，社会科学文献出版社 1989 年版，第 479 页。

② 杨华贤：《新学科论》，载《新兴学科》1989 年第 4 期。

③ 钱三强：《迎接交叉科学的新时代》，载《机械工程》1985 年第 3 期。

④ 刘仲林：《交叉科学与交叉(跨学科)教育》，载《天津师大学报》1986 年第 4 期。

⑤ 参见刘仲林《交叉科学与交叉(跨学科)教育》，载《天津师大学报》1986 年第 4 期。

⑥ 谢恩泽：《论交叉科学的形成》，载《东北师大学报》(哲学社会科学版)1990 年第 2 期。

⑦ 赵洪洲：《交叉科学与马克思主义》，载《中国青年报》1994 年 5 月 10 日。

性的协作攻关和跨学科研究性的科学实践活动"[1]，这种观点对交叉学科的表述分为四种：(1) 交叉学科是"通过跨学科的课题研究，把不同学科领域的知识、思想或方法联结和融合在一起"[2]，逐渐形成的新学科。(2)"交叉学科是对跨学科规律、方法、趋势的总体研究。"[3](3) 交叉学科"不仅是一个理论的概念，它也是，也许首先是一种实践活动"，是"不断修正学科概念、原理、界线和界面的组织原则"。[4] (4) 交叉学科是指具有不同学科背景的专家所从事的联合的、协调的、始终一致的研究。[5]

从以上三种表述中，我们可以清楚地看到，"交叉学科"有多义性和歧义性，学术界在使用这一概念时，不仅存在一定的混乱现象，同时也混淆了"跨学科"与"交叉学科"两个概念之间的区别。因此有必要对"交叉学科"这一概念给出一个相对统一和科学的定义。

现实中，人们对某一概念往往会从广义和狭义两个方面加以界定。从广义的角度看"交叉学科"，它是对一大类具有交叉性特点的学科群的整体指称。从整体上而言，它既包括较低层次的交叉学科，也包括较高层次的综合学科、横断学科，并与它们构成属种关系。但是作为广义上的"交叉学科"概念本来就不具有确定性，它既不足以解释它所包容的综合学科和横断学科，又与下属的一个种概念狭义的"交叉学科"的名称相混淆，因此用广义的"交叉学科"概念，很难把握"交叉学科"这一概念的本质特征。

一些著名科学家在论述交叉学科时，倾向于对它作狭义的约束性表述。如钱学森提出："什么叫交叉学科？我认为，所谓交叉学科是指自然

---

① 炎冰：《追思科学：历史与哲学视域中的科学话语》，华龄出版社 2006 年版，第 81 页。

② 孙小礼：《数学·科学·哲学》，光明日报出版社 1988 年版，第 2 页。

③ 朱桂龙、毛家杰、杨永福：《刍议跨学科研究的界定》，载《科学研究》1998 年第 3 期。

④ OECD-CERI, Interdisciplinarity. Paris: Organization for Economic Cooperation and Development, 1972, p. 100，转引自吴树青主编《国外高校人文社会科学发展报告 2008》，高等教育出版社 2008 年版，第 81 页。

⑤ 朱桂龙、毛家杰、杨永福：《刍议跨学科研究的界定》，载《科学研究》1998 年第 3 期。

科学和社会科学相互交叉地带生长出的一系列新生学科。”[①]钱学森对交叉科学的界定，旨在倡导加强自然科学和社会科学的联盟，为我们指明了加强交叉学科建设的主攻方向。但是，仅把交叉学科解释为自然科学与社会科学的结合，未免有些局限。因为现代科学发展中学科间的相互交叉渗透已经很普遍，其中自然科学与社会科学间的交叉虽然是发展的主流，但是也不能忽略两大科学内部各学科及分支学科间的相互渗透和多渠道、多层次的交叉。因此，笔者认为，“交叉学科”应特指交叉性学科，即在两门或两门以上学科交叉渗透基础上发展起来的一大类不同层次的学科或学科群。它主要包括以下几个层面的内容：(1) 狭义交叉学科，即“两门学科在其结合部通过交叉渗透，或用一门学科的原理或方法解决另一门学科的研究对象问题所产生和发展起来的学科”。如政治社会学、历史社会学、教育社会学、教育经济学等，当然也包括自然科学与社会科学在下属部门和技术科学层次上的交叉渗透，如教育技术学等。(2) 综合学科，主要是指“多门学科相互渗透融汇，在共同研究某些新问题或复杂的客体中，集中运用多门学科的理论和方法而形成的新兴交叉学科”。如传播学、领导科学和软科学等。(3) 横断学科，是指“以各门学科的某些共同特点、各种运动形式间的内在联系和共同规律为研究对象的新兴交叉学科”[②]。如社会控制论、人口控制论、认知心理学都属于此类。从以上三种交叉学科的类型上看，它们之间既有交叉性这一共同的特征，又在生成模式、交叉范围与跨度、简单与复杂、分化与综合等方面表现出不同特征和等级层次上的差别，尽管如此，这些不同等级层次上的交叉学科最终都是指向具体的一类学科或学科群的。至于交叉学科研究，则更多地是指形成狭义交叉学科、综合学科和横断学科的实践过程，这一过程的最终落脚点是交叉学科的形成。

对于多学科研究的理解，可以从两个方面来理解：一方面从学科研究对象的划分来看，多学科研究主要是指以不同的学科视角研究同一自然现象或社会现象的情况。这种情况的出现，主要是随着新学科的不断出

---

① 钱学森：《交叉科学：理论和研究的展望》，载《光明日报》1985年5月17日。

② 张明根：《交叉学科、跨学科研究及其启示》，载《国际关系学院学报》(京)1994年第1期。

现和学科的进一步细化，同一自然或社会现象成为了不同学科的研究对象，于是对于同一学科中的自然或社会现象，就会有多种不同学科的研究视角。这种研究视角的出现，并非是出于对某种社会或自然现象的关注，而是在其学科的发展过程中涉及与某一学科中的某一自然与社会现象相关的问题时，才涉及此学科中的某些问题。如社会学中有关社会阶层流动因素的分析，是将教育作为主要影响因素来对高等教育进行分析的；再如，经济学中关于人力资本理论的解释和研究中对高等教育的分析研究，是出于对经济学人力资本理论的关注，而不是对高等教育问题本身的关注，其研究成果的最终表现形式大多也是以经济学成果出现的。由于采用了不同的视角进行研究，这一层面上的多学科研究成果相对同一学科对同一问题的研究成果要丰富些，同时不少学科的某些理论成果也能较快地为人们所接受，但是这些学科的主要目的是用对高等教育现象的解释、说明来论证它们各自学科的理论，在这里高等教育只是各自学科理论研究的一个有力的例证，在这种多学科研究中，高等教育始终是配角，而非主角。

另一方面，从方法论意义上的多学科研究来看，多学科研究主要关注的是"对现有方法的核心部分与理论基础的反思、对它不合理性的发现、对新的方法结构的构建，进而使方法总体发生突破性的变化"①。这里的多学科研究更多地是方法论意义上的，它主要强调的是借用其他学科的研究视角和思维方式，站在本学科的立场上研究学科的现象和相关问题，在把握学科具体现象特殊性的基础上运用其他学科的研究视角、思维方式，"而不是直接照搬别的学科的理论、概念及其从发现问题到检验结论所需的顺序与规范"②。

"跨学科研究"，在西方学术界通常被称为"整合研究"。西方学者提倡科际整合研究的立论前提是西方分析理论，针对的是由于学科壁垒所造成的现代社会科学技术的高度分化使得单一学科和单一的思维方法对一些理论和实践中的重大问题难以回答或难以解决的现实，在这种形势

① 叶澜：《教育研究方法论初探》，上海教育出版社1999年版，第13页。

② 李海芹：《多学科研究与高等教育理论的形成和发展》，载《高等教育研究》2004年第6期。

下，跨学科研究的理论与方法应运而生。这种跨学科研究关注的重点在于打破各学科各自为战的状态，要求“一切思考必须出自于科学的态度和有赖于多种科学的合作；强调语言和科学的统一化；强调知识和经验的相互验证；强调语言及其逻辑之间的整合；强调哲学对人文、社会、科学的统整”[①]。这种取向对科学研究持一种整体性的认识，但它本身并不是否定传统的分科治学，而是在传统分科治学基础上进行跨越学科界域的科学研究。

这种跨学科研究从性质上看，既不是一种简单的学科间的交叉，也不是单纯地用不同学科的视角关照某一学科中的某些问题，更不是一种简单的学科间的研究方法的采借，而应该是一种新的研究范式，这种新范式主要诉求“是方法论上有所发展，突破学科壁垒，化解文、理科界限”[②]。跨学科研究虽然与交叉学科、多学科研究有着密切的联系，如交叉学科研究必须具有跨学科性，同时跨学科研究也必须有多学科的参与，然而，跨学科研究与交叉学科和多学科研究并不是完全等同的研究。这种不同点主要表现在以下几个方面：

首先，交叉学科实质上是跨学科研究的结果。因为任何交叉学科研究活动，必须是跨学科性的活动，当科学研究一旦跨越学科之间的传统界域后，则必不可少地发生交叉，而交叉学科在跨学科域或学科际域中如果形成了相应的新范型、专业规范和学科语言，于是就产生了新的学科，即交叉学科。从这个意义上而言，交叉学科是跨学科研究的结果。

其次，就交叉学科和跨学科研究所指称的对象而言，“‘交叉科学’这一称谓含义明确，不管二维交叉，还是多维交叉，最终都体现有交叉点，有明确具体的学科所指”[③]。而跨学科并不是指具体学科，它更多意义上指的是一种研究趋向或研究范式，在这种研究范式中，必须将参与的各个学科的学理融合成一套新的原理、原则。

最后，跨学科研究与多学科研究是不同层次的研究。瑞士心理学家

---

① 孟卫青：《教育研究的跨学科取向》，载《教育评论》2003 年第 2 期。

② 同上。

③ 邢润川：《关于交叉科学研究中的几个问题》，载《高等学校文科学报文摘》1994 年第 3 期。

皮亚杰和奥地利学者 J. 詹奇认为"跨学科"与"多学科"是有区别的,"'多学科'是低层次的,利用多门学科的知识进行研究;'跨学科'是中层次的、多门学科间相互作用,相互补充的合作研究"①。虽然在跨学科研究的实施过程中,会有多学科的参与,也会出现不同程度的学科交叉,但是它不只是强调对同一学科中的现象或问题从不同的角度或侧面进行介入,而是要求参与其中的各个学科根据自身学科的概念、构架、研究方法提出对问题的特定看法,并在此基础上形成一个多维视角的研究范式。

(三) 范式转换与跨学科研究的关系

"范式"(paradigm)最早是由美国学者托马斯·库恩(Thomas S. Kuhn,1922—1996)提出的术语,原意是语法中的词尾变化,库恩借用此术语来表示范例、模式、模型等,同时也用这一术语表示包括范例等在内的重大科学成就和某一科学共同体成员共有的一整套规定和科学共同体的共有信念。库恩认为,范式有两重主要含义:"一个是总体意义上的,可称之专业母体(disciplinary matrix),包括科学共同体的一切共有的信念;另一个则是把其中一种特别重要的信念抽出来,构成前者的一个子集,称之为范例。"②根据英国语言学家玛格丽特·马斯特曼对库恩《科学革命结构》中范式概念的分析,库恩在该文中使用的 21 种范式,概括起来主要由三个部分组成:"(1) 科学概括(包括定律、理论等)、模型、范例部分。它们是根据科学史上重大的科学成就来确定的。如果一个科学成就能把一些坚定的拥护者吸引过来,而且能够为这些重新组合起来的科学工作者留下各种有待解决的问题,则可能成为范式;(2) 社会—心理部分,指各种对科学发展产生影响的社会—心理因素,包括历史、经济、文化、民族传统和社会心理部分等,特别是科学共同体的社会和心理特征;(3) 形而上学部分,这是范式的核心,包括某些基本原则、科学信念乃至世界观等。"③库恩认为,每一科学共同体都有自己特有的科学范式,以区别于其他的科学集团,科学的进步必须依靠范式的变更来实现。在库恩看来,范

① 金吾伦主编:《跨学科研究引论》,中央编译出版社 1997 年版,第 45—46 页。

② 陈方:《库恩的"范式"与夏皮尔的"背景信息"的比较》,载《华南师范大学学报》(社科版)1997 年第 2 期。

③ 同上。

式在科学发展中起着十分重要的作用，范式的形成标志着从原始科学到成熟科学的重要转折。在常规科学中，范式决定科学的各个方面，科学共同体在范式框架内从事高度定向的解难题活动，这些活动标志着科学的进步；当旧范式面临反常和危机、为新范式所取代时，便导致科学革命，科学革命标志着科学发展的又一重大转折，标志着科学共同体以一种全新方式看待世界，同时意味着新的常规科学的到来。由此可见，库恩提出"范式"概念的真正用意并不在于范式本身，而在于强调范式转换在科学革命中的作用。

在库恩看来，"科学革命"的实质，一言以蔽之，就是"范式转换"。它主要是指在科学研究过程中，由于人们在广泛接受的科学范式里发现了现有理论解决不了的"例外"，于是尝试用竞争性的理论取而代之，进而排挤掉"不可通约"的原有范式的过程。库恩认为："一种范式通过革命向另一种范式的过渡，便是成熟科学通常的发展模式。"[①]因为"在科学史上的前范式时期之后，在所有同化新理论和几乎所有同化新现象的过程中，事实上都必然要求摧毁旧范式，并发生不同的科学思想学派间的彼此竞争和冲突"[②]。而新范式一经形成，对于科学的发展便具有决定性的作用。在心理上，范式是科学共同体所共有的信念；在理论方法上，范式是科学共同体共有的模型和框架。"它是某一科学家集团在某一专业或学科中所具有的共同信念，这种信念规定了他们的共同的基本理论、观点和方法，为它们提供了共同的理论模型和解决问题的框架，从而形成该专业或学科的一种共同传统，并为该专业或学科的发展规定了方向。"[③]库恩的这种"范式转换"的意义主要表现在两个方面：一是对社会科学中某些规范性认识的质疑，即对"那些为各种模式和理论，包括对立的模式和理论，所共同承认的，已成为不言自明的信念"[④]的质疑构成了范式转换的前提，也是学术发展的动力；二是"范式转换""打开了我们的历史思维空间，从更

① [美]托马斯·库恩：《科学革命的结构》，北京大学出版社 2003 年版，第 11 页。

② 同上，第 88 页。

③ 陈方：《库恩的"范式"与夏皮尔的"背景信息"的比较》，载《华南师范大学学报》(社科版)1997 年第 2 期。

④ [美] 黄宗智：《中国经济史中的悖论现象与当前的规范认识危机》，载《史学理论研究》1993 年第 1 期。

加宽广的视角去观察和解释历史,从而使我们观察历史的视角日趋多元化,对历史本身的认识也愈见丰富多彩,逐步更逼近历史的真实"①。尽管"自然科学"的范式与"社会科学"的范式有所区别,后者较之前者可能会具有更多的主观色彩,但这并不能否定"社会科学"的范式中仍存在哲学意义上的否定或扬弃基础上的"范式转换",而这种范式转换也正是社会科学认识不断走向进步和深入的机制。

比较范式转换与跨学科研究的关系,我们可以清楚地看到,虽然不能说范式转换完全等同于跨学科研究,但是两者却存在着密切的关系。

首先,科学危机是跨学科研究和范式转换产生的前提。库恩在《科学革命的结构》中明确指出:"有时,一个应该用已知规则和程序加以解决的常规问题,科学共同体内最杰出的成员们做了反复的研究以后,仍未能按预期方式运行,由此而揭示出一种反常,虽经一再努力,仍不能与共同体预期相一致。通过这些方式和其他方式,常规科学一再地误入迷津。到了这种时候,即到了科学团体不再能回避破坏科学实践现有传统的反常时期,就开始了非常规的研究,最终导致科学共同体做出一系列新的承诺,建立一个科学实践的新基础。这乃是一个非常规时期,其间科学共同体的专业承诺发生了转移,这些非常规时期在本文中称之为科学革命。……其中的每一次革命都迫使科学共同体抛弃一种盛极一时的科学理论,而赞成另一种与之不相容的理论。……而且每一次革命也改变了科学的思维方式。"②从库恩的论述中可以清楚地看到,科学危机是范式转换产生的前提,解决危机的主要途径是通过科学革命。

同样,由于科学技术的高度分化同时又高度综合的特点,在科学发展中,任何理论上和实践上所出现的重大问题都不是单一学科和单一的思维方式所能解决和回答的。从科学发展的历史看,西方的科学研究一直沿着分科治学的途径发展着,尤其是18世纪以来,日益精细化和逻辑严谨的科学文化形态使得科学研究的范围日益狭窄,同时也使科学进步的步伐逐步放慢,结果造成科学工作成效本身成为问题,引起了对科学研究

---

① 马敏:《如何理解史学研究中的"范式转换"》,载《北京行政学院学报》2002年第2期。

② [美]托马斯·库恩:《科学革命的结构》,北京大学出版社2003年版,第5页。

工作的反思。在这种情况下，西方的一些学者发出了“如果我们不能建立一套共同的解释、一套共同的传统和一套共同的语言，我们就要毁灭”①的呐喊。正是在这种背景下，西方学者率先开始了跨学科研究的尝试。他们认为，许多重大的理论和实践问题，只有在多种学科的高度综合和多种方法的综合运用中，才能得到圆满的回答和彻底的解决。这就要求人们在科学研究中要从对个别事物的研究过渡到对系统的研究；从单值的研究向多值的研究过渡，从单目标函数研究向结构的研究过渡；从单方向的研究向矩阵和网络研究过渡，这种跨学科研究的理论与方法既是理论的产物，又是实践的产物，同时也代表了一种全新的学科观念和创造性的结构形式与思维方式。由此可见，不论是跨学科研究，还是范式转换，都是以科学研究中出现的科学或学科危机为前提的，科学危机的产生必然引起科学革命，而科学革命的结果又不可避免地引起范式转换。

其次，跨学科研究与范式转换在认识论上有着相似的内部机制和取向。让·皮亚杰(Jean Piaget，1896—1980)在《跨学科研究的一般问题与共同机制方法论》中提出：“跨学科研究可能源于两种思考，一种思考涉及结构或共同机制，另一种则与共同方法有关。”②这里的结构或共同机制主要是指“科学知识间的相互联系。由于这种联系要通过人的科学研究活动才能得以体现”，因此跨学科研究又特指“研究主体根据学科间的内在联系，创造开发跨学科知识产品的科学研究活动”③。这种活动具有以下三个方面的特点：一是普遍联系性，即跨学科研究产生与发展的历史表明，科学与自然界一样，其内部具有普遍性联系，而这种普遍联系及其作用和运动转化，是跨学科研究产生和发展的客观基础；二是方向性，即跨学科研究的产生并非主观臆断的，而是由科学研究中跨学科问题的存在及解决而引导产生的；三是团体性，即跨学科研究必然涉及多个学科，因此跨学科研究不可能离开多学科人员的共同参与与协作，也就是说必须形成科学共同体，跨学科研究才有可能进行。“跨学科研究的真正目标是

① 孟卫青：《教育研究的跨学科取向》，载《教育评论》2003年第2期。

② [瑞士]让·皮亚杰著，蔡槐鑫译：《跨学科研究的一般问题与共同机制方法论》，转引自《当代学术通观》(社会科学卷)，上海人民出版社2004年第1版，第431页

③ 朱桂龙、毛家杰等：《刍议跨学科研究的界定》，载《科学学研究》1998年第3期。

通过实际上在于建构性重组的交换来达到对各个知识领域作改造或重新组织”①，即“它融合了不同学科的范式，推动了以往被专业学科所忽视的领域的研究，打破了专业化的垄断现象；增加了各学科之间的交流，形成了许多新的学科；创造了以‘问题解决’(problem—solving)研究为中心的研究模式，推动了许多重要实践问题的解决”②。由此决定了跨学科研究的发展趋向是通过不同学术思想间的碰撞、互补、衔接，构建起一个融合多个学科理论的全新体系。

范式转换主要源于“科学共同体中某一小部分人逐渐感觉到：他们无法利用现有范式有效地探究自然界的某一方面，而以前范式在这方面的研究中是起引导作用的。在政治发展和科学发展中，那种能导致危机的机能失灵的感觉都是造成革命的先决条件”③。在库恩看来，科学革命中有三种现象可以引发新理论：“第一类是那些现存范式已妥为解释的现象，但它们很少成为科学家创建新理论的动机和出发点。……第二类现象是指那些其本质已为现有范式所表明，但其细节的理解却有待范式完善的现象，它们是科学家常规研究的对象。但是这种研究的目的，在于完善现有范式，而非发明新范式。只有当这种完善工作失败后，科学家才会遭遇第三类现象，即公认的反常现象，其特征是无法被现有范式同化。只有这类现象才会促成新理论的发明。”④笔者以为，在库恩的范式转换理论中，只有第三类现象才能称为真正意义上的科学革命。因为“在科学史上的前范式时期之后，在所有同化新理论和几乎所有同化新现象的过程中，事实上都必然要求摧毁旧范式，并发生不同的科学思想学派间的彼此竞争和冲突”⑤。由此可见，跨学科研究在强调对学科结构和共同机制思考的层面上与范式转换有着极为相似之处。

综上所述，我们可以看出，跨学科研究与范式转换有着一定的内在联

① [瑞士]让·皮亚杰著，蔡槐鑫译：《跨学科研究的一般问题与共同机制方法论》，转引自《当代学术通观》(社会科学卷)，上海人民出版社 2004 年第 1 版，第 475 页。

② 金吾伦主编：《跨学科研究引论》前言，中央编译出版社 1997 年版。

③ [美]托马斯·库恩：《科学革命的结构》，北京大学出版社 2003 年版，第 85 页。

④ 同上，第 89 页。

⑤ 同上，第 88 页。

系,尽管我们不能说跨学科研究完全等同于范式转换,也不能妄言任何范式转换都是跨学科的,但是,不论是跨学科研究还是范式转换都是以科学或学科危机为前提的,而科学或学科危机的必然趋势是引起跨学科研究或范式转换。跨学科研究的结果是不断拓展新的研究领域,引导、促进新兴学科的孕育发展,并在此基础上形成新的理论、方法和新的科学共同体,因此,虽然范式转换不一定要通过跨学科研究,但是跨学科研究的结果从一定程度上会引起范式转换。

二、教育史学跨学科研究的内涵

教育史学的跨学科研究,是指跨越教育史学科之间的传统界域,将其他学科的概念、理论和方法运用于教育史学研究或面对共同问题由教育史学参与的各学科协作的整合研究。具体而言,主要包括三个层面的渗透和融合:

第一个层面,是教育史学与其他相关学科在理论层次上的渗透与结合。这种渗透与结合主要包括教育史学与相关学科从思想的简单交流到学术观点、程序、认识、术语和各种数据的相互整合。具体而言应该是教育史学科与其他相关学科如教育学、历史学、社会学、心理学、文化学、经济学、统计学等学科之间的互惠吸引,并在此基础上创造开发教育史学跨学科知识产品的科学研究活动。教育史学的跨学科研究解决的应该是该领域与相关学科的理论有共性的有关问题,同时还必须对教育史学研究对象进行系统的、整体的考虑,并在此基础上形成一整套具有普遍意义的理论体系,从而满足教育史学基础结构具体化的需要。实际上,这个意义已经远远超过了单纯方便研究工作的意义,因为人文科学在进行跨学科研究时,"各门人文科学并非只是简单地维护所有跨学科关系,而是将它们自己纳入最终囊括所有科学的一个循环或一个一般网络之中",而"所有的创新的倾向实际上都想把边界沿纵深向后撤,而沿横向向度则对它们提出疑问。所以,跨学科研究的真正目标是通过实际上在于建构性重组的交换来达到对各个知识领域作改造或重新组织”。[①] 而这种建构性重组或改造重组，从根本上而言是教育史学理论层面的整合研究。

第二个层面，是教育史学与相关学科在经验层面上的渗透和融合。当前的社会实践已经形成了一个体系，在这个体系中，任何重大社会实践问题的解决都离不开学科之间的综合。在人类社会的发展过程中，不仅自然科学、技术科学变成了现实直接的生产力，教育活动也直接或间接地参与到生产力发展变革的过程当中，担当起重要的角色和任务。在这样的背景下，当今科学的发展表现出的极为明显的特征就是研究课题的高度综合性和多学科性质，这就需要参与其中的各门学科不仅要在学科理论层面上进行渗透和结合，同时也要在经验层面上渗透与结合。教育史学跨学科研究在经验层面上的渗透与结合，主要表现为在社会实践中提出了一类与教育史学相关的综合性问题，要运用综合知识和多种方法与手段加以研究，在此基础上形成一类知识的共同体，并在知识共同体的基础上再发展分化出一些新的学科的过程。

第三个层面，是教育史学与相关学科在方法论层面上的渗透与融合。就跨学科研究方法的发展趋向而言，主要表现为以下几个方面的特点：一是数学方法广泛向自然科学、社会科学一切部门渗透；二是自然科学中产生的实验理论方法，包括假设、模拟、思想实验等已成为社会科学和技术科学所广泛采用的方法；三是形成一类综合性的学科，这类综合性学科本身具有一般方法论的特点；四是在综合运用自然科学、社会科学、技术科学的各种知识和方法去解决当代综合性问题的过程中，还形成并继续发展着现代科学所特有的综合性方法和综合性评价原则。[②] 教育史学的跨学科研究在方法论层面上的渗透和融合，主要是指应用一门或几门学科的研究方法去研究原属于教育史学科的对象，这就使得不同学科的研究方法和研究对象有机地结合起来。教育史学跨学科研究在方法论层面的渗透和融合主要是通过方法的移植、方法的渗透和方法的融合三个途径

① [瑞士]让・皮亚杰著，蔡槐鑫译：《跨学科研究的一般问题与共同机制方法论》，转引自《当代学术通观》（社会科学卷），上海人民出版社 2004 年第 1 版，第 475 页。

② 参见金吾伦主编《跨学科研究引论》，中央编译出版社 1997 年版，第 22—23 页。

来实现的(具体见教育史学方法论的相关论述)。

综上所述,教育史学的跨学科研究应该是教育史学与其相关学科之间渗透和结合的产物。这种跨学科研究应该是多层次、多视角、全方位的综合性研究。在这一研究过程中,跨学科研究不仅体现为研究方式方面的转换,也体现为思维方式、研究范式的转换,因此这种跨学科研究对于取得高质量的研究成果是至关重要的,不但能够提高科学研究的效率,而且可以保证研究成果具有广泛的应用性和科学性。

第二节 教育史学跨学科研究现状

一、西方教育史学跨学科研究的现状

独立的跨学科研究开始于20世纪中叶,主要以对自然科学和社会科学两大领域的跨学科研究为特点。这一研究模式一经出现,就对整个学术界、教育界产生了强烈的震动,这一震动的冲击波无疑也对教育史学研究产生了重要影响。

现代意义上的教育史学在西方产生后,大致经历了三个阶段:第一阶段为18世纪末到19世纪30年代教育史学在德国的兴起;第二阶段为19世纪40年代到19世纪末教育史学向欧美各国的推广;第三阶段为20世纪至今教育史学的曲折发展。如果说第一、第二阶段是西方教育史学产生和确立的阶段,那么在第三阶段西方教育史学则经历了从出现危机到寻找出路的教育史学研究的转型阶段。这期间,西方教育史学发展的最主要特点表现为传统研究范式向新范式的转变,而这种转变最明显的特征之一就是教育史学跨学科研究的兴起。

西方教育史学的跨学科研究是在西方新史学的影响下逐步演变和发展起来的。20世纪以来,随着科学技术的进步以及人类学、考古学、心理学等学科的成熟,西方历史学家的视野逐渐开阔,传统史学日渐式微,取而代之的是新史学的发展。而新史学的显著特点之一在于它借鉴了其他学科包括人文、社会和自然学科的理论和方法,使历史研究进入了跨学科

研究的时代。

20 世纪 50 年代中期以后，美国社会进入了激烈动荡、不断变化的时代。民权运动、学生运动、越南战争、妇女解放运动使美国人的思想发生了深刻的变化，主要表现在美国人开始对美国文明以及美国现代化历史本身产生了怀疑，反映在教育史学研究领域则表现为美国公众和学术界对整个美国教育的质疑。以卡伯雷(E. P. Cubbeley)为代表的传统教育史学，由于其一元化的阐释，一方面引导美国教育史学研究走向僵局而无法解脱，另一方面也由于它无法回答新的问题而出现了危机。50 年代末，在美国教育史学界出现了修正传统教育史学的两条不同的路线：一条是以伯纳德·贝林(Bernard Bailyn)和克雷明(Lawrence A. Cremin)为代表的"温和派"；另一条是以迈克尔·凯茨(Michael Katz)、乔尔·斯普林格(Joel Spring)、卡雷尔(Clarence Karier)、保罗·福尔劳(Paul Violas)等为代表的"激进派"。这两派主要从两个方面对传统教育史学提出了质疑：一是他们认为传统教育学家"进行的教育史研究缺乏严密性而且目光短浅"，同时他们批评卡伯雷关于"正规教育是一个社会教育青年的最重要、最有效的工具的理论假设及在这种理论预设指导下的教育史研究"。二是他们认为传统教育史"没有对教育的社会影响做出令人信服的解释"。[①]"温和派"试图通过对教育的重新定义来扩展美国教育史的研究范围，并改进教育史的研究方法，从而揭示教育与社会发展之间的关系；"激进派"则试图从根本上否定美国公立教育的合理性。其中伯纳德·贝林的《形成中的美国社会教育》和凯茨的《早期学校改革的反讽》最具代表性。修正史学派的出现及其主张，反映了 20 世纪五六十年代美国学术界对传统教育史学的批判，同时也标志着美国新教育史学的问世。这种新的教育史学主要表现出以下特征：(1)"新的教育史明确地批判了歌颂似的辉格传统，而以完全的自我意识的方式来看待教育制度和教育历程。"(2)"新的研究将注意力从教育学观念的发展转向教育与社会流动，或者是其他什么。"(3)"许多新的教育史学著作运用了社会科学的概念，并成为计量

① 张宏：《美国教育史学中的"修正派"》，载《史学理论研究》2004 年第 2 期。

性的，以便获得更多的资料。"[①]这种新教育史学从研究对象上看，打破了美国传统教育史学只关注民族国家的公立学校教育制度和精英人物的教育思想方面的内容，主张扩大教育史的研究领域，开阔教育史研究者的视野，强调教育史研究的综合性；在研究方法上，新教育史学突破了传统教育史学家只注重史料的考证和辨别的做法，而主张在教育史研究中注意运用与教育史研究相关的文献的广泛性；从教育史学与其他学科的关系上看，新教育史学强调打破教育史学与其他学科之间的界限，努力尝试跨学科研究；从写作特点上看，新教育史学冲破了传统教育史学以叙述史为主的框架，主张从叙述史转向主题史或问题史。美国新教育史学的这些特点和主张，从一定程度上反映出教育史学研究范式的转变。

与美国相比，英国教育史学的发展经历了 19 世纪奎克(R. H. Quick)、佩恩(Penn)、亚当森(John William Adamson)等人的奠基之后，到第二次世界大战前涌现出了一大批重要的研究成果，范围涉及一般教育史、专门科目教育史、专门时期教育史或专门领域教育史、教育家个人传记、教育机构或制度的发展、妇女教育史等方面的内容。其中，最值得一提的是由教育史学家博伊德(William Boyd)著、于 1921 年出版的《西方教育史》，这本书于 1964 年由埃德蒙·金(Edmund King)在原著(共十二章)的基础上增写了三章(现代教育)，到 1979 年已出十一版。

博伊德以教育史进化论的观点，记叙了从古希腊以前到 20 世纪教育科学的发展，他认为这实际上是人类进化过程的记录。它说明我们的活动和观念怎样形成，并把人类生活的两部分——过去与现在——联系起来。以这种教育史观为指导，他比较详细地介绍了历史背景和社会因素。[②] 在这一点上他与卡伯雷有相似之处。然而，博伊德并没有忽略教育家的特别作用，在《西方教育史》中，他不仅详细阐明历代教育家的理论和影响，而且旁征博引，给予恰当的评论，提出独到的见解。从这一点来说，他这本书是一部重视历史、文明史、教育史的发展线索，统三者为一体，重视理论与教育实际相结合的教育思想史著作。《西方教育史》对教育史的

① 周采：《20 世纪美国教育史学的思考》，载《南京师范大学学报》(社会科学版)2003 年第 6 期。

② 参见吴小平《西方教育史学的形成和发展》，载《外国教育动态》1984 年第 2 期。

研究达到了这一领域中前所未有的高度，至今没有人对它作任何不妥的评论，被誉为教育史的经典著作。

20世纪中叶以后，特别是第二次世界大战之后，英国的教育史学才开始作为一个独立的研究领域确立了自己的学术地位。这一时期的英国教育史学经历了两个大的发展阶段：第一阶段是战后至20世纪70年代初，是英国教育史学的扩展和变化时期；第二阶段是20世纪70年代至90年代，是英国教育史学的停滞和衰落时期。

第二次世界大战后的十年，是英国重建各级教育、修复战争创伤的时期。在这种历史背景下，各种学术研究都处在不断恢复和发展阶段中，教育史学研究也得到了缓慢而稳定的发展。这一时期英国教育史研究发展的特点主要表现在以下两个方面：

其一，英国学术界中专业历史学者开始介入教育史的研究。从50年代中叶开始，面对一系列的挑战，英国专业历史学者开始重新考虑自己的研究重点。特别是在汤因比(Amold Toynbee)"世界历史"概念的影响下，英国历史学界开始鼓励重新评价英国以外的文化。与此同时，一批信奉"新历史学"的史学工作者登上历史舞台，他们一方面提出在本科课程中扬弃中世纪研究并逐渐重视"世界史"，另一方面强调历史学科与其他学科的结合。在这种背景之下，一些新的历史学派开始形成，并将兴趣点逐渐放在了教育史研究上。同时，教育史学领域中的学者也开始对自己的研究领域进行反思，"并寻求与历史学者在一定程度上达成合作协议"①。这种合作协议达成的重要标志就是"1967—1971年间历史杂志上刊登的教育主题的文章比15年的总数还要多"。这表明"历史学家逐渐不再把教育史看做是一门已到终点的学科，而是将它看做一个有前途的、迄今为止被忽略的领域，而这一领域恰恰是解决许多范围广泛的问题的途径"。②

其二，有关教育史研究的论文不断出现。专门研究英国教育的《英国教育研究杂志》于1952年创刊，其中有关教育史学研究的文章占了统治地位。60年代中期以后，教育史学研究迅速发展，除了教育史学研究方面

① 贺国庆、张薇：《英国教育史研究的历史和现状》，载《河北大学学报》(哲学社会科学版)2004年第2期。

② 同上。

的文章以外，也出现了一定数量的专著。这一时期，英国教育史学研究的重点从大学教育、教育政治、杰出教育家传记、教育政策和管理等逐渐扩大到地方区域史、教育与社会结构的关系、社会特殊群体以及成人教育史。与此同时，教育史学研究工作者在研究中开始引入教育社会学的相关内容，并于 1971 年由教育史学会创办了教育史学研究的专业性刊物《教育史》，这是教育史学研究在英国展开的一个重要标志。

70 年代以后，由于教育史学理论基础受到了严重的挑战，其实践领域中出现了教员削减、学生需求减弱、职业影响衰退等状况，原有的教育史学研究的学术优势开始失去了吸引力，由此，英国教育史学科进入了停滞和衰落时期。这一时期的教育史学研究主要体现出以下基本特征：第一，教育社会学作为理解教育文化的基础，在师资培训中的地位得到了建立和巩固，而教育史学研究则受到了批判和排挤，教育史学科在教育系统中的地位开始动摇并衰落，突出表现在教育史学作为一个制度化的专门科目的设置面临被取消的威胁；第二，教育史学研究的重心开始转向教育政策和教育实践领域；第三，教育史学与历史学的关系日趋密切，特别是随着历史研究中社会史的主题逐渐占据优势，历史学界有关教育方面的研究才大大增加，这些研究关注的重点主要是教育和经济的变迁、大学和精英、科技教育史、家庭史和英国社会的早期发展等；第四，这一时期的教育史学研究由于受"新史学"潮流的冲击，教育史学研究领域中开始尝试用新的历史观和方法论对教育史进行研究，从注重编史、传记转向注重教育与社会、经济等各方面的联系，从单纯的描述、考证转向分析和解释为主，并力图解释教育演变的因果关系，由此扩大了教育史学研究的视野，提高了研究成果的质量，突显了历史研究为现实服务的功能。

综观 20 世纪中叶以后的美、英教育史学发展的历程，我们可以清楚地看到，随着教育思潮与史学思潮的变化，新的历史观念与研究方法被引入对教育历史的考察，为教育史学研究提供了新的视野和认识工具。这一时期，教育史学的跨学科研究主要表现在两个层次上：

第一个层次是教育史学研究中应用更加广泛的社会科学思维的范畴。传统的教育史学强调自主性，忽视教育史学与其他学科的结合；现代教育史学的发展则要求打破教育史学科与其他学科之间的界限，加强教育史学与历史学及其相关学科协作。因为，第一，教育史学作为历史研究的一门学问，在历史哲学和史学基本理论方面与历史学应是相通的。正如一些历史学家所认为的那样，“教育史学是历史学的一个组成部分。没有教育史学‘子’部分的历史学是不完整的历史学。历史学家应把教育史纳入自己的研究课题”①。第二，教育史学与历史学的新潮流接轨是学科发展的必然趋势。如果教育史学不与历史学的新潮流接轨，那么教育史学就无法摆脱目前的危机和困境。基于这两个方面的原因，美国的“教育史学科重新界定了自己的研究领域，并且在与其他学科之间架起了桥梁，心理学、社会学、人类学、政治学、经济学、人口统计学、儿童史、家庭史、美国研究、妇女研究和种族研究的学者们在教育史协会非常活跃，而教育史学者也在其他学科的刊物上发表研究成果”②。不同学科学者进入教育史学研究领域，势必会消除教育史学科与其他学科之间的鸿沟，从而引起教育史学思维方式和学科理论结构的变化，使教育史学理论体系在跨学科研究的基础上更加完善和科学。教育史学评论则更关注教育史学研究者是否运用了与社会科学学科相关的理论进行教育史学研究。

第二个层次是新的研究方法在教育史学中的运用、渗透和融合。教育史学与其他学科的结合势必引起研究方法的变革。如美国教育史学界著名的学者克雷明将教育生态学方法运用于教育史学研究中，对教育进行重新定义，并试图在他的《美国教育》中贯穿这种方法。他还将文化史学和微观史学研究的理论和方法引入教育史学研究，使教育史学研究从以往简单的因果解释转向文化阐释。此外，美国激进派教育史学家凯茨等人在教育史学中对政治学和社会学理论和研究方法加以借鉴，鲍尔斯和金蒂斯将经济学的理论和方法运用于美国教育史的研究，这些都反映了教育史学跨学科研究发展的基本趋势。

二、中国教育史学跨学科研究的现状

综观中国教育史学发展的历史过程，我们不难发现，中国教育史学的

① 周采：《20世纪美国教育史学的思考》，载《南京师范大学学报》（社会科学版）2003年第6期。

② 同上。

跨学科研究主要经历了两个主要阶段：

第一个阶段是20世纪20年代至40年代。早在20世纪20年代，中国学术、思想界就开始了以“科学与人生观”为主要问题的论战。北京大学教授张君劢提出，“科学无论如何发达，而人生观问题之解决，决非科学所能为力，惟赖诸人类之自身而已”。地质学家丁文江针对张君励的观点，强调“科学的方法是万能的，科学并非不能解决人生观问题”，相反，他认为只有依靠科学方法才能有统一的、合理的人生观。“这一争论反映了当时两种文化——科学文化与人文文化严重对立的局面”①，也引起了科学界中的有识之士积极寻求沟通双方的有效途径。20世纪30年代，在上海成立了“中国社会科学家联盟”，其纲领明确规定要“贯通社会科学与自然科学思想”。40年代初，延安又成立了“自然科学研究会”，将“促进自然科学与社会科学的统一”作为其主要宗旨。这场论战“所论的主题，正是典型的交叉科学主题。这场论战中的一个重要的收获，就是提出在马克思主义唯物史观的基础上建立和发展对社会科学的统一”②。在这样的背景下，中国教育史学界也开始了其跨学科研究的尝试。这种尝试主要反映在两个方面：

一是在教育史学研究中引入西方近代教育和社会科学方法。如在中国第一部《中国教育史》中，柳诒徵先生“对西方学者如康德、黑格尔、甄克斯、斯宾塞等的论著均有征引，涉及哲学、历史学、社会学、人类学、民俗学、民族学、教育学、教育心理学、教育病理学等学科”，尤其在对中国远古教育的研究中，为了弥补研究史料之不足，柳先生“引用澳洲、流球、秘鲁等地土著风俗材料和当时对猩猩语言的研究成果”③来证明中国远古教育的发展状况。与此同时，西方19世纪以来盛行的实证主义史学也影响了中国教育史学家的治学风格，正如王炽昌所说的那样，“历史的研究法，为现世各种科学普遍采用之方法”④。其中最有代表性的是陈东原、盛朗西

① 金吾论主编：《跨学科研究引论》，中央编译出版社1997年版，第25—26页。

② 龚育之：《祝贺和希望》，见《中国科学技术协作会首届青年学术年会论文集·交叉学科分册》，中国科学技术出版社1992年版，第1页。

③ 杜成宪、崔运武、王伦信：《中国教育史学九十年》，华东师范大学出版社1998年版，第8页。

④ 王炽昌：《教育史》，中华书局1923年版，第2页。

和舒新城。陈东原所著的《中国教育史》“以注重事实、严格实证、反对脱离事实的玄想和思辨为特征，这不仅使其史著以论列具体史实以作雄辩有力的归纳见长，而且也使其在史料的发掘、发现上达到了后人罕有其比的境界”[①]。与陈东原相比，盛朗西的《中国书院制度》“更是典型的从原始资料的研究出发，从弄清史实真相入手的实证方法，其史著资料长编式的表现形式显示出不偏不倚的客观态度、确凿可靠的信史特征”，为后世史家所折服。同样，对“史料的高度重视，力求以归纳等实证方法来求得某种客观规律”[②]是舒新城史学研究的主要特点。

二是历史唯物主义在教育史学研究中的运用。从20世纪二三十年代起，不少教育史家就开始将教育放在特定的社会背景下作历史的考察。如周予同认为，“当时中国学者研究教育理论多不能从社会、历史认识入手，‘见地不免太狭窄’，因此以社会的历史的观点编写教育史，‘刻不容缓’”[③]。他还认为，“教育是社会的上层建筑机构，不明瞭这个社会的经济、政治变迁，决不能彻底明瞭这个社会的教育之所以变迁”[④]。他在《中国现代教育史》中从众多方面分析了中国近代教育失败的原因，在其研究中初步体现出他对经济基础与上层建筑的关系、社会存在同社会意识的关系的重视。这一时期，系统地运用马克思主义唯物史观研究教育史的应数杨贤江最具代表性。他在《教育史ABC》中提出：“教育史研究的任务不只是记述教育家的事迹、教育思想的派别，更应说明教育性质的变迁、变迁的根据和‘支配阶级与被支配阶级’在此过程中关系的变化。通行的教育史书大多从文明时期即希腊、罗马开始，然而文明时期是教育的根本原则已经发生变更的时期，而教育史正应论述人类进化过程中，教育的根本原则及其目的是如何被维持和变革的。”[⑤]为此，他依据摩尔根的《古代

---

① 杜成宪、崔运武、王伦信：《中国教育史学九十年》，华东师范大学出版社1998年版，第35页。

② 同上，第36页。

③ 周予同：《僵尸的出祟》，朱维铮编《周予同经学史论著选集》，上海人民出版社1983年版，第603页。

④ 转引自杜成宪、崔运武、王伦信《中国教育史学九十年》，华东师范大学出版社1998年版，第42页。

⑤ 同上，第43页。

社会》和恩格斯的《家庭、私有制和国家的起源》，探讨了教育的起源、发展和演变过程，并运用马克思主义关于社会发展形态的理论对教育进行了历史分期的划分。同时他还将阶级分析的方法引入教育史学研究，对中外教育历史进行了考察，得出了"阶级社会的教育总是带有阶级性"的结论。在此基础上，他还客观地分析了资本主义社会的教育。在他的影响下，陈青之等一批教育史家也开始尝试运用历史唯物主义进行教育史学研究。

中国教育史学跨学科研究的第二个阶段是 20 世纪 80 年代至今。在此期间，随着中国科学技术现代化的步伐进一步加快，跨越自然科学与人文社会科学的研究活动进一步走向巩固、充实、提高，跨学科研究的成果也不断出现。在这种大环境的影响下，中国教育史学的跨学科研究随着历史学跨学科研究的不断深入，进入了跨学科研究的又一个重要的时期。这一时期教育史学的跨学科研究主要表现在以下几个方面：

首先，对传统教育史学研究领域的初步突破。进入 20 世纪 80 年代后，中国教育史学研究最主要的特点之一是新的研究领域的不断开拓。如从 20 世纪 80 年代开始的全国性文化讨论热潮中，就涉及中国传统文化与教育发展关系的探讨，为此不少学者开始主动将中国教育史与文化史的研究结合起来，扩大了教育史研究范围。其中最引人注目的是由华东师范大学丁钢主编、由上海教育出版社出版的《中国文化与教育》研究丛书。该丛书从 1990 年到 1993 年底出版了丁钢主编的《文化的传递与嬗变》，丁钢、刘琪的《书院与中国文化》，黄书光的《理学教育思想与中国文化》，张诗亚的《西南民族教育文化溯源》及金忠明的《乐教与中国文化》等。其中《文化的传递与嬗变》中收录了当时国内 11 位中青年学者的 11 篇论文，包括《民族思维定势与传统教育模式》《中国传统教育和中国知识分子》《个性发展的教育目的与社会进步——中外教育比较中的思索》《汉字文化在认知教育中的投射》《文学艺术和教育》《中国宗教教育问题》《中国文化发展与科技教育》《明代的文化与教育》《留学生派遣与中国教育近代化》《近代职业技术教育和传统价值观念》《中国教育的新生——"五四"文化与教育变革》等。从这些论文的标题和内容可以看出，这些研究成果已经在一定程度上突破了传统教育史学的研究范围，通过跨学科研究力求“给读者提供一个关于中国文化与教育关系的研究的分类轮廓，从不同角度探索中国教育在中国文化的传递与嬗变中的地位和作用以及两者之间的关系”①。这从一定程度上反映出教育史学界对传统教育史学研究范式的初步突破，也预示着教育史学跨学科研究的新的趋向的形成。

进入20世纪90年代以来，“教育史学界进一步认识到教育是一种复杂的社会现象，一定历史时期、一定国家的教育不仅受制于一定的政治和经济，而且受到这一时期和这一国家的社会思潮、文化传统、科技水平、民众心态等多种因素的影响。因此，教育史研究必须全面深入地把握各种社会因素，从不同层面、不同角度进行全方位的分析综合，才能真正揭示出教育演变、发展的客观规律”②。因此，教育史学界一方面在研究视野与研究领域上有所突破，如在专题研究中，出现了对近代教会教育史的研究，其代表作有《基督教教育与中国社会丛书》，包括黄新宪的《基督教教育与中国社会变迁》，史静寰、王立新的《基督教教育与中国知识分子》，陶亚飞、吴梓明的《基督教大学与国学研究》，吴梓明的《基督教大学华人校长研究》，章开沅主编的《文化传播与教会大学》和《社会转型与教会大学》等，都突破了传统教育史学研究范围，而章开沅主编的《文化传播与教会大学》和《社会转型与教会大学》，主要从历史学、文化传播学等学科的视角对教会教育的发展进行了分析和研究；另一方面，教育史学研究中出现了对不同学科的学科优势的整合研究，如在科举制的研究中，由于科举制的复杂性和广博性，决定了对科举制的研究仅仅局限在教育史领域中是远远不够的，它必须从多学科、多视角切入，这就要求教育史研究必须整合不同学科背景的学者参与，才能使研究不断丰富和发展，因此，从20世纪90年代以来，不断有历史学及相关学科的研究者参与教育史问题的研究。如历史学背景的学者王日根的《明清民间办学勃兴的社会经济背景探析》《明清科举制度对民营教育的促进》《论“书院改为学堂”——析从传统“大学”向近代“高等教育”转变的若干机枢》、《民营教育的历史关照》，

① 杜成宪、崔运武、王伦信：《中国教育史学九十年》，华东师范大学出版社1998年版，第234页。

② 田正平、肖朗：《教育史学科建设的回顾与前瞻》，载《教育研究》2003年第1期。

以一个历史学者的视角对明清以来的科举、学堂和社会进行了深入的考察;同样具有历史学背景的桑兵,也以《晚清学堂学生与社会变迁》和《清末新知识界的社团及活动》两部专著开启了社会史研究与教育史研究互相跨越之先河;此外,徐辉所承担的教育部人文社会科学研究"十五"规划资助项目"废除科举制与中国社会的现代转型"从哲学、政治学和文化学的角度对科举制度的废除与中国社会的现代转型的内在机理进行了研究。这些成果为丰富和促进教育史学研究提供了有益的借鉴,同时也表明,当今人文社会科学的研究不能再局限于传统的学科领域,必须打破传统学科界域,强调跨学科研究,才能使教育史学研究走出困境,有所突破。

其次,新的理论与研究方法的引入。在教育史学中引入新的理论与方法在教育史学发展过程中始终存在。到 20 世纪 80 年代以后,随着社会科学研究方法相互借鉴和新的研究理论与方法的不断出现,教育史学研究中也出现了对新理论和新方法的采借,并出现了一系列的研究成果。其中最突出的是比较史学的理论与方法在教育史研究中的运用,形成了教育比较史。这种研究"着重运用历史的方法研究不同国家、民族和地区的教育特点,从历史发展过程中比较其教育思想、制度和实践的异同,并进行相应的背景分析"[1]。20 世纪 80 年代初,在教育比较史方面的研究成果主要有陈月清的《洋务运动时期与明治维新时期教育改革之比较》[2]等。1985 年至 1988 年,山东教育出版社陆续出版了陶愚川著的《中国教育史比较研究》(古代、近代、现代部分)三卷,尽管"严格说来,该书还不算是一部通常意义上的教育比较史著作",因为其"重点在于中国教育史内部的诸因素的比较,着重于中国教育史内部代与代、事与事、人与人、前与后之间的对比研究",[3]但它毕竟是新中国成立以来第一部全面运用比较方法研究中国教育史的专著。1997 年,由王承绪、张瑞璠主编,山东教育出版社出版的《中外教育比较史纲》成了中外教育比较史发展的标志性著作。

---

① 杜成宪、崔运武、王伦信:《中国教育史学九十年》,华东师范大学出版社 1998 年版,第 231—232 页。

② 发表于《文史哲》1983 年第 3 期。

③ 杜成宪、崔运武、王伦信:《中国教育史学九十年》,华东师范大学出版社 1998 年版,第 232 页。

此外，运用口述历史方法进行教育史研究也正在成为一种趋势。近年来，已有不少学者尝试用口述史的方法研究 20 世纪中国教育史，如刘云杉的博士论文《帝国权力实践下的教师生命形态：一个私塾教师的生活史研究》主要运用的就是叙事研究的方法。除此之外，还有一些学者也尝试用心态史学或计量统计的方法对中国教育史中的相关问题进行研究。如：胡志坚的《教育家心理史学范式研究》（社会科学出版社 2007 年版）、王笛的《清末近代学堂和学生数量》（《史学月刊》1986 年第 2 期）、张彬著《从浙江看中国教育近代化》（广东教育出版社 1996 年版）均是这方面的代表。

综观中国教育史的跨学科研究现状，虽然取得了一定的成果，但我们也不难发现，与西方国家教育史学的跨学科研究的深度和广度相比，中国教育史学的跨学科研究还仅仅处在起步阶段，还存在着以下一些问题：第一，中国教育史学的跨学科研究主要是借助于其他学科的理论和方法，而自身的跨学科研究的理论体系尚未建立起来，因而严重地影响了教育史学跨学科研究的深入。第二，中国教育史学的跨学科研究还没有从根本上打破教育与史学的隔阂，教育史学科仍然在教育学科内徘徊，而未能最大限度地占领自己的研究领地；相反，越来越多的史学工作者不断进入教育史学科的研究领域，从而使教育史学研究领地面临被史学研究逐渐蚕食的危险。第三，教育史学虽然涉及社会学、人类学、心理学等各个学科，但是教育史学研究队伍及研究者本身的知识结构还不够完善，因此造成教育史学研究工作者在研究中心有余而力不足的状况。由此看来，中国教育史学跨学科研究仍然任重而道远。

三、教育史学进行跨学科研究的必要性和可能性

（一）教育史学进行跨学科研究的必要性

教育史学科从 19 世纪产生以来，已经蹒跚走过了漫长的岁月，经几代人的不懈努力和探索，教育史学取得了令人瞩目的成绩，但是，我们也应该看到，与其他学科比较而言，教育史学在当代社会剧烈变革的转型时期还面临着巨大的发展困难与危机。造成这种危机的原因是多方面的，其中一个主要的原因是教育史学本身不够开放的心态和意识，由此造成了教育史学在长期发展过程中相对封闭的研究状态。这种状态如果持续

下去，无疑会对教育史学的发展产生致命的影响，因此教育史学的跨学科研究是历史发展的必然趋势。

首先，从历史发展的纵向看，教育史学的跨学科研究是一切科学本质的必然表现。这可以从两个层面来理解：

从宏观的历史发展的角度看，人类是在自然界和社会中生存和发展的，在长期的历史发展过程中，人们必须要科学地认识和改造自然和社会，才能更好地生存与发展，这就不可避免地产生了揭示自然规律的自然科学和探究社会发展规律的社会科学。自然科学研究对象是自然世界，社会科学研究对象是人类社会。尽管这两类对象不同的研究似乎分野明确，但是它们都是客观物质世界及其运动形式。物质世界本质上是同一的，物质世界的运动之间也存在着千丝万缕的天然联系，探讨事物的本质和联系，正是科学研究最根本的使命。从这个意义上而言，教育史学作为人类社会科学的重要组成部分，它的发展、运动与物质世界的运动同样存在着千丝万缕的联系，因此教育史学的跨学科研究是科学本质的必然表现。

从学科历史发展过程来看，科学的发展大体经历了综合、分化、再综合三个历史阶段。在古代，由于生产力水平低下，人们活动范围相对狭小，导致了人类认识的局限，科学尚处在一个朦胧的综合时期，当时的许多科学巨匠往往在没有学科边界的领域中纵横驰骋。从 15 世纪下半叶开始，随着生产力的巨大发展和人类认识能力的提高，科学得到了比较系统和全面的发展。在人们从不同角度和侧面分门别类研究客观世界的基础上，科学也开始从综合走向分化。特别是到了 19 世纪上半叶，科学的分化达到了相当精细的程度，不仅形成了丰富的学科门类，而且形成了一种日趋精细化和逻辑严谨的科学文化形态。这种文化形态反映在学科发展上则表现为科学越来越专门化，由此导致了两个方面的结果：一是这种专门化和具有逻辑严密分科的研究给西方科学带来了客观的成就；另一方面过分的专门化往往又损害了处于现实完整过程中的认识，从主观上造成了人们对世界和复杂的社会问题的狭隘的认识方式，从而阻碍了科学的发展。

20 世纪中叶以来，由于新的实验技术和巨大而精密的观察工具的产生,人类的视野在微观和宏观两方面都不断扩大,一方面使得科学的分化越来越细,另一方面,“由于人类认识日益深刻地认识了物质世界和各门学科的相互联系和相互转化的丰富内容,传统学科界限不断被打破,边缘学科、横断学科、综合性学科等交叉学科大量兴起,科学在高度分化的基础上实现了新的综合,而且综合的趋势越来越占主导地位”①。就方法论思潮的发展更替而言,“分析与综合相辅相成,浑然一体的知识体系要向精细专门方向深入,一定程度的分化必定带来相应程度的统一。科学研究领域学科高度分化与专门化必然产生相应的整体化与跨学科化。……这乃是科学思维自身发展的内在要求”②。因为现代科学分化的形式与第一次完全不同,主要表现为在从前各自独立的数门基础学科之间正在形成许多新的学科。这些新学科的出现,正是在第二次多门学科交叉、融合基础上的又一次分化。“这种分化过程似乎表明:在分化过程中新兴的科学和学科,不但不会引起和加强科学知识分化为彼此之间各自独立的部分,反而会导致各门科学知识因内部多方面的结合而成为一体,这就是所谓科学的分化将最终导致科学的一体化的观点。”③现代社会科学的分化与整合趋势的形成原因,主要在于各门学科本身不仅概括了客观事物的特殊矛盾性和特殊规律性,同时也概括了客观事物的一般矛盾性和一般规律性。教育史学与其他任何一门学科一样,都应该是个性与共性的统一。这就决定了教育史学与其他学科之间具有彼此相似、相连、相互吸引、相互交叉、相互渗透、相互重叠和相互包涵的性质,这些性质决定了教育史学的发展趋向是相互融合和相互整合的。辩证地看,“学科的分化是向更深更广的整化过渡,而更深更广的整化既决定了新的分化可能性,又规定了新的分化形式”④。从这个意义上而言,教育史学的跨学科研究是科学或学科发展的必然。

其次,从教育史学科发展的现状看,教育史学科相对封闭的研究倾向

---

① 刘仲林主编:《跨学科学导论》,浙江教育出版社 1990 年版,第 11 页。

② 金吾伦主编:《跨学科研究引论》,中央编译出版社 1997 年版,第 42 页。

③ 王新荣:《当代世界跨学科研究》,载《软科学研究》1989 年第 2 期。

④ 刘翠兰、张二芳:《从系统辩证的整体观看跨学科研究的必然性》,载《山西科技》1996 年第 1 期。

导致了教育史学危机和学科发展迟缓的状况，决定了教育史跨学科研究的必然性。

综观中外教育史学科发展的过程，我们可以清楚地看到，虽然教育史学科在各国的发展经历不尽相同，取得的成果也各有差异，但是，不论是西方还是中国的教育史学界，不论是在中国还是在外国的教育史研究中，都或多或少地存在着危机。这些危机不仅表现为教育史学科研究队伍的萎缩、研究人员结构失调和研究工作的失范[①]，还表现为“教育史研究者普遍注重‘述而不作’，注经疏义，长于铺陈，拙于分析，陈陈相因，人云亦云，缺乏创新，缺少个性”[②]等，也表现为教育史学科“远离当代学科发展、远离教育理论发展、远离教育改革实践发展，‘为教育史而教育史’的封闭保守的研究倾向”[③]。究其原因，除了宏观上社会环境变迁和价值观变化所造成的对应用、实用、功利、利益的普遍追求，对基础学科研究重视程度下降以及科研环境的变化外，更主要的在于教育史学科本身的研究存在着严重的自我封闭的弊病。由于实行学术分科，不同专业之间逐渐形成了壁垒，而这种壁垒又反过来进一步强化了学科的封闭，其结果是从事不同专业研究的人员之间很难进行实质性的交流和沟通，使相当一些专业和学科必然处于封闭或半封闭的状态。正如有学者指出：“外国教育史学科研究的封闭不仅表现在它很少自觉地吸取人文社会科学的研究成果（在过去，它曾经非常注重从世界通史和政治史吸取营养，而近来连这一点也做得很少），而且表现在它甚至基本忽略与教育学科其他分支学科的交流。这样做的唯一结果就是，学科研究故步自封、墨守成规。”[④]这不仅是外国教育史学科研究中存在的严重问题，同样也是中国教育史学科研究中的一个通病。这种状况继续下去，只能使教育史学科研究危机不断加深，最

---

① 张斌贤：《全面危机中的外国教育史学科研究》，载《高等师范教育研究》2000 年第 4 期。

② 周洪宇：《教育史研究改革管抒》，载《教育评论》1991 年第 2 期。

③ 张传燧：《〈教育史学〉的反思与重构》，载《华东师范大学学报》（教育科学版）2001 年第 3 期。

④ 张斌贤：《全面危机中的外国教育史学科研究》，载《高等师范教育研究》2000 年第 4 期。

终导致教育史学科自生自灭。因此教育史学研究要走出学科藩篱，寻找到一片新的天空，就必须通过跨学科研究这一条途径，才能开启更广阔的研究视野，进行更科学的问题研究，也才能使教育史学科更好地为现实服务。

（二）教育史学进行跨学科研究的可能性

通过以上的分析，我们可以清楚地看到，教育史学科的跨学科研究不仅是学科发展客观规律的必然反映，同时也是教育史学科走出困境的必然选择。我们在庆幸为教育史学走出困境和危机找到出路的同时，还应该冷静地分析一下教育史学进行跨学科研究的可能性。

美国著名学者约翰·布罗克曼（John Brockman）在他的《第三种文化》中明确指出："世界是复杂的这一事实是本质性的，而非偶然巧合，这个世界有着数不尽的不同事物和现象。最终，在这个复杂的自我组织的世界上，事物的所有特性都是相关的。"[①]正是因为这种"相关性"的存在，才使跨学科研究的实施具备了可能的前提。

首先，物质世界的统一性和转化性，为教育史学的跨学科研究奠定了理论基础。

作为人类认识对象的物质世界是一个统一的整体，而在这个统一的整体中，物质形态是丰富多彩的。同时，各种不同的物质形态并不是孤立地存在，而是依据一定的尺度、质量、能量和运动形式等区分为不同的层次，形成不同的系统。这些不同的层次系统不是孤立的和僵化不变的，它们共同处在一个有机的统一体中，相互联系、相互作用和相互转化。不同层次间的物质以多种形式相互联系着，"任何一个层次，都是上有更高层次统摄，下有更深层次隶属。每个层次无论在时间序列上，还是空间广延上，都只是物质世界的一个'关节点'"[②]。各个层次之间不仅相互联系、相互统摄，而且纵横交错，各自根据自身的规律形成推移过渡的环节，由此自然界呈现出层次结构的整体性特点。这种整体性决定了"以探索自然

① [美]约翰·布罗克曼著，吕芳译：《第三种文化》引言，海南出版社2003年版，第16页。

② 刘仲林主编：《跨学科学导论》，浙江教育出版社1990年版，第101—102页。

奥秘为己任的科学也不能被割裂在一个个封闭的学科的小格子里，必然要根据探索的需要，冲破小格子的限制，上下求索，形成跨学科研究”①。

物质世界中不同层次间除了具有整体性特点外，还存在着相互转化的可能性。恩格斯说：“正如一个运动形式是从另一个运动形式中发展出来一样，这些形式的反映，即各种不同的科学，也必然是一个从另一个中产生出来。”②因为学科是依据物质层次不同来进行分类的，而物质不同层次的相互转化，也必然带来学科与学科间的过渡和转化。从自然界由各种基本粒子演化成复杂的元素，再进一步合成化合物分子，再到分子凝聚成物体和非生命物质演化成生命物质的历史过程中，我们可以清楚地看到，自然界是一个由低层次向高层次不断演化的过程，“这种演化过程像一根红线，把不同学科的分领域、分段研究串联起来，使不同学科发生广泛的相互影响和相互作用”③。与自然科学相类似，人类社会的整体性、统一性、进化性和转化性，也为社会科学的跨学科研究提供了重要的契机。这种契机相对自然科学而言表现得更为突出，因为社会科学重要的核心元素是人，这就决定了社会科学的所有研究都是以人为中心展开的，而人本身就是集生理的、心理的、政治的、科学的、文化的、经济的、伦理的诸种因素于一身，社会正是由这些复杂的人为要素所构成的，在这个复杂的社会系统中，各种因素相互作用、相互影响，其本身就呈现出跨学科的天性。因此，自然科学和社会科学的复杂性、统一性以及相互转化性，为教育史学的跨学科研究奠定了理论基础。

其次，现代科学聚散共生的特征及复杂性特点，为教育史学的跨学科研究提供了前提。

20 世纪 60 年代以后，一方面，随着先进试验技术和精密观察工具的出现，人类对客观物质世界和主观思维领域的认识不断深入，从而使科学分化呈现出日益细化的趋势，并在此基础上形成了包含数以千计的学科门类在内的庞大知识体系；另一方面，“由于客观世界与各门学科间相互

① 刘仲林主编：《跨学科学导论》，浙江教育出版社 1990 年版，第 102 页。
② 恩格斯：《自然辩证法》（于光远等译编），人民出版社 1984 年版，第 150 页。
③ 刘仲林主编：《跨学科学导论》，浙江教育出版社 1990 年版，第 103 页。

联系和相互转化的复杂性、科研方法的多样性以及科研目的的综合性,人类逐渐认识到,依靠单一的学科知识体系,无法更深入揭示研究对象的本质特征,学科间的交叉、渗透和综合成为一种新的必然趋势。这种情况决定了很多重大的理论和现实课题必然具备跨学科特征,解决这些综合性复杂问题不能仅仅依靠传统的科学研究模式,而必须从不同的学科领域,运用不同的科学理论进行跨学科研究才能实现"[①]。因为科学的发散为跨学科研究提供了多角度、多学科的视野,而科学的聚合又为跨学科研究寻找到了具体的实现途径,从这个意义上而言,现代科学聚散共生的发展趋势是教育史学跨学科研究的必要前提。

最后,教育史学本身所具有的交叉学科性质,为教育史学进行跨学科研究提供了现实条件。

美国学者布里克曼(W. W. Brickman)认为:"教育史在学科性质上具有双重特性。由于教育史首先是应师范教育之需而出现的,因此在实践中,它首先被看做教育学的历史组成部分而成为教育学的一门分支学科的。但在理论上教育史则是历史学的一个分支学科。它与母科学的关系犹如教会史、经济史、科学史、音乐史与母科学的关系一样。"[②]正是教育史学的双重学科性质,决定了教育史学研究不仅与教育学存在着相互作用的关系,同样也不可能完全脱离历史学而特立独行。在教育学的各个分支学科中,教育史与教育原理或教育哲学有着最为密切的关系。通过对教育史的研究,我们不仅可以鉴古通今,而且通过对教育理论的把握,也可以使教育史学研究能在历史与现实的结合中更好地为现实服务。同样,处于教育学与历史学交叉地带的教育史,既从属于社会科学中的教育学,又具有人文学科的鲜明特点。教育史学与历史学之间存在的天生割舍不掉的"母子"情结,决定了教育史学与历史学进行跨学科研究的必然性。19 世纪以前,教育史学是从属于历史学的。19 世纪后期,随着学校教育以及师范教育的发展,教育史才从历史学中独立出来,成为一门相对

① 李春景、刘仲林:《跨学科研究规律的实证分析》,载《科学技术与辩证法》2004 年第 2 期。

② 许建美:《布里克曼教育史学观述评》,载《教育史研究》2001 年第 1 期。

独立的学科。在此之后，教育史研究主要以制度化教育尤其是学制、学校教材以及教法的发展史为研究对象，而日益脱离了历史学的主流，这种状况引起了许多历史学家的不满。到20世纪中期，随着历史学日益社会科学化，美国许多历史学家开始“对于美国历史学家不研究美国教育史，而美国教育史研究脱离历史学主流，尤其是脱离社会史和心智史研究新潮流的状况提出了批评”①。20世纪80年代以后，跨学科研究成了众多史学家广泛使用的基本方法，在这种情形之下，要求教育史学研究工作者必须与世界史学主要潮流对话，不断增强学科发展的后劲，并为新的教育史学理论学科体系的建立奠定良好的基础。在这一方面，马克斯·韦伯已为我们树立了榜样。马克斯·韦伯在分析中国的士大夫阶层时，就从美学、语言学、文学、伦理学、教育学和社会学等角度，考察了这个等级的形成、特点和功能。仅从教育学理论出发，他就探讨了教育方针、任务、对象、内容、机构、设施、师资，初等、中等、高等教育及考试等方面的内容，这种考察不仅别开生面，提出了许多新问题，而且所获得的研究结论，也刷新了前人已有的认识。从这个意义上而言，教育史的交叉学科性质，决定了教育史学研究“不仅受制于教育学的知识体系，而且，还应该努力吸收、运用历史学的学科规范”②。“任何社会科学都不是一个独立的、封闭的、具有逻辑上完整理论体系的部门……一切社会科学都处在成长和试验的状态中。”③教育史学的交叉学科性质决定了它的发展既要不断地从当前教育各学科研究中得到理论上的补充、发展和完善，又必须从历史科学体系以及其他社会科学体系中汲取养分。这里所说的发展，不仅是指对其他社会科学方法的吸收，更是对其他自然科学和社会科学理论的采借以及在此基础上形成的新的教育史学理论体系，因此教育史学永远是成长和试验状态中的知识体系。

---

① 周采：《美国教育史学：嬗变与超越》，人民教育出版社2006年版，第90页。

② 王剑：《美国中国近代史观的展现及其他——关于柯文在〈中国发现历史〉的思考》，载《浙江大学学报》(人文社科版)2001年第3期。

③ [英]杰弗里·巴勒克拉夫著，杨豫译：《当代史学主要趋势》，上海译文出版社1987年版，第72页。

第三节 教育史学的跨学科研究解析

一、教育史学跨学科研究的本质

教育史学的跨学科研究，从本质上而言，是以基本问题为起点，以相关理论和研究方法的借鉴和跨越为途径，通过突破学科壁垒实现的教育史学研究范式的转化。具体而言，教育史学跨学科研究主要包含以下几方面的内容：

教育史学的跨学科研究主要揭示与之相关的不同学科间的相关性、相似性和统一性，促进学科之间的渗透、融合。它主要诉求的是在教育史学研究理论和方法上有所变革，要求突破传统的教育史学的学科壁垒，化解传统的文、理科界限，使参与教育史学研究的不同学科根据自己的概念、构架和研究方法提出对教育史学现象及问题的特定看法，并在此基础上综合这些学科的观点、理论和方法，形成一个多维视野的研究集合体，从而使教育史学研究摆脱传统教育史学研究中存在的学科单一视野的限制。从这个意义而言，教育史学的跨学科研究并非只是几门学科的简单综合，也不是单纯的教育史学研究方法的借鉴和跨越，而应该是一个建立在若干相关学科基础上发展起来的具有新的研究对象、新的理论构架、新的研究视野和新方法的综合研究框架，并在此基础上发展成一个多学科，具有共同工作假设、共同理论模式、共同研究方法和共同语言系统的科学共同体。教育史学跨学科研究的这一本质，也可以从知识增长的模型中得到证实。如果说单一学科的知识增长是以“蚕—茧”模型[①]发展的话，那么，跨学科知识增长则表现为网状模型。在这个网状模型中的知识，是由两个或两个以上的相对单一学科（节点）通过具有方向性连线的交叉而形成新的知识系统（交接点），即新学科。这个新学科一旦形成，其发展和成长又重新回到“蚕—茧”模型中去，进行新一轮的交叉。任何知识都是这样在新一代取代旧一代的过程中发展演变的，这个过程实际上就是库恩的“范式”转变理论的具体化。从知识增长的模型来看，跨学科知识的产生不是简单的交叉学科知识的叠加，也不是单纯的不同学科之间研究方法的借鉴，而是在承认事物联系的整体性与相互作用的复杂性的基础上产生的新理论和新方法的知识系统。教育史学也不例外。

教育史学的跨学科研究不是一蹴而就的，而是逐渐发展的。皮亚杰认为：“跨学科研究就其发展水平而言，可以分为两个阶段。初级阶段表现为一门学科与其相邻学科之间合作，导致彼此相互影响，互相借鉴，如相互使对方在整体上有所丰富。高级阶段则是整合阶段，这一阶段并不满足于各专门研究的相互作用，还要使各参与的学科之间没有固定的分

① 学科知识增长的“蚕—茧”模型，是将学科知识的增长比作蚕和茧的更替过程。这一过程包括蚕种、成虫和作茧三个不同的更替过程。其中“蚕种”是指新知识的种子。它植根于旧理论中的问题与发现及意欲解决问题的科学家、哲学家主体之中，使每一位科学家和哲学家都或多或少地受旧传统的影响和束缚。随着周围环境的变化，蚕从幼虫开始，通过吸食外界的各种养料，不断充实自己，渐渐蜕变为成虫，这时也就意味着科学知识体系和哲学知识体系从幼稚期到成熟期的转变，也标志着科学知识体系的基本概念、基本原则均已确立，下一步的主要工作就是精炼、修补，这就进入了所谓的“作茧”阶段。“作茧”的过程，从某种意义上，就是一个使知识体系在理论上和逻辑上达到不相矛盾的过程。在这个过程中，任何一位哲学家和科学家都会毫无例外地把自己的各种经验资料、理论概念和谐一致地编织到自己的“茧”（理论体系）中，到此，标志着某一代理论生命的终止。而若想使学科继续发展下去，只有孵化出新一代理论。这时的新一代已不是旧一代的延续，而是新生命的开始。综上所述，学科知识增长过程就是“其中从第一代茧中生出第二代蚕，也即从某一个理论出发生出若干个新理论。这些新理论不是并行地长成发展的，它们相互竞争，在一个时期内其中有一个或两个理论在竞争中压倒其他理论而占据主导地位，而其他理论逐渐被淘汰；这一两个理论就是第二代蚕中的佼佼者，它们在寻求自身理论的一致性中逐渐形成一个新的封闭系统，我们称作‘作茧自缚’，成了第二代茧；第二代茧不久又突破而形成新一代幼虫，从而进入一个如上的新循环”。详见金吾伦主编《跨学科研究引论》，中央编译出版社 1997 年版，第 111—116 页。

界，而构成一个总的体系，并且在总的体系内部互相发生作用。”[①]教育史学的跨学科研究目前还处在起步阶段，大量的相关研究成果显示，教育史学领域中的跨学科研究主要表现为其他学科的理论和方法向教育史学领域中的单向度跨越或移植。目前教育史学的跨学科研究主要指的是有意识地跨越教育史学传统界域，以教育史学的研究对象为特定领域，引用和借鉴其他学科的理论和方法，从一个新的视角对教育历史进行深入研究。

随着这种研究的不断深入及教育史学与其相邻学科之间合作的不断加深，必然导致教育史学与其他学科之间的相互影响、互相借鉴的现象不断出现，从而丰富教育史学及其相关学科。随着教育史学与其他学科之间相互影响和借鉴的不断加深，才有可能实现高级阶段的跨越，即使教育史学与其他学科之间彻底打破学科界限，并构成一个总的体系，从而实现教育史学的整合研究，完成真正意义上的跨越。

二、教育史学跨学科研究的基本范畴

当代学科发展的高度发散与高度聚合相伴共生的特点，决定了跨学科研究的必然趋势。教育史学作为当代学科的重要组成部分，其跨学科研究也势在必行。许多教育史学研究工作者认为，教育史学的跨学科研究是历史的必然，也是教育史学走出困境的主要途径之一，但对于教育史学跨学科研究的基本范畴问题教育史学界尚未涉及。由于范畴是对事物、现象的本质联系的概括，范畴在认识过程中的作用，“是区分过程中的梯级，即认识世界的过程中的梯级，是帮助我们认识和掌握自然现象之网的网上纽结”[②]。人类的理论思维如果不凭借概念、范畴是无法展开和表达的，因此，弄清教育史学跨学科研究的基本范畴是教育史学跨学科研究的前提。只有在明确基本范畴的基础上进行教育史学的跨学科研究，才能保证教育史学跨学科研究的科学性及研究成果的可靠性。

那么，教育史学跨学科研究的基本范畴主要包括哪些方面呢？根据教育史学跨学科研究的本质特点，笔者认为，教育史学跨学科研究的基本范畴主要包括以下三个方面的内容：

---

① 参见孟卫青《教育研究的跨学科取向》，载《教育评论》2003 年第 2 期。

②《列宁全集》第 55 卷，人民出版社 1990 年版，第 78 页。

(一)教育史学跨学科研究的发生论

教育史学跨学科研究的发生论主要讨论教育史学跨学科研究是基于共同问题还是共同方法的问题,它要回答的是教育史学跨学科研究的共同问题或共同方法是什么的问题。笔者认为,教育史学跨学科研究虽然存在着共同方法的问题,但从学理上而言,它的发生与其他跨学科研究一样,应该基于共同问题。究其原因在于:

第一,教育史学跨学科研究兴起和发展的主要动力,来源于解决复杂问题的需要。20世纪五六十年代跨学科研究兴起和发展的动力主要来源于两个方面:一是综合性理论的产生,二是解决复杂的现实问题的需要。尤其是后者是跨学科研究的灵魂和生命动力。教育史学也是如此。英国哲学家卡尔·波普尔(K. R. Popper)认为:"学科的所有分野和划分相对来说都是次要的和肤浅的。我们不是某学科而是某问题本身的研究者,而问题可以在任何学科的边缘产生。"[①]从当代史学研究的发展趋势来看,以往强调以编年叙事来解释事物来龙去脉的记述性历史正在被侧重对特定历史时期的同一问题进行研究的问题历史所取代,而这些问题可以在任何学科的边缘产生,这就强化了教育史学科与其他相关学科之间的对话和沟通,从而为教育史学的多学科和跨学科研究提供了机会。

第二,教育史学跨学科研究的目的在于解决共同问题。所谓共同问题,"按照到现在为止研究的,一定是一个所谓可规律化的、可以提出一些规律性的现象的一个问题,可以作人际推演的一些问题,那么这一定是个社会问题,而这个社会问题肯定不是一个单纯的意义问题和单纯的逻辑问题,它一定是介于逻辑和意义之间的一个社会形态问题……这就是规则的生成、规则的运行和规则之间的冲突问题"[②]。教育史学的共同问题主要讨论的是教育史学规则的生成、教育史学规则的运行、教育史学规则的冲突和教育史学规则的"变相"。这里需要明确的是,教育史学跨学科研究是以问题历史的研究为起点,通过对问题历史的研究达到为现实服务的目的。在这个过程中,研究者通过对教育具体问题的研究和分析,有

① 转引自邓明言《西方教育史学方法论五题》,载《华东师范大学学报》(教育科学版)2003年第3期。

② 汪丁丁、罗卫东、叶航:《跨学科的范式》,载《社会科学战线》2004年第6期。

利于各种观点的相互交流，不仅可以推动比较研究的发展，而且通过“力图描述和解释过去而提出一系列范围更广泛的问题，为有助于提供答案而发展范围同样广泛的概念”[①]，从而建立起一个整合性的规则系统。从这个意义上而言，教育史学跨学科研究的最根本目的其实就是社会整合。“如果没有这个目的，几乎不需要进行跨学科研究。……因为我们已经如此大规模地群居在一起，我们已经离不开各色各样层出不穷的具体规则以及通过这些具体规则来体现总体秩序。新的规则不断地出现，而这些规则的效果是不确定的，甚至都无法去刻画其特征。这些规则的危险性，我们并不清楚。对这个新规则的出现以及新规则跟传统的关系，新规则运行过程当中可能发生的一些危险性，这些都是我们作为跨学科研究必须针对的问题。”[②]因此教育史学跨学科研究最有意义的地方就在于通过跨学科研究对其学科原有学派的思路加以超越或追问，并“在原有知识的极限处不断追问，最后的结果便是‘跨’过去，超越原有的学科界限”，进而形成新的研究范式。

第三，跨学科研究的共同问题与共同方法是相互关联、互相推动的，真正的问题一旦明确，方法的确定也就顺理成章了。尽管跨学科研究是源于对共同问题解决的需要，但是这并不意味着方法问题就可以忽视。因为问题和方法之间的关系是高度关联的，“什么样的问题需要什么样的方法来处理，或者反过来说什么样的方法也会形成什么样的问题。问题与方法是互相关联的、互相推动的。因此，我们一旦固定住一端，那么另外一端也就可以确定下来。对于跨学科研究来说，真正的问题一旦明确，方法的确定也就是顺理成章的事情了”[③]。从近代分类学科发展的历史中，我们可以看到，学科间的分割越来越细，每一个学科都为了自己的既得利益不得不巩固自己那块阵营，并在此基础上形成一个个壁垒，而在这一个个壁垒中的方法都已经成为一种根深蒂固的传统定势。从历史上看，任何科学的发展，“都是问题导向的，方法的出现已经意味着一个学科

① 邓明言:《西方教育史学方法论五题》，载《华东师范大学学报》(教育科学版)2003 年第 3 期。

② 汪丁丁、罗卫东、叶航:《跨学科的范式》，载《社会科学战线》2004 年第 6 期。

③ 同上。

的成熟和保守"[1]。因此,在学科分割越来越细的同时,人们也发现,许多问题单靠单个的或个别的学科是无法解决的,加之我们面对的社会是一个秩序上的整体,这就要求我们对相关问题进行整合研究,并在研究过程中提出一些新的方法或由原有各个学科的方法融合的新方法。由此可见,教育史学跨学科研究是建立在教育史学共同问题基础上的研究活动,并在研究问题过程中经过磨合和碰撞而形成新方法和新范式的过程。

(二)教育史学跨学科研究的认识论

教育史学跨学科研究的认识论,主要通过对跨学科问题进行认识论分析,进而了解这一活动的本质性质和特点,并从中概括出教育史学跨学科研究的普遍意义,这既是教育史学跨学科研究的理论基础,也是教育历史哲学研究的新课题。

第一,教育史学跨学科研究是以人类教育活动的历史演变过程为其认识的客体,人类社会的整体性、统一性、进化性和转化性成为教育史学跨学科研究的重要契机。作为人文、社会科学重要组成部分的教育史学科与自然科学的最大不同点在于,其研究的重要核心元素是人,是历史上人的教育活动。由于人本身就集生理、心理、政治、科学、文化、经济、伦理、教育等要素于一身,因此,由复杂的人为因素组成的社会系统就更为复杂。要研究以人为核心的教育历史及其科学的演变和发展,如果离开跨学科研究,就无法保证教育史学研究的科学性。加之教育活动的演变和发展的历史本身也必然受到社会政治、经济、文化、科技等因素的影响,因此教育史学本身就呈现出非跨学科研究莫属的"天性"。这种"天性"随着社会"大科学"观念以及社会科学整合研究的出现,形成了现代社会以研究综合问题为核心,以科学方法的相互渗透、相互作用为途径的高度整体性和综合性的跨学科研究体系。

第二,教育史学跨学科研究的认识主体——人所具有的思维方式和思维方法具有的高度统一性和创新性,是教育史学跨学科研究得以实现的重要前提。作为研究教育史学科的主体的人,除了具有自然和社会具有的层次性、复杂性、统一性和整体性以外,体现在他身上最大的特点就

---

① 汪丁丁、罗卫东、叶航:《跨学科的范式》,载《社会科学战线》2004年第6期。

是其思维方式的高度统一性和创新性。“人类思维能力是在共同实践、密切交流中形成的，思维方式和思维方法具有高度的统一性，这是主体开展跨学科认识活动的必要条件，它为学科间概念、原理的嫁接、移植，为广泛的跨学科借鉴，创造了条件。”[①]人类思维方式除了具有高度统一性的特点外，还具有创新性的特点，这种创新性主要表现在人类的直觉思维（又称想象思维）中。直觉思维是在想象力主导下的一种思维方式，因此它具有自由性。这种自由性具体表现为广泛的联想、遥远的类比以及使思维不受任何学科边界的限制，从而显示出研究主体宏大的跨学科思维空间。当然，这里所说的自由性，不是胡思乱想的自由，而主要是针对突破传统逻辑和已有理论体系的束缚大胆创新的思维。这种创新性思维体现在教育史学跨学科研究主体那里则表现为突破传统教育史学研究模式，打破学科界限，广泛吸收、引进当代人文、社会科学对教育史学研究有促进作用的理论和方法，进而形成新的研究范式。

第三，教育史学跨学科研究的认识过程——探讨教育史学跨学科研究的共同机制问题，是教育史学跨学科研究的理论依据。最早从认识论的角度对跨学科研究进行分析的是当代著名的跨学科学者皮亚杰。为了从理论上论证跨学科研究的认识论基础，皮亚杰专门写下了《跨学科研究的一般问题与共同机制方法论》一文。他认为，任何学科都是由“具有整体性的若干转换规律组成的一个有自身调整性质的图式体系”[②]——结构组成，“当用‘结构’的观点透视学科时，就可以忽视不同学科研究对象的差异和定理表达形式的不同，找到学科结构的共同点和转换机制”[③]。而结构所具有的整体性、转换规律和自身调节性，就是跨学科研究共同机制的依据。因此，皮亚杰的发生认识论是“解释新的事物是怎样在知识发展过程中构成的，其前提是，知识是不断构造的结果，在每一次理解中，总有一定程度的发明被包含在内；知识从一个阶段向另一个阶段过渡，总是以一些新结构的形成为标志，而发生认识论的中心问题就是关于新结构的

① 刘仲林主编：《跨学科学导论》，浙江教育出版社1990年版，第105页。

② 同上，第98页。

③ 参见刘仲林主编《跨学科学导论》，浙江教育出版社1990年版，第98页。

构造机制问题”[①]。

这里我们姑且不对皮亚杰的学科“结构”是否科学作过多的评论，但是我们从皮亚杰发生认识论的观点中至少可以得到这样的启示：许多学科之间都存在着内在的联系，并且有相互转化的可能性。而我们对发生学问题的追索，经常使我们被迫打破学科的界限，从而实现跨学科研究。

据此，我们对教育史学跨学科研究共同机制的分析可以从以下几个方面来理解：一、从客观性角度而言，客观物质世界的统一性、整体性、层次性和复杂性，决定了人类教育活动的整体性和复杂性，从而使“人文科学各个领域不仅互相交织，而且相互阐释”，教育史学作为人文科学的重要组成部分，其研究的对象不仅涉及人类教育活动的历史，而且教育史学研究也不可能脱离教育学、心理学、社会学、语言学、历史学以及人类学等相关学科与领域。首先，教育史学跨学科研究在本质上基于人的需要，因此，教育史学的发生学首先必然涉及教育学和心理学；其次，人是社会化的产物，而作为主客体相互作用的产物，教育史学不仅因于机体的主观需求，也因于客观的社会历史环境，这就必然涉及社会学和历史学等相关科学；最后，作为认识的工具，语言是教育史学科学建构的基础，因此，教育史学跨学科研究也必然涉及语言学。此外，由于教育史学作为研究人的活动及其历史的科学，它与宗教、文化、人类学等相关学科也有着千丝万缕的联系，因此教育史学研究必然是跨学科性的。二、从主观性角度而言，教育史学研究主体的思维是自由的，加之教育史学本身具有的交叉学科性质，决定了研究主体在一定程度上和一定范围内所受的学科限制和局限相对较少，由此也决定了教育史学研究主体的跨学科性。教育史学认识客体和认识主体在本质上都具有跨学科性，是教育史学跨学科研究共同机制的基础。三、教育史学永远是开放的、形成中的知识体系，随着教育史学研究的不断深入和综合性问题的不断出现，教育史学研究领域会不断借鉴其他学科的理论和方法来解决教育史学的相关问题。同时，随着整合性研究的不断发展，教育史学也必将走上打破学科界限、进行综合研究的道路。四、教育史学知识新结构的形成往往是通过跨学科研究

① 汪晓云：《人文科学发生学：意义、方法与问题》，载《光明日报》2005年1月11日。

来实现的。教育史学跨学科研究不同于单一学科研究，它不单纯是研究范围的扩大和新理论和新方法的引入，更主要的是教育史学跨学科研究通过学科之间的交叉，很可能形成新的研究领域或学科，形成新的教育史学知识结构。这种新知识结构的出现本身也就意味着新范式取代旧范式的可能性。

第四，教育史学跨学科研究的认识结果——通过教育史学跨学科研究，进而实现教育史学研究范式的转换。

美国著名学者托马斯·库恩认为，由于科学的不断发展，人类对物体的认识不断深化，从而导致旧范式不断被新范式所取代，但是这种新旧的替代并不是简单的不断否定的过程，而是一个包括“前科学时期—常态科学时期—反常与危机—科学革命—新的常态科学时期”①在内的科学发展动态模式，这一科学发展模式也是人类认识世界的主要途径之一。虽然库恩在范式及科学革命的理论体系中并没有明确提出跨学科研究的问题，但是笔者以为，跨学科研究与范式转化有着密切的联系。目前不同的学科都面临着很多共同的问题，其中有些问题对每一门学科都很重要，然而，过去不同学科在自己的学科界域内用不同的方式和路径来解释它，结果不同学科之间对其他学科的解释均不满意。在这种情况下，各学科希望通过跨学科研究途径来解决这些问题，于是开始出现通过各个学科之间的融合逐步形成的不同于原有学科的新概念、新理论和新方法。这些新概念、新理论和新方法，可能是全新的，也可能是原有各个学科方法的融合，因此，跨学科研究从理论上来说，应该是在跨学科问题意识建立的基础上，在研究问题的过程当中，经过磨合和碰撞形成新的范式的过程。

从认识论的角度看教育史学跨学科研究，我们也不难发现，教育史学跨学科研究主要强调的是打破学科壁垒，化解文、理科界限，在研究方法论上有所发展、突破，在此基础上通过对参与研究的各个学科的学理的融合形成一套新的原理、原则。从这个意义上来说，教育史学跨学科研究是社会科学领域发生的一种转型，即从旧的学科研究范式转向新的范式。

（三）教育史学跨学科研究的方法论

“跨学科研究方法论就是从认识论和方法论的角度，分析、总结、概括

① 伍荣华：《评库恩的认识论》，载《湘潭师范学院学报》1994 年第 2 期。

人类在跨学科研究的理论探索和实践中的经验教训的基础上，探讨各种行之有效的跨学科研究方法的性质、作用及其相互联系，概括出关于跨学科研究方法的规律性认识，从而有助于对人类面临的日益繁多的跨学科课题的研究。”[①]教育史学跨学科研究方法论主要是在分析、总结、概括人类在教育史学跨学科研究的理论探索和实践中的经验教训的基础上，探讨教育史学跨学科研究方法的性质、作用及其相互关系，并在此基础上重点讨论教育史学跨学科研究方法形成的机制、操作规则等问题，以便使教育史学跨学科研究方法更加科学和合理。

1. 教育史学跨学科研究方法的形成机制

当代科学发展的重要特点之一是不同学科间的联系日益密切，教育史学也不例外。与此特点相联系的是出现了应用一门或几门不同学科的研究方法去研究原属于另一门学科的对象，从而使得不同学科的研究方法和研究对象有机地结合起来的研究方法。从目前跨学科研究方法的形成机制来看，跨学科研究方法的形成主要通过移植、渗透和融合三种途径完成。

(1) 移植。研究方法的移植主要指“平行学科间一门学科的方法向另一门学科的转移”[②]，这种转移不仅指学科概念、原理和思想的转移，而且也包括其行之有效的实验方法和技术方法的转移。随着一门学科的日益成熟，在学科研究过程中会形成一套相对成熟的研究方法，这些研究方法可能对另一门学科的发展产生革命性的影响。正如德国科学家U. 贡泽尔(U. Gonser)所说：“各门科学的快速发展和我们使用的研究工具日益精致，使实验工作者不得不做出两种不同的选择：或者他使用一种方法，把它应用于不同的科学领域；或者他应用各种方法研究一个固定的领域。”[③]科学研究方法的移植途径主要有三：一是“研究对象的转移和综合”，二是“科学理论或原理的推广、转移和综合”，三是“研究方法的转移

---

① 金吾伦主编：《跨学科研究引论》，中央编译出版社1997年版，第68页。

② 鲁兴启、王琴：《跨学科研究方法的形成机制研究》，载《系统辩证学学报》2004年第2期。

③ [德]贡泽尔著，徐英庭等译：《穆斯堡尔谱学》，科学出版社1979年版，第1页。

和综合”。[①] 就目前教育史学跨学科研究来看，它更大程度上是将历史学或社会学等学科的理论和研究方法引入教育史学领域，进而形成新原理、新概念和新理论。

(2) 渗透。除了科学研究方法的移植以外，跨学科研究的方法还可以通过将“数学方法及系统论、控制论、信息论等横断科学方法以及带头的科学方法，向所有科学结构层次的横向拓展”[②]而进行方法的渗透。以信息论、控制论和系统论为核心的横断科学之所以能作为理论和方法向各门学科渗透，就在于“它们不是客观世界某一种运动形式或是以许多不同的物质结构、物质形态在某些特定方面的共同点作为研究对象，这就决定了横断科学作为理论和方法向各门学科渗透的广泛性”[③]。教育史学跨学科研究的方法渗透，一方面表现为教育史学研究中对研究对象进行的定量分析，另一方面表现在以系统论、信息论及控制论为主要内容的横断学科作为理论和方法向教育史学科的渗透。横断科学主要针对客观世界中存在的普遍关系，通过其特有的应用范围极广的概念和认识论，促进教育史学与其他相关学科之间的相互渗透，从而为教育史学在概念、语言、研究方法等方面与其他相关学科的沟通架起一座桥梁。

(3) 融合。方法融合也是教育史学跨学科研究方法论的重要组成部分。“方法的融合是指在跨学科研究中，实现多种知识、多种方法、多种研究手段的交叉与汇流，从而形成超越学科界限的跨学科研究方法。”[④]方法的融合应该是教育史学跨学科研究方法的最高境界。面对日益复杂的跨学科研究课题，单靠某一种研究方法的简单运用就能解决问题的时代已

① 所谓研究对象的转移和综合，主要是指“某一门学科的研究对象的某一方面是另一门学科的专门研究对象，那么这另一门学科的研究方法，便可以，而且必须应用到这一客体的这一方面的研究中来”。科学理论或原理的推广、转移和综合，主要指通过将在实践活动基础上抽象出的概念、原理而形成的理论体系加以推广、转移和综合，从而导致新的跨学科研究领域出现的过程；而研究方法的转移和综合则是指将成熟学科的研究方法移植到某一个新的研究领域的过程。参见鲁兴启、王琴《跨学科研究方法的形成机制研究》，载《系统辩证学学报》2004 年第 2 期。

② 皮亚杰著，郑文彬译：《人文科学认识论》，中央编译出版社 2002 年版，第 158 页。

③ 金吾伦主编：《跨学科研究引论》，中央编译出版社 1997 年版，第 76 页。

④ 刘国建：《“网络社会”的特征及其哲学思考》，载《学术研究》2002 年第 2 期。

经过去，必须要进行多学科理论、研究方法和研究手段的综合运用才能解决问题。因此，在多学科、多种知识、多种研究方法和研究手段基础上融合而成的方法论体系就成为未来教育史学以及其他相关学科跨学科研究的重要方法。

2. 教育史学跨学科研究方法的操作规则

跨学科研究方法具有超出一门学科的适用范围的特点，跨学科研究课题的多样性和从事跨学科研究的人员知识背景的差异性对跨学科研究方法的操作规则提出了具体的要求。概而言之，跨学科研究方法在具体研究过程中必须遵循以下几条基本操作原则：有效性规则、条件性规则和多样性规则。

(1) 有效性规则。主要包含两层含义：一是强调"某一种具体的跨学科研究方法，不只适用于某个单一的领域，还应该在其他领域中具有方法论功能，能够结合其他领域的情况进行具体运用"；二是指"跨学科研究人员应该善于选择对自己所研究的领域有效的跨学科研究方法，并具备与之相应的知识与技能"。[①] 就跨学科研究的有效性规则而言，教育史学跨学科研究不能仅仅停留在单纯运用教育学或历史学的方法来研究教育历史及其演变过程，而应该引进一些跨学科研究方法，如心态史学、比较研究和计量统计学方法；或将社会科学跨学科研究方法引进教育史学领域，如系统论、信息论或控制论，来研究教育史学的相关问题，进而得出更加科学或有效的结论。当然，这里需要注意的是，对跨学科研究方法的运用不能生搬硬套，必须根据研究课题或问题选择有效的跨学科研究方法，同时还应具备与之相适应的知识背景与研究技巧，只有这样才能保证教育史学跨学科研究的科学性和有效性。

(2) 条件性规则。主要指在将一门学科的原理和方法应用于其他领域时，尤其是将某些自然科学的研究方法应用于教育史学研究时，要注意两个问题：一是推广应用某一学科原理和方法的依据是什么，二是被应用领域本身具有什么样的特点。要回答第一个问题，我们就必须清楚地认识到，"任何一种具体的科学理论，即使带有综合性、基础性的理论，也只

① 金吾伦主编：《跨学科研究引论》，中央编译出版社 1997 年版，第 93—94 页。

能在该理论的限度内，亦即在其起作用的范围内进行推广应用，超越理论限度所规定的范围，势必造成某些消极后果。……即使是系统分析这样方法论性质很强的学科，在其具体应用上，也可能由于忽视它的应用范围而带来一些问题”①。正因如此，在教育史学跨学科研究中引用其他学科的原理或方法时，必须首先要明确使用这些原理或方法的依据，否则，就会使教育史学跨学科研究出现一些意想不到的问题，同时也会使其研究成果的科学性大打折扣。

在明确引用其他学科原理和方法依据的基础上，作为教育史学跨学科研究者，还必须明确教育史学科本身的特点，即教育史学一方面是教育学的基础学科，另一方面又是历史学的分支学科，从其学科的性质而言，它是教育学科与历史学科交叉融合而产生的交叉学科。除此以外，教育史学作为研究人类教育及其研究活动的理论性和应用性兼顾的学科，既具有总结历史经验的功能，又有为现实服务的功能。加之，教育活动作为社会科学的重要组成部分，与人类社会活动的其他系统又有着密切的关系，因此，在教育史学跨学科研究过程中，对于任何研究方法的使用都必须注意教育史学科的特点，在此基础上找到引进其他研究方法与研究对象的最佳结合点，并进行创造性的开拓。

(3) 多样性规则。“由于研究方法必须和特定的研究对象的内容本性相符合，并且客观规律转化为思维方法要经过主体的中介，因此研究对象的复杂化，研究主体的差异性，实践活动的多样性，方法对于理论的相对独立性等等，必然要求跨学科研究方法的多样化”②。多样性规则在教育史学跨学科研究中主要表现为方法的多层次化、具体化和系统性。

方法的多层次化主要有两层含义。一是教育史学跨学科研究中所运用的方法可以分为几个不同的层次，如历史哲学方法，系统方法、比较方法或结构功能方法，问卷调查法、抽样调查法和文献研究法等，就分别属于不同的研究方法层次。二是指研究同一类的教育史学跨学科研究课题时，研究对象的层次不同，则所使用的研究方法也不尽相同。如在教育史学理论体系的跨学科研究中，对教育史学进行的元研究、对教育史学史的

---

① 金吾伦主编：《跨学科研究引论》，中央编译出版社 1997 年版，第 98—99 页。
② 同上，第 103 页。

研究以及对教育史学具体问题的研究，由于研究对象层次不同，因而在使用研究方法时也表现出明显的差异。教育史学元研究，更多地是运用元理论的方法进行研究；教育史学史则应更多地运用史学理论和史学方法进行研究；而针对教育史学的具体问题，如教育交流史的研究则更多地应该运用文献研究法或社会史、文化史的研究方法。

教育史学跨学科研究方法的具体化，主要指在教育史学跨学科研究中，既要遵循某些共同的方法论原则，又要在教育史学科甚至每个课题的研究活动中发展、提炼和创造适合本学科及具体课题的特殊需要的研究方法。

教育史学跨学科研究方法的系统性，是指教育史学跨学科研究"面对日益复杂的具体课题，需要根据研究对象的特点，开拓出相应的以系统论的应用为核心的关于整体性问题的方法论"①。随着社会科学的不断发展，跨学科研究作为科学研究的重要领域之一，在科学研究中的地位日益重要。在这种趋势下，教育史学跨学科研究的出现也就成为必然。"在跨学科研究中，系统科学方法论的某些基本概念——时间、序列、熵、信息、控制、反馈、系统、结构、要素、功能、等级、秩序、同构、同态、分解、协调等，基本原则——整体性、综合性、最优化、协调性、稳定性、有序性、定量等，基本方法——功能模拟、信息方法、反馈方法、系统方法、模型方法、符号学方法、形式化方法、最优化方法等，正在越来越深入地渗透到一切跨学科研究领域，马克思主义的分析方法与系统方法、信息方法、控制方法、结构功能方法、解释方法、数学方法、模型方法、理想化方法、比较方法、类比方法日益结合为一个统一的整体，形成以系统方法为核心的跨学科研究方法论体系。"②

三、教育史学跨学科研究的基本规范

"从历史角度来看，越来越多的学者为了提出和解决新问题，试图把自己先进的、符合方法论的现实分析同其他最专业化的学科结合起来。就某一个方面而言，对涉及各学科理论及方法问题的跨学科研究，应采取

① 金吾伦主编：《跨学科研究引论》，中央编译出版社 1997 年版，第 107 页。
② 同上。

与单学科研究相同的原则。因此,科学的规范化问题是跨学科研究的一个基本理论问题和实践问题。"①教育史学作为历史学的分支学科和教育学与历史学的交叉学科,它的研究不仅应该适应现代教育科学的发展,也应该适应历史学研究的发展方向。因此,笔者认为,教育史学的跨学科研究应该遵循以下一些基本规范:

第一,教育史学的跨学科研究必须以两个或两个以上学科构成的对象为前提。教育史学的跨学科研究是以教育学与历史学的交叉而生成的教育史学为研究对象,因此要使教育史学跨学科研究走上良性发展的轨道,就必须打破历史学、教育学的界限,在教育学和历史学之间寻找跨越的桥梁,确立全面的教育史观以促进教育史学的理论更新。作为教育学与历史学的交叉学科,教育史研究既要受制于教育学的知识体系,又要为历史学的规范所约束,但这并不意味着教育史学是教育学与历史学的简单叠加。真正的教育史学研究,应该是以教育学的知识体系为指导,以历史学的规范和原则为依据,来研究教育历史发展规律、特点以及教育史学科本身的发展规律,从这个意义而言,"没有教育学做指导的教育史研究可能比较盲目,而没有历史学做基础的教育史学则必然流于空洞"②。教育史学必须打破教育与史学的隔阂,朝着专门学术研究的方向发展,像社会史、文化史、经济史等专门性研究那样,在与历史学交融过程中扩大自己新生的领地,这不是教育史学研究的消亡,而是教育史学研究阵地的扩大和再生。

不仅如此,教育史学的跨学科研究还要求教育史学研究冲破史学与社会学的界限,进入社会学领域,以实现其对现实的指导。20 世纪 50 年代,美国著名的"教育史季刊"(HEQ)的宗旨认为,"教育史应当与历史专业保持更密切的联系;教育史应当挖掘潜藏于社会、文化和知识历史领域内和它们密切相关的根源;它应当消除其狭隘,有时近乎短见的片面

① [德]H. 帕尔特尔:《跨学科研究的几个问题》,载《国外社会科学》1983 年第 9 期。

② 李涛:《百年中国教育史研究高潮的回顾与反思》,载《东北师范大学学报》(哲学社会科学版)2003 年第 2 期。

性”[①]，在这种思想观念的影响下，许多国家的教育史学界都出现了历史研究的社会学化倾向。英国著名的教育史学家哈德罗·珀金指出：“真正的历史学并不是一味按照年代顺序挖掘整理史实材料的学科，而是一门解决问题的学科，它向现实世界提出种种问题，并努力探寻问题答案。”[②]这就要求我们将历史与社会看做“同质异观”的两方面，“纵以观之则为历史，横以观之则为社会”。“一切史学研究，不是僵石，不是枯骨，不是陈编，乃是过去、现在、未来和永世生存的人类生活的全部生命”。[③] 这从一个侧面反映出历史学和教育史学的研究目的不是为了研究历史而研究历史，而是为了指导今天。我们致力于教育史实的发掘，回复教育史的使命，就是力求发掘教育自身的发展规律，以解释现实教育的既成结论，进而指导现实。为此，教育史学的研究者必须运用社会学的理论和方法，在研究思维和方法上社会学化。此外，教育史学研究还应根据自身研究的特点寻找与其他学科进行交流的契机。

第二，教育史学的跨学科研究必须强调以规范化的语言形式进行跨学科交流，进而在此基础上使不同学科的研究者逐渐形成跨学科研究特有的共同语言。长期以来，由于学科之间的隔阂出现许多误解和毫无成效的讨论的一个直接原因是，大家共同使用的术语在不同学科的概念框架中有不同的含义，因此造成了跨学科交流的误解和困难。教育史学的跨学科研究不仅涉及教育学、历史学，而且在一定程度上还会与社会科学领域中的相关学科如社会学、心理学、文化学等发生联系，这就要求教育史学工作者在跨学科研究的准备工作中，要根据对有关学科的研究概要地解释基本术语的特定含义，从而使研究者在选定课题时增强对这些基本术语的特定解释的理解。不仅如此，在教育史学的跨学科研究中，参与者应该有意识地强化跨学科研究所特有的共同语言，进而形成思想上的共鸣，从而达到参与研究的任何一门学科都不曾独立达到的研究深度。

---

① 朱旭东：《20 世纪美国教育史研究的嬗变》，载《清华大学教育研究》2002 年第 3 期。

② 李涛：《百年中国教育史研究高潮的回顾与反思》，载《东北师范大学报》（哲学社会科学版）2003 年第 2 期。

③ 李大钊：《史观》，见《李大钊选集》，人民出版社 1954 年版，第 129 页。

第三，教育史学的跨学科研究要求研究者在进行合作时能运用各种不同的，但必须是得到肯定的研究理论和方法。教育史学的跨学科研究是由学科背景不同的研究者所从事的合作研究，加之教育史学作为社会科学的重要组成部分，与社会学、人类学、心理学等一系列学科有着密不可分的关系，因此在其研究中不仅有理论的交叉，也有方法的交叉。这就要求每个研究者应充分利用各自学科富有特色的理论和方法，为解决复杂的跨学科问题做出贡献。在跨学科的教育史学的研究中，研究者必须树立"大教育史学"观念，不仅重视学校教育史的研究，同时也应重视家庭教育史和社会教育史的研究；不仅重视对教育学科理论和方法的运用，同时也重视吸收社会史、文化史、比较史学、心理史学的研究理论和方法；还要善于运用新概念、新模式，使教育史学研究多元化，广泛采用社会学、人类学、心理学、人口学、经济学以及电子计算机等研究方法和手段，促进教育史学研究的进一步科学化。必须也只有这样，才能将教育史学的研究推向新的高度，才能使教育史学研究的理论水平进一步提高。

第四，教育史学的跨学科研究不仅要求有一名以上的通才型人物起领导和骨干作用，同时也要求从事研究的人员必须具备教育史学跨学科研究的基础知识和基本理论。跨学科研究是一项系统而复杂的工作，要使这项研究工作具有科学性和可靠性，必须强调其参与者尤其是课题领导者必须是通才型人物，因为"通才是活跃在跨学科研究中的'胶子'，他把不同学科的人'粘'在一起，形成有机的整体"[①]。教育史学跨学科研究的通才型研究人员必须是教育史学研究方面的专家，通过参与跨学科研究，也必须了解和熟悉不同学科的基本理论和研究方法；这种通才型研究人员还必须具有系统方法知识，掌握综合方法论，能将不同研究领域提供的数据综合起来；这种通才型研究人员还要具有较强的组织协调能力，能将整个研究项目综合成一个有机整体，能处理方法论、心理学和社会学方面的问题，并具备较强的管理学、历史学、教育学、科学学和科学哲学的知识。教育史学跨学科研究除了需要有通才型研究人员作为领导者外，还需要参与教育史学跨学科研究的人员掌握跨学科研究的基础知识和基本

① 刘仲林主编：《跨学科学导论》，浙江教育出版社 1990 年版，第 138 页。

理论，并在此基础上形成新的跨学科研究共同体和新的研究范式。“对于科学的发展来说，由范式产生的规范作用，如同解放思想一样，都是重要的，它也体现范式的本质。因为任何科学范式都是一定历史阶段某一学科的范式，它有自己特定的研究对象和课题；同时，自然界广阔无边、极其复杂，任何科学活动都不可能漫无边际地、随机地探索，而范式却可以起到定向聚焦的作用，给自由的思想以限制，把科学共同体的注意力、兴趣和力量集中引导到特定的领域和特定的课题，而暂时撇开其他方面，这样就比较容易取得科学研究成果，从而促进科学的发展。”①

① 江涛：《科学共同体“范式”概念的文化价值蕴涵》，载《自然辩证法研究》1997 年第 9 期。

余 论

“科学的理论是在社会实践基础上产生并经过社会实践的检验和证明的理论，是客观事物的本质、规律性的正确反映……科学理论的重要意义在于它能指导人们的行动。没有理论指导的实践是盲目的实践。”[①]因此，有学者认为，“没有理论就没有史学”。教育史学作为历史学的分支学科和教育学的基础学科，它的发展自然也离不开理论的指导，因此，加强教育史学元研究，不仅是教育史学科研究的必然要求，也是教育史学理论建设的迫切要求。教育史学元研究正是基于加强教育史学的理论建设之目的展开的。下面结合笔者前面各章的论述，对教育史学元研究的特点进行分析和总结，同时说明本研究的主要突破点和存在的不足，并在此基础上展望教育史学元研究的未来发展趋势。

一、分析与总结

教育史学元研究作为在对教育史学科自身反省、反思和自我认识的

① 《辞海》(缩印本)，上海辞书出版社 1979 年版，第 1213 页。

基础上形成的理论体系，主要内容包括教育史学的学科性质、研究对象、学科体系及其学科地位；教育史学的价值与功能研究；教育史学的研究方法以及教育史学跨学科研究等相关问题。通过对这些问题的探讨，笔者认为，从宏观上可以将教育史学元研究的基本特点概括为以下方面：

第一，教育史学元研究对象的反思性。

所谓教育史学元研究对象的反思性，是指教育史学元研究是以教育史学自身为研究对象，通过对教育史学自身的反思，揭示教育史学科的特征与规律，为教育史学研究者提供理论和方法指导，最终实现教育史学的自我调节、自我完善的研究。这一研究不同于对具体教育史问题进行的研究。如果说，具体教育史研究是以具体的教育历史事实为研究对象，通过教育史料这一中介来完成对教育历史的再现与重构，并在此基础上对教育历史事实做出符合客观历史的理解和解释，说明“教育历史是什么”和“教育历史怎么样”等问题的话，那么，教育史学元研究则是在教育史学科研究及其成果的基础上，以教育史学科自身的理论或教育史学科研究成果为研究对象。它不再研究具体的教育历史问题，也不再关心“教育历史是什么”的问题，而将研究的重点放在了对教育史学的学科性质、研究对象、学科体系、教育史学的功能与价值、教育史学认识论、教育史学研究方法、教育史学的跨学科研究、教育史料学、教育史学编纂学、教育史学评价和教育史学研究者的素养等问题的探讨上，着重阐明“教育史学是什么”“教育史学怎么样”和“教育史学有何用”等基本论题，并对这些基本论题进行哲学层面的说明。由此可见，教育史学元研究是在对教育史学科自身反省、反思和自我认识基础上而形成的理论与方法体系，其研究对象具有明显的反思特征。

第二，教育史学元研究任务的多重性。

教育史学元研究作为在对教育史学科自身进行反思的基础上形成的理论体系，它所肩负的任务是多重的，概括起来包括以下主要方面：

教育史学元研究承担着对教育史学史进行研究的任务。教育史学元研究试图通过对教育史学科发生、发展过程以及教育史学科研究状况的历史回顾，揭示教育史学科发生、发展过程的特点与规律，探讨教育史学科的未来发展趋势。教育史学史研究是教育史学元研究的原始基础。

教育史学元研究肩负着对教育史学理论与方法进行研究的任务。教育史学元研究在完成了对教育史学史的研究之后,必须上升到对教育史学理论与方法层面的探讨和研究。通过对教育史学的学科特点、学科体系、功能与价值、理论范畴、认识论、研究方法以及教育史料学、教育史学编纂学、教育史的跨学科研究、教育史研究者的素养、教育史学评论等问题的研究,构建一个结构合理、内容丰富的教育史学理论体系,为教育史学科提供理论指导,并为教育史学科更好地迎接新的挑战创造理论条件。

教育史学元研究还担负着对教育历史哲学进行研究的责任。即通过对教育历史进程中的相关问题的说明和对教育史学理论与方法的探讨,从哲学认识论层面对其进行逻辑分析和语言分析,并对教育史学理论与方法进行理解和解释,进而达成对教育史学理论与方法进行哲学说明的目的。教育史学元研究任务的多重性特征体现了教育史学元研究的复杂性,同时,也预示着教育史学元研究任务的艰巨性和复杂性。每一层面教育史学元研究任务的完成,都标志着教育史学元研究的深化。

第三,教育史学元研究方法的多样性和逻辑性。

教育史学元研究内容的层次性决定了其研究方法的多样性。对于教育史学史的研究,更多意义上应采用以教育史学史方面的史料为中介的实证研究法。因为,教育史学史作为人类研究教育历史的认识活动,具有与具体教育历史研究相同的特征,即教育史学研究活动一经发生,就成了过去,因此,对教育史学史的研究,只能通过实证性研究才能实现对教育史学发展过程的清醒认识。

对于教育史学理论与方法层面的研究,由于它是在教育史学史基础上对教育史学科自身的理论概括,因此,教育史学元研究必须运用形式逻辑和辩证逻辑相统一的方法进行抽象和概括,才能在此基础上形成科学性的理论研究成果。这里所谓形式逻辑的方法,是指从个别、具体的思维形式中抽取和概括出一般规则的逻辑方法。由于形式逻辑的方法具有静态性、分析性和“二值性”的特点[①],运用者在对教育史学理论与方法的相关问题进行研究时往往习惯于用静态的、孤立的定量分析方法对研究对

① 参见胡泽洪《逻辑思维:形式逻辑思维与辩证逻辑思维》,载《长沙水电师院社会科学学报》1994 年第 3 期。

象进行真或假、是与非等单一的价值判断。与形式逻辑方法不同，辩证逻辑方法主要是以运动的、发展的、全面的和具体的眼光看问题。运用这一方法研究教育史学理论与方法问题，往往更多地侧重于从“对象的运动、变化与发展中来把握对象”，为了从整体上把握思维对象，要求在认识事物与对象的过程中，“从普遍形态过渡到它的个别表现，在思维中把对象的各个方面统一起来”作“定性分析”，同时，强调具体问题具体分析，并用辩证的思维方法对研究对象做出合理的解释和说明。

当然，这里需要说明的是，尽管形式逻辑方法与辩证逻辑方法在内涵和特点上存在着区别，但是这并不意味着二者之间没有联系。从形式逻辑方法与辩证逻辑方法的关系上看，形式逻辑方法是辩证逻辑方法的基础，在任何研究中缺乏形式逻辑的定量分析，就不能保证辩证逻辑方法所做出的定性分析结果是科学的；辩证逻辑方法是对形式逻辑方法的扩展。形式逻辑方法自身的性质和特点决定了它只能反映对象的相对稳定性和规定性，而很难达到对认识对象全面、正确的认识，因此，在对教育史学理论与方法的认识中，必须结合辩证逻辑的方法，多角度地去研究教育史学理论与方法，才能保证对教育史学理论方法认识的客观性和科学性。

对教育历史哲学层面的研究除了需要用形式逻辑与辩证逻辑相统一的方法外，还需要从宏观上以哲学研究方法对教育历史哲学层面的内容进行进一步的抽象和概括。此外，语言学、诠释学的理论与方法也是进行教育历史哲学层面研究的主要方法。

第四，教育史学元研究体系的开放性。

教育史学元研究体系的开放性主要从以下方面反映出来：

首先，教育史学元研究体系的初创性决定了教育史学元研究的开放性。教育史学元研究作为刚刚起步的理论研究，从学科概念到理论体系都处在起步阶段，各方面的研究尚不成熟，有关教育史学元研究可发掘的余地还很大。本人所作的研究也仅仅是在教育史学元研究这一领域中揭开了冰山的一角而已，教育史学元研究尚有大量的领域有待开发，尚有大量的工作等着教育史学研究者去做。因此，教育史学元研究体系是一个开放的、有待进一步探讨的理论研究体系。

其次，当今社会科学的跨学科研究趋势决定了教育史学元研究体系的开放性。教育史学元研究作为社会科学研究的重要组成部分，其发展必然受到当今社会科学跨学科研究趋势的影响。因为“任何社会科学都不是一个独立的、封闭的、具有逻辑上完整理论体系的部门……一切社会科学都处在成长和试验的状态中”①。教育史学的交叉学科性质决定了它的发展既要不断地从当前教育各学科研究中得到理论上的补充、发展和完善，又必须从历史科学体系以及其他社会科学体系中汲取养分，只有这样，教育史学才能不断发展。这里所说的发展，不仅是指对其他社会科学方法的吸收，更是对其他自然科学和社会科学理论的采借，并在此基础上形成新的教育史学理论体系。教育史学元研究对象的开放性特征决定了其永远是成长和试验状态中的知识体系。随着对教育史学相关问题研究的逐步深入，教育史学的理论体系将不断趋向系统和完善，最终将形成元教育史学科。

二、突破与不足

本研究通过对教育史学的学科性质、学科体系、教育史学功能与价值、教育史学认识论、教育史学研究方法以及教育史学跨学科研究等方面问题的研究，主要在以下方面有所创新：

首先，研究视角的创新。目前笔者目力所及的相关研究大多是零散的、不太系统的研究，相对比较系统的研究是由瞿葆奎主编，杜成宪、邓言明著的《教育史学》，分别从教育史学史的角度对中外教育史学中的相关问题进行了研究，虽然这一研究相对比较系统，但其研究视角和体系与本研究还是有很大差别。因此，本研究从视角上而言，具有一定的创新性。

其次，研究体系的独创性。本研究以元理论为指导，通过对教育史学本体论、认识论、方法研究以及跨学科研究等方面问题的研究，以期构建一个结构相对合理的教育史的学科理论体系，为教育史学科的理论建设铺垫一块坚实的基石。它将有力地推动教育史学科的理论建设，提高教育史研究者的理论水平，使教育史学科更好地迎接新的挑战。

最后，研究方法的创新。本研究以元理论为基础，通过借鉴教育学、

① [英]杰弗里·巴勒克拉夫著，杨豫译：《当代史学主要趋势》，上海译文出版社1987年版，第72页。

历史学、哲学、科学学、叙述学和解释学相关理论和成果，对教育史学进行研究，从研究方法上使用了文献法、比较法和跨学科研究方法，从而使研究与当代人文社会科学的整体性研究的发展趋势更加吻合。

教育史学元研究作为近年来出现的新的研究领域，其研究内容和体系尚未成熟，需要研究的内容和问题不仅数量大，而且难度高。加之对教育史学进行元研究，需要研究者具备相当的理论研究水平和哲学思辨能力，这些方面对笔者而言都是相当欠缺的。笔者虽然有着历史学的学历背景，但是在平时的研究中对于史学理论方面的相关研究却很少涉足，因此，本研究还存在着一些不足和遗憾。概括而言，主要表现在以下方面：

首先，本研究虽然构建起了一个以元理论为指导，以教育史学本体论、认识论、研究方法以及跨学科研究为主要内容的教育史学元研究的理论体系，并且涉及了对教育史学史的研究，但是由于本人在理论学养上的不足，使得这一研究体系还不够完善。加之，教育史学元研究本身涉及的问题甚多，要想通过一次研究就能解决所有的理论体系建设问题是不现实的。教育史学元研究理论体系构建问题是一个需要相当长时间和不断深入研究的过程。笔者深望在今后的研究中能在本研究的基础上通过不断的努力而建立起一个相对完善的教育史学元研究的理论体系。

其次，本研究虽然涉及了教育史学元研究的一些基本论题，但是对教育史学理论的逻辑分析和语言分析等相关内容尚未有系统的论述。这主要因为：一方面目前有关教育史学理论与方法的研究本身不够深入；另一方面，笔者在这方面的学力和学养有限，因此，在这方面的研究尚有欠缺。这有待于教育史学理论的进一步深化和笔者理论修养的进一步提高，才能使教育史学元研究不断深入。

最后，今后可以在现有基础上进一步拓展研究的范围和深度。教育史学元研究是一个庞大而复杂的研究领域，不可能通过一次研究就可以完成，需要进行长期而艰苦的努力才能不断深入。因此，本研究只是为今后的教育史学理论范畴、教育史学研究共同体、教育史学叙述体系及其语言、逻辑等论题的研究起了一个抛砖引玉的作用，今后的研究将是对本研究的进一步拓展和深化。

三、趋势与未来

教育史学元研究作为根据时代发展的客观要求和赋予的历史使命，在广泛借鉴其他学科和其他国家的研究理论和方法的基础上，运用哲学思辨的方式重新构建起的具有本学科特色的理论体系，在未来社会的发展中必将呈现出多元化、整体化、理论化、群体化、本土化等方面的特征。

(一) 多元化

所谓多元化主要是指在“新史学”影响下形成的教育史学研究趋势。这种趋势可以概括为：史学家的兴趣领域得到了拓宽；主题历史法取代叙述历史法；多视角考察和分析教育历程；研究主体与研究成果的关联等。[①]具体而言，体现为教育史学研究者理论知识的多元化、方法手段的多元化、对象领域的多元化、成果形式的多元化等方面。

教育史学研究者理论知识的多元化，既要求教育史学研究者不仅要具备教育学、历史学的相关理论和知识，同时还要尽可能多地具备人类学、社会学、人口学、经济学、政治学、法律学、伦理学、心理学、心态史、文化史、科技史等多学科的知识和理论，否则，就不可能对教育史学“做出合理的解释”[②]。

研究方法手段的多元化，主要强调教育史学应该借鉴和学习新史学的研究方法，注重对跨学科研究方法的应用，注意教育史学研究与其他社会科学、自然科学相互渗透、相互借鉴。力求通过借鉴与引入其他学科的研究方法，进而创立教育史学的最新研究方法，以此来实现研究方法的多元化。

研究对象领域的多元化。“以往教育史研究的重点主要集中于人物思想与制度变迁的研究，人物思想研究也仅只是就教育史上著名的精英人物进行研究，很少涉及基层人物的生活、学习与活动的具体问题与情境；教育制度研究也只是重视国家教育机构的形成及其演变，将重心放在

① [法]安多旺·莱昂著，樊慧英、张斌贤译：《当代教育史》，光明日报出版社 1989 年版，第 7—8 页。

② [美]詹姆斯·哈威·鲁滨孙：《生活在二十世纪中》，见《新史学》，商务印书馆 1989 年版，第 203 页。

了描述制度的内容及因袭过程，而缺乏对决策的生成过程、在基层的实施情况及其对学校教育的影响等问题的深入研究。未来教育史学研究应当将研究的视线逐步向下移动和对外扩散，实现教育史学研究视野从精英向民众、从高层向基层、从中心向边缘、从经典向世俗的过渡。”①依据教育史学的这一发展趋势，教育史学的研究对象的领域必将不断扩大，进而实现研究对象的多元化。中国教育史研究，不仅要注重汉族教育史的研究，而且要关注各少数民族教育史的研究；不仅要研究儒家的教育思想史，而且要研究佛教、道教、伊斯兰教、基督教、藏传佛教等其他宗教教育思想史；不仅重视官办教育的研究，更要注意对民办、商办、合办等教育史的研究；不仅要重视精英教育史的研究，更要关注下层民众教育、教化史的研究。外国教育史研究，不仅注重对欧美发达国家教育史的研究，也要重视对不发达国家和地区的教育史研究。努力将研究的领域扩大，使之向多元方向迈进。

研究成果形式的多元化。这不仅表现为教育史学研究编纂方式的多样化，而且表现为不同类别的教育史研究并举，既要形成教育通史、教育断代史、教育专题史、教育国别史并存的新格局，也要提倡本土教育史与域外教育史、具体教育史与抽象教育史、专题教育史与问题教育史并举，以求实现线性教育史学与多维教育史学、叙事教育史学与功能教育史学、现象教育史学与展望教育史学②并存并重的局面，从而改变过去教育史学研究那种死板单调、千篇一律的成果表现方式，形成形式多样、生动活泼的研究局面。

(二) 整体化

所谓教育史学研究的整体化，主要指新时期的教育史学研究应将注意力放在加强与历史学的沟通上，应将学科发展的重心放在学术研究上，在与历史学、社会学、经济学、心理学、文化学、教育学的交融过程中来逐步扩大新生领地。教育史从教育学科的核心地位向边缘的移动并非教育

① 周洪宇、申国昌：《新世纪中国教育史学的发展趋势》，《华东师范大学学报》（教育科学版）2007年第3期。

② [法]安多旺·莱昂著，樊慧英、张斌贤译：《当代教育史》，光明日报出版社1989年版，第41—45页。

史学科的悲哀，而是孕育新希望的开始，说明教育史学开拓新研究领域机会的到来。因为教育史学只有在向教育学科边缘移动的过程中，才能获得更多与教育以外学科的接触机会，才能走出教育学，进入历史学，从而使教育史学研究在与历史学的重新携手过程中得以再生。正如著名史学家汤因比所说的那样："我们必须放眼于整体，因为有这个整体才是一种可以独立说明问题的研究范围。"①当代教育史学家莱昂也认为："史学界的兴趣得到了拓宽，整体史探讨了不同的学科内容，诸如经济、社会和心理史。……这些趋势必然会影响到教育史学者的工作。"②

要实现教育史学研究的整体化，必须树立"大教育史观"，突破狭隘的教育史观。而"大教育史观"的树立应从横向和纵向两个方面来分析。首先，从横向来讲，"大教育史观"要求教育史学研究者将全球教育史作为一个研究整体，并将中国教育史学研究有效地融入世界教育史学研究之中。其次，从纵向来看，"大教育史观"要求教育史学研究者将教育发展的过去、现在和将来连贯起来研究，使之成为一个上下沟通的整体。如果将教育史学研究限制在自身的狭小的天地里，教育史学学科就会失去应有的生机与活力。这不仅影响教育科学理论与教育改革实践的健康发展，而且也会阻碍教育史学学科的自身建设。

（三）理论化

所谓教育史学研究的理论化，是强调未来教育史学要实现范式的转换和方法的创新，朝着多元化、整体化的方向发展，就要求研究者必须更新研究方法，加强理论建设，以博大的胸怀去接纳所有相邻学科的最新理论和方法，以敏锐的目光去审视各个研究领域的新思想和新观点，力求未来教育史学成为有自己的独立领地、有自身的学科理论、有独特的研究风格的教育学科。在这个过程中，教育史学研究的理论化就显得尤为重要。关于教育史学研究的理论化，应从以下三个方面来着手：

第一，不断加强教育史学科自身的理论建设。面对教育史学存在的危机，教育史学界有必要对学科本身不断地进行反思，应当清醒地认识到

① [英]汤因比：《历史研究》上册，上海人民出版社 1986 年版，第 10 页。

② [法]安多旺·莱昂著，樊慧英、张斌贤译：《当代教育史》，光明日报出版社 1989 年版，第 7 页。

学科自身存在理论贫乏、体系不周的弊端，着力构建本学科的理论体系。具体来说，就是通过探讨和反思教育史学的学科性质、学科体系、功能与价值、研究方法及其与相关学科的关系，在系统总结教育史研究本身的历史的基础上，为教育史学进行科学的定位，建立和完善教育史学的理论范式、研究方法及学科体系。这就要求教育史学必须努力打破学科界限，不仅要努力吸收历史学与教育学的研究成果，而且也要借鉴其他人文社会科学研究的新理论和新成果，只有这样才能为教育史学的理论建设奠定一个坚实的基础。

第二，努力提高教育史学研究者的理论素养。教育史学研究者是教育史学研究的主体，教育史学功能的实现有赖于研究者自身素养的提高与完善。从教育史学科知识的复合性来看，教育史学要对教育历史进程作宏观和微观的考察与研究，所涉及的内容是教育领域无所不包的，而且研究者的理论素养直接影响到教育史学研究成果的质量。这就要求研究者要有扎实的史学研究功底，不断提高自己的理论水平和理论学养，用教育理论、社会学理论、史学理论、哲学理论、心理学理论武装自己，同时不断掌握计算机技术和网络技术方面的知识和理论，从而真正适应教育史学发展的新趋势。

第三，争取实现教育史学研究过程和成果的理论化。教育史学研究水平的提高，不仅表现为其研究过程中的理论指导性，也体现在其研究成果的理论含量上。不论是强调教育史学自身的理论建设，还是重视教育史学研究者的理论修养，都是为了最终实现教育史学研究成果的理论化。只有提升教育史学研究过程中的理论品位，增加研究成果中的理论含量，才能真正提高未来教育史学的研究层次和水平。正如著名史学家克罗齐所说的："史实只有通过史学家本人心灵或思想的冶炼才能成为史学。"①这个由史学家用心灵进行冶炼的过程就是一个运用理论思考史实的过程，也是一个理论提升的过程。教育史学研究与一般科学研究最大的不同点在于其研究对象的不可重复性。因此，面对含有前人意识的教育史料，就需要研究者的理论思维，在形成教育史学成果时，尤其需要运用理

① Benedetto Croce, History: Its Theory and Practice, New York, Harcourt, Brace and Co.,1923,p. 176.

论去架构研究框架，有序地排列和组合史料，并通过研究者的理论思辨能力从中提升出新的思想观点。

教育史学研究者要努力克服过去片面重视和简单拼凑史料的做法，从靠个人在文献故纸堆中爬梳资料的手工作业误区中走出来，进一步加大教育史学研究的理论力度，这不仅是教育史学的发展趋势，也是其他社会科学所追求的目标。当代历史学家沃尔什指出："史学理论的立足点从客体转到主体上来，过去历史哲学是着眼于历史的客体的，现在则转到了主体如何认识历史客体的问题上来。"①

(四) 群体化

所谓教育史学研究的群体化，主要是指教育史学研究对象的群体化、教育史学研究主体的群体化和学科建设的群体化等方面的内容。强调教育史学研究对象的群体化，主要在于使教育史学研究逐步由研究个体走向研究群体。长期以来，教育史学的研究重心主要放在对个体和精英人物的研究上，忽视了对群体和团体的研究，由此导致了教育史学研究零碎化。从 20 世纪 20 年代法国年鉴学派将社会史纳入到研究领域后，史学界开始关注对社会群体的研究，将研究的视线从个体转向了群体，研究重心开始下移。只有对活跃在历史舞台上的社会群体进行研究，才能比较全面地认识教育历史事实。

未来文化教育的发展趋势也决定了教育史学研究对象的群体化。当代教育史学家佩尔·索拉(Pere Sola)认为，未来文化教育的发展趋势"正朝着两个方向在前进：一是与罗哈纳(Luhanian)的'地球村'的说法相应的普及化运动；二是重新发现社会群体、社团、民族的文化教育根源"②。这种普及教育的发展趋势也要求教育史学研究者在未来的研究中将研究的焦点从个体移向群体或团体。

教育史学研究主体的群体化，着重强调教育史学研究主体应由原来

---

① [英]沃尔什著，何兆武译：《历史哲学——导论》，广西师范大学出版社 2001 年版，第 3 页。

② [西]佩尔·索拉：《教育史是历史学科和传统人文学科的扩展》，见[俄]卡特林娅·萨里莫娃、[美]欧文·V. 约翰宁迈耶主编，方晓东等译《当代教育史研究与教学的主要趋势》，教育科学出版社 2001 年版，第 57 页。

意义上的单打独斗转向群体合作。这主要是由教育史学研究的日益复杂性的特点所决定的，尤其是教育史学元研究作为对教育史学科的宏观研究，其内容之复杂、任务之艰巨是很难通过研究个体的努力完成的。这就需要形成研究群体，组建研究团队和研究机构，由单打独斗转向群体合作，从“麻雀战”转向“阵地战”，使教育史学研究达到最优化的效果。此外，从教育史学的学科建设角度来讲，也需要研究者形成群体，实现研究主体的群体化，因为，“没有‘科学社团’或‘专业性群体’就不能形成学科”①。

教育史学建设的群体化，即力争将教育史学建构成为学科群。通过对教育史学的学科性质、学科功能、学科地位、研究方法与学科危机的反思，教育史学研究者可以清醒地认识到自身所存在的关键问题之一就是学科力量单薄，学科沟通空间狭窄，这就注定了教育史学一步步走进了狭小的天地，进而失去了学科自身的活力。随着未来社会对教育重视程度的加强，势单力薄的教育史学很难满足社会对教育史学研究的需要，如此看来，如果不加强教育史学群体化建设，就很难适应社会发展对教育史学研究提出的新要求。因此，在新形势下，努力吸收包括历史学、教育学、哲学、心理学、社会学、文化学、宗教学、民族学、人类学、人口学、考古学、语言学、文学、统计学、政治学、经济学等在内的多个学科的理论与方法，构建一个理论丰富的教育史学的学科群，从多线索、多中心、多视角、多侧面、多层次、多维度展开对教育史学的研究已经成为当务之急。这必将能使教育史学研究进入新的发展时期，并迎来一个教育史学发展的新时代。

(五) 本土化

所谓教育史学研究的本土化，主要强调的是教育史学研究在借鉴与学习其他国家教育史学研究理论与方法的基础上，“要善于挖掘本国传统史学的理论、方法与范畴，将研究视线转向本土的学术传统，力求从根深蒂固、博大精深的中国优秀教育传统与史学研究方法中汲取所需要的养

---

①［俄］卡特林娅·萨里莫娃、［美］欧文·V. 约翰宁迈耶主编，方晓东等译：《当代教育史研究与教学的主要趋势》，教育科学出版社2001年版，第57页。

分,从而为教育史学科的机体源源不断地注入新的营养”[①]。具体而言,主要包括以下几方面的内容:

第一,要注意吸收中国学术传统的价值取向和思维方式。这里所说的中国的学术传统主要是指影响中国时间较长,并从历史上承袭下来的稳定的、具有独特风格的治学方式和叙事习惯,具体而言包括文以载道、格物致知、经世致用、实事求是、求真务实等学术传统。这一学术传统是中华民族优秀文化传统的重要组成部分,它对于形成一个民族独特的学术和文化体系具有至关重要的作用,因此,在教育史学研究中,我们不能把中华民族几千年来积淀和传承下来的优秀学术传统轻易地丢弃,相反,我们应该理直气壮地将这种优秀的学术传统发扬光大,在教育史学研究中学会联系现实,结合实际,力求古今贯通,学以致用。

中国传统史学“一贯注重从宏观角度去思考与把握历史发展的脉络,注重整体思考与综合分析,善于从历史的全程来总结与概括发展走向与趋势”的宏观思维方式,它以对具体历史事实的分析为前提,强调从纷繁复杂的历史事实中,清理和概括出历史发展的脉络和特点,进而达到“究天人之际,通古今之变”[②]的目的。这种思维方式最大的特点是重视从宏观层面或整体上去把握历史的进程,注意探究历史事件之间的内在联系,进而归纳出历史发展的基本线索和规律。在教育史学研究中强调继承中国传统史学的思维方式,即要求教育史学研究者要“学会从整体上去思考中国教育发展的整个历程,善于从宏观视角去体认和把握教育思想、教育制度与教育活动之间的内在的必然的联系,并且学会运用归纳的思维方法,对各种细微的、日常的教育史料作概括与总结”[③],并在此基础上,归纳出教育历史的发展规律和特点,为教育理论的发展和教育改革的实施提供依据和借鉴。

第二,要努力继承和灵活运用中国传统史学的治史方法和编纂体例。

---

① 周洪宇、申国昌:《新时期中国教育史学的发展趋势》,《华东师范大学学报》(教育科学版)2007 年第 3 期。

② 司马迁:《报任少卿书》,见《汉书·司马迁传》。

③ 周洪宇、申国昌:《新时期中国教育史学的发展趋势》,《华东师范大学学报》(教育科学版)2007 年第 3 期。

中国传统史学的治史方法主要指形成于传统史学实践中，包括目录、辑佚、辨伪、校勘、诠释、考证在内的史学研究方法。这些方法在史学发展的历史过程中，经过前人的概括、总结和验证证明是史学研究行之有效的方法。这些治史方法，不仅可以保证教育史学研究中史料的可靠性，而且也可以提高教育史学研究成果的客观性和真实性。因此，对传统史学研究方法的继承和灵活运用是教育史学本土化的重要内容之一。

中国传统史学经过长期的发展，形成了十分完备的史书编纂体例，主要包括编年体、纪传体、纪事本末体、学案体等，这些编纂体例虽互有短长，但在中国传统史学的发展过程中，它们相互补充，纵横相济，并行不悖，形成了中国传统史学缜密而周全的互补结构系统。这一丰富的史学编纂体例系统，对于教育史学研究具有重要参考价值。中国的教育史学研究如果能恰当地使用这些编纂体例来进行教育史学著作的编纂，不仅能改变近代以来中国教育史学著作千篇一律的刻板编纂形式，而且可以丰富教育史学著作的编纂类型。

第三，要认真学习和领会中国传统史学对史家素质的基本要求。中国古代史学之所以发达，与传统史学家注重业务和思想修养密不可分。唐代刘知几在总结历代史家得失成败的基础上，提出了“史家三长”，“三长谓才也，学也，识也”。在刘知几看来有此三者，方称“良史”。章学诚发挥其意，更增“史德”于首位，遂成“史家四长”。章氏认为，治史者重史德，“德者何？谓著书者之心术也”[①]。“史德的第一要求，就是忠实，忠于历史，忠于事实，不虚美，不隐恶，不附会，不武断，敢于秉笔直书。”[②]由此形成的中国传统史学以德、才、学、识为主要内容的对史学家基本素质的要求，对今天的教育史学研究者素养的形成仍然具有重要的借鉴作用。任何教育史学研究者“非识无以断其义，非才无以善其文，非学无以练其事”[③]，只有具备德、才、学、识全面素养的教育史学研究工作者，才可能秉笔直书，直言不讳，“不为权势威逼而隐其恶，不为利禄引诱而扬其善，不

① 章学诚：《文史通义·史德》。

② 史继忠：《略论中国传统史学》，《贵州师范大学学报》(社会科学版)1993年第1期。

③ 章学诚：《文史通义·史德》。

为时局所迫而作浮词，不为世俗所趋而掩真相，不以恩怨论列是非，不以成败评论英雄，不拔高溢美，不苛求贬低，褒贬出于公心，记事全凭史实，秉公而断，书如实录”[①]。只有这样，教育史学研究才能较真实地反映教育历史事实；也只有这样，教育史学的研究成果才能经得住实践的考验。

① 史继忠：《略论中国传统史学》，《贵州师范大学学报》（社会科学版）1993 年第 1 期。

附　录

主要中西人名对照表

亚当斯	Adams，H. B.
阿诺德·约瑟夫·汤因比	Arnold Joseph Toyhbee
安德罗尼柯	Andronica，R
阿历伽德罗·提阿那·费列尔	Alejandri Tiana Ferrer
本尼迪托·克罗齐	Benedetto. Croce
巴纳德	Barnard，H.
伯纳德·贝林	Bernard Bailyn
卡尔·贝克尔	Carl Becker
布莱恩·西蒙	Brian Simon
布里克曼	Brickman，W. W.
布恩	Boone，R. G.
布罗克特	Brockett，L. P.
布朗宁	Browning，O.
巴茨	Butts R. F
卡尔洛·金兹伯格	Carlo Ginzburg
卡尔·古斯塔夫·亨佩尔	Carl Gustav Hempel
曼格尔斯多	C. A. Mangelsdorf
格奥尔格·齐美尔	Ccorg Simmel
伯纳德·卡茨	Cf. Katz，M. B.
卡雷尔	Clarence Karier
孔多赛	Condoecet，M.

劳伦斯·克雷明	Cremin，L. A.
切斯拉夫·马约列克	Czeslaw Majorek
戴维森	Davison，T.
奈特	Edgar Knight
埃德蒙·金	Edmund King
爱德华·雷斯纳	Edward Reisner
爱德华·卡尔	Edward Hallett Carr
道格斯特	Edwin G. Dexter
埃格尔斯顿	Egglestonn，E.
埃尔伍德·P. 卡伯莱	Ellwood P. Cubberley
埃里克·H. 埃里克森	Erik Homburger Erikson
欧内斯特·内格尔	Ernest Nagel
菲舍尔	F. Fischer
费尔南·布罗代尔	Fernand Braudel
弗兰西斯·培根	Francis Bacon
布莱德雷	F. H. Bradley
G. R. 艾尔顿	G. R. Elton
格奥尔格·威廉·弗里德里希·黑格尔	Georg Wilhelm Friedrich Hegel
吉安巴蒂斯塔·维柯	Giambattista Vico
赫伯特·金蒂斯	H. Ginitis
汉斯-格奥尔格·伽达默尔	Hans-Georg Gadamer
乌德格拉芙	Harlan Updegraff
海登·怀特	Hayden White
李凯尔特	Heinrich Rickert
赫伯特·亚当斯	Herbert B. Adams
亨利·亚当斯	Henry Adams
赫伯特·斯宾塞	Herbert Spencer
H. 帕尔特尔	Heinrich Parthey
海因·艾尔玛·特诺思	Heinz-Elmar Tenorth

赫威西·布伦克茨	Herwig Blankertz
大卫·希尔伯特	Hilbert, D.
赫伯特·金蒂斯	H. Gintis
伊曼努尔·康德	Immanuel Kant
埃里克·詹奇	Jantsch Erich
让·皮亚杰	Jean Piaget
乔尔·斯普林格	Joel Spring
约翰·杜威	John Dewey
约翰·齐曼	John Ziman
亚当森	John William Adamson
约翰·布罗克曼	John Brockman
朱丽·汤普森·克莱恩	Julie Thompson Klein
卡尔·雷蒙德·波普尔	Karl Raimund Popper
亨佩尔	K. G. Hempel
劳伦斯·阿瑟·克雷明	Lawrence Arthur Cremin
劳里	Laurie, S. S.
劳伦斯·斯通	Lawrence Stone
安多旺·莱昂	Leone
兰克	Leopld Ranke
李维	Livy
吕西安·费弗尔	Lucien Febvre
马洛	Marrou H. I.
马克·布洛赫	Marc Bloch
马克·第帕普	Marc Depaepe
马丁·海德格尔	Martin Heidegger
马克斯·韦伯	Max Webee
玛克辛·施瓦兹·塞勒	Maxine Schwartz Seller
米克尔约翰	Meiklejohn, J. M. D.
米亚拉雷	Mialaret G.
迈克尔·凯茨	Michael Katz

米歇尔·福柯	Michel Foucault
海纳	N. Ray, Hiner
奥斯瓦尔德·斯宾格勒	Oswald Spengler
帕罗兹	Paroz, J.
盖登纳	Patrick Gardiner
P. 哈里根	Patrick J. Harrigan
保罗·福尔劳	Paul Violas
保罗·孟禄	Paul Monroe
保罗·汉纳斯	Paul Hanus
弗·鲍尔生	Paulson, F.
佩恩	Penn
卡尔·波普尔	Popper. K. R.
奎克	Quick R. H.
罗伯特·舍曼	R. B. Sherman
雷莫·福尔纳卡	Remo Fonaca
勒奈·笛卡尔	Rene Descartes
理查德·奥尔德里奇	Richard Aldrich
布恩	Richard G. Boone
R. G. 柯林伍德	R. G. Collingwood
R. S. 伍德沃思	Robert Sessions Woodworth
罗伯特·乌里奇	Robert Ulich
鲁克夫	Ruhkopf, F. E.
施密特	Schmidt, K. A.
西格蒙德·弗洛伊德	Sigmund Frend
西蒙	Simon B.
史密斯	Smith, H. I.
塞缪尔·鲍尔斯	S. Bowles
诺巴尔	Stuart Noble
施瓦茨	Schwarz, F. H. C.
伍蒂	Thomas Woody

托马斯·库恩	Thomas S. Kuhn
理查森	W. Richardson
沃尔什	Walsh W. H.
沃森	Watson，F.
韦勃斯	Webster
布雷岑卡	W. Brezinka
布里克曼	W. W. Brickman
古德塞尔	Willysine Goodsell
史密斯	W. Smith
施托伊	W. Stioye
威廉·博伊德	William Boyd
威廉·W. 布里克曼	Willian W. Brickman
沃尔	Walsh. W. H.
威廉·狄尔泰	Wilhelm Dilthey

参考文献

一、著作

1. 曹孚.外国教育史.北京:人民教育出版社,1979
2. 陈东原.中国古代教育.北京:商务印书馆,1931
3. 陈东原.中国科举时代之教育.北京:商务印书馆,1934
4. 陈桂生.教育学辨——元教育学的探索.福州:福建教育出版社,1998
5. 陈啟能,于沛.马克思主义史学新探.北京:社会科学文献出版社,1999
6. 陈青之.中国教育史.北京:商务印书馆,1936
7. 陈孝彬.教育管理学.北京:北京师范大学出版社,1990
8. 陈佑清.教育活动论.南京:江苏教育出版社,2000
9. 陈支平.历史学的困惑.北京:中华书局,2004
10. 成有信.比较教育教程.北京:北京师范大学出版社,1987
11. 成有信.现代教育引论——现代社会·现代教育·现代人.郑州:河南教育出版社,1992
12. 崔相录.中外教育名著评介(第3卷).济南:山东教育出版社,1992
13. 丁钢.中国教育:研究与评论(第1辑).北京:教育科学出版社,2002

14. 丁伟志. 对历史的宏观思考. 石家庄:河北教育出版社,2001
15. 杜成宪,崔运武,王伦信. 中国教育史学九十年. 上海:华东师范大学出版社,1998
16. 杜成宪,邓明言. 教育史学. 北京:人民教育出版社,2004
17. 杜齐才. 价值与价值观念. 广州:广东人民出版社,1987
18. 冯品兰. 西洋教育史. 上海:大华书局,1933
19. 傅斯年. 史学方法导论. 北京:中国人民大学出版社,2004
20. 葛剑雄,周筱筠. 历史学是什么. 北京:北京大学出版社,2002
21. 顾明远. 教育大辞典(第 1 卷). 上海:上海教育出版社,1991
22. 顾树森. 中国历代教育制度史. 南京:江苏教育出版社,1981
23. 郭秉文. 中国教育制度沿革史. 北京商务印书馆之影印本,1922
24. 郭沫若. 中国古代社会研究. 上海:上海联合书店,1930
25. 韩震,孟鸣歧. 历史・理解・意义. 上海:上海译文出版社,2002
26. 韩震,孟鸣歧. 历史哲学:关于历史性概念的哲学阐释. 昆明:云南人民出版社,2002
27. 何永康. 写作学. 南京:江苏古籍出版社,2002
28. 何兆武,陈啟能. 当代西方史学理论. 北京:中国社会科学出版社,1996
29. 何兆武. 历史理论与史学理论——近现代西方史学著作选. 北京:商务印书馆,1999
30. 黄济,王策三. 现代教育论. 北京:人民教育出版社,1996
31. 黄凯锋. 价值论及其部类研究. 上海:学林出版社,2005
32. 黄楠森.《哲学笔记》与辩证法. 北京:北京出版社,1984
33. 黄炎培. 黄炎培教育文集(第 3 卷). 北京:中国文史出版社,1994
34. 霍俊江. 现代史学方法论体系初探. 历史研究方法论文集. 郑州:河南人民出版社,1987
35. 贾东海,郭卿友. 史学概论. 北京:中央民族大学出版社,1992
36. 姜琦. 教育史. 北京:商务印书馆,1932
37. 姜义华,瞿林东,赵吉惠. 史学导论. 上海:复旦大学出版社,2003
38. 姜义华. 理性缺位的启蒙. 上海:三联书店,2000
39. 教育大辞典编纂委员会. 教育大辞典(第 1 卷). 上海:上海教育出版

社,1990
40. 金林祥.20世纪中国教育学科的发展与反思.上海:上海教育出版社,2000
41. 金吾伦.跨学科研究引论.北京:中央编译出版社,1997
42. 瞿葆奎.教育学文集·教育与教育学.北京:人民教育出版社,1993
43. 瞿葆奎.教育学文集·课外校外活动.北京:人民教育出版社,1991
44. 瞿葆奎.社会科学争鸣大系(教育学卷).上海:上海人民出版社,1992
45. 瞿葆奎.元教育学研究.杭州:浙江教育出版社,1999
46. 雷通群,姜琦.西洋教育通史.上海:上海书店,1990(据商务印书馆1935年版影印本)
47. 李丹.儿童发展心理学.上海:华东师范大学出版社,1987
48. 李光,任定成.交叉科学导论.武汉:湖北人民出版社,1989
49. 李大钊.李大钊文集(下).北京:人民出版社,1984
50. 李大钊.李大钊选集.北京:人民出版社,1954
51. 李守常.史学要论.北京:商务印书馆,1999
52. 李振宏.历史学的理论与方法.开封:河南大学出版社,1999
53. 列宁全集.第4卷,第20卷,第39卷,第55卷.北京:人民出版社,1984
54. 刘仲林.跨学科学导论.杭州:浙江教育出版社,1990
55. 柳海民.教育原理.长春:东北师范大学出版社,2000
56. 吕锡生.历史认识的理论与方法.南京:南京出版社,1990
57. 罗炳之.外国教育史.上海:华东师范大学出版社,1962
58. 罗凤礼.现代西方史学思潮评析.北京:中央编译出版社,1996
59. 罗志田.近代中国史学十论.上海:复旦大学出版社,2003
60. 马克思.资本论.北京:人民出版社,2006
61. 马克思恩格斯全集(第19卷).北京:人民出版社,1963
62. 马克思恩格斯全集(第1卷,第42卷,第43卷)北京:人民出版社,1979
63. 马克思恩格斯选集(第1—4卷).北京:人民出版社,1972
64. 毛礼锐,邵鹤亭,瞿菊农.中国古代教育史.北京:人民教育出版社,

1979
65. 南京师范大学教育系. 教育学. 北京:人民教育出版社,1984
66. 聂凤峻. 论形而上学. 南宁:广西人民出版社,1989
67. 宁可,汪征鲁. 史学理论与方法. 北京:中央广播电视大学出版社,1991
68. 庞卓恒. 史学概论. 北京:高等教育出版社,1995
69. 庞卓恒. 唯物史观与历史科学. 北京:高等教育出版社,2004
70. 裴娣娜. 教育研究方法导论. 合肥:安徽教育出版社,1995
71. 浦安迪. 中国叙事学. 北京:北京大学出版社,1996
72. 桑新民. 呼唤新世纪的教育哲学——人类自身生产探秘. 北京:教育科学出版社,1993
73. 沈灌群,张瑞璠. 中国教育史纲要. 上海:华东师范大学出版社,1954
74. 沈灌群. 中国古代教育和教育思想. 武汉:湖北人民出版社,1956
75. 舒新城. 中国近代教育史资料. 北京:人民教育出版社,1961
76. 孙培青,李国钧. 中国教育思想史. 上海:华东师范大学出版社,1995
77. 孙培青. 社会科学争鸣大系(教育学卷). 上海:上海人民出版社,1992
78. 孙培青. 中国教育史(修订版). 上海:华东师范大学出版社,2000
79. 孙喜亭. 教育原理. 北京:北京师范大学出版社,1993
80. 唐莹. 元教育学. 北京:人民教育出版社,2002
81. 滕大春. 美国教育史. 北京:人民教育出版社,1994
82. 滕大春. 外国教育史和外国教育. 石家庄:河北大学出版社,1993
83. 滕大春. 外国教育通史. 济南:山东教育出版社,1992
84. 屠大华. 现代教育理论. 武汉:华中科技大学出版社,2002
85. 王炽昌. 教育史. 北京:中华书局,1932
86. 王夫之. 读通鉴论. 北京:中华书局,1975
87. 王晴佳,古伟瀛. 后现代与历史学——中西比较. 济南:山东大学出版社,2003
88. 王日根. 民营教育的历史关照. 武汉:湖北教育出版社,2000
89. 王天一,夏之莲,朱美玉. 外国教育史(上,下). 北京:北京师范大学出版社,1985
90. 王旭东. 史学理论与方法. 合肥:安徽大学出版社,1998

91. 王玉樑.价值和价值观.西安:陕西师范大学出版社,1988
92. 吴宓.吴宓诗集·空轩诗话.北京:中华书局,1935
93. 吴泽.史学概论.合肥:安徽教育出版社,2000
94. 夏诚.近代世界整体观.成都:成都出版社,1990
95. 许冠三.新史学九十年.长沙:岳麓书社,2003
96. 杨豫,胡成.历史学的思想和方法.南京:南京大学出版社,1999
97. 杨念群,黄兴涛,毛丹.新史学(上,下).北京:中国人民大学出版社,2003
98. 姚蒙.法国当代史学主流——从年鉴派到新史学.香港:三联书店,1988
99. 姚文忠.元教育科学导论——教育科学研究的理论和方法.成都:成都科技大学出版社,1992
100. 叶澜.二十世纪中国社会科学(教育学卷).上海:上海人民出版社,2005
101. 叶澜.教育概论.北京:人民教育出版社,1991
102. 叶澜.教育研究方法论初探.上海:上海教育出版社,1999
103. 于沛.中国社会科学院世界历史研究所学术文集(第4集).南昌:江西人民出版社,2006
104. 袁吉富.历史认识的客观性问题研究.北京:北京大学出版社,2000
105. 袁振国.当代教育(修订版).北京:教育科学出版社,2004
106. 张广智,张广厚.现代西方史学.上海:复旦大学出版社,1996
107. 张广智.西方史学史.上海:复旦大学出版社,2005
108. 张景焕,陈月茹,郭玉锋.教育科学方法论.济南:山东人民出版社,2000
109. 张诗亚,王伟廉.教育科学学初探——教育科学的反思.成都:四川教育出版社,1990
110. 张澍军.德育哲学引论.北京:人民出版社,2002
111. 张文杰.现代西方历史哲学译文集.上海:上海译文出版社,1984
112. 赵吉惠.历史学方法论.成都:四川人民出版社,1987
113. 赵吉惠.史学概论.西安:陕西师范大学出版社,1990

114. 赵兴彬.史学学研究.北京:中国科学技术出版社,2004
115. 郑金洲.教育通论.上海:华东师范大学出版社,2000
116. 中国科学技术协作会首届青年学术年会论文集·交叉学科分册.北京:中国科学技术出版社,1992
117. 周洪宇,刘居富.迈向21世纪的中国教育科学.武汉:华中师范大学出版社,1998
118. 周建漳.历史及其理解和解释.北京:社会科学文献出版社,2005
119. 周隆宾.社会历史观大辞典.济南:山东人民出版社,1993
120. 周予同.中国现代教育史.上海:良友图书印刷公司,1934
121. 朱维铮.周予同经学史论著选集.上海:上海人民出版社,1983
122.《历史研究》编辑部编.《历史研究》五十年论文选(理论与方法·下).北京:社会科学出版社,2005
123. 北京师范大学教育系教育史教研组.中国教育史讲义(古代部分初稿).北京:北京师范大学出版社,1960

二、译著

1. G. 米亚拉雷.教育科学导论.郑军,张志远译.北京:光明日报出版社,1989
2. J. 勒高夫.新史学.姚蒙译.上海:上海译文出版社,1989
3. N. C. 科恩.十九世纪至二十世纪初资产阶级社会学史.梁逸译.上海:上海译文出版社,1982
4. 安多旺·莱昂.当代教育史.樊慧英,张斌贤译.北京:光明日报出版社,1989
5. 贝·奈戴托·克罗齐.历史学的理论和实际.傅任敢译.北京:商务印书馆,1982
6. 波普尔.猜测与反驳——科学知识的增长.傅季重等译.上海:上海译文出版社,1987
7. 波普尔.客观知识——一个进化论的研究.舒炜光等译.上海:上海译文出版社,1987
8. 伯顿·克拉克.高等教育新论.王承绪等译.杭州:浙江教育出版社,

2001
9. 布罗代尔.长时段:历史和社会科学.顾良,张慧居译.见布氏论文集:资本主义论丛.北京:中央编译出版社,1997
10. 海登·怀特.元史学:19世纪欧洲的历史想象.陈新译.南京:译林出版社,2004
11. 汉斯-格奥尔格·加达默尔.真理与方法.洪汉鼎译.上海:上海译文出版社,1999
12. 黑格尔.美学(第1卷).朱光潜译.北京:商务印书馆,1979
13. 黑格尔.小逻辑.贺麟译.北京:商务印书馆,1980
14. 黑格尔.哲学史讲演录.贺麟,王太庆译.北京:商务印书馆,1983
15. 杰弗里·巴勒克拉夫.当代史学主要趋势.杨豫译.上海:上海译文出版社,1987
16. 卡特林娅·萨里莫娃,[美]欧文·V.约翰宁迈耶.当代教育史研究与教学的主要趋势.方晓东等译.北京:教育科学出版社,2001
17. 柯林伍德.历史的观念.何兆武,张文杰译.北京:中国社会科学出版社,1986
18. 柯文.在中国发现历史——中国中心观在美国的兴起.林同奇译.北京:中华书局,1989
19. 马克斯·韦伯.社会科学方法论.杨富斌译.北京:华夏出版社,1999
20. 马克斯·韦伯.学术生涯与政治生涯——对大学生的两篇演讲.北京:国际文化出版公司,1988
21. 马克斯·韦伯.学术与政治.冯克利译.北京:生活·读书·新知三联书店,1998
22. 梅森.自然科学史.上海外国自然科学哲学著作编译组译.上海:上海人民出版社,1976
23. 皮亚杰.人文科学认识论.郑文彬译.北京:中央编译出版社,2002
24. 皮亚杰.跨学科研究的一般问题与共同机制方法论.见当代学术通观(社会科学卷).蔡槐鑫译.上海:上海人民出版社,2004
25. 斯宾格勒.西方的没落.齐世荣等译.北京:商务印书馆,2001年
26. 斯蒂文·贝斯特,道格拉斯·凯尔纳.后现代理论:批判性的质疑.张

志斌译. 北京：中央编译出版社，2004
27. 汤因比. 历史研究. 曹未风译. 上海：上海人民出版社，1986
28. 托波尔斯基. 历史学方法论. 张家哲，王寅等译. 北京：华夏出版社，1990
29. 托马斯·库恩. 必要的张力. 纪树立等译. 福州：福建人民出版社，1987
30. 托马斯·库恩. 科学革命的结构. 金吾伦，胡新和译. 北京：北京大学出版社，2003
31. 威廉·德雷. 历史哲学. 王炜，尚新建译. 北京：生活·读书·新知三联书店，1988
32. 威廉·维尔斯曼. 教育研究方法导论. 袁振国主译. 北京：教育科学出版社，1997
33. 维柯. 新科学. 朱光潜译. 北京：人民文学出版社，1986
34. 沃尔什. 历史哲学导论. 何兆武，张文杰译. 桂林：广西师范大学出版社，2001
35. 西格蒙德·弗洛伊德. 梦的释义. 张燕云译. 沈阳：辽宁人民出版社，1987
36. 雅斯贝尔斯. 什么是教育. 邹进译. 北京：三联书店，1991
37. 亚里士多德，贺拉斯. 诗学·诗艺. 罗念生，杨周翰译. 北京：人民文学出版社，1962
38. 亚里士多德. 形而上学. 吴寿朋译. 北京：商务印书馆，1959
39. 约翰·布罗克曼. 第三种文化. 吕芳译. 海口：海南出版社，2003
40. 约翰·齐曼. 元科学导论. 刘珺珺等译. 长沙：湖南人民出版社，1988
41. 约翰·D. 麦克尼尔. 课程导论. 施良方等译. 沈阳：辽宁教育出版社，1990

三、论文

1. 安希孟. 历史和历史哲学. 史学理论研究，2004(2)
2. 蔡振生. 中国教育史研究的历史回顾与反思. 北京师范大学学报(哲社版)，1988(3)
3. 陈方. 库恩的“范式”与夏皮尔的“背景信息”的比较. 华南师范大学学报

(社科版),1997(2)
4. 陈桂生."教育史学"辨.教育史研究,1995(4)
5. 陈佑清.活动发展效应的具体性.湖北大学学报(哲学社会科学版),2003(1)
6. 成有信.简论教育与生产劳动相结合.河北师范大学学报(教育科学版),2003(3)
7. 邓明言.西方教育史方法论五题.华东师范大学学报(教育科学版),2003(3)
8. 丁向荣.试论历史认识与解释.宁夏大学学报(人文社会科学版),2002(2)
9. 丁学良.韦伯的世界文明比较研究导论.中国社会科学,1987(1)
10. 董恩林.历史编纂学论纲.华中师范大学学报(人文社会科学版),2000(4)
11. 杜成宪,章小谦.关于教育史学评论的理论思考.华东师范大学学报(教育科学版),2003(1)
12. 杜成宪.从儿童歌谣游戏和绘画透视中国传统儿童观.教育史研究,2001(2)
13. 杜成宪.对中国教育史几层含义及其相互关系的辨析.教育史研究,1996(2)
14. 杜成宪.中国教育史学科体系试构.华东师范大学学报,1997(1)
15. 傅林.20世纪西方新史学范式对外国教育史研究的启示.教育研究,2003(1)
16. 高天明,彭玉生.教育史研究三论.云南师范大学学报,2002(2)
17. 郭艳君.后现代主义与历史真实.史学理论研究,2004(2)
18. 韩达.关于中国教育史学学科体系问题的讨论.教育研究,1981(4)
19. 韩登亮.教育民主化的内源解析.当代教育科学,2003(23)
20. 何齐宗.建立"教育学史"刍议.教育研究,1989(8)
21. 贺国庆,张薇."教育史"学科面向未来的思考.教育科学,2005(1)
22. 贺国庆,张薇.英国教育史研究的历史和现状.河北大学学报(哲学社会科学版),2004(2)

23. 侯衍社.马克思论现代社会的基本特征.齐鲁学刊,2004(4)
24. 黄宗智.中国经济史中的悖论现象与当前的规范认识危机.史学理论研究,1993(1)
25. 纪立新.计量方法与中国近代教育史研究.经济与社会发展,2005(5)
26. 江涛.科学共同体"范式"概念的文化价值蕴涵.自然辩证法研究,1997(9)
27. 蒋大椿.新中国史学方法研究的基本历程.社会科学研究,1995(5)
28. 瞿林东.中国史学:20世纪的遗产与21世纪的前景(论纲).北京师范大学学报(社会科学版),1996(5)
29. 李春景,刘仲林.跨学科研究规律的实证分析.科学技术与辩证法,2004(2)
30. 李海芹.多学科研究与高等教育理论的形成和发展.高等教育研究,2004(6)
31. 李和平.教育史学功能及其内在三层次结构论.教育史研究,1999(4)
32. 李建立.马克斯·韦伯的社会学方法论述评.河北大学学报,1994(4)
33. 李杰.唯物史观史学方法论——历史主义与阶级观点论战释疑.史学理论研究,1995(2)
34. 李庆霞,姜华.汤因比的文化形态学及其启示.理论探讨,2003(2)
35. 李涛.百年中国教育史研究高潮的回顾与反思.东北师范大学学报(哲社版),2003(2)
36. 李文奎.也谈外国教育史学科建设.教育研究,1989(5)
37. 李显杰.论电视艺术功能与价值的异同.华中师范大学学报(人文社会科学版),2001(6)
38. 李振宏.20世纪中国的史学方法论研究.史学月刊,2002(12)
39. 林璧属.论韦伯的历史哲学.史学理论研究,1992(4)
40. 林璧属.马克斯·韦伯史学研究方法评析.西北大学学报(哲学社会科学版),1989(2)
41. 林存瑛.略析马克斯·韦伯的方法论及其意义.社会信息,1993(7)
42. 刘静.教育史学的想象力——后现代史学观与教育史研究.教育史研究,2003(1)

43. 刘承波.试论高等教育科学研究方法体系.教育与现代化,2000(4)
44. 刘翠兰,张二芳.从系统辩证的整体观,看跨学科研究的必然性.山西科技,1996(2)
45. 刘国建."网络社会"的特征及其哲学思考.学术研究,2002(2)
46. 刘海峰.在教育与历史之间.高等教育研究,2001(2)
47. 刘裕权.关于教育学研究的方法论问题的思考.教育理论与实践,2003(8)
48. 鲁兴启,王琴.跨学科研究方法的形成机制研究.系统辩证学学报,2004(2)
49. 罗炳良.历史观是历史学的根本问题.郑州大学学报(哲学社会科学版),2004(1)
50. 罗廷光.教育之历史的研究.中华教育界,1932(3)
51. 马敏.如何理解史学研究中的"范式转换".北京行政学院学报,2002(2)
52. 毛礼锐,郭齐家.中国教育研究十年的回顾与展望.教育研究,1988(12)
53. 孟卫青.教育研究的跨学科取向.教育评论,2003(2)
54. 启良.论历史认识与历史分期.中州学刊,1994(1)
55. 钱学森.交叉科学:理论和研究的展望.光明日报,1985—5—17
56. 桑新民.论教育的起源和划分教育发展阶段的内在根据.教育研究,1986(10)
57. 石中英.关于教育活动的理论思考.北京师范大学学报(社会科学版),1996(2)
58. 孙广勇.教育史料搜集,整理,鉴别与运用初探.教育史研究,2005(1)
59. 檀传宝.教育是人类价值生命的中介.教育研究,2000(3)
60. 滕大春.战后美国教育史界的流派和论战.华东师范大学学报(哲社版),1982(6)
61. 田正平,肖朗.教育史学科建设的回顾与前瞻.教育研究,2003(1)
62. 田正平.关于中国近代教育史学科体系的几点思考.华东师范大学学报(教育科学版),1989(2)

63. 汪丁丁,罗卫东,叶航.跨学科的范式.社会科学战线,2004(6)
64. 汪晓云.人文科学发生学:意义,方法与问题.光明日报,2005—1—11
65. 王剑.美国中国近代史观的展现及其他——关于柯文在《中国发现历史》的思考.浙江大学学报(人文社科版),2001(3)
66. 王晴佳.后现代主义与历史研究.史学理论研究,2000(1)
67. 王戎笙.郭沫若关于历史编纂体裁的思考.历史研究,2000(1)
68. 王容芬.韦伯的比较史学研究及其史学方法.世界史研究动态,1989(2)
69. 王新荣.当代世界跨学科研究.软科学研究,1989(2)
70. 王玉樑.评哲学价值范畴的几种界定.社会科学研究,1999(2)
71. 吴瑯高.外国教育史学科体系讨论会综述.教育研究,1984(1)
72. 吴小平.西方教育史学的形成和发展.外国教育动态,1984(2)
73. 晓杜.谈教育史学与教育学的内在关系.教育评论,1988(4)
74. 肖剑.试论史学方法论在史学理论中的地位及其自身的发展.南京大学学报(哲学社会科学版),1986(2)
75. 肖会平,周洪宇.教育史学的学术功能与社会功能.教育学报,2006(3)
76. 谢维和.科学发展观与教育改革.清华大学教育研究,2004(2)
77. 邢润川.关于交叉科学研究中的几个问题.高等学校文科学报文摘,1994(3)
78. 许建美.布里克曼教育史学观述评.教育史研究,2001(1)
79. 许瑞芳.教育史研究的方法论透析.教育史研究,2004(4)
80. 杨孔炽.关于教育史研究的价值问题.光明日报,2005-1-12
81. 叶澜.中国教育学发展世纪问题的审视.教育研究,2004(7)
82. 袁贵仁.价值与认识.北京师范大学学报(哲学社会科学版),1985(3)
83. 张宏.美国教育史学中的"修正派".史学理论研究,2004(2)
84. 张雄.经济哲学研究的图式.复旦大学学报(社会科学版),2001(5)
85. 张斌贤,刘传德.浅谈外国教育史研究中的几个问题.教育研究,1986(4)
86. 张斌贤.关于《教育史学》的构想.教育研究与实践,1987(3)
87. 张斌贤.教育理论研究中的历史感.教育研究,1990(8)

88. 张斌贤.历史唯物主义与教育史学科的建设.教育研究,1988(9)
89. 张斌贤.全面危机中的外国教育史学科研究.高等师范教育研究,2000(4)
90. 张斌贤.再谈外国教育史研究中的一些问题.教育研究,1987(8)
91. 张传燧.《教育史学》的反思与重构.华东师范大学学报(教育科学版),2001(1)
92. 张海朋.20世纪中国近代史学科体系问题的探索.近代史研究,2005(1)
93. 张惠芬.教育史中的批判与继承.教育研究,1980(1)
94. 张明根.交叉学科,跨学科研究及其启示.国际关系学院学报(京),1994(2)
95. 张岂之,谢阳举.哲学与跨学科研究.西安交通大学学报(社会科学版),2004(3)
96. 张维平,何善平.论教育法的规范对象——教育行为.沈阳师范学院学报(社科版),1992(3)
97. 张之庆.论韦伯的"价值无涉".文史哲,2005(5)
98. 张仲民.后现代史学理论述论.重庆社会科学,2005(3)
99. 赵卫.再谈外国教育史研究的两个问题.教育研究,1990(1)
100. 赵建群.论"问题史学".史学理论研究,1995(1)
101. 赵立行.后现代主义的启示与历史反思.史学理论研究,2004(2)
102. 赵轶峰.关于史学方法论对象及其结构关系的探索.天津社会科学,1986(5)
103. 赵轶峰.历史分期的概念与历史编纂学的实践.史学集刊,2001(4)
104. 郑金洲."元教育学"考辨.华东师范大学学报(教育科学版),1995(3)
105. 周采.20世纪美国教育史学的思考.南京师范大学学报(社会科学版),2003(6)
106. 周采.美国教育史学的创立与变革.教育史研究,2003(2)
107. 周谷平,吴静.二战后英国教育史学科的发展及其启示.全球教育展望,2002(9)
108. 周洪宇.教育史研究改革管抒.教育评论,1991(2)

109. 朱桂龙，毛家杰，杨永福. 刍议跨学科研究的界定. 科学研究，1998(3)
110. 朱旭东. 论 20 世纪美国教育史研究的嬗变. 清华大学教育研究，2002(3)
111. 朱正贵. 也论外国教育史学科体系的若干问题. 青海师范大学学报，1985(2)
112. Heinrich Parthey. 跨学科研究的几个问题. 国外社会科学，1983(9)
113. P. 科尔钦. 比较史学的功能，问题和前景. 国外社会科学动态，1983(9)
114. 贝塔朗菲. 普通系统论的历史与现状. 国外社会科学，1978(2)
115. 马克・第帕普. 谈谈世界教育史研究方法的发展. 教育史研究，1994(4)
116. 莫里斯・阿居隆. 二十世纪的法国史学. 许明龙译. 史学理论研究，1995(1)
117. 小威廉・西威尔. 马克・布洛克与比较史学的逻辑. 原载美国《历史与理论》杂志 1967 年第 6 卷第 2 期，中译文见《世界中世纪史研究通讯》，1983(4)

后 记

在本书搁笔之际，我首先要感谢山东教育出版社给我们的这一套丛书提供了这一出版机会，更要感谢蒋伟主任和王慧编辑为本套丛书的出版所付出的辛勤劳动。

《反思与探索——教育史学元研究》的撰写，对我这个学术功底不够深厚，又不是很擅长理论思辨的人而言，实在是一项艰巨而富有挑战性的工程。在艰难的写作过程中，学力上的窘迫，经常使自己产生当"逃兵"的想法。这本书今天能与读者见面，主要来自于我的恩师周洪宇教授的鼓励和悉心指导。可以说，没有周洪宇教授对我的鼓励和指导，我不可能有勇气涉足教育史学元研究这一高深理论研究领域，也不可能有决心向教育史学元研究这一"酸果"宣战；没有周洪宇教授从选题、构思、论证到最后行文所倾注的辛勤汗水和劳动，就没有今天这本书的完成。周洪宇教授对学科前沿的敏锐洞察力、严谨求实的学风和对学生循循善诱、不断鼓励的教育方法，使我在润物细雨中受到了深刻的教育和影响。同时，周洪宇教授那种宽厚、博爱、谦逊、慎独的风范也影响着我及我周围的学子，使我们终身受益。为此，我对以巨大心血指引我在学术上不断进步的周洪宇教授永远深怀感激。

我还想感谢我硕士研究生时的导师郭莹教授、周积明教授、何晓明教授和湖北大学文化所的资料员陈利媛老师，没有他们在工作中、学业上和精神上对我的支持和鼓励，我不可能完成这本专著的写作。尤其是郭莹教授长期以来对我的悉心指导、理解和支持，是保证我能够顺利完成本书的重要前提。在此对以上恩师表示由衷的感谢！

此外，华中师范大学教育史教研室的余子侠教授、杨汉麟教授、喻本伐教授、王建良副教授和深圳大学的熊贤君教授都对本书的写作提出了中肯的意见和精辟见解，在此对以上各位教授的关心和指导表示衷心的感谢！

借此机会，我还要诚挚地感谢家人对我的理解和支持。在撰写本书的几年时间里，年高体弱的父母不顾自己疾病缠身，在精神和生活上给了我极大的抚慰和支持，使我能够安心写作；同时，我的先生付湘宁和女儿付梦颖对我的理解和宽容，更是我完成写作的重要精神支柱。尤其是在我写作最为紧张之际，正是我女儿中考在即的关键时刻，我的先生承担了几乎所有的教育和照顾孩子的责任。女儿的懂事和对妈妈的理解更是让我心存感激而又深感愧疚。在此，我只能用此书的完成来感谢几年来关心我的恩师、家人和朋友，没有他们对我的真诚关爱和鼓励，我不可能完成本书。

历经几年的时间，自己花了大量的时间和精力孕育的“孩子”，终于要“出世”了。回想这近一千个苦战的日日夜夜，内心总会有许多感慨。这里我最想说的是，《反思与探索——教育史学元研究》一书，作为一部对教育史学进行元研究的专著，还是个“孩子”，因此存在一些不成熟之处，但是不论怎样，“孩子”是要成长的。我只想借助此书，为教育史学理论的发展做一点铺路的工作。希望今后有更多的学者来关心教育史学理论的发展。

郭　娅

2010 年 5 月 13 日晚于汉口长顺园

反思与探索

——教育史学元研究

郭　娅　著

主　管：山东出版集团

出版者：山东教育出版社

（济南市纬一路 321 号　邮编：250001）

电　话：(0531) 82092663　传真：(0531)82092661

网　址：http://www.sjs.com.cn

发行者：山东教育出版社

印　刷：山东临沂新华印刷物流集团有限责任公司

版　次：2010 年 12 月第 1 版第 1 次印刷

印　数：1—3000

规　格：787mm×1092mm　16 开本

印　张：31.75 印张

字　数：465 千字

书　号：ISBN 978-7-5328-6003-6

定　价：51.00 元

（如有印装质量问题，请与印刷单位联系调换）

电话：0539—2925659